문헌정보학 용어 사전

제3판

図書館情報学用語辞典

일본도서관정보학회
용어사전편집위원회 편

오 동 근 역

도서출판 태일사

図書館情報学用語辞典

第3版

日本図書館情報学会
用語辞典編集委員会
編

丸善株式會社

『문헌정보학 용어 사전』(図書館情報学用語辞典)
한국어판의 발행에 붙여

이 책은 일본도서관정보학회 용어사전편집위원회(日本図書館情報学会 用語辞典編集委員会)가 편집 작업을 실시하여 2007년에 출판사 마루젠(丸善)에서 발행한 것이다.

일본도서관정보학회는 일본도서관학회(日本図書館学会)로서 1953년에 창립되었다. 창립의 계기는 1950년에 도서관법이 시행되었는데, 그 중에 대학에서 사서를 양성한다고 되어 있었던 것에 있다. 제2차세계대전 이전에는, 일본의 대학의 정규 과정에서 사서 양성이 이루어지지 않았기 때문에, 대학에서의 양성을 위해서는 도서관학의 연구 체제를 새로이 정비할 필요가 있었으며, 그 일환으로 연구 발표의 장소로서의 학회의 필요성이 주장되었던 것이다. 이 당시 게이오기주쿠대학(慶應義塾大學)에 미국식의 도서관인 양성을 실시하는 과정(Japan Library School)이 만들어지기도 하고, 문부성(文部省)에 의해 도쿄대학(東京大學)과 교토대학(京都大學)에 도서관학 강좌가 만들어지진 것도 마찬가지의 움직임을 바탕으로 하고 있다.

일본도서관학회는 1998년에 일본도서관정보학회로 명칭을 변경하였다. 이것은 1970년대 무렵부터 세계적으로 도서관학을 도서관정보학(문헌정보학)으로 명칭을 변경하는 움직임이 있었는데, 약간 늦게 이를 따랐던 것이다. 이 전후의 시기에 이 책의 최초의 편집에 대한 시도가 이루어졌다. 그 시도란 수많은 관련 문헌으로부터 문헌정보학 관계의 용어(technical terms)를 수집하고, 이를 바탕으로 용어집을 만드는 것이다. 이렇게 하여 탄생한 것이 바로『학술용어집 도서관정보학편』(마루젠 1997)이다. 이 용어집의 편찬은 그 후의 우리 학회 관련의 다양한 사업의 전조가 되는 것이었다.

머지 않아 용어집을 중심으로 하는 어휘에 해설을 붙인 이 책의 초판『도서관정보학 용어 사전』(마루젠 1998)이 발행되었다. 그 후 제2판이 2002년, 이 번역본의 바탕이 된 제3판은 2007년에 발행되었다. 금년부터는 제4판의 편집을 시작하기로 되어 있다.

문헌정보학의 용어집은 문헌정보학 시소러스나 분류표의 개발로 이어졌다. 나아가 그것은 이전부터 발행되어 있던 문헌정보학 문헌 목록의 편찬 사업과 합체하여, 문헌정보학 문헌 목록 데이터베이스의 개발과 결부되게 된다. 이 데이터베이스는 최초에는 CD-ROM으로서 배포되었는데, 우리 학회 회원이 대학 등에서 정보 검색 수업을 실시할 때, 시소러스가 첨부된 표준적인 문헌 목록 데이터베이스 교재로 활용되었다. 그 후 Web에서도 배포되게 되어 Biblis for Web으로서 이용되어 왔다.

이상에서 우리 학회의 용어집으로부터 시작된 각종의 툴 개발에 대해 소개하였다. 이러한 사업은 학회가 회원에 대해 교육 연구에 도움이 되는 서비스로서 실시하는 것이었을 뿐만 아니라, 문헌정보학의 표준적인 지식이나 기술을 바탕으로 하는 툴로서 개발하고, 용어 사전에 대해 말하면 회원에 대해 용어 사전을 널리 공모하여 회원 자신에 의한 사전 편집 사업으로서 자리매김할 수 있는 것이었다. 즉 이러한 툴 그 자체가 문헌정보학의 컨텐츠라는 의미에서의 산물임과 동시에 문헌정보학의 기법을 응용한다고 하는 의미에서의 산물이기도 하였다.

이미 간행한 지 4년이 지나고 있는 이 사전은 네트워크와 디지털 정보 기술의 전개 때문에 일부 업데이트가 필요하게 된 곳도 있다. 하지만 문헌정보학은 하나의 학술적 영역이며, 기술 개발의 바탕이 되는 아이디어의 집합체이기 때문에, 일본 문헌정보학의 전체상을 파악하기 위해서는 여전히 유용하다.

이번에 이 책이 오동근 교수에 의해 번역되게 된 것은 그런 의미에서 일본과 한국의 문헌정보학의 상호 교류를 위해 커다란 신기원을 이루는 것으로 생각할 수 있다. 그 노력을 다한 오 교수에게 깊은 감사를 표명함과 동시에, 많은 한국의 문헌정보학 연구자에게 이용되기를 기대하는 바이다.

2011년 6월

日本図書館情報学会 会長
東京大学大学院 教育学研究科 教授
네모토 아키라(根本 彰)

서 언

『문헌정보학 용어 사전』 제3판의 편집 작업은 지(知)의 집약과 유통의 방식이 크게 변해 가는 가운데 진행되게 되었다. 정보 창출과 지식 공유에 나타나는 최근 몇 년간의 사회적인 변용(變容)을 생각하면 이제 제3판을 간행할 수 있는 의의는 적지 않다.

이 책은 문헌정보학의 전문 용어를 수록하고 있는 편리한 용어 사전이다. 문헌정보학에 대해 그 기초적인 개념, 문헌정보학 교육, 도서관 운영, 목록, 분류 및 주제명, 색인 및 정보 검색, 자료 및 미디어 각각에 관한 전문 용어, 나아가 문헌정보학에 관련된 인명과 단체명 등 합계 약 1,800항목을 수록하고 있다.

제3판의 편집은 기본적으로는 초판과 제2판의 방침과 방식을 계승하여 이루어졌다. 수록 항목의 선정에 있어서는, 편리한 책자체(册子體) 사전이라는 특징을 유지하기 위해, 새로운 단어를 추가함과 동시에, 제2판에 수록된 단어를 교체하여 단어 수와 페이지 수의 증가를 억제하였다. 또한 『學術用語集 圖書館情報學 編』(1997)의 수록어를 중심으로 해설한다는 초판 이래의 방침은 계속 계승하면서도, 최근 10년간에 용어 사용의 실태가 변화하고 있다는 사실을 고려하여, 일부 단어에 대해서는 일본어 표제를 변경하였다.

제3판에서도 수록 용어에 대해서는 일본도서관정보학회 회원의 의견을 널리 구하고, 집필자도 회원으로부터 공모하였다. 그 결과 신규 채록어의 집필에는 초판과 제2판의 집필자 이외에 약 30명의 회원이 새로이 참가하여, 일본도서관정보학회의 활황(活況)과 신진 대사를 엿볼 수 있게 되었다.

초판 이래로 사전의 개정 작업을 착실하게 거듭할 수 있었던 것은 일본도서관정보학회 회원 여러분을 비롯한 많은 분들의 도움에 의한 것이다. 이에 대해 깊이 감사드린다.

2007년 10월

일본도서관정보학회
문헌정보학용어사전편집위원회
위원장 토다 신이치(戶田愼一)

편집의 경위

1. 초판의 경위

  일본도서관학회는 『학술용어집 도서관정보학편』의 간행 후에, 이 용어집에 수록된 용어를 해설하는 『도서관정보학 용어사전』을 편집, 간행할 것을 계획하고, 1995년 10월에 「도서관정보학 용어사전 편집위원회」를 조직하였다. 출판사는 『학술용어집』과 같은 마루젠주식회사(丸善株式會社)로 하였다.

  『일본도서관학회회보』(No.79 1995년 12월 발행)에 「『도서관정보학 용어사전』의 항목 집필의 공모에 대하여」를 「수록용어일람」(1,593 항목)과 함께 게재하였다. 응모된 항목에 대해서는 응모자에게 집필을 의뢰하고, 응모가 없었던 항목에 대해서는 학회 회원 중에서 집필자를 선정하여 집필을 의뢰하였다.

  1996년부터 1997년에 걸쳐 편집 작업을 실시하고, 1997년 9월에 『도서관정보학 용어사전』(초판)을 간행하였다.(초판의 편집 과정의 상세한 내용은 초판의 전문(前文)에 게재되어 있다.)

2. 제2판의 경위

  일본도서관정보학회(1998년 10월에 「일본도서관학회」로부터 개칭)는 『도서관정보학 용어사전』의 개정을 위해 2000년 6월에 「도서관정보학 용어사전 편집위원회」를 조직하였다. 개정 방침은 (1) 초판의 방침을 계승하고, 인쇄판으로, 가능한 한 많은 항목을 수록하는 「사전」(辭典)으로 한다, (2) 새로이 수록하는 항목에 대해서는, 초판과 같이 집필자를 공모한다, (3) 2002년 가을의 간행을 목표로 한다. 등으로 하였다.

  『일본도서관정보학회회보』(No.98 2000년 7월 발행)에 「도서관정보학 용어사전의 개정에 즈음한 부탁 말씀」을 게재하고, 회원에게 초판에 대한 의견이나 수록 희망 항목을 요청하고, 『일본도서관정보학회회보』(No.99 2001년 1월 발행)에 「『도서관정보학 용어사전 제2판』의 항목 집필의 공모에 대하여」를 「수록용어일람」(201어)과 함께 게재하였다. 응모된 항목에 대해서는 응모자에게 집필을 의뢰하고, 응모가 없었던 항목에 대해서는 학회 회원 중에서 집필자를 선정하여 집필을 의뢰하였다.

2001년부터 2002년에 걸쳐 편집 작업을 실시하고, 2002년 8월에 『도서관정보학 용어사전』(제2판)을 간행하였다.(제2판의 편집 과정의 상세한 내용은 제2판의 전문(前文)에 게재되어 있다.)

3. 제3판의 경위

일본도서관정보학회는 『도서관정보학 용어사전』의 개정을 위해 2005년 9월에 「도서관정보학 용어사전 편집위원회」를 조직하였다.

제1회 편집위원회(2005년 10월 14일)에서, (1) 초판, 제2판의 방침을 계승하고, 인쇄판으로, 제2판의 규모에 준하는 「사전」(辭典)으로 한다, (2) 새로이 수록하는 항목에 대해서는, 초판, 제2판과 마찬가지로 집필자를 공모한다, (3) 2007년 가을의 간행을 목표로 한다, (4) 편집위원회의 메일링리스트를 운용하여 위원회의 모임을 줄인다, (5) 집필자와의 연락, 원고의 송부는 원칙적으로 전자 메일로 실시한다 등의 방침을 정하였다.

『일본도서관정보학회회보』(No.119 2005년 12월 발행)에 「도서관정보학 용어사전의 개정에 즈음한 부탁 말씀」을 게재하고, 회원에게 제2판에 대한 의견이나 신규 수록 희망 항목의 제안을 요청하였다.

제2회 편집위원회(2006년 3월 2일)에서는, 회원 및 편집 위원에 의해 제안된 신규 수록 항목 후보, 편집 위원에 의한 제2판 재검토 작업에 의한 삭제 항목 후보를 점검하고, 제3판의 수록 항목을 검토하였다. 초판, 제2판에서는, 동의어가 있는 용어에 대해서는, 『학술용어집 도서관정보학편』(1997)에서 채택된 용어를 우선하는 것을 원칙으로 하고 있었으나, 시간의 경과와 함께 이용 실태와 괴리가 크게 생겨나고 있다는 점을 감안하여, 항목에 따라서는 『학술용어집』에 수록된 용어와 다른 용어로 변경하는 경우도 있었다.

『일본도서관정보학회회보』(No.120 2006년 4월 발행)에 「『도서관정보학 용어사전 제3판』의 항목 집필의 공모에 대하여」를 「용어사전 집필 공모항목」(68어)과 함께 게재하였다. 응모의 마감은 2006년 5월 5일로 하였다.

집필 응모 마감의 시점에서, 36명으로부터 68항목 중 49항목(72%)에 대한 응모가 있었다. 응모가 없었던 항목에 대해서는, 항목의 분야를 감안하여 집필 의뢰 후보자를 선출하고, 편집 위원을 통해 집필을 타진하였다. 병행하여, 제2판 편집 당시에 사용했던 『『도서관정보학 용어사전』 집필 안내』를 개정하였다.

5월 13일에 집필 의뢰를 발송하고, 마감을 8월 13일로 하였다. 이 사이에 편집 위원이 분담하여 제2판 간행 이후의 변화를 반영시키기 위해 제2판에 게재된 전 항목의 재검토, 수정 작업을 실시하였다.

원고 제출 마감 시점에서 입수할 수 없었던 항목에 대해서는 독촉을 실시하여, 집필 항목 전체의 원고를 조달할 수 있었다.

2007년 6월까지, 원고의 수정, 조정 등의 편집 작업을 실시하고, 그 후 교정 작업을 거쳐 간행하였다.

범 례

1. 수록 범위와 어수, 한국 관련 내용

초판, 제2판과 마찬가지로, 문헌정보학 전반, 인접 영역, 문헌정보학 교육, 도서관이나 정보 센터의 운영, 목록, 분류, 색인, 정보 검색, 정보와 미디어, 도서관에 관계된 서지학으로 이해할 수 있는 용어를 선택하였다. 나아가 문헌정보학에 관련된 인명, 기관명, 법규명 등을 추가하였다. 표제어 수는 용어 사전이 있는 용어 1,742개, 참조만으로 된 단어 98개이다. 특히 한국어판의 번역에 관련해서는, 한국 관련 용어를 필수적인 용어에 한해 추가하였는데, 본문 중에는 한국목록규칙, 한국문헌자동화목록법, 한국십진분류법 등에 대한 간략한 설명만을 추가하였고, 한국의 주요 도서관 및 도서관 관련 단체(총 36개 기관 및 단체)에 대해서는 본문에는 참조만 달고 부록에서 참고하도록 하였다. 아울러 각 표제어에 대한 설명에서도 한국에 관련된 내용이 필요하다고 판단되는 경우에는 최소한의 범위에서 그 내용을 추가하였다.

2. 구 성

2.1. 표제어
(1) 표제어는 해설이 있는 단어와 다른 표제어에 대한 참조만으로 된 단어로 이루어진다.
(2) 표제어에는 한국어 이외에 알파벳으로 이루어진 두문자어(頭文字語) 등도 포함되어 있다.
(3) 배열은 알파벳순 및 가나다순 배열이다.

2.2. 한자 및 구문 표기(歐文表記)
(1) 표제어의 한자 및 구문(주로 영어)에 의한 표기를 제시하였다.
(2) 개인명은 성명의 원철(原綴)을 표시하였다.
(3) 기관명, 프로그램명은 정식 명칭과 약칭을 제시하였다. 다만 약칭을 표제어로 하는 항목에서는 정식 명칭만을 제시하였다.

예: 미국도서관협회(美國圖書館協會) American Library Association(ALA)
　　SPARC Scholarly Publishing and Academic Resources Coalition

2.3. 해 설

(1) 원칙적으로 맨 앞에 정의를 제시하였다.
(2) 하나의 용어에 복수의 의미가 있을 경우에는, (1), (2)로 구분하였다.
(3) 그 밖의 구분에는 ①, ②를 사용하였다.
(4) 인용은 " "로 표시하였다.
　　예: 「도서관법」 제17조에 "공공 도서관은 입관료, 그 밖의 도서관 자료의 이용에 대해 어떤 대가도 징수해서는 안 된다"고 규정되어 있다. 《입관료》
(5) 강조, 법규와 기준, 표준 규격 등의 명칭, 주제명 표목 등의 예는 「 」로 표시하였다.
　　예: 「브래드포드의 곡선」이라고 불리는 《브래드포드의 법칙》
　　　　「일본국 헌법」 제26조에는 《학습권》
　　　　「교토부(京都府)－연중 행사」 《주제 세목》
(6) 인명에는 처음 나올 때 ( ) 내에 원철(原綴)과 생몰년을 부기(附記)하였다. 다만 표제어로 되어 있는 인명에 대해서는 인명만으로 하였다.
　　예: 포퍼(Sir Karl Raimund Popper 1902-1994) 《지식》
(7) 외국의 기관명은 처음 나올 때 ( ) 내에 원칙적으로 약칭이 있으면 약칭, 그리고 정식명을 부기(附記)하였다. 다만 표제어로 되어 있는 기관명에 대해서는 기관명만으로 하였다.
　　예: 국제독서학회(IRA: International Reading Association) 《일본독서학회》
(8) 한국어 및 일본어 자료명, 특정의 편목 규칙이나 분류표는 『 』로 표시하고, 구문 자료명(歐文資料名)은 이탤릭체로 표시하였다. 자료명에는 원칙적으로 간행년, 창간년을 표시하였다.
　　예: 『정보처리학회논문지』(1979-　) 《정보처리학회》
　　　　ALA Filing Rules(1980) 《배열 규칙》
(9) 연호는 서력기년을 기재하였다.

2.4. 관련어

관련된 표제어가 있을 경우에는, 해설의 말미에 관련어를 ↔의 뒤에 표시하였다.
    예: ↔ 이본; 저본《교정》

3. 영한 대조표

(1) 배열은 알파벳순 배열로 어순이다. 또한 하이픈(-)은 무시하였다.
(2) 표제어가 구문 두문자어(歐文頭文字語)인 경우는, 수록되어 있는 것이 명확하도록, 대조표에 수록하였다.
    예: BSO   BSO
(3) 표제어가 구문(歐文)으로, 보라 참조가 붙어 있는 항목은 참조처의 표제어를 대조시켰다.
    예: BM   이동 도서관

편집위원

일본도서관정보학회

도서관정보학 용어사전 편집위원회(제3판)

위 원 장 도다 신이치(戶田愼一) 토요대학(東洋大學) 사회학부
위   원 우미노 빈(海野 敏) 토요대학(東洋大學) 사회학부
         무라카미 야스코(村上泰子) 간사이대학(關西大學) 문학부
         요시다 유우코(吉田右子) 츠쿠바대학대학원(筑波大學大學院)
                                  도서관정보미디어연구과

도서관정보학 용어사전 편집위원회(제2판)

上田修一   海野　敏   竹內秀樹
戶田愼一   永田治樹

일본도서관학회

도서관정보학 용어사전 편집위원회(초판)

上田修一   小田光宏   影浦　峽   谷口祥一
田村俊作   戶田愼一   吉田曉史

執 筆 者

青柳英治	安形 輝	安形麻理	秋満英彦	浅倉秀三
浅野次郎	朝比奈大作	阿部悦子	鮎澤 修	安藤友張
池谷のぞみ	石井 敦	石井啓豊	石山 洋	和泉田正宏
逸村 裕	伊藤真理	今田敬子	岩崎れい	岩猿敏生
岩下康夫	植田喜久次	上田修一	牛崎 進	牛島悦子
海野 敏	江藤正己	大串夏身	大庭一郎	小川 徹
荻原幸子	尾崎豊子	小関昌男	小田光宏	鬼丸貞彦
小野寺夏生	影浦 峡	加藤修子	加藤淳一	金中利和
金沢みどり	神谷淑子	河井弘志	川村敬一	菊池しづ子
岸 美雪	岸田和明	北 克一	喜多智慧夫	貴田春男
久野高志	倉田敬子	倉橋英逸	小泉 徹	古賀節子
古賀 崇	小島浩之	後藤敏行	小林 卓	小林康隆
小山憲司	斎藤泰則	斎藤陽子	酒井 信	坂本 博
相良佳弘	作野 誠	櫻木貴子	汐﨑順子	志保田務
篠田知和基	須賀千絵	菅野育子	鈴木尊紘	鈴木祐滋
鈴木良雄	瀬島健二郎	瀬戸口誠	千賀正之	髙田淳子
高野 彰	高橋和子	髙山正也	高鷲忠美	竹内比呂也
田中岳文	谷口一弘	谷口祥一	田村俊作	田屋裕之
塚原 博	槻本正行	築山信昭	辻 慶太	都築埴雅
戸田あきら	戸田愼一	長澤雅男	中嶋通子	永田治樹
中林隆明	中村百合子	成井恵子	根本 彰	野口武悟
野口恒雄	野末俊比古	野村知子	野村文保	橋詰秋子
波多野宏之	馬場俊明	半田雄二	平野英俊	深谷順子
福田 求	福永智子	藤野寛之	藤野幸雄	藤巻淑子
藤森聡美	古川 肇	細野公男	堀川照代	堀込静香
前川和子	松井幸子	松田ユリ子	松戸宏予	松林正己
松本浩一	松山 巖	三浦逸雄	光富健一	緑川信之
薬袋秀樹	三根慎二	宮内美智子	宮沢厚雄	宮部頼子
三輪忠義	三輪眞木子	向畑久仁	武者小路信和	村上篤太郎
村上泰子	村主千賀	村主朋英	森 智彦	柳 勝文
柳与志夫	山西史子	山本順一	湯浅俊彦	横山幸雄
吉田 昭	吉田憲一	吉田暁史	吉田右子	吉村秀夫
吉本恵子	依田紀久	若松昭子	渡辺信一	渡邊隆弘
渡邊智山				

- 한국어판의 발행에 붙여 … 3
- 서 언 … 5
- 편집의 경위 … 7
- 범 례 … 10

A ~ Z …… 17	아 …… 321
가 …… 39	자 …… 403
나 …… 113	차 …… 489
다 …… 123	카 …… 511
라 …… 183	타 …… 523
마 …… 191	파 …… 533
바 …… 217	하 …… 561
사 …… 259	

- 부록 … 593
- 영한 대조 색인 … 703
- 역자 후기 … 741

 ~

aboutness

축적 정보나 검색 질문 중에서 다루어지고 있는 주제 개념. 표현되어 있는 중요 개념이 무엇인지를 나타내는 것이라고 할 수 있다. 이 무엇인가의 결정은 개인에게 의존하며 반드시 객관적인 것은 아니기 때문에, aboutness는 저자, 색인 작성자, 이용자 등, 정보나 검색 질문을 취급하는 입장에 따라 다르다. 축적 정보에 관해서는, 저자 aboutness, 색인 작성자 aboutness, 이용자 aboutness로 나눌 수 있다. 또한 축적 정보와는 아무런 관련도 없이, 검색 질문이 무엇에 관한 것인지만을 나타내는 검색 질문 aboutness에는, 이용자 aboutness와 중개자(예를 들면 참고 서비스 담당자) aboutness가 있다고 생각할 수 있다. ↔ 검색; 색인법; 주제 검색

ASK Anomalous State of Knowledge

인간은 어떤 주제나 상황에 관한 기유 지식(既有知識)이 충분하지 않고, 그 주제나 상황에 관한 자신의 지식이 변칙적인 상태에 있다는 것을 인식하는 경우가 있다. ASK란 그와 같은 지식 상태의 변칙성을 인식하는 것으로부터 정보 니즈(information needs)를 갖게 된다는 가설로, 벨킨(Nicholas J. Belkin)에 의해 제시되었다. 동시에 이 가설에서는 변칙적인 지식 상태에 있는 이용자는 그 변칙성을 해소하기 위해 필요한 정보를 정확하게 설명할 수 없다고 하고, 정보 검색에서는, 변칙적인 지식 상태에 관한 기술(記述)을 검색 질문에 대신하여 사용할 것을 제안하고 있다.

Aslib The Association for Information Management

1924년에 설립된 영국의 정보 전문가 단체. 내외의 기업, 학술 연구 기관, 정부 부처 및 지방 자치 단체 등의 단체 회원을 주체로, 개인 회원 및 학생 회원에 의해 구성되어 있다. 정보는 그 취급에 특별한 기술을 필요로 하는 사회적인 자원이라는 이념을 바탕으로, 정보 검색을 비롯한 도서관 정보 활동에 관련된 정보 제공, 연구 및 컨설팅, 잡지, 도서, 보고서 등의 출판, 다양한 종류의 연수 프로그램의 제공, 회의의 개최 등의 활동을 시행하고 있다. 또한 전국적 및 국제적인 정보 산업 및 정보 활동의 문제에 관해, 회원을 대표하여 견해를 표명하고, 도서관 정보 활동의 추진에 관한 여론의 형성에 적극적으로 관여하고 있다.

BM → 이동 도서관

BSO Broad System of Ordering

UNISIST 계획에 참가하는 정보 시스템의 상호 연결을 목적으로 설계 개발된 일반 분류표. 다른 색인 언어를 사용하는 센터 간의 변환 언어가 최종 목적이다. 1970년대 초두에 유네스코(UNESCO)와 국제정보도큐멘테이션연맹(FID)의 공동 기획으로서 개발이 시작되었으며, 1978년에 약 4,000어로 이루어진 제3판이 발행되었다. 그 후 영국의 BSO Panel Ltd.가 유지 관리 단체가 되었으며, 1991년에는 약 6,800어를 가진 제4판(기계가독판)이 배포되었다. 주류의 선정과 서열은 적층(積層) 레벨의 이론을 바탕으로 하고, 어휘의 수집 기준을 학·협회나 이차 자료의 존재에서 구한 최신의 패싯식 분류표이다. 아라비아 숫자를 사용하는 백진식(百進式) 기호법은 3자리, 2자리, 3자리씩의 음절 기호(音節記號)를 만들어 낸다. 간략 배열 체계로서, 변환 언어 이외에, 지식 분야의 개관, 얕은 색인법, 시소러스 구축의 기초 체계, 그리고 네트워크에서 조직화된 정보원(情報源)에 대한 주제 안내 코드 등의 용도가 기대되고 있다.

CD-ROM

직경 약 12cm의 콤팩트디스크 상에, 문자 정보, 음성 정보, 화상 정보(畵像情報), 컴퓨터의 프로그램이나 데이터 등을 디지털 신호로 기록한 것. 멀티미디어의 기록 매체로서 대표적이다. ROM(read-only memory)은 읽기 전용으로 정보를 고쳐 쓸 수 없다는 것을 나타내고 있다. 기록 용량은 약 650~700 메가바이트로, 문자 정보로 환산하면 신문 기사 1년분 이상을 기록할 수 있다. ↔ 광디스크; 멀티미디어; 콤팩트디스크

CD-ROM 검색(--檢索) CD-ROM retrieval

CD-ROM의 데이터베이스를 이용한 정보 검색. 네트워크 환경에 접속할 수 없는 곳에서도 검색이 가능하지만, 데이터의 갱신 빈도가 낮고, 최신의 정보를 얻기 어려운 등의 단점도 있다.

CILIP Chartered Institute of Library and Information Professionals

1877년 창설된 영국도서관협회(Library Association)와 1958년 창설된 영국정보전문가협회(Institute of Information Scientists)가 통합하여 2002년 4월에 발족하였다. 영국의 도서관·정보 서비스 관계의 전문직 단체. 전신 단체의 기능을 계승하면서, 21세기의 정보 사회에서의 새로운 전문직의 확립을 목표로 한다. 기관지는 *Library + Information Update*(2002-   )이며, 출판 부문으로 Facet Publishing이 있다.

CIP Cataloging in Publication

자료의 출판에 앞서 발행처로부터 제공받은 교정쇄를 바탕으로 하여, 국가 서지 작성 기관이 중앙 집중식 편목에 의해 서지 레코드를 작성하고, 그 레코드를 발행처가 표제지 이면(裏面)에 인쇄하여 출판하는 것. 이것에 의해, 자료를 수입된 시점에서 도서관은 어느 정도 신뢰성이 있는 서지 레코드를 참조할 수 있다. 표시되는 서지 레코드에는 당초 미확정인 발행이나 형태에 관한 사항은 생략하고 있는데, 분류 기호나 주제명 표목은 포함되어 있다. CIP는 출판계의 협력에 의해, 미국의회도서관(LC)이 1971년에 시작하였으며, 그 후 영국, 캐나다 등 각국에 미치고 있는데, 한국에서는 국립중앙도서관에 의해 e-CIP라는 이름으로 운영되고 있으며, 일본에서는 실시되지 않고 있다. CIP 데이터는 국가 서지 작성 기관에 의해 MARC에도 수록되며, 서지 유틸리티에서의 카피 편목에도 이용되고 있으며, 편목 작업의 신속화, 표준화에 기여하고 있다. ↔ 중앙 집중식 편목

COM 목록(--目錄) COM catalog(computer output microform catalog)

컴퓨터 시스템 내에 축적된 기계 가독형의 서지 레코드(MARC 레코드)를 마이크로필름(릴, 카세트, 카트리지 등)이나 마이크로피시 상에 출력한 목록. 제작 경비가 싸고, 복수 카피의 작성이 용이하며, 콤팩트하다는 등의 이점을 갖지만, 이용할 때 마이크로 자료 리더를 필요로 하기 때문에, 충분한 대수의 리더를 확보하지 않으면 안 된다는 것, 일반적으로 읽기에 어렵고 장시간의 이용에 적합하지 않다는 것 등이 그 결점으로 들어지고 있다. 또한 데이터의 갱신은 새로운 COM 목록의 재작성 또는 보유판(補遺版)의 추가 등에 의할 수밖에 없다. ↔ MARC 레코드

CONSER Cooperative Online Serials

미국과 캐나다의 도서관이 1975년부터 시작한 연속간행물의 서지 데이터베이스의 작성 계획. 당초에는 연속간행물의 목록의 기계 가독화에 중점을 두고 있었기 때문에, 「CONversion of SERials」였으나, 1986년부터 온라인 목록을 중심으로 한 「Cooperative ONline SERials」로 명칭이 변하였다. 미국과 캐나다의 국립 도서관, ISSN 센터, 「미국 신문 계획」(The United States Newspaper Program)의 참가 기관, 도서관협회, 색인 초록 작성 기관 등이 참가하고 있으며, 이러한 기관은 연속간행물의 목록 데이터를 OCLC의 종합 목록 데이터베이스 내의 CONSER의 데이터베이스에 입력한다. 이러한 데이터는 검증을 거친 후에 MARC로서 배포된다.

CORC Cooperative Online Resource Catalog

OCLC가 1년 반의 프로젝트 기간을 거쳐 2000년부터 개시한, 웹 베이스에 의한 네트워크 정보 자원의 메타데이터 공동 작성 시스템. 목록과 패스파인더(주제 서지) 작성의 기능을 갖는다. 목록 작성 기능에는, MARC뿐만 아니라 더블린코어(Dublin Core)에 의한 메타데이터의 자동 생성, 듀이십진분류법(DDC)의 분류 기호나 주제명의 자동 부여, URL의 관리, 전거 파일에 대한 링크에 의한 표목의 관리가 있다. 패스파인더의 작성에서는, 네트워크 정보 자원에 대한 링크와 함께 인쇄체의 것도 넣을 수 있다. 2002년에 종합 목록 서비스 Connexion에 통합되었다. ↔ OCLC; 메타데이터

DAISY Digital Accessible Information System

활자에 의한 독서가 곤란한 사람들을 위한 국제적인 디지털 녹음 자료 제작 시스템. 당초에는 1997년의 IFLA 대회에서 채택된 시각 장애인을 위한 녹음 도서 제작 시스템이었는데, 근년에는 음성뿐만 아니라, 화상이나 텍스트 데이터와 함께 인터넷에서도 제공할 수 있는 멀티미디어 대응형 기록 매체가 되고 있다. DAISY 자료는 카세트테이프와 비교하여, 검색 기능이나 수록 시간, 음질 등의 점에서 극히 이용 편리성이 풍부하다. 재생에는 전용 플레이어 또는 편집용 소프트웨어가 필요하다. 또한 공공 도서관에서의 DAISY 자료의 제작에는 저작권자의 허락이 필요하다. ↔ 시각 장애인 서비스

DB → 데이터베이스

DOI Digital Object Identifier

URN(Uniform Resource Names)을 구체화한 것의 하나로, 저작권 관리를 주목적으로 하여 미국출판협회(American Association of Publishers)가 중심이 되어 개발한, 인터넷상의 전자 자료를 일의적(一義的)으로 식별하는 코드. DOI는 관리 기관인 International DOI Foundation이 발행하는 출판자 코드와 출판자가 부여하는 문헌 식별 코드로 구성된다. 해당 자료의 URL(Uniform Resource Locator)과의 대응 관계는 상시 데이터베이스로서 유지되며, 변경이 있더라도 DOI를 실마리로 하여 소재는 용이하게 특정(特定)할 수 있다. ↔ 메타데이터

DVD

동영상, 음성, 데이터 등을 디지털 형식으로 기록할 수 있는, 멀티미디어 대응의 대용량 광디스크, 또는 그 국제적인 통일 규격의 시리즈. 직경 12cm의 콤팩트디스크와 같은 사이즈로, 외관도 거의 같은 모양이다. 컴퓨터의 기록 매체와 가전 용도를 결합시킨 규격이 정해져 있다. 영상용·음향용으로서 DVD-Video, DVD-Audio의 규격이 있다. 기록 매체로서 볼 경우, 읽기 전용의 DVD-ROM, 추가 기록이 가능한 DVD-R, 고쳐 쓰기가 가능한 DVD-RAM, DVD-RW, DVD+RW 등의 종류가 있다. 기록 방식의 차이에 따라 용량이 다르며, 영화를 단면 1층에 133분을 수록할 수 있는 4.7GB를 기본으로 하여, 단면 2층 8.5GB, 양면 2층 17GB의 타

입까지 규격화되어 있다. DVD라는 단어는 당초에 digital video disc 또는 digital versatile disc의 약칭으로써 조어(造語)되었다. ↔ 광디스크; 멀티미디어; 콤팩트디스크

EYE(EYE LOVE EYE) 마크 EYE Mark

일본에서 시각 장애인 등 그대로는 도서를 읽기가 곤란한 사람을 위해, 복지 목적에 한해, 도서의 내용을 녹음 도서, 확대 사본(寫本), 컴퓨터의 텍스트 데이터 등으로 변환·복제하는 것을 사전에 저작권자가 허락하고 있다는 사실을 표시하는 마크. 도서의 판권(일본말로는 오쿠즈케(奧付)라고 한다)에 표시된다. 1992년에 일본에서 설립된 EYE 마크·음성역추진협의회(音聲譯推進協議會)가 보급 활동을 실시하고 있다. 일본의 저작권법에서는 복지 목적이라고 하더라도, 원칙적으로 저작물의 복제에는 저작권자의 허락이 필요하다. EYE 마크의 표시에 의해 녹음 도서와 확대 사본 등의 제작자는 그 절차가 경감된다. ↔ 자유 이용 마크

FID → 국제정보도큐멘테이션연맹

FRBR Functional Requirements for Bibliographic Records

서지 레코드에 요구되는 제 기능을 엔티티(실체: entity), 엔티티의 속성, 엔티티 간의 관계, 이용자 과업(이용자의 행동)에 의해 개념 모델화한 것. 「서지 레코드의 기능상 요건」이라고도 한다. 국제도서관연맹의 연구 그룹이 전자 정보 자원에 대한 대응과 이용자 지향의 관점에서 서지 레코드가 수행해야 할 역할을 재검토한 성과로, 1997년에 동명(同名)의 최종 보고서로서 발표되었다. 국제도서관연맹의 적극적인 추진에 의해 국제적인 편목 규칙이나 원칙에 큰 영향을 미치고 있다. FRBR는 목록 이용자의 관심 대상을 10개의 엔티티로서 정하고 있다. 그 중핵을 이루는 것이 지적·예술 활동의 성과로서 정의되고 있는 저작(work), 표현형(expression), 구현형(manifestation), 개별 자료(아이템: item)의 4개 엔티티에 의해 표현되는 서지적 관계의 모델이다. ↔ 서지 레코드; 서지적 기록; 서지적 관계

GIP General Information Programme

유네스코(UNESCO)에 의한 정보 시스템, 도큐멘테이션, 도서관, 문서관 분야의 프

로그램명. 프랑스어의 두문자(頭文字)를 취해 PGI라고도 부르며,「종합 정보 계획」이라고 번역되고 있다. 1976년의 유네스코 총회에서, 과학국(科學局)에서 실시하고 있던 과학 기술 분야의 국제적인 정보 프로그램인 UNISIST와, 문화·커뮤니케이션국에서 실시하고 있던 국가 규모의 도큐멘테이션, 도서관, 문서관 활동의 발전을 목적으로 하는 NATIS라고 불리는 계획을 통합하여 창설되었다. 표준화, 소프트웨어의 개발, 지역 네트워크의 창설 등의 폭넓은 활동이 이루어져 왔는데, 1999년의 유네스코 총회에서 인포매틱스 프로그램과의 통합이 결정되고, 2000년 10월의 집행위원회에서 승인된「모든 사람을 위한 정보」계획(IFAP: Information for All Programme)이라는 신 프로그램에 그 활동 내용이 계승되었다.

HTML Hyper-Text Markup Language

웹 페이지를 기술하기 위한 마크업 언어. 텍스트 안에 삽입된 태그에 의해 문서의 레이아웃이나 하이퍼링크 등을 지시한다. W3C가 규격을 책정하고 있다. SGML을 바탕으로 개발되었으나, 독자(獨自)의 확장이 이루어진 결과, 당초의 것과는 상당히 다른 것이 되었다. 그런 까닭에 HTML을 XML에 준거하여 재정의한 XHTML이 W3C에 의해 권고되었다. 이것은 HTML의 새로운 버전이라고 생각할 수 있다. ↔ SGML; XML; W3C; 마크업 언어

IETF Internet Engineering Task Force

인터넷기술표준화위원회. 1986년 발족. 인터넷의 아키텍처, 기술 설계 구조(仕樣), 운용 방침 등의 표준화 작업과 논의를 행하는 단체. 인터넷소사이어티(ISOC: Internet Society)에 설치되어 있는 인터넷아키텍처평의회(Internet Architecture Board)의 하부 조직. 기술 표준 문서인 RFC(Requests for Comments)도 관리한다. 개별 토픽마다 설치된 워킹 그룹(Working Group)이 실질적인 활동 단위가 되며, 각각 IETF 내의 여덟 개 영역(2010년 7월 현재)의 어느 것에 속한다. 참가 자격에 제한이 없고, 개인의 입장에서 참가한다. 통상은 메일링리스트에서 논의되며, 모임은 연 3회 개최된다. ↔ URI

IFLA → 국제도서관연맹

INIS → 국제원자력정보시스템

ISBD 구두법(ISBD 句讀法) → 국제표준서지기술법 구두법

ISO/TC 46 International Organization for Standardization Technical Committee 46

국제표준화기구(ISO: International Organization for Standardization)의 제46 전문위원회「정보와 도큐멘테이션」(Information and Documentation)을 말하는 것으로, 도서관, 도큐멘테이션, 정보 센터, 색인 초록지 작성 기관, 문서관, 정보학, 출판에 관련된 표준화를 담당한다. 번자(飜字), 용어, 컴퓨터 이용, 통계, 문헌의 표현과 기술(記述), 자료 보존, 기록 관리의 각 분과 위원회(subcommittees), 그리고 국명 코드 워킹 그룹(Working Group)으로 구성되어 있다. 한국과 일본은 ISO/TC 46 가맹국(2010년 현재)이다.

ISSN 네트워크 ISSN Network

유네스코(UNESCO)의 UNISIST의 구조에서 계획되고, 유네스코와 프랑스 정부의 합의에 의해 1972년에 설립된 연속간행물의 국제적인 등록 시스템. 당초의 명칭은 ISDS(International Serials Data System). 개개의 연속간행물에 대한 국제표준연속간행물번호(ISSN)의 부여와 각 연속간행물의 핵심 표제(key title), 발행 기관, 창간 연도 등에 대한 데이터베이스의 구축과 유지를 목적으로 한다. 파리에 국제 센터가 설립되어 있으며, 2010년 현재 87개국에 국가 센터가 있다. 한국에는 국립중앙도서관 내에 ISSN 한국 센터가 설치되어 있고, 일본에는 국립국회도서관 내에 ISSN 일본 센터가 설치되어 있다. 연속간행물에 대해 각 국가 센터가 ISSN을 부여하고, 그 기록을 작성하여, 국제 센터에 송부한다. 2009년 말 현재 약 149만 타이틀이 등록되어 있다. ↔ 국제표준연속간행물번호

JAPAN MARC

일본의 국립국회도서관이 전국서지(全國書誌) 데이터 배포용으로 개발한 MARC로, 1981년 4월에 배포 서비스가 시작되었다. 그 포맷은 외형식(外形式)에 대해서는 ISO 2709 Format for Bibliographic Information Interchange on Magnetic Tape를 채택하고, 내형식(內形式)은 UNIMARC에 준거하고 있다. 이제까지는 일

부 독자(獨自)의 확장을 실시하고 있었으나, 2003년부터는 UNIMARC판 포맷으로의 제공도 시작되었다. 『일본목록규칙 신판 예비판』을 기반으로 하고 있었으나, 최신판에 대해 1998년 이후 『일본목록규칙 1987년판 개정판』에 준거하고, 그 이후의 판에도 순차적으로 적용 세칙을 제시하고 있다. 또한 2002년 4월 이전은 도서와 연속간행물은 별도의 포맷이었는데, 양자(兩者)는 통합되었다. 나아가 2006년 4월부터는 음악 녹음 자료 및 영상 자료의 수록도 시작되었다. 한편 저자명 전거 파일의 간행도 1997년에 시작되었다. ↔ MARC 포맷

JICST → 과학기술진흥기구 정보사업본부[일본]

KORMARC → 한국문헌자동화목록

KWIC 색인(--索引) keyword-in-context index; KWIC index

색인의 대상에서 추출한 키워드를 표제어로 하여, 그 전후의 문자열을 수반한 형식으로 표시하는 색인. 키워드는 알파벳순 또는 가나다순(일본의 경우는 오십음순)으로, 횡서(橫書)의 경우에는 수직, 종서(縱書)에서는 수평의 정해진 위치(중앙 등)에 나란히 되도록 레이아웃 하고, 그 키워드의 좌우 수평 또는 상하 수직에 표제어의 전후의 문자열을 제시한다. 키워드를 문맥 중에 채워 넣은 형식으로 제시하기 때문에, 이 이름이 생긴 것이다. 컴퓨터를 이용하여 단어의 추출, 배열, 출력이 이루어지는 색인으로, 룬(Hans Peter Luhn)에 의해 개발되었다. 일본어에 대한 응용으로서, 가나 문자 KWIC이나, 한자 가나 혼합 종표기(縱表記)의 KWIC이 검토된 시기가 있었다가, 현재에 이르고 있다. 논문 표제를 표제어 추출의 재료로 하는 경우가 많으나, 논문 등 문헌 그 자체를 표제어 추출의 재료로 하는 경우도 있다. ↔ KWOC 색인; 순환 색인

KWOC 색인(--索引) keyword-out-of-context index; KWOC index

키워드를 출현하는 곳 전후의 문자열과 함께 표시하는 색인으로, 키워드는 문맥에서 추출하고, 별도로 그 바깥쪽(좌측 등)에 인쇄·표시하는 것. 표제어(키워드)를 바탕으로 전후의 문맥 또는 그 일부를 키워드를 포함하여 표시하게 된다. KWIC 색인의 표시 형식상의 변형이다. ↔ KWIC 색인

LC MARC → MARC 21

MARC machine readable cataloging

"서지 기술, 표목, 소재 기호 등의 목록 저록에 기재되는 정보를 일정의 포맷에 의해 컴퓨터로 처리할 수 있는 매체에 기록하는 것, 또는 기록한 것"(『일본목록규칙 1987년판 개정 3판』 용어 해설). 기계 가독 목록(機械可讀目錄)이라고도 한다. MARC의 원의(原義)는 「서지 정보를 기계 가독 형식으로 작성, 제공하기 위해, 미국의회도서관(LC)에 의해 개발된 정보 교환용 포맷, 또는 동(同) 포맷을 이용하여 서지 정보를 기록하는 것」으로, 당초에는 자기(磁氣) 테이프에 서지 레코드를 수용하여 제공하는 것이었다. 이 원의가 그 후의 MARC 데이터의 광범위한 이용에 따라 확장되어, 고유명으로서의 사용에서 벗어나, 현재는 모두(冒頭)에 제시한 것과 같은 광의(廣義)의 용법으로 사용되고 있다. ↔ MARC 포맷

MARC 21

US MARC와 CAN MARC(캐나다의 MARC)를 조정한 새로운 정보 교환용 포맷. 1966년의 미국의회도서관(LC)의 파일럿프로젝트를 거쳐, 1968년에 MARC II 포맷으로서 개발된 포맷(LC MARC라고 불렸다)이 1970년대에 서지 유틸리티 등에서 이용됨으로써, 서지 정보를 다루는 표준적인 포맷으로서 국내외에 널리 보급되었다. 이 포맷 중 외형식(外形式)의 부분은 1971년에 미국 국내 규격인 ANSI 규격으로, 나아가 1973년에는 ISO 국제 규격으로 채택되었다(1983년에는 US MARC로 개칭). 한편 내형식(內形式)에 대해서는, 당초에는 『영미편목규칙』, 그 후에는 『영미편목규칙 제2판』에 준거하고 있다. 또한 서지 레코드용 이외에, 소장 레코드용, 전거 레코드용, 분류표 데이터용, 커뮤니티 정보 데이터용과 같은 몇 개의 포맷이 규정되어 있다. 1997년에 미국과 캐나다 간에 조정이 이루어져, MARC 21이 작성되었다. 2004년 6월에는 영국도서관도 UK MARC에서 MARC 21로 이행(移行)하였다. ↔ MARC 포맷

MARCXML

미국의회도서관(LC)의 네트워크개발MARC표준국(Network Development and MARC Standard Office)이 MARC 21 데이터를 XML로 표시하기 위해 개발한 스키마.

XML로 기술함으로써, MARC 데이터의 유연한 표시, 편집, 다른 스키마와의 상호 교환이 용이하게 된다. MARC의 레코드 구조 ISO 2709와 완전한 호환성을 갖는다. 이 점에서 MARC 21의 서브세트 XML 스키마인 MODS와 다르다. ↔ MARC; MODS; XML

MARC 레코드 MARC record

"서지 레코드를 일정의 포맷에 의해, 기계 가독 매체 상에 기록한 것"(『일본목록규칙 1987년판 개정 3판』 용어 해설). 기계 가독의 형식에 의해 특정의 서지 레코드나 전거(典據)의 기록 등을 기계 가독 매체 상에 수용한 것이 MARC 레코드로, 동시에 그러한 레코드는 서지 레코드, 소장 레코드, 전거 레코드 등, 그 종류에 따른 호칭으로 불린다. 개개의 레코드는 정보 교환용 MARC 포맷에서는, 레코드 레이블, 레코드 디렉토리, 데이터 필드군, 그리고 레코드 종단 기호로 이루어지는데, 각 데이터 처리 시스템(목록 시스템 등) 내의 파일이나 데이터베이스에서는, 통상 그것들과는 다른 구성을 취하는 경우가 많다. ↔ 레코드; 서지 레코드; 서지적 기록; 소장 레코드; 전거 레코드

MARC 포맷 MARC format

"MARC 레코드의 총체적인 구조로, 그 구조, 내용을 이루는 각종 사항과 그 식별 지시의 3요소를 규정한다. 구조의 부분을 외형식, 내용의 부분을 내형식이라고 하는 경우도 있다. 국제적인 UNIMARC 포맷을 비롯하여, 각국에서 서지 정보 교환용의 표준 포맷이 제정되어 사용되고 있다."(『일본목록규칙 1987년판 개정 3판』 용어 해설). 당초에는 자기(磁氣) 테이프에 서지 레코드를 수용하여 제공하기 위해 개발된 것이었으나, 현재는 전거 레코드, 소장 레코드, 분류표 데이터 등의 각각에 상응하는 정보 교환용 포맷이 개발되어 있다. 기계 가독 매체 상의 정보의 물리적 기록 방식인 외형식(外形式)이라고 불리는 레코드의 구조를 규정한 부분과, 레코드를 구성하는 개개의 데이터 요소를 식별하고, 나아가 그러한 데이터 요소에 대한 부가적 정보를 부여하는 내용 표지 기호(내용 식별자)를 규정한 내형식(內形式)으로 나눌 수 있다. ↔ 내형식; 데이터 요소; 외형식

MeSH → 의학주제명표목표

METS Metadata Encoding and Transmission Standard

리포지터리 내의 다른 메타데이터를 공통의 메타데이터로서 일원적(一元的)으로 다루고, 리포지터리 간에 이루어지는 교환을 용이하게 하기 위한 부호화와 송신의 프레임워크. XML로 기술된다. 헤더부(METS header), 기술 메타데이터부(descriptive metadata section), 관리 메타데이터부(administrative metadata), 파일부(file section), 구조 맵부(structural map), 구조 링크부(structural link), 동작부(behavior)의 일곱 부분으로 구성된다. 그 중에서도 전자 오브젝트의 계층 구조를 정의하는 구조 맵부가 가장 중요한 부분이다. 디지털도서관연합(DLF: Digital Library Federation)이 추진하는 프로젝트의 과정에서 2001년에 개발되었다. 그 후 미국의회도서관(LC)의 네트워크개발MARC표준국(Network Development and MARC Standard Office)이 유지 갱신을 계승하였다. ↔ XML; 메타데이터

MODS Metadata Object Description Schema

미국의회도서관(LC)의 네트워크개발MARC표준국(Network Development and MARC Standard Office)이 2002년에 외부 전문가와 공동으로 개발한 서지적 요소를 위한 XML 스키마. XML로 기술함으로써, MARC 데이터의 유연한 표시, 편집, 다른 스키마와의 상호 호환이 용이하게 된다. MARC 21과 완전한 호환성을 갖는 MARCXML과는 다르며, 일부의 필드만을 요소로 함으로써, 간략한 레코드 작성을 가능하게 하고 있다. 한편 더블린 코어(Dublin Core)와 비교하면, 도서관 등의 전자 자료의 메타데이터 기술에도 친화성이 높은 요소를 풍부하게 포함하고 있다. 요소명에는 MARC의 필드 식별 기호가 아닌 일반 언어가 사용되어 이해하기 쉽다. ↔ MARC; MARCXML; XML

NIST[일본] National Information System for Science and Technology

1969년의 과학기술회의의 답신 「과학 기술 정보의 유통에 관한 기본적 방책에 대하여」 중에 제시된 과학 기술 정보의 전국적 유통 시스템. 일본 내의 관련 기관 등이 하나의 시스템으로서 움직일 수 있도록, 중앙 조정 기능, 일차 정보의 가공을 시행하는 운영 센터(operating center), 지역 서비스 센터, 전문 센터, 데이터 센터, 터미널, 중앙 디포지터리(depository), 연수 기능, 연구 개발 기능을 정비한다고 하는 구상이었다. 그 후 과학기술청을 중심으로 하여 구체화가 시도

되고, 운영 센터는 종합 센터라고 불리게 되었는데, 새로이 추가된 클리어링 기능과 함께 JICST(현 과학기술진흥기구)가 그러한 기능을 담당하게 되었다.

NTCIR[일본]　NII-NACSIS Test Collection for IR Systems

정보 검색이나 텍스트 요약 등의 텍스트 처리 기술 향상을 목적으로 하여, 일본의 국립정보학연구소(NII)를 중심으로 개발된 데이터 세트. 데이터베이스 이외에, 이용자의 검색 요구를 기술한 「검색 과제」, 검색 과제를 충족시키는 「정해문서(正解文書)의 망라적인 리스트」를 포함하고 있다. 일본어와 영어뿐만 아니라, 아시아 언어도 대상으로 하고 있다. 미국의 TREC을 모델로 하여, 일본 및 해외의 다수 대학·기업의 팀의 참가·협력에 의해 작성되었다. 워크샵이 1999년부터 개최되고 있으며, 일반적인 검색(수시 검색) 이외에, 교차 언어 검색(cross language information retrieval)이나 자동 요약(automatic summarization) 등 여러 종류의 연구 과제가 설정되어 있다. ↔ TREC

OAI-PMH　Open Archive Initiative Protocol for Metadata Harvesting

2001년에 OAI(Open Archive Initiative)가 책정한 인터넷상의 메타데이터 자동 수집을 위한 프로토콜. 리포지터리를 유지하고 메타데이터를 개시(開示)하는 데이터 프로바이더와 개시된 메타데이터를 하베스터(harvester)라고 불리는 어플리케이션에 의해 수집하여 가공·제공하는 서비스 프로바이더로 구성된다. 수집에 사용되는 리퀘스트는 6종류뿐. 상당수의 기관 리포지터리에서 채택되고 있으며, 미시간대학이 운영하고 있는 서비스 프로바이더 OASISter는 전 세계 수백의 리포지터리를 대상으로 하베스팅을 실시하고 있다. ↔ 기관 리포지터리; 메타데이터

OCLC　OCLC Online Computer Library Center, Inc.

대표적인 서지 유틸리티로, 미국 오하이오 주 더블린(Dublin)에 본부를 둔 비영리 회원 조직이다. 1967년에 오하이오 주내의 대학 도서관이 공동으로 창설한 Ohio College Library Center로서 발족하였으며, 1977년에는 오하이오 주외의 도서관의 참가를 인정하게 되고, 1981년에 OCLC Online Computer Library Center, Inc.로 개칭하였다. 분담 편목 시스템을 비롯하여 OCLC의 기초를 구축했던 것은 초대 소장 킬고어(Frederick Gridley Kilgour 1914-2006)이다. 1971년

에 54개 기관의 80개 단말에서 시작된 온라인 분담 편목은 2007년 현재 112개 국의 57,000개 기관이 참가하기까지 발전하였다. 유럽, 아시아, 라틴아메리카에 지사를 가지고 있으며, 일본에서는 1986년에 서비스를 시작하였다. 그 밖에도 소급 변환, 수서 지원, 상호 대차, 데이터베이스 제공, 보존 활동 등 도서관을 대상으로 하는 다양한 서비스를 전개하고, 연구 개발도 적극적으로 추진하고 있다. 2006년에 RLG와 경영을 통합하였다. ↔ 서지 유틸리티

OPAC → 온라인 열람 목록

PDF Portable Document Format

전자 문서를 위한 파일 형식. PostScript라는 파일 형식을 바탕으로 하여 미국 Adobe Systems사가 개발하였다. 파일 내에 문자 데이터뿐만 아니라, 폰트나 문자 장식의 정보, 도표나 일러스트레이션 등의 화상 정보, 레이아웃 정보 등도 가지고 있기 때문에, 파일 작성 시에 사용한 어플리케이션이나 OS가 다르다고 하더라도, 원래의 문서를 거의 원형대로, 인쇄물의 이미지대로 표시·인쇄하는 것이 가능하다. 또한 작성된 PDF 파일은 원래의 문서 파일에 비해 용량이 축소된다. 이와 같은 특성에 의해, 인터넷에서 전자 문서를 유통시키기 위한 표준적인 파일 형식의 하나가 되고 있다. PDF 파일의 작성과 표시·인쇄에는 전용(專用)의 소프트웨어가 필요하다. ↔ 전자 자료; 전자 출판

PFI Private Finance Initiative

민간의 자금이나 경영 관리의 노하우 등을 활용하여, 사회 자본을 정비하는 기법. 영국이 개발하여, 1992년부터 도입하고 있는 기법으로, 일본에서는 1999년에 「민간자금 등의 활용에 의한 공공시설 등의 정비 등의 촉진에 관한 법률」(통칭 PFI법)이 시행되었다. 도서관의 정비나 경영에 적용한 사례로 쿠와나시립중앙도서관(桑名市立中央圖書館) 등이 있다. 또한 도서관의 관리를 PFI 사업자에게 맡길 때에는, 지정 관리자 제도(指定管理者制度)를 병용할 필요가 있다. ↔ 지정 관리자 제도

PGI → GIP

PR지(PR誌) → 피아르지

PR 활동(PR活動) → 피아르 활동

PRECIS Preserved Context of Index System

오스틴(Derek Austin 1921-2001)에 의해 개발된 용어열 색인법(用語列索引法)의 하나. 자료의 주제를 표현하는 각 단어에 롤 오퍼레이터(role operator)라고 불리는 문맥 중에서의 문법적인 역할을 나타내는 지시 기호를 붙인다. 부여 후에는 컴퓨터 처리에 의해, 문맥 중에서의 각 단어의 위치 관계를 유지한 채, 순차 용어열 중의 각 단어가 표제어가 된 저록이 작성된다. 이렇게 함으로써 용어열 중의 어느 단어로부터도 검색이 가능하게 된다. *British National Bibliography* (1950-   )에 적용하는 것을 주된 목적으로 하여 개발되었으며, 듀이십진분류법(DDC)에 의한 분류 본편에 대한 주제명 색인으로서, 1971년부터 1990년까지 채택되었는데, 1991년 이후에는 PRECIS에 비해 더 간략한 COMPASS라고 불리는 주제명 색인으로 대체되었다. ↔ 다중 엔트리 색인법(multiple entry indexing); 용어열 색인

RDF Resource Description Framework

W3C가 개발한 규격으로, 정보 자원의 표준적 기술 방식. RDF는 기계가 해석할 수 있는 구조와 자원(resource)·속성 유형(property type)·속성 값(value)을 결부시킨 신택스(syntax)를 메타데이터에 제공한다. 또한 상호 운용성이 높은 XML을 채택하며, 더블린 코어(Dublin Core)를 비롯한 다양한 메타데이터를 반입하여 기술할 수 있다. 기술 대상이 되는 자원은 하나의 웹 사이트이든 그 일부이든 무방하며, 나아가 웹을 경유하여 직접적으로는 액세스할 수 없는 것(예를 들면 도서)이라도 무방하다. 1999년에 W3C로부터 정식으로 권고되었다. ↔ W3C; XML; 메타데이터

RLG Research Library Group

미국의 연구 도서관 연합. 1974년에 뉴욕공공도서관과 콜롬비아대학, 하버드대학, 예일대학에 의해 설립된 비영리 조직. 미국을 중심으로 150개가 넘는 연구

도서관, 박물관, 문서관 등이 가맹하여, 협동 장서 구축, 자료 보존, 전문별 데이터베이스 구축, 소급 변환 등을 공동 사업으로 실시해왔다. 1978년에 제공을 시작한 온라인 분담 편목 시스템 RLIN(Research Libraries Information Network)은 자료 종류별의 서지 병렬형이라는 것, 전문별 데이터베이스(ESTC: English Short Title Catalogue, RLG Conspectus Online 등) 및 CJK(중국어, 일본어, 한국어)를 포함한 다언어 처리 시스템 등에 특색이 있었다. 그러나 2006년에 OCLC에 운영 통합되었다. ↔ 서지 유틸리티

RLIN → RLG

SDI → 정보의 선택적 제공

SGML Standard Generalization Markup Language

ISO에 의해 1986년에 정해진 자기 기술(自己記述)이 가능한 범용의 마크업 언어. 문서 구조를 기술하기 위한 언어로, 레이아웃 정보는 기술하지 않는다. 특징은 문서 작성자가 그 문서 독자(獨自)의 구조를 표현하는 규칙을 작성할 수 있다는 것이다. HTML은 SGML을 바탕으로 하고 있으나, 웹 페이지의 기술에 특화하여 SGML의 자기 기술 가능 부분을 생략하고 있으며, 범용성이 결여되어 있다. XML도 SGML을 바탕으로 하고 있지만, 확장성을 훼손하지 않도록 하는 간략화가 이루어지고 있다. ↔ HTML; XML; 마크업 언어

SNS → 소셜 네트워킹 서비스

SPARC Scholarly Publishing and Academic Resources Coalition

1998년에 북미(北美)의 연구도서관협회(ARL: Association of Research Libraries)가 대형 상업 출판사에 의한 학술 잡지의 독점 · 가격 고등(高騰)을 억제하기 위해, 연구자나 학 · 협회와 연휴(連携)하여 저가격의 학술 잡지의 출판을 지원하고, 학술 출판 시스템에 변혁을 가져 오기 위해 발족시킨 프로젝트. 북미를 중심으로 약 200개 기관이 참가하고 있다. 주로 학 · 협회의 고품질 저가격 학술 잡지의 간행 지원, 도서관인 · 연구자 · 편집 위원에 대한 광보 활동, 학술 커뮤니케이션에 관한 교육 활동 등을 실시하고 있는 이외에, 오픈 액세스(open access)

에 의한 학술 정보 유통을 지지·지원하고 있다. 2002년에는 SPARC Europe이 창설되었다. 일본에서는 2003년부터 국립정보학연구소(國立情報學硏究所)에 의해 국제학술정보유통기반정비사업(통칭 SPARC/JAPAN)으로서, 이것과 협조한 활동이 추진되고 있다. ↔ 연구도서관협회[북미]; 오픈 액세스

SQL structured query language

관계 데이터베이스를 구축, 이용하기 위한 컴퓨터 언어의 하나. 표명(表名)이나 열명(列名), 데이터형의 정의 등을 행하는 데이터 정의, 데이터의 삽입이나 검색(문의) 등을 행하는 데이터 조작, 트랜잭션의 확정, 취소 등을 행하는 데이터 관리의 기능을 갖는다. IBM사의 SEQUEL(Structured English Query Language, 1974)로부터 발전하여, ANSI(1986), ISO(1987), JIS(1987)로 표준화되고, 그 후에도 개정이 계속되고 있다. 당초 SQL은 Structured Query Language의 약칭으로서 사용되어 왔는데, ISO에서 정식 명칭이 되었다. 상용(商用)인 Oracle이나 MS Access, 프리웨어인 PostgreSQL이나 MySQL 등 SQL을 실제로 적용한 소프트웨어가 다수 개발되어 있다. 「시퀄」이라고도 발음한다. ↔ 관계 모델

tf·idf term frequency-inverse document frequency

통계적인 정보 검색 기법에서, 문헌을 특징화한 단어를 특정(特定)하기 위해, 문헌의 표제(타이틀), 초록, 본문 등을 단어 단위로 분할하고, 각 단어의 가중치를 계산하는 방법. 또는 가중치 부여의 통계 척도. tf(term frequency)는 어느 1건의 문헌 내에서의 그 단어의 출현 빈도를 의미하며, idf(inverse document frequency)는 그 단어가 출현하는 문헌수의 역수(逆數)를 가리킨다. 기본적으로는 이 두 값을 곱하여 그 단어의 가중치로 한다. tf는 문헌 내에서의 그 단어의 중요도, idf는 그 단어의 색인어로서의 유용성을 나타내고 있다. 벡터 공간 모델을 비롯하여, 통계적 검색 모델에서 폭넓게 이용되고 있다. ↔ 가중치 부여; 벡터 공간 모델

TREC Text REtrieval Conference

미국의 NIST(National Institute of Standards and Technology)를 중심으로 진행되고 있는 대규모의 검색 실험 프로젝트. 그 첫 번째 회의는 1992년에 개최되었

다. 다수의 대학·기업 팀의 참가·협력에 의해, 실험용의 대규모 테스트 컬렉션이 작성되어, 각 기법의 비교 평가를 가능하도록 하고 있는 점에 큰 특징이 있다. 일반적인 검색(수시 검색) 이외에, 교차 언어 검색이나 웹 검색 등의 여러 종류의 연구 과제가 설정되고 있다. 그 시작 이래로, 검색 기술의 향상에 눈부신 공헌을 하고 있으며, 현재는 정보 검색 연구를 견인하는 커다란 힘이 되고 있다.

UKOLN

도서관, 정보 센터, 문화 유산 관리 기관 등을 대상으로, 디지털 정보 매니지먼트에 관한 방침 책정이나 실무 지원, 연구 개발 등을 실시하는 영국의 기관. 1992년에 서지관리센터(Center for Bibliographic Management)와 영국도서관네트워크국(UK Office for Library Networking)이 합병하여 도서관정보네트워크국(UKOLN: The Office for Library and Information Networking)이 설치되고, 1995년에 UKOLN: The UK Office for Library and Information Networking으로 개칭되고, 2002년에 UKOLN이 된다. 주된 재원(財源)은 고등교육기금심의회의 아래에 있는 통합정보시스템위원회(Joint Information System Committee)나 영국도서관연구이노베이션센터(British Library Research and Innovation Centre)의 자금, 그리고 유럽연합 등의 프로젝트 자금이다. 서지관리센터의 전신인 목록연구센터(Centre of Catalogue Research, 1977년 설치) 이래로 배스대학(University of Bath)에 부설되어 있다.

UNIMARC

각국의 국가 서지 작성 기관이 작성하고, 제공하는 MARC의 국제 교환이 원활하게 이루어질 수 있도록, 국제도서관연맹(IFLA)이 1977년에 제시한 MARC 표준 포맷. 그 외형식(外形式)으로는 국제 표준인 *ISO 2709 Format for Bibliographic Information Interchange on Magnetic Tape*를 채택하고, 내형식(內形式)에 대해서는 국제표준서지기술법(ISBD)을 전제로 규정하고 있다. 필드군을 기능별로 10개 블록으로 나누고, 각 태그의 맨 앞 첫 자리가 그것이 속하는 블록을 나타내도록 설정하고 있다. 또한 2바이트의 지시 기호 및 서브필드 코드를 채택하고 있다. 그 후 1980년에 제2판이 공표되었다. 서지 포맷은 현재는 「서지 포맷 1994」라고 하는 단계로, 적절하게 갱신이 이루어지고 있다. 또한 전거 레코드용으로서 1991년에는 *UNIMARC/Authorities*가 제정되고, 제2판이 2001년에 발표되었다. 그 이외에 UNIMARC에서는, 구성 부분, 마이크로 자료, 고서, 최소 레벨 레코드, 다단계 기술법, 전자 자료 등, 다양한 용도별의 가이드라인이 마련되어 있다. ↔ MARC 포맷

UNISIST → GIP

URI Universal Resource Identifier

IETF가 네트워크 정보 자원의 메타데이터 표준화를 목적으로 하여 개발을 시도한 기술 명세서이다. URN(Uniform Resource Name, 내용을 바탕으로 하는 식별 기호), URL(Uniform Resource Locator, 소재를 바탕으로 하는 식별 기호), URC(Uniform Resource Characteristics, 특징·내용의 기술)의 총칭. 또한 이 활동을 행하는 워킹 그룹의 명칭. URN과 URL은 각각 RFC 1737, RFC 1738로서 명세서가 정해졌지만, URC는 폐기되었다. ↔ IEFT; 네트워크 정보 자원; 메타데이터

US MARC → MARC 21

UTLAS → 서지 유틸리티

W3C World Wide Web Consortium

WWW에 관한 기술의 표준화를 추진하는 단체. WWW의 발명자인 팀 버너스리(Tim Berners-Lee 1955-   )가 1994년 10월에 설립. 매사추세츠공과대학 컴퓨터과학연구소(MIT LCS), 프랑스 국립정보처리자동화연구소(INRIA), 게이오기주쿠대학(慶應義塾大學) 쇼난후지사와(湘南藤澤)캠퍼스가 간사역(幹事役)을 맡아 운영되고 있다. 개인이 아닌 단체에만 참가 자격(회비제)이 부여되고 있는데, 인터넷 관련의 주요 벤더 등 400개 이상의 조직이 참가하고 있다. HTML이나 XML 등 수많은 중요한 WWW 기술이 W3C에서 논의되어, 권고라는 형으로 제출되고 있다. ↔ HTML; WWW; XML

WLN Western Library Network

워싱턴주립도서관의 한 부문으로서 1976년에 설립되었으며, 1977년부터 온라인 분담 편목 시스템의 운용을 시작하였다. 그 후 서서히 주 정부로부터 분리되어, 독립의 비영리 기관이 되었다. 1985년에는 명칭을 Washington Library Network 에서 Western Library Network로 변경하였다. 서지 공유형의 종합 목록 데이터베이스를 구축하고, 인력에 의한 점검을 포함한 세심한 전거 관리(authority control)를 그 특징으로 하였다. 1999년에 OCLC와 합병하여, 현재는 OCLC 웨스턴서비스센터가 되었다. ↔ 서지 유틸리티

WWW World Wide Web

인터넷상에 분산되어 있는 정보나 서비스를 하이퍼텍스트 형식으로 구조화하고, 어구나 도상(圖像)을 선택하는 것으로, 관련된 정보의 입수, 서비스에 대한 액세스가 가능하도록 한 클라이언트 서버형 시스템. 문자, 화상(畵像), 음성, 자바 애플릿(Java applet) 등 다양한 오브젝트를 통합한 멀티미디어 시스템이다. 명칭은 웹. 그 클라이언트 소프트웨어를 브라우저라고 부르는데, 브라우저에 의해 표시되는 화면의 것을 웹 페이지 또는 홈 페이지라고 한다. 기본적인 통신 프로토콜로 HTTP, 문서 포맷으로 HTML이 사용되며, 대표적인 서버 소프트웨어로 apache가 있다. 유럽원자핵공동연구소(CERN)에서 1994년에 개발된 시스템을 기초로 하고 있다. W3C에 의해 표준화가 진행되고 있다. ↔ HTML; W3C

XML Extensible Markup Language

W3C가 개발한 자기 기술(自己記述)이 가능한 마크업 언어. SGML의 후속 언어로, SGML이 고기능인 한편으로 너무 복잡하다는 반성에서 더 단순화된 규격으로 되어 있다. 가장 큰 특징은 문서 작성자가 그 문서 독자(獨自)의 구조를 표현하는 규칙을 작성할 수 있는 것으로, 이것이 XML의 높은 확장성을 실현하고 있다. XML의 목적은 인터넷상의 문서 형식을 표준화하는 것으로, HTML이 웹 페이지를 기술하기 위한 것일뿐인 데 비해, 데이터 교환 등의 넓은 범위를 다루고 있다. ↔ HTML; SGML; W3C; 마크업 언어

Z39.50

클라이언트 서버 모델에 의한 데이터베이스 검색을 위한 통신 규약. 클라이언트에 대한 ① 서버로부터 제공되는 데이터베이스의 탐색, ② 탐색 요구에 의한 데이터베이스 중의 레코드의 검색, ③ 단어의 리스트의 통람(通覽), ④ 검색 결과를 소팅(sorting)하기 위한 순서와 구조, 나아가서는 액세스의 제어, 자원 제어, 확장 서비스, 지원 기능을 규정하고 있다. 원래는 미국의 ANSI/NISO의 국가 표준으로, 1998년에 국제 표준 ISO 23950이 되었는데, 이에 대응하여 일본에서도 JIS X 0806이 제정되었다. Z39.50을 사용하면, 예를 들면 어느 하나의 시스템에 검색식을 투입하면, 그 시스템이 다른 검색 시스템에 자동적으로 검색식을 송신하고, 검색 결과를 수신, 가공하는 것이 가능해진다.

가공의 출판 사항(架空出版事項) fictitious imprint; false imprint; spurious imprint

법적 또는 그 밖의 규제를 피하거나, 저자의 신원을 숨기거나, 또는 저작권 침해의 해적판인 것을 숨길 목적으로 도서에 표시된다. 사실과 다른 출판 사항.

가나자와문고(金澤文庫) Kanazawa-bunko

무사시노구니(武藏國久良岐郡六浦庄金澤鄕: 현재의 요코하마시(橫浜市 金澤區 金澤町))에 호조(北條)씨의 일족(金澤北條氏)인 호조 사네토키(北條實時)가 1275년경에 창설하였다고 일컬어지는 문고. 사네토키는 다년에 걸쳐 우수한 책들을 수집하여 그 기초를 구축하였다. 그 후 아키토키(顯時), 사다아키(貞顯), 사다마사(貞將)로 인계되고, 가나자와 호조씨 멸망 후에는 쇼묘지(稱名寺)가 관리해왔다. 가장 충실했던 무렵에는 2만 점에서 3만 점의 장서가 있었던 것으로 생각된다. 그러나 그 후에는 그때그때의 권력자가 많은 장서를 가져가 문고가 쇠퇴하였다. 1930년에 가나가와현(神奈川縣)이 부흥되면서, 1990년 이후 역사 박물관으로 공개되고 있다. 문고 소장의 책을 조본(祖本)으로 하여 전사(傳寫)되어 오늘날까지 전해진 귀중한 문헌이 허다하다.

가변 길이 레코드(可變) variable length record

파일 또는 데이터베이스를 구성하는 레코드의 길이가 개개의 레코드에 따라 다른 것. 고정 길이 레코드의 상대어. 통상 각 레코드의 맨 앞부분에 그 길이에 관한 정보를 둔다. 가변 길이 레코드는 가변 개의 고정 길이 필드, 가변 개의 가변 길이 필드, 또는 그것들의 조합으로 이루어지며, 논리 레코드 길이라고 불리는 최대 길이를 상한으로 하여, 각 레코드의 길이가 유연하게 설정된다. 논리 레코드 길이를 넘어서는 경우에는, 통상 복수 레코드에 대한 물리적 분할 등에 의해 처리된다. 한편 서지나 전거의 레코드는 전형적인 가변 길이 레코드이며, 정보 교환용 MARC 포맷은 그것들에 대응할 수 있는 하나의 구성을 나타낸 것이다. ↔ 고정 길이 레코드; 레코드

가변 길이 필드(可變--) variable length field

파일이나 데이터베이스의 레코드를 구성하는 필드 중 그 길이가 고정되어 있지 않고, 수록되는 데이터 요소의 길이에 따라 신축성을 갖는 것. 고정 길이 필드의 상대어. 통상 가변 길이 필드에 수록되는 데이터 요소의 최대 길이가 미리 정의되고, 그것을 상한으로 하여 자유로이 설정할 수 있다. ↔ 고정 길이 필드; 필드

가상 공간(假想空間) → 사이버스페이스

가상국제전거파일(假想國際典據--) Virtual International Authority File(VIAF)

미국의회도서관(LC), 독일도서관, OCLC가 2003년의 합의를 바탕으로 공동으로 개발하고 있는 국제적인 개인명 전거 파일. 웹상에서 무료로 이용할 수 있다. 양 도서관의 개인명 전거 파일과 그것에 대응하는 서지 레코드의 정보를 이용하여, OCLC가 제공하는 매칭의 자동화 알고리즘의 기술을 이용하여, 각 전거 레코드를 링크한다. 장기적으로는 다양한 국립 도서관이나 주요한 서지 작성 기관에 의해, 단체명, 회의명, 지명 등을 포함한 전거 레코드를 링크함으로써, 국제적인 전거 서비스를 공유하는 것을 목적으로 하고 있다. ↔ 전거 관리

가상 도서관(假想圖書館) → 전자 도서관

가이드북 guidebook

(1) 어떤 주제나 사물의 안내, 해설, 소개, 설명, 입문, 지남(指南) 등을 목적으로 하는 도서. (2) 여행자에게 특정의 나라, 지역, 도시, 관광지에 대해 지식이나 정

보를 제공하는 것을 목적으로 하는 안내서. 이와 같은 여행용의 가이드북은 해외 여행자의 증가와 함께 다수 출판되게 되어, 공공 도서관에서는 브라우징 컬렉션으로서 취급하는 경향이 강해지고 있다. (3) 박물관이나 미술관, 또는 전람회나 미술전 등의 이벤트에 대해 안내, 소개하는 도서나 팸플릿.

가정 문고(家庭文庫)[일본] home bunko

개인 독지가(個人篤志家)가 자택을 개방하고, 자기 소유의 어린이 도서를 대출하는 형태의 어린이 문고. 클로버어린이도서관(1952), 츠치야아동문고(土屋兒童文庫, 1955) 등의 설립 무렵부터 번성하였으며, 1957년에 가정문고연구회(회장 무라오카 하나코(村岡花子))가 조직되면서, 가정 문고의 존재가 분명하게 되었다. 이 연구회는 회보의 발행, 전국의 가정 문고와의 연락, 지도, 외국 그림책의 번역 출판, 새로운 문고를 만드는 사람에 대한 책의 기증, 대출 순회 세트를 지방의 가정 문고에 무료로 대출하는 등의 활동을 실시하였다. 1965년에는 이시이 모모코(石井桃子) 주재의 카츠라문고(かつら文庫)의 실천 기록『어린이의 도서관』이 발행되었는데, 이것을 읽고 문고를 시작하는 사람이 증가하였다. 그 후 개인의 선의와 노력에는 한계가 있다는 것이 분명해지고, 가정 문고로서 발족한 민간의 어린이 도서관 운동은 지역의 사람들의 협력 조직을 취하는 지역 문고로 탈피하거나, 도서관 만들기 운동에 관계하게 된다. ↔ 문고 활동; 어린이 문고; 지역 문고

가정 배본 서비스(家庭配本--) → 택배 서비스

가제본(假製本) paperback binding

본문의 용지보다도 두껍고 구부리더라도 접히지 않을 정도의 유연성이 있는 종이를 표지로 사용하는 제본 양식. 간이 제본이라고도 한다. 본장본(本裝本: 본제본 또는 상제본)보다도 간단한 제본으로, 이전에는 본장본으로 하기까지의 일시적 제본이라는 것으로 「가」(假)라는 이름이 붙여졌다. 실, 철사, 또는 접착제로 속장(내용물)을 철하고, 표지로 감싼 후에 다듬재단하기 때문에, 테(square: 일본말로는 지리(ちり)라고 한다)가 없는 것이 특징이다. 문고본, 교과서, 잡지 등은 이 양식이다. 그것에 대해, 본장본에서는 속장을 다듬재단한 후에 표지가 붙여지기 때문에, 테가 있다. ↔ 본장본

가제식 목록(加除式目錄) loose-leaf catalog; sheaf catalog

책자 목록의 일람성(一覽性)과, 카드 목록의 가제성(加除性)의 특징을 겸용시킨 목록. 책자 목록의 각 페이지를 가제식으로 떼어내어 가제를 가능하게 하고, 그 낱장에 가늘고 긴 카드식의 목록 저록(목록 기입)을 끼워 넣어 일람성을 갖도록 한 목록이다. ↔ 책자 목록; 카드 목록

가제식 자료(加除式資料) loose leaves material

제본되지 않고, 페이지 단위로 떼어낼 수 있는 형태의 자료. 특히 현행 법령집 등과 같이, 자료의 내용을 수시로 새로이 추가하거나, 불필요하게 된 부분을 적절하게 제거하는 작업이 필요한 자료에는 유효한 형태이다. 다만 도서관에서는, 갱신 작업에 소요되는 비용이 계속적으로 발생하거나, 떼어낼 수 있는 페이지의 산일(散逸)을 우려하여 통상의 대출 규정에서는 대응이 곤란하다는 등의 문제가 있다. 또한 출판사가 통상의 제본 형태로 발행해야 할 자료를 가제식으로 간행하고, 갱신이 한 번도 이루어지지 않는 경우도 있다. ↔ 계속 자료; 통합 자료

가제식 제본(加除式製本) sheaf binding

부분적으로 낱장을 추가하거나 제거하여 자료의 내용을 갱신할 수 있도록, 낱장의 끝에 구멍을 뚫고, 나중에 간단하게 풀 수 있도록 하는 묶음 방법을 한 제본 양식. 주로 법령집, 규칙집 등과 같이, 그 내용의 일부분이 빈번하게 개정, 추가, 삭제되는 출판물에 사용된다. ↔ 가제식 자료

가죽 제본(--製本) leather binding

표지의 표장 재료(表裝材料)로서 피혁을 사용하고 있는 제본. 표지를 모두 피혁으로 씌우는 총혁장(總革裝), 표지의 등(背) 부분과 각(角) 부분을 피혁으로 씌우는 반혁장(半革裝) 등이 있다. ↔ 클로스 제본

가중치(加重値) weighting

정보 검색에서, 축적 정보에 포함된 단어가 갖는 색인어로서의 중요성 내지는 검색 질의어에 포함된 단어가 갖는 검색어로서의 중요성을 다치적(多値的)으로

표현하는 기법. 통상 단어의 중요성은 정수 또는 실수 값으로 부여된다. 사람에 의한 가중치 부여의 경우에는, 색인어 및 색인 작성자, 검색어 및 정보 요구자가 단어의 중요도를 판정하여 수치를 부여한다. 자동적인 가중치 부여의 경우에는, 단어의 출현 빈도 정보나 출현 위치를 이용하여 수치를 부여한다. tf·idf법은 출현 빈도 정보를 이용하는 가중치 부여 기법으로 대표적이다. 검색 결과에 대한 이용자의 적합성 판정을 바탕으로, 색인어 또는 검색어의 가중치를 수정하는 방법도 제안되고 있다. ↔ tf·idf

가치론(價値論) value theory

자료의 선택 기준을 자료 그 자체의 가치에 두는 입장의 자료 선택론. 도서관에서「바람직한」자료란 무엇인가, 도서관에 요구되고 있는 자료에는 어떤 것이 있는가와 같은 문제 등, 자료를 중심으로 하여「자료와 도서관의 관계」,「자료와 도서관 이용자와의 관계」를 고찰한다. 일반적으로 자료 선택의 기준은 자료 그 자체의 가치를 중시하는「자료 중시형」의 것과, 이용자의「정보 요구」를 중시하는「이용자 중시형」의 것으로 구분할 수 있는데, 가치론은 전자(前者)를 중심으로 하는 것이다. ↔ 요구론

각배(角背) → 모등

각주(脚註) → 주(註)

각형본(角形本) square book

형(形)이 되처럼 정방형(正方形) 또는 정방형에 가까운 도서. 양장본에서는 가로의 길이가 세로의 4분의 3 이상의 것을 말하며, 화장본(和裝本)에서는 용지(반지(半紙) 또는 미농지)의 사반절(四半截: 사절로 나눈 크기) 또는 육반절(육절로 나눈 크기)의 소형본(小型本)을 말한다.

간기(刊記) colophon

간본(刊本)의 발행년월, 발행지, 발행처명 등을 나타내는 표기로, 동양서의 경우 상당수는 권말(卷末)에 있다. 간기를 울타리로 두르거나, 종(鐘), 세 발 솥(鼎), 금(琴)

등의 형 안에 표시하는 경우, 이것들을 총칭하여 목기(木記)라고 부른다. 간기를 다른 장에 표시하는 경우, 일본에서는 오쿠즈케(奧付)라고 부른다. ↔ 판권(면)

간략 분류(簡略分類) broad classification

(1) 외연(外延)이 넓은 개념의 클래스로 구성되어 있어 세목이 적고, 특수한 클래스까지 전개되어 있지 않은 분류 체계. (2) 분류 체계는 상세하게 세목을 준비하고 있더라도, 자료의 주제보다 외연이 넓은 클래스를 부여하여 분류하는 것. ↔ 상세 분류; 서가 분류

간략 저록(簡略著錄) abbreviated entry

일정의 기준에 비추어, 또는 다른 병립(並立)하는 저록(기입)에 견주어, 그 저록이 수행해야 할 주된 역할을 손상하지 않는 범위 내에서, 본래부터 포함해야 하는 서지 사항을 생략한 목록 저록. 생략의 정도는 그것에 의한 인력 절감이나 저록의 간결함과, 저록의 사용 목적에 대한 효용의 감소의 쌍방을 비교하여 결정된다.

간략판(簡略版) abridged edition

저작물의 내용을 부분적으로 생략, 단축하는 등, 간략화하여 간행한 판. 축약판이라고도 한다. 소도서관에서의 사용을 의도한 듀이십진분류법(DDC) 간략판이나 국제십진분류법(UDC) 간략판 등과 같이, 원저작의 전체 구성과 표현법은 그대로 유지되고 있다. 같은 원저작의 생략판, 단축판에서도, 도덕 등의 면에서 불온당(不穩當)의 이유로 일부를 커트하여 간행한 삭제판(expurgated edition, bowdlerized edition)과는 다르다. 대부분의 저작의 내용을 요약한 판이라는 의미로 사용되는 경우도 있는데, 그 경우는 오히려 개요, 적요(摘要), 다이제스트 등의 이름으로 불리는 것이 일반적이다. ↔ 완본(1); 삭제판

간략 편목(簡略編目) brief cataloging; simplified cataloging

자료의 식별에 불가결한 서지 사항만으로 서지 기술을 한정한 편목 작업. 채택한 편목 규칙에 따라 상세한 레코드를 작성하는 완전 편목(full cataloging)에는 포함시킬 수 있는 많은 서지 사항이 제외되기 때문에, 편목 작업의 부하가 경감

된다. 편목 작업이 대상으로 하는 모든 자료에 적용하는 경우와, 특정의 자료 유형(예: 핸드북 등)에만 적용하는 경우가 있다.

간략 표제(簡略標題) half title

표제지의 앞이나 또는 본문 앞의 페이지에 표시되는 표제(타이틀). 약표제라고도 한다. 표제지 상의 표제와 동일한 경우와 간략화된 형의 경우가 있다.

간본(刊本) printed book

인쇄 기술을 사용하여 작성된 책. 필사본에 상대되는 표현.. 연제(鉛製) 또는 목제, 도제(陶製), 동제 활자를 사용한 활판 인쇄에 의한 간본은 활자본이라고 하며, 목판 인쇄에 의한 간본은 판본(版本)이라고 부른다. 서양에서는 printed book이라고 하면 일반적으로는 연활자로 인쇄한 책을 의미하며, 목활자에는 wooden type, 목판에는 xylograph를 사용한다.

간행 빈도(刊行頻度) frequency of serials; frequency

신문이나 잡지 등, 정기적으로 간행되는 연속간행물이 발행되는 간격, 또는 일정 기간으로 간행되는 횟수. 구체적인 간행 빈도로서는, 일간(daily), 반주간(semiweekly), 주간(weekly), 격주간(biweekly), 반월간(semimonthly), 월간(monthly), 격월간(bimonthly), 계간(quarterly), 반년간(semiannual), 연간(annual), 격년간(biennial) 등을 많이 볼 수 있다. 간격을 나타내는 용어가 없는 경우, 영어에서는 three times a month(순간: 旬刊), 일본어에서는 「연3회간」과 같이 횟수로 표현한다.

감성 정보(感性情報) kansei information; sensitivity information

인간의 감성에 자극이나 영향을 미치는 정보. 회화(繪畵)를 보고, 음악을 듣고, 요리를 맛보는 등의 행위에서 정보나 기호에 호소하는 정보로, 예를 들면 아름다움, 즐거움, 적막함, 우울함 등, 주관적이고, 애매하고, 다의적(多義的)이며, 상황 의존적이기 때문에, 수량화하기가 어려워, 컴퓨터에 의한 처리가 시도되게 된 것은 비교적 최근이다. 누구에게 있어서도 변하지 않는 사실, 객관적인 정보의 것을 「지식 정보」라고 부르는 경우가 있다. 1990년대 이후, 일본의 정보 공학 영역에서 감성 정보 처리의 연구가 활발하게 이루어졌기 때문에, 구미(歐美)에서도 감성을 의미하는 일본어인 kansei라는 표기를 사용하는 경우가 있다.

강(綱) division

듀이십진분류법(DDC)이나 일본십진분류법(NDC) 등의 십진식 분류법에서 두 번째 레벨 100구분에 대한 명칭. 한국십진분류법(KDC)에서는 강목(綱目)이라고 한다. ↔ 목(目); 십진식 기호법; 십진식 분류법; 주류

강배(腔背) → 빈등

개가제(開架制) open stack system; open access system

서고의 관리법의 하나로, 이용자가 직접 서가에 접하여 자료를 골라 가지고 나갈 수 있는 열람 방식. 안전 개가제와 자유 개가제가 있다. ↔ 안전 개가제; 자유 개가제

개관 시간(開館時間) hours of opening

이용자가 도서관을 이용할 수 있는 개관으로부터 폐관까지의 시간대. 엄밀히 말하면, 도서관인에 의해 모든 서비스와 시설이 제공되는 시간대이다. 그러나 이용 공간의 구분을 두어 일부의 서비스 영역의 이용 시간을 연장하거나, ID 카드 등을 사용하여 24시간 이용할 수 있는 체제를 취하는 대학 도서관이나 전문 도서관의 사례도 있어, 개관 시간에 대한 생각에는 폭이 생겨나고 있다. 일반적으로 개관 시간은 이용자 집단의 특성이나 니즈, 도서관의 직원 배치나 입지(立地) 등에 따라 설정된다. 최근에는 이용자로부터 공공 도서관이나 대학 도서관에 대한 개관 시간의 연장 요청이 강해져 가고 있다.

개념 분석(槪念分析) concept analysis

자료의 주제 내용을 개개의 개념 요소로 분석하는 것. 즉 주제가 어떤 개념으로 성립되고, 그러한 개념이 어떻게 관련되어 있는지를 분석하는 것을 말한다. 개념이란 사물에 관한 추상적인 관념으로, 특정의 명사(名辭)는 부여되지 않는다. ↔ 주제 분석

개명(改名) change of name

명칭의 변경을 가리키는데, 목록법상 특기(特記)된 개명으로서, 개인이나 단체의 명칭 변경 및 지명의 변경 등이 있다. 예를 들면, 개명에 의한 개인명 표목의 취급에 대해서는, 편목 규칙에 따라 그 취급이 달라진다. 『일본목록규칙 1987년판 개정 3판』에서는, 개정 전, 개정 후의 각각의 명칭을 표목으로서 채택하지만,『영미편목규칙 제2판』에서는 일반적으로 최신의 명칭만을 표목으로서 사용한다. 개정에 의한 신구(新舊)의 명칭 및 그것들 간의 참조 관계는 이름 전거 파일에서 관리할 수 있다. ↔ 이형 명칭; 저자 표목

개별형 목록(個別形目錄) divided catalog

"동종(同種)의 표목만의 목록 저록(목록 기입)과 참조로 편성되는 목록으로, 표제(서명) 목록, 저자 목록, 주제명 목록, 분류순 목록이 있다."(『일본목록규칙 1987년판 개정 3판』용어 해설). 일본의 도서관의 목록은 이 형태를 취하는 경우가 많다. 복합형 목록의 상대어. ↔ 복합형 목록

개인 대출(個人貸出) loan to individuals

도서관 자료를 개인 이용자에게 대출하는 것. 특히 일본의 공공 도서관에서는, 개인에 대한 대출은 도서관 서비스의 기본으로, 도서관 경영의 중심이 되고 있다.

개인명 표목(個人名標目) personal name heading

저작의 지적(知的) 또는 예술적 내용의 창조 내지는 구현(연주 등을 포함한다)에 책임을 갖거나, 기여하는 바가 있는 개인을, 개인 표목으로서 선택하고, 이름 전거 파일(저자명 전거 파일)을 바탕으로 통제된 형식으로 표현한 것. 『일본목록규칙 1987년판 개정 3판』에서는, 인명은 최초로 목록 저록을 작성할 때, 그 자료에 표시되어 있는 형식을 통일 표목으로서 채택하는 것을 원칙으로 하고 있으며, 저명(著名)하거나 또는 저작이 많은 저자에 대해서만, 참고 자료 등에서 많이 사용되고 있는 형식 또는 많은 저작에서 일치하고 있는 형식을 이 우선순위로 채택하도록 하고 있다. 또한 인명이 성과 명으로 구성되어 있는 경우에는, 일본인명, 외국인명을 불문하고, 성의 아래에 이름을 연결하는 형식이 표목형이 된다. ↔ 개인 저자; 단체명 표목; 저자 표목

개인 문고(個人文庫) private collection

(1) 연구자가 연구 목적을 위해 수집한 장서를 도서관이 기증 또는 구입에 의해 수입하여, 개인명 등을 위에 붙여 장서의 일부로 한 것. (2) 사립 도서관에 관한 것.

개인 서지(個人書誌) individual bibliography

어느 특정 개인의 저작이나 그 인물에 관한 제3자에 의한 저작 등, 한 사람의 인물에 관계된 문헌을 망라적으로 수록한 서지. 본인의 저작만을 수록한 저자 서지는 개인 서지의 일종이다. 집필 활동이 왕성한 인물, 그중에서도 문학가가 대상으로 선정되는 경우가 많다. 개인 서지에는 저작을 발표년월 순으로 배열한 저작 연보의 형식을 취하는 것도 있다. 또한 주제별이나 단행본 또는 잡지 논문 등의 발표 형식별로 나누어 배열하는 경우도 있다. 나아가서는 대상자나 저작에 대한 비평, 해설 등, 작가 연구, 작품 연구 등의 관계 자료를 수록하고 있는 서지도 있다. 개인 서지를 모은 것이 집합 서지이다. ↔ 인물 서지; 저자 서지; 전기 서지; 집합 서지

개인 저자(個人著者) personal author

"저작의 지적(知的) 또는 예술적 내용의 창작에 주된 책임을 갖는 개인을 말한다. 예를 들면, 도서의 저작자나 음악의 작곡자는 창작한 저작의 저자이다. 서지의 편찬자는 그 저자이다. 지도 제작자는 지도의 저자이다. 예술가나 사진가는 자신이 창작한 작품의 저자이다. 나아가 일정의 경우에는, 연주·연기자는 녹음물, 영화 필름 및 비디오 녹화의 저자이다."(『영미편목규칙 제2판 일본어판』 제21장). 광의(廣義)로는, 어떤 저작의 지적 또는 예술적 내용의 창조 내지는 구현(연주 등을 포함한다)에 어떤 책임을 갖거나, 또는 기여하는 바가 있으면, 그 저작의 개인 저자로 간주할 수 있다. ↔ 단체 저자; 책임성

개작(改作) adaptation

원저작에서는 의도하지 않았던 형식 또는 원저작이 의도하지 않았던 독자층을 위해 원저작을 변형하는 것. 예를 들면, 소설의 희곡화, 극영화의 소설화, 음악 작품의 편곡, 성인 대상 저작을 아동 대상으로 고쳐 쓰기 등이 있다. 일본 「저

작권법」의 「개변」(改變)에 해당한다. 개작자는 『일본목록규칙 1987년판 개정 3판』에서는, 저자와 같은 주된 저작 관여자로서 다루어지고 있다.

개정(改訂) revision

저작의 기술(記述)에 변경을 가한 것. 통상은 내용을 정정, 변경하거나, 최근의 기술을 추가하거나, 설명을 보충하기 위해 이루어진다. 저자나 편저자가 변경되는 경우도 있다.

개정판(改訂版) revised edition

이전판의 내용에 개정을 시행하여 간행한 신판. 오식(誤植)의 정정 정도의 변경에 그치지 않고, 인쇄 원판을 다시 짤 정도의 실질적인 내용 변경을 수반하는 것. 개정에 의해 페이지 수가 증가한 것은 「증정판」(增訂版)이라 하고, 또한 이전판의 내용은 그대로인 채 새로이 추가가 이루어진 것은 「증보판」(增補版)이라고 한다. 편목 규칙에서는 일반적으로 개정된 판으로 인정되면, 다른 서지 데이터를 작성한다. ↔ 초판

개제(改題) change of title

이전의 표제(타이틀)를 변경하는 것. 도서 등이 표제를 변경하는 것 또는 연속간행물의 「계속」, 즉 연속간행물이 표제를 변경하여, 다른 연속간행물이 되는 것. ↔ 계속

객관적 지식(客觀的 知識) objective knowledge

철학자인 포퍼(Sir Karl Raimund Popper 1902-1994)가 1967년경부터 제창한 인식론상의 용어. 개인의 인식(그는 주관적 지식이라고 부른다)에 상대되는 용어로, 표현·기록되어, 공공의 것으로서 공유되고 있는(또는 공유될 수 있는) 형식으로 체외(體外)에 축적된 지식. 객관적인 방법·태도에 의한 탐구에서 얻은 지식이 아니라, 객체화된 지식이라는 뜻. 포퍼는 물리적인 세계를 세계 1, 심리적·사회적 세계를 세계 2, 객관적 지식의 세계를 세계 3이라고 불러 구별하였다. 배경에는, 기억과 기록이라는 동종(同種)의 현상으로, 지식은 기록됨으로써 인간

의 인지 작용으로부터 떨어져 존재할 수 있는 것으로 간주한다는 신념이 있다. 이 점을 비판하는 사람이 많다. 그러나 정보 미디어의 기능을 중시하는 관점과 연결하여, 문헌정보학에서 주목되고 있다. ↔ 지식

갱신 사항(更新事項) local update

연속간행물의 소장 사항에 대응하는 말로, "통합 자료의 각 도서관 등에서의 갱신 상황에 대해 기록한 것"을 가리킨다(『일본목록규칙 1987년판 개정 3판』). 갱신 사항에 기록되는 것은 자료 자체의 상황이 아니라, 가제(加除)나 라이선스 취득 등에 의해 변화하는, 각 도서관 등에서의 최신 상태이다. ↔ 소장 사항; 통합 자료

갱신 자료(更新資料) → 통합 자료

거짓 버림 → 오선택

건명 표목(件名標目) → 주제명 표목

검색(檢索) retrieval

머지않아 이용될 것을 상정(想定)하여 축적된 정보 중에서, 지정 또는 상정된 속성에 합치하는 정보를 골라내는 행위나 조작. 특히 데이터베이스 또는 색인지, 서지, 목록 등의 이차 자료를 사용하여 체계적으로 정보를 찾는 행위를 가리킨다는 점에서, 정보를 찾는 일반적인 행위인 탐색(探索)과 구별된다. 「정보 검색」의 문맥상의 생략 표현으로서 자주 사용되며, 정보 검색과 거의 동의(同義)이지만, 「검색」의 쪽이 체계적으로 정보를 찾는 행위 일반을 가리키는 데 대해, 정보 검색이라는 단어는 데이터베이스에 대한 검색 시스템에 의한 검색이라는 뉘앙스가 강하다. ↔ 정보 검색; 탐색

검색 과정(檢索過程) retrieval process

축적 정보 중에서 찾는 정보를 선택하는 일련의 조작. 정보 요구를 바탕으로 하는 검색 질문의 작성, 그 검색식으로의 변환, 검색식 중의 검색어와 축적 정보 중의 색인어와의 대조, 선택 결과의 적합성의 평가, 적합성 피드백(평가 결과를 바탕으로 한 검색식의 수정)으로 구성된다. ↔ 검색

검색 누락(檢索漏落) drop-out

정보 검색 시스템에서, 어떤 정보 요구 또는 검색 질문에 따라 검색을 실시했을 때, 적합 정보임에도 불구하고 검색되지 않았던 정보, 또는 모든 적합 정보에 대한 검색되지 않았던 적합 정보의 비율을 가리키는 경우도 있다. 검색에서 특정성이 낮은 검색어를 사용하면 검색 누락을 감소시킬 수 있지만, 역으로 노이즈(잡음)가 증가해 버린다. 정보 검색의 맥락에서는 간단히 「누락」이라고 부르는 경우도 있다. ↔ 재현율; 적합성; 정확률

검색 보조 도구(檢索補助道具) search aids

효율적인 검색을 실시하기 위해 제공되는, 검색을 위한 보조적 수단의 총칭. 서치 에이드라고도 한다. 예를 들면 다음과 같은 것이 있다. ① 검색의 실행 절차를 결정하는 프로세스 시트나, 특히 제3자 검색의 경우는 질문자와 탐색자(서처)와의 사전 면담의 상세 메모. ② 관련 주제의 시소러스, 분류표, 주제명 표목표, 기타 용어 사전, 용어집 등. ③ 이용하는 검색 시스템의 매뉴얼 등. ↔ 검색 절차

검색 성능(檢索性能) search performance

정보 요구 또는 검색 질문에 적합한 축적 정보를 어느 정도 적확하게 검색할 수 있는가 하는 능력. 성능을 측정하기 위한 기본적인 척도는 검색 누락의 정도를 나타내는 재현율(再現率)과, 노이즈(잡음)의 정도를 나타내는 정확률(정도율: 精度率)이지만, 검색된 적합 정보에서 차지하는 미지(未知)의 적합 정보의 비율을 나타내는 참신율(斬新率)을 비롯하여, 다른 척도도 사용된다. ↔ 재현율; 정확률; 참신율

검색 수순(檢索手順) → 검색 절차

검색식(檢索式) search formula; query

특정의 정보 검색 시스템에서 처리할 수 있는 형식으로 변환된 정보 요구 또는 검색 질문. JDream II나 DIALOG와 같은 상용(商用) 정보 검색 시스템에서는, 검색어의 나열, 또는 명령어, 검색어, 검색 연산자 등의 조합으로 표현된다. 어떤 형태이든 동시 출현 관계로밖에 표현할 수 없기 때문에, 이 종류의 검색식을 사

용하는 주제 검색에서는, 검색 누락이나 노이즈(잡음)가 발생한다. 따라서 검색 성능을 높이는 데는, 역할(role) 기능의 도입 등 정보 요구 또는 검색 질문에 나타나는 개념 관계를 적절하게 표현할 수 있도록, 검색식을 개량할 필요가 있다.

검색어(檢索語) search term

검색할 때 사용되는 검색 키 또는 액세스 키의 총칭으로, 검색식의 구성 요소. 문헌 검색에서는, 찾는 문헌의 주제를 표현하는 디스크립터(descriptor), 주제명 표목, 프리 키워드(free keyword)뿐만 아니라, 저자명, 기관명, 시스템명, 잡지명, 출판년 등도 검색어가 된다. 상용(商用)의 정보 검색 시스템에서는, 축적 정보 중의 검색어의 출현 위치를 지정하는 특정 필드 지정 기호와 함께 사용되는 경우가 많다. 또한 부분 일치 검색을 가능하게 하기 위해, 검색어를 구성하는 기호열의 전부(前部)나 후부(後部) 등을 마스크한 형태의 것이 사용되는 경우도 많다. ↔ 색인어

검색 언어(檢索言語) retrieval language

검색할 때 사용되는 검색어의 총체와 그것을 사용하기 위한 규칙의 체계. 기능적으로는 색인 언어와 같으며, 검색 시에 사용되는 시소러스, 주제명 표목표, 분류표는 그 일람표이다. 적절한 검색어의 선택을 돕는 것만을 목적으로 하여 구축되는 검색 시소러스도 검색 언어의 일람표로 생각할 수 있다. ↔ 색인 언어

검색 엔진(檢索--) search engine

인터넷상의 방대한 웹 페이지로부터, 이용자가 필요로 하는 페이지를 검색하는 시스템 또는 서비스. 웹 페이지의 수집·등록은 페이지의 작성자가 등록하는 방식과 로봇에 의해 자동적으로 수집하는 방식으로 구분되며, 검색은 미리 마련된 범주(카테고리)를 찾아다니는 방식과 검색식을 입력하는 방식으로 나뉜다. 종래에는 정보 검색 분야에서 연구되어 온 텍스트의 유사도에 의해 검색하는 시스템이 많았으나, 근년에는 웹 페이지의 특성을 고려한 페이지랭크(PageRank) 등의 기법도 사용되게 되었다. ↔ 색인 로봇

검색 연산자(檢索演算子) operator

연산자는 수학, 컴퓨터 과학의 용어로, 데이터에 대한 연산(처리)의 방법을 나타내는 기호를 말한다. 정보 검색 시스템에서, 검색식 중의 검색어와 축적 정보 중의 색인어의 대조에 사용되는 연산을 나타내는 기호를 특히 검색 연산자라고 한다. 논리 연산자 이외에, 근접 연산자, 비교 연산자 등이 있다. ↔ 검색식

검색 전략(檢索戰略) search strategy

검색식의 작성에서 정보 요구의 목적이나 의도, 그것이 나타난 상황, 정보 축적이나 부여되어 있는 색인어의 특징 등을 고려하여 세워지는 방책. 재현율과 정확률의 어느 것을 중시하는가, 통제어와 비통제어의 어느 쪽을 사용하는가, 언어나 발행국을 한정하는가, 관련 주제를 어느 정도 수용하는가, 출력 건수를 어느 정도로 하는가 등이다. 통상 데이터베이스의 선택은 포함되지 않는다. 검색 전략을 검색식에 반영시킴으로써, 하나의 검색 질문으로 복수의 검색식이 작성된다. 검색 전략은 검색 결과의 적합성의 정도에 따라 변경되는 경우도 있다.

검색 절차(檢索節次) search procedure

더 좋은 검색 결과를 효과적으로 얻기 위해, 검색을 어떻게 실행하는지를 미리 검토하여 작성한, 구체적인 검색 프로세스의 순서나 내용에 관한 것. 검색 절차의 작성에서는, 실제로 사용하는 정보 검색 시스템이나 데이터베이스에 맞추어, 될수록 광범위한 응답을 상정(想定)하고, 구체적인 검색어, 검색어 후보, 명령어 등으로 이루어지는 검색 질문식을, 실행하는 순서로, 선택지를 포함하여, 구체적으로 결정해 두는 것이 바람직하다.

검색 질문(檢索質問) search request

기호로 구체적으로 표현되는 정보 요구. 통상 자연어로 표현된다. 도서관, 그 밖의 정보 기관에서 정보 서비스를 받을 때에는, 정보 요구를 검색 질문의 형태로 표현할 필요가 있다. 자연어를 사용하더라도 정보 요구가 반드시 적절하게 표현될 수 있는 것은 아니며, 갭이 생기는 경우가 많다. 정보 검색 시스템을 사용하는 경우에는, 검색 질문을 검색식으로 변환하지 않으면 안 되는데, 그 때도 갭이 생길 수 있다. 따라서 검색 결과의 음미는 불가결하다.

검열(檢閱) censorship

언론이나 출판 등의 표현 활동에 대해, 사전에 공권력이 사상 내용을 심사하고, 필요하면, 그 내용 등에 대해 삭제나 정정을 요구하거나 발표를 금지하는 것. 일본에서는, 검열은 「일본국 헌법」 제21조에 의해 금지되어 있다. 검열은 절대적 금지이며, 공공의 복지 등의 제한을 받는 것은 아니다. 도서관의 검열은 오래 됐지만 새로운 테마로, 자료 수집, 자료 제공과의 관계에서, 공권력 이외에, 개인이나 단체가 특정의 도서관 자료에 대한 불만이나 이의를 제기하는 것도 포함하고 있다. 검열의 목적이나 동기는 도덕적, 정치적, 종교적 이유 등에 의한 제한이나 억압에 있다. 겔혼(Walter Gellhorn 1906-1995)에 의하면, "검열의 변호사들은 검열을 개인의 덕의 타락, 문화 수준의 저하 및 민주주의의 일반적 보장의 붕괴를 저지하는 수단으로 생각하고 있다. 이것과는 거꾸로, 검열에 반대하는 사람들은 검열되는 것은 민주주의의 생명을 지탱하는 이러한 덕과 기준을 육성·향상시키는 자유에 대한 위협이라고 보고 있는 것이다." 또한 검열에는 자기 검열이라는 문제가 새로이 생겨나고 있다. 검열의 극단적인 행동으로서 분서(焚書)가 있다. ↔ 독서의 자유; 분서; 알 권리

게스너 Gessner, Conrad

1516-1565. 스위스의 인문주의자, 서지 편찬자, 츠빙글리(Ulrich Zwingli 1484-1531)에 의한 종교개혁 하의 취리히(Zürich)에서 태어나, 유럽 각지에서 배웠다. 후에 취리히에 머물면서, 의사를 개업하는 동시에 대성당 교회 부속 학교의 자연철학 교사로 취임하였다. 의학, 식물학, 동물학, 지질학, 광물학, 언어학(사전의 편찬 포함) 등에 많은 저작을 남기고 있다. 각지의 도서관을 방문하여 필사본이나 간본(刊本)의 현물을 조합한 결과를 바탕으로, 최초의 근대적 서지라고도 할 수 있는 『세계 서지』(*Bibliotheca universalis* 1945)를 편찬, 간행한다. ↔ 세계 서지

게이트웨이 gateway

(1) 복수의 컴퓨터 네트워크를 접속하기 위한 하드웨어 및 소프트웨어에 관한 것. (2) 정보 검색에서, 하나의 등록 절차나 순서로, 복수의 온라인 검색 시스템에 접속할 수 있는 기능을 이용자에게 제공하는 서비스. 개인의 데이터베이스 수요의 신장을 목적으로 하여, PC 통신의 게이트웨이 서비스에서 시작되었다.

게이트키퍼 gatekeeper

과학 커뮤니케이션 연구에서 사용되는 용어로, 연구 기관 중에서의 비공식적인 정보 전달의 중심이 되는 연구자. 게이트키퍼 개념은 제2차대전 중에 레빈(Kurt Lewin 1890-1947)에 의해 제창되어, 매스커뮤니케이션 영역에서 연구되었다. 과학 커뮤니케이션에서는, 알렌(Thomas John Allen 1931-   )이 1977년에 기술면에서의 게이트키퍼(technological gatekeeper)라는 표현을 사용하였다. 게이트키퍼는 연구 개발의 중심이 되며, 외부 조직의 게이트키퍼와의 접촉도 많다. 비유적으로 정보 전달의 중개자, 중심 인물을 게이트키퍼라고 부르는 경우도 있다.

견출 표제(見出標題) → 권두 표제(卷頭標題)

결합 순서(結合順序) → 열거 순서

결호(缺號) missing issue

연속간행물, 특히 정기간행물의 하나 또는 복수의 분책(分册)(호)이 결락(缺落)되어 있는 것, 또는 그 결락된 분책. 발행 예정 기일을 지났거나, 또는 다음 분책이 도착했음에도 불구하고, 입수되지 않고 있는 분책이 결호이다. 결호가 생기는 원인은 정기간행물 등을 우송할 때의 트러블(오배송, 파손, 사고 등)에 의한 미배송, 미도착의 것 이외에, 제공 이용 시의 분실 등에 의한 결락의 경우도 있다. 어쨌든 결호의 보충을 하지 않으면 안 된다. 특히 외국 잡지 등의 미도착에 의한 결호는 조기에 발견하여 결호 청구(클레임)를 신속하게 실시하지 않으면, 결호 보충을 위한 예산 조치가 별도로 필요하게 된다. 결호를 포함한 채 제본을 하는 경우는, 결호 표시지(적색지)를 해당하는 곳에 삽입하는 동시에, 등 문자(背文字)에 결락의 호수를 명시하는 것이 일반적이다.

결호 표시(缺號表示) wanting statement

연속간행물이나 전집, 강좌 등의 계속 출판물에 대해, 그 도서관이 소장하고 있지 않은 부분을 소장 사항으로서 표시하는 것. 통상은 결호 표시를 사용하지 않고, 소장하는 부분을 명시적으로 표시하는 방법을 취하는데, 결호 부분만을 표시하는 방법이 간단하고 알기 쉽기 때문에, 편의적으로 이 표시법을 채택하는 경우가 있다. ↔ 소장 사항

경제자료협의회(經濟資料協議會)[일본] Association for Documentation in Economics

1951년에 설립된, 경제에 관한 학술 정보의 이론·기술 등의 제 문제에 대한 연구·조사를 실시하고, 경제 연구의 진보·발전에 기여하는 것을 목적으로 하는 협회. 경제 자료를 취급하는 대학 학부나 연구소의 도서관이나 자료실을 주된 회원으로 하며, 기관지『경제 자료 연구』(1959-   )를 발행하고 있다.

계량 서지학(計量書誌學) bibliometrics

서지나 색인지, 초록지, 또는 이것들의 데이터베이스 등을 이용하여, 문헌의 집합을 통계적으로 분석함으로써, 문헌의 생산, 유통, 이용 등에 관한 다양한 사상(事象)을 계량적으로 다루는 연구 영역. 잡지의 게재 논문 수에 관한 브래드포드(Bradford)의 법칙이나, 연구자의 논문의 생산성에 관한 로트카(Lotka)의 법칙 등이 그 주요한 연구 주제이다. 나아가 계량 서지학의 주요한 연구 기법인 인용 분석은 문헌정보학 이외에도, 과학사회학이나 과학 정책 등의 문제에 관해 이용됨으로써, 인용 분석을 이용한 연구도 넓게 계량 서지학에 포함되는 경우가 있다.
↔ 계량 정보학; 인용 분석

계량 정보학(計量情報學) informetrics

계량 서지학을 발전시켜, 그 이론이나 사고방식, 기법을 답습하면서, 「문헌」뿐만 아니라, 나아가 일반적인 「정보」까지를 폭넓게 다루어 가고자 하는 연구 영역. 1980년대 후반에 계량 정보학의 국제 회의가 개최되게 되고, 그 무렵부터 급속하게 계량 정보학이라는 용어가 보급되었다. ↔ 계량 서지학

계보(系譜) genealogy

개인, 씨족, 가족, 집단 등의 계속, 계승의 관계를 써서 나타낸 것. 계도(系圖)라고도 한다. 개인, 씨족, 가계의 계보는 혈연 관계를 시조로부터 역대에 걸쳐 써서 나타낸 것으로, 씨계도(氏系圖), 가계도, 가보(家譜), 족보 등으로도 불린다. 집단에 대해서는, 교회, 사원의 사제(司祭), 집사(別當), 주지 등의 계승 관계를 나타낸 것이나, 무예, 학문, 예술의 비전(秘傳) 등의 계승 관계를 나타내는 것이 있다. 또한 보물이나 특정의 토지, 장원(莊園) 등의 상속 관계를 기록한 것도 있다.

계속(繼續) continuation

서지적인 관계를 나타내는 용어로, 연속간행물이 표제(타이틀)를 변경하여, 다른 연속간행물이 되는 것. 권차(卷次)를 계승하는지의 여부는 불문한다. 계속을 하나의 연속간행물이 다른 연속간행물로 변화하는 경우로 한정하고, 둘 이상의 연속간행물이 결합하여 새로운 연속간행물이 되는 경우를 「합병」(合併), 둘 이상의 새로운 연속간행물이 생겨나는 경우를 「분리」라고 칭하는 경우가 있는데, 선행(先行)하는 연속간행물의 표제와는 다른 표제가 될 때, 이 모두를 계속으로서 다루는 경우도 있다. 특히 레코드 링크 등의 기법을 사용하여 목록(서지) 데이터베이스 중에 상호 관계를 표현할 때는, 이 모두를 계속으로서 취급하는 경우도 많다. ↔ 분리; 합병

계속 간행 서지 단위(繼續刊行書誌單位) continuing resources bibliographic unit; serial and integrating resources bibliographic unit

"계속 간행 레벨의 서지 단위로, 계속 자료의 본표제에서 시작하는 일련의 서지 사항의 집합"(『일본목록규칙 1987년판 개정 3판』 용어 해설). 간략하게 계속 간행 단위라고도 한다. 서지 레코드를 구성하는 구조적인 단위인 서지 단위의 하나. 단행 서지 단위와 함께 기초 서지 단위로 자리매김되고 있다. 계속 자료를 기술의 대상으로 할 때는, 이 계속 간행 서지 단위를 기술의 본체로 하는 서지 레코드를 작성하는 것이 『일본목록규칙 1987년판』 이후의 판의 원칙적인 방침이며, 그 작성되는 레코드를 계속 간행 레벨의 레코드라고 한다. ↔ 기초 서지 단위; 서지 단위

계속 교육(繼續敎育) continuing education

도서관, 그 밖의 정보 기관의 직원이 전문적 지식이나 기능이나 태도를 향상시키기 위해 실시하는 학습 활동. 방법으로서는, 직원 자신이 실시하는 자발적인 학습을 비롯하여, 단기·장기 과정, 워크샵, 회의 등이 있다. 이와 같은 각종의 학습 기회를 제공함과 동시에 이것을 받을 수 있는 기회를 갖는 것은, 기술 혁신에 의한 사회 변화가 심한 오늘날, 개인에게도, 소속 조직에도, 전문직이 서비스 대상으로 하고 있는 조직이나 사회에도 불가결하다.

계속 자료(繼續資料) continuing resources

종간(終刊)을 예정하지 않고, 계속하여 간행되는 자료로, 그 매체를 불문하고, 계속 자료에는 연속간행물과 통합 자료가 있다. 종래의 편목 규칙에서는, 전 자료를 단행 자료와 연속 간행 자료로 이분하고, 각각에 대응하는 규정을 마련해 왔으나, 이전부터 가제식 자료(加除式資料)와 같이 취급이 곤란한 자료가 존재하였다. 또한 데이터베이스나 웹 사이트를 목록의 대상으로서 생각하는 경우, 갱신되는 내용을 적절하게 기록하기 위한 새로운 구조가 필요하게 되었다. 이러한 통합 자료는 계속성에서 연속간행물과 성격을 같이 하고 있어, 양자를 포괄하는 개념으로서 계속 자료가 탄생하였다. ↔ 가제식 자료; 연속간행물; 통합 자료

계속 주문(繼續注文) standing order

발주 방식(發注方式)의 하나로, 쌍서(雙書)·총서, 전집, 강좌, 잡지 등의 계속 출판물을 첫 회에 주문할 때, 그 이후는 발행할 때마다 주문하지 않더라도, 자동적으로 전점(全點)이 납품되도록 하는 것. ↔ 일괄 주문

계속 출판물(繼續出版物) continuation

완결 예정은 있지만, 분책 형식(分冊形式)으로 간격을 두고 계속적으로 간행되는 출판물. 분책 간행의 다권물이라도, 동시 간행의 출판물은 포함되지 않는다. ↔ 계속 자료; 합집

계층(階層) hierarchy

계층 분류법에서 각각의 분류 단계를 서열화한 것. 각각의 분류 단계가 유사성과 차이성의 정도에 따라, 일반으로부터 특수로 구분되며, 지식의 제1차 구분, 제2차 구분, 제3차 구분으로, 이 이상은 불가능하거나 비현실적이 될 때까지 계속된다. ↔ 계층 분류법

계층 관계(階層關係) hierarchical relationship

시소러스에 나타나는 디스크립터(descriptor) 간의 관계의 일종. 클래스와 멤버, 전체와 부분과 같은 관계로, 유종 관계(類種關係), 전체 부분 관계, 예시 관계의

세 가지가 포함된다. 계층 관계는 시소러스를 다른 구조화되어 있지 않은 용어집으로부터 구별하는 기본적 특징의 하나이며, 색인 작성자나 검색자를 적절한 디스크립터로 인도하는 중요한 요소이다. 계층 관계에서 클래스 또는 전체를 나타내는 디스크립터를 상위어, 멤버나 부분을 나타내는 디스크립터를 하위어라 한다.

계층 기호법(階層記號法) hierarchical notation

분류표의 계층 관계를 반영하는 기호법. 듀이십진분류법(DDC)이나 한국십진분류법(KDC), 일본십진분류법(NDC)은 십진식 기호법에 의한 계층 기호법이라고 말할 수 있다. 검색 시에 자리 수를 조절함으로써, 검색의 폭을 넓히거나 좁힐 수 있다는 이점이 있다. 그러나 현실에서는, 분류 기호가 계층 관계를 완전히 표현하는 것은 곤란하며, 계층 표현성의 한계를 인식해 둘 필요가 있다. ↔ 분류 기호법; 십진식 기호법

계층 분류법(階層分類法) hierarchical classification

클래스가 일반적인 것으로부터 특수한 것으로 단계를 따라 다단계로 구분되어 있는 분류법. ↔ 계층

고령자 서비스(高齡者--) library service for the aged

공공 도서관이 고령자의 신체 기능이나 정보 니즈의 특성을 고려하면서, 그 정보 요구나 독서 요구에 부응하기 위해 실시하는 서비스. 성인 서비스로서의 측면과 장애인 서비스로서의 측면을 갖는다. 고령자 서비스의 예로서는, 아웃리치 서비스(outreach service)에 의한 도서의 제공, 대형 활자본이나 확대 독서기의 설치, 도서관 시설면에서의 배려, 고령자를 대상으로 하는 행사, 참고 서비스, 안내 서비스(referral service)를 들 수 있다. 이러한 고령자 서비스는 어느 것이든 장애인 서비스의 면을 중시한 것이다. ↔ 장애인 서비스

고문서(古文書) paleography

유럽에서는 중세 이전, 한국에서는 대한제국(1910년) 이전, 일본에서는 에도(江戶) 시대 이전에 기록된 공문서 및 사문서. 과거의 시대를 고증하는 중요 자료가 된다. ↔ 문서

고문서학(古文書學) paleography

고문서가 갖는 성질을 이해하고, 고문서에 관한 지식을 정리하여 체계화하는 연구 영역. 옛 시대의 사료(史料)가 되는 고문서의 지질, 양식, 재료, 묵색(墨色), 문체, 용어, 인장(印章) 등을 과학적으로 연구한다. 고문서에는 한국에서는 대한제국(1910년) 이전, 일본의 경우, 에도(江戶) 시대까지의 공문서, 준공문서, 사문서가 포함되며, 특정의 대상에 대해 전달하는 의도를 가진 것으로 여겨지고 있다. 일기 등은 포함되지 않는다. 고문서학은 19세기에 유럽에서 발달하였으며, 일본에서는 메이지(明治) 20년대 이후에 확립되었다.

고본(古本) → 헌책

고사경(古寫經)[일본] old manuscript sutra

고대에 이루어진 사경(寫經)과 서사된 경전. 6세기에, 일본 열도에 불교가 전해진 이래로, 불전(佛典)은 반복적으로 서사되었을 것으로 추정된다. 그것이 국가적 프로젝트로서 착수되었던 것은 7세기 텐무조(天武朝) 카와라데라(川原寺)에서의 일체경(一切經)의 사경을 효시로 한다고 일컬어진다. 그 사업은 나라(奈良) 시대에 이어 받아, 코묘황후(光明皇后)를 위해 만들어진 사경소(寫經所)를 출발점으로 하여, 조도다이지사(造東大寺司) 사경소에 이르러 정비되어, 대규모로 사경이 이루어지고, 제작된 경전은 수많은 사원이나 귀족에게 소장되었다. 이 이외에도, 사적으로 또는 각지에서 사경은 이루어졌다. 머지않아 송(宋)으로부터 간본(刊本)이 수입되게 되면, 사경이 차례로 이루어지게 되는데, 헤이케노쿄(平家納經)에서 볼 수 있는 것처럼, 귀족이 신앙을 위해 사경하는 풍습은 오랫동안 계속되었다.

고사본(古寫本) old manuscript

옛날 시대에 수기(手記)된 책. 일본의 고사본에서는, 어느 시대까지로 하는가에 대해서는, 무로마치(室町) 말기까지, 분로쿠(文祿) 말년까지, 에도(江戶) 초기의 게이쵸(慶長)·겐나(元和)까지, 나아가서는 메이레키(明曆)·만지(万治)까지의 사본과 같이, 그 하한(下限)에 대해서는 의견이 나누어지는데, 어느 것이든 에도 초기 이전으로 하는 점에 있어서는 같다. 중국에서 말하는 고초본(古鈔本), 구초본(舊鈔本)은 청(淸)의 건륭제(乾隆帝, 1735년 즉위) 이전의 사본을 가리킨다.

고서(古書) antiquarian book

보통의 헌책(고본: 古本)에 비해, 그 존재가 드물고, 그 때문에 고가의 값이 붙은 옛날 책. 절판본(絶版本)이나 희서(稀書) 등이 포함된다. ↔ 신고서(新古書); 헌책; 희서

고서점(古書店) antiquarian bookstore

고서나 고본을 매매하는 서점. 일본에서는 후루혼야(古本屋)이라고도 한다. 일반적으로, 통속적인 고본을 주로 매매하는 서점과 고가의 고서를 주로 매매하는 서점으로 나뉜다. 객(客) 또는 동업자, 나아가서는 경매 등에서, 고서, 고본을 매입하여 판매한다. 목록을 작성하여 점포를 갖지 않은 채로 통신 판매를 하는 고서점도 있다. 일본의 경우, 고서점에는 고물상의 면허가 필요하며, 전국고서적상조합과 지구마다의 조합이 있다. ↔ 고서; 서점; 헌책

고유 보조 기호(固有補助記號) → 특수 보조 기호

고유 정의 클래스(固有定義--) place of unique definition; uniquely defining class

분류표에서 사물의 특성을 본래적(本來的)으로 정의할 수 있는 곳. 같은 사물이 다른 곳에 나타나는 경우도, 그곳에서 정의의 기초가 되는 클래스로, 고유 정의 장소라고도 한다. 예를 들면, 은어는 어류학, 수산학, 가정학(요리), 스포츠, 취미의 대상이 되는데, 그 실체는 무엇보다도 동물로서의 어류이다. 동물로서의 어류 없이는, 이러한 대상이 될 수 없으며, 따라서 어류가 바로 은어의 고유 정의 장소인 것이다. 일반 분류표에서, 복수의 분야에 나타날 수 있는 사물도, 우선 그것을 고유하게 정의할 수 있는 클래스에 두는 것이 원칙이다.

고유명 목록(固有名目錄) name catalog

"저자 표목의 목록 저록(목록 기입)과, 개인·단체의 고유명이 주제명 표목이 되고 있는 목록 저록과, 참조를 혼배(混排)한 목록"(『일본목록규칙 1987년판 개정 3판』 용어 해설)으로, 복합형 목록의 일종이다.

고유명 전거 파일(固有名典據--) → 이름 전거 파일

고잔판(五山版)[일본]

일본의 가마쿠라(鎌倉) 말기부터 무로마치(室町) 말기에, 교토(京都)·가마쿠라의 양 고잔(五山)을 중심으로 한 선승(禪僧) 관계자 등에 의해 출판된 서적의 총칭. 원래가 중국 전래의 송(宋)·원(元) 판본의 선적(禪籍)을 그대로 복각(復刻)한 것이 중심이다. 고잔판에는 일본의 출판사상 두 가지 큰 특색이 있다. 하나는 그때까지의 일본의 출판물은 내전(內典)이라고 불리는 불서(佛書)뿐이었는데, 외전(外典)이라고 일컬어지는 불서 이외의 한적류(漢籍類)도 많다. 예를 들면 시문집 등도 출판되었던 것이다. 또 하나는 그때까지의 출판물이 모두 한문이었던 것에 대해, 고잔판에서 처음으로 가나가 섞인 문장의 일본 도서가 간행되게 되었다는 것이다. 이러한 출판 사업은 카스가판(春日版)이나 코야판(高野版)과 함께, 지방 문화에 크게 공헌하였다.

고전(古典) classic

과거의 시대에 쓴 것으로, 현대에도 문헌적 가치나 평가가 높은 저작.

고정 길이 레코드(固定--) fixed length record

파일 또는 데이터베이스를 구성하는 각 레코드의 길이가 미리 동일하게 정해진 것. 가변 길이 레코드의 상대어. 고정 길이 레코드는 모두 고정 길이 필드에 의해 구성되기 때문에, 레코드 내에서의 필드의 출현 위치에 의해 그 필드의 식별이 가능해진다. 따라서 고정 길이 레코드의 경우에는, 통상 정보 교환용 MARC 포맷에서 볼 수 있는 것과 같은 복잡한 구성을 취할 필요가 없다. ↔ 가변 길이 레코드; 레코드(1)

고정 길이 필드(固定--) fixed length field

파일이나 데이터베이스의 레코드를 구성하는 필드 중, 그 길이가 미리 정의되고, 고정된 것. 가변 길이 필드의 상대어. 정보 교환용의 MARC 포맷에 출현하는 고정 길이 필드에서는, 필드 내의 캐릭터의 기록 위치에 의해 그 캐릭터의 의미가 특정(特定)된다. ↔ 가변 길이 필드; 필드

고정식 배가법(固定式排架法) fixed location

자료의 배가법의 하나로, 자료를 그 크기 등의 형태나 수입순(受入順)과 같은 물리적 요인에 의해 배열하는 방법. 수입 당시에 결정한 서가 상의 위치가 거의 영구적으로 변하는 경우가 없기 때문에, 고정식 배가법 또는 절대 배가법이라고 한다. 이 방법에서는, 이용자가 직접 서가에서 자료를 찾는 것이 곤란하기 때문에, 통상은 폐가제 서고나 개인 문고, 특수 컬렉션 등에 사용된다. 자료에 대한 액세스는 목록 등의 검색 수단을 통해 간접적으로 이루어지게 된다. 그 반면에, 이동식 배가법에 비해, 서가를 효율적으로 사용할 수 있고, 또한 자료의 증가에 따르는 자료의 이동 작업이 발생하지 않는 등의 이점이 있다. ↔ 수입순 배가법; 이동식 배가법; 형태별 배가법

고판본(古版本) early printed book

옛날 시대에 인쇄된 책에 관한 것이지만, 일본에서는 일반적으로 무로마치(室町) 시대 말기까지의 판본을 말한다. 고활자본을 포함하는 경우는 에도(江戶) 시대의 게이쵸(慶長)에서 간에이(寬永) 말년경까지가 된다. 구간본(舊刊本)이라고도 한다.

공개장(公開場) Öfentlichekeit; public sphere

정치·경제 권력으로부터 독립되고, 누구나가 참가할 수 있는 자율·합리적인 논의가 가능한, 여론 형성을 위한 커뮤니케이션 공간. 일본에서는 공공권(公共圈)이라고 한다. 18, 19세기의 영국의 커피하우스, 프랑스의 살롱 등이 그 예가 되며, 신문 등의 출판 미디어에 의해 정치적 공개장이 개발되는데, 그 후 방송 미디어의 발달에 의해 매스미디어의 기능이 변질되면서, 근대적인 공개장의 쇠퇴가 지적되고 있다. 현재는 새로운 공개장으로서 인터넷에 대한 관심이 높아지고 있다.

공공권(公共圈) → 공개장

공공 대여권(公共貸與權) public lending right

공공 도서관에서 대출된 저작물의 저자가 재산권의 부당한 침해로서, 대출에 의해 초래되는 손실의 보상을 요구하는 권리. 1946년에 덴마크가 최초로 공공 대

여권 제도를 실시하였다. 현재 영국, 독일, 캐나다, 북유럽 삼국 등, 약 20개국에서 실시되고 있다. 실시 방식은 각국이 제각기 다르지만, 대체로 저작 등록, 산정 방식, 보상금의 지불, 재원의 네 부문으로 이루어져 있다. 보상금의 산정 방식으로는 대출 회수, 소장 도서수, 보조금을 바탕으로 하는 세 방식이 있다. 일본에는 1975년경에 소개되었는데, 지금까지 도입되지 않고 있다. 1984년에 「저작권법」의 개정에서 대여권이 신설되었으나, 공공 도서관의 대출 수준이 실시국에 비해 낮고, 저작자 측에서도 공공 대여권에 대한 인식이 낮다.

공공 도서관(公共圖書館) public library

첫째로, 일본의 「도서관법」 제2조에서 말하는 "일반 공중의 이용에 이바지하고, 그 교양, 조사 연구, 레크리에이션 등에 도움을 주는 것을 목적으로 하는" 도서관의 것을 가리킨다. 둘째로, 첫 번째 의미의 공공 도서관 중 지방 공공 단체가 설치하는 공공 도서관을 가리키는 경우가 있다. 첫 번째의 의미로 사용하는 것이 올바르지만, 일본의 「도서관법」에서는 공공 도서관이라는 용어가 사용되지 않고 있고, 또한 사립 공공 도서관의 수가 적기 때문에, 실질적으로 두 번째의 의미로 공공 도서관이라는 용어를 사용하는 경우도 적지 않다. 셋째로, 널리 불특정의 사람들에게 공개되어 있는 도서관 전반의 것을 가리키는 경우가 있다. 이 경우는 공개된 대학 도서관이나 전문 도서관도 포함하게 되는데, 엄밀하게 말하면 오용(誤用)이라고 해야 할 것이다. ↔ 공립 도서관; 도서관 동종 시설; 사립 도서관

공공 도서관 기준(公共圖書館基準) standards for public libraries

공공 도서관의 발전과 충실화를 위해, 그 시설, 운영에 관해 필요하다고 여겨지는 원칙, 서비스, 자료, 직원, 시설 등에 대해 구체적인 항목을 문서화한 것으로, 도서관의 본연의 모습을 나타내는 규정과 수치 목표로 이루어진다. 미국에서는 민간 단체인 미국도서관협회(ALA)가 1933년, 1956년, 1966년에 국가 기준을 작성하였다. 일본에서는, 국가 기준으로서, 민간 단체인 일본도서관협회(JLA)가 1987년에 『공립 도서관의 임무와 목표』를 작성하였고(2004년 3월 개정), 문부성(文部省)이 1992년에 「공립도서관의 설치 및 운영에 관한 기준」을 통지하였다. 아울러 문부과학성(文部科學省)은 「공립도서관의 설치 및 운영상의 바람직한 기

준」을 설정하였다. 미국에서는, 환경의 급격한 변화와 도서관 간의 다양성 때문에 국가 기준의 작성은 곤란하게 되었으며, 대신에 「기획 프로세스」(planning process)라는 기법이 개발되었다. 일본에서도 마찬가지의 사고방식에서 수치 목표는 설정하지 않게 되었다. ↔ 공립도서관의 설치 및 운영상의 바람직한 기준(문부과학성 고시)

공공도서관·박물관법(公共圖書館·博物館法)[영국] Public Libraries and Museum Act

1850년에 시작된 영국의 일련의 공공 도서관법 중에서 가장 새로운, 현재도 효력을 가지고 있는 법률로, 1964년에 공포되었다. 공공 도서관에 관해서는, 그 의무 설치, 도서관 행정체라고 불리는 설치의 의무를 부담하는 단체의 정의 및 그 권한과 책무, 원칙적인 무료제, 지역 도서관 협력 심의회라고 불리는 도서관 협력 조직의 설치, 담당 장관과 그 책무, 장관의 자문에 응하는 심의회를 잉글랜드와 웨일즈에 각각 설치하는 것 등, 잉글랜드 및 웨일즈의 공공 도서관의 설치 및 운영에 관련된 기본 사항을 정하고 있다. 스코틀랜드 및 북아일랜드의 공공 도서관에 대해서는, 각각 「1973년 스코틀랜드 지방자치법」 및 「1972년 교육과 도서관에 관한 법령」 중에 정해져 있다.

공공 도서관법(公共圖書館法) public library law

공공 도서관의 이념, 설치, 활동, 운영에 대해 정한 법률 일반. 각국마다 각각 법률이 제정되어 있는데, 공공 도서관의 종류와 역할, 설치 모체와 운영 형태에 관한 규정은 차이를 보이고 있다. 일본에서는 1899년의 「도서관령」, 1933년의 「개정 도서관령」, 1950년의 「도서관법」이 이에 상당하는데, 각각의 성격은 크게 다르다. 세계적으로는 1850년에 영국(잉글랜드와 웨일즈)에서 제정된 「도서관법」(Library Act)이 최초이며, 이것은 같은 나라의 1964년의 「공공도서관·박물관법」으로 계승되고 있다. 미국에서는 주법(州法) 이외에 연방법이 있다. 1956년의 「도서관서비스법」(Library Services Act)이 그것으로, 이것은 1964년에 제정되고 1984년에 개정된 「도서관서비스건설법」(LSCA: Library Services and Construction Act)을 거쳐, 1996년의 「도서관서비스기술법」(LSTA: Library Services and Technology Act)으로 전개되고 있다. ↔ 공공도서관·박물관법(영국); 도서관법[일본]; 도서관서비스기술법(미국)

공공도서관선언, 유네스코(公共圖書館宣言--) → 유네스코 공공도서관선언

공공도서관협의회(公共圖書館協議會)[한국] → 부록: 한국의 주요 도서관 및 도서관 관련 단체

공대권(公貸權) → 공공 대여권

공동 대출(共同貸出) common lending

복수의 도서관이 대출권을 공통화하고, 같은 대출권으로 대출을 받을 수 있도록 하는 것. 대출권을 공통화하기 위해서는 대출 방식을 같게 하지 않으면 안 되며, 통상은 동일 설치 주체의 복수의 서비스 포인트에서 실시된다. 종합 목록 등과 함께, 도서관 시스템의 요건의 하나이다. 그러나 다른 설립 주체의 도서관 사이에서도, 도서관이 네트워크를 형성하고 대출 방식에 관해 어떤 조정을 실시하고 있는 경우는 실현의 가능성이 있다.

공동 분담 편목(共同分擔編目) → 분담 편목

공동 열람(共同閱覽) common library admission

설치 모체가 다른 복수의 도서관이 서로의 이용자에게 자관(自館)의 이용을 일반적으로 서로 인정하는 것. 주로 대학 도서관 간의 상호 협력의 한 방식으로서 실시되고 있다. 대학 도서관 간의 상호 이용에는, 그 밖에 열람 의뢰서에 의해 이용을 인정하는 방식이 있는데, 자료와 일시를 특정하여 예외적으로 이용 허가를 요청하는 열람 의뢰서 방식과 달리, 불특정의 자료를 브라우징할 수 있고, 또한 이용 일시를 미리 특정하지 않아도 된다는 점에서 이용자가 이용하기 쉬운 방식이다. 일본의 경우, 국립 대학 도서관 간, 공립 대학 도서관 간에는, 1980년대 전반부터 공통 열람증 지참자에게 자료의 관내 이용 및 복사를 인정하는 제도를 실시하고 있다. 또한 사립 대학 도서관을 포함하여 지역 레벨에서 공동 열람의 협정을 맺고 있는 예도 있다. 일본에서는 공통 열람이라고 한다. ↔ 도서관 협력

공립대학협회도서관협의회(公立大學協會圖書館協議會)[일본] Public University Library Association

일본의 공립 대학 도서관 상호의 연락과 연구를 도모하기 위해, 전국의 공립 대

학 도서관으로 구성된 단체. 약칭은 공대도협(公大圖協). 1955년에 공립대학도서관연락회로서 발족, 1957년에 공립대학도서관협의회로 개칭, 1969년에 현 명칭이 되었다. 연수회 등의 개최, 회보 등의 발행 이외에, 전국을 5개 지구로 나눈 지구협의회 활동도 이루어지고 있다.

공립 도서관(公立圖書館) public library

일본의 「도서관법」에서는, 공공 도서관 중 지방 공공 단체가 설치한 것을 말한다. 일본에서는 사립 도서관이 적고, 대부분의 공공 도서관이 공립 도서관이기 때문에, 양자(兩者)를 같은 의미로 사용하는 경우도 많다. ↔ 공공 도서관; 사립 도서관

공립도서관의 설치 및 운영상의 바람직한 기준(公立圖書館--設置--運營上--基準) [문부과학성 고시][일본]

일본의 공립 도서관의 건전한 발달을 도모하기 위해, 그 설치·운영상의 바람직한 모습을 제시한 기준으로, 2001년에 일본의 문부과학대신(文部科學大臣)(한국의 교육과학기술부장관에 해당한다)이 고시하였다. 「도서관법」 제18조에 교육위원회와 일반 공중에게 제시하는 것이 정해져 있는 기준이지만, 강제력은 없다. 1960년대 후반과 1970년대 전반에 사회교육심의회에서 심의되었으나, 공시(公示)에는 이르지 못하였다. 그 후 생애학습심의회 사회교육분과심의회 계획부회 도서관전문위원회에서 심의되어, 1992년에 「공립도서관의 설치 및 운영에 관한 기준」이 생애학습국장 명으로 통지되고, 이것이 개정되어 현 기준이 되었다. 시정촌립 도서관(市町村立圖書館)과 도도부현립 도서관(都道府縣立圖書館)으로 구분하여, 운영의 기본, 자료, 서비스, 직원, 시설 설비 등 이외에, 자원 봉사자(volunteer), 도서관 협의회 등에 대해 설정하고 있다.

『공립 도서관의 임무와 목표』(公立圖書館--任務--目標)[일본] Mission and Objectives of Public Library

일본도서관협회 도서관정책특별위원회가, 도서관 서비스 계획 입안의 참고 자료로서 작성한 공립 도서관 운영의 목표와 지침. 1983년에 검토를 시작하여, 1987년에 「공립 도서관의 임무와 목표(최종 보고)」를 발표하였다. 1989년에 그 해설

『공립 도서관의 임무와 목표 해설』이 출판되었으며, 그 후 증보·개정되고 있다. 기본적 사항, 시(구)정촌립 도서관(市(區)町村立圖書館), 도도부현립 도서관(都道府縣立圖書館), 공립 도서관의 경영, 도도부현의 도서관 진흥책의 5장 106조로 이루어져 있으며, 부록으로서「수량적인 목표」가 있다. 모든 공립 도서관을 대상으로 하는 지침으로서 일본에서 최초의 것이다.

공문서관(公文書館) → 문서관

공문서관법(公文書館法)[일본] Archival Law of Japan

역사 자료로서의 공문서를 보존·제공하고, 조사·연구를 실시하는 시설인 공문서관에 대해 필요한 사항을 정하는 것을 목적으로 하여, 1987년에 공표되었다. 공문서 및 공문서관을 정의하고, 공문서의 보존·제공은 국가 및 지방 공공 단체의 책무라는 것을 명확하게 하고 있다. 공문서관은 국가 또는 조례에 의해 지방 공공 단체가 설치하는 것으로, 전문 직원을 둔다. 아울러 지방 공공 단체에 대한 국가에 의한 재정면에서의 지원이나 기술적인 지도·조언에 대해서도 정하고 있다.

공민관(公民館)[일본] public hall; community center

일본의「사회교육법」을 바탕으로 하여, 주민의 교양의 향상, 건강의 증진, 정조(情操)의 순화를 도모하고, 문화의 진흥과 사회 복지의 증진에 기여하는 것을 목적으로 하여, 시정촌(市町村)과 공익 법인이 설치하는 종합적인 사회 교육 시설. 지역 주민의 니즈에 따라, 각종 사업을 기획, 개최함과 동시에, 주민의 자주적인 학습을 촉진하기 위해, 학습 공간이나 설비를 제공한다. 그 수는 도서관이나 박물관보다도 훨씬 많으며, 일본 문부과학성(文部科學省)의 2005년도 조사에서는 공민관 17,143관, 유사 시설 1,039관이었다. 일본의 독특한 교육 기관으로, 해외에는 유사한 시설이 거의 없다. ↔ 공민관 도서실

공민관 도서실(公民館圖書室)[일본] public hall library; community center library

일본의 시정촌(市町村)의 공민관에 설치되는 도서실. 일본의「사회교육법」제22조 제3항을 바탕으로 한다. 설치 수는 정촌(町村)에서는 공공 도서관보다도 많으나, 장서, 수서, 대출 등은 일부를 제외하고 전체적으로는 낮은 수준에 머무르

고 있다. 정촌립 도서관(町村立圖書館)에서 공민관 도서실로, 또는 역으로 이관되는 예도 있다. 도서관 미설치 또는 전역에 걸쳐 도서관 서비스망이 없는 자치 단체에서는, 공공 도서관 또는 서비스 포인트로서의 역할을 담당하는 한편으로, 공민관 활동을 뒷받침하는 전문 도서관적인 기능을 갖는 것도 있다.

공보(公報) official report

관공청(官公廳)이 그 소관 업무에 대해 일반 국민에게 발표하기 위해, 정기적으로 간행하는 보고서. 일본의 경우는 도도부현(都道府縣) 등 지방 공공 단체의 장이 소관 업무에 대해 지역 주민에게 발표하는 보고서도 공보라고 한다.

공식 커뮤니케이션(公式--) formal communication

학술 정보 유통에서 연구자끼리의 커뮤니케이션의 특성을 나타내는 개념으로, 그 영역에서 공식적으로 인정되는 정보 전달. 연구 성과는 통상은 심사제가 있는 학술 잡지에 게재되어 비로소 공식적으로 인정되기 때문에, 그 이후의 정보 유통을 공식 커뮤니케이션, 그 이전을 비공식 커뮤니케이션이라고 한다. 학술 잡지는 투고된 것을 모두 게재하는 것은 아니지만, 누구나가 투고할 수 있고, 또한 게재 내용에 대한 액세스도 오픈되기 때문에, 도서관 등에서 제공·보존의 대상이 되고 있다. 그 의미에서도 공적인 정보 유통이라고 할 수 있다. ↔ 비공식 커뮤니케이션; 학술 잡지

공인용(共引用) → 동시 인용

공정 이용(公正利用) fair use

저작물을 저작권의 침해에 해당하지 않는 것으로 간주되는 범위에서 사용하는 것. 공정 사용이라고도 한다. 미국의 저작권의 분야에서, 판례법상(判例法上) 확립된 개념으로, 특정의 저작물의 이용이 이에 해당하면, 저작권자의 허락을 얻을 필요가 없다고 한다. 「개정 저작권법」(Copyright Act of 1976) 제107조는 공정 이용 개념을 직접 정의한 것은 아니지만, 비평, 해설, 뉴스 보도, 수업, 연구, 조사 등을 목적으로 하는 저작권의 어떤 저작물의 공정 이용은 저작권의 침해가 되지 않는다는 취지를 설정하고 있다. 대체로 일본의 「저작권법」이 설정하는 저

작권의 제한에 관계되는 제 규정(제30조~제50조)의 취지에 상당한다. 도서관에서의 복제나 사적 이용(私的利用)을 위한 복제, 저작권의 교육적 그리고 비영리적 이용 등이 공정 이용 개념에 포함된다. ↔ 저작권

공중 송신권(公衆送信權) right of transmission

저작권자가 저작물을 "공중(公衆)에 의해 직접 수신되는 것을 목적으로 하여 무선 통신 또는 유선 전기 통신의 송신을 행하는 것"(일본「저작권법」제2조 제1항 7의 2호)을 할 수 있는 권리. 구체적으로는 ① 텔레비전이나 라디오 등에 의해 저작물을 방송할 수 있는 권리(방송권), ② 케이블 텔레비전(CATV)이나 유선 음악 방송 등에 의해 저작물을 방송할 수 있는 권리(유선 방송권), ③ 인터넷 등을 통해 디지털화된 저작물을 이용자로부터의 요구에 따라 자동적으로 송신할 수 있는 권리(자동 공중 송신권)로 이루어진다. 일본에서는 1997년의「저작권법」개정에 의해 신설되었다. ↔ 저작권; 저작권법[일본]

공통 대출(共通貸出) → 공동 대출

공통 보조 기호(共通補助記號) common auxiliary

특수 보조 기호(고유 보조 기호)와 함께, 국제십진분류법(UDC)의 보조 기호의 하나. 다만 UDC 일본어 중간판에서는 「공통보조표수」(共通補助標數)라고 칭하고 있다. UDC 일본어 중간판에 의하면, "본표 기호(主標數)가 가진 개념을 다른 각도에서 한정·세분화하는" 것이라고 정의하고 있다. 특수(고유) 보조 기호가 특정의 본표 기호에 대해서만 부가할 수 있는 것에 대해, 모든 본표 기호에 대해 부가할 수 있고, 또한 일부는 단독으로도 사용할 수 있다는 특징이 있다. 언어·국어, 자료의 형식, 장소, 인종·민족·국적, 시대, 문자·숫자·기호, 관점, 재료·사람 등이 있다. 일반적으로는 공통 세목이라고 불리는 것에 상당하는 것으로 생각된다. ↔ 공통 세목; 공통 패싯; 국제십진분류법; 특수 보조 기호

공통 세목(共通細目) common subdivision

일반 분류표에서, 지역명이나 언어명, 표현 형식과 같이, 많은 곳에 공통하여 나타나는 사항을, 분류표의 개개의 곳에 게재하지 않고, 통상 보조표의 형식으로 1

회만 게재하는 것. 공통 세목이라고 하는 것의 범위는 분류표에 따라 다양하다. 단독으로는 사용되지 않으며, 본표 중의 기호에 부가하여 사용한다. 일본십진분류법(NDC)에서는, 형식 구분, 지리 구분 등이 그에 해당한다. 패싯식 분류법의 공통 패싯에 상당한다. ↔ 공통 패싯; 보조표; 형식 구분

공통 열람(共通閱覽) → 공동 열람

공통 패싯(共通--) common facet

패싯식 일반 분류표에서, 장소, 시대, 표현 형식과 같이, 상당수의 주제 분야에 공통하여 나타나는 패싯을, 각 주제 분야에서 반복하지 않고, 통상 보조표 중에 1회만 제시하는 것. 분류표 작성상의 경제성이나 조기성 등의 이점에 의해, 패싯식 분류표뿐만 아니라, 대부분의 주요 일반 분류표가 공통 패싯에 상당하는 것을 갖추고 있다. ↔ 공통 세목; 보조표; 패싯

공통 표제(共通標題) common title

"본표제(본타이틀)가 본체와 부분의 명칭으로 구성되어 있는 것(예:「정본야나기타구니오집(定本柳田國男集) 부록」,「소세키전집(漱石全集) 월보」)의 본체의 명칭"(『일본목록규칙 1987년판 개정 3판』 용어 해설). 별개로 간행된 부편(部編)이나 부록 등에 공통하는 명칭을 가리키며, 부편이나 부록 등의 부분의 명칭인 종속 표제와 함께, 본표제를 형성한다. ↔ 본표제; 종속 표제

과월호(過月號) back number; back issue

연속간행물의 최신호보다 이전에 출판된 호. 기간호(旣刊號)라고도 한다.

과제 도서(課題圖書) assigned reading book

(1) 학교에서 독서 지도의 일환으로서, 휴가 기간 중 등을 이용하여 읽을 것을 권장하는 도서. 개별의 학교에서 선택하는 경우도 있으나, 독서 단체나 도서관 관계 단체가 지정하고, 독서 감상문의 대상으로 하는 경우도 적지 않다. (2) 대학의 수업에서의 필독 도서. 대학 도서관에서는 이것을 지정 도서로서 다루고 있는 경우가 많다.

과학기술정보관리협의회(科學技術情報管理協議會)[한국] → 부록: 한국의 주요 도서관 및 도서관 관련 단체

과학기술정보연구원(科學技術情報硏究員)[한국] → 부록: 한국의 주요 도서관 및 도서관 관련 단체

과학기술정보유통기술기준(科學技術情報流通技術基準)[일본] Standard for Information of Science and Technology(SIST)

과학 기술 분야의 정보와 도큐멘테이션에 관한 일본 내 규격. 1968년에 일본의 과학기술회의에서 수립된 NIST 구상에서 정보 유통 촉진에 있어서 표준화의 중요성이 지적되고, 이어 1973년에 당시의 과학기술청이 과학기술정보유통기술기준검토회를 설치하였다. 그 결과로서 과학 기술 정보의 전국적인 유통의 원활화를 목적으로 한 14개의 기준(2007년 현재)이 제정되고 있는데, 그 내용은 초록이나 색인 작업, 참고 문헌의 작성 방법, 정보 교환용 레코드 포맷, 학술 문헌의 구성이나 양식 등이다. 기준의 재검토나 개정 작업, 기준안 작성, 기준의 보급 활동은 과학기술진흥기구(JST)가 담당하고 있다. ↔ NIST; 과학기술진흥기구 정보사업본부

과학기술진흥기구 정보사업본부(科學技術振興機構 情報事業本部)[일본] Japan Science and Technology Agency(JST), Office of Science and Technology Information

일본의 독립 행정 법인 과학기술진흥기구의 과학 기술 정보 서비스 부문. 일본의 과학 기술 정보 분야의 중추적 기관으로서, 「일본과학기술정보센터법」을 바탕으로 1957년에 특수 법인 일본과학기술정보센터(JICST)로서 설립되어, 1996년에 특수 법인 과학기술진흥사업단에 통합, 2003년부터 현 조직이 되었다. 국내외의 과학 기술 정보를 신속하게 수집, 제공하고, 과학 기술의 진흥에 기여하는 것을 목적으로 한다. 이 목적에 따라, 과학 기술 문헌 정보 데이터베이스의 작성, JDream II라고 불리는 온라인 정보 검색 시스템이나 인터넷 등을 통한 정보 검색 서비스, 번역 서비스, 자료의 열람과 복사, 문헌 조사나 특허 조사의 수탁(受託), 초록지『과학 기술 문헌 속보』(1958-   )나 잡지『정보 관리』(1958-   창간 당시는『월간 JICST』) 등의 출판물의 발행, 연수회, 연구회의 개최 등의 사업을 실시하고 있다.

관계 모델(關係--) relational data model

1970년에 IBM사의 코드(Edgar F. Codd 1923-2003)가 제창한, 데이터를 관계라고 불리는 2차원의 표현 형식으로 표현하는 데이터 모델. 표의 열(필드)을 속성(attribute), 행(레코드)을 조(組)(튜플: tuple)라 한다. 관계 모델을 바탕으로 하는 데이터베이스를 관계 데이터베이스(relational database)라고 하는데, 널리 보급되어 있다. 관계 모델은 이론적으로는 수학의 집합론을 기초로 하고 있으며, n개의 속성으로 이루어지는 관계표는 수학적인 n항 관계의 실현치로 파악할 수 있다. 표를 다루는 관계 대수(關係代數)로서, 합집합, 교집합, 차집합 등의 집합 연산, 결합, 사영(射影), 선택 등의 관계 연산이 정의되고 있다. ↔ 데이터 모델

관계 지시 기호(關係指示記號) relational indicator; relational operator

색인에서 개념 간의 관계를 규정하는 연산자. 관계 연산자라고도 한다. 관계의 카테고리를 기호화한 연산자로, 어간(語間)에 삽입되는 것이 특징이다. 아이솔레이트(isolate)와 함께 아날렉트(analect)라고 불리는 용어열(스트링: string)의 구성 요소가 되며, 컴퓨터 시스템에서는, 색인 저록(색인 기입)마다의 표목의 열거 순서를 결정한다. 관계 연산자를 사용하는 색인 시스템은 1950년대 영국의 Relational Indexing이 최초이며, 1960년대에는 프랑스에서 SYNTOL(Syntagmatic Organization of Language)이 실험용으로서 개발되었다. 실용 시스템으로서는 *British Technology Index*(1962-1980)가 유명하다. 또한 PRECIS의 역할 연산자(role operator)는 어간(語間)에 삽입되지는 않지만, 그 이름대로 관계 연산자의 영향을 받고 있다. ↔ 아이솔레이트; 용어열 색인

관공청 출판물(官公廳刊行物) official publication

국가 또는 지방 공공 단체의 제 기관의 간행물. 구체적으로는 국회나 의회의 의사록, 법령집, 정부 간행물, 지방 자치 단체의 간행물, 재판소나 법원의 판결집 등이 있다. 형태로서는 리플릿, 팸플릿, 도서, 잡지, 데이터베이스, CD-ROM 등의 형을 취하며, 최근에는 책자체(冊子體)와 동일 내용의 것이 인터넷에서도 제공되고 있다. 원칙적으로는 국가 서지에 수록되지만, 반드시 망라되는 것은 아니다. ↔ 정부 간행물; 행정 자료

관련 관계(關聯關係) → 연관 관계

관련어(關聯語) related term

연관 관계에 있는 디스크립터에 관한 것. ↔ 연관 관계

관련 저작(關聯著作) related work

해당 저작 이전에 존재한 다른 저작과, 어떤 점에서 관련되어 있는 저작. 광의(廣義)로는 어떤 서지적 관계에 있는 저작 상호간에는 많은 경우, 어떤 저작과 그 관련 저작의 위치가 부여되어 있다는 것을 파악할 수 있다. 목록 처리상 관련 저작은 특히 그 표목을 선행 저작(先行著作)의 그것과 비교·대조하여 선정함으로써, 선행 저작과의 관계 부여가 이루어져 왔는데, 편목 규칙에 따라 그 범위가 다르고, 번안(飜案), 개정, 번역 등을 포함시키는 경우도 있었다. 『영미편목규칙 제2판』은 속간물 및 속편, 보유(補遺), 색인, 용어 색인, 희곡 작품의 부수음악, 카덴차(cadenza), 시나리오나 영화극 등, 안무, 곡이 붙여진 가극(歌劇)의 대본, 그 밖의 텍스트, 하위 총서, 연속간행물의 특별호, 연속간행물에서 발췌한 합집을 관련 저작으로 간주하고 있다. ↔ 서지적 관계

관리 전환(管理轉換) charging custody

동일 회계 모체의 기관 간에, 물품의 관리자를 교체하는 물품 수불(物品受拂) 방법. 관리환이라고도 한다. 어떤 기관이 보관하고 있는 물품을 다른 기관으로 옮기는 것을 말하며, 이관에 따라 그 물품이 더 유효하게 이용되는 경우에 이루어진다. 불출(拂出)하는 측의 물품 회계상의 처리를 관리 전환 불출이라고 하고, 수입(受入)하는 측의 처리를 관리 전환 수입이라고 한다. 예를 들면 어떤 시정촌(市町村)의 공민관(公民館)의 도서를 동일 시정촌의 도서관으로 이관하는 경우나, 동일 도서관 내의 본관용의 도서를 분관으로 이관하는 경우의 수불 등을 말한다. ↔ 제적

관문(關門) → 게이트웨이

관보(官報) gazette

국가의 정책이나 행정에 관해, 국민에게 주지(周知)하는 것을 목적으로 하여, 국가의 행정 기관에 의해 공적(公的)으로 발행되는 정기간행물. 일본에서는 1883

년부터 일간(日刊)으로 『관보』가 간행되고 있는데, 그 내용의 주된 것은 법률, 정령(政令), 조약, 통달(通達), 관청 사항, 국가 공무원의 임면(任免) 등이다. 미국에서는 *Federal Register*(1936-   )가, 영국에서는 *London Gazette*(1665-   창간 당시는 *Oxford Gazette*)가 관보에 해당한다.

관용명(慣用名) conventional name

"실명 또는 정식명 이외의 명칭으로, 그것에 의해 알려져 온 단체, 장소, 또는 사물의 명칭"(『영미편목규칙 제2판 일본어판』 용어 해설). 『영미편목규칙 제2판』에서는, 단체가 그 모국어의 참고 정보원에서 관용형으로 빈번하게 특정(特定)되고 있을 경우에는, 그것을 채택하도록 규정하고 있다. ↔ 이형 명칭; 저자 표목

관점(觀點) viewpoint

사상(事象)의 취급 방법. 예를 들면, 결혼의 관점은 법률, 의학, 여성 문제, 풍속 등이다. 관점 분류법에서는, 사상보다 관점을 우선하기 때문에, 같은 사상에 대해 복수의 관점에서 위치를 부여하게 된다. 이 경우 복수의 관점에서 취급되는 학제적(學際的)인 주제의 위치 부여는 분류 규정 등에 미리 정해 두어야 한다. ↔ 고유 정의 장소; 관점 분류법

관점 분류법(觀點分類法) aspect classification

사상(事象) 그 자체가 아니라, 사상을 연구하는 방법이나 검토하는 국면(局面)을 우선하는 분류법. 예를 들면, 결혼이라는 사상을 법률학의 혼인법, 민속학의 결혼 풍속, 생리학의 결혼 생리와 같이, 각각의 주제 분야를 우선하여 분류한다. 그런 까닭으로, 결혼은 법률학, 민속학, 생리학의 각 주제 분야 속에서 다루어지는 형식이 된다. 듀이십진분류법(DDC), 미국의회도서관분류법(LCC), 한국십진분류법(KDC), 일본십진분류법(NDC) 등, 패싯식 분류법, 열거식 분류법을 불문하고, 현재 보급되고 있는 일반 분류법의 대부분은 관점 분류법이다. ↔ 관점; 일반 분류법

관찰법(觀察法) direct observation method

(1) 도서관의 장서 평가 방법의 하나로, 특정 주제 분야에 상세한 전문가 또는 복수의 전문가로 이루어진 팀이 직접 컬렉션을 점검하고, 그 규모, 심도(深度), 자료의 새로움이나 물리적 상태 등의 특성이나 결함 등을 평가하는 방법. 장서 규모가 소규모이고, 다루고 있는 주제 영역이 한정되어 있을 때 효력이 있다. 이 평가법은 비교적 간편하게 컬렉션을 평가할 수 있으나 주관적이기 때문에, 통상은 다른 평가법과 조합하여 이용한다. (2) 이용자 조사 또는 이용 조사 기법의 하나로, 대상자를 결정하여 자료나 서비스, 시설의 이용 상황을 관찰하는 방법. 일정의 조건을 결정하는 통제적 방법과 조건을 결정하지 않고 대상자의 행동을 관찰하는 비통제적 방법이 있다.

관판(官版) government printing

(1) 일반적으로는 관공청(官公廳)의 출판물. (2) 일본의 에도막부(江戶幕府)가 칸세이(寬政) 11(1799)년부터 쇼헤이자카학문소(昌平坂學問所)에서 출판한 것. 에도 후기의 관판에는 제첨(題簽)이나 권말에 「관판」(官版), 「관각」(官刻) 등의 문자가 있는 경우가 많다. 관판에 자극을 받아, 각 번(藩)에서도 번판(藩版)이 출판되었다. ↔ (1) 관공청 간행물; (2) 번판(藩版)

광디스크(光--) optical disk

투명한 합성 수지로 보호된 금속 박막의 원반(圓盤)에 고밀도로 기록된 정보를 레이저 광선을 이용하여 독취(讀取)하고 재생하는 패키지계 기록 매체의 총칭. 직경 8-30cm의 금속 박막의 원반 상에 길이 1미크론(micron) 이하의 피트(pit: 미세한 홈)를 수백억 개 만듦으로써 디지털 데이터를 기록하고, 이 피트에 레이저 광선을 조사(照射)하여 반사광(反射光)의 유무와 장단(長短)을 독취한다. 1980년대 초두에 규격화, 상품화되었으며, 그 후 기록·재생 방식에 따라 다수의 표준 규격이 발표되고 있다. CD, DVD, 블루레이 디스크(blu-ray disc) 등의 종류가 있다. 고밀도로 대용량을 기록할 수 있고, 염가로 대량 생산이 가능하며, 독취가 비접촉 방식이기 때문에 정보가 열화(劣化)하기 어렵다는 등의 특징이 있다. ↔ CD-ROM; DVD; 비디오디스크; 콤팩트디스크

광보지(廣報誌) → 피아르지

광보 활동(廣報活動) publicity work

도서관의 PR 활동의 하나로, 서비스 대상자에 대해, 우선 도서관의 존재를 알리고, 도서관의 개요, 규모, 장서, 서비스 내용 등을 어필하는 활동. 광보 활동은 팸플릿, 게시, 사인과 같은 문자 정보에 의한 전달 수단으로부터, 영화, 슬라이드, 비디오, 방송, 홈페이지 등 시청각 미디어를 이용하는 것에 이르기까지, 다양한 방법으로 실시할 수 있는데, 일반적으로는 도서관보, 팸플릿을 중심으로 한 인쇄물에 의하는 경우가 많다. 도서관이 기획하는 도서관 소개를 위한 오리엔테이션, 도서관 관계 단체가 실시하는 도서관 진흥을 위한 행사나 대회도 도서관의 광보 활동의 일종이다. ↔ 피아르 활동

교과 관련 문헌 이용 지도(敎科關聯文獻利用指導) course-related bibliographic instruction

주로 교육 기관에 속하는 도서관에서 이루어지는 문헌 이용 지도의 하나. 특정의 교과목이나 주제 영역의 교육 목표 달성을 위해, 교수 과정, 학습 과정에서 필요하게 되는 도서관 이용이나 정보 이용에 관계된 지식이나 기능을 지도한다. 실제의 지도는 담당 교원의 요청을 받아, 도서관인이 교과목의 수업 시간 내에 실시하는 경우가 많다. 도서관인은 교원에 의한 수업 개발의 지원이라는 입장을 취한다. 교과목이나 주제 영역의 목표 달성의 지원이 목적으로, 그 자체가 반드시 불가결한 것은 아니라는 점에서, 교과내 문헌 이용 지도와는 다르다. ↔ 교과 내 문헌 이용 지도; 문헌 이용 지도

교과 내 문헌 이용 지도(敎科內文獻利用指導) course-integrated bibliographic instruction

주로 교육 기관에 속하는 도서관에서 이루어지는 문헌 이용 지도의 하나. 문헌 이용 지도 또는 도서관 이용 교육과, 특정의 교과목이나 주제 영역의 공통의 교육 목표 달성을 위해, 교과목의 수업의 일부로서 도서관 이용이나 정보 이용에 관계된 지식이나 기능의 지도를 계획, 실시한다. 도서관인은 교원과 연계하여 수업 개발에 참여한다는 입장을 취하며, 실제의 지도도 교원과 도서관인이 분담

하여 실시한다. 교과목이나 주제 영역의 목표에서 문헌 이용 지도가 불가결한 요소가 되어 있고, 양자가 더 깊이 상호간에 의존하고 있다는 점에서, 교과 관련 문헌 이용 지도와는 다르다. 교과 통합 문헌 이용 지도라고도 한다. ↔ 교과 관련 문헌 이용 지도; 도서관 이용 교육; 문헌 이용 지도

교과서(敎科書) textbook

(1) 학교의 교과 학습을 위해 편집된 도서. 초·중등학교에서는 일본의 경우 문부과학성(文部科學省)의 학습 지도 요령에 준거한 검정 교과서가 사용되며, 통상의 출판물과는 다른 유통 경로로 판매, 공급되고 있다. (2) 특정 분야의 기초적인 지식을 제공하는 것을 목적으로 하여 편집, 간행되는 도서.

교과서판(敎科書版) textbook edition

대학생이나 중·고등학교 학생의 사용을 위해, 또는 전적으로 학교나 교실에서의 배포용으로 출판되는 특별판. 일반의 시판 도서의 판을 사용하여 개별적으로 제작되는 경우는 통상 시판판(市販版)에 비해 간이의 장정으로 만들어지고 있고, 가격도 염가이다. ↔ 도서관판

교구 도서관(敎區圖書館) parish library

영국 국교회(國敎會)의 각 교구(parish)에 의해 유지 운영되고 있는 도서관. 일반적으로는 각각의 교회에 부설되어 있다. 켈리(Thomas Kelly 1909-1992)는 *Early Public Libraries*(1966)에서 이것을 광의(廣義)로 parochial library라고 부르고, 그 중 특히 교구민에게 공개되었던 것을 parish library라고 불러 구별하고 있다. 영국에서는 국교회의 교구(교회구)는 최소의 행정 단위로서의 기능을 가지고 있었기 때문에, 공개의 교구 도서관은 근대 공공 도서관의 하나의 선구를 이루게 된다. ↔ 교회 도서관

교도소 도서관(矯導所圖書館) prison library

교도소 등의 교정 시설에 설치된 도서관. 교정 시설 피수용자에 대해, 자료의 제공을 통해, 정보, 교양, 문화, 오락을 제공함과 동시에, 교정 시설의 교육적 설치

취지에 비추어, 그 교육, 사회 복귀의 지원에 도움을 주는 도서관이다. 오늘날 구미 제국(歐美諸國)의 교정 시설에서는 도서관은 널리 보급을 보이고 있는데 대해, 일본에서는, 「관」(館)으로서의 규모나 시설을 갖춘 것은 극히 소수이며, 그 밖의 상당수에서는 교정 시설 보유의 도서(관본(官本)이라고 한다)를 수장(收藏)하는 도서실 규모의 것이 일반적이다. 교도소 도서관이 발달하고 있는 제국에서는, 공공 도서관과의 협력도 적극적으로 이루어지고 있는 경우가 많다. 일본에서도 근년에는 조금씩이기는 하지만, 교정 시설에 대한 서비스를 실시하는 공공 도서관이 계속 증가하고 있다. ↔ 시설 대출; 시설 도서관

교수 지원 활동(敎授支援活動) instruction support service

교원의 수업 계획이나 학습 지도 계획의 수립 및 입안에 대해, 학교 도서관이 제공하는 다양한 편의. 이 활동에는 수업 테마나 해결 과제에 관한 자료나 정보의 제공, 학습 지도에 사용하는 자료에 관한 상담, 수업 배포 자료나 독자의 교재 제작에 관한 지원 등이 포함된다. 교원을 대상으로 하는 학교 도서관 서비스의 중심이 될 것으로 기대되고 있다.

교육회 도서관(敎育會圖書館)[일본] kyoikukai library

일본에서 1880년대부터 전국 각지에 결성된 교육회가 설치, 운영한 도서관. 교육회는 학교 교육 제도의 정비가 진행됨에 따라, 교육의 보급·발달을 도모하기 위해, 교원과 교육 행정관 등에 의해 조직된 단체로, 그 활동의 일환으로서, 통속 교육(通俗敎育)을 위한 도서관을 설립하고, 1880년대부터 1890년대에 걸쳐, 일본에서 통속 도서관의 보급에 큰 역할을 수행하였다. 그중에는 도도부현립 도서관(都道府縣立圖書館)이나 시정촌립 도서관(市町村立圖書館)의 전신이 된 것도 적지 않다. 1887년에 설립된 대일본교육회서적관(大日本敎育會書籍館: 후에 데이코쿠교육회(帝國敎育會)로 개칭)은 일본 최초의 어린이 도서실을 설치했던 것으로 알려져 있다. ↔ 통속 도서관[일본]

교재 센터(敎材--) → 학습 자료 센터

교정(校正) correction

인쇄물과 원고를 비교하여, 문자의 잘못이나 조합 방법의 불비(不備), 색 상태 등을 점검하고, 저작자가 의도한대로 되어 있는지의 여부를 체크하는 작업. 인쇄란 오리지널에 어떤 기계적 또는 화학적 수단을 개재(介在)시켜 복제를 만드는 것이기 때문에, 중간 수단의 완성된 상태에 따라, 복제에 좋고 나쁨이 만들어진다. 활자가 개재 수단이면, 원고대로 활자를 모으고 있는지의 여부, 회화(繪畵)의 복제이면, 오리지널의 색조가 잘 재현되어 있는지의 여부가 문제가 된다.

교정(校訂) recension

저작의 본문의 잘못을 바로 잡는 것. 특히 특정의 저작에 대해, 저본(底本)과 이본(異本) 등의 자료를 조합(照合)하는 등 비판적 연구를 실시하여 문자나 어구의 잘못을 바로 잡는 것을 말한다. 교정자는 『일본목록규칙 1987년판 개정 3판』에서는, 편자나 역자와 함께 「부차적인 저자」로 자리매김되고 있다. ↔ 이본; 저본

교정쇄(校正刷) proofs; proof-sheets

교정에 사용하기 위해 인쇄된 인쇄물. 활판 인쇄에서는, 짠 활자를 갤리(galley: 일본말로는 게라라고 한다)라고 불리는 상자에 얹어 놓은 상태에서 교정용의 인쇄를 하기 때문에, 교정쇄의 것을 갤리쇄라고도 부르고 있다. 또한 활판 인쇄가 아니더라도 갤리쇄라고 하는 경우가 있다.

교차 검색(交差檢索) → 횡단 검색

교차 분류(交叉分類) cross classification

구분의 법칙 중, 일관성의 원칙(각 단계의 구분 특성은 단 하나이어야 한다)을 지키지 않은 경우에 생기는 결과. 예를 들면 악곡(樂曲)을 구분할 때, 일관성을 충분히 고려하지 않고, 바로크, 고전파, 기악곡, 성악곡과 같은 구분지(區分肢)를 마련하면, 시대와 연주 수단이라는 두 가지 구분 특성이 혼재하여 교차 분류의 원인이 되며, 특정의 악곡을 일의(一意)로 분류할 수 없게 된다. 구분 특성마다에 구분하고, 구분 특성 적용의 우선순위를 정해 두면, 교차 분류는 발생하지 않는다. ↔ 구분; 구분 특성

교합(校合) collation; collating

필사본의 본문의 이동(異同), 기출(旣出)의 간본(刊本)의 본문의 이동, 그리고 특히 초기 간본의 동일판 내에서의 본문의 이동을 비교, 기술하는 작업. 초기 간본에는 이본(異本)이 많이 보이는데, 간본이라고 하더라도 같은지의 여부는 완전히 교합해보지 않으면 알 수 없다. 교합 작업은 본문뿐만 아니라, 책의 물리적인 상태도 조사의 대상으로 한다.

교회 도서관(敎會圖書館) church library; cathedral library

기독교의 교회에 부설되어 있는 도서관, 또는 각 교회가 유지·운영하고 있는 도서관. 일반적으로는 그 교회에 근무하는 성직자를 위해 설치되었으나, 신자들에게 공개되고 있는 경우도 있다. 특히 영국 국교회의 각 교구에 의해 설치·운영되었던 도서관(parish library)을 가리키는 경우도 있다. ↔ 교구 도서관

구멍등 → 빈등

구분(區分) division

어떤 사상(事象)이나 개념을 큰 집합에서 작은 집합으로 단계적으로 나누어 가는 것. 구분에는 단계마다 나누어가는 기준이 필요한데, 그것을 구분 특성이라고 한다. 또한 큰 집합을 구분함으로써 형성된 하위의 집합을, 큰 집합을 구분하는 구분지(區分肢)라고 한다. 나아가 구분되는 집합을 피구분체(被區分體)라고 한다. ↔ 분류

구분 특성(區分特性) characteristic of division

클래스의 멤버에 공통되는 특성. 그 특성에 의해 멤버는 다른 클래스의 멤버와 구별되며, 상호간에 배타적인 클래스가 형성된다. 분류표를 구축 또는 발본적(拔本的)으로 개정할 때 적용되며, 이것을 잘못하면 교차 분류(交差分類)를 발생시키게 된다. ↔ 교차 분류; 패싯; 하위 패싯

구성 부분(構成部分) component part

"단행 자료, 계속 자료 등의 일부분으로, 고유의 표제(타이틀)가 있으나 형태적으로 독립되어 있지 않은 저작 등을 가리킨다."(『일본목록규칙 1987년판 개정 3판』 용어 해설). 이 종류의 저작에 대해서는, 종래의 카드 목록 아래에서는, 카드의 물리적 제약 및 작업량 등의 문제 때문에 내용 세목으로서 주기 사항에 기록되는 경우는 적었고, 더구나 독립된 분출 레코드의 대상이 되는 경우는 적었으며, 그 때문에 검색의 가능성도 그만큼 적었다. 그러나 풍부한 접근점(액세스 포인트)을 가능하게 한 온라인 목록 등 기계 가독 목록의 보급에 따라, 구성 부분의 기록이 촉진되고, 『일본목록규칙 1987년판』 이후의 판에서는, 이 구성 부분을 기술의 대상으로 한 서지 레코드(구성 레벨의 레코드)의 작성에 대한 규정이 더 명확하게 되었다.

구성 서지 단위(構成書誌單位) component part bibliographic unit

"단행 서지 단위 또는 계속 간행 서지 단위의 하위 서지 레벨을 기술하는 서지 단위로, 고유의 표제(타이틀)를 가지고 있으나, 형태적으로 독립되어 있지 않으며, 자료의 구성 부분을 기술 대상으로 한다."(『일본목록규칙 1987년판 개정 3판』 용어 해설). 간략화하여 구성 단위라고도 한다. 서지 레코드를 구성하는 구조적인 단위인 서지 단위를 이루며, "구성 부분의 고유의 표제로부터 시작하는 일련의 서지 사항의 집합"으로도 정의된다. 둘 이상의 계층에서 존재하는 경우가 있다. 구성 부분을 기술 대상으로 할 때는, 구성 서지 단위를 기술의 본체로 하는 서지 레코드를 작성하게 되며, 그것을 구성 레벨의 레코드라고 한다. ↔ 기본 서지 단위; 서지 단위

구성 요소부(構成要素部) → 구성 부분

구의(球儀) globe

지구나 천체의 모습을 일정의 척도로 구체(球體)에 묘사한 3차원 지도 자료. 지구상의 육지나 산하, 도시 등의 위치를 나타내는 지구의(地球儀: terrestrial globe), 천구 상의 성좌(星座)의 위치를 나타내는 천구의(天球儀: celestial globe)가 있다.

구입 도서 회전율(購入圖書回轉率) turnover rate of purchase books

자료 선택의 평가 지표의 하나로, 연간 구입 도서의 대출 총책수를 연간 구입 책수로 나누고, 1책의 구입 도서가 몇 회 대출되었는가를 나타내는 값. 연간의 구입 도서 회전율이 기존의 장서 회전율을 상회(上廻)하면, 이용자의 니즈에 대해 신규로 구입된 도서가 적합할 가능성이 높게 된다. 하회(下廻)하면, 수집 방침이나 자료 선택 기준을 수정할 필요가 있다. ↔ 장서 회전율

구입 수입(購入受入) accession by purchase

도서관이 자료를 수집할 때의 가장 일반적인 방법으로, 자료 구입비의 울타리 내에서, 서점, 단체, 개인 등을 통해 구입하고, 도서관 자료로서 수입하는 것. 통상 서점 등이 적당한 물건을 고르는 방식으로 반입한 자료를 현물 선택(現物選擇)하는데, 그 때 정가의 할인 가격으로 구입하는 경우가 많다. 회계 법규나 물품 관리법 등의 규정에 의해, 도서 원부에 등록 번호, 서명, 구입 가격 등을 기재하여, 회계 검사에 대비한다. 최근에는 MARC를 도입하는 등, 구입 수입으로부터 기계화하고, 가능한 한 신속하게 이용·제공하는 도서관이 늘어나고 있다. 구입 이외의 주된 수입 방법으로서, 기증, 교환, 기탁 등이 있다. 컬렉션의 기탁의 경우, 일부 구입의 형식을 취하는 경우도 있다.

구주도서관(歐洲圖書館) → 유럽 도서관

구텐베르크 Gutenberg, Johann

1400?-1468. 독일 마인츠(Mainz) 출신. 활판 인쇄술의 발명가로 알려져 있으며, 납과 안티몬의 합금에 의한 활자 주조, 유성(油性) 잉크의 개량, 포도 짜기용의 목제 프레스를 응용한 인쇄기의 고안을 통해, 활판 인쇄기의 보급을 가져왔다. 구텐베르크의 이름이 들어간 인쇄물은 존재하지 않으나, 1454년부터 면죄부(免罪符)나 역(曆) 등의 낱장 자료의 인쇄를 시도하고, 1455년경에는 잔존(殘存)하는 세계 최초의 활자 인쇄본 『42행 성서』를 인행(印行)하였다. 도서의 대량 생산을 가능하게 한 활판 인쇄술의 발명은 종교 개혁 시대의 소책자류의 인쇄나 과학서의 출판 등 지식의 보급·확대에 다대한 역할을 수행하였으며, 오늘날의 컴퓨터 혁명에 필적하는 미디어 혁명으로서 논해지고 있다. ↔ 인큐내불러; 활판 인쇄

구판본(求版本)[일본]

일본의 에도(江戶) 시대에, 구판(求版)에 의해 출판된 책. 일본에서는 17세기 중반 무렵부터 출판이 영리 사업으로서 이루어지게 됨과 동시에, 출판 서점은 자기 서점 출판물에 대해 출판상의 권리를 주장할 수 있게 된다. 그 권리를 판주(版株)라고 하며, 판주는 출판 서점 사이에서 매매의 대상이 되기도 하였는데, 이 판주를 구하여 사는 것을 구판(求版)이라고 한다. 구판에서는 판목 그 자체가 매매되는데, 에도 중기 이후 간기(刊記)에 구판이라고 추각(追刻)한 것이 많이 발견된다.

국가도서관정보학위원회(國家圖書館情報學委員會)[미국] National Commission on Libraries and Information Science(NCLIS)

미국의 의회 및 대통령에 대해, 전국적인 도서관・정보 서비스에 관계되는 정책 제시와 조언을 실시하기 위해, 1970년에 연방 정부에 의해 설치된 독립 행정 기관. 국가 정책의 수립, 조사・연구, 연방・주・지방 공공 단체에 걸친 도서관 활동의 조정 계획 수립 등의 이외에, 근년(近年)의 중요 임무로서, 1996년에 설치된 연방 독립 기관인 박물관도서관서비스국(Institute of Museum and Libraries)에 대해, 전국의 도서관에 대한 자금 조성 계획 수립에 관한 조언을 제공하는 것이 법률로 정해져 있다.

국가문헌정보학위원회(國家文獻情報學委員會)[미국] → 국가도서관정보학위원회[미국]

국가 서지(國家書誌) national bibliography

어느 한 나라에서 간행되는 모든 출판물을 망라적, 포괄적으로 수록한 서지. 일본에서는 전국 서지(全國書誌)라고 한다. 광의(廣義)로는 그 나라에 관한 전 저작, 타국에 존재하고 있는 그 나라의 국민에 의한 저작, 그 나라의 언어로 쓰인 타국에서의 저작을 포함하는 경우도 있다. 국가 서지는 새로운 출판물을 망라적으로 수록하기 때문에, 정기적, 계속적으로 발행되는 경우가 많고, 한국의 『대한민국 국가 서지』, 일본의 『일본 전국 서지』(1955- 창간 당시는 『납본 주보』), 영국의 *British National Bibliography*(1950-) 등이 있다. 또한 그 데이터는 MARC로서 작성되는데, KORMARC, JAPAN MARC, MARC 21, UK MARC 등의 데이터베이스로서도 제공되고 있다. 그러한 속보적 서지(速報的 書誌)를 바탕으로 누적판이 작성되고, 또한 소급하여 국가 서지가 작성되는 경우도 있다. 국가 서지는 그 나라의 대표적인 중앙 도서관이나 서지 작성 기관에서 작성되는 경우가 많으며, 일차 서지로서 기능한다. 또한 서지 정보의 표준화에도 중요한 기능을 수행하며, 특히 국제적인 서지 정보의 유통에 기여하고 있다. 각국의 국가 서지를 집대성하면 세계 서지가 만들어지게 된다. ↔ 세계 서지; 일차 서지

국가 서지 번호(國家書誌番號) national bibliography number

국가 서지에 수록되는 서지 레코드를 식별하기 위한 번호. 일본의 『일본 전국 서지』(1955- 창간 당시는 『납본 주보』)에서는 JP 번호가 이에 해당한다. 1977년부터 1999년에 국립국회도서관이 정리한 일본 도서의 JP 번호는 서력년 아래 2자리와 연도 내에서의 일련 번호 5자리로 이루어지며, 2000년 이후의 정리분은 2로 시작되는 8자리의 일련 번호, 연속간행물은 0으로 시작되는 8자리의 일련 번호.

국가수서편목프로그램(國家收書編目--)[미국] National Program for Acquisitions and Cataloging(NPAC)

1965년의 미국 「고등교육법」(Higher Education Act)을 바탕으로 미국의회도서관(LC)이 시작한 학술 연구상에서 가치가 높은 전 세계의 신간 도서의 수집, 목록 작성, 목록 데이터 배포 사업. 이 사업을 위해, 미국의회도서관은 일본, 오스트리아, 브라질, 프랑스 등 11개국에 사무소를 두고 수집에 임했었다.

국공립대학도서관협의회(國公立大學圖書館協議會)[한국] → 부록: 한국의 주요 도서관 및 도서관 관련 단체

국립국회도서관(國立國會圖書館)[일본] National Diet Library

일본의 「국립국회도서관법」을 바탕으로 1948년에 설립되었다. 국회에 소속된다. 1872년에 설립된 서적관(書籍館)을 전신으로 하는 데이코쿠도서관(帝國圖書館)과, 1890년에 개설된 데이코쿠의회(帝國議會)의 귀족원(貴族院)·중의원(衆議院)의 도서관을 원류로 한다. 납본 제도에 의해 일본 국내의 출판물을 망라적으로 수집함과 동시에, 『일본 전국 서지』(1955- 창간 당시는 『납본주보』)와 JAPAN

MARC를 작성·배포하고 있다. 국회, 지부 도서관 등을 통해 일본의 중앙 성청(中央省廳)이나 최고재판소, 국민 각각에게 서비스를 제공한다. 본관과 신관 이외에 국회 분관, 간사이관(關西館), 국제어린이도서관, 지부 토요분코(東洋文庫)를 두고 있으며, 본관과 신관을 합쳐 총 연면적 약 148,000 제곱미터, 장서 약 837만 책, 직원 934명으로 이루어져 있다.

국립국회도서관법(國立國會圖書館法)[일본] National Diet Library Law

일본의 국립국회도서관의 설치법으로, 1948년에 공포되었다. 미군 점령 아래에서, 미국 도서관 사절의 강력한 영향 아래, 미국의회도서관(LC)을 참고로 책정(策定)되었다고 일컬어지고 있다. 법정 납본 규정을 바탕으로 한 일본 국내 출판물의 망라적 수집, 전국 서지(全國書誌)를 비롯한 각종 서지·색인의 작성과 배포, 국회에 대한 봉사, 지부 도서관 제도에 의한 행정 및 사법의 각 부문에 대한 봉사, 내관자(來館者) 등에 대한 직접 봉사 내지 공립 도서관 등을 경유한 간접 봉사에 의한 국민에 대한 봉사를 설정하고, 국립 도서관으로서의 성격과 함께, 입법, 행정, 사법의 세 부문 전체에 봉사하는 도서관으로서의 성격도 함께 갖춘 도서관이 구상되어 왔다.

국립국회도서관분류표(國立國會圖書館分類表)[일본] National Diet Library Classification(NDLC)

일본의 국립국회도서관이 동관(同館)의 장서용으로 작성한 일반 분류표. 사회과학 A~F, 인문 과학 G~K, 과학 기술 M~S, 총기 사항(總記事項) U, 형식류 W~Z의 순서로 로마자 1자 또는 2자로 1~999의 숫자를 조합시킨 기호법을 채택한다. 각 부문의 모두(冒頭)에 참고 도서 등을 위치시킬 수 있으나, 공통 보조표는 없다. 정치·법률·행정 A~C에는 7종의 부표(附表)를 갖추고 있다. 의회 자료 B, 법령 자료 C, 고서·귀중서 W, 아동서·특수 자료 등 Y, 연속간행물 Z의 형식류가 체계에 포함되어 있다. 1967년에 작성되고, 다음 해에 그 일부의 사용을 시작하였으며, 1969년부터 전면적으로 사용되고 있다. 그 후 개정판이 1987년에 간행되었다. 그 후의 개정을 반영한 최신판은 2003년부터 국립국회도서관의 홈페이지에 공개되고 있다.

국립국회도서관주제명표목표(國立國會圖書館主題名標目表)[일본] National Diet Library Subject Headings(NDLSH)

일본의 국립국회도서관이 동관(同館) 장서의 주제 검색을 위해 작성한 주제명 표목표. 1964년에 제1판을 간행하였다. 수록 범위는 동관의 화한서(和漢書) 및 서양서의 주제 테마로서 부여한 것 가운데, 일반 주제명 전체와, 특별히 선택한 고유명 주제명(국가명, 광범위한 지역명, 역사적 사건명 등)을 포함한다. 1991년에 간행된 제5판이 책자 형태의 최종판으로, 주제명 표목이 약 17,000어, 참조형이 약 5,400어 수록되어 있다. 참조 구조로서 「보라 참조」 밖에 없고, 「도보라 참조」를 갖고 있지 않은 것이 결점으로 여겨지고 있다. 분류 체계순 일람표도 함께 갖추어져 있다. JAPAN MARC나 J-BISC를 이용한 주제 검색에도 없어서는 안 되는 것이다. 시소러스화, 어휘의 증대, 범용성의 확보를 목표로 한 새로운 개정 작업이 진행되어, 이 작업을 반영한 판이 2004년 이후, 국립국회도서관의 홈페이지에 공개되고 있다. ↔ 기본건명표목표[일본]; 미국의회도서관주제명표목표; 주제명 표목표

국립농학도서관(國立農學圖書館)[미국] National Agricultural Library

미국 농무성(農務省)의 부국 도서관(部局圖書館)으로서 1862년에 설립되어, 1962년에 농학 정보를 연구자, 교육 관계자, 정책 담당자, 소비자에게 제공하는 것을 임무로 하는 국립 도서관이 되었다. 농무성 농업조사부에 소속되어 있으며, 미국 내의 농학 도서관 네트워크의 조정 기관으로, 국제적인 농학 정보 시스템 AGRIS에서는 미국의 센터가 되고 있다. 200만 책이 넘는 장서를 보유함과 동시에, 1,400 타이틀의 잡지의 논문, 도서, 회의 보고, 학위 논문, 특허 등을 수록하는 농학 분야의 대표적인 서지 데이터베이스인 AGRICOLA를 편집, 제공하고 있다.

국립대학도서관협회(國立大學圖書館協會)[일본] Japan Association of National University Libraries

일본의 국립 대학 도서관의 협력 활동의 추진을 목적으로 하여, 국립 대학 도서관을 회원으로 1968년에 설립된 국립대학도서관협의회가, 2004년에 국립 대학의 국립 대학 법인화에 맞춰 개칭한 단체. 일상 활동으로서는, 총회, 각 지구 협의회 총회 등이 개최되고 있다. 또한 수시로 조사 연구반이나 특별 위원회를 설치

하여, 상호 대차, 상호 이용, 도서관 기계화, 직원 등의 문제에 대한 보고서를 작성하고 있다. 최근에는 자료 보존, 자기 점검·평가, 나아가 학술정보센터(현 국립정보학연구소)의 ILL 시스템에 관련된 보고를 실시하고 있다. 현재 국공 사립 대학의 도서관인이 공동으로 편집하고 있는 『대학 도서관 연구』(1972-   )는 국립대학도서관협의회의 기관지로서 창간되었던 것이다.

국립 도서관(國立圖書館) (1) national library

(1) 일반적으로 국가가 설치하고, 운영하는 도서관. 통상 국립이더라도 관청 도서관이나 국립 대학 등의 도서관은 포함하지 않으며, 국가의 중앙 도서관을 가리킨다. 「도서관의 도서관」으로서의 기능을 발휘하고 있는데, 국민에게 개방된 공공 도서관적 역할을 맡는 곳(개발도상국 등)도 있다. 국립 도서관의 기능은 유네스코의 정의에 의하면, 자국의 자료의 망라적 수집과 보존, 자국 자료의 서지 정보의 제공, 전국 네트워크의 중심의 역할을 들 수 있는데, 국가에 따라 활동 범위는 다양하다. (2) 일본의 국립중앙도서관의 1947년 12월 4일부터 1949년 3월 31일까지의 명칭. 데이코쿠도서관(帝國圖書館)은 제국주의를 연상시킨다고 우려하여, 국립도서관으로 개칭하였다. 동(同) 도서관은 연합군 총사령부의 의향으로 국회의 입법 조사 능력을 높이기 위해 신설된 국립국회도서관으로 흡수되었다. ↔ 국립국회도서관[일본]; 데이코쿠도서관[일본]

국립 도서관법(國立圖書館法) national library law

국립 도서관의 법적 기반은 국가에 따라 다른데, 역사가 긴 유럽의 국립 도서관에는 각각의 법이 생기고 있으며, 시대와 함께 변천해가고 있다. 현재 특별한 법이 제정되어 있는 대표적인 도서관으로서는 일본(「국립국회도서관법」)과 영국(「영국도서관법」)을 들 수 있다. 일본의 「국립국회도서관법」에는 관장의 지위와 직무가 규정되어 있고, 「영국도서관법」은 이 기관이 국립 도서관이 되었다는 것을 나타내고 있다.

국립의학도서관(國立醫學圖書館)[미국] National Library of Medicine(NLM)

미국국립위생연구소(NIH: National Institutes of Health)에 속한 의학, 생명 과학 분야를 대상으로 하는 도서관. 육군군의총감부(Office of the Surgeon General,

United States Army)에서 의학 도서 구입비가 계상되었던 1836년을 창립년으로 하고 있는데, 현재의 명칭이 된 것은 1956년이다. 자료 수는 약 800만 점이며, 의학 도서관의 전국 네트워크의 센터이다. 색인지 *Index Medicus*(1960-)를 편집, 간행함과 동시에, 1960년대에는 의학 문헌 검색 시스템 MEDLARS를 개발, 제공하고, 나아가 그 온라인 검색 시스템인 MEDLINE을 제공, 리스터힐 국립바이오메디컬센터(Lister Hill National Center for Biomedical Communications) 및 국립바이오테크놀로지센터(National Center for Biotechnology Information)와 같은 연구 개발 부문을 두는 등, 대표적인 전문 정보 센터가 되고 있다.

국립정보학연구소(國立情報學硏究所)[일본] National Institute of Informatics(NII)

일본에서 학술정보센터를 폐지·전환하여, 정보학에 관한 종합 연구와 학술 정보 유통 기반의 개발·정비를 위해, 2000년 4월에 설치되어, 2004년 4월부터 대학 공동 이용 기관 법인 「정보·시스템연구기구」의 구성 연구소가 되었다. 학술정보센터는 1986년에 도쿄대학(東京大學) 문헌정보센터를 개조(改組)하여, 「학술 정보 시스템」 구상의 중핵 기관으로서 설치된 대학 공동 이용 기관으로, 대학 도서관 등의 목록 작성 지원, 종합 목록의 작성, 유지, 그리고 상호 대차의 지원 등에 커다란 역할을 수행하였다. 국립정보학연구소는 학술정보센터의 서지 유틸리티 기능인 목록 시스템 NACSIS-CAT(1984-), 온라인 데이터베이스 서비스 NACSIS-IR(1987-) 및 학술 잡지 목차 속보 데이터베이스(1994-)(현 GeNii 학술 컨텐츠 포털), 도서관 상호 대차 시스템 NACSIS-ILL(1992-), 전자 도서관 서비스 NACSIS-ELS(1997-), 『학술 잡지 총합 목록』(현 종합 목록 데이터베이스 인터넷 검색 서비스 NACSIS Webcat, 1953-) 등의 운용을 인계하고 있다. ↔ 학술정보시스템[일본]

국립중앙도서관(國立中央圖書館)[한국] → 부록: 한국의 주요 도서관 및 도서관 관련 단체

국민독서문화진흥회(國民讀書文化振興會)[한국] → 부록: 한국의 주요 도서관 및 도서관 관련 단체

국어 구분(國語區分) → 언어 구분

국어 사전(國語辭典) mother tongue dictionary

주된 이용자층이 모국어로 하는 언어의 단어나 어구를 표제어로 하고, 각각의 단어의 표기, 의의, 용법, 어원, 관련어, 용례 등을 해당 언어를 사용하여 설명한 사전. 일본에서는, 『일본 국어 대사전』(2000-2002), 『광사원』(廣辭苑, 2008), 『대사림』(大辭林, 2006) 등이 해당한다. ↔ 외국어 사전

국제 교환(國際交換) international exchange of document

외국의 주요 도서관 등과의 사이에서 복본(複本)을 교환하여 자관에 없는 자료의 부족을 보충하거나, 또는 다른 연구 기관이나 대학과의 사이에서 출판물을 상호 교환하는 것. 일본에서는 국립국회도서관이 국제 교환의 확대와 정부 간행물을 시작으로 하는 공적 출판물의 국가 간에서의 교환을 촉진하기 위해, 유네스코의 「국제출판물교환조약」(International Exchange of Publications)을 바탕으로 한 국제 교환국(國際交換局)이 되고 있다.

국제도서관연맹(國際圖書館聯盟) International Federation of Library Associations and Institutions(IFLA)

서지 활동, 정보 서비스, 도서관인의 양성 등 도서관 활동의 전 분야에 걸쳐 국제적인 규모에서의 상호 이해·협력, 토의, 연구·개발을 추진하는 것을 목적으로 하여, 1927년에 설립된 단체. 세계 각국의 도서관 협회나 도서관·교육 연구 기관을 회원으로 한다. 운영 이사회, 전문 이사회, 프로그램 관리 위원회, 부회(部會), 본부 사무국 등으로 구성되어 있으며, 활동은 ALP(Action for Development through Libraries Programme), CLM(Committee on Copyright and Other Legal Matters), FAIFE(Committee on Free Access to Information and Freedom of Expression), ICABS(IFLA-CDNL Alliance for Bibliographic Standards), PAC (Preservation and Conservation), UNIMARC(IFLA UNIMARC)와 같은 6개의 코어 프로그램(기본 계획)과 부회의 두 종류의 형태로 이루어진다. 부회는 도서관의 종류, 도서관 활동, 지역 활동의 3종류, 합계 8가지이며, 각각의 부회는 복수의 분과회나 라운드테이블로 구성되어 있다. 매년 각국을 돌아가며 연차 대회를 개최하고 있다.

국제도큐멘테이션연맹(國際--聯盟) → 국제정보도큐멘테이션연맹

국제십진분류법(國際十進分類法) Universal Decimal Classification(UDC)

라 폰테인(Henri La Fontaine 1854-1943)과 오틀레(Paul Marie Ghislain Otlet 1868-1944)에 의한 『듀이십진분류법(DDC) 제5판』의 소개를 발단으로 하고, 근간(根幹)은 그것에 의거하여 계속 발전시켜, 1905년의 국제 제1판(프랑스어판) 이후, 언어별, 상세도별 제판(諸版) 및 전문판이 간행되고 있는 일반 분류표. 학술 논문 등 상세한 레벨의 주제까지를 상정(想定)하여, 그에 포함되는 제 개념 상호간의 관계를 나타내기 위해, 다양한 기호를 매개로 하여, 공통 보조 기호 및 특수(고유) 보조 기호를 기본 기호에 조합시킴으로써, 그리고 연결 기호를 사용함으로써, 다면적(多面的)으로 정밀한 주제 표현을 가능하게 하고 있다. 당초에는 국제서지협회(IIB: Institut International de Bibliograpie)가 유지 관리를 맡고 있었으나, 이어서 국제도큐멘테이션연맹(FID: Fédération Internationale de Documentation)이, 그리고 1993년부터는 UDC Consortium이 그것을 맡고 있다. 일본어 중간판은 제3판(1994)이 최신판으로, 정보과학기술협회가 유지 관리하고 있었으나, 2004년에 정보과학기술협회는 UDC 사업으로부터의 철수를 표명하였다. ↔ 공통 보조 기호; 듀이십진분류법; 오틀레; 준열거식 분류법; 특수 보조 기호

국제아동도서협의회(國際兒童圖書協議會) International Board on Books for Young People(IBBY)

1953년 「어린이 책을 통한 국제 이해」를 목적으로 하여, 레프먼(Jella Lepman 1891-1970)에 의해 설립된 국제 단체. 본부는 스위스의 바젤(Basel)에 있으며, 60여개국이 가맹하고 있다. 2년마다의 총회와 어린이 책 세계 대회의 개최, 국제안데르센상과 IBBY아사히아동도서보급상(朝日兒童圖書普及賞)의 선정·수여, IBBY어너리스트(Honor Lists)의 상장 수여, 기관지 *Bookbird*(1958-   )의 발행, 문맹 퇴치 운동이나 장애아를 위한 프로젝트, 국제 어린이 도서의 날의 포스터 제작이나 메시지의 발신 등의 활동을 하고 있다. 유네스코, 유니세프 등과도 협력하고, 뮌헨국제어린이도서관, 브라바티스라바 일러스트레이션 비엔날레(Biennial of Illustrations Bratislava)와도 협력 관계에 있다. 국제아동도서평의회라고도 한다. ↔ 일본국제아동도서평의회

국제어린이도서관(國際--圖書館)[일본] International Library of Children's Literature

일본의 국립국회도서관 지부 도서관으로서 2000년에 설립된 일본 최초의 국립 어린이 도서관. 기본적 역할은 국립 센터로서, ① 제일선의 어린이 도서관 활동을 지원하고, ② 어린이의 출판 문화에 관한 조사·연구를 지원하며, ③ 어린이들에게 독서의 즐거움을 전하고, 도서관의 세계를 가까이하는 분위기를 제공하기 위한 서비스를 실시하며, ④ 내외의 관련 기관과 연휴(連携)·협력하는 것에 있다. 이를 위한 서비스 기반을 국내외의 어린이 도서관 및 관련 자료의 수집과 전자 도서관 기능에 두고 있다. 시설은 국립국회도서관 지부 우에노도서관(上野圖書館)을 개수(改修)한 것이다. 2002년 5월에 전면 개관하였으며, 소장 도서는 약 25만 책이다. ↔ 국립국회도서관[일본]

국제원자력정보시스템(國際原子力情報--) International Nuclear Information System(INIS)

국제원자력기구(IAEA: International Atomic Energy Agency)가 중심이 되고, 참가 각국의 협력을 바탕으로, 운영되고 있는 원자력 분야의 문헌 정보 시스템. 2010년 현재 123개국과 24개 국제 기구가 참가하고 있다. 주제 분야는 원자력 공학, 핵융합, 핵의학, 물리, 화학, 기계 과학으로부터 법률, 환경, 경제성에 이르기까지, 광범위한 문헌을 수록하며, 축적량은 서지·초록 데이터가 280만 건, 전문(全文: full text) 데이터베이스가 85만 건을 각각 넘어서고 있다(2007년 4월 현재). 서지 데이터베이스는 인터넷 및 CD-ROM으로 제공되고 있다. INIS의 이용 서비스는 각국의 국가 센터에 의해 제공되고 있는데, 일반적인 정보 검색, SDI, 소급 탐색 이외에, 원문헌의 제공도 포함되어 있다.

국제정보도큐멘테이션연맹(國際情報--聯盟) Fédération Internationale d'Information et de Documentation(FID)

라 퐁테인(Henri La Fontaine 1854-1943)에 의해 1895년에 창설된 국제서지협회(IIB: Institut International de Bibliograpie)를 모체로 한 단체. 국제도큐멘테이션연맹(FID: Federation Internationale de Documentation)으로의 명칭 변경(1938) 등을 거쳐 1988년에 국제정보도큐멘테이션연맹이 되었다. 2000년에 활동을 마무리하고 있다. 각국을 대표하는 국가 회원, 국제 회원, 기업 회원, 기관 회원,

개인 회원, 찬조 회원 등의 회원으로 이루어지며, 과학 기술의 발전, 경제 경쟁력의 향상, 생활의 향상과 질의 개선, 의사 결정의 지원, 교육과 평생 학습의 지원, 인문 사회 과학을 포함한 정보 사회의 전 분야에서의 커뮤니케이션의 촉진 등의 활동을 실시하였다. ↔ 국제십진분류법; 오틀레

국제특허분류(國際特許分類) International Patent Classification(IPC)

특허 분류의 국제적인 공통화에 의해 특허 문헌의 정리, 검색, 조사 등의 효율화를 도모하기 위해, 1971년의 국제 특허 분류에 관한 스트라스부르(Strasbourg) 협정을 바탕으로 작성된 특허 분류표. 세계지적소유권기구(WIPO)에 의해 영어판과 불어판이 편집, 발행되었다. 2006년에 제8판이 발행되었으며, 세계지적소유권기구의 웹 사이트에 공개되어 있다. 일본어판은 특허청이 편집하고 있다. 분류는 생활 필수품, 처리 조작·운수, 화학·야금, 섬유·종이, 고정 구조물, 기계 공학·조명·가열·무기·폭파, 물리, 전기의 8부문으로 이루어지고, 다시 세분된다. ↔ 세계지적소유권기구; 특허 분류; 특허 조사

국제표준녹음자료코드(國際標準錄音資料--) International Standard Recording Code(ISRC)

음악(음악 비디오를 포함한다) 레코딩의 국제 표준 코드. 영숫자(英數字) 12자리로, 국명 코드, 등록자 코드, 레코딩년, 레코딩 번호로 구성된다. 코드는 특수한 방법으로 녹음물에 기록되기 때문에, 인간은 직접 인식할 수 없다. 1986년에 *ISO 3901 International Standard Recording Code* (ISRC)가 되었으며, 한국에서는 『KS X ISO 3901 문헌정보 - 국제표준기록코드(ISRC)』, 일본에서는 『JIS X 0308 국제표준레코딩코드(ISRC)』가 제정되었다. 국제 등록 기관은 국제레코드산업연맹(International Federation of the Phonographic Industry)이며, 일본의 등록 기관은 일본레코드협회이다.

국제표준도서번호(國際標準圖書番號) International Standard Book Number(ISBN)

도서의 국제적인 식별 번호. *ISO 2108 International Standard Book Numbering* (ISSN) 및 일본의 경우 『JIS X 0305 국제표준도서번호(ISBN)』에 의해 규정되어 있다. 영국의 SBN(Standard Book Number)를 바탕으로 국제 규격화되었다. 런

던에 있는 국제ISBN기구(International ISBN Agency)가 ISBN의 보급과 체계의 유지 활동을 실시하고 있다. 일본에서는 1981년의 신간서부터 채택하고 있다. 관리 기관은 한국은 국립중앙도서관의 한국문헌번호센터, 일본은 일본도서코드관리센터이다. ISBN은 2007년부터 EAN 코드에 대응하기 위해, 5개의 부분으로 구성되는 13자리의 숫자로 표시되는데, 그 앞머리에 ISBN이라는 문자를 붙인다. 모두(冒頭) 부분은 출판 업계를 나타내는 978이다. 두 번째는 그룹 기호로, 언어권, 국가, 지역 등을 나타내며, 한국은 89, 일본은 4이다. 세 번째는 발행자 기호, 네 번째는 발행자가 부여하는 서명 기호, 다섯 번째는 한 자리의 체크 기호이다. ↔ 일본도서코드

국제표준보고서번호(國際標準報告書番號) International Standard Technical Report Number(ISRN)

기술 보고서(테크니컬 리포트)의 국제 표준 번호. 조사 연구의 보고서이면, 내부 보고이든 공표되는 것이든, 매체에 관계없이 부여된다. 「ISRN」으로 시작되며, 보고서 발행 기관을 나타내는 알파벳으로 시작하는 최대 16문자의 보고서 코드와, 기관마다의 최대 16문자의 보고서 번호, 그리고 임의의 국가 코드와 지역명(생략형)으로 이루어지며, 표지 또는 탑 페이지에 기재된다. 1994년에 *ISO 10444 International Standard Technical Report Number(ISRN)*가 되었다. 국제 등록 기관은 FIZ Karlsruhe이다. ↔ ISO/TC 46; 기술 보고서

국제표준서지기술법(國際標準書誌記述法) International Standard Bibliographic Description(ISBD)

국제도서관연맹(IFLA)에 의해 제정된 서지 기술의 작성 기준. 서지 정보의 국제적인 표준화와 호환성(互換性)의 확보를 목표로 한 것으로, 현재 각국의 편목 규칙은 기본적으로 이것에 준거하여 편성되고 있다. 기술을 구성하는 요소, 그 기록 순서, 그리고 식별을 위한 구두법(구분 기호) 등을 정하고 있으며, 이것에 의해 언어나 문자의 장벽을 넘어 해석할 수 있고, 아울러 기계 가독 형식으로의 변환을 용이하게 하는 것을 의도하고 있다. 1961년의 파리회의에서 표목에 관한 국제 원칙(파리원칙)이 합의된 것을 이어 받아, 기술의 작성 기준을 국제적으로 통일하기 위해, 1969년에 코펜하겐에서 국제편목전문가회의(ICCP)가 개최되었다.

이 회의에서 ISBD작성워킹그룹이 설치되고, 1974년에는 단행본용의 ISBD(M)이 개발되었다. 연속간행물용의 ISBD(S)(2002년, ISBD(CCR)로 개정)의 작성 중에, 자료 종별마다의 ISBD 간에 불통일이 발생할 우려가 지적되고, 1977년에 자료의 종별에 따르지 않는 전체의 구조를 제시한 ISBD(G)가 공표되었다. 새로이 오늘날까지 고서(A), 전자 자료(ER), 지도 자료(CM), 비도서 자료(NBM), 인쇄 악보(PM) 등이 공표되어 있으며, 계속적으로 재검토도 이루어지고 있다. ↔ 기술; 파리 원칙; 편목 규칙

국제표준서지기술법 구두법(國際標準書誌記述法 句讀法) ISBD punctuation

『일본목록규칙 1987년판 개정 3판』에 의하면, 「구두법」(구분 기호법)은 "ISBD에 바탕을 두고, 서지 기술에서 서지 사항 각각의 앞에 두는 일정의 기호로, 일반적인 구두법과는 다르게 그 용법을 정하고 있는 것"으로 정의된다. 각 서지 사항(에어리어(area)와 서지적 요소)의 앞에 두는 요소 또는 묶어 주는 기호로, 개개의 서지 사항을 판별하는 실마리가 되는 것이다. 국제표준서지기술법(ISBD: International Standard Bibliographic Description)은 국제적인 서지 레코드의 교환을 촉진하기 위해, 구두법(구분 기호)을 도입한 서지 기술을 제창하였다. 그에 따라 오늘날 각국의 표준 편목 규칙도 구두법을 도입하고 있다. ↔ 국제표준서지기술법

국제표준악보번호(國際標準樂譜番號) International Standard Music Number(ISMN)

악보의 국제적인 식별 번호. *ISO 10957 International Standard Music Number (ISMN)*에 의해 규정되어 있다. 국제ISMN기구(베를린)와 각국의 ISMN 기관이 관리하며, 그것을 바탕으로 각 출판자가 자기의 출판물에 부여한다. 국제표준도서번호를 악보에 적용시키기 위해 만들어졌다. 입수 가능한 각종의 악보에 부여되는데, 음악서, 녹음 자료에는 부여되지 않는다. 악보를 의미하는 M 기호에 이어, 악보를 출판하는 출판자 기호, 악보명 기호, 체크 기호의 9자리 숫자로 이루어진다. 악보명 기호는 동일 작품이더라도 판이 다르면 판마다, 또한 오케스트라보(譜)에서는 파트의 세트보나 각 파트보 등 개별적으로 입수할 수 있는 것을 한 단위로 하여, 각각 ISMN이 부여된다. ↔ 국제표준도서번호

국제표준연속간행물번호(國際標準連續刊行物番號) International Standard Serial Number(ISSN)

연속간행물의 국제적인 식별 번호. *ISO 3297 International Standard Serial Numbering* (ISSN) 및 일본의 경우 『JIS X 0306 국제표준축차간행물번호(ISSN)』에 의해 규정되어 있다. ISSN은 연속간행물을 타이틀 레벨에서 식별하고, 그 타이틀에 대해 부여되는 유일의 번호이다. 대상이 되는 연속간행물로는, 정기간행물, 신문, 연간 출판물, 잡지, 기요(紀要), 회의록, 단체의 의사록(議事錄), 단행본 총서가 포함된다. 비인쇄물의 형태의 것도 부여 대상이 된다. 지명(誌名) · 지명(紙名)의 변경이 있으면, 새로운 ISSN이 부여된다. ISSN 국제 센터와 ISSN 네트워크에 의해, ISSN의 부여와 연속간행물 데이터베이스 구축이 이루어지고 있다. ISSN은 연속간행물의 표지에 인쇄되는 것으로 되어 있으며, 「ISSN」으로 시작하고, 말미에 한 자리의 체크 기호를 포함하는 8자리의 숫자로 구성되어 있다. 코드에는 국가, 언어, 출판자 등은 반영되지 않는다. ↔ ISSN 네트워크

국제표준음악번호(國際標準音樂番號) → 국제표준악보번호(ISMN)

국판(菊判)

(1) 종이의 원지(原紙) 치수의 하나로, 636×939mm 크기의 것. 일본의 경우, 메이지(明治)의 초에 해외에서 수입되고 나서, 쇼와(昭和)의 초기에 A열판, B열판이라는 규격 치수가 제정되기까지, 사륙판(四六判)과 함께 일본의 용지 치수의 기준이 되어 왔다. 명칭의 유래는 여러 가지 설이 있는데, 일설에는 이 용지가 처음 수입되었을 때 붙어 있던 상표가 국화꽃을 닮았었기 때문이라고 일컬어지고 있다. (2) 일본공업규격(JIS) 외의 판형. 전기(前記)의 용지(국판 전지)를 16으로 재단한 크기로, 약 152×218mm. 관련하여, 국판의 장변(長邊)을 두 번 접은 크기의 것(약 109×151mm)을 「국반절판」(菊半截判)이라고 하고, 국판의 배 크기의 것(약 218×303mm)을 「국배판」(菊倍版)이라고 한다. ↔ 사륙판; 판형

국회도서관(國會圖書館)[한국] → 부록: 한국의 주요 도서관 및 도서관 관련 단체

국회 회의록(國會會議錄) → 의회 의사록

권(卷) volume

(1) 서지적인 의미에서는, 권 자체의 서지 사항을 게재한 표제지(때로는 간략 표제, 표지 표제 등)가 존재하고, 또한 통상 독립된 페이지 부여 등이 있어서, 출판자가 부여한 표시에 관계없이, 서지적인 통합을 이루는 자료의 다른 부분과 구별할 수 있는 부분. 형태적인 의미에서는, 한 제본 단위 또는 하나의 포트폴리오 등에 수용되어 있는 전체로, 그것이 간행되었을 때 그대로이든가, 후에 제본된 것인가를 불문하고, 형태적 단위로서의 권은 서지적 단위의 것과 일치하지 않는 경우가 있다. (2) 연속간행물에서, 어떤 한정된 간행 기간 전체를 구성하는 호의 집합, 또는 어느 연속적인 부분을 구성하는 호의 집합. 합철(合綴)되어 있는 경우도 있고, 합철되어 있지 않은 경우도 있다. (3) 녹음 자료나 영상 자료, 컴퓨터파일에서, 디스크나 테이프 등 기록 매체의 형태적 단위.

권두 표제(卷頭標題) caption title

"텍스트의 최초의 페이지의 모두(冒頭)에 기재되는 저작의 표제(타이틀). 또는 악보의 경우는 악보 부분의 모두의 소절(小節)의 바로 위에 기재되는 작품의 표제"(『영미편목규칙 제2판 일본어판』 용어 해설). 한적이나 일본 고서의 경우에는「권두 서명」이라고 불리는데, 표제를 결정할 때 가장 신뢰할 수 있는 것으로 여겨지고 있다. ↔ 내제(內題)

권말 색인(卷末索引) back of the book index

도서의 말미에 붙어 있는 색인으로, 본문의 내용을 검색하기 위한 것. 교과서, 실용서, 학술서 등에서 많이 볼 수 있다. 사항 색인, 인명 색인, 국문 색인, 구문 색인(歐文索引) 등, 내용에 맞춰 적절하게 복수의 색인이 마련되는 경우가 많다. 권말 색인은 텍스트 레벨에서의 검색을 가능하게 한다는 의미에서, 서지적인 색인과는 구별된다. 또한 어구의 모든 출현을 대상으로 하는 것이 아니라, 주요 어구에 대해 어느 정도 정리된 기술(記述)의 어느 부분을 지시한다는 점에서, 용어 색인과 다르다. ↔ 사항 색인; 용어 색인; 인명 색인

권물(卷物) → 권자본(卷子本)

권수(卷數) (1) volume number (2) number of volumes

　(1) 세트물, 연속간행물 등의 개개의 권에 할당되는 번호 등, 서지적인 통합을 이루는 자료의 어떤 권과 다른 권을 구별하기 위해 부여되는 번호이다. 이 번호를 사용하여「권차」를 표현한다. (2) 「권」이라는 단위에 의해 계산된, 어떤 자료군 전체의 수량. 형태적인 단위로 계산하는 경우인「책수」(册數)와 구별되는데, 양자(兩者)의 구별이 애매한 경우도 많다. ↔ (1) 권차; (2) 권

권자본(卷子本) scroll; roll

　파피루스나 견포(絹布), 종이를 몇 매 이어 붙여 가로로 길게 한 것으로, 문자를 쓰거나 그림을 그리고, 그 말단(末端) 부분을 축심(軸芯)으로 하여 말아서 만든 책. 권물(卷物), 권축(卷軸), 권본(卷本), 계본(繼本)이라고도 한다. 많은 지역에서 책의 초기의 장정 형태는 두루마리(권물: 卷物)였다. 당대(唐代)의 책의 대표적인 장정인데, 송대(宋代)에도 있었다. 일본에서는 에마키모노(繪卷物)로서 발달하였다. 더 간편한 형태가 여러 가지로 발달한 후에도, 중요한 것은 권자본으로 만들어졌으며, 에도(江戶) 시대에도 왕왕 볼 수 있었다.

권차(卷次) volume signature

　"세트물, 연속간행물 등을 구성하는 개개의 자료에 대해, 번호 등에 의한 순서를 부여하고, 이 번호 등의 전후에, 그것을 수식하는 단어가 붙어 있는 경우가 있다."(『일본목록규칙 1987년판 개정 3판』용어 해설). 구체적으로는 권수(제1권, 제2권 등) 및 권의 순서 부여를 나타내는 단어(상, 중, 하 등)가 있다. 서지적인 통합을 이루는 자료의 어떤 권과 다른 권을 구별하기 위해 붙여지는 번호 등으로, 『일본목록규칙 1987년판 개정 3판』에서는, 회차(회의의 개최 회수)나 연차(연도의 순서에 의해 그 차례를 나타내는 것)와 동등하게 다루고 있다. 또한 동(同) 편목 규칙에서는 그 배열을 음순(音順)으로 하는 것 밖에 없는, 순서성이 없는 것은 부편명(部編名) 취급을 하고 있다. ↔ 연월차

귀중서(貴重書) valuable book

　자료적으로 가치가 높고, 매우 고가이거나, 희소성이 높은 도서로, 도서관에서,

일반 자료와는 구별하여 다루어진다. 상당수는 희서(稀書)로, 보관할 때 일반 자료와는 별치(別置)하고, 어떤 이용 제한을 설정하는 경우가 많은데, 귀중서의 기준은 도서관에 따라 다르다. 필사본, 옛날 시대의 간본(刊本), 인큐내뷸러, 18세기 이전에 출판된 미국의 도서, 주요 문학서, 초판본, 호화본, 저자나 명사(名士)의 구장서(舊藏書)를 그 예로 들 수 있다. 최근에는, 특정 자료, 연구용 컬렉션이라고 불리는 경우가 많다. ↔ 희서

규격(規格) → 표준 규격

규범류(規範類) canonical class

분류표의 주류를 구성하는 하위 클래스(subclass)인데, 명쾌한 구분 특성이라는 것보다, 전통이나 관습을 바탕으로 옛날부터 인지되어 온 클래스. 규범적 클래스라고도 한다. 예를 들면, 철학에서, 논리학, 인식론, 형이상학, 윤리학, 미학 등, 수학에서, 산술(算術), 대수학, 기하학 등의 클래스이다. ↔ 주류

그라비어 인쇄(--印刷) photogravure

연속적인 농담(濃淡)을 내는 데 적합한, 사진 제판법을 사용하는 요판 인쇄(凹版印刷)의 일종. 그라비어 제판용의 스크린에 걸어 원고를 촬영하여 포지티브판을 준비하고, 판면(版面)에 셀(cell)이라는 잉크 포켓용의 움푹 패인 곳을 만들며, 셀의 깊이에 따라 잉크를 넣어 인쇄하는데, 잉크의 양에 따라 농담을 나타낸다.

그린 Green, Samuel Swett

1837-1918. 미국 매사추세츠 주 우스터(Worcester) 출신. 우스터공공도서관장으로, 참고 서비스 개념의 제창자. 1858년 하버드대학 졸업. 1876년 11월 30일 발행의 *Library Journal*의 기사, 「도서관인과 이용자의 인적 관계」에서, 도서관인은 인적 서비스를 제공함으로써 이용자가 적절한 책을 골라내기 위한 조력을 해야 한다고 설명하고 있다. 이 논문이 계기가 되어, 19세기 말까지 도서관에서 참고 서비스 조직을 만드는 것이 보급되었다. 미국도서관협회 창설 멤버의 한 사람으로, 1891년에 회장에 취임하였다. ↔ 참고 서비스

그림 연극(--演劇) → 카미시바이(紙芝居)

그림 지도(--地圖) pictorial map

지도 안의 사물을 기호화하지 않고, 그 사물을 그림으로 표시하는 지도. 다만 사물이나 풍경을 어느 각도에서 바라본 상태를 그린 그림인 조감도(鳥瞰圖)와는 다르다. 교육적 관점에서는, 조감도로부터 시작하여, 평면도화한 지도에 목표가 되는 사물을 그림으로 표시하는 그림 지도로 이행(移行)하고, 계속하여 그림을 추상적 기호화하는 본격적 지도로 진행하는 것이 적당한 것으로 여겨진다. ↔ 지도

그림책(--冊) picture book

그림과 글로 이루어진 도서. 특히 그림을 보는 것만으로 이야기의 줄거리를 읽어낼 수 있는 연속성과 글로 써서는 나타낼 수 없는 세부적인 것을 그림으로 표현하는 이야기성이 가미되고, 그림이 예술성을 갖추고 있어, 그림과 글이 조화를 이루어 하나의 이야기 세계를 만들어내는 것을 가리킨다. 그림만으로 이루어진 그림책도 있다. 도서관에서는 유유아(乳幼兒)로부터 초등학교 저학년의 아이들을 대상으로 하는 그림책을 장서를 분류하는 상에서 「그림책」이라고 부르며 하나의 컬렉션으로 하고, 고학년을 지향하는 것은 각 주제 아래에 넣는 것이 일반적이다. 표지가 보이도록 둘 수 있는 경사형 전용 그림책 서가나 낮은 서가에 배가되는 경우가 많다. 주로 장애아를 대상으로 제작되는 천으로 된 그림책과 만지는 그림책도 있다. ↔ 어린이 도서; 천 그림책; 촉감 그림책

근간 정보(近刊情報) information on forthcoming publications

곧 간행될 도서의 안내. 출판사의 광고나 전단 등의 안내에 의해 광보(廣報)되는 것이 통상이다. 또한 출판사의 광보지에는, 근간서의 안내나 도서에 관한 수필이 게재되고 있다. 일본 출판물의 근간 정보로서, 망라적이지는 않지만, 『これから出る本』(일본서적출판협회 1977-   )이 간행되고 있다. ↔ 신간 정보

근거 중심 의학(根據中心醫學) Evidence-Based Medicine(EBM)

현재 존재하는 최량(最良)의 근거(외부의 임상적 근거)와, 환자의 의향이나 가치관, 의사의 전문적 임상 능력을 통합하고, 개개 환자의 케어(care)를 의사 결정

하는 의료 치료. ① 환자의 문제의 정식화(定式化), ② 문제에 대한 최량의 근거의 효율적 탐색, ③ 근거의 타당성·유용성의 비판적 검증 평가, ④ 검증 평가 결과와 임상적 능력을 통합하여 환자에 적용, ⑤ ①~④의 평가라는 5단계로 이루어진다. 근거란 임상에 관련된 연구를 의미하며, 논문, 체계적 문헌 고찰(systematic review) 등이 정보원(情報源)이 된다.

금택문고(金澤文庫) → 가나자와문고

기계 가독 목록(機械可讀目錄) → MARC

기관 리포지터리(機關--) institutional repository

대학이나 연구 기관이 주체가 되어 소속 연구자의 지적 생산물을 전자적으로 수집, 축적, 제공하는 시스템, 또는 그 서비스. 학술 기관 리포지터리라고도 한다. 수집 대상 및 범위는 각 리포지터리의 방침에 따라, 심사 완료 학술 잡지 논문으로부터 프리프린트(preprint), 교재, 미술 자료 등 다양하다. 연구 성과의 투고 기능, 관리·보존 기능, 검색 기능 이외에, 상호 운용을 가능하게 하는 OAI-PMH를 구현하는 것이 일반적이다. 대학 등의 학술 기관에 의한 연구 성과의 정보 발신 기능을 맡는 것으로 기대되는 외에도, 오픈 액세스(open access)를 실현하는 장치로서도 주목받고 있다. 전 세계에서 수백 개가 운영되고 있으며, 일본에서도 50개 이상의 대학이나 연구 기관 등에서 구축, 운영되고 있다. 국제적인 상업 출판사나 학회 및 협회도 기관 리포지터리에 대한 학술 논문의 셀프 아카이빙(self archiving)을 허가하는 경향이 있다. ↔ OAI-PMH; 오픈 액세스

기관지(機關誌) organ

학회, 협회, 연구 기관, 비영리 조직 등의 활동 내용 또는 활동에 관련된 토픽을 게재하고 있는 연속간행물. 학술 잡지인 학회지도 포함된다. 기업이 간행하는 잡지는 보통은 기관지라고 부르지 않는다. 기능으로서는 광보지(廣報紙)와 중복되지만, 기관지는 객관적인 정보의 전달을 의도하고 있는 것으로 간주되고 있다.

기념 논문집(記念論文集) Festschrift

개인이나 단체의 경력상의 어떤 구분에 즈음하여, 개인이나 단체의 관계자로부터의 기고 원고를 바탕으로 작성되는 논문집. 개인의 경우는 회갑, 고희(古稀), 희수(喜壽), 퇴직 등의 기회에, 단체의 경우는 창립 기념 등의 기회에 기획된다. 일반적으로 편자가 테마, 집필자를 결정하거나, 공모하여 논문을 모아 작성한다. 간행 시기가 정해지지 않고, 시판되지 않는 경우가 많기 때문에 입수가 어렵고, 또한 기념 논문집에 실린 논문의 검색도 곤란하다.

기록(記錄) record

정보를 기호나 형상으로 하여 어떤 물질에 고정하는 행위, 또는 그 행위에 의한 산물. 기호나 형상은 물질의 자기 상태(磁氣狀態), 빛의 투과나 반사의 정도, 형상 등에 의해 표현된다. 기록을 장기간 보존하고 활용하기 위해서는, 변형이나 변질이 어렵고, 반송(搬送)이나 복제가 용이한 물질인 것이 바람직하다.

기록 관리(記錄管理) records management

정보를 기록한 모든 정보 기록 매체를 체계적으로 관리, 통제하는 기능. 그 과정에는 기록의 작성으로부터, 최종적으로 폐기되거나 역사·문화적 기록으로서 보존되기까지를 포함한다. 기록 관리론의 구성 요소에는, 기록 보유의 결정, 기록 보관소의 운영, 기록의 보호, 서식이나 포맷의 관리, 정보 기록 기술의 관리, 파일링 시스템의 설계와 관리 등이 있다. 이 영역을 연구하고, 이론 구축을 도모하는 것이 기록 관리학으로, 문헌정보학과의 주된 상위(相違)로서, 대상에 저작물성이 없는 업무 문서를 포함한다는 것과, 기록의 작성 시점에서 그 정보의 라이프사이클을 결정하는 보유 스케줄이 결정되고 있는 것을 들 수 있다. ↔ 파일링 시스템

기록 관리 전문 요원(記錄管理專門要員) → 아키비스트

기록관리학회(記錄管理學會)[일본] Records Management Society of Japan

기록의 중요성을 인식하고, 기록에 관해 인간이 어떤 행동을 선택하는가 하는 것을 과학적으로 해명하고 실천적 요청에 대한 대응을 도모하는 것을 목적으로 하는 학술

단체. 1989년 설립. 기관지『레코드 매니지먼트』(レコード・マネジメント)(1989-   ) 의 발행, 연구 발표회·강연회 등의 개최, 관련 학회 및 협회와의 연락·협력, 기록 관리자의 교육·양성, 연구·조사의 실시, 회원 상호간의 정보 교환 등을 실시한다. 정회원 이외에, 기관·단체 회원, 찬조 회원, 명예 회원, 학생 회원으로 구성된다.

기록학(記錄學) archival studies

문서관의 기록 사료 관리의 이론과 기술을 연구하는 연구 영역. 일본에서는 문서관학(文書館學)이라고 한다. 기록 사료의 관리 원칙으로서, 발생원(發生源)을 명확하게 하는 「출처의 원칙」과 「원질서 존중의 원칙」이 있다는 것, 1점씩이 아니라 컬렉션 전체를 대상으로 하고, 분류가 아니라 편성을 중시하는 등의 점에서 문헌정보학의 사고방식과는 다르다. 그러나 사료의 서지 기술이나 검색 등에서는 문헌정보학과 중복되는 부분이 많다.

기본건명표목표(基本件名標目表)[일본] Basic Subject Heading(BSH)

일본도서관협회가 편집·간행한 일본의 대표적인 주제명 표목표.『일본건명표목표』(카토 슈코(加藤宗厚) 편 1930)의 개정판(청년도서관원연맹 편 1944)의 내용을 일신하고, 1956년에 개제(改題)하여 일본도서관협회에 의해 간행되었다. 제4판(1999)이 최신판이며, 표목수는 약 7,847, 참조어는 약 2,873, 설명 부여 참조 93, 세목 169, 합계 10,982 항목이다. 제4판은 국립국회도서관건명표목표와의 정합성이나 기계 가독 레코드로서의 이용도 목표로 한 점에서 이제까지의 것과 크게 다르다. 따라서 책자 형태 이외에 기계 가독판도 제공되고 있다. 또한 표목표는 음순 표목표(音順標目表), 분류 기호 표목표, 계층 구조 표목표의 3부로 구성되어 있다. ↔ 주제명 표목표

기본 기입(基本記入) → 기본 저록

기본 도서(基本圖書) standard book

(1) 도서관의 목적을 실현하기 위한 최소한의 자료군. (2) 다수의 도서관에서 공통으로 또는 표준적으로 소장하고 있는 자료군. (3) 어떤 문제를 조사할 때의 입문적, 포괄적 지식을 제공하는 자료군.

기본 범주(基本範疇) fundamental category

패싯(facet)이 일반화된 것, 또는 클래스가 인지될 수 있는 기본적인 유형으로, 패싯이나 클래스는 그 중의 하나에 할당된다. 카이저(Julius Otto Kaiser 1868-1927)의 구상(具象)과 과정, 랑가나단(S. R. Ranganathan)의 PMEST가 유명하며, 이것들은 모든 분야에 적용 가능하다. 기본 카테고리라고도 한다. ↔ 클래스; 패싯

기본 서지 단위(基本書誌單位) basic bibliographic unit

기본 서지 레벨의 서지 단위로, 서지 레코드를 작성하는 기간적(基幹的)인 서지 단위가 된다. 단행 자료에 대한 단행 서지 단위와, 계속 자료에 대한 계속 간행 서지 단위가 있다. ↔ 계속 간행 서지 단위; 단행 서지 단위; 서지 단위

기본 저록(基本著錄) main entry

"기술 대상 자료에 수록되어 있는 저작으로 제일의적(第一義的)인 책임을 가지고 있는 것으로 인정되는 것 아래의 목록 저록(목록 기입)이다. 수기(手記) 카드에서는 가장 상세한 목록 저록으로, 통상 저자를 표목으로 하며, 그것이 불가능할 때는 표제(타이틀)로 저록을 작성"(『일본목록규칙 1987년판 개정 3판』 서설)하는 것이다. 또한 "기본 저록에는 그것에 의해 레코드의 목록 중에 제시되는 다른 모든 표목에 대한 표목 지시(tracing)를 포함하는 경우가 있다."(『영미편목규칙 제2판』). ↔ 기본 저록 방식; 기본 저록 표목; 부출 저록

기본 저록 방식(基本著錄方式) main entry system

서지적인 "실체가 통일적으로 식별되고 동시에 인용될 수 있는 형식으로 표시되는, 기술 대상의 완전한 목록 레코드"(『영미편목규칙 제2판』)를 기반으로 하는, 서지 레코드의 작성 방식. 이 방식은 "기본 저록과, 이것을 바탕으로 하여 보조적으로 작성되는 부출 저록(副出著錄), 분출 저록(分出著錄)으로서 하나의 저자 표제 목록을 편성한다."(『일본목록규칙 1987년판 개정 3판』 서설). ↔ 기본 저록; 기술 유닛 방식; 등가 표목 방식

기본 저록 표목(基本著錄標目) main entry heading

기본 저록의 표목으로, 저자 기본 저록에서는, 기술 대상에 수록되어 있는 저작

에 제일의적(第一義的)인 책임을 가지고 있는 것으로 보이는 개인 또는 단체가 이 표목이 된다. 해당하는 저자가 불명하거나 또는 저자성이 희박 또는 분산되어 있는 것 같을 때에는, 그 대신에 표제를 표목으로 하는 목록 저록을 작성한다. ↔ 기본 저록

기본 정보원(基本情報源) → 으뜸 정보원

기본 카테고리(基本--) → 기본 범주

기사(記事) article

인쇄된 간행물 속에서, 독립된 저작으로서 구별할 수 있는 한 덩어리의 문장. 그림이나 사진도 포함된다. 저자가 명시되어 있다고는 할 수 없다. 잡지 기사나 신문 기사와 같이, 주로 잡지나 신문에서 사용되며, 「책의 기사」와 같은 사용 방법은 취하지 않는 것이 일반적이다. 「논문」 정도의 학술적, 연구적 저작이라는 의미는 결여되어 있지만, 사실의 보고, 해설을 중심으로 하며, 짧고, 가볍고, 새로운 것으로 인식되고 있다. 또한 상당수의 저작을 모은 것 중의 하나라는 의미도 있다. ↔ 논문

기술(記述) description

"개개의 자료에 대해, 다른 자료 또는 동일 자료의 다른 판과 식별하기 위해, 표제와 책임 표시에 관한 사항, 판에 관한 사항 등, 일련의 서지 사항을 조직적으로 구성하여 기록하는 것 또는 기록한 일련의 서지 사항. 서지 기술이라고도 한다."(『일본목록규칙 1987년판 개정 3판』 용어 해설). 기술의 목적으로는 앞의 정의 중에 언급되어 있는 「다른 자료 또는 동일 자료의 다른 판과 식별하기 위해」에 덧붙여, 기술 대상의 내용이나 범위의 지시, 다른 자료와의 서지적 관계의 지시, 입수 조건의 지시 등이 있다. 검색 시에 기술에 도달하기 위한 수단이 표목 또는 접근점(액세스 포인트: access point)이며, 이러한 기술 및 표목에 소재 기호 등을 추가한 것이 서지 레코드가 된다. ↔ 사항; 서지 레코드; 서지 사항; 서지적 기록; 서지적 요소

기술 대상(記述對象) item

서지 기술의 대상이 되는 것. 『일본목록규칙 1987년판 개정 3판』 용어 해설에서는, 「기술의 대상」에 대해, "서지 기술의 대상이 되는 자료(단행 자료, 계속 자료, 세트물), 또는 자료 중의 일부분(구성 부분)"이라고 하고 있다. 바꾸어 말하면, 하나의 서지적 실체로서, 출판, 배포되거나 취급되는 것으로, 그 자체로 단일의 서지 기술의 기반이 되는 것을 가리킨다. 기술 대상을 어떤 단위에서 파악하는가, 그리고 어떤 단위에 대응시켜 서지 레코드를 작성하는가는 기본적인 문제이며, 서지 단위, 물리 단위, 또는 저작 단위 등, 다양한 파악 방법이 존재한다. ↔ 기술

기술 독립 방식(記述獨立方式) description independent system

목록 저록(目錄著錄: 목록 기입)을 표목과 기술로 분리하고, 기술만을 독립시킨 유닛 카드(unit card)를 작성하여, 그것을 복제한 개개의 카드에 표목을 추기(追記)하여 저록을 완성시키는 목록 작성 방식. 일본의 쇼와(昭和) 30년대에 모리 코우이치(森耕一 1923-1992) 등에 의해 제창되고, 그에 따라 『일본목록규칙 1965년판』에 따르지 않고, 표목과 기술을 분리시킨 『정리 기술 텍스트』에 영향을 미쳤다. ↔ 기본 저록 방식; 기술 유닛 방식

기술 목록법(記述目錄法) descriptive cataloging

도서관의 목록 작성에서, 대상이 되는 자료의 특징을 기록하고, 자료 자체의 대용(代用)이 되는 서지 기술의 작성과, 기술을 검색하기 위한 표제어가 되는 표목(접근점: access point)의 선정과 형식의 결정, 그것들로부터 구성되는 서지 레코드의 배열 등에 관계되는 목록법. 여기에서의 표목은 자료 자체, 즉 기술로부터 객관적으로 얻을 수 있는 정보를 바탕으로 하는 저자나 표제의 표목으로 한정된다. ↔ 목록법; 주제 목록법

기술 보고서(技術報告書) → 테크니컬 리포트

기술 서지학(記述書誌學) descriptive bibliography

출판자나 인쇄자가 그 도서의 발행(issue)에 즈음하여 의도하고 있던 상태를 완

전하게 표시하고 있는 도서, 즉 이상본(ideal copy)을 기술하는 것을 목적으로 하는 연구 영역. 여기에서 묻고 있는 것은 본문의 잘못이나 본문의 질에 관계되는 것이 아니라, 접장(摺張)의 순서나, 접장의 낱장이 완전하게 갖추어져 있는가와 같은 도서의 물적 상태이며, 접장의 구성을 나타내기 위해 알파벳이나 숫자, 플러스나 마이너스의 기호 등을 사용하여 상당히 복잡한 교합식(校合式: collation formula)이 만들어진다. 이러한 상세한 기술 서지는 19세기까지의 도서, 특히 수동 인쇄기 시대의 도서에 대해서는 특히 중요하다.

기술 유닛 방식(記述--方式) descriptive unit system

"서지 기술을 표목과는 분리하여 완결시키고, 기본적인 기술 유닛으로 한다. 이 기술 유닛에 필요한 만큼의 등가(等價)의 표목을 부여하고, 지시된 각각의 표목의 아래에 각종의 목록을 편성하는 방식을 말한다."(『일본목록규칙 1987년판 개정 3판』 용어 해설). 카드 목록에서는, 이 기술 유닛을 이루는 카드를 필요 부수로 복제하고, 각각에 표목을 부가하여 각종의 저록을 작성하게 되며, 「기술 유닛 카드 방식」이라고 불렀다(『일본목록규칙 신판 예비판』). 「기술 독립 방식」이 그 원류이지만, 비기본 저록의 방식이라는 점에서, 『영미편목규칙 제2판』의 「등가 표목 방식」과 같은 취지이다. 목록 작업을 생략화하는 반면, 기술 대상에 수록되어 있는 저작의 제일의적(第一義的)인 책임의 소재는 나타나지 않는다. ↔ 기본 저록 방식; 기술 독립 방식; 등가 표목 방식

기술의 기반(記述--基盤) basis of description

『일본목록규칙 1987년판 개정 3판』 용어 해설에서는, 계속 자료에 한정한 설명으로서, "서지 기술을 작성하는 경우, 그 근거가 되는 권호, 연속간행물에서는 통상 첫 호(본표제 또는 책임 표시의 중요한 변화에 의해 새로운 서지 레코드를 작성하는 경우, 변화 후의 최초의 호), 또는 입수할 수 있었던 최초의 호로 한다. 또한 종간(終刊)한 것을 기술하는 경우에는, 순서 표시, 형태에 관한 사항 등을 최종호 또는 전체의 권호에서 보완한다. 갱신 자료에서는, 출판 개시년을 제외하고, 최신호로 한다."고 하고 있다. 이 기술의 기반에 대한 사고방식은 계속 자료 이외의 자료에 대해서도 필요하게 되며, 더 포괄적으로는 「서지 기술을 작성하는 경우, 그 근거가 되는 기술 대상 내지는 그 부분」으로 정의할 수 있을

것이다. 종합 목록 등에서는, 개개의 도서관이 소장하고 있는 기술 대상의 서지적인 동일성(판이나 쇄의 이동(異同), 형태적으로 2점 이상으로 이루어지고, 그 각 부분에 고유의 표제를 갖고 있지 않은 단행 자료에서 참조 정보원의 이동, 또는 세트물 등의 경우에서는 권호의 이동)이 문제가 되기 때문에, 기술의 기반을 공통으로 해둘 필요가 있다. ↔ 기술; 정보원

기술의 레벨(記述--) level of description

(1) 목록이 서지 기술에서 적용하는 서지적인 상세함의 정도. 구체적으로는 서지 기술에 포함되는 서지적 요소의 다과(多寡)를 의미하며, 기술의 정조(精粗)라고도 한다. 『일본목록규칙 1987년판 개정 3판』이나 『영미편목규칙 제2판』에서는 국제 표준서지기술법(ISBD)에 따라, 세 개의 레벨을 규정하고 있다. 그에 따르면, 각각의 도서관에서 목록의 기능을 발휘하는 상에서 필수의 서지 사항으로 이루어지는 제1수준, 통상의 목록에서 필요로 하는 범위 내의 표준적 서지 사항에 의해 구성되는 제2수준, 그리고 국제적인 서지 정보의 유통에 충분히 대응 가능한 상세도의 서지 사항을 갖는 제3수준으로 구분된다. (2) 문서 목록에서 계층적인 기술 작성 단위의 전체, 또는 계층 내에서 개개의 기술 작성 단위의 위치. ↔ 기술

기술의 정조(記述--精粗) → 기술의 레벨

기요(紀要)[일본] memoir

본래는 학회나 연구 기관의 모임에서 발표된 강연의 기록, 또는 보고 사항의 대요(大要)를 수록한 인쇄물에 관한 것. 일본에서는, 주로 대학이나 학회 등에 제출된 논문이나 연구 발표를 게재하는 기관지에 기요라는 단어가 많이 사용되고 있다. 실제로는 논문뿐만 아니라, 회의의 기록이나 보고 등도 게재되고 있는 경우가 많으며, 학술 보고나 연구 보고의 색채가 강하다.

기입(記入) → 목록 저록

기장식 대출법(記帳式貸出法) notebook charging system; ledger system

일본에서, 소규모의 정촌립 도서관(町村立圖書館) 등에서 제2차대전 이전에 사용되었던 대출 방식. 괘선이 들어있는 노트(장부)를 사용하여, 대출일, 반납 예

정일, 반납일, 영수인, 청구 기호, 서명, 이용자의 주소, 성명 등의 난을 만들어 대출 순으로 기입해 가고, 반납 시에는 수령인 난에 날인하여 기입을 말소하는 가장 단순한 방법이다. 이 방식의 단점은 기장하는 시간과 기록을 찾는 시간이 걸리는 것, 이용자는 반납 기한을 알 수 없다는 것, 대출, 반납의 증거가 없다는 것 등이다. 또한 반납 후에도 대출 자료의 기록이 남아, 이용자의 독서의 자유를 침해할 우려가 있기 때문에, 공공 도서관에서 현재도 채택하고 있는 곳은 거의 없다. 장부식의 변형으로서, 페이지마다 이용자의 구좌(口座)를 만들고, 대출 순으로 기입해가는 구좌식도 있다.

기증(寄贈) gift

개인 또는 단체로부터 무상으로 자료를 제공받는 것. 도서관의 자료 수집에서, 구입에 이어 중요한 수단의 하나가 되고 있다. 기증자로는 저자, 출판자, 국가 및 지방 공공 단체, 개인, 민간단체 등이 있다. 기증 자료로서는, 구입 가능한 자료, 구입에 의해서는 입수하기 어려운 관청 자료, 독지가의 소장 컬렉션 등이 있다. 구미(歐美)에서는, 자료 기증 이외에, 자료 수집을 위한 통합된 자금 제공을 많이 볼 수 있다. 기증 자료의 수리(受理)(수증)에 있어서는, 도서관의 수집 방침, 이용자의 요구 등을 고려할 필요가 있다. 수증 후에는 통상 구입과 마찬가지의 수입 절차를 거친다. 그 때 기증자(또는 구장자(舊藏者))의 장서인을 찍거나 장서표를 첨부하고, 그렇게 함으로써 기증자의 호의에 보답하는 경우가 많다. 특수 컬렉션으로서 별치(別置)하는 경우도 있다.

기지 문헌 탐색(旣知文獻探索) → 아는 자료 탐색

기탁(寄託) deposit

개인이나 단체가, 그 소유하는 컬렉션의 적정한 유지 관리가 곤란한 경우에, 도서관이나 문서관 등에 보관과 관리를 위탁하는 형식으로 장기간 대여하는 것. 기증의 경우와는 달리, 소유권의 이전은 이루어지지 않는다. 통상은 위탁 자료의 보관과 관리를 위탁하는 대신에, 그러한 자료를 일반의 이용에 제공하는데, 귀중서나 문서류 등이 기탁되는 경우에는 공개에 일정의 제한이 가해지는 경우도 있다. ↔ 기탁 도서관

기탁 도서관(寄託圖書館) depository library

법적인 지정을 받아, 일정의 출판물을 망라적으로 수집할 수 있도록, 그 보존용 카피(deposit copy)를 자동적으로 수취하고, 이것을 공개, 보존하는 도서관. 미국에서는 이른바 정부 간행물의 공개 이용을 위해, 연방 정부 및 각 주에 의한 출판물은 모두, 지정된 도서관에 무료로 송부되도록 결정되어 있는데, 일반적으로는 이 지정을 받은 도서관을 가리켜 말하지만, 영국 등에서는 이른바 납본 도서관(특히 저작권 등록을 위한 것)을 가리켜 말하는 경우도 많다. ↔ 법정 납본 도서관; 저작권 등록 도서관

기탁 자료(寄託資料) deposited material

개인이나 단체로부터 도서관이나 문서관에 기탁된 자료. 도서관에서는 수집 방침이나 이용자의 동향을 잘 확인한 후에, 그 채택 여부를 결정한다. 기탁 자료에 대해서는, 기탁 조건을 잘 검토하고, 공개나 이용의 조건을 명확히 하며, 불의의 사고에 대한 조치를 강구하고, 문제가 생기지 않도록 유의하여 기탁 계약을 체결하는 것이 필요하게 된다. 또한 기탁 자료의 취급 규칙을 정하고, 장래에 반납 요구가 생길 경우, 어떤 트러블도 생기지 않도록 배려한다.

기호(記號) sign; symbol

일반적으로 어떤 대상의 대체물로서, 그 대상을 환기함으로써 그것을 표상(表象)하는 것. 퍼스(Charles Sanders Peirce 1839-1914)는 광의(廣義)의 기호를 사실적 유사(類似)를 바탕으로 하는 도상(圖像: icon), 사실적 인접을 바탕으로 하는 지표(指標: index), 문화적 인접을 바탕으로 하는 상징(symbol)으로 구분하였다. 한편 여기에서는 설명의 편의상, 대상으로서의 실체와 그 표상이라는 이분법을 이용하여 기호를 정의하였는데, 소쉬르(Ferdinand de Saussure 1857-1913)는 기호의 대상과 표현의 이분법은 기호 체계의 이차적 작용이라고 하고 있다. ↔ 커뮤니케이션

기호법(記號法) → 분류 기호법

기호의 안정성(記號--安定性) integrity of numbers

분류 기호를 결정할 때, 어떤 분류 항목을 나타내기 위해 사용된 분류 기호는 다른 의미로 재차 사용되어서는 안 되며, 또한 분류표의 개정에 있어서도, 분류 항목의 배치 변경은 좀처럼 실시해서는 안 된다는 원칙. 동일의 분류 기호가 다른 의미로 사용되면, 혼란을 불러일으키기 때문이다. 기호의 보전이라고도 한다.
↔ 분류 기호; 분류 기호법

나카이 마사카즈(中井正一) Nakai Masakazu

1900-1952. 히로시마현(廣島縣) 타케하라시(竹原市) 출신. 미학자, 일본 국립국회도서관 부관장. 교토대학(京都大學) 철학과 졸업 후, 전전(戰前)의 파시즘적 풍조에 대항하여, 쿠노 오사무(久野收) 등과 함께 잡지『세계 문화』(1935-1937)와 『토요일』(1936-1937)을 창간하였는데, 1937년 「치안 유지법」 위반으로 검거되었다. 제2차대전 후, 1945년에 오노미치시립도서관장(尾道市立圖書館長), 우여곡절 끝에 1948년에 설치된 국립국회도서관 부관장에 취임하였다. 1949년 6월부터 1952년 5월까지 일본도서관협회 이사장으로서, 전후(戰後) 혼란기 중에 있던 도서관계를 결집, 「도서관법」 제정에 진력하였다. 논문 「위원회의 논리」(1936), 저서『미와 집단의 논리』(1962) 등을 집필하였다. 또한 기능주의적 도서관론을 전개하였다. ↔ 도서관법[일본]

낙장(落張) pages missing; miss gathering

제본 공정의 장합(張合) 때 잘못하여 일부의 접장(摺帳)이 부족한 채 제본되었기 때문에, 도서나 잡지 등의 몇 페이지인가가 빠져나간 채 완성되어 있는 것. ↔ 장합(張合)

낙정(落丁) → 낙장(落張)

난(欄) → 칼럼

난독증(難讀症) dyslexia

지적 능력 자체에 장애가 없으나, 잘못 읽거나 거울 문자(mirror writing)를 쓰는 등, 문자의 읽고 쓰기에만 장애가 있는 학습 장애. 시각적으로 수용한 문자를 뇌 안에서 음(音)으로 변환하는 등의 처리에 의해 의미를 이해한다고 하는 일련의 과정에, 어떤 장애가 생기고 있는 것으로 생각되고 있다. 문자를 음으로 변환하여 시각적으로 수용할 수 있도록 하면, 읽을 수 없는 상태를 어느 정도 극복할 수 있는 가능성이 있으며, 난독증에 대한 녹음 도서나 DAISY 자료의 유용성이 국제적으로 실증되고 있다. IFLA에 의해 『난독증을 위한 도서관 서비스 가이드라인』(2001)이 출판되었다. ↔ DAISY; 장애인 서비스

난외 표제(欄外標題) running title

도서의 본문 전 페이지의 상부 난외에 반복하여 기재되어 있는 도서의 표제(타이틀)나 장(章), 절(節)의 제목. 마주보는 두 면에서 한쪽 페이지에 도서의 표제, 반대쪽에 장의 제목을 기재하는 경우도 있다.

난장(亂張) irregular gathering

제본 공정의 장합(張合) 때 잘못하여 접장(摺帳)의 순서가 바뀌어 들어간 채 제본되었기 때문에, 도서나 잡지 등의 페이지가 올바른 순번으로 되지 않고, 뒤바뀌어 있는 것. ↔ 장합(張合)

난정(亂丁) → 난장(亂張)

남경철(南京綴)

철사 매기(針金綴), 두꺼운 표지(후표지: 厚表紙), 책등 클로스를 특징으로 한, 본장본(本裝本: 본제본 또는 상제본)과 가제본(假製本)의 중간적인 제본 양식. ↔ 본장본

납본 도서관(納本圖書館) → 법정 납본 도서관

납본 제도(納本制度) legal deposit

출판자에 대해, 법률에 의해 국립 도서관에 출판물 등의 납입을 의무화하는 제도. 한국에서는 도서관 자료가 발행되면 「도서관법」 제20조와 「국회도서관법」 제7조에 따라 발행일 또는 제작일로부터 30일 이내에 국립중앙도서관과 국회도서관에 2부씩 납본하도록 되어 있다. 일본에서는 「국립국회도서관법」에서 국립국회도서관이 출판자로부터 완전본을 출판 후 1개월 이내에 1부 납입시키는 것으로 되어 있다. 프랑스의 프랑수아 1세(François I 1497-1547)가 1537년에 몽펠리에의 조령(條令)으로 국내의 출판자에게 출판마다 1부를 왕실 도서관에 납본하도록 정했던 것이 시작이다. 처음에는 좀처럼 지켜지지 않았으나, 현재 프랑스에서는 상업 출판은 4부씩(그 외에 인쇄소로부터 2부)의 납본이 거의 완전하게 실시되고 있다. 덴마크에서는 친구에게 보내는 문집 등도 납본이 의무화되어 있는데, 벨기에에서는 5페이지 이하의 것은 면제된다. 납본 부수는 국가에 따라 다른데, 1부만으로 되는 곳으로부터 1970년대의 불가리아와 같이 18부라고 하는 곳도 있다. 납본은 원칙적으로 무상이지만 고액의 도서에는 대금이 지불되는 경우도 있다. 옛날에는 검열에 이용되었는데, 현재는 각국 공히 국가 서지의 작성, 중앙 도서관에서의 보존을 위해 이 제도가 시행되고 있다. ↔ 검열; 국가 서지

낱장 자료(--資料) sheet

넓게는 1매의 종이 전면(全面)에 접은 선을 고려하지 않고 서사(書寫) 또는 인쇄한 자료로, 일반적으로 펼친 채로 읽고 접지 않는 것을 가리킨다. 옛것으로는 가부키(歌舞技)의 선전용 인쇄물 또는 피로연을 위한 광고지, 새로운 것으로는 전단지, 삐라, 포스터 등 다양한 종류를 볼 수 있다. 현재는 단면 인쇄인지 양면 인쇄인지, 접는지의 여부를 불문하고, 폭넓게 낱장 자료라고 부르고 있다. 그러나 『영미편목규칙 제2판 일본어판』 용어 해설에서는, 전단지, 삐라 등의 낱장 자료를 broadside라고 부르고, 이것 이외의 낱장 자료를 sheet라고 불러, 구별하고 있다.

내관자 밀도(來館者密度) library visits per capita

어떤 거리 구분의 범위 내에서의 도서관 이용자(내관자) 수를 그 지구의 주민의 총수로 나눈 값. 내관자 밀도를 상대적인 비율로 나타낸 것이 내관자 밀도비(來

館者密度比)이며, 도서관의 극히 가까운 지구의 값을 1.0으로 했을 때의 거리 구분마다의 상대적인 비율(해당 지구의 내관자 밀도/도서관 인접 지구의 내관자 밀도)에 관한 것이다. 내관자 밀도비는 도서관으로부터의 거리에 따라 체감(遞減)해 가는데, 도서관을 중심으로 하여 등밀도비 곡선(等密度比曲線)을 그림으로써, 이용권역 모델을 작성할 수 있다.

내구지(耐久紙) permanent paper

출판물·문서에 사용되는 용지의 수명·내구성을 확보하기 위해, 국제 규격·국가 규격으로 결정된 pH(수소 이온 농도), 알칼리성 잔류물, 강도, 원료 등에 대한 요건을 충족시키는 약알칼리성지. 보존을 목적으로 하는 기록 용지로서 중성지(中性紙)라는 용어가 주로 사용되는데, 본래는 이 용어에는 명확한 정의가 없고, 중성 사이즈(중성 초지)된 종이이기만 하면 다양한 품질의 종이가 포함된다. 그 때문에 종이의 품질을 명확하게 규정한 기준이 제정되었으며, 보존을 목적으로 하는 출판물·문서에 대한 내구지의 사용이 추장(推奬)되고 있다. ↔ 산성지; 열화(劣化); 중성지

내용 세목(內容細目) details of contents

"단행 자료의 구성 부분인 각 저작 등을 열기(列記)하는 기록"(『일본목록규칙 1987년판 개정 3판』 용어 해설). 주기 사항의 내용에 관한 주기(내용 주기)의 하나로, 『일본목록규칙 1987년판 개정 3판』에 의하면, 맨 앞에 「내용: 」이라고 적고, 이어서 하위 서지 단위의 표제(타이틀), 책임 표시 등을 자료의 표시에 따라 열기한다. 기초 서지 레벨의 기록에서는, 이 항목은 구성 서지 단위의 서지 사항에 해당한다. ↔ 내용 주기; 주기 사항

내용 식별자(內容識別子) → 내용 표지 기호(內容標識記號)

내용 주기(內容註記) contents note

기술 대상의 내용에 대해 설명할 필요가 있을 때, 주기 사항의 맨 마지막에 기록되는 주기. 『일본목록규칙 1987년판 개정 3판』에서는, 도서의 경우, 내용 세목 이외에, 그 도서에 서지, 연보, 연표 및 부록, 해설 등이 포함되어 있을 때,

또는 그 도서에 대해 해설할 필요가 있을 때 기록하도록 하고 있다. ↔ 내용 세목; 주기 사항

내용 표지 기호(內容標識記號) content designator

MARC 레코드에서, 데이터 요소(및 그 그룹)의 식별이나 데이터 요소에 관한 부가적 정보를 나타내는 것. 필드를 식별하는 태그(tag), 필드에 관련하여 그 부가적 정보를 제공하는 지시 기호(indicator), 그리고 서브필드에 대해 그 식별이나 부가적 정보를 제공하는 서브필드 코드(subfield code)가 있다. 이러한 내용 표지 기호의 사용법을 구체적으로 규정한 것이 MARC 포맷의「내형식」(內形式)이다. ↔ 내형식; 데이터 요소; 서브필드 코드; 지시 기호; 태그

내제(內題) title on the first page of text

동양의 고서나 화한서(和漢書)의 본문 권수(卷首)나 서(序), 목차 등에 실려 있는 서명. 표지에 있는 외제(外題)에 상대되는 말. 내제 중 특히 본문 제1행에 있는 서명을 권두 서명(卷頭書名)이라고 하는데, 화한서에서는 가장 신뢰를 둘 수 있는 서명으로 여겨진다. 그 이외의 내제로서, 기재 장소에 따라, 면지제(面紙題), 비제(扉題), 서제(序題), 범례제(凡例題), 목록제(目錄題), 권수제(卷首題), 미제(尾題) 등이 있다. ↔ 외제

내포(內包) connotation; intension

개념을 언어로 나타내는 것이 명사(名辭)인데, 명사에 의해 표시되는 하나의 개념의 내용, 즉 그 사물이 가지고 있는, 또는 가져야 하는 본질적인 특징과 그것들의 연관(성질)을 말한다. 개념이 의미하고 있는 본질적인 성질이 내포인 것에 대해, 그 개념이 적응할 수 있는 범위를 외연(外延)이라고 한다. ↔ 외연

내형식(內形式) inner form

서지 정보(소장 정보, 전거 정보 등을 포함한다)를 데이터 처리 시스템 간에 교환하기 위한 MARC 포맷의, 데이터 요소의 식별 지시 등을 행하는 내용 표지 기호의 사용법에 대해 구체적으로 규정한 것. MARC 포맷의 레코드 표현의 기본적

인 구조, 즉 레코드 구조에 대해 규정한 「외형식」(外形式)과 상대를 이룬다. MARC 21이나 JAPAN MARC 등의 포맷은 내형식을 정한 구체적인 예이며, 그것들의 표준화를 의도한 것으로 국제도서관연맹(IFLA)에 의한 UNIMARC, 유네스코 *Reference Manual for Machine-Readable Bibliographic Descriptions*에 의한 포맷이나 CCF(Common Communication Format), 또는 일본의 과학기술정보유통기술기준 「서지적 정보 교환용 레코드 포맷(내형식)」(SIST 04) 등이 있다. ↔ MARC 포맷; 내용 표지 기호; 외형식

네트워크 정보 자원(--情報資源) networked information resources

인터넷을 기반으로 하는 컴퓨터 네트워크를 매개로 하여 탐색, 입수, 이용 가능한 정보 자원. 웹상에 공개되어 있는 각종 파일에 더하여, 웹 페이지, 전자 게시판, 블로그, SNS, 검색 엔진, 전자 메일 등을 포함한다. 일반적 특징으로서는, ① 다양한 표현 양식을 일원적으로 기록, 전달하며, 가공이나 재이용이 용이하고, ② 패키지계 미디어와 통신계 미디어의 특징을 함께 가지며, ③ 정보의 갱신, 이동, 삭제 등이 빈번이 이루어지고, 존재가 유동적이며, ④ WWW의 보급에 따라 하이퍼텍스트 구조를 갖는 것이 많고, 정보가 단편화(斷片化)함과 동시에 유착하고 있고, 서지적 단위가 불명료하다는 등의 점을 들 수 있다. ↔ WWW; 정보 자원

노데 Naudé, Gabriel

1600-1653. 파리 출신. 프랑스의 자유사상가로, 도서관에 관한 저작이나 사서로서의 활동에 의해, 근대 도서관의 기초를 구축한 한 사람으로 여겨진다. 의학의 길을 목표로 하면서 유력자의 개인 문고의 사서를 지냈는데, 몇 개 문고를 거친 후, 재상 마자랭(Jules Mazarin 1602-1661)의 사서가 된다. 그 문고를 위해 철저한 자료 수집과 조직적인 도서관 운영을 실시하고, 동(同) 문고를 유럽 유수의 것으로 만들어낸 이외에, 시민에게도 일반 공개하였다. 저서『도서관 건설을 위한 제언』(1627)은 근대 도서관의 주요 과제를 처음으로 논한 저작으로 알려져 있으며, 모든 분야의 주요한 저작을 내용에 따라 수집하고, 이용하기 쉽도록 하기 위한 분류와 배열의 필요성을 이야기하는 등, 도서관의 본연의 모습의 기본을 제시하였다. 정치나 종교에 관한 저술도 많다.

노말리제이션(normalization) → 정상화(正常化)

노이즈 noise

(1) 정보 검색 시스템에서, 어떤 정보 요구 또는 검색 질문에 따라 검색을 실시했을 때, 부적합 문헌임에도 불구하고 검색되는 정보. 잡음이라고도 한다. 노이즈의 발생 원인으로는, 시스템에 기인하는 것과 의미적인 것이 있는데, 후자(後者)의 예로서, 색인 작업, 탐색 전략 수립, 검색 질문으로부터 검색식으로의 변환, 검색어의 선택 등의 때에 생기는 개념과 용어의 차이를 들 수 있다. 노이즈의 다과(多寡)를 나타내는 평가 척도로서는, 일반적으로 정확률(정도율)이 사용된다. (2) 통신 분야에서는, 데이터 전송의 질을 떨어뜨리고, 출력을 변화시키는 랜덤한 신호를 말한다. ↔ (1) 적합성; 정확률

녹음 도서(錄音圖書) → 토킹 북

녹음 서비스(錄音--) tape recording service

도서관이 제공하는 음역(音譯) 서비스의 하나로, 이용자의 요구에 따라, 인쇄 자료를 읽어 테이프에 녹음하여 제공하는 서비스. 일본의 경우, 「저작권법」 제37조 제3항에 의하면, "점자 도서관, 그 밖의 맹인의 복지 증진을 목적으로 하는 시설에서 정령(政令)으로 정한 것"은 공표된 저작물을 녹음할 수 있다. 공공 도서관이나 대학 도서관에서는, 녹음할 때 저작권자의 허락을 받아야 한다. ↔ 토킹 북(talking book)

녹음 자료(錄音資料) audio material

음성이나 음악 등의 현실의 음을 후에 재생 장치를 이용함으로써 거의 동일의 음으로서 재현 가능한 방식으로 기록한 자료. 『일본목록규칙 1987년판 개정 3판』 용어 해설에서는, 영상을 수반하지 않는 음만의 기록물을 가리키고 있다. 녹음 자료의 형태는 레코드, 콤팩트디스크 등의 디스크 형태와, 카세트테이프 등의 테이프 형태로 나눌 수 있다. ↔ 레코드; 음악 자료; 콤팩트디스크

논문(論文) article; treatise; thesis

개별의 제목(타이틀), 저자명의 명시에 의해 식별되는 저작물. 「기사」가 사실의 보고나 해설을 가리키는 것에 대해, 특정의 문제를 분석하여, 논하고 있는 경우가 많다. 학술적인 연구 성과만을 대상으로 하는 것은 아니지만. 그 전형적인 예는 학술 잡지의 원저 논문이나 학위 논문이다. 논문으로 간주되는 데는, 어떤 주제인가 하는 것보다도, 구성이나 논하는 방법, 형식이나 길이 등에 일정의 요건이 요구된다. ↔ 기사

논문집(論文集) collective treatise

복수의 논문을 게재하고 있는 단행본. 통상 수록 논문의 주제는 공통하고 있으나, 기념 논문집에서 볼 수 있는 것처럼, 잡다한 주제의 것도 있다.

누적 색인(累積索引) cumulative index

계속 간행되는 책자 형태의 색인에서, 복수호의 수록 데이터를 통합하여 하나의 계통으로 배열하고 재편집한 색인. 효율적인 소급 탐색에 없어서는 안 되는 색인이다. 월간이나 계간(季刊) 등으로 간행되는 잡지 기사 색인의 연간 누적판이나 복수년 누적판 등이 있다. 데이터베이스로 제공되는 색인에서는, 신규 데이터를 추가하면서 갱신되기 때문에, 일반적으로는 별개로 누적판이 편찬되는 경우는 없다.

눌러 따기 stab stitching

제본할 때 매기 방법의 하나로, 접장(摺帳)마다 철(綴)을 해가는 것이 아니라, 접장 전부를 겹쳐 접장의 등(背)에 가까운 부분에 구멍을 뚫고 철사나 실을 통과시켜 제본한다. 잡지의 합책 제본에 사용되는 경우가 있는데, 일반적으로 펼치기가 좋지 않다는 것이 결점이다. 일본어로는 우찌누끼토지(打拔綴)라고 한다.

뉴스레터 newsletter

단체나 기관이 특정의 구독자를 대상으로 최신의 토픽을 전하기 위해 간행하는 수 페이지로 된 연속간행물. 본래는 편지 형식으로, 서구(西歐)에서는 16세기경

부터 손으로 쓴 뉴스레터가 발행되고 있었다. 일본에서는 「뉴스레터」라고 일컫는 예는 적고, 대부분은 「뉴스」이다. 뉴스레터는 전문(全文) 데이터베이스로서 제공되게 되고, 나아가 메일링리스트를 이용한 제공 형태도 늘어나고 있다.

뉴아크식 대출법(--式貸出法) Newark charging system

20세기 초두에 뉴아크공공도서관장 다나(John Cotton Dana)가 고안했다고 일컬어지는 대출 방식. 이용자는 대출 시에 자료와 대출권을 계원(係員)에게 제출한다. 계원은 도서 카드, 일자표, 대출권에 반납 예정일을 압인(押印)하고, 대출권은 책과 함께 이용자에게 건네준다. 도서 카드에는 이용자의 이용자 번호가 기입되며, 반납 예정일 순으로 파일된다. 반납 시에는 책과 함께 제출되는 대출권에 반납일을 압인하여 이용자에게 돌려주고, 도서 카드는 북 포켓에 다시 넣는다. 일본에서는 제2차대전 후 연합군총사령부 민간정보교육국이 개설한 CIE도서관에서 개가제 서가와 함께 도입되고 나서 상당수의 도서관에서 채택되었으며, 한 시기에 상당히 보급되었다. 이용자와 도서관에 부담은 적지만, 그 후에는 대출 기록이 남지 않는 브라운식 대출법 등이 많이 채택되었다.

뉴욕공공도서관(--公共圖書館) New York Public Library

사립의 애스터도서관(Astor Library)과 레녹스도서관(Lenox Library)의 장서 및 틸덴(Samuel J. Tilden)이 신탁한 자금에 의해, 1895년에 설립된 도서관. 독립의 법인에 의해 운영되는데, 재원으로는 시 및 주로부터의 자금 및 다수의 기부·기증이 포함된다. 라이언의 상으로 유명한 인문학센터, 링컨센터에 있는 무대예술도서관, 할렘 지구에 있는 숌버그(Shomburg)흑인문화연구센터, 정보 기술을 대규모로 채택한 과학·산업·상업도서관과 같은 4개 연구 도서관과, 맨해튼, 브롱크스, 스테이튼아일랜드에 85개의 분관을 가지고 있다. 도서 등 약 2,000만 책, 직원 약 3,206명으로, 분관 전체에서의 연간 대출 책수는 약 1,550만 책에 달한다(2005년).

다나카 이나기(田中稻城) Tanaka Inagi

1856-1925. 야마구치현(山口縣) 이와쿠니시(岩國市) 출신. 일본 데이코쿠도서관(帝國圖書館) 및 일본도서관협회의 탄생의 아버지로, 일본 최초의 도서관학자. 이와쿠니한코요로칸(岩國藩校養老館)에서 배운 후, 1881년 도쿄대학 화한문학과(和漢文學科) 졸업. 동(同) 대학 조교수 겸 동 대학도서관 근무를 거쳐, 문부성(文部省)에 근무. 1888년 도서관학을 수학(修學)한 최초의 유학생으로서 미국과 유럽에서 1년 반 공부한다. 데이코쿠대학(帝國大學) 교수, 도쿄도서관장 겸임을 거쳐, 도쿄도서관장 전임이 된다. 선진 제국(先進諸國)의 국립 도서관에 비해 현저하게 열악한 실상을 호소하고, 1892년에 도서관인을 조직하여 일본문고협회(현 일본도서관협회)를 설립하고, 초대 회장이 된다. 1896년 데이코쿠도서관 설립의 건의가 의회를 통과할 때 진력하여, 문부성 소관의 도쿄도서관(東京圖書館)을 바탕으로 성립된 데이코쿠도서관의 초대 관장이 되어, 1921년까지 근무하였다. 저서로『도서관 관리법』(1900)이 있다. ↔ 서적관; 일본도서관협회; 데이코쿠도서관

다나카 후지마로(田中不二麿) Tanaka Fujimaro

1845-1909. 아이치현(愛知縣) 나고야시(名古屋市) 출신. 교육 행정가, 정치가. 메이지(明治) 초기, 무료제 국립 도서관을 설립하였다. 오와리한시(尾張藩士)에서 문부성(文部省) 이사관이 되어, 이와쿠라사절단(岩倉使節團)을 수행하고, 귀국 후, 구미(歐美)의 교육 제도를 소개한 보고서『이사공정』(理事功程)(1873)을 간행. 그 안에 공공 도서관의 기술이 있다. 문부성에서 장관 대행으로 근무하며,

태정관박람회사무국(太政官博覽會事務局)으로 전적(轉籍)되어 있던 서적관과 박물관을 문부성으로 되돌리고, 1875년에 도쿄서적관(東京書籍館)을 창설, 무료제를 실현하였다. 1876년에 미국 건국 백년제(建國百年祭)에 참석, 『합중국 공공도서관 특별 보고서』를 바탕으로 미국의 도서관 사정을 보고하였다. 1879년 자유주의 교육령을 제정하였는데, 다음 해에 사법경(司法卿)으로 전출되었다. 그 후 사법대신(司法大臣: 현재의 법무대신으로 한국의 법무부장관에 해당한다), 주이대사(駐伊大使), 추밀고문관(樞密顧問官) 등을 역임. ↔ 서적관

다단계 기술법(多段階記述法) multi-level description

"둘 이상의 서지 레벨에 걸친 서지 사항을 레벨마다 분리하고, 상위 서지 단위의 것으로부터 순차적으로 기술하는 기재 양식"(『일본목록규칙 1987년판 개정 3판』 용어 해설). 국제표준서지기술법(ISBD)이 규정한 것으로, 서지 계층에 따른 기술법으로서 『일본목록규칙 1987년판』이나 『영미편목규칙 제2판』 등에서 채택되고 있다. 『일본목록규칙 1987년판』 이후의 판은 독자(獨自)의 서지 단위를 바탕으로 하여 서지 계층 구조를 제시하고 있는데, 그 중에서 집합 레벨의 기재 양식, 즉 단행 자료의 집합을 기술의 대상으로 할 때의 기재 양식으로서 다단계 기술법을 제시하고 있다. ↔ 서지 계층

다문화 서비스(多文化--) multi-cultural service

도서관의 이용자 집단의 문화적 다양성을 반영시킨 서비스. 주된 대상으로서는, 이민, 이주 노동자, 선주민(先住民) 등의 민족적, 언어적, 문화적 소수자(마이너리티 주민)를 우선 제일의적(第一義的)으로 들 수 있다. 외국어(또는 마이너리티 언어) 컬렉션의 구축 및 제공이 서비스의 중심이지만, 도서관인의 연수, 마이너리티 주민의 직원 채용, 각국어의 이용 안내나 관내 게시의 작성, 도서관 협력, PR 등도 포함된다. 다문화 서비스를 위한 자료로서는, 외국어 자료에 그치지 않고, 마이너리티 주민이 그 지역의 주요어를 배우기 위한 자료, 이문화(異文化) 상호 이해를 위한 자료 등도 불가결한 것으로서 고루 갖출 필요가 있다.

다언어 시소러스(多言語--) multilingual thesaurus

복수 언어를 동시에 다루는 시소러스. 개개의 개념을 각 언어로 색인화할 때 사

용하는 디스크립터 또는 그 조합을 언어마다 표시한다. 예를 들면「물리학」을 색인화할 경우, 영어에서는 PHYSICS, 프랑스어에서는 PHYSIQUE, 독일어에서는 PHYSIK를 사용하고, 말이나 소를 나타내는 프랑스어 GROS BETAIL을 영어로 색인화할 때는 CATTLE + HORSES를 사용하는 등이다. 색인 언어의 호환성을 높이고, 국제적인 정보 교환을 원활하게 할 목적으로 작성된다. ↔ 시소러스

다언어판(多言語版) polyglot

동일 본문을 복수의 언어로 번역하고, 그것들을 하나의 저작 안에 동시에 수록한 도서. 다국어 대조판, 다국어 대역판(對譯版)이라고도 한다. 보통은 각 역문(譯文)을 병렬시키고, 각각을 대조할 수 있도록 하고 있다. 성서에는 옛날부터 많은 다언어판이 존재하고 있다.

다이소(大惣) Daiso

에도(江戶) 시대의 대표적인 도서 대여점. 일본어로는 카시혼야(貸本屋)라고 한다. 오오노야 소하치(大野屋惣八)의 통칭. 1767년에 창업하여 150년간 나고야(名古屋)에서 영업하였다. 분카분세이(文化文政) 무렵에 크게 번성하였으며, 무사(武士), 서민을 불문하고 다수의 사람들이 이용하였다. 소설이나 연극 등의 오락서, 종교, 역(易), 역(曆), 천문, 지리, 의학, 심학(心學) 등 광범위한 분야의 책을 소장하여, 당시의 독서 경향을 알 수 있다. 다른 도서 대여점이 장서를 고객 사이를 일순(一巡)하면 팔아버렸던 것과는 달리, 축적해왔기 때문에, 1899년경에 장서가 데이코쿠도서관(帝國圖書館), 도쿄데이코쿠대학(東京帝國大學) 도서관, 교토데이코쿠대학(京都帝國大學) 도서관 등에 모두 팔았을 때 그 수가 2만 수천부에 이르렀다. ↔ 도서 대여점

다책물(多冊物) multi-volume item; multi-part item

『영미편목규칙 제2판 일본어판』용어 해설에서는,「Multi-part item」(복수 파트로 이루어진 자료),「Multi-volume monograph」(다권 단행본)에 대해, "일정수의 독립된 부분으로 완결하고 있거나, 또는 완결하려는 의도를 가지고 있는 단행본"이라고 되어 있다.『일본목록규칙 신판 예비판』에서는, 일찍이,「다권물」로서 "1부 2책 이상으로 이루어진 도서. 상하 2책으로 완결하고 있는 도서, 전 30권의

전집과 같은 것"이라고 설명하고 있었다. 원래 이 용어는 한 저작이 복수책의 자료로 분할하여 수용된 경우로, 그 자료 전체를 가리키는 것이었는데, 각 분할 부분이 표제(타이틀)를 가질 때의 취급이 애매하게 되거나, 또는 각각 독립된 저작을 포함하는 도서의 집합체인 단행본 총서와의 구별이 애매하게 되어, 작성되는 서지 레코드에 동요를 일으키고 있었다. 서지 단위를 새로이 도입한 『일본목록규칙 1987년판』의 출현과 함께 일본목록규칙에서는 모습을 감춘 용어이다. ↔ 세트물

닥종이

뽕나무과의 식물인 닥나무의 인피 섬유(靭皮纖維)를 주원료로 하여 뜬 종이. 섬유가 길고 강인하기 때문에, 뜬 종이는 튼튼하여, 기록용 종이로써 뿐만 아니라 다용도로 이용되고 있다. 저지(楮紙)라고도 한다.

단계적 보존(段階的 保存) phased preservation

적은 자원을 유효하게 사용하여 컬렉션의 보존을 도모하기 위해, 1970년대에 미국의회도서관(LC)이 제창한 자료 보존 정책의 하나. 컬렉션 전체의 열화(劣化)를 지연시키기 위해 보존 환경을 정비하는 제1단계, 보존 전문가에 의해 일군(一群)의 열화 자료의 보존 대책을 실시하는 제2단계, 개별의 열화 자료의 수복(修復)을 실시하는 제3단계로 이루어진다. 산성지가 커다란 문제가 된 후에도, 보존 상자 등의 이용, 대량 탈산(大量脫酸)이나 미디어 변환, 개별 자료의 탈산 처리 등을 통해 이 정책이 취해지고 있다. ↔ 자료 보존

단기 대학 도서관(短期大學圖書館)[일본] junior college library

일본의 단기 대학(한국의 전문 대학에 해당한다)에 설치되는 도서관. 단기 대학 그 자체의 규모가 작기 때문에, 4년제 대학 병설의 도서관을 제외하고 그 도서관의 규모도 작다. 종래에는 「단기대학 설치기준(문부성령)」이 수업 과목이나 학과가 속하는 분야의 구분에 따라 도서의 책수, 학술 잡지의 종류수를 규정해 왔다. 신 기준(1991)은 이것들을 폐지하고 시대에 대처하기 위해, 기본적인 모습으로서, "학과의 종류, 규모 등에 따라, 도서, 학술 잡지, 시청각 자료, 그 밖의 교육 연구상 필요한 자료를 도서관을 중심으로 계통적으로 갖추는 것으로 한다."고 규정하고 있다.

단면 서가(單面書架) single-faced shelving; single-faced book stack

안과 밖이 없이 일방(一方)에서만 사용되는 서가. 도서관에서는 벽면에 놓이는 경우가 많기 때문에, 벽부 서가(壁付書架)라고도 하며, 일본에서는 편면 서가(片面書架)라고 한다. ↔ 양면 서가

단위 개념(單位槪念) unit concept

유니텀(uniterm) 시스템을 비롯한 후조합 색인법에서, 외견상으로는 하나의 디스크립터(descriptor)이지만, 둘 이상의 아이솔레이트(isolate)를 포함하는 개념. 예를 들면, 「병원 감염」이라는 디스크립터는 병원에서의 질병의 감염을 의미하는 복합 개념으로, 본래는 세 개의 디스크립터를 합쳐 표시해야 하는 개념이다. 이 조치는 후조합 색인법에서의 전조합의 부분적 도입으로, 분야가 한정되어 단위 개념이 되는 용어의 출현 빈도가 높은 경우에 유효하다. 일반적으로 잘못된 결합에 의한 노이즈(잡음)를 방지하고, 시스템의 경제성을 높이지만, 재현율은 낮아진다. ↔ 디스크립터; 아이솔레이트; 유니텀

단일 저록 색인법(單一著錄索引法) single-entry indexing system

전조합 색인법에서, 자료의 주제에 단 하나의 저록(기입)을 부여하는 방법, 또는 복수로 부여하더라도, 그 중의 하나만을 주제와 어울리는 특수 저록으로 하는 방법. 컴퓨터가 색인 작성에 응용되기 이전에는 전자(前者)의 방법이 많았다. 후자(後者)의 방법으로서, 복합 주제의 구성 요소를 순차적으로 잘라내는 연쇄 색인법이 있다. *British Technology Index*(1962-1980)의 상호 참조 시스템이 유명하다. ↔ 복수 저록 색인법; 분산된 관련 항목

단일 저록 시스템(單一著錄--) single entry system

"개개의 자료에 대해, 원칙적으로 단 하나의 목록 저록(목록 기입)을 만들고, 이것에 의해 목록을 작성하는 방식"(『일본목록규칙 1987년판 개정 3판』 용어 해설). 복수 저록 시스템의 상대어. 각 자료에 대한 유일의 표목 선정에 관한 규칙이 요구된다. ↔ 기본 저록 방식

단일 주제(單一主題) simple subject

분류표의 하나의 주제 분야에서, 단 하나의 포커스만을 포함하는 주제. 예를 들면, 문학이라는 주제 분야 아래의 영문학이라는 주제는 언어 패싯의 영어라는 하나의 포커스만으로 구성되는 단일 주제이다. ↔ 복합 주제; 혼합 주제

단체 대출(團體貸出) loan to groups

단체 이용자에 대해, 도서관 자료를 대출하는 것. 단체에는 동회(洞會) 등의 지역 단체, 회사나 조합 등의 직능 단체, 지역 문고나 독서회 등의 단체, 나아가서는 보육원이나 초등학교의 학급 등이 있다. 통상 대출 책수는 한 번에 30책에서 50책 정도, 대출 기간은 3개월 정도인데, 도서관이나 단체에 따라서는 좀 더 대량의 책을 장기간 대출하는 경우가 있다. 또한 독서회에 대한 단체·대출 서비스로서, 같은 도서를 사람 수만큼 대출하는 서비스를 실시하고 있는 도서관도 있다.

단체명 표목(團體名標目) corporate name heading

저작의 지적 또는 예술적 내용의 창조 내지는 구현(연주 등을 포함한다)에 책임을 갖거나 또는 기여한 바가 있는 단체를 저자 표목으로서 채택하고, 이름 전거(저자명 전거) 파일을 바탕으로 하여 통제된 형으로 표현한 것. 『일본목록규칙 1987년판 개정 3판』에서는, 단체명은 그 단체의 출판물에 많이 표시되어 있는 형을 통일 표목으로서 채택하는 것을 원칙으로 하고 있다. 또한 단체의 명칭이 내부 조직을 포함하여 자료에 표시되어 있을 때는, 그 내부 조직을 생략한 명칭을 표목으로 하고, 부속 기관의 경우는 해당 기관의 명칭만으로 된 표목으로 하는 것을 원칙으로 하고 있다. 한편 명칭에 변경이 있는 경우에는, 각 저작 당시의 명칭을 표목으로 한다. ↔ 개인명 표목; 단체 저자; 저자 표목

단체 저자(團體著者) corporate author

『영미편목규칙 제2판 일본어판』 용어 해설에 의하면, 단체란 "특정의 명칭에 의해 식별되고, 동시에 하나의 실체로서 활동하거나, 또는 활동하는 일이 있을 수 있는 조직체 또는 개인의 집합체. 전형적인 단체의 예로서는, 협회, 기관·조직, 회사, 비영리 기업, 정부, 정부 기관, 종교 단체, 개개의 교회, 회의를 들 수 있

다."고 설명되어 있다. 이러한 단체가 어떤 저작의 지적 또는 예술적 내용의 창조 내지는 구현(연주 등을 포함한다)에 책임을 갖거나 또는 기여한 바가 있으면, 그 저작의 단체 저자로 간주할 수 있다. 목록법상에서는, 이제까지 영미계의 편목 규칙은 개인과 마찬가지로, 단체도 저자로 하고 있었지만, 『영미편목규칙 제2판』에서는 단체를 기본 저록(기본 기입)의 표목으로 하는 것에 제한을 두고 있는데, 거기서는 단체 저자라는 용어는 사용하지 않고, 「단체로부터 출발한 저작」은 「단체를 표목으로 하는 저록」으로 하도록 하고 있다. ↔ 개인 저자; 책임성

단층 서가(單層書架) single-tier stack

건물의 각층의 마루 위에 서가를 두고, 서가와 배가한 도서의 하중을 마루에서 지탱하는 형식의 서가. 적층 서가(積層書架)에 비해 수용량은 적으나, 개가식에는 적합하다. ↔ 적층 서가

단행본(單行本) monograph

총서 중의 1점으로서가 아니라, 1점 1점이 단독으로 간행되는 도서. 단행서(單行書)라고도 한다. 다만 참고 도서, 악보, 교과서, 학습 참고서, 그림책 등은 통상은 단행본이라고는 하지 않는다.

단행본 총서(單行本叢書) monographic series

단행본의 집합으로, 주제상에서 상호간에 관련을 갖는 것이 통례이고, 아울러 그 집합 전체에 공통하는 표제(타이틀)를 가지며, 동일의 출판자에 의해 통일된 형태로 간행되는 것. 번호가 부여되어 있는 것도 있고, 부여되지 않는 것도 있다. ↔ 총서

단행 서지 단위(單行書誌單位) monographic bibliographic unit

"단행 레벨의 서지 단위로, 단행 자료의 본표제로부터 시작하는 일련의 서지 사항의 집합"(『일본목록규칙 1987년판 개정 3판』 용어 해설). 줄여서 단행 단위라고도 한다. 서지 레코드를 구성하는 구조적인 단위인 서지 단위의 하나. 계속 간행 서지 단위와 함께 기초 서지 단위로 자리매김된다. 단행 자료를 기술의 대

상으로 할 때에는, 이 단행 서지 단위를 기술의 본체로 하는 서지 레코드를 작성하는 것이 『일본목록규칙 1987년판』 이후의 판의 원칙적인 방침이며, 그 작성되는 레코드를 단행 레벨의 레코드라고 한다. ↔ 기초 서지 단위; 서지 단위

단행 자료(單行資料) monographic item

"고유의 표제(타이틀)를 갖는 단독으로 간행되는 자료. 형태적으로는 2점 이상으로 이루어지는 경우도 있다. 2점 이상으로 이루어질 때는, 각 부분에 고유의 표제가 없는 경우나, 고유 표제가 없는 부수물(예: 부록, 보유)이 있는 경우 등이 있다."(『일본목록규칙 1987년판 개정 3판』 용어 해설). 『일본목록규칙 1987년판』 이후의 판에서는, 계속 자료와 함께, 기초 서지 단위가 된다. 이 단행 자료는 「세트물」과 마찬가지로, 동(同) 규칙의 서지 단위의 도입에 따라 생겨난 용어이다. ↔ 서지 단위, 세트물

당본사립(唐本仕立) Chinese book form

중국에서 만들어진 옛날 장정으로 된 책을 당본(唐本)이라고 하는데, 일본에서 만들어진 책인데도, 당본과 같이 장정된 책에 대한 것. 용지로 당지(唐紙)를 사용하고, 당지 표지 등을 붙인 것이다. 제본은 자루 매기이지만, 중국의 강희철(康熙綴)을 사용하거나, 표지의 철하는 구멍의 간격을 당본과 같이 등분(等分)하지 않고 철하고 있는 것 등이 있다.

대등 표제(對等標題) parallel title

"본표제 또는 자료 중의 각 저작의 표제의 다른 언어 및 문자(또는 그 한쪽)로 된 표제"(『일본목록규칙 1987년판 개정 3판』 용어 해설). 복수 언어의 출판물이 증가하는 경향 및 목록(서지) 정보 유통의 국제화 경향에 대응하여, 다원적인 검색을 가능하게 하기 위해 기록된다. 『일본목록규칙 1987년판 개정 3판』에서는, 기술 대상의 본표제는 통상 본문의 언어 및 문자와 일치하는 것으로 하기 때문에, 그 이외의 언어 및 문자(또는 그 한쪽)에 의한 표제가 대등 표제로 자리매김된다. 또한 대등 표제에 대응하는 언어의 본문이 있는 경우와 없는 경우의 쌍방이 있다. ↔ 표제와 책임 표시 사항

대면 낭독 서비스(對面朗讀--) reading service for the blind; library service for the reading impairment

도서관이 제공하는 음역(音譯) 서비스의 하나로, 낭독자가 「눈의 대용」이 되어 지정된 자료를 읽는 서비스. 낭독자는 도서관인이나 자원 봉사자이다. 대면 낭독은 점자 자료나 녹음 자료로 번역되어 있지 않은 자료를 즉석에서 이용할 수 있다는 이점이 있다. 또한 이용자는 그 자리에서 질문을 할 수 있기 때문에, 참고 서비스에도 관련되며, 더 적극적인 장애인 서비스가 가능하게 된다. 일본에서는, 1970년에 도쿄도립히비야도서관(東京都立日比谷圖書館)이 공공 도서관에서는 처음으로 장애인 서비스로서 대면 낭독 서비스를 실시하였다. 그 후 시각 장애인 서비스의 하나로서 급속하게 확장되어, 신설되는 도서관에는 대면 낭독실을 설치하는 것이 일반적이 되고 있다.

대문자 사용법(大文字使用法) capitalization

서지 기술 및 표목의 기재에서, 한국어나 일본어 이외의 외국어의 문자(대문자와 소문자의 구별이 있는 것)를 기록할 때의 대문자에 관한 사용법. 각국의 현행 편목 규칙에서는 자료 안에 나타나는 표기의 방식에 관계없이, 대문자에 대해서는 해당 언어의 관행에 따라 사용하는 것으로 규정하고 있다. ↔ 편목 규칙

대본소(貸本所) → 도서 대여점

대여권(貸與權) right of lending

저작권법에서 저작자 등에게 인정되는 재산적 권리의 하나로, 저작물의 복제물을 공중(公衆)에게 제공하는 권리. 일본의 「저작권법」에서는, 레코드 대여 업자의 문제를 계기로 하여 1984년에 규정되었다. 대여권은 도서·잡지에는 미치지 않으며, 또한 도서관 등이 비영리인 동시에 무료로 실시하는 상업용 레코드 등 저작물의 복제물의 대출에는, 공정 사용의 관점에서 그 권리가 미치지 않는다. 다만 영화의 저작물은 대여권이 아니라 배포권에 의해 그 권리가 규정되고 있다. 국제 조약에서는, 「지적소유권의 무역관련의 측면에 관한 협정」(TRIPS 협정), 「세계지적소유권기구 저작권조약」(WCT: WIPO Copyright Treaty) 등에서, 컴퓨터 프로그램과 영화의 저작물, 녹음물의 대여권이 규정되고 있다. ↔ 저작권; 저작권법[일본]; 저작 인접권

대영도서관(大英圖書館) → 영국도서관

대조 사항(對照事項) → 형태 기술 사항

대출(貸出) loan; lending; circulation

특정의 도서관 자료를 특정의 이용자에게 일정 기간 자유롭게 독립적으로 이용시키는 것. 공공 도서관에서는, 개인의 이용자에게 자료를 대출하는 개인 대출과, 단체 이용자에게 대출하는 단체 대출이 있다. 도서관의 자료를 이용하는 방법으로는, 관내에서의 열람과 관외로의 대출의 두 종류가 있는데, 전자(前者)가 이용 시간과 이용 장소를 한정하는 것에 대해, 후자(後者)는 더 큰 자유를 이용자에게 제공한다. 이용자는 대출에 의해, 어떤 시간대에, 어디서든 그 자료를 자유로이 이용할 수 있다는 점이, 자료 제공 방법으로서 우수하다. 일본의 공공 도서관에서, 대출은 자료 제공의 기본적인 방법이며, 도서관 운영의 원점(原點)이 되고 있다. 또한 대출 서비스라는 용어에는, 통상 대출 그 자체와 그것에 관련되는 독서 안내나 예약 서비스가 포함되어 있다. ↔ 개인 대출; 열람

대출 금지(貸出禁止) in-library use only

도서관 내로 이용을 한정하는 것 또는 그와 같은 한정을 한 자료. 도서관 관종(館種)에 따라 다르지만, 일반적으로는 사전(辭典), 사전(事典), 편람, 통계, 연감, 도록(圖錄) 등의 사실 해설적 자료나 서지, 목록, 색인 등의 안내 지시적 자료 등, 도서의 전체를 통독(通讀)하는 것을 목적으로 하지 않는 참고 도서가 대상이 된다. 또한 빈번하게 이용되는 자료, 고가본(高價本), 향토 자료, 특수 자료, 귀중서, 희서(稀書), 신문이나 잡지의 최신호 등을 대출 금지로서 지정하는 경우도 많다. 대출용 도서와의 구분으로「금띠」(금대: 禁帶) 라벨을 첨부하거나, 「R」라벨 등을 등(背) 라벨로 사용하여, 지출 금지(持出禁止)의 표시를 명확하게 하는 경우도 있다. ↔ 대출 제한

대출 도서관(貸出圖書館) lending library

주로 독서의 대상이 되는 자료로 이루어지는 컬렉션을 구성하고, 자료 제공에 관련된 서비스를 실시하고 있는 도서관 내지 도서관의 한 부문. 참고 조사 도서

관과 대비되는 도서관으로, 대출 서비스를 중심으로 하면서, 관련 서비스로서 예약 서비스나 상호 대차 등을 실시하고 있다. 또한 대출 도서관의 참고 서비스로서, 독서 안내 서비스를 제공하고 있다. ↔ 참고 조사 도서관

대출 문고(貸出文庫) collection for loan to groups

도서관 미설치 자치 단체나 도서관이 멀어 일상적으로 이용할 수 없는 지역에 대해 실시되는 도서관 서비스의 일종. 통상 도서관이 지역의 공공 시설이나 각종 단체에 통합된 수 책의 도서를 일정 기간 예치해두고, 그곳으로부터 인근의 주민이 책을 빌릴 수 있도록 하는 것이다. 일본의 「도서관법」 제3조 제5항에서도, 「대출 문고의 순회를 실시하는 것」은 도서관의 업무라고 언급하고 있다. 대출 문고의 취지는 주민이 도서관까지 올 수 없는 것에 대한 대체 조치로서 책을 인근까지 옮겨 이용하도록 한다는 것인데, 실제로는 책의 수가 적고 선택의 폭이 적다는 것과 프라이버시를 지킬 수 없다는 것 등으로, 일반적으로 이용은 많지 않다. 지역에 대한 서비스라기보다는 단체 대출의 한 형태로서 실시되는 경우가 많다. ↔ 단체 대출

대출 밀도(貸出密度) circulation density

도서관 통계를 사용하여 산출하는 공공 도서관 활동에 관한 계량적인 지표의 하나로, 어느 기간의 연 대출 총수를 서비스 인구로 나눈 값, 즉 주민 1인당 연 대출 책수로, 이 경우 서비스 인구로서는 통상 정주 인구(定住人口)를 사용한다. ↔ 도서관 통계; 실질 대출 밀도; 이용 통계

대출 방식(貸出方式) charging system; circulation control system

자료를 대출할 때, 「무엇을 누구에게 언제까지」의 기록을 일정한 규칙에 따라 관리하는 방법. 대출 시스템, 대출 절차와 동의(同義). 종류로서는 장부식, 슬립식, 뉴아크식, 브라운식, 토큰식, 사진식, 컴퓨터식 등의 대출 방식이 있다. 『중소 도시의 공공 도서관의 운영』(1963)에서 대출의 중요성을 지적하고, 빌려 나갈 때 대출권을 사용하는 브라운식 대출 방법을 소개했기 때문에, 일본의 공공 도서관에서는 동(同) 방식이나 그 변형 방식이 보급되었는데, 근년에는 대학 도서관, 공공 도서관에 공히 컴퓨터식 대출법이 보급되어 있다. 대출 방식에서 중

요한 점은 반납 후에 이용자 개인의 대출 기록이 남지 않고, 대출, 반납, 예약, 독촉의 처리가 원활하게 이루어지며, 인력과 비용이 너무 많이 소요되지 않는 것 등이다.

대출 업무(貸出業務) circulation work; circulation transaction

대출, 즉 특정의 도서관 자료를 특정의 이용자에게 일정 기간 독점적으로 이용시키는 것에 관한 사무 작업. 이용자의 등록, 대출 절차, 반납 작업, 대출 기간의 연장 내지는 대출 갱신 작업, 독촉 작업 등을 포함한다. 대출 중인 자료의 예약의 등록과 반납 시의 자료 확보를 포함한다. ↔ 대출 방식

대출용 컬렉션(貸出用--) lending collection

도서관 컬렉션 중 이용자에 대한 관외 대출을 상정(想定)한 자료군. 통상은 참고 도서, 향토 자료, 귀중서, 최신 잡지, 신문 등의 대출을 금하고 있는 자료를 제외한 컬렉션을 말한다. 단체 대출용이나 이동 도서관용의 대출용 컬렉션도 있다. 또한 대학 도서관의 지정 도서도 대출용 컬렉션이라고 할 수 있다.

대출 제한(貸出制限) restricted circulation

도서관은 동시에 대출을 받을 수 있는 권수나 기한에 관한 일반적인 조건을 정하지만, 특정의 자료나 자료군에 대해서는 그것을 적용하지 않고 이용을 제한하는 경우가 있다. 그것을 대출 제한이라고 한다. 구체적으로는, 특정의 자료를 대출 금지 자료로 하여 대출을 하지 않거나, 특정 카테고리의 자료의 대출 권수를 제한하거나(신착 잡지는 2책까지 등), 또는 대출 기한을 단축하는(참고 도서는 3일간 등) 등이 있다. 대출 제한은 이용의 공평성을 확보하거나 도서관의 참고 기능을 확보하기 위해 이루어지는데, 제한하는 자료가 많아지면 이용자에게는 오히려 불편하게 되기 때문에, 남용은 피해야 한다. ↔ 대출 금지

대출 코스트(貸出--) cost per circulation

도서관의 활동 상황을 측정하기 위한 지표의 하나로, 그 도서관의 연간 총 경비를 연간 대출 책수로 나눈 것, 즉 대출 1회당의 경비로, 이 값이 적을수록 1책의

자료를 대출하는 데 필요한 경비는 낮아지게 된다. 따라서 대출 코스트는 대출 서비스의 효율을 측정하는 척도의 하나로서 생각할 수 있다.

대학 도서관(大學圖書館) university libraries; college library

일반적으로 4년제 대학, 전문 대학(일본에서는 단기 대학이라고 한다), 고등 전문 학교에 설치되는 도서관을 총칭하지만, 4년제 대학의 경우만을 가리키는 경우도 많다. 대학 도서관은 대학의 교육과 연구를 지원할 목적으로 설치되며, 제일의적(第一義的)으로는 소속 대학의 교직원, 학생을 주된 서비스 대상으로 하는데, 상호 이용 제도에 의해 타 대학 구성원에게 이용할 수 있도록 하는 이외에, 공개 제도에 의해 일반의 이용을 인정하고 있는 경우도 있다. 대규모 대학에서는, 중앙 도서관 이외에, 분관(分館), 부국(部局) 도서관(실), 학과 도서실 레벨까지를 대학 도서관으로 총칭하는 경우도 있다. 대학 도서관 설립의 법적 근거로서는, 일본의 경우「대학설치기준」(문부과학성령) 제36조에서, 대학으로서 필비(必備)의 시설의 하나로서 도서관을 들고 있다. 또한 동(同) 기준 제38조에서는, 상호 협력 등의 도서관 활동에 대해 규정하고 있다.

대학 도서관 기준(大學圖書館基準) standards for college and university libraries

(1) 대학 도서관의 발전과 충실화를 위해, 그 설치, 운영에 관해 필요하다고 여겨지는 원칙, 서비스, 자료, 직원, 시설 등에 대해 구체적인 항목을 문서화한 것으로, 도서관의 바람직한 모습을 제시하는 규정과 수치 목표로 이루어진다. (2) 일본의 대학이 자주적으로 결성한 조직인 대학기준협회가 제 기준의 일환으로서 1952년에 결정한 기준. 대학 도서관의 사명, 시설, 장서, 조직 운영, 직원 등에 대해 규정한 최저 기준이다. 그 중에서는 관장 전임제, 운영의 집중화 이외에, 경비에 대한 정량적 기술이 있는 등 당시로서는 상당히 진보적이었다. 그 후 동(同) 협회는 시대의 진전에 즉응(卽應)하기 위해 기준의 개정을 도모하여, 1982년에 향상 기준으로서 신 기준을 결정하였다. 신 기준은 본문 및 해설로 이루어지는 상세한 것으로, 상호 협력에 대해 1항을 두는 등 시대의 흐름을 반영하는 한편, 구 기준에 있었던 전임 관장제, 운영 집중화의 강조 및 경비에 대한 정량적 기술은 모습을 감추고 있다.

대학도서관문제연구회(大學圖書館問題硏究會)[일본] Society of Study on Academic Library Problems

대학 도서관을 중심으로 한 개인 회원에 의한 조직으로, 1970년에 발족하였다. 대학 도서관의 민주적인 발전과 도서관 노동자의 제 권리의 옹호를 위한 활동을 통해 과학과 문화의 향상을 도모하는 것을 목적으로 하며, 평의원회, 전국 위원회, 상임 위원회에 더하여, 전국 각지에 지부가 조직되어 있다. 연차 대회, 연구 집회, 지부 단위의 정기회(例會) 등의 개최, 기관지『대학의 도서관』(1982-   ) 과『대학도서관문제연구회지』(1971-   전신지『대도연 논문집(大圖硏論文集)』) 등의 출판 활동을 통해, 조사·연구와 실천을 결부시키는 활동을 전개하고 있다.

대학설치기준(大學設置基準)[일본] University Establishment Standards

일본의「학교교육법」제3조를 바탕으로 1956년에 제정된 문부성령(文部省令: 현재의 문부과학성령)으로, 대학 설치에 필요한 최저 기준을 정하고 있다. 교육 연구상의 기본 조직, 교원의 자격, 교육 과정 등 전 10장 및「부칙」으로 이루어져 있다. 도서관은「교지, 교사 등의 시설 및 설비」의 장에서 다루어지는데, 수집 자료, 업무, 직원, 시설 등이 규정되어 있다. 1991년의 개정 당시에, 기준이 대폭으로 대강화(大綱化)되었는데, 일반 교육·전문 교육의 과목 구분, 도서관 장서 책수·좌석수의 수량적 기준 등이 철폐되는 한편, 교육·연구의 질 향상을 위해 자기 점검·평가의 실시가 새로이 부과되었다.

대학 출판부(大學出版部) university press

대학의 출판 부문 또는 대학에 부속된 출판사. 일반적으로 대학 연구자의 연구 성과를 공표할 목적으로, 채산(採算)을 얻기 어려운 학술 도서를 중심으로 하여 간행하고 있다. 영리를 목적으로 하지 않는 출판사이다. 1478년에 인쇄 활동을 시작했던 옥스퍼드대학의 출판부가 그 시작이라고 일컬어지고 있다. 시대나 국가에 따라 출판계에서 차지하는 대학 출판부의 역할은 다르다. 미국에서는 각 대학에 대학 출판부가 설립되어 있는데, 인문 사회 과학의 학술 도서의 출판을 중심으로 큰 몫을 차지하며, 적자는 보전된다. 영국에서는 오랜 역사 속에서 상업 출판사에 가까운 성격을 갖게 되었다. 일본에서는 1963년 설립된 대학출판부협회에 30개 기관(2007년 1월 현재)이 가맹되어 있다.

대한출판문화협회(大韓出版文化協會)[한국] → 부록: 한국의 주요 도서관 및 도서관 관련 단체

대항목 주의(大項目主義) longer entry type; lengthy articles dealing with broad topics

백과사전, 전문 사전 등의 편찬 방식의 하나로, 표제어 1항목의 대상 범위를 크게 하여 항목수를 적게 하고, 각 항목에 논문과 같이 체계적인 비교적 장문의 해설을 붙인 것. 해설을 통독(通讀)하면 체계적인 지식을 얻을 수 있는데, 접근점(액세스 포인트)이 적기 때문에 목적으로 하는 정보를 찾아내기 어렵다. 이 결점을 보완하기 위해 상세한 색인을 필요로 한다. 역사적으로는 대항목 주의에서 소항목 주의로 향하는 경향을 볼 수 있다. ↔ 백과사전; 소항목 주의

대형 도서(大型圖書) oversize book

통상의 서가 선반의 높이에서는 수용할 수 없을 정도로 큰 도서. 미술책이나 건축 관계의 도서에서 많이 볼 수 있다. 도서관에서는 전용의 서가에 별치하여 관리한다.

대형판(大型版) large-paper copy; large-paper edition

통상판의 판면을 대형의 용지에 인쇄하여 제본한 특제판(特製版). 여백 부분이 크고, 써넣기 등을 하기에 편리하다.

대활자본(大活字本) book printed by large-sized type

약시자용(弱視者用)으로 큰 활자로 인쇄된 도서. 대형 활자본이라고도 한다. 실제로는 인쇄 방식에 관계없이, 문자가 큰 도서의 총칭으로서도 사용된다. 구체적으로는, ① 큰 활자로 판을 다시 짜거나, ② 원본을 전자식 복사기 등으로 확대하거나, ③ 손으로 써서 확대 사본을 작성하는 등의 방법으로 작성된다. ①에 의한 것이 약시자에게는 가장 읽기 쉽다고 한다. 일본에서는 1996년에 대활자본의 전문 출판사로서 주식회사 다이카츠지(大活字)가 설립되었다.

더블린 코어 Dublin Core

미국 오하이오 주 더블린에서 1995년에 개최된 OCLC/NCSA 메타데이터 워크샵에서 설정된 네트워크 정보 자원을 기술하기 위한 중핵적인 15개(당초에는 13개)의 메타데이터 요소 － 표제(타이틀: title), 제작자(작성자: creator), 주제(subject), 설명(내용 기술: description), 발행처(publisher), 기타 제작자(기여자: creator), 날짜(date), 자료 유형(타입: type), 형식(포맷: format), 식별자(identifier), 출처(정보원: source), 언어(language), 관련 자료(관계; relation), 내용 범위(대상 범위: coverage), 이용 조건(권리 관리: rights) － 와 한정어(qualifiers) － 요소 상세 구분(element refinement)과 인코딩 스킴(encoding scheme) － 로 이루어진다. 요소 부분은 ISO 15836: 2003. 메타데이터의 상호 운용성을 전제로 만들어진 것으로, 더블린 코어 메타데이터 이니셔티브(Dublin Core Metadata Initiative)가 유지 관리를 하고 있다. ↔ CORC; 메타데이터

데이나 Dana, John Cotton

1856-1929. 미국 버몬트 주 출신. 19세기 말부터 20세기에 걸친 미국 도서관계의 지도적 인물의 한 사람. 다트머스칼리지(Dartmouth College)를 졸업하고 몇몇 직업을 거친 후, 학교 도서관장에 임명된 것을 계기로 도서관의 세계에 들어왔으며, 덴버, 스프링필드, 뉴아크의 각 공공 도서관에서 관장으로 근무하였다. 도서관 서비스의 충실화에 정력적으로 몰두하였으며, 어린이실이나 비즈니스 부문을 개설하고, 도서관 PR, 병원 도서관 서비스, 뉴아크식이라고 불리는 대출 방식 등을 고안·실시하였다. 미국도서관협회(ALA)에서 활동하는 한편, 미국전문도서관협회(SLA: Special Libraries Association)의 창설에 힘을 기울이고, 그 초대회장이 되었다. 주저(主著)로『도서관 입문』(*A Library Primer* 1899)이 있다.

데이비스 Davis, Watson

1896-1967. 미국 워싱턴 DC 출신. 미국의 도큐멘테이션의 창시자. 대학 졸업 후 물리학자로서 연구하는 한편, 신문에 과학 기사의 기고를 시작하였는데, 1922년에는 과학 지식의 유통과 보급을 목적으로 하는 비영리 단체 사이언스서비스(Science Service)가 발행하는 신문 *Science News Letter*(1921-)의 편집자로 취임하였다. 마이크로 사진 기술을 과학 정보 유통에 이용하는 도큐멘테이션 활

동을 구상하고, 동(同) 기관의 소장에 취임 후, 1935년에 기관 내에 도큐멘테이션 부문(Documentation Institute)을 설립하고, 학술 잡지에 대한 초록의 제공과 마이크로필름에 의한 원보(原報) 제공 서비스를 시작한다. 나아가 관련 기관의 협력에 의한 활동의 충실화를 계획, 1937년에 관련 기관의 대표자에 의해 미국 도큐멘테이션협회(American Documentation Institute)를 설립, 초대 회장에 취임 하였다. ↔ 도큐멘테이션

데이코쿠도서관(帝國圖書館)[일본] Imperial Library

서적관(書籍館)을 시작으로 현재의 국립국회도서관에 이르는 일본의 국립 도서관의 1897년부터 1947년까지의 명칭. 문부성(文部省) 소관의 도쿄도서관(東京圖書館)을 바탕으로 성립. 신관 구상에 의해, 1906년에는 우에노공원(上野公園) 내에 그 일부를 건설하였는데, 구상 전체는 실현되지 않았다. 내무성(內務省)에 납본된 출판물의 1부를 수입하고, 서비스는 관내 열람만 유료로 하였으며, 연령 제한이 있었다. 제2차대전 후 국립도서관으로 개칭한 후, 국립국회도서관에 흡수되었다. 그 시설은 국립국회도서관의 지부 우에노도서관을 거쳐, 국제어린이도서관이 되어 있다. ↔ 국립 도서관(2); 서적관

데이터 data

기지(旣知)의 사항이나 판단 재료. 연구 활동에서는, 조사나 실험에 의해 얻어지는데, 고찰의 재료가 되는 객관적인 결과이다. 한편 정보 처리 시스템의 처리 대상이기도 하다. 또한 데이터는 정보를 만들어내는 재료로 간주되는 경우가 있는데, 평가가 가해진 데이터를 정보라고 정의하고, 데이터, 정보, 지식이라는 계층관계를 강조하는 입장이 있다. 데이터를 정보라고 바꾸어 부르더라도 상관없는 경우도 많이 볼 수 있어, 이러한 관계 부여의 일반화에는 충분한 근거는 없지만, 이것에 의해 잠재적인 정보(데이터)와 실제로 수용된 정보를 편의적으로 구별하는 것은 가능하다. ↔ 정보; 지식

데이터 마이닝 data mining

데이터베이스로부터 정보 검색 기술만으로는 얻기 어려운 법칙, 인과 관계, 패턴

과 같은 가치 있는 정보를 도출하기 위한 데이터 처리 기술. 대규모이면서도 다종다양한 데이터베이스의 구축·운용이 진행되는 과정에서, 간단한 데이터 집계나 정보 검색의 효율화뿐만 아니라, 통계학, 논리학, 인공 지능 등의 광범위에 걸친 기술을 응용하고, 데이터 또는 레코드 간에 잠재해 있는 규칙성을 발견하고 정보를 도출하고자 하는 연구로부터 만들어졌다. 1993년 무렵부터 미국에서 연구가 왕성해지고 있다.

데이터 모델 data model

데이터베이스의 구축에서, 대상이 되는 현실 세계를 데이터로서 추상화하고, 그 관계나 구조를 특정의 표현 형식으로 기술한 것. 인간이 이해하기 쉽고 아울러 컴퓨터 처리에 적합한 모델이 바람직하다. 통상 데이터 모델의 구성 요소로서, 데이터 구조, 데이터 조작, 일관성 제약이 검토된다. 대표적인 데이터 모델로서, 계층형 모델, 네트워크형 모델, 관계형 모델, 객체 지향 모델 등이 있다. ↔ 관계 모델

데이터베이스 database

컴퓨터에 의한 가공이나 처리를 목적으로 하여, 특정의 방침을 바탕으로 조직화된 정보 파일. 주된 목적은 정보 검색이다. 네트워크 환경 아래 또는 스탠드 얼론(stand alone: 자립형)으로 사용된다. 전자(前者)의 형태를 취하는 것은 온라인 데이터베이스라고 불린다. CD-ROM 데이터베이스는 후자(後者)의 예이다. 복수의 관점에서 분류할 수 있는데, 정보를 기술(記述)하는 표현 미디어로부터 분류하면, 문자 주체, 수치 주체, 화상(畵像), 음(音), 멀티미디어의 데이터베이스가 있다. 또한 수록 정보의 내용으로부터는, 참조 데이터베이스와 원정보 데이터베이스로 나눌 수 있으며, 나아가 후자(後者)는 전문(全文) 데이터베이스를 포함하는 문헌, 통계 정보, 물성(物性), 화상, 영상, 음악, 소프트웨어 등의 데이터베이스로 각각 나눌 수 있다. 데이터 구조로부터 분류하면, 계층형 데이터베이스, 네트워크형 데이터베이스, 관계형 데이터베이스 등이 있는데, 실용에서는 통상 관계형 데이터베이스를 사용한다. ↔ 정보 검색 시스템

데이터베이스 벤더(database vendor) → 데이터베이스 서비스 기관

데이터베이스 서비스 기관(--機關) database vendor; database service; database distributor

데이터베이스를 데이터베이스 작성 기관으로부터 구입, 차입 등에 의해 입수하고, 그것을 대상으로 한 온라인 정보 검색 서비스를 제공하는 기관. 이용 요금을 부과하는 경우가 많다. 온라인 정보 검색 서비스의 선진(先陣)을 끊은 미국에서, 역사적으로 데이터베이스를 작성하는 기관과, 그 검색 서비스를 제공하는 기관이 다른 경우가 대부분이었기 때문에, 데이터베이스 작성 기관, 데이터베이스 서비스 기관이라는 용어가 생겨났다. 일본에서는 과학기술진흥기구나 국립정보학연구소와 같이, 데이터베이스 작성 기관을 겸하는 데이터베이스 서비스 기관이 많다. ↔ 데이터베이스 작성 기관

데이터베이스 작성 기관(--作成機關) database producer

데이터베이스를 작성하는 기관. 일정의 방침을 바탕으로 하여 정보를 수집, 조직화하고, 색인어 등의 부가적 속성을 필요에 따라 부여하여, 검색에 도움이 될 수 있는 형으로 가공하는 기관. 전문(專門)의 초록 색인 서비스 기관 이외에, 전산 사식(電算寫植)의 발달로, 출판사나 신문사 등도 데이터베이스 작성 기관으로서의 역할을 맡게 되었다. ↔ 데이터베이스 서비스 기관

데이터 요소(--要素) data element

레코드를 구성하는, 하나의 단위로서 불가분으로 간주되는 데이터, 즉 최소 단위의 데이터. MARC 레코드에서는, 특히 기정(旣定)의 포맷에 따라 서브필드(또는 필드)에 기록되는 최소 단위의 데이터를 가리킨다. 이 데이터 요소의 식별 및 데이터 요소에 대한 부가적 정보를 부여하는 내용 표지 기호를 규정한 것이 내형식(內形式)이다. 서지 정보의 교환에서는, 이러한 내용 표지 기호에 관계되는 규정에 더하여, 개개의 데이터 요소의 기술법(서지 기술법)에 관한 규정에 있어서도, 어느 정도의 상호의 정합성(整合性), 호환성이 필요하게 된다. 통상 이 데이터 요소의 기술법에 대해서는, 편목 규칙 등을 포함한 기술 규칙이 담당하는 부분으로, 그러한 유에 속하는 기준으로서, 일본의 과학기술정보유통기술기준 「서지데이터의 기술(記述)」(SIST 10) 등을 들 수 있다. ↔ MARC 포맷; 내용 표지 기호

도감(圖鑑) pictorial book

편집 방침을 바탕으로 하여 특정의 주제나 분야의 사물이나 생물을 선택하고, 그 명칭을 표제어로 하여 계통적으로 배열하고, 각각의 형태, 구조, 색채 등의 정보가 시각적으로 이해될 수 있도록, 그림이나 사진, 도표 등을 주체로 편집한 참고 도서. 문장만으로는 이해하기 어려운 주제나 분야에 대해, 간결한 해설과 함께 구체적인 그림이나 사진으로 설명하는 것을 목적으로 하고 있다. 또한 항목 간의 참조를 위해, 예를 들면 생물 도감 등에서는 분류순 배열에 대해, 국문명 색인(國文名索引), 학명 색인(學名索引), 구문명 색인(歐文名索引) 등을 덧붙이고 있다. ↔ 도판; 삽화

도도부현립 도서관(都道府縣立圖書館)[일본] prefectural library

일본의 각 도도부현(都道府縣)이 그 주민에게 서비스하기 위해 설치하는 공립 도서관. 현재 전 도도부현에 설치되어 있다. 그 중 한 도서관은 「도서관법」을 바탕으로 하지 않는 도서관이지만, 이것도 포함하는 것이 보통이다. 초기에는 시정촌립 도서관(市町村立圖書館)이 미정비 되었기 때문에, 전역에 단체 대출 등을 실시함과 동시에, 참고 조사 도서관을 목표로 하였다. 그 후 시정촌립 도서관의 정비에 따라, 시정촌립 도서관에 대한 지원이 주된 역할이 되었다. 일본의 「도서관법」에서는 도도부현립 도서관의 역할은 명확하지 않으나, 1987년의 일본도서관협회 도서관정책특별위원회의 「공립도서관의 임무와 목표」나 1992년의 생애학습심의회 사회교육분과심의회 시설부회 도서관전문위원회의 「공립도서관의 설치 및 운영에 관한 기준」에서는 시정촌립 도서관에 대한 지원이 제일의적(第一義的)인 기능이 되고 있는 이외에, 도도부현 단위의 도서관 협력의 중심이 될 것으로 기대되고 있으며, 그 역할이 명확화되고 있다. ↔ 참고 조사 도서관

도보라 참조(--參照) see also reference; see also cross reference

서지, 목록, 색인, 사전(辭典), 사전(事典) 등에서, 관련이 깊은 표제어나 표목의 사이에서, 한 쪽으로부터 다른 쪽으로, "~도 보라" 등의 표현에 의해 안내되는 참조. 연결 참조라고도 한다. 관련 있는 표제어나 표목이 분산되어 있는 경우에도, 이 참조를 더듬어 감으로써 망라적으로 검색을 실시할 수 있다. 저자 목록에서는, 복수의 명칭을 사용하여 나뉘어 있는 저자의 각각의 명칭, 개명(改名)한 개인의 신구(新舊)

의 명칭, 명칭을 변경한 단체의 신구의 명칭의 사이에서 「도보라 참조」가 사용된다. 주제명 목록에서는, 「도보라 참조」에 의해, 어떤 표목으로부터, 의미적으로 하위의 표목으로 또는 밀접한 관계를 가진 표목으로 안내된다. ↔ 보라 참조; 참조

도서(圖書) book

문자나 도서 등이 기재된 낱장(지엽: 紙葉)을 책자체(册子體)로 제본한 자료. 본(本), 서물(書物), 서적, 서(書) 등이라고도 하는데, 도서관 용어로서는, 통상 도서가 사용된다. 현대에는 손으로 쓰는 것이 아니라 인쇄되며, 장정되고, 출판되고, 나아가서는 상당량의 페이지 수를 갖는 것으로서 파악되는 경우가 많다. ↔ 책자체(册子體)

도서관(圖書館) library

인간의 지적 생산물인 기록된 지식이나 정보를 수집, 조직, 보존하고, 사람들의 요구에 따라 제공하는 것을 목적으로 하는 사회적 기관. 도서관은 통시적(通時的)으로 보게 되면, 기록 자료의 보존, 누적에 의해 세대 간을 통한 문화의 계승, 발전에 기여하는 사회적 기록 장치로, 공시적(共時的)으로는 사회에서 지식이나 정보의 전파를 원활하게 하는 커뮤니케이션의 매개 기관으로서의 역할을 수행한다. 오늘날 도서관은 역사적, 사회적, 제도적인 맥락에서 형성되어 온 고유의 사명을 바탕으로 하여, 공공 도서관, 학교 도서관, 대학 도서관, 전문 도서관, 국립 도서관 등의 각종 도서관으로서 기능하고 있다. 한편 일본의 「도서관법」에서 말하는 「도서관」은 공공 도서관을 가리킨다.

도서관 가구(圖書館家具) library furniture

도서관 내에서 이용되는 가구 중에서 일반용의 가구를 제외한 도서관 특유의 가구. 도서관 특유의 비품이라고도 말할 수 있다. 도서관 가구는 서가 등의 수납용, 열람 테이블이나 의자 등의 열람용, 카운터용, 목록 카드 케이스나 퍼스널 컴퓨터를 설치하는 대(臺) 등의 검색용, 전시 케이스나 사인 시스템 등의 전시, 게시용, 북 트럭이나 발판 등의 기타로 대별할 수 있다. 어린이에게는 성인용과 다른 어린이용의 가구가 필요한 경우가 많다. 도서관 특유의 가구에는 고가인 것이 많은데, 특주품(特注品)은 더 고가이다.

도서관 개방(圖書館開放) open to the public

대학 도서관의 이용을 대학의 구성원으로 한정하지 않고, 지역 주민을 중심으로 한 일반의 이용을 인정하는 것. 이용 대상 제한, 이용 절차, 이용 요금 징수의 유무 등, 서비스 형태는 다양하다. 열람 서비스 이외에, 대출, 상호 대차, 온라인 검색 등의 서비스를 제공하는 경우도 있다. 지역 협력의 하나로서, 지역 사회와의 양호한 관계의 구축, 고교생에 대한 광보적 효과(廣報的 效果) 등이 기대되고 있다. ↔ 확장 서비스

도서관 건축(圖書館建築) library building

(1) 도서관의 건물 그 자체. (2) 도서관의 건물을 설계하고 건축하는 과정. (3) 건축의 한 분야. 도서관은 서가, 열람 스페이스의 존재, 그리고 다양한 이용자의 다양한 이용 행동이라는 점에서 특색이 있으며, 특유의 건축, 건축 계획이 필요한 것으로 여겨진다. 도서관의 건물은 도서관의 기능의 변화와 건축 기술의 진전에 따라 크게 변화해왔다. 최근에는 관종(館種)을 불문하고 대형화 또는 고층화하고 있으며, 외관이나 내장(內裝)도 향상되고 있다.

도서관 경영(圖書館經營) library management

도서관 서비스의 효과·효율을 최적화하기 위해, 목적이나 활동 범위의 설정, 조직의 편성, 사업 계획의 수립, 인적·물적·금전적인 도서관 자원의 배분과 관리 등의 일련의 사업을 계속적으로 실시하는 활동. 도서관 내부의 활동뿐만 아니라, 도서관의 설치 모체와의 경영 방침을 둘러싼 협의나 이용자 니즈의 조사, 또는 타 기관과의 사이에서 컨소시엄을 구성하는 것과 같은 대외 활동도 포함한다. 도서관 자원의 취급에 대해서는 독자(獨自)의 지식이나 방법론이 필요하게 된다. 한편 근년에는 다른 분야의 다양한 경영 기법의 도입이 시도되고 있다.

도서관 공개(圖書館公開) → 도서관 개방

도서관 관리 규정(圖書館管理規程) administrative code

도서관을 관리하고 운영하는 규정. 관리나 운영을 위한 사무를 처리하는 상에서

필요한 사항에 대해 규정하고 있다. 그 범위는 조직과 조직마다의 사무 분장, 서무, 인사, 회계, 시설 관리, 기획, 주된 서비스의 제공 방법과 내용 등에 이른다. 이러한 것들은 관리, 운영상의 기본적인 사항으로, 각각에 대해 처리하는 사무의 골격, 구조를 명시하고 있다. 이러한 규정은 도서관 권리 선언이나 법률, 조례 등을 바탕으로 하여 정해지고 있다.

도서관권리선언(圖書館 權利宣言)[미국] Library Bill of Rights

도서관과 이용자의 지적 자유를 지키기 위한 기본 방침으로서 미국도서관협회(ALA) 평의회가 채택한 선언.「도서관헌장」이라고도 번역된다. 1939년에 나치의 분서(焚書)나 국내 우익(右翼)의 검열에 대한 저항의 지침으로서 채택되었는데, 1948년, 1967년, 1980년에 개정되었다. ① 저자를 이유로 하는 자료 배제의 금지, ② 당파·주의를 이유로 하는 자료 배제의 금지, ③ 검열의 거부, ④ 표현의 자유나 사상의 억압에 대한 저항자와의 협력, ⑤ 도서관의 이용에 관한 개인의 권리의 평등한 보장, ⑥ 전시 공간이나 집회실의 공평한 이용이라는 6개 항목으로 이루어진다. 이 선언의 해석 및 해설로서,『도서관의 지적 자유 매뉴얼』(*Intellectual Freedom Manual* 초판 1974, 제7판 2006)이 출판되어 있다.

도서관 규칙(圖書館規則) library regulations

도서관의 이용에 관한 조건이나 절차를 기록한 문언(文言)으로, 각 도서관에서 이용자를 대상으로 정해진다. 내용으로서는, 이용 가능한 일자와 시간, 이용자의 자격 요건, 이용할 수 있는 서비스의 종류, 이용의 조건이나 제약, 이용자가 준수해야 할 사항 등이 포함되는 것이 일반적이다.

도서관 기계화(圖書館機械化) → 도서관 자동화

도서관 기준(圖書館基準) standards for libraries

도서관의 설치, 관리, 운영에 관계되는 기준. 국가가 정하는 법적 구속력을 갖는 기준 이외에, 각 관종(館種)마다 관계되는 단체 등이 노력 목표로서 내거는 기준이 있다. 일본에서는, 공립 도서관에 대해서는「도서관법 시행규칙」에 국고 보조 교부의 전제가 되는 최저 기준이 정해져 있는데, 2001년에는 문부과학성(文部科學省)이「공공도서관의 설치 및 운영상의 바람직한 기준」을 제정하고 있다.

대학 도서관에 관해서는,「대학설치기준(문부과학성령)」중에 제시되어 있는데, 대학의 신·증설 때 적용된다. 이러한 것들 이외에, 각 관종에 대해 관계 단체 등이 목표가 되는 기준(가이드라인)을 공표하고 있다.

도서관 네트워크(圖書館--) library network

복수의 도서관이 자료 수집, 제공, 보존, 편목 작업과 같은 도서관 업무에서, 공통의 목적을 바탕으로 상호 의존 관계를 갖고 결합된 상태, 또는 결합하여 만들어진 조직. 도서관 협력의 동의어로서 사용되는 경우도 많은데, 컴퓨터나 통신과 같은 기술적 요소가 도서관 간의 결합의 기반으로서 존재한다. 기반으로서의 컴퓨터 네트워크의 유무, 또는 일정의 규약의 유무나 운영의 중심이 되는 센터관의 역할 등에 따라, 도서관 컨소시엄이나 서지 유틸리티라는 용어와 구별된다. ↔ 도서관 컨소시엄; 서지 유틸리티

도서관 동종 시설(圖書館同種施設)[일본] facility similar to library

일본의「도서관법」상에 제시된 공공 도서관과 유사의 시설. 동법(同法) 제29조에서, "도서관과 동종의 시설은 누구나 이를 설치할 수 있다."고 되어 있는데, 여기에서는 사인(私人)이 자유로이 도서관 유사의 시설, 예를 들면 지역 문고, 가정 문고, 또는 쵸나이카이(정내회: 町內會)나 청년회, 부인회의 도서실 등을 운영할 수 있다는 것을 상정(想定)하고 있다. 제2차대전 이전의 문화 통제적인「도서관령」(圖書館令) 중에서, 모든 도서관 관련 시설이 문부대신(文部大臣: 한국의 교육과학기술부 장관에 해당한다) 또는 지방 장관의 인가를 받지 않으면 안 된다는 취지를 규정하고 있었던 것과 대조적이다. 한편 유연 기관(類緣機關)이라는 용어는 공공 도서관 이외의 도서관 및 관련 기관에서 공공 도서관의 측에서 보아 지역적인 협력 상대가 되는 기관을 가리킨다. ↔ 공공 도서관; 사립 도서관

도서관령(圖書館令)[일본] Library Ordinance

일본에서 1899년 공포된 도서관에 관한 법률로,「도서관법」이 1950년에 시행됨에 따라 폐지되었다. 전(全) 7조로 이루어지며, 도부현군시정촌(道府縣郡市町村), 사인(私人), 학교가 도서관을 설치할 수 있다는 것, 공립 도서관은 열람료를 징수할 수 있다는 것, 설치·폐지의 절차, 사서 자격 등을 규정하고 있다. 1933

년에 개정되었는데, 특히 도부현(道府縣)의 중앙 도서관을 지정하여 관할 하의 도서관의 지도를 맡도록 한 것, 사회 교육에 관해 부대 사업의 실시를 가능하게 한 것은 당시의 도서관 관계자에게 커다란 논의를 불러일으킴과 동시에, 그 후의 도서관의 활동에 큰 영향을 미쳤다.

도서관문제연구회(圖書館問題硏究會)[일본] Society of Study on Library Problems, Japan

공공 도서관의 제 문제에 대해, 과학적, 실천적인 이론을 확립하고, 일상의 장(場)에서 실천하기 위해, 조사·연구·실천 활동을 점차 늘려가는 것을 목적으로 하는 단체로, 1955년에 창설되었다. 개인을 회원으로 하며, 기관지『みんなの圖書館』(1955-   창간 당시는『도서관문제연구회 회보』)과 이론지『도서관 평론』(1956-   )을 비롯한 다양한 출판물의 간행, 전국 대회나 이론 집회의 개최 등의 활동 이외에, 전국 각지에 지부를 두고, 연구와 교류를 추진하고 있다. 공공 도서관이 당면하는 과제에 대한 조사·연구를 실시하고, 그 성과를 보고서로서 간행함과 동시에, 이론을 실천하기 위한 운동을 전개하고 있다. 그 활동은 1960년대 후반에 시작된 공공 도서관의 발전에 커다란 영향을 미쳤다.

도서관 방문자(圖書館訪問者) → 내관자(來館者)

도서관법(圖書館法)[일본] Library Law

일본의 공공 도서관에 관한 법률로,「사회 교육법」제9조 제2항을 받아 1950년에 공포되었다. 대상으로 하는 도서관은 지방 공공 단체가 설치하는 공립 도서관과, 일본적십자사 및 공익 법인이 설치하는 사립 도서관이다. 이러한 도서관에 대해, 정의와 역할, 서비스, 전문직 직원으로서의 사서 및 사서보의 자격, 국가 및 도도부현(都道府縣)의 역할 등을 정한다. 공립 도서관에 관해서는, 나아가 조례에 의한 설치, 도서관 협의회의 역할과 구성, 무료제, 설치 및 운영상의 바람직한 기준의 책정, 국가의 보조 등을 규정한다. 1999년의 개정에 의해, 국고 보조를 받기 위한 요건에 관한 조문이 삭제되었다.

도서관법(圖書館法)[한국] → 부록: 도서관법[한국]

도서관보(圖書館報) official library bulletin

도서관의 PR 활동의 미디어의 하나가 되는 정기간행물. 도서관의 올바른 모습을 알리고, 이용자와 도서관의 결합을 강하게 하기 위한 커뮤니케이션의 장으로, 각 도서관에서 그 취지는 다르지만, 대략 도서관의 행사, 알림, 도서관의 사용 방법, 이용자의 소리, 자료 소개 등의 기사 내용을 포함하고 있다. 근년에는 컬러 인쇄의 것도 있으며, 그림, 사진, 만화 등 여러 가지로 읽을 수 있는 궁리를 한 것이 나오고 있다. 상당수의 도서관에서는, 편집 위원회를 설치하고, 발행 형식, 내용, 발행 부수, 예산 등을 결정하고 있다.

도서관 분류법(圖書館分類法) → 문헌 분류법

도서관사(圖書館史) library history

도서관에 관계되는 현상을 역사학적 방법으로 파악하는 연구 영역. 또는 도서관의 역사의 기술(記述), 도서관의 사상사, 제도사, 개개의 도서관이나 관종(館種), 서비스별의 역사, 도서관에 관계된 인물의 연구 등을 포함하며, 기원이나 발달 과정, 그리고 각종의 사회 현상과의 상관이 탐구되는데, 도서관학 연구 중에서 중요한 위치를 차지하고 있다. 전통적으로 도서나 인쇄의 역사와 관계가 깊으며, 방법으로서는, 사적 연구를 주체로 해왔다. 일본에서는, 공공 도서관사에서 축적을 볼 수 있다. ↔ 도서관학

도서관 사무직(圖書館事務職) library clerical staff

도서관에서 근무하는 직원 중 전문직 직원 이외의 자의 총칭. 다만 일본에서는 전문직 제도가 확립되어 있지 않으며, 전문직 직원과 그 이외의 직원의 역할 분담이 명료하지 않기 때문에, 이 용어는 별로 이용되지 않으며, 통상은 사서 자격을 갖지 않고 도서관에서 일하는 직원의 의미로 사용되는 경우가 많다.

도서관 상호 대차(圖書館相互貸借) interlibrary loan

도서관 협력의 한 형태로, 어떤 도서관이 동일 기관에 소속하지 않는 도서관으로부터의 요구에 따라 컬렉션 중의 자료를 대출하거나, 그 복사물을 제공하는 것. 전자(前者)를 현물 대출, 후자(後者)를 문헌 복사라고 불러 구별하고 있다.

설치자별 또는 관종별(館種別)로 체결된 상호 대차에 관한 협정이 다수 존재하고 있으며, 그에 따라 준수해야 하는 방침 및 절차가 정해져 있다. 또한 일본의 경우 국립국회도서관이나 도도부현립 도서관(都道府縣立圖書館)은 국내 또는 도도부현 내의 도서관에 대한 상호 대차를 주요한 서비스의 하나로 자리매김하고 있다. ↔ 도서관 상호 이용

도서관 상호 이용(圖書館相互利用) interlibrary access

도서관 협력의 한 형태로, 이용자가 본래 이용해야 하는 도서관(소속 기관의 도서관 또는 거주지의 공공 도서관 등)에 필요로 하는 자료가 소장되어 있지 않을 경우에, 그 도서관의 소개를 받아, 그 이용자를 본래의 서비스 대상으로 하지 않는 도서관으로 보내 해당 자료를 이용할 수 있도록 하는 구조. 도서관 간에 협정을 맺고, 공통 이용증을 발행하는 등 이용 절차를 간편하게 하고 있는 사례도 볼 수 있다. 대학 도서관 간의 협정에서는, 외부로부터의 이용자에 대해서는 관내(館內)에서 이루어지는 열람, 복사만을 인정하고 있는 경우가 많은데, 공공 도서관의 경우에는, 주민이 인접한 자치 단체의 도서관을 이용하는 쪽이 편리한 경우도 많기 때문에, 관외 대출까지 인정하는 협정을 맺고 있는 예가 많다. ↔ 도서관 상호 대차

도서관 상호 협력(圖書館相互協力) library cooperation; interlibrary cooperation

설치자를 달리하는 두 도서관 이상의 도서관이 각각의 도서관의 기능을 제고하고, 이용자에 대한 서비스를 향상시키기 위해 도서관 업무에 대해 실시하는 공적인 협력 활동. 여기에는 한 도서관 단독으로는 이루어낼 수 없는 방대한 규모의 자료나 정보에 액세스할 수 있고, 도서관 운영이 효율화된다는 두 가지의 의의가 있다. 다만 협력 활동의 추진에 있어서는, 참가관의 자주성과 자율성이 우선 존중되고, 아울러 각 도서관의 실상(實狀)에 어울리는 것이 아니면 안 된다. 구체적인 활동 내용으로서는, 상호 대차, 상호 이용, 복사 서비스, 분담 편목 작업, 참고 서비스의 협력, 분담 수집, 분담 보존 등이 일반적인데, 나아가 직원의 연수나 인사 교류 등도 포함된다.

도서관 서비스(圖書館--) library service

도서관이 서비스 대상자의 정보 니즈에 맞추어 제공하는 서비스 전체. 도서관에서 이루어지는 도서의 이용과 정보의 전달에 관계되는 폭넓은 서비스를 포함하는 개념으로, 도서관의 종류, 이용자의 종류, 서비스를 제공하는 시설의 목적에 따라 달라지고 있다. 도서관 서비스는 크게 나누어, 자료의 수집, 조직화, 관리와 같은 테크니컬 서비스와, 도서관이 이용자에 대해 직접 관계되는 이용자 서비스(퍼블릭 서비스)로 나눌 수 있다. 다만 후자(後者)만을 가리켜 도서관 서비스라고 부르는 경우도 있다.

도서관서비스기술법(圖書館--技術法)[미국] Library Services and Technical Act(LSTA)

미국에서 각 주정부가 실시하는 도서관 진흥 시책에 대한 보조금 교부의 근거가 되는 연방법. 1956년에 제정된「도서관서비스법」(Library Services Act)은 인구 1만 명 이하의 농촌 자치 단체의 공공 도서관 정비에 대해 연방 보조금을 지출하도록 정한 것이었다. 1964년에는 동법(同法)을 대신하여, 보조 대상을 확대한「도서관서비스건설법」(LSCA: Library Services and Construction Act)이 만들어졌다. 1996년에는 다시 동법(同法)을 대신하는 것으로서 이 법이 만들어졌다. 정보·통신 기술을 활용한 네트워크의 구성, 도서관 이용에 장애를 가진 사람들에 대한 서비스, 문헌정보학의 교육·연구나 실험적인 서비스 등에 대한 지출이 인정되고 있다.

도서관 서비스망(圖書館--網) network of library service

서비스 대상 지역을 커버하는 복수의 도서관이 유기적인 결합을 형성하고, 상호간의 자원을 서로 이용하여 이용자에게 자료를 제공하는 구조에 관한 것. 하나의 도서관만으로는 제공할 수 있는 지리적 범위가 한정되고, 제공할 수 있는 자료, 정보에 한계가 있으며, 요구되는 자료나 정보를 사람들에게 제공하는 기능을 온전하게 할 수 없다. 이러한 한계를 넘어서는 구조가 도서관 서비스망이다. 도서관 서비스망에는 복수의 도서관에 의해 시설적으로 지역을 망라한다고 하는 하드적인 요소와, 복수의 도서관이 결합하고 자원을 공유하여 서비스를 제공한다고 하는 소프트적 요소의 양쪽이 포함되어 있다. ↔ 도서관 시스템; 전역 서비스; 지역 계획

도서관 시설(圖書館施設) library facility

도서관의 건물을 일반화하여 부르는 방법. 복합 시설의 도서관 부분, 보존 서고 등 도서관의 기능의 일부를 수행하기 위한 시설, 그리고 다른 건물의 일부에 있는 분실(分室)이나 배본소(配本所) 등도 도서관 시설이라고 불린다.

도서관 시스템(圖書館--) library system

복수의 도서관이 서비스 기능의 확대와 충실화를 도모하기 위해 유기적인 협력 관계를 맺고 만들어내는 전체 조직에 관한 것, 또는 이러한 유기적인 협력 관계를 갖는 도서관군에 관한 것. 통상은 각 도서관이 기능적인 역할 분담을 하고 있는 경우를 가리키며, 완전히 대등한 형으로 상호 협력의 협정을 맺고 있는 경우에는 도서관 시스템이라고 부르지 않는 경우가 많다. 설치자가 다른 독립된 도서관 간에 형성되는 경우나, 단일의 자치 단체나 대학 등의 안에서 복수의 도서관이 역할을 분담하는 경우에도 도서관 시스템이라고 한다.

도서관 안전 관리(圖書館安全管理) library security

도서관 내에서의 사고나 재해를 방지 또는 경감하기 위한 조치나 대책. 일상적인 피해에는, 도난이나 치한 등의 작위적(作爲的)인 것과, 전도(顚倒)나 충돌 등의 부작위적(不作爲的)인 것이 있으며, 비일상적인 피해에는, 화재나 폭발 등의 인위적인 것과, 지진이나 태풍 등의 자연적인 것이 있다. 피해의 대상에는, 이용자나 도서관인, 시설이나 비품, 도서관 자료나 컴퓨터 데이터 등이 있다. 일상의 도서관 활동 중에서, 안전을 배려한 환경 만들기가 기본이 되는데, 방재(防災), 방범 설비 등의 하드면은 물론, 안전에 관한 규정이나 조직, 교육 훈련이나 계몽, 다른 기관과의 비상 시 협력 체제나 보험 등, 소프트면의 정비가 필요하다.

도서관 오리엔테이션(圖書館--) library use orientation; library orientation

주로 잠재 이용자의 집단을 대상으로, 특정의 도서관에서의 서비스의 종류나 개요, 시설과 설비의 배치, 개관일과 시간, 문헌 탐색이나 대출의 방법, 이용 규칙 등의 안내 및 설명을 실시하는 서비스. 도서관 이용 교육의 한 단계로서, 문헌 이용 지도와 대비하여 사용되는 경우가 많다. 이용자가 도서관에 친숙해지고,

도서관에서 이용할 수 있는 기본적인 서비스에 대해 아는 것을 주된 목적으로 하는 점에서 더 일반적이며, 고도의 목적을 갖는 문헌 이용 지도와는 기능이 다른데, 양자(兩者)는 상호 보완적인 관계에 있다. 인쇄, 시청각 자료의 제공이나 도서관 투어의 실시와 같은 방법이 많이 이용된다. ↔ 도서관 이용 교육; 도서관 투어; 문헌 이용 지도

도서관 용품(圖書館用品) library supplies

도서관에서 이용되는 용품 중에서 일반적인 용품을 제외한, 도서관 특유의 용품. 도서관 특유의 소모품이라고도 말할 수 있다. 도서관 용품은 도서관의 장서인(藏書印)이나 목록 카드, 라벨, 북 커버 등의 수입(受入), 정리용과, 대출권이나 북 카드나 북 포켓 등의 대출용으로 대별(大別)할 수 있다. 도서관 업무의 컴퓨터화에 따라, 목록 카드나 북 카드, 북 포켓의 이용을 중단한 도서관도 있는데, 사용되는 용품은 업무의 변화에 좌우된다.

도서관운동(圖書館運動)[일본] library movement

광의(廣義)로는, 「도서관 발전을 목표로 하는 운동」으로 정의되는데, 제2차대전 전부터 도서관계에서 전개되어 왔다. 협의(狹義)로는 , 1960년 이후의 도서관인에 의한 도서관 서비스 충실화를 지향하는 운동과 지역 주민에 의한 도서관 만들기를 목표로 하는 운동을 가리킨다. 운동의 중심은 주민 모두가 도서관 서비스를 향수(享受)하기 위한 도서관 만들기에 두어지고 있다. 특히 『중소 도시의 공공 도서관의 운영』(1963)의 공간(公刊) 이후, 도서관 운동의 초점은 대출을 중심으로 한 도서관 서비스의 전국적 보급에 맞추어지게 되었다. 근년에는 정촌립 도서관(町村立圖書館)의 설치에 관심을 둔 운동도 활발해지고 있다.

도서관 위원회(圖書館委員會) (1) library committee (2) board of trustees; library board

(1) 영국의 지방 공공 단체에서 전적으로 공립 도서관을 소관하는 지방 의회의 상임 위원회. 영국의 지방 의회는 입법 기관일 뿐만 아니라, 행정의 집행에 관해서도 권한과 책임을 가지며, 의원은 각 상임 위원회에 속하여, 소관의 행정 활동을 행한다. 도서관 위원회는 도서관 운영의 기본 방침, 건설 계획의 결정, 관장이나 직원의 모집, 채용 등을 실시한다. 종래에는 도서관 위원회가 있는 것이 통

례였으나, 「1972년 지방자치법」에 의한 1974년의 지방 자치 개혁 이후, 위원회의 정리와 통합이 추진되었는데, 도서관 위원회는 감소하고, 교육, 레저, 문화, 예술 등의 위원회의 소관으로 되는 지방 공공 단체가 많아졌다. (2) 미국의 거의 모든 공공 도서관에서 채택하고 있는 관리 운영 기구의 형태. 해당 지방 자치 단체의 통치 기관에 의해 임명되거나, 또는 선거에 의해 선출되는 임기 3~6년의 몇 명의 원칙적으로 무급(無給)의 멤버에 의해 구성된다. 그 중에서 설치된 상임 위원회는 별도로 하여, 통상 월 1회의 모임을 가지며, 그 공공 도서관의 관리와 운영에 관계되는 기본 방침에 대해 심의한다. 표면상으로는 최고의 의사 결정 기관이다. 일본에서는, 이전에는 도서관 이사회라고 번역되는 경우가 많았다.

도서관유통센터(圖書館流通--)[일본] TRC Library Service Co., Ltd.(TRC)

일본 전국의 도서관에 신간 도서 및 AV 자료를 서지 데이터나 도서관용 장비를 붙여 제공하는 서점 겸 집중 정리 기관. 일본도서관협회 사업부의 부채를 인계하여, 1979년에 설립. 1993년에는 학교도서서비스와 합병하고, 사명(社名)을 계승하였다. 서지 데이터베이스는 TRC MARC라고 부르며, 2006년 4월 현재 누적 258만 건, 선서 정보(選書情報)로서 『주간 신간 전점(全点) 안내』 등을 간행하고, 도서관을 대상으로 하는 인터넷 서비스 「TOOLi」를 운용하는 이외에, 인터넷 온라인 서점 비케이원(http://www.bk1.jp/)을 운용하고 있다. ↔ 중앙 집중식 정리

도서관의 시간(圖書館--時間)[일본] library hours related to class work

일본에서, 학교 도서관 이용 지도를 위해 특설(特設)되는 시간. 초등학교에서는 매주 1시간 정도를 「도서관의 시간」으로 하여, 학급 활동 또는 국어 중에 자리매김하고 있는 곳이 많다. 「도서관의 시간」이 도서관에서 독서하는 시간으로 파악되는 경우도 있으며, 「도서의 시간」이나 「독서의 시간」과의 개념의 경계는 명확하지 않다. 본래는 스스로 배우는 의욕을 높이고 주체적 학습 태도를 육성시키기 위한 도서관 이용 능력, 정보나 자료의 이용 능력을 기르는 것을 목적으로 하고 있다. 한편 학교 도서관의 이용 지도는 이러한 특설의 시간에 이루어지거나, 교과 내용과 융합하여 교과의 시간에 이루어지기도 한다.

도서관의 자유(圖書館--自由)[일본] intellectual freedom of libraries

일본의 경우, 「일본국 헌법」에서 보장하고 있는 「표현의 자유」를 최대한으로 존중하고, 일상의 도서관 활동을 뒷받침해가는 포괄적 개념. 1954년에 「도서관의 자유에 관한 선언」이 채택되고 있는데, 여기에서의 「도서관의 자유」는 제2차대전 이전의 사상 선도(思想善導)의 쓰라린 체험에 입각한 「국가 권력으로부터의 자유」라는 「도서관의 중립성」에서 근거를 구하고 있다. 또한 당시의 일본도서관협회 사무국장인 아리야마 타카시(有山崧)는 "도서관의 자유를 지킨다는 것은 도서관을 위해서라거나, 도서관인을 위해 자유를 지킨다는 것이 아니라, 민중의 알 자유를 옹호하는 것"이라고 말하고 있다. 그러나 「도서관의 자유」는 민주주의 사회에서의 시민의 권리와 공공의 복지와의 긴장을 내포하고 있으며, 그 영역을 인류의 보편적 과제로서의 자유의 확립을 향해, 확대, 수정되고 있다.

도서관의 자유에 관한 선언(圖書館--自由--宣言)[일본] Statement on Intellectual Freedom in Libraries

도서관 및 도서관인의 지적 자유에 관한 기본적 입장과 그 결의를 표명한, 1954년의 일본도서관협회 전국도서관대회에서 채택된 선언. 1979년에 개정되었다. 「알 자유」의 법적 근거는 「일본국 헌법」이 보장하고 있는 「표현의 자유」로, 자료와 시설의 제공을 통해, 기본적 인권으로서의 「알 자유」를 국민에게 보장하는 것이 도서관의 가장 중요한 임무이기 때문에, 그것을 위해, 도서관은 자료의 수집 및 제공의 자유를 가질 것, 이용자의 비밀을 지킬 것, 검열에 반대할 것, 단결하여 자유를 지킬 것이 명문화되어 있다.

도서관의 친구들(圖書館--親舊--) friends of the library; library associates

특정의 공공 도서관을 지원해가기 위해, 도서관의 활동 이념에 찬동하고 도서관에 관심을 가진 자원 봉사자를 중심으로 구성되는 조직. 이 조직의 멤버는 도서관 운영에 관해 공적인 권한을 갖는 것은 아니지만, 도서관에 대해 자금 지원을 하거나, 도서관의 다양한 활동에 참가하면서 도서관 활동을 지원한다. 이 조직은 지역 주민에게 도서관을 PR하는 동시에, 지역 주민의 목소리를 도서관에 전하여, 도서관과 주민과의 중개의 역할을 수행한다.

도서관 이용 교육(圖書館利用敎育) library use education

도서관의 이용자 및 잠재 이용자의 집단을 대상으로 계획, 실시되는 조직적인 교육적 활동. 문헌 이용 지도나 도서관 오리엔테이션 등을 포함한다. 도서관 서비스, 시설, 설비, 자료 등의 활용에 관계되는 지식이나 기능의 습득을 주된 목적으로 하는데, 근년에는 정보 환경의 변화 등을 배경으로 교육 내용이 확대, 다양화하고, 도서관을 포함한 다양한 정보(원)의 효과적 이용에 필요한 지식이나 기능(정보 리터러시)의 습득을 목표로 하는 각종의 활동을 포괄하는 용어로 풀이된다. 이용자 교육 등 동의(同義)로 사용되는 용어가 많으며, 교육 대신에 지도, 안내, 가이던스와 같은 단어도 사용된다. 한편 같은 용어라고 하더라도, 관종(館種)의 차이 등에 따라, 그 의미하는 바가 반드시 동일한 것은 아니다. ↔ 도서관 오리엔테이션; 도서관 투어; 문헌 이용 지도

도서관 이용 규정(圖書館利用規程) regulation for library use

도서관이 제공하는 서비스와 그 이용에 관한 규정. 서비스를 받는 이용자의 권리와 의무도 명시한다. 통상은 대출, 열람, 참고, 복사 등, 도서관이 이용자에게 제공하는 서비스마다 작성된다. 이용 규정으로서 하나로 정리하여 규정하고 있는 경우와, 대출, 열람 등 개개로 규정하고 있는 경우가 있다. 규정의 항목은 극히 실무적으로, 예를 들면 대출에서는, 등록자의 자격 요건, 대출 책수, 대출 기간, 대출과 반납의 방법, 연체 자료, 분실 자료에 관한 처리 방법, 대출 금지 자료 등이다.

도서관 이용 지원(圖書館利用支援) library use assistance

도서관의 이용에 관계되는 물적 및 인적인 지원 전반. 도서관 이용 교육이 구체적인 방법 및 활동을 의미하는 것에 대해, 도서관 이용 지원은 그러한 편의 전반을 가리키는 추상적인 말이다. 따라서 참고 서비스의 일환으로서 제공되는 자료나 정보원의 이용에 관계되는 지도, 대출 서비스에 따라 이루어지는 이용의 안내, 각종의 안내 자료의 작성 등을 종합하는 개념이 된다. ↔ 도서관 이용 교육

도서관인(圖書館人) librarian

본래는 도서관에서 근무하는 전문직 직원을 의미하는데, 도서관에서 일하는 모든 직원을 가리켜 사용되는 경우도 있다. 공공 도서관에는 전문직 직원인 사서와 사서보 이외에도 직원이 있는데, 이용자에게는 구별이 불가능할뿐더러, 도서관에서 일하는 모든 직원이 마찬가지의 역할을 수행하는 것이 바람직하다는 것이 광의(廣義)의 해석의 배경이 되고 있다. 일본에서는 「도서관원」(圖書館員)이라고 한다. 「도서관인」을 도서관에서 일하는 모든 직원이라는 의미로 의식적으로 사용한 예로서, 1980년에 제정된 일본도서관협회의 「도서관인의 윤리강령」과 동(同) 강령의 해설이 있다.

도서관인 윤리선언(圖書館人倫理宣言)[한국] → 부록: 도서관인 윤리선언[한국]

도서관인의 윤리강령(圖書館人--倫理綱領)[일본] Code of Ethics for Librarian

도서관인을 대상으로 한 윤리 강령으로, 1980년의 일본도서관협회 총회에서 채택되었다. 전문(前文)에서, 이 강령이 「도서관의 자유에 관한 선언」과 상대를 이루며, 도서관인이 선언에 제시된 도서관의 사회적 책임을 자각하고, 스스로의 직책을 수행해가기 위한 자율적 규범이라는 것을 명확하게 하고 있다. 본문에서는, 도서관인의 기본적 태도, 이용자나 자료에 대한 책임 등의 도서관 업무 자체에 대한 책임, 조직체의 일원으로서의 책임 등의 도서관 업무를 뒷받침하는 측면에서의 책임, 나아가서는 문화의 창조에 기여해야 한다는 사실이 제시되어 있다. 강령의 대상이 되는 도서관인은 도서관에서 근무하는 모든 직원이며, 전문직에만 국한된 것은 아니다. ↔ 도서관의 자유에 관한 선언

도서관 자동화(圖書館自動化) library automation

작업의 효율화와 서비스의 충실화를 목적으로 하여, 발주(發注), 수입(受入), 정리, 검색, 대출 등의 도서관 업무에 컴퓨터에 의한 처리를 도입하는 것. 초기에는 개별의 도서관마다 컴퓨터 시스템이 개발되고 있었는데, 현재는 기성품의 시스템이 개발, 제공되고 있다.

도서관 자료(圖書館資料) library material

도서관이 수집하고, 정리하여, 이용자에게 제공하는 자료. 도서관 자료는 반드시 박물관 자료나 문서관 자료와 배타적인 개념은 아니다. 그러나 일반적으로 말하면, 인간이 만들어낸 작품(work) 중, 실체적인 것이 박물관 자료가 되고, 기호로 표현되는 평면적인 형태를 갖는 것이 도서관 자료가 된다. 같은 평면적인 문서관 자료는 작품이라기보다도, 어떤 의사 결정의 결과의 기록이다. 기호로 표현된 작품은 근대에, 액세스를 더 용이하게 하기 위해 복제 기술을 도입하여 배포되게 되었다. 이와 같이 현재 도서관이 다루는 주된 대상은 인쇄·복제 기술을 비롯하여, 사진 기술, 시청각 자료 제작 기술 등을 이용하여 대량으로 복제되고 배포되는 기록물이다. ↔ 문서관 자료; 박물관 자료

도서관자료조직화연구회(圖書館資料組織化研究會)[일본] Library Technical Service Study Group

일본의 도쿄가쿠게이대학(東京學藝大學) 부속 도서관의 도서관인을 중심으로 1964년에 설립된 도서관의 정리 기술(technical service)에 관한 연구 그룹. 주로 영미편목규칙 등을 중심으로 세계적 시야에서 정리 기술의 동향 소개, 해설, 연구에 진력하고 있다. 당초에는 도서관기술연구회라고 칭하고, 전문지 *Technical Services*(1964-   )를 간행하였다. 1979년부터 도서관정리기술연구회로 개칭하고, 기관지도 『정리 기술 연구』로 개제(改題)하였다. 2000년부터 현 명칭으로 개칭하고, 기관지도 『자료 조직화 연구』로 개제하였다.

도서관 자원 봉사자(圖書館自願奉仕者) library volunteer

개인의 자발적인 의지에 의해, 스스로의 지식이나 기능을 도서관의 방침을 바탕으로 선구적·주연적(周緣的)인 서비스로서, 대가를 요구하지 않고 도서관 이용자에게 계속적으로 제공하는 활동, 또는 그 담당자. 도서관측은 조직적인 연수와 함께, 업무 감독의 책임이 있다. 시민의 요구, 도서관 활동의 확장이나 대행을 계기로 하여 도입되며, 도서관의 서비스 향상, 운영의 활성화, 커뮤니티와의 관계 강화가 기대되고 있다. 공공 도서관에서 시작하여, 학교 도서관, 대학 도서관으로 확대되고 있다. 활동 내용은 책 읽어 주기, 스토리텔링, 녹음 도서 작성, 대면 낭독, 대출 업무, 강습회 강사, 통역 안내 등 다기(多岐)에 걸쳐 있다. ↔ 도서관의 친구들

도서관장(圖書館長) library director; librarian

도서관의 관리 운영 전체에 책임을 지는 도서관 직원의 장(長). 도서관계에서는, 도서관 업무에 정통하고 있는 자가 도서관장이 되는 것이 당연하다고 하는 사고방식이 지배적인데, 일본의 공립 도서관에서는, 도서관장에 사서 자격을 요구하는 법적 규정이 없으며, 실제로 사서 자격을 가진 도서관장도 적다. 대학 도서관에서도, 교원 중에서 선출되는 경우가 일반적이며, 미국과 같이 도서관 전문 직원이 도서관장이 되는 예는 적다.

도서관정보대학(圖書館情報大學) → 도쿄칸조호대학

도서관정보자원진흥재단(圖書館情報資源振興財團)[미국] Council on Library and Information Resources(CLIR)

학술 정보의 원활한 유통 및 그것을 기능하도록 하는 구조로서의 도서관 등의 발전을 지원하기 위해, 멜론재단(Andrew W. Mellon Foundation) 등의 기금을 바탕으로 1997년에 미국에서 설립된 재단. 1956년 설립의 도서관진흥재단(Council on Library Resources)과 1986년 설치의 보존액세스위원회(Commission on Preservation and Access)가 합동하여 만들어졌다. 전자 정보의 보존 등의 학술 정보 이용이나 도서관 운영에 관계되는 중요 과제의 제시, 조사·연구, 관계 기관에 의한 협의의 장의 설정 등을 통해, 장래의 도서관의 지침 작성에서 선도적인 역할을 국내외에서 수행하고 있다. 워싱턴 DC에 사무소가 있다.

도서관정보학(圖書館情報學) → 문헌정보학

도서관·정보학 교육에 관한 기준 및 그 실시방법(圖書館·情報學 敎育--基準--實施方法)(대학기준협회)[일본]

일본의 대학기준협회에 의해 1977년에 수립된 대학의 도서관·정보학(한국의 문헌정보학에 해당한다) 교육의 목적과 실시 방법을 정한 기준. 전문 과목과 그 단위, 담당 전임 교원수, 수업 방법, 시설 설비 등을 정하고 있다. 과목의 구성은 기초, 미디어·이용, 정보 조직, 정보 시스템의 4부문으로 이루어지는데, 기초 부문은 6단위 이상, 기타는 8단위 이상, 합계 38단위 이상을 이수하는 것으로 되어 있다. 일본에서 도서관·정보학부(문헌정보학부)나 도서관·정보학과(문헌정보학과)를 설치할 때의 전거가 된다. 1982년에 배열 등이 일부 변경되었다.

도서관 정책(圖書館政策) library policy

　도서관에 관계되는 국제 기관, 국제 단체, 일국의 정부, 지방 자치 단체, 민간의 단체 등이 도서관이 나아가야 할 방향이나 채택해야 할 방책(方策) 등을 정한 것. 국제 기관에서는, 유네스코가 추진했던 NATIS가 있다. 각국의 정부는 도서관 관계법 및 관계 기준을 골격으로 하여, 도서관 정책을 전개하고 있다. 일본에서도 마찬가지인데, 적극적으로 도서관 정책을 입안하여, 그 실현을 도모하고 있는 것은 지방 자치 단체로, 인구 10만 명 전후의 시(市)에서 많은 사례를 볼 수 있다. 일본에서는 일본도서관협회나 도서관문제연구회 등의 단체도 진흥을 위한 제언이나 구상을 발표하고 있다.

도서관 제본(圖書館製本) library binding

　도서관 제본 업자가 실시하는 제본이나, 보수나 수복(修復) 등을 위한 재제본(再製本). 제제본(諸製本)이라고도 한다. 도서관 제본에는, ① 제본되어 있는 도서나 가제본의 도서를 이용에 견디도록 다시 하는 개장 제본(改裝製本), ② 파손된 도서를 다시 제본하는 수리 제본, ③ 문고본, 신서(新書), 페이퍼백 등의 경장본(輕裝本), 무선철(無線綴) 등의 책을 이용 빈도가 많아지더라도 견딜 수 있도록 배가 전에 제본하여 보강하는 사전 제본이 있다. ↔ 잡제본

도서관 조례(圖書館條例) library by-law

　공립 도서관의 설치, 관리, 운영에 즈음하여, 해당 지방 자치 단체가, 일본의 경우, 「도서관법」 제10조의 규정에 따라 정한 조례. 도서관 설치 조례라고도 한다. 공립 도서관의 명칭과 위치, 분관망(分館網), 직원, 도서관 협의회 등에 대해 규정하는 것이 일반적이지만, 관장의 자격이나 전문직제, 이용자의 프라이버시 보호에 대한 규정을 두는 것이 있다. 개개의 도서관 조례를 이해하기 위해서는, 일본의 경우, 관계되는 교육 위원회 규칙을 함께 검토할 필요가 있다.

도서관 조사(圖書館調査) library survey

　전국 또는 특정 지역에서, 도서관의 설치, 활동, 운영의 실태를 명확하게 하기 위해 실시하는 조사 활동. 행정 기관, 국립 도서관, 도서관 관계 단체가 주체가

되는 것이 일반적이다. 조사 내용에는, 명감(名鑑) 데이터의 확인, 각종 도서관 통계의 수집, 활동 실태나 활동 경향에 관한 청취 등이 포함된다. 조사 결과는 명감 및 통계집으로서 간행되는 경우가 많다. ↔ 도서관 통계

도서관직(圖書館職) librarianship

도서관에 관계되는 직업이나 사람들을 의미하는데, 일본어로서 정착하고 있다고는 말할 수 없다. librarianship의 역어(譯語)로서 사용되는 경우, 도서관을 운영하는 직업에 관계되는 원리, 이론, 기술, 지식, 사상, 정신, 사람들 등, 모든 면이 모두 포함되게 된다. 이른바 도서관인이라는 직업 및 도서관에 관계하는 사람들에 관련되는 것의 총칭이라는 의미를 갖는다.

도서관 직원(圖書館職員) library staff

도서관에서 일하고 있는 모든 직원의 총칭. 도서관인(일본에서는 도서관원(圖書館員)이라고 한다)이라고도 한다. 전임 직원 이외에 임시 직원, 촉탁 직원, 파견 직원 등 다양한 신분의 사람이 있다. 공공 도서관의 경우, 전임 직원 중에도 사서, 사무 직원, 기술 직원 등이 있다. 도서관의 관리와 운영은 모든 도서관인의 협력에 의해 이루어지고 있는데, 전문직으로서의 기초 교육을 받고, 도서관 현장에서의 경험을 쌓고, 부단하게 자기 연수에 노력하고 있는 사서가 주로 자료의 수집, 조직화, 보존, 제공과 같은 일련의 업무를 하고 있다. 그러나 충분한 인원을 확보할 수 없는 도서관에서는, 이러한 업무를 다른 직종의 직원이 수행하고 있는 경우도 있다.

도서관 컨소시엄(圖書館--) library consortium

도서관 협력 활동 형태의 하나. 지역이나 주제 분야, 또는 관종(館種)에 따라 범위를 정하고, 가맹관 사이에서 자원의 공유를 목적으로 하는 활동을 실시하는 도서관의 공적인 연합 조직을 말한다. 협정을 맺고 이루어지는 상호 이용이나 상호 대차의 추진에서 인터넷을 통해 제공되는 서비스의 공동 계약에 이르는 다양한 활동이 있다. 특히 학술 잡지 출판사에 대해서는, 도서관 컨소시엄을 결성함으로써, 도서관 측이 강한 교섭력을 얻을 수 있는 것으로 여겨진다. 국제 단체로서 국제도서관컨소시엄연합(ICOLC: International Coalition of Library Consortia)이 있는데, 일본의 국립대학도서관협회가 가맹되어 있다. 일본에서는 대학 도서관

에 의한 「야마노테센엔센(山手線沿線)사립대학도서관컨소시엄」, 「타마(多摩)아카데믹컨소시엄」의 예가 있다.

도서관 컬렉션(圖書館--) → 컬렉션

도서관 통계(圖書館統計) library statistics

도서관의 활동 상황을 보여주는, 통계 처리를 가능하게 하는 수치 전반. 주로 도서관 평가를 실시할 때 사용된다. 일반적으로는, 투입 통계와 산출 통계로 구분되는데, 전자(前者)에는 도서관수, 직원수, 자료수, 시설 규모 등이 포함되고, 후자(後者)에는 등록 이용자수, 대출 책수, 질문 접수 건수 등이 포함된다. 또한 이러한 수치를 조합시킨 지표도 도서관 통계로서 산출된다. 각 도서관에서 수집된 수치는 연차 보고서 등에 공표된다. 또한 도서관 관계 단체가 망라적으로 수집하는 경우도 많으며, 통계집으로서 간행되는 경우도 많다. 일본에서는 『JIS X 0814 도서관 통계(ISO 2789)』에 의해 데이터 정의나 집계 방법의 표준화가 시도되고 있다. ↔ 장서 통계

도서관 투어(圖書館--) library tour

이용자에 대해, 도서관의 시설이나 설비를 안내하면서, 자료의 배치나 이용 방법, 도서관 서비스에 대해 소개하는 도서관 이용 교육의 방법. 대학 도서관이나 학교 도서관에서는, 오리엔테이션과는 별도로, 개인, 그룹, 세미나 단위로, 이용자의 전공 분야나 학년에 맞는 자료를 소개하거나, OPAC, CD-ROM, 인터넷 등의 이용법을 소개하거나, 목록, 서지, 색인을 중심으로, 참고 도서, 이차 자료의 사용 방법을 설명하기도 한다. 이용자의 전공 분야별의 프로그램을 작성하고, 전 코스를 한두 명의 담당자가 인솔하여 안내하는 방법이나, 각 포인트에 주제에 관계되는 담당자를 두고, 이용자가 순로(順路)를 자유로이 돌면서 설명을 듣는 방법, 양자(兩者)를 조합시킨 방법 등이 있다. ↔ 도서관 이용 교육

도서관판(圖書館版) library edition

도서관에서 이루어지는 빈번한 이용에 견딜 수 있도록, 시판판(市販版)과는 별도로, 양질의 종이를 사용하여 인쇄하고, 특히 튼튼한 제본을 실시하여 만든 도서. 시판판보다 대형인 경우가 있다.

도서관 평가(圖書館評價) library evaluation

도서관 전반의 활동 및 운영의 실태에 대해 점검·측정하고, 그 존재 의의, 기능의 발휘 상황, 목표의 달성 상태 등에 대해 판단하는 것. 평가 대상에는, 컬렉션, 도서관 직원, 제공되는 서비스가 포함되며, 이러한 것들을 종합한 것이 도서관 평가가 된다.

도서관학(圖書館學) library science; librarianship

도서관이라는 존재를 되묻고, 거기서 도서관에 관계되는 제 현상을 학문적으로 연구하고자 하는 연구 영역. 도서관학(Bibliothek-Wissenschaft)이라는 용어는 독일의 슈레팅거(M. W. Schrettinger 1772-1851)에 의해 1807년에 처음으로 사용되었는데, 그 익년(翌年)에는 도서관학상에서 역사적인 저작인 그의 『도서관학 전 교정(敎程) 시론』(*Versuch eines vollständigen Lehrbuches der Bibliothek-Wissenschaft* 1808-1829)이 간행되었다. 그 후 독일에서는, 도서관학의 내용으로서의 영역론이 논의되어 왔는데, 중심이 되었던 것은 서지학, 도서관사, 도서관 관리법이었다. 이에 대해 영국과 미국에서는, library economy라는 용어가 일반적으로 널리 사용되었는데, 거기서 중심이 되었던 것은 도서관의 효율적인 운영에 필요한 지식과 기술이었다. 그러나 도서관 자체를 전제로 하여, 그것의 효율적 운영이나 서지학, 도서관사의 연구에 머무르지 않고 도서관학의 출발의 기점이 되었던 것은 시카고대학이 1928년에 박사 과정을 둔 도서관학 대학원을 개설한 것이었다. 1930년대 이후 미국에서는 library economy라는 용어 대신에, library science의 사용이 보급되어 갔다. 영국에서는 library science보다도 librarianship이라는 용어가 선호되었는데, library science가 비교적 일반적으로 사용되게 되었던 것은 1950년대부터이다. 제2차대전 후에는, 도서관계의 밖에서 발전되어 온 도큐멘테이션, 그것을 이은 정보학의 발달이 도서관학에 커다란 영향을 미치고, 컴퓨터나 통신 기술의 비약적 발전이 도서관의 본연의 모습에 큰 영향을 미치고 있다. 종이 미디어에 기반을 두고 있던 전통적 도서관학은 정보학과 결합하여, 1970년대 이후, 도서관학의 문헌정보학으로의 전개가 국제적으로도 널리 볼 수 있는 경향이다. ↔ 문헌정보학; 정보학

도서관학교(圖書館學校) library school

도서관, 그 밖의 정보 기관에서 일하는 전문직의 양성을 목적으로 하여, 고등 교육 기관에 설치, 운영되는 학교. 국가에 따라, 학부 레벨 또는 대학원 레벨의 것이 있다. 역사적으로는, 1887년에 컬럼비아대학(Columbia University)에 개설되었던 것이 고등 교육 기관에 개설된 도서관 학교로서는 가장 오래다. 현재는 교육 과정의 기초가 되는 학문 영역의 변화, 발전에 따라 명칭이 변화, 다양화하고 있으며, school of library and information science, school of information studies 등의 명칭을 볼 수 있다. 한국에서는 1957년에 연세대학교에 도서관학과가 개설된 이래로, 2011년 현재 36개 대학과 6개 전문 대학에 관련 학과가 설치되어 있으며, 12개 대학에서는 박사 학위 과정까지 운영하고 있다. 일본에서는, 1951년에 게이오기주쿠대학(慶應義塾大學) 문학부에 최초로 대학 레벨의 도서관학과가 개설되었다. 1980년에 국립의 도쇼칸조호대학(圖書館情報大學)이 개교되었으며, 2005년 현재 전국의 5개 대학에 박사 과정까지 개설되어 있다. ↔ 부록: 문헌정보학 관련 학과 현황[한국]

도서관 행사(圖書館行事) library program

도서관이 그 서비스 목적, 서비스 계획을 바탕으로 하여 관내 또는 관외에서 실시하는, 이용자를 대상으로 하는 행사의 총칭. 매주의 이야기회, 매월의 영화회, 매년의 문학 강연회 등의 정례적인 것도, 시국 테마에 따른 자료 전시나 토론회 등 수시 부정기의 것도 있다. 북 토크나 신입생에 대한 오리엔테이션 등과 같이, 독서나 도서관 이용에 직접 결부되는 목적으로 실시하는 것도, 도서관의 인지, 친근감의 배양을 목적으로 하는 간접적, 중장기적 전략에서 실시하는 것도 있다. 그 도서관의 목적과 능력에 합치하는 것이면 행사의 종류는 한정되지 않는다.

도서관헌장(圖書館憲章) → 도서관권리선언

도서관 협력(圖書館協力) → 도서관 상호 협력

도서관 협의회(圖書館協議會)[일본] library council

일본의 「도서관법」 제14조에 규정되어 있는 것으로, 공립 도서관의 운영에 관해, 도서관장의 자문에 대해 답신하고, 또한 공립 도서관이 제공하는 서비스에 대해 의견을 제시하는 기관, 도서관 협의회의 위원은 학교 교육 및 사회 교육 관계자, 그리고 학식·경험이 있는 자 중에서, 교육 위원회에 의해 임명된다. 위원의 정수, 임기, 그 밖의 필요한 사항은 각각의 지방 공공 단체의 조례에 의해 규정되고 있다. 한편 이 도서관 협의회는 영국이나 미국의 도서관 위원회와는 크게 다른 것이다. ↔ 도서관 위원회

도서관 협회(圖書館協會) library association

도서관 사업의 진흥을 목적으로 하는 단체. 사서를 비롯한 유자격자에 의해 구성되는 전문직 단체이기도 하지만, 도서관 사업에 관심을 기울이는 사람이나 도서관 등의 기관도 널리 포함되는 단체, 또는 개인이 아니라 특정 관종(館種)의 도서관으로만 구성되는 단체 등도 있다. 전국적인 것이나 지역적인 것이 있고, 또한 관종 등에 의해 조직되는 것도 있다. 모임의 개최, 기관지 등의 출판 활동, 현직자(現職者)의 연수, 조사·연구, 기준이나 규약·규정 등의 제정, 도서관 사업의 광보(廣報), 의회나 행정에 대한 작용 등이 활동의 예이다.

도서관 후원회(圖書館後援會) → 도서관의 친구들

도서 기호(圖書記號) book number

동일의 분류 기호를 부여받은 복수의 자료를 더욱 개별화하기 위한 기호. 통상 분류 기호와 함께 청구 기호를 구성한다. 종류로서는, 수입순 기호(受入順記號), 저자 기호, 연대순 기호 등이 있다. 이것에 의해 도서가 개별화되며, 배가, 검색, 출납(出納) 등에 도움이 된다. 한편 컴퓨터에 의한 자동 부여·관리도 이루어지고 있다. ↔ 분류 기호; 저작 기호; 청구 기호

도서 대여점(圖書貸與店) rental library; circulation library

일정한 요금을 징수하고 책이나 잡지의 대출을 비즈니스로 하는 업자. 일본식 용어로는 대본소라고 한다. 일본의 도서 대여점(일본에서는 카시혼야(貸本屋)라고 한다)의 기원은 에도(江戶) 겐로쿠기(元祿期)까지 거슬러 올라가며, 분카분세이기(文化文政期) 이후로 보급되었다. 이 시대의 도서 대여점은 오락용 읽을거리 중

심이었으나, 약간의 교훈 자료, 역사, 지리 기행서도 포함되어 있으며, 책을 등에 지고 단골손님을 방문하는 형식이 많았다. 메이지(明治) 이후에는 책의 형태도 양장본으로 만든 것이 주류가 됨과 동시에 그 영업 방식도 점포를 차리고 손님을 기다리는 방식을 취하게 되었다. 제2차대전 이후에는 1959년경을 피크로 하여 번창했었는데, 보증금을 받고, 소설, 만화, 잡지를 중심으로 대출하였다.

도서 라벨(圖書--) book label

서가 상의 도서의 위치를 표시하기 위해, 청구 기호를 표기하여 도서의 등(背)의 하부에 첩부(貼付)하는 소형의 종이 조각(지편: 紙片). 그 형식에는, 3단식, 2단식, 1단식 등이 있으며, 용도에 따라 골라 쓴다. 통상은 3단식이 많은데, 상단에 분류 기호, 중단에 저자 기호나 수입순 기호 등의 도서 기호, 하단에 총서, 전집의 권책 번호나 복본 기호 등을 기재한다. 라벨의 틀을 10색으로 색을 구분한 것을 사용하여 분류를 나타내는 사용 방법도 있는데, 학교 도서관이나 공공 도서관의 어린이 도서에 사용되고 있는 예가 많다.

도서 레이블(圖書--) → 도서 라벨

도서료(圖書寮)[일본]

(1) 일본에서, 영제(令制)의 아래, 중무성(中務省) 중의 도서·불전(佛典)·불상의 보관과 공용(共用)을 담당한 부서. 카미(頭: 장관)·스케(助: 차관)·죠(允: 판관)·사칸(屬: 주전(主典)) 이외에, 서서수(寫書手)·장황수(裝潢手)·조지수(造紙手)·조필수(造筆手)·조묵수(造墨手)가 배치되어, 종이·먹의 자급이나 서사 작업·조목(造木)도 관리하였다. 9세기에는 제지장(製紙場)으로서 카미야인(紙屋院)이 설립되었는데, 13세기가 되면 카미즈키자(紙漉座)가 생기고, 그 자쇼(座衆)에 의존한다. 메이지유신(明治維新) 때 폐지되었다. (2) 1875년 출판 검열 기구로서 일본 내무성(內務省)에 설치되었던 것. 다음 해에 도서국(圖書局)으로 개칭되었다. (3) 1884년 일본 궁내성(宮內省)에 황실 계보(皇室系譜), 그 밖의 기록 편집과 서적·고기물(古器物) 등의 보존 담당 부서로서 설치되었던 것. 1949년 능묘(陵墓)의 사업을 합쳐, 궁내청(宮內廳) 서릉부(書陵部)가 되었다. 장서로 황실 관계의 기록이나 고전적(古典籍)의 희서(稀書)가 많다.

도서 반납함(圖書返納函) drop

　도서관의 폐관 후나 휴관일에도 이용자가 도서관 자료를 반납할 수 있도록 도서관의 입구 부근에 설치되는 수납 상자. 도서관 밖에 설치하는 우편 포스트 방식과, 도서관의 외벽에 반납용의 투입구만을 설치하고, 도서관 내로 자료를 미끄러져 들어가도록 하는 숯으로 수납하는 쿠션을 설치한 벽면 설치 방식의 두 가지 방식이 있다. 반납된 자료가 손상되지 않도록 하는 방안이 강구되고 있는데, 콤팩트디스크 등의 시청각 자료는 손상되기 쉽고, 또한 반납 시에 체크도 필요하기 때문에, 도서 반납함의 이용은 적합하지 않다.

도서 분실 방지 시스템(圖書紛失防止--) → 자료 분실 방지 시스템

도서비(圖書費) book fund

　도서관 예산은 자료 구입비(도서, 잡지, 신문, 시청각 자료, 마이크로 자료, CD-ROM, 기타 자료의 구입비) 및 운영비(물건비, 인건비)로 대별(大別)되는데, 도서비란 자료 구입비 중 도서 형태의 자료를 구입하기 위한 비용을 가리킨다. 도서비에 의한 구입 자료는 구입 금액, 형태, 이용 빈도, 갱신 기간 등을 기준으로, 고정 자산(비품)과 비자산(소모품)으로 구분된다.

도서 우송 서비스(圖書郵送--) books-by-mail service

　내관(來館)이 곤란한 사람들에 대해 우송으로 도서관 자료를 제공하는 서비스. 미국, 캐나다, 오스트레일리아 등에서는, 장애 등에 의해 외출이 곤란한 사람들과 함께, 도서관에서 거리적으로 멀리 떨어진 곳에 사는 사람들도 대상으로 하여, 이 서비스가 books-by-mail(BBM), mail-order library(MOL) 등의 명칭으로 옛날부터 실시되어 왔다. ↔ 우편 대출

도서 원부(圖書原簿) accessions register

　도서관에 수입(受入)된 도서를 수입순으로 등재(登載)하는 장부. 도서 대장, 수입 원부, 수입 리스트 등이라고도 하며, 장서에 관한 재산 목록의 역할을 수행한다. 기재 항목에는 수입일, 등록 번호(수입 번호), 저자, 서명, 출판 사항, 가격, 수입처(受入處: 수입선), 청구 기호 등이 있는데, 각 도서의 개요를 알 수 있도록 되어 있다. 그러나 최근에는 기장 작업(記帳作業)의 인력 절감에 따라 기재를 생략하는 항목도 있다.

도서 위원(圖書委員) student library assistant

사서 교사(일본의 경우는 사서 교유)나 도서관 담당 교사의 지도를 받아, 전교생에게 학교 도서관 기능의 이해를 보급시키고 이용을 촉진시키기 위한 제 활동에 참가하는 초·중등학교 학생. 이것은 활동을 통해 인간적 성장을 목표로 하는 교육 활동으로, 초·중·고생의 자주성, 주체성을 바탕으로 한다. 도서 위원이 조직하는 도서 위원회는 특별 교육 활동의 일환으로서 활동한다. 클럽 활동의 하나로서 조직되는 경우도 있다. 위원의 선출은 희망, 선거, 임명 등에 의하며, 그 활동은 책의 대출, 반납 등 일상적 업무를 당번에 의해 실시하는 당번 활동과, 자료 정리, 조사 통계, 광보(廣報) 등의 일을 분담하는 계 활동(係活動)으로 나눌 수 있다.

도서의원연맹(圖書議員連盟)[일본]

1978년 5월 12일에, 도서 및 도서관에 관심을 가진 일본의 중의원(衆議院) 및 참의원(參議院) 양원 의원 255명에 의해 초당파의 그룹으로서 발족. 초대 회장은 고(故) 마에오 시게사부로(前尾繁三郎) 중의원 의장. ① 상호간의 친목을 도모할 것, ② 문헌 이용의 활성화에 노력할 것, ③ 독서나 도서관 등의 분야에서의 활동을 권장·지원할 것을 목적으로 하고, 국립국회도서관의 정비·충실화에 대한 지원을 비롯하여, 공공 도서관의 사업을 행정면에서 백업하는 것을 주된 활동으로 하고 있다. 2006년 5월 현재의 회원수는 중의원 의원 73명, 참의원 의원 34명, 합계 107명이다. 사무국은 국립국회도서관에 두고 있다.

도서 정가제(圖書定價制) → 재판매 가격 유지 제도

도서 카드(圖書--) book card

뉴아크식이나 브라운식 등의 대출 방식에서, 무엇을 대출했는지를 기록하기 위한, 미리 자료를 특정(特定)하는 정보 등을 기재한 카드. 자료의 수입 때 작성하며, 자료에 첩부(貼付)된(도서의 경우는 통상 면지(面紙) 부분) 포켓(북 포켓)에 넣어 두며, 대출할 때 그것을 뽑아내어 보관한다. 그렇게 함으로써, 대출할 때 하나하나 쓰지 않고서도 무엇을 대출했는지 기록할 수 있다. 카드에는 서명, 등록 번호 등 자료를 특정하는 정보 이외에, 청구 기호 등 대출 기록의 배열을 결정하기 위한 정보, 대출 통계를 얻기 위해 필요한 정보 등이 기재되고 있다. ↔ 뉴아크식 대출법; 브라운식 대출법

도서학(圖書學) book science

도서를 대상으로 하여, 이를 과학적으로 다루는 연구 영역. 서지학과 거의 마찬가지로 사용한다. 도서의 재료, 형태, 대소 양식(大小樣式), 장정의 역사 등을 중심으로, 저작 내용의 성립, 전래, 출판, 유통에까지 이르는 경우도 있다. 연구의 대상으로 도서의 해제(解題) 등이 들어가지 않는 점이 서지학과 성격을 달리 하는 부분일 것이다. ↔ 서지학

도쇼칸조호대학(圖書館情報大學)[일본] University of Library and Information Science

2002년 9월까지 이바라키현(茨城縣) 츠쿠바시(筑波市)에 존속했던 문헌정보학을 전문으로 하는 국립의 4년제 단과 대학. 문부성(文部省) 도서관원교습소, 동(同) 강습소, 동(同) 도서관직원양성소를 계승하는 도쇼간탄키대학(圖書館短期大學)이 발전적으로 해체하여 1979년에 개교하였다. 전통적인 도서관학과 새로운 정보학을 융합한 도서관정보학(문헌정보학)의 구축을 목표로 하여 설치되었다. 학부(도서관정보학부 도서관정보학과) 정원 660명, 대학원(정보미디어연구과 구분제 박사 과정) 정원 108명으로, 국립 대학으로서 최소 규모였다. 2002년 10월에 츠쿠바대학(筑波大學)에 통합하고, 츠쿠바대학 도서관정보전문학군 및 동(同) 대학원 도서관정보미디어연구과로 조직이 개편되었다.

도입 어휘(導入語彙) entry vocabulary; lead-in vocabulary

통제 어휘에서 색인어는 아니지만, 이용자를 적절한 색인어 또는 색인어의 세트로 안내하기 위해 표제어가 되는 단어 내지 그 집합. 도입어라고도 한다. 도입 어휘에서 적절한 색인어로는 통상 「보라 참조」에 의해 지시된다. 도입 어휘는 색인어와 동의 관계, 계층 관계, 관련 관계, 유사 관계 등에 있는 비색인어인데, 특히 동의어와 하위어가 도입어로서 채택되기 쉽다.

도치 파일(倒置--) inverted file

정보 검색 시스템에서, 특정의 색인어를 실마리로 하여, 그 색인어가 부여되어 있는 레코드 전체를 데이터베이스로부터 신속하게 추출하기 위한 컴퓨터 파일. 특정의 색인어의 아래에, 그 색인어가 부여되어 있는 레코드 전체의 데이터베이스 중의 위치를 지시하는 포인터의 리스트가 마련되어 있다. 통상은 모든 색인어를 포함하는 색인 테이블과, 포인터의 리스트의 리스트인 포인터 테이블로 구성되어 있다. 데이터베이스의 구성에서는, 우선 각 레코드에 색인어가 부여되고, 그 후에 그것을 역전(逆轉)하여 색인어마다 포인터의 리스트를 작성하기 때문에, 「도치」 파일이라고 불린다.

도치형 표목(倒置形標目) inverted heading

목록에서 통상의 어순(語順)을 바꾸어 넣어 구성한 표목. 예를 들면, 주제명 표목에서는, 한정된 것을 나타내는 데 더 일반적인 용어가 상용(常用)되고 있는 경우나, 그대로의 형으로는 너무나도 소주제명이 난립할 우려가 있기 때문에, 그것들을 한 곳으로 집중하는 편이 적절한 경우 등에 사용된다. 전자(前者)의 예로서는 「도서관(공공)」을 들 수 있고, 후자(後者)의 예로서는 「양재(아동복)」, 「양재(부인복)」 등이 있다. 또한 어순을 바꾸어 넣어 도치시킨 명사(名辭)로부터, 표목으로서 사용되고 있는 형으로의 참조(「보라 참조」)는 「도치형 참조」(inverted reference)라고 하는데, 예를 들면 「도서관(학교) → 학교 도서관」 등이 있다.

도큐멘테이션 documentation

전문 지식의 기록, 조직화, 제공의 과정, 그리고 그것을 위한 기술. 특히 과학 기술 문헌 등 전문성이 높은 자료의 수집, 축적, 검색, 배포를 중심으로 하는데, 그 중에서도 서지 기술과 주제 분석이 중시된다. 이 말을 만들어낸 도큐멘테이션 운동은 전문가의 요구에 대한 대응을 주안(主眼)으로 한 것으로, 도서관 활동에 대한 일종의 개혁 운동이다. 19세기 말에 오틀레(Paul Marie Ghislain Otlet 1868-1944) 등이 시작한 세계 규모의 서지 작성을 위한 국제 협력 계획을 발단으로 하고 있으며, 국제십진분류법(UDC)이나 국제정보도큐멘테이션연맹(FID)을 탄생시켰다. 미국에서는 1930년대부터 당시의 새로운 복제 기술인 마이크로필름을 중심으로 하여, 도큐멘테이션의 연구 개발이 이루어졌다. 이 흐름을 이어받은 집단은 제2차대전 이후에 정보 검색 연구로 향하고 있으며, 정보학이 성립될 때의 모체가 되었다. 1070년경을 경계로, 도큐멘테이션이라는 말 대신에「정보」가 사용되게 되었다. 한편 도큐멘테이션은 정보 시스템 개발에서 설명서 등의 작성이나 관리의 의미에서 사용되는 경우도 있다. ↔ 국제정보도큐멘테이션연맹; 오틀레(Otlet)

도판(圖版) plate

도서나 잡지에 게재되어 있는 그림이나 사진, 지도 등의 총칭. 『일본목록규칙 1987년판 개정 3판』용어 해설에서는, "본문의 일련의 페이지 매김에 포함되지 않으며, 통상은 본문과 다른 종이에 인쇄되는, 그림 등이 있는 낱장"으로 한정적으로 사용되고 있다. ↔ 권두화

독서 감상문(讀書感想文) book report

독서 지도 중의 독후 지도(讀後指導)의 하나로, 독후의 인상이나 감상을 문장으로 표현하도록 하는 것. 독후감을 씀으로써, 자신의 생각을 확실하게 하도록 하는 것을 주된 목적으로 하고 있다. 서평의 일종이라고도 말할 수 있다. 일본에서는 1955년부터 매년 이루어지고 있는 전국학교도서관협의회와 마이니치신문사(每日新聞社)에 의한「청소년독서감상문 전국콩쿠르」등 각종의 독서 콩쿠르가 개최되어 왔다. 독서 감상문을 강요하면 독서하기를 더 싫어하게 된다는 비판이 이전부터 강하지만, 독서 감상문을 이용한 독서 지도가 성과를 올려온 것도 사실이다.

독서 감상화(讀書感想畵) picture drawing of book report

독서 지도 중의 독후 지도(讀後指導)의 하나로, 독후의 인상이나 감상을 그림으로 표현하도록 하는 것. 정서적 측면을 표현할 수 있는 것이나, 작문에 의한 표현이 서투른 어린이 또는 나이가 적은 어린이에게도 적용할 수 있다는 이점이 있다. 일본에서는 1980년대부터 간토(關東)나 긴키(近畿) 지방에서 콩쿠르가 개최되었는데, 전국학교도서관협의회 등의 주최로, 1989년부터「전국독서감상화 중앙콩쿠르」가 매년 개최되고 있다.

독서 상담 서비스(讀書相談--) readers' advisory service

(1) 대출 서비스에서 이용자와 대화하여 그 요구를 명확하게 하고, 자료의 선택, 탐색, 입수를 지원하는 서비스.『시민의 도서관』(市民の圖書館 1970)에서는「독서 안내」라는 용어를 사용하고 있다. 이 서비스는 예약 서비스에 인계되는 것으로도, 참고 서비스에 포함되는 것으로도 생각할 수 있다. (2) 대출 서비스에서 이용자의 자료 선택에 관한 상담에 따라, 이용자에게 적합한 자료를 소개하는 서비스. 참고 서비스의 일부로도 생각할 수 있다.

독서 안내(讀書案內) reading guide

독자나 도서관 이용자가 자료를 선택할 때 참고가 되고, 도서관인이 독서 상담 서비스 등에서 자료 선택을 지원할 때 이용할 수 있는 서지나 자료 리스트. 전 주제에 걸쳐 자료를 수록하는 선택 서지, 해제 서지 이외에, 특정 테마에 관한 자료, 특정 종류의 자료, 특정 연령층이나 집단의 이용자를 대상으로 하는 서지, 자료 리스트가 있다. 독서, 교육, 연구, 도서관 등에 관계되는 단체가 작성, 간행하는 것, 도서관이 작성하여 내관자(來館者)에게 배포하는 것 등이 있다. ↔ 독서 상담 서비스

독서 요법(讀書療法) → 독서 치료

독서 운동(讀書運動) reading movement

독서의 보급을 목적으로 하는 운동. 주로 교육 문화 단체, 지방 자치 단체, 도서관이나 사회 교육 기관, 출판 단체 등이 독서 주간의 설정, 포스터의 작성이나 표어의 공모, 강연회나 전시회의 개최, 독서 감상문 콩쿠르 등을 통해 이루어지고 있다. 일본에서는,「독서 주간」이외에, 1950년대부터 1960년대에 걸친 지방을 중심으로 한 부독자층(不讀者層)을 대상으로 한 독서 보급 운동, 1960년대 초의 가고시마현(鹿兒島縣)의「모자(母子)의 20분간 독서 운동」, 1960년대 후반부터의 어린이를 대상으로 한 부모 자녀 독서 운동, 문고 활동 등의 사례가 있다. 최근에는 아침 독서라고 불리는 초·중등학교에서의 독서 추진 운동이 실시되고 있다. ↔ 독서 추진 운동; 아침 독서

독서의 자유(讀書--自由) freedom to read

독서는 개인적이고 자유로운 정신 활동으로, 공권력으로부터 제한받는 일 없이, 읽을 자유를 갖는다는 주장. 밀턴(John Milton 1608-1674)은 「책은 다른 모든 생명을 받은 것과 마찬가지로, 항상 자유로이 세상에 나오는 것을 허락받고 있다」고 하고, 독서라고 하는 개인의 자유로운 판단을 제쳐두고, 국가가 읽는 것을 규제하는 것은 독자에게 최대의 불쾌한 일이며 치욕이라고 말하고 있다. 1953년에 미국도서관협회(ALA)는 미국출판회의(American Book Publishers Council)와 합동으로 제작한 「독서의 자유」라는 성명을 승인하고 있는데, 이 성명의 모두(冒頭)에서, "독서의 자유는 미국의 민주주의에 없어서는 안 된다. 이 자유는 끊임없이 공격받고 있다."고 호소하고 있다. 일본에서는, 1983년 6월 최고재판소의 대법정 판결에서, 열독(閱讀)의 자유는 「일본국 헌법」 제21조(표현의 자유)뿐만 아니라 제19조(사상 및 양심의 자유)나 제13조(생명, 자유 및 행복 추구의 권리)로부터 당연히 이끌어낼 수 있다는 판단이 제시되어 있다. ↔ 검열; 알 권리

독서 조사(讀書調査) survey of reading

일정의 집단을 대상으로 하여 실시하는 독서의 흥미, 활동, 경험, 환경 등에 관한 조사. 통상은 사회 조사법이 사용된다. 일본에서는 마이니치신문사(每日新聞社)가 1947년부터 매년 실시하고 있는 「전국 독서 세론 조사(全國讀書世論調査)」(제1회는 「출판 세론 조사」)가 대표적이다. 또한 동사(同社)와 전국학교도서관협의회에 의해 1954년부터 실시되고 있는 「전국 학교 독서 조사」가 있다. 「전국 독서 세론 조사」는 전국의 만 16세 이상의 남녀 약 4,800명을 대상으로 하여, 면접법과 배포 조사법(유치법: 留置法)에 의해, 좋다고 생각하는 책, 좋아하는 저자, 항상 읽는 잡지, 독서율, 매스컴 접촉율 등을 조사하고 있다.

독서 주간(讀書週間) book week

독서의 보급을 목적으로 하여, 강연회, 전시회, 이야기회, 포스터의 작성 등 독서에 관련된 행사를 집중시키는 기간. 자치 단체, 학교, 도서관 등이 개별적으로 실시하는 이외에, 전국 규모의 것으로서, 일본의 경우 매년 가을에 실시되는 「독서 주간」이 있다. 이것은 1947년에 시작되었으며, 1959년부터 일본도서관협회와

전국학교도서관협의회, 그리고 출판 관계 단체로 이루어지는 독서추진운동협의회가 이어받은 것이다. 한국에서는 1927년 이후 매년 가을에 시행되고 있다.

독서 지도(讀書指導) reading guidance

어린이의 발달에 따라, 문자를 읽는 것뿐만 아니라, 적절한 독서에 대한 동기를 부여하여, 문장을 감상하고 독서 능력을 높이고, 그에 따라 자기의 생활을 충실하게 하고, 나아가서는 어린이의 인격을 바람직한 방향으로 이끌어감과 동시에 사회에 적응해가는 능력을 익히도록 하는 것.

독서추진운동협의회(讀書推進運動協議會)[일본] Japan Council for Promotion of Book Reading

독서 보급에 관해, 일반의 관심과 이해를 깊게 하는 활동을 실시하기 위해, 1960년에 설립된 일본의 사단 법인. 약칭은 독추협(讀推協). 1947년부터 실시되어 온 독서 주간의 실행위원회를 발전적으로 해소한 것으로, 일본도서관협회, 전국학교도서관협의회 이외에, 일본서적출판협회, 일본잡지협회, 교과서협회, 일본출판취차(取次: 중개)협회, 일본서점상업조합연합회의 7개 단체에 의해 구성되어 있다. 어린이의 독서 주간(봄), 독서 주간(가을)의 독서 운동, 노마독서추진상(野間讀書推進賞)의 수여, 기관지『독서 추진 운동』(월간)의 발행에 덧붙여, 어린이의 독서추진회의에 대한 참가, 각 도도부현(都道府縣)의 독서추진운동협의회와의 연휴(連携) 등을 실시하고 있다. 회원은 약 370개의 회사·단체이다. ↔ 독서 운동; 독서 주간; 독서 추진 활동

독서 추진 활동(讀書推進活動) promotion of book reading

독서를 풍요롭고 문화적인 인생에 없어서는 안 되는 행위로 자리매김하고, 그 진흥을 적극적으로 추진하기 위한 다양한 활동. 일본에서는 전후(戰後)의 독서 운동을 계승하는 움직임인데, 특히 어린이독서년(2000년)을 계기로 전국에 걸쳐 적극적으로 어린이의 독서의 추진에 참여하는 움직임이 확산되었다. 2001년의 「어린이의 독서 활동의 추진에 관한 법률」의 제정 및 이를 바탕으로 하는 각 자치단체에서의 「어린이 독서 활동 추진 계획」의 수립, 유유아(乳幼兒)를 대상으로 한 북스타트나 학교에서의 10분독서의 확산 등을 볼 수 있다. 관계 각 단체가

연휴·협력하는 기운(機運)도 높아졌다. 나아가 국민 전체가 활자를 멀리하는 것에도 눈을 돌려, 2005년에는 「문자·활자문화진흥법」이 만들어졌다. 성인도 대상으로 하는 시책, 추진 사업을 진행 중이다. ↔ 독서 운동; 문자·활자문화진흥법[일본]; 북스타트; 아침 독서; 어린이 독서 활동 추진 계획

독서 치료(讀書治療) bibliotheraphy

정신 치료의 하나로, 환자에게 독서를 시켜 도움이 되도록 하는 것. 독서 요법 (讀書療法)이라고도 한다. 정신적인 장애에 대해 독서가 효과를 갖는다는 것은 일찍부터 알려져 있는데, 그것이 독서 치료로서 확립된 것은 20세기 전반의 일이다. 환자의 상태를 분석하고, 적절한 책들을 주고, 효과를 계산하지 않으면 안되기 때문에, 본래는 전문(專門)의 카운슬러, 즉 독서 치료 전문가(비블리오테라피스트: bibliotheraphist)가 필요하게 된다. 일본에서는 의사와 도서관인의 협력에 의해 독서 치료를 시도한 사례가 있다.

독서회(讀書會) reading club; reading circle

몇 사람이 정기적으로 모여 책 등의 감상을 함께 이야기하는 모임. 그곳에서 같은 책을 읽는 방법이나 미리 독서를 하고 오는 방법, 또는 윤독(輪讀), 연구회 등의 방법이 있다. 일본에서는, 제2차대전 전부터 이루어져 오고 있는데, 전후(戰後)에, 공공 도서관에서는 도서관 행사의 하나로서, 또한 학교에서는 독서 지도의 한 방법으로서 자리매김되고 있다.

독일도서관(獨逸圖書館) Deutsche Bibliothek

1912년에 독일서적업조합이 설립한 도이체 뷔허라이(Deutsche Bücherei)에 기원을 갖는 도서관. 제2차대전 후, 소재지인 라이프치히가 동독으로 편입되었기 때문에, 1946년 서독의 프랑크푸르트암마인에 새로이 독일도서관이 설립되어, 2관의 병립 상태가 계속되었는데, 독일의 재통일에 따라 1990년에 양자(兩者)가 통합되어, 현 명칭이 되었다. 그 밖에 베를린독일음악자료관도 소속된다. 연방 정부에 속하는 독일의 법정 납본 도서관이며, 오스트리아, 스위스 등으로부터도 독일어 문헌의 기증을 받고, 국가 서지 *Deutsche Nationalbibliographie*(1931- 지명 변천 있음)를 작성, 책자 형태나 여러 종류의 전자 미디어, 온라인 데이터베이스

BIBLIODATA 등의 형태로 제공하고 있다. 1913년 이후의 독일어 자료 및 독일 관계 자료 약 1,900만 점을 소장하고 있다. ↔ 베를린국립도서관

독촉(督促) notice; overdue notice

대출을 받은 이용자가 반납 기한까지 자료를 반납하지 않을 경우, 신속하게 반납하도록 촉구하는 것. 전화, 엽서, 편지 등으로 통지하는 방법을 취한다. ↔ 대출; 연체

독피지(犢皮紙) vellum

고대의 서사재(書寫材), 제본재의 하나인 수피지(獸皮紙) 중, 특히 어린 송아지의 가죽을 무두질하여 만들어진 양질(良質)의 것. 제작법은 생가죽을 석회수로 잘 표백하고, 털과 얼룩을 없애기 위해 문질러서 얇게 하고, 다시 표면에 초크를 바르고, 경석(輕石)으로 부드럽게 마무리한다. 유연하고 내구성(耐久性)이 뛰어나며, 파피루스와 달리 양면 서사가 가능하다. 결점은 고가이고, 두꺼우며, 무거운 것인데, 양피지(羊皮紙)와 함께 15세기 이후 활판 인쇄술의 보급에 따라 종이로 대체되기까지의 주요한 서사 재료였다. 현재는 양피지와 함께, 양장본(洋裝本)의 표지 등의 조본재(造本材)로서 극히 한정되어 사용되는 경우가 있다. ↔ 양피지; 파피루스

돈커 듀이비스 Donker Duyvis, Frits

1894-1961. 자바섬 스마랑(Semarang) 출신의 네덜란드인. 국제도큐멘테이션협회(IID), 국제도큐멘테이션연맹(FID)의 사무총장으로서 국제적인 도큐멘테이션 활동의 추진에 공헌한 인물. 델프트공과대학(Delft University of Technology)에서 화학 공학을 전공하고, 국가의 정보 서비스 기관에 근무하던 중에, 오틀레(Otlet) 등의 국제 도큐멘테이션 활동에 관계하게 된다. 네덜란드 특허국 등에 재직하면서, 국제십진분류법(UDC)의 편집 책임자를 거쳐, 국제서지협회(IIB)의 사무총장에 취임, IIB에서 IID, FID로 발전할 때 중심적인 역할을 수행하였다. ↔ 국제정보도큐멘테이션연맹; 오틀레

동시 인용(同時引用) co-citation

어떤 문헌이 그 이전의 두 개 문헌을 동시에 인용하고 있는 상태. 문헌 간의 관련

성을 보기 위한 관점 또는 척도의 하나. 1973년에 스몰(Henry Small 1941-   )은 동시 인용된 두 개의 문헌은 어떤 관련을 가지며, 그 문헌들이 동시 인용되는 빈도가 높아지면 관련성도 높다고 하는 생각에서, 동시 인용의 빈도를 문헌 간의 관련성을 나타내는 계수로서 채택하였다. 예를 들면, A, B라는 논문이 문헌 X, Y, Z 각각에서 양자가 함께 인용된 경우, 논문 A, B의 동시 인용 도수는 3이 된다. 이 도수는 문헌 간의 테마의 유사도의 근사치로서 이용되는 경우가 많다.
↔ 서지 결합; 인용 문헌; 인용 분석

동의 관계(同義關係) equivalence relationship

시소러스에서의 디스크립터와 비(非)디스크립터 간의 관계. 디스크립터가 비디스크립터의 동어이형(同語異形), 동의어, 준동의어일 경우와, 하나의 비디스크립터로부터 복수의 디스크립터의 조합을 지시하는 경우의 4가지로 구분할 수 있다. 동어이형에는 일본어에서는 독음(讀音)이 같고 한자 표기가 다른 경우 등이, 또한 동의어에는 같은 개념을 나타내는 일반어와 학술 용어, 한자어(漢字語)와 외래어 등이 포함되며, 준동의어에는 디스크립터가 비디스크립터의 상위어, 반의어(反義語), 그 이외에 관련이 깊은 단어일 경우 등이 포함된다. 동의 관계의 단어를 시소러스에서 통제함으로써, 색인에 일관성을 부여하고, 관련 개념을 하나의 디스크립터로 집약시키며, 검색의 재현율을 높일 수 있다.

동인지(同人誌) coterie magazine

뜻을 같이 하는 동호인들이 자신들의 작품의 발표의 장(場)이나 정보 교환의 장으로 하기 위해 집필, 편집, 간행하는 연속간행물. 리틀 매거진과 대비되는 경우가 있는데, 일본 고유의 형태의 잡지로 생각된다. 일본에서는 동인지의 시작을 『메이로쿠 잡지』(明六雜誌 1874-1875)로 하고, 최초의 문예 동인지를 『가라쿠타 문고』(我樂多文庫 1885-1889)로 하는 것이 일반적이다. 소설, 하이쿠(俳句), 단가(短歌) 등 문예를 중심으로 한 동인지는 다이쇼(大正) 말부터 쇼와(昭和) 초기에 전성기를 맞이하고, 제2차대전 후에도 문학상과의 관련으로 다수 간행되어 왔다. 현재는 코믹이나 게임을 제재로 하는 동인지가 전성(全盛)이다. 유통 범위가 회원 조직 내로 한정되는 것이 많아, 서지 통정의 대상이 되기 어렵다.

두루마리 → 권자본(卷子本)

두루마리 그림 picture roll

그림을 주체로 하고, 거기에 설명하는 문장을 붙인 그림책을 권자본(卷子本)으로 만든 것. 일본에서는 두루마리 그림이 성행하게 된 것은 겐페이(原平) 시대부터로, 가마쿠라(鎌倉) 시대에 가장 뛰어난 것이 작성되었다.

두본(豆本) thumb-book

소형의 책의 총칭. 일본어로는 마메혼이라고 한다. 한국에서는 좁쌀책이라고도 하며, 일본에서는 촌진본(寸珍本), 개자본(芥子本)이라고도 한다. 일본에서는 반지본(半紙本: 반지 이절의 크기)의 절반 이하의 크기의 책을 소본(小本)이라고 한다. 두본은 소본의 절반 이하의 것을 가리킨다. 일본에서는 에도(江戶) 시대부터 두본은 원래 혼례 도구(雛道具)로 사용하기 위해 생긴 것이 많기 때문에, 두본 중에서도 특히 작은 것을 「추두본」(雛豆本: 히나마메혼)이라 칭한다. 현존 최고(最古)의 추두본은 1723년, 1724년에 간행된 적두본(赤豆本)이라고 한다. 두본은 애호자에 의해 취미적으로 발행되는 것이 많다. 양서에서는 100mm 이하의 것을 가리키는데, 일본서에서는 정의가 확실하지 않은데, 대략 50mm 이하를 가리키는 것 같다. ↔ 수진본(袖珍本)

둥근등 round back

책등(書背) 부분이 둥글게 된 제본 양식의 것. 책등이 평평한 모등(角背)에 상대하여 말한다. 환배(丸背)라고도 하며, 일본말로는 마루세라고 한다. ↔ 모등; 빈등

뒷붙이 → 후부(後付)

듀이 Dewey, Melvil Louis Kossuth

1851-1931. 미국 뉴욕 출신. 듀이십진분류법(DDC)의 창안자 및 전문직으로서의 도서관학의 확립에 공헌한 인물. 앰허스트칼리지(Amherst College) 재학 중에 도서관에 흥미를 품고, 십진식 분류법을 고안하였다. 나아가 미국도서관협회(ALA)의 창설과 기반 구축에 중심적인 역할을 수행하는 이외에, *Library*

Journal(1876-   창간 당시는 *American Library Journal*)의 창간과 동지(同誌)를 중심으로 한 집필 활동, 도서관 학교의 개설, 도서관 활동에 필요한 비품의 표준화 등의 다기(多岐)에 걸친 활동을 통해, 그때까지 도제 제도(徒弟制度) 속에서 이어져 왔던 도서관 업무를 체계화하고, 도서관 활동을 실천적인 전문 분야로 전환하는 데 진력하였다. ↔ 듀이십진분류법

듀이십진분류법(--十進分類法) Dewey Decimal Classification(DDC)

듀이가 창안하여, 1876년에 발표한 일반 분류표. 십진식 분류법의 전형적인 예로 여겨지고 있다. 베이컨(Francis Bacon 1561-1626)의 학문의 분류를 역순(逆順)으로 한 해리스(William Torrey Harris 1835-1909)의 분류에서 이끌어낸 주류(主類) 구분을 바탕으로 전개한다. 개정을 거듭하여, 제16판 이후 미국의회도서관(LC)이 편집에 참여하고, 1988년에는 OCLC에 취득되었는데, 그 후에는 Forest Press에서 출판되고 있다. 2011년 간행된 제23판이 최신판이다. 미국 이외에서도 영어권을 중심으로 135개국을 넘는 나라에서 채택하는 도서관이 있다. 60개국 이상의 국가 서지에 사용되며, 이를 채택하는 MARC도 12개국 이상에 달한다. 이와 같이 국제적으로 널리 사용되게 되어, 최근에는 개정 때 국제화가 도모되고 있다. 제17판(1965)에서는 약간의 항목의 재배치, 형식 구분에서 표준 세구분으로의 명칭 변경, 색인의 일신(一新) 등 커다란 개정이 이루어졌다. 동시에 분석 합성식 기법이 의식적으로 받아들여져, 제17판 이후 열거식 분류법의 특징을 유지하면서 분석 합성식으로 기울어진다고 하는 기본 자세를 일관하고 있다. 본표 이외에 상세한 보조표와 상관 색인을 갖추고 있다. 또한 듀이가 고안한 상관 색인 기법은 높은 평가를 받고 있다. ↔ 십진식 분류법

등가 표목 방식(等價標目方式) alternative heading system

『영미편목규칙 제2판』이 그 서론에서 제시하고 있는 것으로, "각 기술 대상에 대해 동등한 한 세트의 저록"을 작성하는 방식을 가리킨다. 『영미편목규칙 제2판』은 「기본 저록 방식」을 원칙으로 채택하고 있는데, 동시에 기본 저록과 그 밖의 저록을 구별하지 않는 방식을 채택하고 있는 도서관도 다수 있다는 사실을 인정하고 있으며, 기본 저록 방식을 대신하는 비기본 저록 방식으로 이 명칭을 붙이고, 이른바 별법(別法)으로 자리매김하고 있다. 일본목록규칙의 「기술 유닛 방식」과 같은 취지의 것이다. ↔ 기본 저록 방식; 기술 유닛 방식

등록 번호(登錄番號) registration number

도서가 처음으로 도서관의 장서로서 수입(受入)되어, 도서 원부에 등재될 때 부여되는 번호. 이 등록 번호는 도서 원부의 소정의 난에 기재되며, 도서의 표제지나 그 이면(裏面)에 장서인과 함께 찍히는 등록인의 구내(構內)에 기입된다. 통상 1책에 1번호가 부여된다. 개관 당시부터의 일련 번호에 의한 방법과, 연도마다 새 번호를 부여하는 방법의 두 가지가 있다.

등록 표제(登錄標題) key title

『일본목록규칙 1987년판 개정 3판』 용어 해설에서는, 「등록 표제」로서, "ISSN 네트워크가 연속간행물에 부여한 개별화를 위한 표제. ISSN과 등록 표제는 동시에 부여된다. 등록 표제는 상당수는 본표제와 동형(同形)이지만, 본표제를 개별화할 수 없는 경우, 본표제의 뒤에 발행 단체명, 출판지, 판표시 등을 부기하여, 이를 구성한다."라고 해설하고 있다. 연속간행물에 대한 서지 기술에서는, 표준 번호 및 입수 조건 사항에 국제표준연속간행물번호(ISSN)와 함께 기록하도록 하고 있다. ↔ ISSN 네트워크; 국제표준연속간행물번호; 표준 번호 및 입수 조건 사항

등록률(登錄率) registration rate

도서관에서 관외 대출 등의 서비스를 받을 경우에 필요로 하게 되는 이용자 등록에 관한 지표로, 공공 도서관에서는, 서비스 인구당의 등록자수의 비율. ↔ 실질 대출 밀도

등록자(登錄者) registered borrower

도서관 자료의 대출을 받기 위해, 대출권 발행의 신청 절차를 밟고, 대출권의 교부를 받고 있는 사람에 관한 것. 공공 도서관의 경우, 등록자의 자격은 도서관의 설치 자치 단체의 주민뿐만 아니라, 다른 지역에서 설치 자치 단체로 출근, 통학하고 있는 사람을 포함하는 것이 일반적이다. 등록자의 수는 그 공공 도서관의 대출 서비스를 이용할 의사가 있는 사람이 몇 사람인지를 나타내고 있다. ↔ 등록률

등사판(謄寫版) mimeograph

공판 인쇄(孔版印刷)의 일종. 강철 줄판(일본말로는 야스리판(鑢板)이라고 한다)의 위에 놓인 납(蠟)을 먹인 종이에 철필(鐵筆)로 문자나 화선(畵線)을 그리면, 납 부분이 삭제되기 때문에, 잉크를 묻이면 납이 삭제된 부분만 잉크가 투과되어 인쇄가 이루어진다. 철필로 쓸 때 생기는 소리에서 가리반(ガリ版)이라고도 한다. 판재(版材)로 (납을 먹인) 종이가 사용되고 있기 때문에, 간편하게 제판할 수 있지만, 대량 인쇄에 견디지 못하고, 선명함이 떨어진다. 현재는 취미적인 인쇄에 사용되는 경우가 많다.

디렉토리 → 레코드 디렉토리; 명감(名鑑)

디스렉시아(dyslexia) → 난독증(難讀症)

디스코그래피 discography

음성을 기록한 디스크(레코드, 음반)를 수록 대상으로 하여, 개개의 디스크의 특징을 일정의 기술 규칙을 바탕으로 하여 간결하게 표현하고, 그 데이터를 탐색하기 쉽도록 배열한 리스트. 도서를 대상으로 하는 서지에 상당하는 이차 자료이다. 녹음 매체가 다양화되었기 때문에, 콤팩트디스크나 자기 테이프에 음성을 수록한 것도 대상으로 하게 되었다. 음악의 디스크를 수록 대상으로 하는 경우, 기술 항목으로는 작곡자, 표제(타이틀), 연주자, 녹음일과 장소, 시리즈명, 수록 곡목, 제작 회사의 카탈로그 번호, 발매일 등이 포함되는 경우가 많다.

디스크립터 descriptor

시소러스에서 어떤 개념을 색인화할 때, 일관하여 사용하기로 결정된 용어, 그 밖의 기호. 시소러스의 우선어(優先語)이며, 색인의 일관성 유지, 검색의 재현율 향상을 목적으로 설정된다. 시소러스의 비우선어는 비(非)디스크립터라고도 한다. ↔ 시소러스; 우선어

디오라마 diorama

(1) 원경(遠景)의 그림을 그린 평면을 배경으로 배치하고, 그 바로 앞에 건조물

이나 인물 등의 모형을 두어, 정경(情景)을 삼차원적으로 표현한 입체 모형. 지형을 입체적으로 표현한 지형 모형은 삼차원 지도 자료로서 잘 알려져 있는데, 박물관에서 볼 수 있는 것과 같은 실물대(實物大)의 디오라마도 있다. (2) 상기 (1)의 입체 모형에 빛을 쬐어 창으로 들여다보며, 실제의 광경과 같이 볼 수 있도록 한 장치 또는 그러한 구경거리. 배경으로는 원근법에 의한 풍경화 등이 그려진다.

디지털 격차(--格差) → 디지털 디바이드

디지털 도서관(--圖書館) → 전자 도서관

디지털 디바이드 digital divide

컴퓨터와 인터넷이 사회 생활의 불가결의 요소가 되는 상황에서, 정보 네트워크에 액세스할 수 있는지의 여부에 사회 계층(또는 지역)에서 차가 생기고, 그러한 계층(또는 지역) 간의 경제적, 사회적 격차가 확대하는 경향이 있다는 현상. 원래는 정보 기반을 사회 기반으로서 정비할 필요성을 호소하는 정책 논의 중에 나온 개념이다.

디지털 아카이빙 digital archiving

유형·무형의 문화재를 디지털 정보로서 기록하여, 열화(劣化) 없이 영구 보존함과 동시에, 네트워크 등을 이용하여 제공하는 것. 최초로부터 디지털 정보로서 생산된 문화재도 대상이 된다. 그 컬렉션은 「디지털 아카이브」라고 하는데, 소장품 소개나 화상(畵像) 데이터베이스 등 다른 명칭이 사용되는 사례도 많다. 이러한 용어는 1990년대 중반부터 사용되기 시작했는데, 그 가리키는 범위나 대상은 다양하다. 주된 담당자는 박물관이나 미술관, 도서관, 문서관, 연구 기관 등이다. 디지털 아카이빙의 표준 규격으로서 「OAIS 참조 모델」(ISO 14721)이 있다. ↔ 기관 리포지터리; 보존 문서

디지털 저작권 관리(--著作權管理) digital right management(DRM)

컴퓨터와 네트워크의 기술을 이용하여 저작권을 관리하는 것. 전자적 저작물의 저작권 관리와, 비전자적 저작물의 전자적인 저작권 관리의 양자(兩者)를 포함하

는데, 전자(前者)를 가리키는 경우가 많다. 기술로서는, ① 저작권 정보나 저작권의 사용 조건을 전자적으로 제시·축적·검색하는 기술, ② 저작권의 사용 허락을 온라인으로 시행하는 기술, ③ 저작권의 부정 이용을 사전에 방지하는 기술, ④ 저작권의 부정 이용을 온라인으로 감시, 추적하는 기술 등을 포함한다. 전자적 저작물에서는, 디지털 워터마크(digital watermark) 등 전자 신호 삽입 기술이 사용된다. 이러한 기술에 의해, 도서관에서의 전자적 저작물의 장기적 이용이 저해될 가능성이 우려되고 있다. ↔ 저작권

디지털 참고 서비스(--參考--) digital reference service

인터넷을 이용하여 제공하는 참고 서비스. 가상 참고(假想參考) 서비스(virtual reference)라고도 한다. 협의(狹義)로는, 전자 메일, 채팅 시스템, WWW 등 쌍방향으로 이용 가능한 정보 기술을 활용한 질문 회답 서비스에 관한 것으로, 이용자는 시간과 장소를 한정하지 않고 이용할 수 있다. 이 이외에, 채팅 등을 이용하여, 이용자로부터의 질문에 실시간(實時間: 리얼타임)으로 회답하는 것이나, 복수의 도서관이 시간이나 질문 내용에 따라, 협력하여 질문 회답 서비스를 제공하는 협동 참고 서비스 등, 인터넷의 특징을 살린 서비스가 전개되고 있다. 또한 이것들을 통해 얻어진 사례를 데이터베이스화하고, 인터넷상에서 공유하는 참고 사례 데이터베이스의 구축도 시도되고 있다. ↔ 참고 사례 데이터베이스; 참고 서비스

띄어쓰기 word division

문장을 단어로 분할하여 표기하는 것. 카드 목록에서 어순 배열(語順排列)을 하는 데는 표목을 띄어 쓸 필요가 있다. 구미(歐美)의 언어는 띄어쓰기가 정서법(正書法)이기 때문에, 표목은 자연히 띄어 쓰게 된다. 일본어의 경우는 표목의 독음(讀音)을 로마자나 가나로 띄어쓰기하여 적는다. 그러나 본래 띄어쓰기를 하지 않는 언어인 일본어는 띄어쓰기의 기준을 명확하게 할 수 없어, 카드 목록에서는 띄어쓰기가 불필요한 자순 배열(字順排列)이 주류이다. 이에 대해 컴퓨터 목록에서는, 띄어쓰기를 기준으로 하여 검색용의 키워드를 생성하는 것이 일반적으로, 검색을 위해 띄어쓰기가 필요하게 되고 있다. ↔ 어순 배열; 자순 배열; 표목

라운드 round

콜론분류법(CC)의 PMEST에 대해, 최초의 세 가지는 분야에 따라 하나의 주제에 2회 이상 나타나는 경우가 있다. 이 반복을 라운드라고 한다. 분야마다의 사용 범주(카테고리)를 공식화한 것이 패싯 공식(facet formula)이다. 예를 들면, 클래스 L의 의학의 패싯 공식은 L[P]:[E][2P]:[2E][3P];[3M]이다. 이 경우 제1라운드의 [P]는 기관(器官)이다. 이어서 제1라운드의 [E]는 문제 패싯으로서의 질환인데, 그것은 질환의 종류인 제2라운드의 [2P]를 수반한다. 그리고 제2라운드의 [2E]는 처방으로, 구체적인 처방의 종류로서 제3라운드의 [3P]를 수반한다. 주입되는 의약품이 [3M]이다. 새로운 라운드는 항상 E 범주가 발생시킨다. 라운드와 레벨 개념의 도입은 5종류의 범주로는 불충분한 것의 증거로 간주할 수 있지만, 아무리 복잡한 주제에서도 PMEST의 순서는 불변이다. ↔ 레벨; 패싯 공식

라이프니츠 Leibniz, Gottfried Wilhelm

1646-1716. 독일의 라이프치히 출신. 독일 계몽 철학의 시조. 수학이나 자연 과학 등 많은 분야에 족적(足跡)을 남겼다. 라이프치히와 예나, 알트도르프에서 공부한 후, 마인츠 선제후(選帝侯)나 하노버 선제후의 궁정에서 추밀고문관(樞密顧問官)으로 일하는 한편, 보이네부르크(Johann Christian von Boineburg 1622-1672)의 개인 도서관의 사서, 브라운슈바이크 대공(大公)(하노버 선제후)의 사서, 볼펜뷔텔(Wolfenbüttel)의 대공 도서관 사서로서 평생 도서관에 관계하였다. 도서관은 인간 정신의 보고(寶庫)가 되어야 한다고 하며, 학술적 가치가 있는 자

료의 계통적 수집, 목록의 정비, 이용 환경의 개선 등을 제창하고, 실천하였다. 한편 이진법, 사칙 계산기, 기호 논리, 추론 기계 등에 나타나는 그의 선구적 아이디어는 정보학의 기초가 되는 것이다.

랑가나단 Ranganathan, Shiyali Ramamrita

1892-1972. 인도의 마드라스(현재의 첸나이) 출신. 인도 도서관학의 아버지나 분류 이론의 세계적 권위자로 일컬어지며, 현대의 도서관학이나 도큐멘테이션에 커다란 영향을 미친 인물의 한 사람. 당초에는 수학의 길을 걸었으나, 마드라스대학의 초대 도서관장에 취임하고, 런던대학 도서관학부에 유학한 것을 계기로 도서관학의 연구와 실천의 길로 바꾸었다. 콜론분류법(CC)으로 유명한 문헌 분류법에 대한 공헌을 비롯하여, 목록법의 연구, 「도서관학의 5법칙」으로 알려진 도서관학의 근본 원리의 제창 등, 도서관학의 거의 전 분야에 걸쳐 활동하였다. 나아가 인도의 도서관의 발전에 진력했을 뿐만 아니라, 국제도큐멘테이션연맹(FID) 등의 장에서 국제적으로도 활약하였다.

러시아국립도서관(--國立圖書館)(모스크바) Rossiiskaia gosudarstvennaia biblioteka; Russian State Library

1862년에 상트페테르부르크(Saint-Petersburg)에서 이전한 루미나테스박물관(Rumyantsev Museum)에 기원을 둔다. 소비에트연방의 성립에 의해, 1925년에 소련레닌국립도서관(V. I. Lenin State Library of the USSR)으로 개칭하고, 소련의 붕괴와 러시아연방의 성립의 결과, 1992년에 현재 명칭으로 변경되었다. 러시아연방의 법정 납본 도서관의 하나이며, 국내외의 도서관과의 자료 교환이나 상호 대차 등의 협력 활동의 거점이다. 도서 4,200만 책, 연속간행물 200만 점을 소장하고 있다. 한편 1795년 창설의 제실문고(帝室文庫)에 기원을 가지고, 소련 시대에는 살뜨이꼬프시체드린국립공공도서관(State Public Saltykov-Shchedrin Library)으로 불렸던 상트페테르부르크의 도서관도 러시아국립도서관(상트페테르부르크)(Russian National Library)으로 불린다.

레벨 level

콜론분류법(CC)의 패싯은 라운드(round) 중에서 다시 복수의 구분 특성을 적용시키는 경우가 있다. 각각의 특성을 패싯이 할당된 기본 범주(기본 카테고리)의 레벨의 현재(顯在: manifestation)라고 한다. 예를 들면, 클래스 O의 문학의 패싯 공식은 O[P],[P2],[P3],[P4]:[E][2P]이다. 이 경우 언어, 형식, 저자, 작품의 네 가지 패싯이 제1라운드의 [P]에 둘 수 있는, 제1레벨의 [P1]부터 제4레벨의 [P4]까지에 상당한다. 여기에 비평과 그 방법인 [E][2P]가 이어진다. 레벨은 주로 P 범주에서 볼 수 있는데, 그 상당수는 사물의 종류나 부분을 나타내는 하위 패싯과 일치한다. 라운드와 레벨의 개념의 도입은 논문 레벨의 심층 분류를 가능하게 하였다. ↔ 라운드; 패싯 공식; 하위 패싯

레코드 (1) record (2) gramophone record

(1) 파일 또는 데이터베이스에서, 어떤 기정(既定)의 형식과 내용을 가진 데이터 항목이나 필드의 모음으로, 하나의 단위로서 다루어지는 것. 정보 교환용 MARC 포맷에 따라 말하면, 외형식(外形式) 및 내형식(內形式)이라는 일정의 포맷에 따라 표현된 데이터 요소의 집합이 MARC 레코드이다. 레코드(논리 레코드)는 파일 또는 데이터베이스에서, 액세스를 포함한 처리의 단위가 된다. (2) 염화 비닐의 원판에 가는 음구(音溝)를 와상(渦狀)으로 새겨, 음성·음악 등의 음을 아날로그 신호로서 기록한 것. 레코드플레이어에 의해 재생된다. 매분 33회전 3분의 1의 속도로 직경 30cm인 LP 레코드, 매분 45회전으로 직경 17cm인 EP 레코드(도넛판)가 있다. ↔ (1) MARC 레코드; 가변 길이 필드; 고정 길이 필드; 필드. (2) 녹음 자료; 음악 자료

레코드 길이 record length

필드나 데이터베이스에서, 1건의 레코드의 선두에서 레코드 종단 기호까지의 레코드의 물리적 길이로, 바이트 수(또는 다른 적당한 단위의 수)로 나타낸다. 가변 길이 레코드를 수용하는 정보 교환용 MARC 포맷에서는, 각 레코드의 선두에 위치하는 레코드 레이블 내의 제1요소로서 기록된다. ↔ 레코드

레코드 디렉토리 record directory

파일이나 데이터베이스의 각 레코드에서, 개개의 필드의 존재와 그 위치를 나타내는 항목의 집합. 디렉토리라고도 한다. 정보 교환용 MARC 포맷에서는, 각 필

드(데이터 필드)에 대응하여 하나의 디렉토리 엔트리(directory entry)가 만들어지는데, 개개의 디렉토리 엔트리에는 태그(표시 기호), 데이터 영역 길이(필드 길이), 데이터 필드의 시작 위치가 기록된다. 각 디렉토리 엔트리는 고정 길이이지만, 레코드 내에 출현하는 필드의 수만큼 만들어지기 때문에, 레코드 디렉토리 전체로서는 가변 길이가 된다. 레코드 디렉토리는 동(同) 포맷에서는 레코드 레이블의 뒤에, 그리고 데이터 필드군에 선행(先行)하여 위치된다. ↔ 외형식; 필드

레코드 종단 기호(--終端記號) record terminator; record mark

MARC 레코드에서, 각 레코드의 종결을 나타내기 위해 레코드 말미에 두는 특정의 제어 문자(컨트롤 캐릭터). 레코드 분리 문자, 레코드 터미네이터, 레코드 마크라고도 한다. ↔ MARC 레코드; 외형식

레터지(--誌) letters journal

투고에서 간행까지의 시간을 단축하기 위해, 심사, 수정, 인쇄의 과정을 가능한 한 생략하고, 짧은 보고만을 게재하는 학술 잡지. 종래의 협의(狹義)의 학술 잡지에 있었던 「편집자에 대한 편지」(letters to the editor)나 「단보」(短報: short communication)의 난에 게재되고 있던 종류의 기사로 구성된 자매지이다. 이러한 예로서는, 미국물리학회의 *Physical Review*(1913-   )에서 파생된 *Physical Review Letters*(1958-   )가 있다. 레터지 게재 기사는 후에 논문의 형식으로 본지에 게재될 것이 기대되고 있었지만, 상당수는 단보인 채로 마무리되고 있다. 현재 레터지는 인터넷에 의한 제공이 주체가 되고 있다.

레퍼런스 서비스 → 참고 서비스

레퍼런스 인터뷰 → 참고 면담

레퍼런스 질문(--質問) → 참고 질문

레퍼런스 컬렉션 → 참고 컬렉션

레퍼런스 툴 → 참고 도구

레퍼리 제도(--制度) → 심사 제도

렐리번스(relevance) → 적합성(適合性)

로컬 액세스 local access

이용자 자신이 자료가 수록된 물리적 매체를 조작하는 전자 자료의 이용 형태(예: CD-ROM을 CD-ROM 드라이브 장치에 삽입하여 이용하는 경우). 한편 같은 CD-ROM이 CD 체인저(CD changer)에 탑재되어 있는 경우, 이용자는 직접 CD-ROM에 접촉하는 일 없이 이용이 가능하다(이 경우를 원격 접속(리모트 액세스)이라고 한다). 이와 같이 전자 자료는 물리적 매체가 동일하더라도 이용 형태가 다른 경우가 있으며, 서지 정보를 기록할 때도 이용 형태의 차이에 따른 서지 기술이 필요하게 된다. ↔ 원격 접속; 전자 자료

로트카의 법칙(--法則) Lotka's law

특정의 주제 분야에서 일정 기간에 n편의 저작을 발표하는 연구자의 수는 c/n^2(c는 정수)이 된다고 하는 법칙. 계량 서지학의 대표적인 분포 법칙의 하나. 학술 논문의 생산성에 관한 로트카(Alfred James Lotka 1880-1949)의 분석에 바탕을 둔 것으로, 로트카는「과학의 생산성의 역자승 법칙」이라고 이름 붙였다. 비교적 소수의 연구자가 그 분야의 생산성에 상당한 비율로 공헌하고 있음을 보여주고 있다. ↔ 계량 서지학

롤 (1) role (2) role indicator; role operator

(1) 어떤 문헌의 주제 개념을 복수의 색인어로 표현했을 때, 개개의 색인어가 문헌에서 갖는 역할이나 기능(행위, 원인, 결과, 수단, 도구 등)을 명시하기 위해, 색인어에 부여되는 역할. 치밀한 검색을 가능하게 하는 것을 목적으로 하고 있다. 그러나 롤의 부여에는 상당한 작업을 수반하기 때문에, 실제로 채택하고 있는 색인 시스템은 적다. (2) 롤의 기호 표현 또는 롤을 처리하기 위한 기호적 메커니즘. ↔ 링크

룬 Luhn, Hans P.

1896-1964. 독일의 바르멘(Barmen) 출신. 20세기 중엽의 정보학 연구 여명기의 선구자의 한 사람. 인쇄업, 섬유업을 출발점으로 하여 공업 관계의 제품 개발이나 컨설팅에 종사하고 있었는데, 1941년에 미국 IBM사에 입사하여, 1940년대 후반 이후, 정보의 기계 검색의 연구 개발에 종사하였다. 1958년의 국제과학정보회의에서 자동 초록의 기법을 발표한 것으로 알려져 있으며, 또한 이용자 프로파일에 합치하는 문헌 정보를 자동 배포하는 SDI나, 텍스트 전문(全文)으로부터 키워드를 문맥을 붙여 자동적으로 추출하여 배열하는 KWIC 색인 등의 새로운 기법을 개발하였다. ↔ KWIC 색인, SDI

리모트 액세스 → 원격 접속(遠隔接續)

리뷰지(--誌) review journal

리뷰 논문의 게재를 전문으로 하는 정기간행물. 리뷰 논문이란 특정 주제에 관해 발표된 문헌을 총람(總覽)하고 평가함으로써 금후의 연구 동향을 시사하는 것이다. 특정 주제의 연구 활동의 진전을 역사적으로 전망하는 state of the art review와, 일정 기간 내에 발표된 특정 주제의 문헌을 요약하고 평가하는 critical review의 두 종류가 있으며, 내용적으로는 비평적 평가를 중시하는 것과, 해설적인 것이 있다. 그 기능은 ① 어떤 주제의 연구 동향을 파악할 수 있는 최신 정보 주지(current awareness) 기능, ② 초학자(初學者)가 그 주제의 개략을 파악할 수 있는 교육적 기능, ③ 문헌 탐색에 유효한 서지적 기능의 세 가지로 대별할 수 있다. 집필에는 그 주제의 전문가로서 인지된 사람이 적합하다. 리뷰 논문은 17-18세기부터 존재하고 있으며, 최초의 리뷰지는 1726년에 창간된 *Critical Review of Annals of Literature*라고 한다.

리커런트 교육(--敎育) recurrent education

직업인을 중심으로 한 사회인이 고도로 전문적인 지식이나 기술을 습득하기 위해, 필요에 따라 받게 되는 재교육 시스템. 리커런트(회귀·순환)라는 단어가 나타내고 있는 것처럼, 평생에 걸쳐 교육을 계속적으로 순환시키고자 한다는 것이다. 1970년에 경제협력개발기구(OECD)가 성인 교육의 구체화 전략으로서 제창하였다. 도서관 관계에서는, 일본의 경우, 일본도서관협회나 전문도서관협의회 등이 실시하는 각종 연수회, 츠쿠바대학(筑波大學)이나 게이오기주쿠대학(慶應義塾大學)의 도서관정보학 전문 과정에서 실시되는 사회인 대학원생을 받아들이는 것이 일례이다. ↔ 계속 교육; 평생 학습

리퀘스트 서비스 → 예약 서비스

리터러시 프로그램 literacy program

독서 능력을 육성하기 위한 지도 계획. 리터러시 교육에 대한 공헌은 구미(歐美)의 공공 도서관에서는 주요한 역할의 하나로 여겨지고 있는 경우가 많으며, 전종(專從)의 담당자를 배치하고, 교재를 준비하고, 지도 체제를 갖추고 있다. 이와 같은, 계획적으로 실행되는 편의 전반을 리터러시 프로그램이라고 부르며, 신장적(伸張的) 서비스의 하나로서 자리매김되고 있다. 문해(文解) 프로그램, 식자(識字) 프로그램이라고도 한다.

리퍼럴 서비스 → 안내 서비스

리플릿 leaflet

인쇄한 1매의 종이를 한번 접어 2페이지 내지 4페이지의 책자 형태로 한 인쇄 자료. 경우에 따라서는, 1매의 종이를 두번 이상 접어, 좌우 여닫이문 모양 또는 주름 상자 모양으로 한 인쇄 자료도 포함되는데, 어느 것도 전혀 철(綴)해져 있지 않다. 팸플릿의 일종으로 간주되는 경우가 많으나, 팸플릿과 구별되는 경우도 있다. 내용, 배포 방법, 축적이나 관리 방법의 특징은 팸플릿과 다름없다. 다만 분량이 극히 적기 때문에, 작성 목적의 일시성이 한층 강한 것이 통상이다. 또한 상술(上述)의 정의와는 달리, 관용적으로 작고 얇은 팸플릿을 리플릿이라고 부르는 경우도 있다. ↔ 팸플릿

링크 (1) link (2) link operator (3) link

(1) 어떤 문헌의 주제 개념을 복수의 색인어로 표현했을 때, 그러한 색인어 간의 통합적 관계를 명시하기 위해 부여되는 관계. 문헌의 주제를 구성하는 개개의 개

념만을 다루는 색인어만으로는, 개념 간의 관계까지는 다룰 수 없기 때문에, 이를 보충하기 위해 색인어에 부여된다. 색인어 간의 적절한 개념 관계를 명시적으로 지정함으로써, 검색 정확률을 높이는 것을 목적으로 하고 있다. 링크의 부여에는 상당한 작업이 수반되기 때문에, 실제로 채택하고 있는 색인 시스템은 적다. (2) 링크 (1)의 기호 표현 또는 실제 시스템에서 링크를 처리하기 위한 기호적 메커니즘. (3) 하이퍼텍스트에서 관련지어진 페이지와 페이지 간의 관계에 관한 것. WWW에서는 HTML 문서 중에 앵커 태그 〈a〉에 의해 지시된다. ↔ 롤(role)

마루세 → 둥근등(丸背)

마미야 후지오(間宮不二雄)[일본] Mamiya Fujio

1890-1970. 일본 도쿄도(東京都) 출신. 일본에서 최초의 도서관 용품 전문 제조 판매 업자. 13세에 마루젠(丸善) 입사. 1915년 퇴사 후에 도미(渡美)하여, 타자기 공장에서 수업하고, 각지를 견학하고, 다음 해에 귀국하였다. 쿠로사와상점(黑澤商店)에 근무한 후, 1921년에 독립하여, 오사카(大阪)에 마미야상점(間宮商店)을 창립하고, 도서관 용품 전문 업자가 되었다. 동시에 청년도서관원연맹을 결성하고, 그 서기장(書記長)이 되어, 16년에 걸쳐 『도서관 연구』(1924-   )를 편간(編刊)하였다. 1945년에 재해를 입은 후, 홋카이도(北海道)로 소개(疏開). 1961년에 저팬・라이브러리・뷰로를 창립하여 도서관 용품업을 재개하였다. 『일본십진분류법』(1929), 『일본목록규칙』(1943), 『일본건명표목표』(1944)를 간행하고, 그 보급에 노력하였다.

마이그레이션 migration

디지털 정보의 장기적인 보존 전략의 하나로, 어떤 하드웨어와 소프트웨어 구성에서 더 새로운 구성으로, 또는 어떤 컴퓨터 기술에서 차세대 기술로, 정보의 포맷이나 미디어를 연속적으로 변환해가는 것. 미디어의 수명이 길더라도, 미디어나 데이터 포맷의 규격이 갱신되면, 기록된 정보를 이용할 수 없게 되기 때문에, 기술 변화에 대응하여 정보의 완전성을 보존하는 것이 목적이다. 다만 완전한 레플리카(replica)를 만드는 것은 의도하고 있지 않기 때문에, 신세대 기술과의 호환성을 확보하는 중에, 원래의 정보의 표시나 검색의 능력이 결락(缺落)되는 경우도 있다. ↔ 미디어 변환; 자료 보존

마이크로 자료(--資料) microform

책이나 잡지의 페이지, 지도나 설계도 등의 평면 자료를 사진 기술에 의해 축소한 자료로, 내용을 육안(肉眼)으로 읽어 들일 수 없다. 마이크로 형태 자료라고도 한다. 형태적으로는 마이크로필름, 마이크로피시, 마이크로오패크가 있다. 정보를 꺼내기 위해서는, 마이크로 자료 리더라고 불리는 영상 확대 장치가 필요하게 된다. 마이크로 자료는 스페이스 절약 이외에, 뛰어난 코스트 효과와 이용 효과로도 평가되며, 보존 미디어로서도 평가가 정착되고 있어, 정보의 생산, 유통, 보존에 중요한 위치를 차지해왔다. 그러나 컴퓨터의 영상 처리 기술과 축적 미디어의 발전에 따라, 검색에도 뛰어난 화상(畵像) 데이터베이스 시스템으로 이행(移行) 중이다.

마이크로 자료 리더(--資料--) microform reader

마이크로필름이나 마이크로피시와 같은 마이크로 자료를 확대하여 육안(肉眼)으로 읽기 위한 장치. 마이크로 자료는 축소되어 있어, 그대로는 이용할 수 없기 때문에, 마이크로 자료에 빛을 비추어, 렌즈로 확대하여 스크린에 표시하는 마이크로 자료 리더가 필요하게 된다. 마이크로 자료를 종이에 확대 인쇄하는 기능을 부가한 마이크로 자료 리더 프린터도 있다.

마이크로시소러스 microthesaurus

더 일반적인 상위의 어휘를 제공하는 시소러스에 대해, 그 계층 구조에 완전히 포함되고, 더 전문적인 하위의 어휘를 제공하는 시소러스. ↔ 매크로시소러스

마치판(町版)[일본]

에도(江戶) 시대의 출판을 영업으로 하는 서점(서사: 書肆)의 출판물. 일본에서는 17세기 전반경부터 영업 출판이 이루어지기 시작했는데, 본격적으로 이루어진 것은 17세기 중반경부터이다. 마치판의 성립은 비교적 제작비가 저렴한 목활자에 의한 인쇄가 16세기 말부터 17세기 초에 걸쳐 이루어지기 시작했던 것과 관계가 있다. 그러나 목활자에 의한 인쇄에서는, 많은 부수를 인쇄하거나, 필요에 따라 쇄를 늘릴 수가 없었기 때문에, 본격적인 영업 출판이 이루어지게 되면, 전적으로 정판 인쇄(整版印刷: 목판 인쇄)에 의한 것으로 되었다.

마크업 언어(--言語) markup language

특정의 기호나 커맨드(command) 문자열을 사용하여, 텍스트 파일에 논리 구조나 속성, 레이아웃 등의 정보를 부가하기 위한 컴퓨터 언어. 마크업 언어를 사용하여 작성된 데이터는 바이너리(binary)가 아니라 텍스트 형식이기 때문에, 인간도 에디터 등으로 내용을 열람·수정할 수 있는 것이 큰 특징이다. 또한 표준화된 마크업 언어는 데이터 교환을 위한 파일 형식으로써 사용되는 경우도 있다. 대표적인 언어로서 SGML, XML, HTML, RTF, TeX가 있다. ↔ HTML; SGML; XML

만국저작권조약(萬國著作權條約) → 세계저작권조약

만화(漫畵) → 코믹 자료

망라성(網羅性) exhaustivity

색인법의 용어로, 색인 대상 중의 개념을 어느 정도 많이 색인어로서 채택하는가의 정도. 색인 대상을 구성하는 제 개념을 가능하면 많이 색인어로 한 경우, 망라성이 높다고 한다. 이것은 또한 깊은 색인을 행하고 있다고 표현된다. 망라성이 높은 색인 작성을 행한 경우, 검색 시에는 검색 누락을 피할 수 있지만, 노이즈(잡음)가 증가하게 된다. ↔ 색인 심도

망판(網版) halftone

원고를 망목(網目)의 스크린을 통해 촬영하고, 망점(網點)이라는 점의 집합체로 치환하여, 망점과 백지(白地)의 대소(大小)에 의해 연속된 농담(濃淡)을 잘 표현하는 방법을 사용하는 판면(版面) 또는 그 판에 인쇄된 인쇄물. 보통 철판(凸版)과 평판(平板)은 판면에 묻은 잉크의 양이 어느 곳이든 일률적으로 같기 때문에, 인쇄 잉크의 두께를 드러낼 수 없어, 농담이 있는 것을 인쇄하는 데는 적합하지 않다. 망판은 이 점을 보완하는 것이다. 망점은 철형(凸形)을 하고 있기 때문에, 철판으로 분류할 수 있다.

매(枚) leaf; folio

종이와 같은 시트 모양의 서사재(書寫材)를 셀 때의 물리적인 최소 단위. 엽(葉)이라고도 한다. 「장」(張, 일본에서는 「쵸우」(丁)라고 한다)을 동의(同義)로 사용하는 경우도 있다. 당초에는 서사재를 세는 단위는 매밖에 없었는데, 서양에서는 15세기 후기부터, 일본에서는 메이지(明治) 시대부터 페이지 매김 표시를 볼 수 있게 되었다. ↔ 장(張)

매개학(媒介學) → 미디올로지

매뉴얼 검색(--檢索) → 수작업 탐색

매절제(買切制) non-returnable purchase

상품의 거래 방법의 하나로, 구입한 측이 구매한 상품을 반품할 수 없는 제도. 이 거래 방법은 일반적으로 많은 업계에서 채택되고 있다. 매절제에서 이루어지는 거래 후에는, 거래 상품의 소유권은 판매한 측으로부터 구입한 측으로 이전되며, 구입한 후에는 구입한 측의 책임으로 상품을 판매해야 한다. 따라서 팔고 남은 상품에 대해서는, 할인 판매가 가능하게 된다. 일본에서 도서, 잡지 등의 출판물의 판매 방법으로서는, 제2차대전 이전의 도서 거래에서는 매절제가 널리 채택되고 있었으나, 현재에는 이와나미서점(岩波書店)이나 미라이샤(未來社) 등의 일부 학술 전문 출판사 등이 채택하고 있는데 불과하며, 일반적으로는 위탁 판매제가 널리 보급되고 있다. ↔ 위탁 판매제

매체 변환(媒體變換) → 미디어 변환

매체 전문가(媒體專門家) → 미디어 스페셜리스트

매크로시소러스 macro-thesaurus

더 전문적이고 개별적인 어휘를 제공하는 시소러스에 대해, 그것을 포괄하는 상위의 어휘를 제공하는 시소러스. ↔ 마이크로시소러스

멀티미디어 multimedia

문자, 수치, 정지 화상(靜止畵像), 동영상, 음성, 프로그램 등 다양한 표현 양식의 정보를 컴퓨터에서 통합적으로 취급할 수 있도록 하는 매체 또는 장치. 각각의 정보를 디지털화하여 기록함으로써, 그것들을 단독으로 또는 조합하여, 이용자의 요구에 따라 대화적으로 재생, 조작할 수 있다. 광디스크 등에 기록되는 패키지형과 네트워크를 매개로 하는 네트워크형이 있다. ↔ 광디스크

메인 라이브러리 → 중앙관

메일 매거진 e-mail magazine

전자 메일을 이용하여, 등록 강독자(登錄講讀者)에게 정기, 부정기로 어떻게든 계속적으로 정보를 전송하는 정보 미디어. 정보의 흐름이 일방향이고 일대다(一對多)의 미디어이다. 일본에서는 특이하게 발달하였으며, 호칭도 일제 영어(日製英語)이다. 영어에서는, 이메일 매거진(e-mail magazine)을 사용한 예도 있는데, 비학술적 전자 잡지를 나타내는 e-zine이라는 조어(造語)가 일반적으로 사용된다. 메일 매거진은 전자 메일을 사용한 e-zine이라고 말할 수 있다. 발송·회원 관리·광보(廣報)를 대행하는 업자의 개재(介在)로 발달하였는데, 그러한 업자에게 의존하지 않고, 단체나 개인이 단독으로 발행하는 것도 있다. 보도, 학·협회나 기업의 뉴스레터, 개인의 창작이나 에세이를 수록한 것 등이 있다. ↔ 메일링리스트; 전자 메일; 전자 저널

메일링리스트 mailing-list

특정 테마에 관심을 갖는 참가(등록) 멤버로 이루어지는 그룹의 전원에게, 동일의 전자 메일을 발송하는 시스템 또는 서비스. 그룹에 대한 등록에는, 관리자의 승인이 필요한 것과, 참가 자격을 불문하고 널리 공개되고 있는 것이 있다. 또한 참가자가 상호간에 메시지를 발신하고 정보 교환이나 의논을 행하는 쌍방향형(雙方向型)과, 전자 저널이나 뉴스레터 등을 관리자가 정기적으로 전송하는 일방향형(一方向型)으로 대별할 수 있다. ↔ 메일 매거진; 전자 메일; 전자 저널

메타데이터   metadata

정보 자원을 효과적으로 식별·기술·탐색하기 위해 그 특징을 기술한 데이터. 네트워크 정보 자원의 관리와 결부되어 생겨난 개념이다. 그러나 도서관계에서 말하면 목록 등의 데이터나 각종의 식별 데이터와 본질적으로 같으며, 반드시 새로운 개념은 아니다. 각각의 커뮤니티에서는, 각각의 정보 이용 방식에 결부된 독자적인 메타데이터를 가지고 있으며, 그 종류는 극히 많고 또한 다양하다. 메타데이터의 상호 운용성(다른 영역의 메타데이터를 활용 또는 전용(轉用)하는 것)을 확보하기 위해, 더블린 코어(Dublin Core)가 설정되어 있다. ↔ 더블린 코어

명감(名鑑)   directory

편집 방침을 바탕으로 하여 선택, 수집된 인물이나 단체의 이름이나 호칭을 표제어로 하여 음순(音順)이나 체계순으로 배열하고, 각각에 관한 정보를 간결하게 기재한 참고 도서. 인명록, 직원록, 신사록(紳士錄), 단체 명부 등의 총칭. 개인의 소속이나 연락처, 단체의 연락처 등을 조사하기 위해 이용된다. ↔ 인명록; 직원록

명시적 요구(明示的 要求)   explicit demand

이용자에게 현존하는 요구로, 이용 행위나 리퀘스트(request: 요청)의 형식으로 도서관인에게 전달되는 요구. 예를 들면, 구입 희망, 대출, 열람, 참고 질문 등이다. 리퀘스트는 이용자 요구 중에서도 가장 강한 명시적 요구로, 장서의 불충분한 영역이나 구입해야 하는 신간 자료, 소급 자료를 확인할 수 있고, 우선하여 충족해야 할 사항이 된다. 이용자 요구를 고려하여 자료 선택을 실시할 때는, 이용될 확실성이 높은 명시적 요구를 우선하게 된다. 요구 내용에 따라, 장기에 걸친 요구, 단기에 끝나는 요구, 타이틀 그 자체의 요구, 유사 타입의 자료 요구로 나뉜다. 현시 요구(顯示要求)라고도 한다. ↔ 잠재 요구

명칭 전거 파일(名稱典據--) → 이름 전거 파일

명판(明版)   Ming edition

중국 명대(明代 1368-1644)의 간본(刊本). 명대의 인쇄 사업도 송(宋)·원(元)의 전통을 이어받았으나, 명대 독자의 특색도 보이고 있다. 그 하나가 명조체(明朝

體)라고 일컬어지는 인쇄 자체(印刷字體)의 성립이다. 이것은 종선(縱線)은 굵고, 횡선(橫線)이 가늘며, 기필부(起筆部)와 종필부(終筆部)에 삼각형의 비늘 모양의 것이 붙어 있는 것이 특징이다. 이와 같은 자체는 각자(刻字)의 속도를 신속하게 할 필요에서 생긴 것이라고 한다. 명조체의 성립은 명의 가정 연간(嘉靖年間 1522-1566)으로 여겨지는데, 그 무렵 이후 많은 한적(漢籍)이 일본으로 전래되었다. 명판은 정판 인쇄(整版印刷: 목판 인쇄) 이외에, 활자 인쇄도 왕성하게 이루어졌다. 홍치(弘治)부터 가정 연간(1488-1566)의 것에는 동활자(銅活字)가 많이 사용되었으며, 그 이후에는 목활자를 사용한 것이 많다.

모노그라프 monograph

(1) 단행본에 관한 것. (2) 학위 논문에 관한 것. 특히 풀 페이퍼, 즉 특정의 주제에 관한 연구 성과를 논문으로서 완전하게 독립된 형식으로 정리한 긴 학술 논문의 것을 가리킨다. ↔ 단행본; 단행본 총서; 단행 자료

모노그라프 시리즈 → 단행본 총서

모델 → 모형(模型)

모두구 색인(冒頭句索引) → 첫줄 색인

모듈러 플랜 modular planning

도서관 건축 특유의 평면 계획의 하나로, 모듈이라고 불리는 기준 치수에 의해 장방형(長方形) 또는 정방형(正方形)의 구획으로 구성하고, 계단, 엘리베이터, 화장실, 배관 공간(덕트 스페이스) 등의 고정 부분을 집약하고, 그 이외의 공간을 개방하여 가구 배치의 융통성을 높이는 방법. 도서관의 서비스나 장서량의 변화에 따라 서가나 열람석, 또는 사무실의 배치 전환을 용이하게 하기 위해 고안되었다. 전 플로어에 상하중(床荷重), 공기 조절, 전기 시설 등을 가장 높은 수준으로 모을 필요가 있기 때문에 건축 비용이 들어가고, 외관이 단순한 등 문제점도 많다. 1950년대부터 1960년대의 미국의 대학 도서관 건축에서 주류가 되었으며, 일본의 도서관 건축도 큰 영향을 받았는데, 「건축기준법」에 의한 방화 구획 설치 등의 문제가 있어, 일본에서는 완전한 모듈러 플랜의 실시 예는 극히 적다.

모등 flat back; square back

책등(書背) 부분이 평평하여 표지의 평평한 부분에 대해 직행(直行)하고 있는 제본 양식의 것. 일본말로는 가쿠세(角背)라고 한다. 책등이 둥근 둥근등(丸背: 일본말로는 마루세라고 한다)에 상대하여 말한다.

모리 키요시(森淸)[일본]

1906-1990. 오사카부(大阪府) 출신. 일본십진분류법(NDC), 일본저자기호표의 고안자. 오사카시립실업학교 졸업 후, 로마자 국자화운동(國字化運動) 참가를 인연으로 하여 마미야 후지오(間宮不二雄)의 권유로 마미야상점(間宮商店)에 취직하였다. 청년도서관원연맹에 참가하고, 동(同) 상점의 자료 정리로부터 일본십진분류법을 고안하여, 1929년에 마미야상점에서 간행하였다. 1930년에 퇴직 후, 톳토리현립도서관(鳥取縣立圖書館), 고베시립도서관(神戶市立圖書館)을 거쳐 1938년에 상하이(上海) 일본근대과학도서관, 화중철도(華中鐵道)로 옮겼다. 1947년에 국립국회도서관에 근무하며, 1972년까지 정리 업무를 담당하였다. 그 후 호세이대학(法政大學) 교수, 아오바가쿠엔단기대학(靑葉學院短期大學) 교수로 봉직하였다. 사립단기대학도서관협의회 설립에 진력하고 초대 회장을 지냈다. 일본도서관협회에서 일본십진분류법 개정의 위원을 역임하고, 6판에서 8판을 담당하였다. ↔ 일본십진분류법

모미지야마문고(紅葉山文庫)[일본] Momijiyama-bunko

쇼군(將軍)을 위해 에도(江戶) 성내에 설치되었던 문고. 에도 시대 굴지의 장서군(막부 말기에는 약 11만 책)으로, 귀중한 전적(典籍)이 보존되어 왔다. 이에야스(家康)가 1602년에 에도 성내에 문고를 세우고, 이에미쓰(家光)에 의해 1639년에 성내 모미지야마에 인접한 곳으로 이설(移設)되었다. 장서는 이에야스가 수집한 전적이 기초가 되고 있는데, 그 후에도 배로 실어온 당본(唐本) 등이 정력적으로 수집·저장되었다. 분카 분세이(文化文政) 무렵의 서물봉행(書物奉行) 콘도주조(近藤重藏)는 서지학에 조예가 깊고, 문고의 정비에 공적이 있었다. 메이지유신(明治維新) 후, 나이카쿠문고(內閣文庫)에 인계되었으며, 현재는 동(同) 문고의 다른 장서와 함께 국립공문서관에 포함되어, 공개되고 있다.

모형(模型) model

눈에 비치는 모양이나 모습을 실물과 흡사하게 하여, 3차원적으로 조형(造形)한 것. 실물에 충실한 사실적인 것뿐만 아니라, 알기 쉽게 하기 위해 단순화하거나 일부를 과장하여 표현한 것도 포함한다. 원래 치수 크기의 것 이외에, 확대 또는 축소한 것도 있다. 지형을 입체적으로 표현한 지형 모형은 특히 디오라마(diorama)라고 불린다. ↔ 디오라마(1)

모형(母型) → 자모(字母)

목(目) section

듀이십진분류법(DDC)이나 일본십진분류법(NDC) 등의 십진식 분류법에서 세 번째 레벨 1,000구분에 대한 호칭. 한국십진분류법(KDC)에서는 요목(要目)이라고 한다. ↔ 강(綱); 십진식 기호법; 유(類)

목록(目錄) catalog

"(1) 한 도서관 또는 도서관 그룹이 소장하는 도서관 자료의 목록 저록(목록 기입)과 참조를 각종의 표목(표제, 저자, 주제명, 분류 기호)을 검색 수단으로 하여, 일정의 순서로 배열한 것. (2) MARC 레코드의 파일"(『일본목록규칙 1987년판 개정 3판』 용어 해설). 통상 소장 기관이 도서관 이외인 경우에도 목록이라고 부른다. 일본의 습관에서는, 목록이 서지의 의미로 사용되는 경우가 많다. 본래의 목록은 특정 자료의 소재를 확인하고자 할 때 이용된다. 도서관의 카드 목록은 표목에 의해, 저자 목록, 표제 목록, 분류순 목록, 주제명 목록 등의 종류로 나뉘고 있다. ↔ 서지

목록 규칙(目錄規則) → 편목 규칙

목록법(目錄法) cataloging code

도서관에 비치되는 목록의 종류나 체계 등의 결정과 그 작성 방법에 관한 지식의 총체. 특정의 도서관에서 자료의 존재를 확인하고 검색하기 위해 어떤 목록이 필요한가, 목록의 매체를 어떤 것으로 하는가, 무엇을 접근점(액세스 포인트:

표목)으로 하고, 또한 어떻게 배열하는가, 누가 어떻게 목록을 작성하거나, 또는 외부로부터의 정보를 어디까지 이용하는가 등을 결정하는 근거가 된다. 크게 기술 목록법과 주제 목록법으로 나눌 수 있다(경우에 따라서는 여기에 목록 편성법을 추가하여 3분하는 경우가 있다). 구체적인 목록 작성의 툴로서는, 편목 규칙, 분류표, 주제명 표목표, 배열 규칙 등이 있다. ↔ 기술 목록법; 주제 목록법

목록 저록(目錄著錄) catalog entry

"서지 레코드를 수기(手記) 또는 인쇄한 것으로, 기술, 표목, 소재 기호 등으로 이루어지며, 참조와 함께 목록의 구성 단위가 된다."(『일본목록규칙 1987년판 개정 3판』 용어 해설). 목록 기입, 기입이라고도 한다. 기본 저록 방식에서는, 자료의 식별상 가장 상세한 기술을 하는 기본 저록과, 이를 간략화한 보조 저록(부출 저록, 분출 저록)을 구별하고 있는데, 비기본 저록 방식인 기술 유닛 방식에서는 이러한 구별은 없다. 한편 기계 가독형의 서지 레코드는 「MARC 레코드」라 한다. 또한 『영미편목규칙 제2판』(AACR2)에서는 「저록」(entry)의 개념은 "목록의 기술 대상에 대한 기록"으로 정의되어 있는데, 상기(上記)의 규정의 「서지 레코드」에 해당한다는 사실에 주의할 필요가 있다. ↔ 서지 레코드; 서지적 기록

목록 카드(目錄--) catalog card

"카드 목록을 구성하는 개개의 카드. 통상 목록용의 국제 표준 카드 사이즈 세로 75mm, 가로 125mm의 것을 사용한다."(『일본목록규칙 1987년판 개정 3판』 용어 해설). 이와 같은 카드 사이즈의 통일화에는, 인쇄 카드의 보급이 크게 기여했다고 일컬어지고 있다. ↔ 카드 목록

목차(目次) table of contents

도서나 잡지 등에서, 장(章)이나 절(節), 기사의 타이틀과 그것이 시작되는 페이지 수를, 기재되는 순서로 열기(列記)한 일람표. 통상 전부(前付)에 배치된다.

목차 서비스(目次--) contents service

최신 정보 주지 서비스(current awareness service)의 일종. 특정 주제 분야 잡지의 목차를 복사·편집하여, 목차 속보지의 형식으로 제공하는 방법과, 이용자의

요구에 따라 필요한 타이틀의 신간이 도착할 때마다 목차를 복사하여 송부하는 방법이 있다. 전자(前者)에는 시판되는 것과 각 기관이 개별적으로 작성하고 있는 것이 있다. 후자(後者)는 특히 컨텐츠 시트 서비스라고 불리고 있다. 또한 최근에는 외부에서 전자화된 목차 정보를 네트워크상에 공개, 제공하는 서비스가 일본에서도 시작되고 있다. ↔ 목차 속보지; 최신 정보 주지 서비스

목차 속보지(目次速報誌) contents list bulletin

복수 잡지의 최신호의 목차 페이지만을 모아 편집하고, 잡지 논문의 발행을 속보(速報)하는 정기간행물. 각 잡지의 목차는 발행 이전의 교정 단계에서 입수하고, 가능한 한 속보성을 높이는 노력을 하는 경우도 있다. 대표적인 예로서, Thomson Scientific사의 *Current Contents*(1958-   )가 있다. 이것은 학술 잡지를 대상으로 하여, 자연 과학에서 예술까지의 7개 분야로 나누어 편집되는데, 현재는 WWW판, FTP판, 플로피디스크판이 있다.

목판본(木版本) xylographic book; block book

각 페이지의 삽도와 본문의 양쪽을 함께 철각(凸刻)한 판목(版木: block)으로부터 인쇄한 책. 간본(刊本)의 일종으로, 판본(版本)이라고도 한다. 목판 인쇄 자체의 기원은 7세기 중반의 중국으로, 일본에서는 나라(奈良) 시대의 접경(摺經)에서 볼 수 있었다. 게이쵸(慶長) 연간에는 한국에서 동활자(銅活字)가 전래되고, 아울러 목활자도 사용되었는데, 에도(江戶) 시대의 출판물의 상당수는 목판본이었다. 유럽에서는 맨 먼저 독일이나 플랜더스 지방에 전해져, 14세기 말부터 종교적인 판화나 카르타가 목판 인쇄되게 되었다. 목판에 의한 인쇄물 중에서, 특히 block book이라고 하는 경우는 1425년경부터 연활자(鉛活字)에 의한 활판 인쇄가 발명되기까지의 사이에 독일, 네덜란드에서 인쇄된 것을 말한다.

무저자명 고전(無著者名古典) anonymous classic

"저자가 불명(不明) 또는 불상(不詳)이기 때문에, 통상 서명으로 알려져 있고, 오랜 세월에 걸쳐 서사, 번각(飜刻), 번역 등이 이루어져, 이판(異版)이 많은 것"(『일본목록규칙 1987년판 개정 3판』 용어 해설). 무저자명 저작 중, 고전으로 여겨져 많은 판을 거듭하는 「천일야화」와 같이 이 이외에 「아라비안나이트」, 「아라

비아 야화」,「천야일야 이야기」등 다양한 표제(타이틀)로 불리고 있는 무저자명 고전에 대해서는, 목록 파일 중의 동일 저작의 집중을 도모하기 위해「통일 표제」(統一標題)를 사용하는 경우가 있다.『영미편목규칙 제2판』과 같은 기본 저록 방식의 편목 규칙에서는, 통일 표제를 기본 저록 표목으로 사용함으로써 동일 저작을 집중시킬 수 있다. 일본의 경우, 비기본 저록 방식에 의한『일본목록규칙 신판 예비판』에서는 통일 표목을 규정하고 있지 않았으나,『일본목록규칙 1987년판』부터는 임의 규정이기는 하지만 무저자명 고전, 성전(聖典)에 대한 통일 표제 표를 마련하고 있다. ↔ 무저자명 저작; 통일 표제

무저자명 저작(無著者名著作) anonymous

저자가 표시되지 않은 채 출판된 저작. 저자가 익명(匿名)으로 저작을 간행하는 것은 종교상, 정치상 등의 이유에 의한 경우가 많다. 또한 통상 표제(타이틀)로 알려져 있고, 오랜 세월에 걸쳐 서사, 번각(飜刻), 번역 등이 이루어져, 이판(異版)이 많은 것은 특히「무저자명 고전」이라고 한다. ↔ 무저자명 고전

무체 재산권(無體財産權) → 지적 재산권

무크 mook

잡지(magazine)와 도서(book)의 특성을 함께 가진 출판물로, 일본에서 만들어진 합성어. 일반적으로 출판 유통의 면에서는 잡지 취급(잡지 코드 사용)이 많으나, 내용면에서는 단행본적 독립성이 강하다. 1973년의 오일 쇼크 후에, 출판 코스트가 저렴하고, 유통 관리가 쉬운 상품으로서 등장하였다. 잡지의 별책, 중간호(增刊號) 등의 형식 또는 독립된 무크 시리즈(도서 취급의 총서. ISBN의 총서번호 부여)도 늘어나고 있다. ↔ 도서; 잡지; 출판

묵자 자료(墨字資料) black letter material

옛날에는 먹(墨)으로 쓴 자료를 말했으나, 현재는 수기(手記)의 문서, 인쇄물, 컴퓨터의 프린트아웃 등, 종이 또는 그에 준하는 매체 상에 문자 정보가 기록되어 있는 자료를 말한다. 점자 자료(點字資料)에 상대되는 말로 자주 사용된다.

묵자역 서비스(墨字譯--) translation service into black letter

시각 장애인을 위해 도서관이 실시하는 서비스의 하나로, 점자 자료를 묵자로 고치는 것. 시각 장애인이나 손의 기능 장애인을 대신하여 대필(代筆)하는 것도 포함한다. 점자를 읽을 수 없는 사람이 점자의 편지를 받은 경우 등에 이 서비스가 필요하게 된다.

문고(文庫) library; bunko

(1) 순회 문고, 자동차 문고, 학급 문고 등 도서관 활동의 형태나 그 컬렉션을 가리키거나, 또는 가정 문고, 지역 문고 및 그 총칭으로서의 어린이 문고를 가리키는 경우도 있다. (2) 출판 형태를 가리키는 단어로서, 총서나 전집류의 총칭으로서, 일본에서는 메이지기(明治期)에 사용되었다(예: 데이코쿠문고(帝國文庫), 니혼문고(日本文庫)). 현재는 소형으로 휴대에 편리한 염가의 보급판의 총칭으로서 사용되고 있다(예: 이와나미문고(岩波文庫)). (3) 일본어의 「후미쿠라」(ふみくら)에 한자를 대응시킨 말. 본래는 문헌, 문서, 기록류를 보존하는 서고. 바뀌어, 통합된 장서나 도서관을 가리킨다. 호조가(北條家)의 가나자와문고(金澤文庫), 도쿠가와가(德川家)의 모미지야마문고(紅葉山文庫), 카가마에다가(加賀前田家)의 손케이카쿠문고(尊經閣文庫), 근대에는 세이카도문고(靜嘉堂文庫), 토요문고(東洋文庫) 등이 저명하다. ↔ (1) 가정 문고; 어린이 문고; 지역 문고

문고판(文庫判)

국판절판(菊判截判) 약 109×151mm) 또는 A6판(105×148mm)의 속칭. 이른바 문고본에 많은 것에서 유래한 호칭.

문고 활동(文庫活動)[일본] bunko service

어린이 문고에서 어린이 도서의 수집, 서비스의 제공, 집회의 실시, 관리자(보살펴 주는 사람)의 활동 등의 총칭. 지역의 어린이를 위해 도서를 수집하고, 대출 서비스를 하는 것이 문고 활동의 축이 되지만, 책 읽어주기나 카미시바이(紙芝居: 그림연극), 이야기, 손으로 만들기 놀이 등의 일상적인 활동, 크리스마스회, 칠석, 캠프 등의 연중 행사, 이야기회, 인형극, 영화회 등의 행사, 독서회, 강연회, 강습회, 찾아가는 이야기회(お話の出前), 문집 문고에 대한 소식의 작성 등의 관리자의 활동

이 주이다. 이 밖에도, 문고 연락회의 공부 모임(勉强會), 맹학교 기숙사에 대한 낭독 활동, 천 그림책 만들기, 3세아 검진에서의 계몽 활동 등이 있다. 유지(有志) 그룹에서 운영하고 있는 문고가 왕성하게 활동하고 있고, 개인의 어린이 문고도 관리자의 수는 적지만 활동은 활발하다. 마치내회(町內會), 자치회, 어린이회 운영의 문고는 그만큼 활발하지는 않다. ↔ 가정 문고; 어린이 문고; 지역 문고

문서(文書) document

특정의 개인이나 단체가 그 활동 과정에서 특정의 상대에 대해 작성하는 기록. 책이나 잡지는 불특정 다수의 자에 대해 간행되고, 상당수의 경우 시판되는 것을 전제로 하고 있는 것에 대해, 문서는 발신자와 수신자가 특정되어 있고, 시판되지 않을 것으로 생각된다. 발신자와 수신자의 관계가 공적인 경우에 공문서, 사적인 경우에 사문서라고 한다. 공적인 활동은 그 성질에서 어떤 증거를 남기는 것이 필요한 경우가 많고, 관공청(官公廳)이 간행하는 공문서를 줄여서 문서라고 말하는 경우도 있다. 또한 근세 이전의 고문서, 고기록에 대해, 근대 이후의 것을 문서라고 한다. ↔ 고문서

문서관(文書館) archives

공사(公私)의 문서, 기록류를 보관하여 이용에 이바지하는 것을 목적으로 하는 기관, 시설. 국가나 지방 자치 단체 등의 행정 기관이 직무상 작성한 문서류의 원자료를 보관하고, 그 이용을 도모하는 공적 시설은 공문서관이라고 하는데, 예를 들면 국립공문서관, 도쿄도공문서관(東京都公文書館) 등이 있다. 근세 이전의 고문서를 보관하는 기관은 고문서관이라고도 한다. ↔ 문서; 아카이브즈

문서관 자료(文書館資料) archival material

문서관이 수집, 정리, 보존하고 있는 자료. 그 한 점밖에 없는 유일성을 갖는 것으로, 문서관에서 보존하는 것은 역사적인 고증의 실마리로 하기 위해서이다. 또한 역사적인 증언을 관계자에게 인터뷰하여 만들어지는 오럴 히스토리(oral history)라고 불리는 영상 자료도 문서관 자료로 여겨지는 경우가 있다. 문서관 자료는 사료(史料) 중에서 아키비스트(archivist)가 그 설치 목적에 맞는 관점에서 선택하여, 정리 보존하는 것이다. ↔ 고문서; 문서; 문서관; 아키비스트

문서관학(文書館學) → 기록학

문자열 부분 일치(文字列 部分一致) → 부분 일치

문자 집합(文字集合) character set

　　컴퓨터에서 숫자, 문자, 기호, 제어 코드 등을 나타내는 일군의 문자 개념과 그 부호의 체계. 캐릭터 세트, 문자 세트라고도 한다. 한국어 문자 집합으로는 KS X 1001-2004(구 KS C 5601)가 한국 산업 규격으로 지정되어 있다. 현재 일본 국내에서 한자 등을 포함한 문자 집합으로서 사용되고 있는 것으로는, 구(舊) JIS(C 6226-1978), 신 JIS(X 0208-1983), JIS 2000(X 0213-2000), 시프트 JIS, EUC, 또는 각 기관 고유의 확장 코드 세트 등이 있다. 또한 1993년에 세계의 주요한 문자를 수용하는 16비트의 Unicode 및 ISO/IEC 10643(UCS: Universal Multiple Octet Coded Character Set)(JIS X 0221)이 만들어져, 정보 네트워크 등 다언어 처리 환경에서 사용되고 있다. 또한 채택한 문자 집합에 대해 독자적으로 추가한 문자를 「외자」(外字)라고 한다. JAPAN MARC는 2002년도부터 한자의 사용 문자 집합을 JIS X 0208-1990으로 변경하였다. 또한 MARC 21은 2000년판부터 ALA 문자 세트나 CJK(중국어, 일본어, 한국어) 문자 등을 수용하는 MARC-8 이외에 UCS/Unicode의 사용도 가능해졌다.

문자·활자문화진흥법(文字·活字文化振興法)[일본] Law for the Promotion of Character- and Type-Culture

　　일본에서 2005년에 공포된 법률로, 문자·활자 문화의 진흥에 관한 기본 이념을 정하고, 국가와 지방 공공 단체의 책무를 분명하게 하고, 그 진흥에 필요한 사항을 제시하고 있다. 공공 도서관 관련 부분에서는, 필요한 수의 공공 도서관의 설치, 사서의 충실화 등의 인적 체제의 정비, 자료의 충실화, 정보화의 추진 등을 강조하고 있다. 학교 도서관 관련 부분에서는, 교육 직원의 자질 향상, 사서 교유(司書敎諭) 등의 인적 체제의 정비, 자료의 충실화, 정보화의 추진 등, 대학 도서관 관련 부분에서는, 일반 공중에 대한 개방의 추진, 공개 강좌 등의 활동 추진 등을 강조하고 있다. 또한 10월 27일을 「문자·활자 문화의 날」로 정하고 있다.

문학 공통 구분(文學共通區分) subdivision of individual literature

일본십진분류법(NDC)의 일반 보조표의 하나. 문학 작품 및 문학 연구를 분류하는 데 있어서의 제1의 구분 특성은 언어이며, 다음으로 이 보조표에 의해, 개별 언어의 문학을 세분한다. 각 언어의 문학에 공통하여 적용되기 때문에 이 명칭이 되었다. 항목의 대부분은 시가, 희곡, 소설, 평론, 일기, 기록, 잠언 등의 문학 형식이지만, 작품집이라는 표현 형식도 포함한다. 한국십진분류법(KDC)의 문학 형식 구분표에 해당한다. 또한 듀이십진분류법(DDC)에도 마찬가지의 기능을 수행하는 보조표가 마련되어 있다. ↔ 보조표

문해 프로그램(文解--) → 리터러시 프로그램

문헌(文獻) document; literature

간행된 인쇄물. 영어의 document는 매체의 여하에 관계없이 기록된 것 일반의 총칭으로, 이것이 「문헌」이라고 번역되는 경우가 많은데, 일본어의 문맥에서는 개인의 편지나 녹음물, 비디오 녹화까지도 「문헌」으로 불리는 것은 아니다. 「자료」나 「문서」라는 단어와 비교했을 경우, 「문헌」이라는 용어는 특정의 테마를 잘 알기 위한 근거처, 전거(典據)가 되는 것의 총칭으로서 사용되고 있다. ↔ 문서

문헌 배달 서비스(文獻配達--) document delivery service

특정 기관이 조직적으로, 주로 도서관을 대상으로, 요청된 문헌 또는 그 복사물을 송부하는 활동. 옛날에는 도서관 상호 대차에서, 다른 도서관에 문헌을 송부하는 것도 의미하였다. 도서관을 기반으로 하는 대표적인 서비스 기관으로서는, 영국도서관 문헌공급센터(BLDSC)가 있다. 또한 다수의 출판사와 계약을 하고, 송부에 인터넷이나 팩시밀리를 활용하는 Ingenta(2000년에 CARL UnCover를 매수)와 같은 상용(商用) 서비스도 등장하고 있다.

문헌 분류법(文獻分類法) library classification

도서관 자료를 분류하기 위한 분류법. 일본에서는 도서관 분류법이라고도 한다. 자료 또는 서지 레코드를 그 주제를 바탕으로 하여 체계적으로 배열하고, 아울러 체계적으로 검색하는 것을 목적으로 하는 것이다. 분류의 기초는 원칙적으로

주제에 의하는데, 이 이외에 표현 형식이나 이용자의 관심의 유(類)도 채택되는 경우가 있다. 문헌적 근거를 바탕으로 하여 이를 구축하는 것이 바람직하다고 여겨지고 있다. ↔ 문헌적 근거; 분류법; 서가 분류; 서지 분류

문헌 송부 서비스(文獻送付--) → 문헌 배달 서비스

문헌 이용 지도(文獻利用指導) bibliographic instruction

도서관 이용자에게 정보를 더 효과적으로 입수하고 이용하는 방법을 습득시키는 것을 의도한 계획적 활동. 이 목표를 바탕으로, 도서관의 조직 체계에 대한 이해와 함께 참고 도서의 이용 능력의 육성을 도모한다. ↔ 도서관 이용 교육

문헌적 근거(文獻的 根據) literary warrant

문헌을 대상으로 하는 색인 시스템을 구축함에 있어, 특정의 단어를 색인어로서 채택하기 위한 근거의 하나로,「대상이 되고 있는 문헌 또는 문헌군 중에 그 단어가 출현하고 있다」고 하는 근거. 이용자가 그 단어를 검색어로서 이용하기 때문이라고 하는 근거, 즉 이용자 근거와 상대를 이루는 말. 문헌적 근거는 단어의 출현 빈도와 일정의 관계가 있는데, 출현 빈도가 너무 높으면 단어의 색인어로서의 식별력이 저하되기 때문에, 단어의 출현 빈도가 높으면 문헌적 근거가 더 명확하다고는 한정할 수 없다. 원래는 분류 체계의 구축에서 특정의 단어를 분류 표목으로 선정하기 위한 근거의 하나였는데, 색인 시스템의 구축에 전용(轉用)되었다. 문헌적 타당성이라고도 한다.

문헌정보학(文獻情報學) library and information science

도서관학에 정보학이 부가된 학문 영역. 도서관학이 중심으로 하는 도서관에 관계되는 제 현상, 구체적으로는, 제도, 운영, 서지 통정, 자료, 서비스, 이용, 그리고 시설 등 이외에, 정보나 미디어의 성질, 그러한 것들의 생산에서 축적, 검색, 이용에 이르기까지의 과정을 대상으로 한다. 실제로는, 미국의 library school이 컴퓨터의 이용이나 정보 검색 등을 교육 과정(커리큘럼)에 도입하고, school of library and information science로 명칭을 변경하기 시작한 1960년대 초에 생겨났으며, *Encyclopedia of Library and Information Science*(초판 1968-2003)나

Library & Information Science Abstracts(1969-   )가 간행된 1960년대 말에 확립된 것으로 생각된다. 일본에서는 「정보도서관학」, 「도서관·정보학」 등의 표기가 있는데, 「도서관정보학」이 정착되었다. ↔ 도서관학; 정보학

문헌정보학 교육(文獻情報學敎育) library and information science education

학문 분야의 하나인 문헌정보학의 체계적 교육. 한정적으로는, 고등 교육 기관의 전문 교육을 의미하며, 학부 내지는 학과 조직으로 뒷받침되는 전공 영역이 되어 있는 것이 전제가 된다. 이 교육 과정을 수료함으로써, 도서관인으로서의 전문 자격이 부여되는 것이 일반적이다. 그러나 일본에서는, 전공 영역은 아니지만, 일반적으로 사서 과정이라고 일컬어지는 자격 부여 과정이나, 사서 강습 및 사서 교유(司書敎諭) 강습과 같은 자격 취득의 교육 기회도 포함하여 문헌정보학 교육이라고 불리고 있다. 나아가서는 문헌정보학을 기반으로 하는 단일 과목을 개설하는 경우까지도 대상으로 하고 있는 경우가 있다.

문헌 조사(文獻調査) literature search

어떤 특정의 주제에 관한 문헌 정보의 조사. 체계적, 망라적인 조사가 이루어지며, 그것을 바탕으로 하여 주제 서지, 초록, 리뷰, 전망 기사 등의 이차 자료가 작성되는 경우도 적지 않다. 문헌 조사는 이용자의 조사 연구 활동의 한 과정으로서 이루어진다. 그런 의미에서, 도서관이 이용자의 요구에 따라 실시하는 문헌 조사는 조사 연구 활동에 대한 지원으로서 자리매김된다. 이용자의 요구가 특정 분야에 모아지는 것을 상정(想定)한 이차 자료의 작성도 문헌 조사 안에 포함된다. 근년에는 문헌량의 증대, 도서관에 대한 이용자의 기대의 고조 등의 요인에 의해, 또한 컴퓨터의 활용 등에 의해, 문헌 조사 서비스는 충실해지는 경향이 있다.

물리 단위(物理單位) physical unit of description

"서지 단위를 분할하여 형태적으로 독립한 부분 한 점씩에 대해 기술하는 단위"(『일본목록규칙 1987년판 개정 3판』 용어 해설). 『일본목록규칙 신판 예비판』에서의 기술 대상의 설정은 이것을 원칙으로 자리매김하고 있었다. 『일본목록규칙 1987년판』 부터는 그것은 「서지 단위」를 보완하는 자리매김으로 위치하게 되

고, "자료의 관리나 소장 기록을 위해, 1점씩의 서지 레코드가 필요할 때," 또는 "목록이나 출판물 리스트에 수록할 때, 1점씩의 서지 레코드를 작성할 필요가 있을 때"에 채택할 수 있도록 하고 있다. 상당수의 단행 자료는 서지 단위에 의한 파악과 물리 단위에 의한 파악이 동일 결과가 되는데, 형태적으로 2점 이상으로 이루어지고, 그 각 부분에 고유의 표제(타이틀)가 없는 자료 등에 대해서는, 양 단위에 의한 파악 결과가 다른 것이 된다. 또한 개개의 도서관에서 각각의 자료의 복본 등을 구별하는 단위도 마찬가지로 「물리 단위」(또는 「자료 물리 단위」)라고 불리는 경우가 있는데, 이것은 통상 소장 사항에 포함되는 내용이다.
↔ 서지 단위

미국도서관협회(美國圖書館協會) American Library Association(ALA)

미국에서 1876년에 창설된 세계 최고(最古)의 그리고 최대 규모의 도서관 협회. 모든 관종(館種)을 포함한다. 개인 회원과 단체 회원으로 구성되며, 개인 회원에는 도서관인뿐만 아니라, 도서관 관계자도 포함된다. 평의회, 이사회를 바탕으로, 관종별 및 도서관의 주요 서비스별의 부회(部會), 정보 기술 방침, 지적 자유와 조사·통계 등에 관한 위원회, 라운드테이블, 지역 지부 등이 설치되어 있다. 이러한 하부 조직의 활동과 기관지 *American Libraries*(1970-   )를 비롯한 출판 활동, 각종 기준의 작성·보급, 연수 활동, 국제 교류 등을 통해 도서관 정보 서비스의 향상을 목표로 하고 있다. 또한 도서관 학교의 설치 기준을 작성하고, 전문직 자격을 부여할 수 있는 도서관 학교의 인정을 통해, 전문직 제도의 확립에 공헌해왔다. 미국 연방 정부에 대한 로비 활동도 왕성하다.

미국도서관협회 윤리강령(美國圖書館協會 倫理綱領) American Library Association Code of Ethics

미국도서관협회 평의회에 의해 채택된 윤리강령. 미국도서관협회는 1938년에 처음으로 28개조로 이루어진 윤리강령을 제정한 이래, 1975년, 1981년, 1995년에 개정을 거듭해왔다. 1995년의 강령은 전체 8개조로 되어 있으며, 양질(良質)의 서비스를 제공할 것의 서약, 지적 자유의 보장, 이용자의 프라이버시의 보장, 지적 재산권의 존중, 조직체 및 전문직의 일원으로서의 역할의 수행 등을 정하고 있다. 1938년 강령에서는 도서관에 근무하는 모든 직원이었던 강령의 적용 범위가 1975년과 1981년의 강령에서는 전문직으로 한정되고, 전문 직업 윤리로서의 성격을 강화하였다. 그러나 1995년의 강령에서는 전문직 및 기타 도서관 직원, 기타의 정보 서비스 전문직, 도서관 위원회의 구성원으로 다시 확대시키고 있다. ↔ 윤리 강령

미국의회도서관(美國議會圖書館) Library of Congress(LC)

1800년에 설립된 미국의 연방의회도서관·국립도서관으로, 세계 최대 규모의 도서관. 건물은 현재 3개관으로 이루어져 있다. 도서 약 2,900만 책(2006년). 미국의 법정 납본 도서관이며, 저작권의 등록도 실시한다. 20세기 초에 시작된 목록 카드의 인쇄·배포 서비스를 1997년에 중지하고, 현재는 MARC 21을 작성·배포한다. 의회에 대한 조사 서비스, 국민에 대한 서비스, 법률 도서관, 시각 및 신체 장애인에 대한 도서관 서비스의 전국 센터, 독서 진흥의 전국 센터, 인터넷을 통한 정보 제공 등 다채로운 활동을 실시하고 있으며, 국내뿐만 아니라, 세계의 도서관 활동에 큰 영향을 미치고 있다.

미국의회도서관분류표(美國議會圖書館分類表) Library of Congress Classification (LCC)

미국의회도서관이 자관(自館) 장서의 분류 배가를 위해 1901년 이래로 부문별로 간행하여 사용하고 있는 대규모 일반 분류표. 문헌적 근거를 바탕으로 한 열거식 분류표의 전형적인 예. 기호법은 원칙으로서 알파벳과 숫자로 이루어지는 혼합형 비십진식 기호법이다. 분책 형식(分冊形式)으로 간행되며, 분류표 전체에 적용할 수 있는 보조표가 없고, 특정 주제의 부분에 개개로 마련되어 있는 등, 개별적으로 독립된 특수 분류표의 집성(集成)이라는 성격이 강한데, 개략적으로 주제마다 외형식(外形式)에서 시작하여 특수 주제로 이르는 서열이 인식되고 있다. 또한 복합 주제의 자료를 수용하기 위해 「제너럴·스페셜」(general special)이라는 항목도 설정되어 있다. 인쇄 카드나 MARC 21에 표시되기 때문에, 미국에서는 보급률이 높다. 간행 후에도 분책마다 끊임없이 개정이 이루어지고 있다. 책자체(冊子體) 이외에, 웹 사이트에서도 제공되고 있다. ↔ 미국의회도서관

미국의회도서관주제명표목표(美國議會圖書館主題名標目表) Library of Congress Subject Heading(LCSH)

시어즈주제명표목표(Sears List of Subject Headings)와 함께, 커터(C. A. Cutter)의 주제명 목록 이론을 바탕으로 하여 작성된 미국의 대표적인 주제명 표목표. 미국의회도서관이 유지 관리한다. 초판은 1909년부터 1914년에 걸쳐 간행되었다. 현재는 매년 갱신되고 있으며, 최신판은 제30판(2007)이다. 표목형으로서 복합어나 도치형도 사용되며, 지리 구분이나 형식 구분 등의 세목 부여 주제명도 채택되고 있다. 1974년 이래로, free floating subdivision 및 pattern heading이 도입되고, 주제명 표목 간의 다양한 결합에 어느 정도 부응하기 위한 방안이 모색되고 있다. 제11판(1988) 이후로, 표목 간의 관련성 표현은 USE, BT, NT, RT와 같은 시소러스 스타일이 되었는데, 세목 부여 주제명의 존재, 세목 부여 주제명에도 계층 관계를 설정하고 있는 것 등, 구래(舊來)의 주제명 표목표를 답습하고 있는 부분도 적지 않다. MARC 21은 물론 UK MARC 등에도 채택되고 있으며, 주제 검색을 위한 기본적 툴로서 전 세계에서 널리 이용되고 있다. 책자체(冊子體) 이외에, 웹 사이트에서도 제공되고 있다.

미국정보학회(美國情報學會) American Society for Information Science and Technology(ASIST)

정보학의 진보와 정보 전문직의 향상을 목적으로 하는 단체로, 1937년에 설립되었다. 처음에는 American Documentation Institute라는 명칭으로, 학회 및 협회, 재단, 정부 기관의 대표로 구성되어, 마이크로 사진 기술을 다루고 있었는데, 제2차대전 이후에는 회원의 범위를 확대하고, 도큐멘테이션에 관한 제 문제를 폭넓게 다루게 되었다. 정보학의 흥륭(興隆)과 함께, 1968년에 American Society for Information Science가 되었고, 2001년부터 현재의 명칭이 되었다. 개인 회원과 단체 회원으로 구성되며, 이사회를 바탕으로, 각종의 위원회, 전문 부회(專門部會), 지부 등이 조직되어 있다. 학술 잡지 *Journal of the American Society for Information Science and Technology*(1950-   창간 당시에는 *American Documentation*, 그 후 *Journal of American Society for Information Science*)와 리뷰지 *Annual Review of Information Science and Technology*(1966-   ) 등의 출판과 회의의 개최, 연수 등을 비롯하여, 다양한 활동을 전개하고 있다.

미디어 media

(1) 정보 미디어에 관한 것. (2) 기록 매체에 관한 것. 광의(廣義)로는 아날로그 미디어를 포함하지만, 협의(狹義)로는 컴퓨터의 외부 기억 장치로 사용하는 휴대용의 디지털 기억 매체. (3) 매스컴에 관한 것. 신문, 텔레비전 등의 모든 매스컴이 1990년대에 미디어라고 불리게 되고, 보도나 사회학의 영역에서 정착되었다. 「미디어의 시대」, 「미디어 이벤트」 등의 「미디어」는 매스컴을 가리키고 있다. ↔ (1) 정보 미디어; (2) 미디어 변환

미디어 리터러시 media literacy

(1) 신문이나 비디오 방송 등의 매스미디어가 발신하는 정보를 평가하고, 비판적으로 이해하는 능력. (2) 각종 미디어를 활용하는 능력. 미디어를 능숙하게 사용하는 능력(미디어 스킬)이나 「정보 리터러시」와 거의 같은 의미로 사용되고 있다. ↔ 미디어; 미디어 프로그램; 정보 리터러시

미디어 변환(--變換) media conversion

인쇄물을 마이크로필름에 촬영하거나, 광디스크에 화상 데이터로서 수록하는 등, 동일의 정보 내용을 다른 미디어로 변환하여 축적하는 것. 디지털 정보는 미디어 변환이 용이한 것, 변환을 반복하더라도 정보가 열화(劣化)하지 않는다는 것 등의 특징이 있기 때문에, 아날로그 미디어와 비교하면 미디어 변환이 일상화하고 있다. 또한 아날로그 정보의 효율적인 보관, 가공을 목적으로 하여, 이러한 정보의 디지털 미디어로의 변환이 급속하게 진행되고 있다. 그 때 이미지 데이터로서의 인쇄물을 그대로 이미지 데이터로서 전자적으로 보존하는 것이 아니라, OCR을 이용하여 컴퓨터의 문자 레코드로 변환하는 것도 이루어지고 있다.

미디어 센터 → 학교 도서관 미디어 센터

미디어 스페셜리스트 media specialist

미국의 「학교도서관기준」(1975)에 의하면, 교육 및 미디어에 대해, 학교 도서관 미디어 센터의 전문 직원으로서 폭넓은 교육을 받고, 적절한 자격증을 소지하며, 미디어 프로그램을 작성하고, 이를 실천할 수 있는 능력을 갖춘 사람들에 관한

것이다. 문헌정보학, 교육 커뮤니케이션, 교육 공학, 교육 과정(커리큘럼) 등에 걸친 분야에서, 미디어 프로그램의 계획과 관리, 정보의 처리, 축적, 검색 시스템, 이용자의 특성과 정보 요구의 분석 등, 10여 항목에 걸친 전문적 직무 내용이 요구된다. ↔ 미디어 프로그램

미디어 전문가(--專門家) → 미디어 스페셜리스트

미디어 프로그램 media program

학교 도서관 미디어 센터에서, 프로그램을 구성하고, 이용자와 함께 이를 실천하며, 그 성과를 평가하고, 나아가 프로그램을 개선하는 일련의 활동의 총칭(*Media Programs: District and School* 1974). 미디어 프로그램은 직원, 과정 및 정보원(情報源)과, 그러한 3자 간의 상호 작용을 통해 표현된다. 또한 미디어 스페셜리스트에 의해 운영되는 사람, 자료, 기기, 시설, 환경 모두를 포괄한다. ↔ 학교 도서관 미디어 센터

미디올로지 mediology

미디에이션(mediation: 중개 작용)에 착안하여 전달 작용을 연구하는, 프랑스의 드브레(Régis Debray 1941-   )에 의해 제창된 연구 영역·방법. 일반적으로 커뮤니케이션 연구가, 기호학을 포함하여, 매개 작용의 사회성·정치성이나 기술적 기반을 포함하는 물질성, 그리고 통시적 작용(通時的 作用)을 고려하지 않는 것에 대해, 미디올로지에서는 그러한 매개 작용이 갖는 효과가 중요한 관심의 대상이 된다. 미디올로지적으로 말하면, 사회 또는 시대는 특정의「미디어권(圈)」에 속한다. 미디어권에는 부족 사회적인「기억권」, 음성 언어에 의존하는「언어권」(대제국 시대), 문자 언어를 중심으로 하는「문자권」(근대) 등이 있으며, 현재는「영상권」으로 이행(移行)하고 있는 것으로 생각되고 있다. ↔ 기호; 커뮤니케이션

미술관(美術館) art museum; museum of art

회화, 조각, 서(書), 건축, 공예품 등의 미술품을 수집·보존·전시하여 일반의 감상·조사 연구에 이바지하는 시설. 학예원(學藝員)을 두고, 충실한 자료를 바

탕으로 전문적인 활동을 행하는 미술관은 미술 박물관이라고 불린다. 한편 자료를 거의 갖고 있지 않고, 외부의 자료를 빌려 전시하는 갤러리적인 미술관이 증가하고 있다. 자료의 종류를 한정한 회화관, 조각관, 공예관 등도 있다. 일본의 경우, 문부과학성(文部科學省)의 조사에 의하면, 2005년 현재 미술 박물관은 423개관, 유사 시설은 664개관이다. ↔ 박물관

미완 저록(未完著錄) open entry

기술 대상의 서지 사항에 미확정의 부분이 있어, 채워야 할 공백이 있거나 또는 특정 시점에서 잠정적인 정보가 임시로 기록된, 완성되어 있지 않은 목록 저록. 형태적으로 복수의 단위로 이루어지는데, 서지적으로는 하나의 완결을 이루는 기술 대상의 전체를 대상으로 하여 작성되는 일괄 저록(一括著錄)에서, 한 덩어리가 되어야 할 기술 대상 중에 미간(未刊)의 부분이 있을 때나, 그것들이 동시에 목록 작성 기관에 입수되지 않았을 경우에 작성된다. 세트물의 경우에는, 분할 저록(分割著錄)으로 하면 피할 수 있지만, 간행 중인 연속간행물의 경우, 특히 신문이나 잡지에 대해서는, 실무상 이 방법에 의하지 않으면 안 된다. 미완 부분이 확정된 정보에 의해 치환된 시점에서 완결 저록(完結著錄)이 된다. ↔ 완결 저록

미츠마타지(--紙) → 삼아지(三椏紙)

미타도서관·정보학회(三田圖書館·情報學會) Mita Society for Library and Information Science

문헌정보학의 이론과 실천에 관계된 활동의 추진과 진흥을 목적으로 하여 설립된, 일본 문헌정보학계의 대표적인 학회. 1963년 미타도서관학회(三田圖書館學會)라는 명칭으로 도서관학의 연구와 보급을 도모하는 단체로서 발족하여, 1968년에 현재의 명칭으로 변경되었다. 게이오기주쿠대학(慶應義塾大學) 문학부 인문사회학과 도서관·정보학 전공을 모체로 하고 있는데, 널리 문헌정보학 연구자 및 도서관인, 나아가서는 정보 관리에 관한 연구, 교육, 실무에 종사하는 관계자, 도서관을 비롯한 관계 기관에게 문호를 열고 있다. 기관지 *Library and Information Science*(1963- 창간 당시는 *Library Science*)의 간행, 연차 대회 및 월례 연구회의 개최 등의 활동을 실시하고 있다.

밀집 서가(密集書架) compact shelving

한정된 서고의 수장 능력을 높이기 위해, 수동 또는 전동으로, 스틸제의 서가열(書架列)을 레일 상에서 전후, 좌우, 상하로 가동시킴으로써 통로 스페이스를 축소시킨 서가군. 고정 서가에 비해, 대폭적으로 스페이스를 절약할 수 있다. 서가 내를 몇몇의 블록으로 나누고, 이용하는 통로 이외의 서가 간 스페이스를 줄이고 있기 때문에, 이용 빈도가 낮은 보존 자료의 배가에 적합하다. 수동식, 전동식 어느 서가에서든, 안전 바나 스톱 키 등의 사고 방지 장치가 붙어 있다.

박물관(博物館) museum

"역사·예술·민속·산업·자연 과학 등에 관한 자료를 수집하고, 보관(육성을 포함한다)하고, 전시하여 교육적 배려 아래 일반 공중의 이용에 이바지하고, 그 교양·조사 연구·레크리에이션 등에 도움을 주기 위해 필요한 사업을 시행하고, 아울러 이러한 자료에 관한 조사 연구를 하는 것을 목적으로 하는 기관"(일본「박물관법」제2조). 광의(廣義)로는 미술관, 동물원, 식물원, 수족관 등도 포함한다. 기능은 도서관에 유사하지만, 기록되고 공간(公刊)된 지식이나 정보가 아니라, 현물(現物)을 비롯한 물(物) 자체가 중심이 된다는 점에서 크게 다르다. 일본「박물관법」에서 말하는 박물관은 도도부현(都道府縣) 교육 위원회의 심의를 거쳐, 등록을 받은 것을 가리키며, 공립 박물관과 사립 박물관으로 나뉜다. 일본의 문부과학성(文部科學省)의 조사에 의하면, 2005년 현재 박물관 1,196개관, 유사 시설 4,418개관이다. ↔ 미술관; 박물관법[일본]; 박물관 자료

박물관법(博物館法)[일본] Museum Law

일본의「사회교육법」제9조 제2항을 받아 1951년에 공포된 법률. 대상으로 하는 것은 지방 공공 단체가 설치하는 공립 박물관과, 공익 법인 등이 설치하는 사립 박물관으로, 어느 것이든 도도부현(都道府縣)의 교육 위원회에 등록한 것이다. 이러한 것들에 대해, 그 정의와 역할, 사업, 전문직 직원으로서의 학예원의 자격, 설치 및 운영상 바람직한 기준의 책정, 등록 등을 정한다. 공립 박물관에 대해서는, 다시 조례에 의한 설치, 박물관 협의회의 역할과 구성, 원칙적인 무료

제, 국고 보조 등을 규정한다. 이 이외의 박물관으로, 문부과학대신 내지 도도부현 교육 위원회가 지정하는 것은 「박물관에 상당하는 시설」로서 박물관에 준하여 다루어지는데, 등록도 하지 않고, 상당 시설로서의 지정도 받지 않은 유사 시설도 많다.

박물관 자료(博物館資料) museum material

박물관이 그 소장 자료로서 수집하고, 보관하고, 전시하는 모든 자료. 실물, 표본, 모사(模寫), 모형, 문헌, 사진, 영상 필름, 음반 등을 포함한다. 실물이나 표본에는, 자연지(自然誌) 박물관(식물원, 동물원, 수족관을 포함한다)에서 살던 식물, 동물이 포함된다. 다만 전시 설비나 영사 장치 등의 전시 보조 또는 지원 기기는 포함되지 않는다. ↔ 도서관 자료

박양본(薄樣本) thin paper edition

얇게 만들어진 양질의 종이인 박양(薄樣)을 사용하여 만든 책. 박양본은 용지가 얇기 때문에, 책의 부피를 낮추기 위한 일종의 특제본(特製本)인 경우가 많다. 일본에서는 박용본(薄用本), 박엽본(薄葉本)이라고도 하며, 중국에서는 박지형판(薄紙型版)이라고 한다.

반납(返納) return

대출되었던 도서관 자료를 되돌려주는 것. 반납을 받으면, 도서관에서는 신속하게 대출 기록을 해제 또는 말소하고, 아울러 그 자료에 예약이 들어와 있는지의 여부를 체크한다. 반납의 용이함이 이용의 용이함과 관련이 있다는 것, 또한 반드시 반납 시에 대출 기록의 해제, 말소를 하지 않더라도 무방하다는 것 때문에, 개관 시간 외에도 자료의 반납을 받는 도서 반납함을 설치하고 있는 경우가 많다. ↔ 도서 반납함

반납 기한표(返納期限票) date due slip

대출용의 도서관 자료에 첨부되어 있는 반납 기한을 기록하기 위한 종이 조각. 일본에서는 일부표(日付票), 일한표(日限票)라고도 한다. 도서의 경우 통상 면지(面紙) 부분에 첨부되어 있다. 자료의 대출 시에 도서관 직원이 고무인으로 그

자료의 반납일을 압인(押印)한다. 이용자에게 개개 대출 자료의 반납 기한을 명시하는 것으로 의미가 있는데, 동시에 수작업(手作業)에 의한 대출 방식에서는, 통상 반납일마다 대출 기록을 배열하고 있기 때문에, 반납 시에 대출 기록을 말소하기 위한 실마리의 기록이라는 의미도 있다. 나아가 반납 기한표에 기록된 반납일은 그 자료의 이용 이력이 되기도 하기 때문에, 자료의 제적 또는 복본의 구입 등을 판단할 때, 귀중한 데이터가 되기도 한다. 다만 대출 관리가 컴퓨터화됨에 따라, 이를 폐지하고, 반납 기한을 기록한 서표(書標)를 대출 시에 이용자에게 건네도록 하는 도서관도 많다.

발금본(發禁本) banned book

국가에 의해 출판, 발매가 금지된 도서. 발매 금지본의 약어. 일반적으로는 사회 질서나 풍속을 어지럽히거나, 또는 종교적으로 부적절하다는 등의 이유에 의해 금지된다. 일본에서는, 제2차대전 전에 「신문지법」과 「출판법」을 바탕으로 하여 발매 금지가 이루어졌었으나, 현재는 이러한 법률은 없다. 다만 외설 문서의 판매로 관계자가 기소되면, 판매의 계속이 범죄 행위의 계속으로 간주되기 때문에 실제상 발매가 곤란하게 되거나, 저작권 침해 등으로 법적 처분을 당한 경우에는 가차압(假差押)이 이루어지는 경우가 있는데, 이와 같은 책을 「발금본」이라고 하는 경우가 있다. ↔ 비합법 출판물

발매 금지본(發賣禁止本) → 발금본

발주(發注) order

도서관 자료를 구입하기 위해 서점 또는 출판사 등에 주문을 내는 것. 발주의 방법으로는 구두, 전화, 문서(팩스) 등이 있는데, 기록을 남기기 위해 발주서나 발주 전표를 사용한다. 발주서에는 저자, 서명, 발행년, 판차, 출판사 등의 서지 사항 이외에, 발주일이나 발주처를 기입한다. 그러나 사전에 사무용 목록을 확인하여, 중복 발주가 이루어지지 않도록 유의할 필요가 있다. 또한 최근에는 서점과 연결된 온라인 시스템에 의한 발주가 보급되고 있다.

발췌(拔萃) extract

저작의 내용을 표현하고 있는 부분(문장 또는 단락)을 원문에서 뽑아내어, 요약을 구성한 것. 초록은 원문에 구애받지 않고 초록 작성자의 표현으로 요약하지만, 발췌는 원문을 이용하여 요약을 작성한다.

발행년(發行年) date of publication

"기술 대상 자료에 표시되어 있거나, 또는 다른 정보원에 의한, 당해 자료가 간행된 해"(『일본목록규칙 1987년판 개정 3판』 용어 해설). 발행년은 목록 기술상, 그 자료의 내용이 어느 시점에서 수록된 것인지를 나타내는 필요 불가결한 정보이다. 이 때문에 자료에 발행년이 표시되어 있지 않은 경우에는, 배포년, 저작권 표시년 또는 제작년으로 대용(代用)하고, 어떤 표시도 없을 때에는 추정 발행년을 보기(補記)하는 등으로 하여, 반드시 기록한다. 또한 판이나 쇄가 다름으로 인해 자료에 복수의 발행년이 표시되어 있는 경우에는, 당해 자료가 속하는 판이 최초로 간행된 해를 기록한다. 일본에서는 「출판년」이라는 용어를 사용하고 있다. ↔ 발행, 배포 등 사항; 저작권 표시년; 제작년

발행, 배포 등 사항(發行, 配布等事項) publication, distribution, etc. area

국제표준서지기술법(ISBD)에 규정된 기술의 네 번째 사항. 일본에서는 「출판, 배포 등 사항」, 한국의 KCR4에서는 「발행 사항」이라는 용어를 사용하고 있다. 서지 기술의 대상이 되는 자료의 출판, 발행, 공개 및 배포, 발매 등의 협의(狹義)의 출판에 관한 항목(발행지, 발행처, 발행년), 또는 제작, 인쇄 등의 제작에 관한 항목(제작지, 제작자, 제작년)을 기록한다. 이러한 것들에 의해, 당해 자료의 출판물로서의 성립 상황, 판의 식별 및 입수 가능성 등의 정보가 표시된다. 또한 발행지의 기록은 발행처의 특정(特定) 및 자료 내용 등에 대한 판단 자료가 되는 경우가 있으며, 발행처의 정보는 자료 내용의 관점이나 질, 정보의 신뢰성의 판정에 유용하다. 마찬가지로 발행년은 정보 내용의 수록 시점에 대한 정보를 나타내는 것으로서도 기능한다. 그에 대해, 제작 항목의 기록은 자료의 국지성(局地性)이나 내용의 판정에 도움이 되도록 할 수 있다. ↔ 국제표준서지기술법; 사항

발행 사항(發行事項) → 발행, 배포 등 사항

발행지(發行地) place of publication

"발행처가 출판 활동을 시행한 주소 또는 소재지로, 기술 대상 자료에 표시되어 있는 것"(『일본목록규칙 1987년판 개정 3판』 용어 해설). 서지 기술에서는, 발행지를 기술함으로써, 발행처를 특정(特定)하거나, 자료의 내용 등의 판단 재료를 제공할 수 있다. 통상 소정의 정보원(情報源)에서 발행처명과 관련하여 표시되어 있는 지명을 채택하고 있는데, 그것은 발행처의 본거지(본사 등의 주소지)인 경우가 많다. 일본에서는 「출판지」 라는 용어를 사용하고 있다 ↔ 발행, 배포 등 사항; 제작지

발행처(發行處) publisher

"출판물의 간행에 책임을 갖는 개인 또는 단체"(『일본목록규칙 1987년판 개정 3판』 용어 해설). 출판 활동은 영리를 목적으로 하여 출판물의 제작이나 판매에 종사하는 상업 출판사 이외에, 관공청(官公廳)이나 각종 단체에서도 이루어진다. 또한 개인으로 사가판(私家版)을 간행하는 경우가 있다. 이러한 상황에 대응하기 위해, 일본에서는 서지 기술에서는, 「출판사」 가 아니라, 「출판자」 라는 용어를 채택하고 있다. 또한 근대적인 출판, 유통 제도가 확립되어 있지 않고, 협의(狹義)의 출판 기능과 제작 기능이 혼재되어 있는 경우에는, 후자(後者)의 기능을 수행하고 있는 개인 또는 단체도 발행처로서 취급한다. ↔ 발행, 배포 등 사항; 배포자; 제작자

방사상 서가 배치(放射狀 書架配置) radiating arrangement; radiating stacks

서가의 배치법의 하나로, 카운터 등 어느 1점을 중심으로 하여 그곳으로부터 방사상으로 서가를 배치하는 방식.

배가(排架) shelving

개개의 도서관 자료를 청구 기호 등의 소정의 배열 순서를 바탕으로 서가 상에 늘어놓는 것. 신규로 수입된 자료를 서가에 배치하는 경우, 대출 등으로 반납된 자료를 서가에 배치하는 경우의 어느 것에나 사용한다. 자료가 적당한 위치에 배가됨으로써, 그 자료가 이용 가능하게 된다.

배본소(配本所) delivery station

서비스 포인트의 하나로, 도서관에서 보낸 도서가 이용자에게 대출되는 장소. 배본소에는 자료는 상치(常置)되지 않으며, 이용자의 요구에 따라 수시로 도서관에서 책이 운반된다. 배본소가 설치되는 것은 산간 지방의 부락, 회사, 단체, 병원, 복지 시설 등 특정 지역의 사람이 모이는 장소가 많다. 일본에는 유사 시설로서 정본소(停本所)(한국의 순회 문고에 해당한다)가 있는데, 이것은 배본소와 분실(分室)의 중간에 해당하는 시설로, 도서관의 출장소에 도서 코너로서 설치되며, 관리는 출장소에 맡겨진다.

배열(配列) array

(1) 클래스(類: class)를 어떤 특성에 따라 구분한 결과, 하위에서 생겨나는 동격(同格)의 클래스의 열(列). 예를 들면 문학이라는 클래스는 형식이라는 특성에 의해 시가(詩歌), 희곡, 소설, 수필 등으로 구분된다. 이러한 클래스는 상호간에 배타적이며, 나아가 그 총화(總和)는 상위의 클래스의 내용과 동등하게 된다. 배열의 순서는 상정(想定)한 이용자에게 가장 유용한 것이 선정되며, 적용되는 원리도 주제에 따라 달라진다. (2) 랑가나단(Ranganathan)의 용어로, 하위 패싯(subfacet)을 형성하는 동격(同格)의 클래스의 집합. ↔ 하위 패싯

배열(排列) filing; arrangement

자료군이나 목록의 서지 레코드(목록 저록), 또는 색인의 저록 등을 일정의 순서로 늘어놓는 것. 일본에서는 「배열」(配列)이라고도 표기한다. 통상 그 늘어놓는 순서(배열 순서)는 사전에 배열 규칙으로서 정해져 있는 것이 전제가 된다. 자료 그 자체를 늘어놓는 것과, 그것들에 대한 기록(서지 레코드 등)을 늘어놓는 것, 나아가서는 색인의 개개 항목을 늘어놓는 것 등의 모든 것을 포함한다. 따라서 목록의 용어로서는, "목록을 편성하는 데 즈음하여, 목록 저록을 일정의 순서로 늘어놓는 것"(『일본목록규칙 1987년판 개정 3판』 용어 해설), 더 구체적으로는, "저록과 참조를 표목의 문자·숫자·기호 및 서지 사항 등에 의해 일정의 순서로 편성하는 것"(『일본목록규칙 1987년판 개정 3판』 제31장)으로 정의된다. 배열은 배열된 것에 의해 자료나 기록의 발견(검색)을 용이하게 하는 것이 그 목적이며, 「검색」과 불가분의 관계에 있다. 또한 정보 처리 용어의 「정렬」(整列: 소팅, sorting)이 근사(近似)한 의미를 갖는다. ↔ 분류순 배열; 연대순 배열; 음순 배열

배열 규칙(排列規則) filing rules; filing code

자료군이나 목록의 서지 레코드(목록 저록), 또는 색인의 저록 등을 일정의 순서로 늘어놓을 때, 그 대상이 되는 요소(배열 요소) 및 늘어놓는 순서(배열 순서)를 규정한 것. 목록에서는 서지 레코드와 참조를 일정의 순서로 편성할 때의 배열 요소 및 그 배열 순서 등을 규정한 규칙을 가리킨다. 편목 규칙의 일부로서 제시되어 있는 경우(『일본목록규칙 1987년판 개정 3판』 제3부 등)와, 독립된 규칙으로서 존재하는 경우(*ALA Filing Rules*(1980) 등)가 있다. 배열 규칙은 검색 시에 이용자에게도 용이하게 이해될 수 있는 것이 아니면 안 되며, 아울러 오늘날에는 컴퓨터에 의해 비교적 용이하게 그 배열이 실행될 수 있도록 하는 것이 바람직하다. ↔ 배열 순서; 배열 요소

배열 순서(排列順序) filing order

(1) 자료군이나 목록의 서지 레코드(목록 저록), 색인의 저록 등을 일정의 순서로 늘어놓을 때의 순서. 크게는 문자의 음순으로 늘어놓는 음순 배열과, 의미적, 개념적인 어떤 체계성에 따른 체계순 배열로 구분된다. 전자(前者)에는 알파벳순 배열이나 가나다순 배열, 일본어의 오십음순 배열이 있으며, 후자(後者)에는 분류순 배열이나 연대순 배열 등이 해당한다. (2) 분류 배가된 서가에서 자료를 늘어놓는 순서, 또는 분류순 목록에서 서지 레코드를 늘어놓는 순서. 패싯식 분류법에서는, 열거 순서(列擧順序)와 배열 순서를 역순으로 함으로써, 주제는 일반에서 특수로 엄밀하게 배열되게 된다. 다만 이것을 실현하기 위해, 배열 순서는 반드시 분류표에서 각 클래스의 게재 순서와 같지 않더라도 무방하다. 예를 들면, 콜론분류법(CC)에서는, 분류표의 게재 순서는 열거 순서와 동일하지만, 패싯 지시 기호를 고안함으로써, 배열 순서는 열거 순서와 역순으로 된다.

배열 요소(排列要素) filing element

배열에서 그 순서를 결정할 때 대상이 되는 요소, 즉 순서의 결정에서 유효하다고 여겨지는 요소. 그 요소는 어순 배열(語順排列)의 경우는 단어이고, 자순 배열(字順排列)의 경우에는 글자가 된다. 또는 더 상위의 레벨에서는, 배열에 즈음하여 대상이 되는 요소 집합을 가리키는데, 예를 들면 『일본목록규칙 1987년판 개정 3판』에서는, "저록의 배열은 표목을 제1차 배열 요소로 하고, 제2차 이하의

배열 요소로서 소정의 서지 사항을 이용한다."고 하여, 표목이나 서지 사항을 배열 요소로 자리매김하고 있다. ↔ 비배열 요소

배포자(配布者) distributor

출판물에 대해 독점 또는 공유(共有) 판매권을 갖는 개인이나 단체로, 주로 출판물의 유통 과정에만 관여하는 자. 편목 규칙의 상당수가 기술의 대상이 되는 자료에 발행처의 표시가 없는 경우에만, 배포자를 발행처의 위치에 기록하도록 하고 있으며, 추가로『일본목록규칙 1987년판 개정 3판』에서는 「(발매)」와 같이 그 역할을 나타내는 어구를 부기(附記)하도록 하고 있다. ↔ 발행처

백과사전(百科事典) encyclopedia

지식의 전 분야에서, 편집 방침에 따라 선택, 수집된 사항을 표제어로 하여, 간결하게 해설한 사전. 음순(音順) 또는 주제에 의해 배열된다. 1책에서 1세트 30책을 넘는 것까지 있다. WWW, CD-ROM, DVD로 제공되는 것도 있다. 고대나 중세에는, 서양에서도 유서(類書) 형식이었는데, 근대 이후, 대항목이면서 알파벳순으로 바뀌었다. 한편 사전(辭典) 중에도 단어의 의미 이상으로 상세한 해설을 수록하는 것도 나타나, 현대의 백과사전으로 성장하였다. 대항목 중심의 것과 소항목 중심의 것이 있는데, 전자(前者)는 특히 상세한 색인이 필요하게 된다. 또한 독자 대상인 국민이 기대하는 정보에 차이가 있기 때문에, 종교나 문화, 그 밖의 사회 사정에 따라, 관심이 높은 지식에 중점이 두어지게 되며, 결코 만국 공통은 아니다. 항목에는 구체적인 이해를 돕기 위해, 삽화, 지도나 참고 문헌, 조회처 등을 게재하고 있는 경우가 있다. 새로운 정보를 추가하기 위해, 부분적 개정이나 보유(補遺), 연감의 간행이 이루어지는 경우가 있다. ↔ 대항목주의; 사전; 소항목 주의; 유서

백넘버 → 과월호

백서(帛書) silk manuscript

견포(絹布)에 쓰인 서사물(書寫物). 고대에 종이의 발명 이전에 서사의 재료로서 견(絹)이 사용되게 되고, 먹으로 그리는 데 붓이 일반적으로 사용되었다. 간책

(簡策)(죽간, 목간)은 부피가 크고, 무거우며, 휴대에 불편했기 때문에, 그것을 대신하는 것으로서 등장하였는데, 견포는 가격이 비싸고, 서사의 재료로서는 부적당하였다. 그 유품은 서역 지방의 고분에서 발견되는데, 1972년에는 후난성(湖南省) 창사(長沙)의 마왕두이(馬王堆)에서 『전국책』(戰國策)이나 노자(老子)의 엄청나게 많은 백서가 발견되었다.

백서(白書) white paper

정부가 발표하는 행정, 경제, 국민 생활, 교육 등의 각 분야에 관한 공식 보고서. 국가의 그 분야의 현상(現狀)과 시책의 동향, 금후의 전망 등이 쓰여 있다. 명칭은 영국에서 흰 종이 표지에 간행되었던 것에서 유래한다. 일본에서는 1947년 카타야마내각(片山內閣)이 발표했던 『경제 백서』가 시작이라고 일컬어진다. 정부 간행물의 대표적인 예인데, 현재는 민간의 출판물에도 특정 분야의 현상 분석(現狀分析)을 실시하고, 회사, 단체의 동향을 적은 것을 「백서」라고 칭하여 간행하는 경우가 있다. ↔ 정부 간행물

버츄얼국제전거파일(--國際典據--) → 가상국제전거파일

버틀러 Butler, Pierce

1884-1953. 미국 시카고 교외에서 태어났다. 도서관학자, 서지학자. 신학교에서 박사 학위를 취득한 후 목사가 되었는데, 그 후 뉴베리도서관 인쇄사 컬렉션 부문의 초대 관리자가 되어, 분석 서지학 및 학문사의 관점에서 인큐내불러를 체계적으로 수집하였다. 1931년에 신설된 시카고대학 도서관학대학원의 교수가 되어, 서지학·서적 문화사 등을 가르치는 한편, 도서관학 이론의 확립에 진력하고, 문화·학식의 계승 발전의 장으로서의 도서관의 의의를 추구하였다. 주저 『도서관학 서설』(An Introduction to Library Science 1933)은 도서관을 학문적 대상으로 간주한 동(同) 학과의 이념을 대표하는 저작으로 일컬어지고 있다.

버티컬 파일 vertical file

파일 자료를 폴더(종이를 두 번 접은 케이스)에 끼워, 파일링 캐비닛 내의 서랍에 수직(버티컬)장으로 하여 보관하는 파일링 시스템의 대표적인 방식이다. 버

티컬 파일에는 파일링 캐비닛이나 폴더, 파일을 찾기 쉽게 하는 가이드 등이 필요하다. 파일링 캐비닛에는 2~4단의 서랍이 있는 것이 일반적이며, 폴더의 사이즈는 B4판과 A4판이 주이지만, 다른 사이즈도 있다. 버티컬 파일은 파일 자료를 정리 보존하는 데는 뛰어나지만, 파일링 캐비닛이 필요하기 때문에, 도입할 때는 비용과 스페이스 등을 고려할 필요가 있다. ↔ 파일링 시스템

번안(飜案) adaptation

개작(改作)의 일종으로, 알기 쉽게 하기 위해, "외국의 소설, 희곡 등을 뼈대와 사건은 원작대로 하고, 인정, 풍속, 지명, 인명 등을 자국의 것으로"(『일본목록규칙 1987년판 개정 3판』 용어 해설) 고친 것. 번안자는 『일본목록규칙 1987년판 개정 3판』에서는, 저자와 같은 주된 저작 관여자로서 다루어지고 있다. ↔ 개작

번역(飜譯) translation

쓰여 있거나 또는 이야기된 언어 표현을 다른 언어 체계의 같은 의미의 표현으로 옮기는 것. 『일본목록규칙 1987년판 개정 3판』 용어 해설에서는, "고문(古文)을 현대문으로 고치는 것을 포함한다."고 하고 있다. 또한 동(同) 규칙에서는 번역자는 「역자」로서 부차적인 저작 관여자로서 다루고 있다.

번역 서비스(飜譯--) translation service

유료(有料)로 업무로서 이루어지는, 외국어로부터 자국어, 자국어로부터 외국어, 또는 외국어 상호의 문헌의 번역. 특히 「언어의 벽」이 문제가 되는 과학 기술 분야에서, 잡지 논문이나 회의 자료, 특허 자료, 표준 규격 등을 대상으로 하여 조직적으로 이루어지고 있다. 언어와 함께 전문 분야에 대한 지식, 그리고 자료의 특성에 관한 지식이 불가결하며, 전문의 번역자를 필요로 한다. 일본에서는, 도서관의 업무로는 간주되지 않으며, 일부의 정보 센터나 민간 기관이 실시하고 있다. 통상은 도서의 번역이나 통역은 포함되지 않는다.

번자(飜字) transliteration

변환 규칙이나 변환표를 바탕으로 하여, 어떤 문자 체계를 다른 문자 체계로 변환하는 것. 예를 들면, 한국어의 문자인 「소라」를 로마자인 「sora」로 하는 것.

특히 로마자 이외의 문자를 로마자로 번자하는 것을 「로마자화」라고 하는데, 이것은 목록 작성에서는 기술이나 배열의 편의를 위해 오랫동안 사용되어 왔다. 국제 표준 규격으로서, 한글, 일본어, 키릴어, 아라비아 문자 등의 로마자화의 규칙이 정해져 있다.

번판(蕃版)[일본]

일본에서 에도(江戶) 시대에 지방 각 번(蕃)에서 번주(藩主) 또는 번의 학교가 출자하여 출판한 것. 상당수는 한적(漢籍)으로, 각 번의 번유(蕃儒)나 번사(蕃士)의 저작도 있다. 번판은 후에 출판의 실무에 관계된 출판 서점이 허가를 얻어 서점명으로 판매한 것이나, 서점이 판목(版木)을 양수(讓受)하여 후인(後印)한 것이 많다. ↔ 관판.

범례(凡例) explanatory note

참고 도서나 학술 도서 등에서, 그 도서의 편집 방침, 이용의 방법, 사용상의 주의, 기호·약어 등에 관한 설명을 항목별로 작성한 것으로, 전부(前付)에 오게 된다.

법령집(法令集) statute book

정부가 공표한 법률이나 명령 또는 지방 공공 단체의 조례나 규칙, 재판소의 규칙을 수록한 출판물. 법령을 조사하는 일본의 대표적인 이차 자료로서, 제정의 연대순으로 정리한 『법령 전서』(1867-   )와 주제별로 정리된 『육법전서』가 있다.

법률도서관연락회(法律圖書館連絡會)[일본] Council of Law Libraries

법률 분야의 전문 도서관이나 대학 도서관 등의 협력 관계를 추진하고, 이 분야의 도서관 기술 일반, 참고 서비스, 법률 관계의 서지 사업 등의 발전에 이바지하는 것과, 법률 도서관인의 지식이나 정보를 교환하고, 자질의 향상에 노력하는 것을 목적으로 하는 단체. 1956년에 법률관계자료연락회로서 설립되어, 1977년에 현 명칭으로 변경하였다. 법률 도서관을 회원으로 하는 느슨한 협의체로, 기관지 『법도련 통신』(1965-   창간 당시는 『법령 자료 통신』)이나 종합 목록, 지침서의 발행, 연구회의 개최나 연수 등의 활동을 실시하고 있다.

법원도서관(法院圖書館)[한국] → 부록: 한국의 주요 도서관 및 도서관 관련 단체

법정 납본 도서관(法定納本圖書館) legal deposit library

법률에 의해 국내 간행의 전 출판물의 납본을 받아 보존하는 책임을 갖는 도서관. 통상은 국립 도서관이다. 1537년 프랑스 왕이 칙령으로 왕립도서관에 대한 납본을 의무화했던 것이 최초이며, 1610년 영국 옥스퍼드대학 보들레이안도서관(Bodleian Library)은 서적상조합으로부터 납본의 권리를 얻었다. 그 후 영국에서는 3개의 국립 및 2개의 대학 도서관이 납본 도서관이 되었다. 한국에서는 도서관 자료가 발행되면 「도서관법」 제20조와 「국회도서관법」 제7조에 따라 발행일 또는 제작일로부터 30일 이내에 국립중앙도서관과 국회도서관에 2부씩 납본하도록 되어 있으며, 납본한 자료에 대해서는 납본 보상금을 지급하도록 하고 있다. 일본에서는 국립국회도서관이 「국립국회도서관법」의 규정에 의해, 발행처로부터 완전본을 출판 후 1개월 이내에 1부 납본 받도록 규정되어 있으며, 실비도 납본 보상금으로서 지불된다. 다만 관공청 출판물은 무상으로 소정 부수를 납본하도록 규정되어 있다. ↔ 기탁 도서관

법정 납본(法定納本) → 납본 제도

법첩(法帖) folded book for calligraphy

중국에서 도래(渡來)된 금석문(金石文)의 탁본(拓本)을 서도(書道)의 본보기로 하기 위해, 첩장본(帖裝本)의 형으로 장정한 것. 일본에서는 에도기(江戶期)에 정판 인쇄(整版印刷)(목판 인쇄)가 일반화함과 동시에, 문자를 목판에 인각(印刻)하고, 흑지(黑地)에 음각(陰刻)으로 인쇄하여, 서도의 본보기로 만든 것도 있다. 법첩은 첩장본으로 만든 것이 많기 때문에, 첩장본의 것을 일본에서는 법첩사립(法帖仕立)이라고 부르는 경우도 있다. ↔ 첩장본

베를린국립도서관(--國立圖書館) Staatsbibliothek zu Berlin-Preußischer Kulturbesitz

1661년에 선제후도서관(選帝侯圖書館)으로서 개설되어, 프로이센의 왕립도서관을 거쳐, 바이마르공화국에서 프로이센국립도서관(Preußischer Staatsbibliothek)이 되었다. 제2차대전 후, 동베를린의 구관(舊館)은 독일국립도서관(Deutsche Staatsbibliothek)이 되고, 서베를린에는 대전 중에 분산 소개(分散疏開)되어 있던

장서의 일부도 추가하여, 연방·주가 공동 출자하는 프로이센문화재단에 의해 운영되는 국립도서관(Staatsbibliothek)이 설립되었다. 독일 재통일 후, 1992년에 양관(兩館)이 통합되어, 프로이센문화재단이 경영하는 현 명칭의 도서관이 되었다. 1,000만 책의 장서 이외에, 다수의 악보, 지도, 회화 등을 소장한다. ↔ 독일 도서관

벡터 공간 모델(--空間--) vector space model

문헌과 검색 질문을 그것들에 포함되는 단어의 가중치를 이용하여 벡터 공간 중에 표현하고, 양 벡터의 유사도에 의해 문헌의 적합도를 표현하는 검색 모델. 단어의 출현 빈도 정보를 이용한 통계적인 검색 모델의 대표적인 예로, 솔턴(Salton)을 중심으로 한 그룹에 의해 1960년대부터 개발·정비가 진행되어 왔다. 유사도는 양 벡터가 이루는 각도의 코사인 값에 의해 계산되는데, 이 값을 바탕으로 하여 문헌을 적합도 순으로 출력한다. 단어의 가중치 부여에는 tf·idf가 이용된다. ↔ tf·idf; 솔턴(Salton); 적합도순 출력

벨럼 → 독피지

별명(別名) → 이형 명칭

별쇄(別刷) offprint; separate

잡지나 단행본 중의 개개의 기사 등을 여분으로 인쇄하여 철한 것. 표지를 붙이는 경우가 많다. 리프린트(reprint)라고도 한다. 통상 잡지 기사나 잡지 논문에 대해 작성되며, 저자로부터의 증정용으로 사용된다. 학술 잡지의 경우, 별쇄를 연구자끼리 배포하는 습관은 어느 분야에나 있으며, 목차 속보지 등을 본 연구자가 저자에게 송부를 요청하는 경우도 많다.

별칭(別稱) → 이형 명칭

별표제(別標題) alternative title

"본표제가 어느 것이나 표제가 되는 두 부분으로 이루어져 있을 때의 두 번째의 표제. 통상 「일명 ○○○○」이나 영어의 「or」나, 동등의 관계를 나타내는 어구

에 의해 연결된 형으로 표시되어 있다."(『일본목록규칙 1987년판 개정 3판』용어 해설). 예를 들면, 『줄리엣 이야기, 또는 악덕의 영예』, The Tempest, or The Enchanted Island. ↔ 본표제

병렬 타이틀(竝列--) → 대등 표제

병원 도서관(病院圖書館) hospital library

(1) 입원 환자를 주된 대상으로 하고, 일반적인 자료를 중심으로 제공하는 환자용 도서관(patients' library). (2) 병원의 의료 스태프를 주된 대상으로, 의학, 약학, 간호학 등의 자료나 정보를 제공하는 의학 도서관(medical library). (3) 상기 (1)과 (2)가 통합된 도서관. 또한 병원 도서관이라고 하는 경우, 광의(廣義)로는 (1)~(3)을 가리키고, 협의(狹義)로는 (1)의 환자용 도서관을 가리키는 경우가 많다. (1)과 (2)의 구분은 이용 대상과 수집, 제공 자료에 의한 것이지만, 실제로는 (1)의 대상에 대해서는 의료 스태프도 이용자인 경우가 많다. 수집, 제공 자료에 대해서는, (2)에서는 연구용 자료의 수집과 제공이 주체가 되고 있다. 그러나 (1)에서도 구미 제국(歐美諸國)에서는 「환자가 자신의 병에 대해 알 권리」에 대한 인식의 고조 등을 배경으로, 환자나 그 가족, 또는 지역 주민에게 전문적인 자료나 건강 정보를 제공하는 사례도 있다. 이와 같이 오늘날에는, (1)과 (2)의 개념은 확대와 중복을 보여 오고 있다. ↔ 병원 서비스; 시설 도서관; 환자용 도서관

병원 서비스(病院--) library service for hospital patients

병원 입원 환자를 대상으로 하는 도서관 서비스. 주체는 병원 스태프, 자원 봉사자, 지역의 공공 도서관, 나아가서는 이들의 협력 관계에 의한 것으로 다양하다. 그 의의로서는 ① 독서권, 학습권, 정보에 대한 액세스권을 입원 환자의 기본적 인권으로 파악하고, 개인이 놓여 있는 상황에 관계없이, 그 권리를 보장하는 것, ② 신체적 활동의 제약을 받는 일이 많은 입원 환자에게, 독서는 하루하루의 생활을 풍요롭게 살아가는 훌륭한 수단의 하나라는 것, ③ 독서 치료나 사회 복귀의 재활 치료(rehabilitation)의 수단 등, 정신 치료의 한 기법으로서 독서가 치료 효과를 갖는다는 것을 들 수 있다. ↔ 병원 도서관; 환자용 도서관

병치(竝置) collocation

분류표 안에서, 하위 클래스(즉 동격 클래스)를 그것들의 클래스의 유사성의 정도에 따라 관련지으면서 배치하는 것.

보각본(補刻本)

판본의 일부가 손상되거나 분실된 부분을 후에 보충하여 새기거나, 판목(版木)의 일부분을 고쳐 새긴 책.

보기(補記) supplying

"서지 기술에서, 규정된 정보원(情報源)에 없거나 또는 자료에 표시되어 있지 않은 사항을 부가하여 기록하는 것. 보기 사항은 각괄호로 묶어 표시한다."(『일본목록규칙 1987년판 개정 3판』 용어 해설). 『일본목록규칙 1987년판 개정 3판』에서는, 예를 들면, 정보원 상의 표시에 탈자(脫字)가 있을 때에는 보기에 의해 보충하는 것으로 규정하고 있으며, 또한 자료 중의 어느 곳에도 표제(타이틀)의 표시가 없을 때는, 적절한 정보원에 의한 본표제나, 편목 담당자가 결정한 간결하고 설명적인 본표제를 보기하는 것으로 하고 있다. ↔ 기술; 부기

보기 표제(補記標題) supplied title

기술 대상 중의 어느 곳에도 표제(타이틀)의 표시가 없을 때 편목 담당자가 보충하여 서지 기술 중에 보기한 본표제. 참고 자료 등에서 보충하거나 또는 간결을 원칙으로 하는 설명적인 표제를 안출(案出)해도 무방하다. ↔ 본표제

보들레이안도서관(--圖書館) Bodleian Library

코범 사교(司敎)(Thomas de Cobham ?-1327)가 1320년경에 기탁한 장서에 기원을 가진 옥스퍼드대학의 도서관으로, 영국 최고(最古)의 도서관의 하나. 명칭은 종교개혁 때 큰 손해를 입은 동관(同館)을 재흥(再興)한 보들리 경(Sir Thomas Bodley 1545-1613)에게서 연유한다. 영국의 법정 납본 도서관의 하나이며, 구관, 신관, 래드클리프 카메라(Radcliffe Camera)로 이루어진 중앙관 이외에, 일곱 개의 부속관으로 구성된다. 장서 약 713만 책(사본 약 19만 책을 포함한다), 직원 421명(2003년).

보라 참조(--參照) see reference; see cross reference

서지, 목록, 색인, 사전(辭典), 사전(事典) 등에서, 통일적, 표준적 표제어나 표목으로, 그 이외의 표제어나 표목으로부터, "→"나 "~을 보라" 등의 표현에 의해 안내되는 참조. 직접 참조라고도 한다. 저자 목록이나 표제(타이틀) 목록에서는, 동일 저자나 저작이 다양한 명칭으로 표현되고 있을 때, 하나의 형이나 독음(讀音)을 통일 표목으로 하고, 다른 형이나 독음으로부터 통일 표목으로 안내하는 것으로서 「보라 참조」를 사용한다. 또한 주제명 목록에서는, 채택된 주제명 표목에 대해, 주로 그 동의어(同義語)나 유의어(類義語)로부터 「보라 참조」가 이루어진다. ↔ 도보라 참조; 참조

보스턴공공도서관(--公共圖書館) Boston Public Library

1848년에 설립되어 1852년에 개관한 미국 최초의 대규모 공공 도서관. 무료로, 모든 사람에게 공개되고, 공비(公費)에 의해 운영된다는 근대 공공 도서관의 이념을 처음으로 실현한 도서관으로서, 공공 도서관의 발전에 다대한 영향을 미쳤다. 본관 이외에 26개의 분관을 가지고 있다. 도서 약 800만 책, 수입(受入) 연속 간행물 약 29,000 타이틀, 연간 대출 책수 약 248만 책, 직원 약 500명(2005년).

보유(補遺) supplement

이전에 간행된 저작을 보충하거나, 최신의 상태로 하거나, 또는 계속하기 위해, 후에 별도로 준비된 저작. 통상 본문과는 별도로 간행되는데, 때로는 함께 간행되는 적도 있다. ↔ 속편

보이지 않는 대학(--大學) invisible college

해당 분야에서 걸출한 연구자 사이에 형성되는 사적인 정보 교환 및 연구상의 협력 관계. 최첨단의 정보는 이 그룹을 형성하는 연구자 사이에서 맨 먼저 유통되며, 각 연구자는 각각이 개최하는 회의나 공동 연구에 대한 초빙을 통해 밀접한 협력 관계를 형성하고 있다. 원래는 17세기의 영국에서 왕립협회(Royal Society) 창설 시에 모였던 과학자들의 그룹을 지칭하고 있었다. 그 후 프라이스(Derek J. de Sola Price 1922-1983)가 그의 저서에서, 현대의 과학자들에게

서 볼 수 있는 커뮤니케이션의 특징을 나타내는 개념으로서 널리 사용하였다.
↔ 비공식 커뮤니케이션

보조표(補助表) auxiliary table; auxiliary schedule

분류표에서 본표(주표)의 보조적인 역할을 수행하는 표. 보조표 중의 기호를 본표의 분류 기호에 부가하여 사용한다. 장소, 언어, 시대, 민족, 표현 형식 등, 어떤 주제 분야에나 공통하여 나타나는 내용이 채택되는 경우가 많다. 이것들은 공통 세목에 상당한다. 이 이외에, 일본십진분류법(NDC)의 언어 공통 구분과 같이, 패싯식 분류법의 특정 주제 분야의 패싯에 상당하는 것이 채택되는 경우도 있다. 한편 보조표 중의 기호는 통상 본표의 기호에 부가하여 사용되며, 단독으로는 사용되지 않는다. ↔ 공통 세목; 본표

보존 도서관(保存圖書館) repository library

자료의 보존 기능에 중점을 두는 도서관. 도서관 장서 중 이용 빈도가 낮은 자료를 경제적으로 보관하는 것을 주목적으로 하여 설치된다. 개개의 도서관이 독자적으로 설치하는 경우와, 복수의 도서관이 공동으로 설치하는 경우가 있다. 후자(後者)로는 자료의 소유권을 원래의 도서관이 보유하고 있는 보관 센터(storage center)와 그 권리를 이관하는 협동 컬렉션 시설(cooperative collection resources facility)이 있다.

보존 문서(保存文書) archives

공문서 및 사문서 중에서 장래의 이용이 예상되기 때문에 보존되는 것.

보존 서고(保存書庫) repository

보존을 주목적으로 하는 서고. 이용 빈도가 높은 자료를 효율적으로 제공할 수 있도록, 이용 빈도가 줄어든 자료를 별치(別置)하여 수납한다. 대규모 도서관이나 인문, 사회 과학계의 연구 도서관에서는 오랜 세월에 걸쳐 이용되는 경우가 많기 때문에 독립된 보존 서고를 건설하는 대학이나 기관도 늘어나고 있다. 이 연장선 상에서 복수 도서관의 협력에 의한 협동 보존 도서관이 있는데, 대표적인 예로서 미국의 Center for Research Libraries가 있다. ↔ 보존 도서관

보존 용지(保存用紙) → 내구지(耐久紙)

보존 컬렉션(保存--) storage collection

도서관 컬렉션 중 이용 빈도가 낮아져, 보존 서고에 수납되어 있는 자료군. ↔ 보존 서고; 원격지 보존

복각(復刻) reprint

원본을 그대로 재제작하는 것. 또는 재간(再刊)한 도서. 복각(覆刻), 복각(複刻)이라고도 적는다. 현재는 활판 인쇄된 도서나 잡지를 대상으로 사진 제판에 의한 복제품을 만드는 경우가 많다. 본문의 판면(版面)만을 재현할뿐만 아니라, 원본의 장정이나 지질까지 재현하는 경우도 있다. 레코드나 콤팩트디스크 등 인쇄물 이외의 기록 매체에도 복각이라는 표현이 사용되고 있다. ↔ 팩시밀리판

복간(復刊) republication

휴간(休刊)하고 있던 연속간행물이 다시 간행되기 시작하는 것. 또한 도서에서 품절된 상태가 장기간 계속된 후에 중쇄(增刷)하는 경우 복간이라는 표현을 사용하는 경우가 있다. ↔ 휴간

복본(複本) added copy

도서관 컬렉션에서 동일 도서의 또 한 책의 도서. 동일 저자, 동일 서명, 동일의 판으로, 동일 출판사에서 출판된 도서. 잡지에 대해 사용되는 경우도 있다. 이판(異版)이나 복제 도서는 복본이 아니며, 새로운 총서의 일부로서 간행된 도서도 복본이라고는 하지 않는다. 목록을 작성할 때, 동일의 서지 데이터를 사용하며, 등록 번호를 부가하는 것만의 처리로 무방하다. ↔ 이판(異版)

복본 조사(複本調査) duplicate check

자료의 발주(發注)나 수입(受入) 때, 그 자료가 이미 소장되어 있는지의 여부를 체크하여, 중복된 수입을 방지하기 위한 작업. 통상은 사무용 목록을 검색하여 확인한다.

복사 서비스(複寫--) copy service

이용자의 요구에 따라, 도서관 자료의 복사의 편의를 제공하는 것. 자관(自館)의 이용자에 대한 서비스 이외에, 타관으로부터의 의뢰에 따라 복사물을 송부하는 경우도 있다. 해당 자료가 저작권 보호의 대상이 되고 있는 경우, 도서관에서는, 일본의 경우「저작권법」제31조에서 허용되어 있는 범위 내이면, 그 도서관에 소장되어 있는 자료를 이용하여 복제할 수 있다. 다만 여기에서 말하는 도서관이란 일본의 경우,「저작권법 시행령」제1조에 정해진 것에 한정된다. 전자 복사가 일반적인 방법이지만, 열화(劣化)된 자료 또는 열화의 우려가 있는 자료에 대해서는, 자료 보호를 위해 사진 촬영에 의해 필름이나 종이의 형태로 제공하는 것이 바람직하다. 또한 복사 작업을 실시하는 자로서는, 도서관 직원, 도서관에 위탁된 업자, 나아가서는 코인식 복사기를 사용하는 이용자 자신을 생각할 수 있는데, 이 서비스는「저작권법」을 준수하여 이루어지지 않으면 안 된다.

복수 상위 관계(複數上位關係) poly-hierarchical relationship

시소러스에서 복수의 범주에 속하는 디스크립터(descriptor)가 각각의 범주에 계층 관계상의 상위어를 갖는 경우의 관계. 예를 들면「두개골」은「골」(骨)과 유종 관계(類種關係)에,「두」(頭)와 전체 부분 관계에 있으며,「맥주」는「양조주」,「발포주」각각과 유종 관계에 있다. ↔ 계층 관계

복수 저록 색인법(複數著錄索引法) multiple entry indexing system

전조합 색인법에서, 복합 주제의 구성 요소의 수만큼 저록(기입)을 만드는 방법. 이점은 접근점(액세스 포인트)의 풍부성으로, 조작의 방법에는 순열법, 순환법, 회전법, 조합법 등이 있다. 컴퓨터의 응용이 본격화한 1970년대에는, 한 자료에 대한 저록의 모두가 동일 주제를 올바르게 나타내는 것을 주안(主眼)으로, 새로운 발전 형태로서 통어 규칙(統語規則)을 가진 용어열 색인법이 고안되었다. 분절 주제 색인(Articulated Subject Index), PRECIS, NEPHIS(Nested Phrase Indexing System), 그리고 종래부터의 연관 색인(Relational Indexing)이 용어열 색인법의 대표적인 예이다. 분류 시스템에서는, 연결 기호로 콜론을 사용하는 국제십진분류법(UDC)의 순환법이 유명하다. ↔ 단일 저록 색인법; 용어열 색인

복제(複製) reproduction

도서나 잡지, 녹음 테이프나 콤팩트디스크 등의 기록 자료를 원형대로 모방하여 재제작하는 것. 또는 재제작된 것. 재제작의 대상으로서는, 자료의 물리적 형태보다도 자료의 내용이 중시된다. 따라서 도서나 잡지의 경우, 지질이나 장정도 동일하게 재제작하는 경우도 있지만, 소재는 다르더라도 판면(版面) 부분이 원물과 마찬가지로 재제작되어 있으면, 통상은 복제라고 부르고 있다. ↔ 복각(復刻)

복제권(複製權) right of reproduction

저작물을 복제하는 권리로, 저작권을 구성하는 권리의 하나. 복제권은 통상은 저작자가 전유(專有)한다. 일본의 「저작권법」에서는, 개인적으로 가정 내 등 한정된 범위에서 사용하기 위해 그 사용자가 복제하는 것, 정령(政令)에서 정해진 도서관 등에서 그 소장 자료를 특정의 조건 아래에서 복제하는 것은 저작자의 허락을 얻지 않더라도 인정되고 있다. 또한 점자(點字)에 의한 복제도 마찬가지이다. 복사 기기가 보급되고, 또한 전자 미디어는 복제가 용이하기 때문에, 출판사를 비롯한 제작자는 복제권의 보호에 민감해지고 있다. ↔ 저작권

복합 시설(複合施設) complex facility

도서관 시설이 다른 시설과 같은 건물에 있는 경우에 관한 것. 공공 도서관에 대해 사용되는 경우가 많다. 일찍이 공공 도서관은 다른 사회 교육 시설과 동거하는 경우가 많았는데, 최근에는 학교, 역, 사무소, 점포, 호텔 등 다양한 시설과 동일한 건물에 설치되는 예가 늘어나고 있다. 복합적인 집객 효과(集客效果)의 점에서 적극적으로 평가하는 의견도 있는데, 도서관은 서비스, 장서의 확대와 증가에 따라 확장할 여지가 필요하고, 장시간에 걸친 개관 시간이 필요해지게 되는 등, 관리 운영면에서의 반대 의견이 강하다.

복합 주제(複合主題) compound subject

분류표의 어느 주제 분야 아래의 복수의 포커스로 구성되는 주제. 예를 들면, 문학이라는 주제 분야 아래의 일본의 시가(詩歌)라는 주제는 언어 패싯의 일본어와 문학 형식 패싯의 시가라는 두 개의 포커스로 구성되는 복합 주제이다. ↔ 단일 주제; 혼합 주제

복합 주제명 표목(複合主題名標目) compound subject heading

둘 이상의 단어로 이루어지는 주제명 표목으로, 구표목(句標目)의 형을 취하는 것과, 구두법 기호로 구분되는 부표목(副標目)의 형을 취하는 것이 있다. ↔ 복합 주제; 아이솔레이트

복합형 목록(複合型目錄) composite catalog

"2종 이상의 표목, 예를 들면 표제 표목과 저자 표목 등의 목록 저록(목록 기입)과, 참조를 혼배(混排)한 목록을 말한다."(『일본목록규칙 1987년판 개정 3판』용어 해설). 저자·표제 목록, 주제명·표제 목록, 사전체 목록(辭典體目錄), 고유명 목록(固有名目錄)이 있다. 개별형 목록의 상대어. ↔ 개별형 목록

본문(本文) (1) body of book (2) text

(1) 도서나 잡지 등의 전부(前付), 후부(後付) 이외의 본체가 되는 문장, 부분. (2) 「텍스트」 (1) (2)와 같다. ↔ (1) 전부; 후부; (2) 텍스트 (1) (2)

본서명(本書名) → 본표제

본장본(本裝本) hardcover binding

피혁, 클로스, 종이 등의 표장 재료(表裝材料)를 붙인 판지(板紙)를 표지로 사용한 제본 양식. 속장을 실로 철하고, 바깥쪽(小口: 일본말로는 고구치(こぐち)라고 한다)을 판형대로 재단하고, 이어서 등 부분을 둥근등(丸背)이나 모등(角背)으로 정형(整形)한 후에, 이것을 표지로 싼 것. 본제본(本製本), 상제본(上製本)이라고도 한다. 표지가 속장보다도 조금 크고, 테(square: 일본말로는 지리(ちり)라고 한다)가 있는 것이 특징이다. 하드커버는 이 양식이다. 그에 대해 가제본은 표지를 붙인 후에 판형대로 재단하기 때문에 테가 없다.

본제본(本製本) → 본장본

본철(本綴) handmade binding

제본 양식의 하나로, 접장(摺帳)을 한 접씩 철할 구멍을 뚫어 철하는 방법으로, 손매기(일본말로는 데도지(手綴)라고 한다)의 일종. ↔ 손매기

본표(本表) main table; main schedule

일반 분류표에서, 지명이나 언어명, 표현 형식 등, 어느 분야에나 공통적으로 나타나는 문제를 본표 안에는 열기(列記)하지 않고, 보조표 안에서 다루는 경우가 많다. 이와 같이 분류표가 본표와 보조표로 되어 있을 때, 본표 부분의 것을 말하며, 일본에서는 주표라고도 한다. 한편 분류표는 통상 본표, 보조표를 포함하는 이외에, 양표(兩表) 중의 분류 기호에 대응하는 명사(名辭)로부터의 음순 색인(音順索引)을 함께 갖는다. ↔ 보조표

본표제(本標題) title proper

"기술의 본체 및 그 상위 또는 하위 레벨의 서지 단위의 모두(冒頭)에 기재되는 주된 표제(타이틀). 별표제는 포함되지만, 대등 표제와 표제 관련 정보는 포함되지 않는다. 표제의 표시가 없는 경우, 자료의 확인·식별을 위해 본표제를 부여하는 경우가 있다."(『일본목록규칙 1987년판 개정 3판』 용어 해설). 기술 대상에 표시되어 있는 각종의 표제 중, 서지 단위나 물리 단위라는 기술 대상의 파악 방법, 나아가서는 정보원(情報源)의 우선순위를 바탕으로, 해당 자료의 확인·식별에 도움이 되는 것으로서 선정된 표제가 본표제가 되며, 그것이 기술의 모두(冒頭)에 기록된다. 또한 서지 단위를 도입한 『일본목록규칙 1987년판』 이후의 판에서는 본표제라고 여겨지는 「고유의 표제」의 유무에 따라 기술 대상이 구분되는 경우가 있다. ↔ 표제와 책임 표시 사항

부(部) copy

도서·연속간행물 등의 수를 나타내는 데 사용하는 말로, 예를 들면 발행 부수라는 단어나, 같은 책을 몇 부 주문하는가하는 표현과 같이, 이른바 같은 자료, 동일의 판·쇄 등에 속하는 자료의 수를 나타내는 경우에 사용한다. 형태적 단위로서의 책과 일치하는 경우도 있다. → 권(1)

부가적 판표시(附加的 版表示) → 부차적 판표시

부기(附記) adding

"서지 기술에서 자료에 표시되어 있는 사항을 부가하여 기록하는 것. 부기 사항은 원괄호로 묶어 표시한다."(『일본목록규칙 1987년판 개정 3판』 용어 해설). 『일본목록규칙 1987년판 개정 3판』에서는, 예를 들면 본표제 중의 단어에 대한 루비(한자 옆에 음을 단 작은 활자)는 그것이 붙어 있는 단어의 직후에 부기하도록 규정하고 있다. 또한 표목에서도, 동명이인(同名異人)을 구별하기 위한 인명에 대한 생몰년 등의 부가, 통일 표제에 대한 자료의 언어명이나 음악 작품의 연주 수단 등의 부가는 부기로서 취급된다. ↔ 기술(記述); 보기(補記)

부분 개가제(部分開架制) partial open access system

서고 관리 방식의 하나로, 장서의 일부분을 개가로 하고, 기타를 폐가제 서고로 수납(收納)하는 것. 즉 개가제와 폐가제를 병용하는 것을 말한다. 원칙적으로 도서관에서는 개가제가 바람직하다고 여겨지지만, 주로 서가 스페이스나 자료의 관리나 보존상의 이유에 의해 이 방식을 취하는 경우가 많다. 또한 개가 서가의 자료수가 지나치게 방대해지면, 이용자는 구하는 자료를 찾기 어려워지게 된다는 것도 관련되어 있다. 개가의 정도는 도서관에 따라 다양하지만, 일반적으로는 이용 빈도가 높은 자료를 개가로 하고, 이용 빈도가 낮은 자료나 귀중서 등을 폐가로 하는 경우가 많다. 운영에서는, 이용자가 혼란을 겪지 않도록 개가 자료와 폐가 자료의 구별을 명확하게 해두는 것과, 일정의 기준에 따라 개가 자료의 갱신을 실시하는 등의 배려가 필요하다. 한편 도서관의 장서 모두를 개가로 하는 것을 완전 개가제라고 한다. ↔ 개가제

부분 일치(部分一致) → 절단

부분 표제(部分標題) partial title

「표제(타이틀) 중의 수식어 또는 수식부를 제외한 부분으로 이루어진 표제」(『일본목록규칙 1987년판 개정 3판』 용어 해설의 일부 수정). 『일본목록규칙 1987년판 개정 3판』에서는 특히 본표제 중의 수식어 또는 수식부를 제외한 부분 표제를 필요에 따라 표목으로 하도록 하고 있다. ↔ 표제 표목

부시 Bush, Vannevar

1890-1974. 미국 매사추세츠 주 출신. 전자 공학자, 과학 행정 관료. 대학 교원을 역임한 후, 1938년 워싱턴카네기연구소(Carnegie Institution of Washington) 소장에 취임. 이 사이에, 아날로그식 전자계산기나 문헌 검색 시스템인 래피드 실렉터(Rapid Selector)를 개발하였다. 1941년 연방 정부의 과학연구개발국 (Office of Scientific Research and Development) 국장에 취임. 맨해튼계획의 총괄 등, 제2차대전 중의 미국 과학 기술 정책을 지휘하였다. 1945년의 논문 "As We May Think"에서는 발달한 과학 기술을 이용하여 정보의 사회적 축적·유통을 원활하게 하는 구상을 발표하였다. 이 논문에는 가상적(假想的)인 개인용 정보 관리 시스템인 메멕스(Memex)의 제안과 하이퍼텍스트의 원형이 되는 착상이 포함되어 있으며, 이것들이 후년(後年)의 퍼스널 컴퓨터나 WWW의 개발을 선도했다고 일컬어지고 있다. 1950년 미국과학재단(NSF)의 창설에도 지도적 역할을 수행하였다. ↔ 쇼; 하이퍼텍스트

부차적 판표시(副次的 版表示) additional edition statement

"하나의 판 그룹 중의 특정판이라는 것을 나타내는 어구 등의 표시"(『일본목록규칙 1987년판 개정 3판』 용어 해설). 기술의 대상이 되는 자료의 판이 계층 구조를 갖는 경우가 있는데, 예를 들면 어떤 명칭을 가진 판 그룹 내의 하나의 판이나 다른 명칭을 가진 판 등이 이에 해당하며, 또는 특정의 판 그룹 중에서 특히 개정, 증보 등의 표시가 있는 쇄차(刷次)도 여기에 포함된다. 이 때 기술 중에 판표시와 부차적 판표시로 나누어 기록함으로써, 판의 특정이나 한정이 가능하게 된다. 일본에서는 부가적 판표시라고 한다. ↔ 판사항; 표시

부출 저록(副出著錄) added entry

기본 저록 방식에서 기본 저록을 바탕으로 하여 보조적으로 작성되는 저록. 기본 저록 방식은 유일의 또는 기본이 되는 저록을 중추(中樞)로 하여 편성하는 방식으로, 다른 일련의 목록 저록은 기본 저록을 바탕으로 작성된다. 구체적으로는 기본 저록 표목으로서 채택되지 않은 표목을 각각 기재한 저록이다. 또한 보조적인 저록에는 이 밖에도 분출 저록이 있다. ↔ 기본 저록

부출 지시(副出指示) → 표목 지시

부클릿(booklet) → 소책자

부편(部編) section of work

공통의 표제(타이틀)를 가지고 있는 단행 자료나 연속간행물이 그러한 표제 아래 몇 개의 부(部) 또는 편(編) 등으로 나뉘어 간행되고 있는 경우, 그 각각의 덩어리를 가리켜 말한다. ↔ 부편명

부편명(部編名) section title

"공통의 표제(타이틀)를 가지고 있는 자료, 계속 자료의 별개로 출판되는 각 부분의 명칭. 부편명은 종속 표제로서의 부편의 명칭으로 통상 그 자체에서는 표제가 되지 못한다."(『일본목록규칙 1987년판 개정 3판』 용어 해설). 공통하는 표제를 구분하는 부나 편 등의 명칭으로, 『일본목록규칙 1987년판 개정 3판』에서는, 그 명칭이 배열을 음순(音順)으로 할 수밖에 없는, 즉 순서성이 없는 경우는 부편명으로 취급하고, 그 이외의 경우는 「권차, 회차, 연차 등」으로서 취급하는 것으로 하고 있다. ↔ 종속 표제

부표목(副標目) subheading

단체에 대한 표목에서, 그 단체의 내부 조직이나 부속 기관의 명칭도 포함된 형으로 표목을 구성할 때, 상부 단체명을 주표목이라고 하는 것에 대해, 이러한 내부 조직이나 부속 기관의 명칭을 부표목이라고 한다. 일본에서는 『일본목록규칙 신판 예비판』 이후로 내부 조직명을 생략하고, 상부 조직명만에 의한 표목을 채택하는 것을 원칙으로 하고 있으며, 부표목은 채택하고 있지 않다. 그에 대해, 『영미편목규칙 제2판』에서는 특정 종류의 내부 조직 또는 관련 단체의 경우에, 부표목을 사용하고 있다. 또한 광의(廣義)로는 주제명 표목의 세목(주제명 세목)도 부표목이라고 하는 경우가 있다. ↔ 단체명 표목; 주표목

부표제(副標題) subtitle

"본표제를 한정 또는 설명하고 있는 표제 관련 정보"(『일본목록규칙 1987년판 개정 3판』 용어 해설). 서브타이틀, 부서명이라고도 한다. ↔ 표제 관련 정보

부표제지(副標題紙) added title page

서지 기술에서 표제지로 인정되는 것의 앞 또는 뒤에 있는, 표제(타이틀) 등이 나타나 있는 페이지. 표제만을 표시하는 간략한 것으로부터 표제지의 내용을 보충하는 사항을 나타내고 있는 것까지 다양하다. 더 광의(廣義)로는 장소를 한정하지 않고, 해당 자료가 속하는 총서를 위한 표제지나, 채택된 표제지와는 다른 언어로 작성되는 표제지를 가리키는 경우도 있다. ↔ 표제지

북 디텍션 시스템 → 자료 분실 방지 시스템

북스타트 Bookstart

그림책을 매개로 아기와 가족의 커뮤니케이션을 풍부하게 하고, 어린이의 언어 능력과 풍요로운 마음을 기르고자 하는 도서관과 보건소의 협력 활동. 영국의 교육 기금 단체인 북트러스트(Booktrust)가 추진 모체가 되어, 버밍햄의 도서관, 보건국, 대학이 협력하여 1992년에 시작된 활동. 아기의 7~9개월 검진 시에, 아기 그림책, 어드바이스집, 그림책의 리스트, 지역 공공 서비스 정보 등이 들어 있는 북스타트 가방을 배포하고, 이야기회를 실시하며, 독서 상담에 응한다. 한국에서는 2002년 12월에 북스타트한국위원회 준비모임이 시작된 이래, 2010년 12월 현재 북스타트 시행 지자체는 106개, 시행 기관 238개에 이르고 있다. 일본에서는 2001년 4월에 북스타트지원센터가 발족하여, 2004년 2월에 NPO북스타트로 개칭하였다. 2007년 3월 현재 실시 자치 단체는 598개 시구정촌(市區町村)이다. ↔ 리터러시 프로그램

북 카드 → 도서 카드

북 클럽 book club

미리 등록하고 있는 회원에게 우편으로 도서를 배포하는 조직. 회원은 클럽이 선정한 도서 중에서 선택하여 주문한다. 매년 최저 몇 책인가를 구입하는 것이 의무화되어 있는 경우가 많다. 가격은 일반적으로 매장에서 구입하는 것보다도 저렴하다. 또한 「북 클럽판」이라는 특별한 제본이 이루어지는 경우도 있다. 미국을 중심으로 하여 발달하였다.

북 토크 book talk

교사나 도서관인 등이 어린이들 또는 도서관의 일반 이용자를 대상으로, 특정의 테마에 관한 일련의 책을 에피소드나 주요 등장 인물, 저작자의 소개, 개요도 포함하여, 비평이나 해설을 추가하면서 하나의 흐름이 될 수 있도록 순서대로 소개하는 것으로, 도서의 이용을 촉진시키고자 하는 목적을 가지고 실시하는 교육 활동이다. 영국에서 파워(Effie L. Power 1873-1969)의 *Library Service for Children* (1929)에 등장한 것이 최초로 여겨지고 있다. 일본에서는 1959년에 소개되었는데, 초·중등학교 학생에 대한 도서관 소개의 일환으로서 책을 소개하거나, 비공식적으로 1권의 책을 소개하는 등, 본래의 의미보다도 광의(廣義)로 북 토크라는 용어가 사용되고 있다. ↔ 스토리텔링; 책 읽어주기

북 트럭 book truck

도서관 내에서 자료의 운반용으로 이용하는 대차(臺車). 캐스터(caster)가 달린 2단이나 3단의 선반 형태를 하고 있으며, 선반에 자료를 쌓아, 손으로 누르고 운반한다. 목제와 스틸제의 것이 있다. 자료가 떨어지지 않도록 등을 붙인 형과 붙이지 않은 개방형이 있는데, 전자(前者)에는 단면형과 양면형이 있다. 또한 등을 붙인 형에는 선반이 경사진 형도 있다. 자료의 운반 이외에도, 반납된 자료나 신착 자료의 일시적인 전시용, 반납대용, 정리 작업 중인 자료의 적재용, 참고계용의 참고 도서 적재용 등 도서관 내에서 다양하게 이용되고 있다.

북 포스트 → 도서 반납함

북 포켓 book pocket

북 카드를 넣기 위한, 자료에 첨부(貼付)되는 포켓. 통상 반납 시에 잘못하여 다른 자료의 도서 카드를 북 포켓에 넣어버리지 않도록, 서명이나 등록 번호 등 자료를 특정(特定)하는 정보를 포켓의 상부(上部)에 기재하고 있다. 대출 시에 카드를 꺼내기 쉽도록 하기 위해 포켓의 한쪽 변을 막지 않고 개방하고 있는 경우가 많다. 또한 도서의 경우 통상은 면지(面紙) 부분에 첨부되는데, 그곳에 중요한 정보나 기술, 그림 등이 있는 경우, 그것을 가리지 않도록 투명한 소재로 만든 북 포켓도 있다.

분관(分館) branch library

본관에서 떨어진 장소에서 보조적인 도서관 서비스를 실시하는, 독립 시설을 가진 도서관. 기초적인 자료 컬렉션을 가지며, 자료의 대출이 업무의 중심이 된다. 대학 도서관의 경우, 분관에는 컬렉션의 일부가 배치되며, 독립된 직원 체제에 의해 관리 운영된다. 분관은 본관의 지시를 받으면서 업무를 추진하고, 도서관 시스템의 한 기관으로서의 기능을 수행한다. 공공 도서관의 경우, 분관은 주민이 액세스하기 쉬운 장소에 설치된다. 분관은 인근 주민의 도서관에 대한 이미지를 형성하는 장소로서 중요하며, 인근 주민의 니즈에 부합하는 서비스나 주민과의 커뮤니케이션이 중시된다. ↔ 중앙관

분담 보존(分擔保存) shared storage

도서관 협력의 하나로, 복수의 도서관이 분담하는 주제나 자료의 종류를 미리 정해 두고, 그것을 바탕으로 보존하는 것. 수집 대상으로 하는 출판물의 증대, 이용자의 요구의 다양화, 서고 스페이스의 제약 등, 도서관을 둘러싼 환경의 변화 등을 배경으로 하여, 지역이나 관종(館種)이 같은 참가관 사이에서 협정을 맺고, 이용 빈도가 저하된 자료에 대해, 특정의 도서관이 보존에 책임을 갖는 구조이다. 그 밖의 도서관은 중복 자료를 폐기할 수 있게 된다. 분담 보존을 위해서는, 미리 보존해야 할 자료를 선정하고, 보존 기준을 정해둘 필요가 있다. 일본의 공공 도서관에서는, 잡지나 신문을 대상으로 한 분담 보존의 사례를 볼 수 있다. ↔ 보존 도서관; 협동 보존

분담 수집(分擔收集) coordinated acquisition

도서관 협력의 하나로, 복수의 도서관이 자료 구입비의 효율적 사용과 다각적인 장서 구성을 도모하기 위해, 분담하는 주제나 자료의 종류를 미리 정해 두고, 그것을 바탕으로 수집하는 것. 협동 수집의 구체적인 예의 하나이다. 세계적으로 유명한 것으로서, 파밍턴 플랜(Farmington Plan)이나 미국의 국가수서편목프로그램(NPAC: National Program for Acquisitions and Cataloging)이 있다. 지역 주민의 자료 청구의 다양화, 출판물의 증대, 서고 수용 능력의 제약, 자료 구입비의 부족 등으로, 일본의 도서관계에서도 관심이 높아져가고 있다. 일본에서는 분담 보존과 관련하여 논의되는 경우가 많다. ↔ 협동 수집

분담 편목(分擔編目) shared cataloging

복수의 도서관 등이 작업의 중복을 피하기 위해 협력하고, 분담하여 작업을 실시하고, 그 책임과 성과를 함께 나누는 편목 작업. 공동 분담 목록 작업이라고도 한다. 중앙 집중식 편목의 상대어가 된다. 오늘날에는, 기술 대상에 대응하는 서지 레코드가 서지 유틸리티의 목록 데이터베이스 안에 존재하지 않는 경우, 어느 참가 기관이 자체 편목(original cataloging)을 실시하고, 그 성과를 다른 참가 기관이 카피 편목(copy cataloging)으로 이용하는 것이 그 전형적인 예가 된다. 또한 서지 유틸리티에서 분담 편목을 원활히 추진하기 위해서는, 일정 수준을 만족시키는 표준적인 레코드의 작성이나, 이미 존재하는 서지 레코드의 검색 누락을 방지하는 각종 검색 기능, 전거 관리를 비롯한 품질 관리의 방법 등이 불가결하게 된다. ↔ 서지 유틸리티; 중앙 집중식 편목; 카피 편목

분류(分類) classification

(1) 사상(事象) 중에 클래스를 개념적으로 인식하고, 이어서 클래스 간의 관계성을 인식하는 과정에 관한 것. 다음의 누적적인 단계의 하나 또는 몇 가지를 포함한다. ① 개념에 명사(名辭)를 부여하여, 그 밖의 개념과 구별할 수 있도록 한다. ② 개념 간의 관계성을 정한다. ③ 그것들을 구조적으로 표시한다. ④ 다시 선형(線形)으로 표시한다. ⑤ 그 순서를 어떤 기호법에 의해 표현한다. 제3단계까지가 광의(廣義)의 정의라고 말할 수 있다. 이 단계에서는 체계화된 이른바 분류표와 같은 것에 한정하지 않고, 어휘 통제를 위해 구조화된 시소러스나 주제명 표목표도 포함한다. 한편 제4단계 이후도 포괄하는 것이 협의(狹義)의 정의라고 말할 수 있다. (2) 자료에 대해 분류표를 사용하여 분류 기호를 부여하는 작업. ↔ 분류법

분류 규정(分類規程) classification code

적절하고 수미일관(首尾一貫)한 분류 작업을 수행하기 위한 성문 규정(成文規程). 분류표 전체에 적용되는 일반 분류 규정과, 특정의 주제 분야에만 적용되는 특수 분류 규정이 있다.

분류 기호(分類記號) class number; class mark

분류표에서 뽑아내어 특정의 클래스를 나타내기 위해 사용하는 기호 또는 그 조합. 문헌 분류법에서는 분류 기호의 순으로 자료를 배가하는데, 분류 기호만으로는 배가 위치를 특정하기 어렵기 때문에, 통상 도서 기호를 사용하여 다시 배가 위치를 한정한다. ↔ 도서 기호; 청구 기호

분류 기호법(分類記號法) notation

분류 기호로서 사용되는 기수(基數)의 구성, 분류 기호의 순서성의 결정, 삽입 방법, 합성 방법 등, 분류 기호에 관한 다양한 내용을 포괄하는 방법, 체계. 분류 기호법에 요구되는 요건은 순서성, 허용성, 간결성, 단순성, 조기성 등이다. ↔ 순수 기호법; 십진식 기호법; 혼합 기호법

분류법(分類法) classification

클래스 및 클래스 간의 관계성을 인식하는 과정으로서의 분류, 자료에 대해 분류 기호를 부여하는 분류 작업, 그리고 분류 기호를 부여하는 기초가 되는 분류표, 이것들을 통합적으로 파악하는 방법을 말한다. ↔ 분류; 분류표

분류 색인(分類索引) classified index

색인해야 할 사항을 그 사항을 나타내는 표제어 아래에 수록하는 것이 아니라, 그 사항의 상위 개념을 나타내는 표제어 아래의 부표제어로서 정리한 색인. 표제어 및 부표제어를 음순(音順)으로 배열하더라도, 수록 항목이 주제에서 분류되게 되기 때문에, 이 명칭이 사용되고 있다.

분류순 목록(分類順目錄) classified catalog; classed catalog

"분류 표목만의 목록 저록(목록 기입)과, 참조 등을 배열한 목록"(『일본목록규칙 1987년판 개정 3판』 용어 해설). 개별형 목록의 일종. 자료의 주제 또는 형식을 기호로 나타낸 분류 표목과 참조가 기호순으로 배열된 것으로, 그러한 주제나 형식으로부터의 검색을 가능하게 한다. 이용자가 찾는 주제를 나타내는 분류 기호를 명사(名辭)로부터 검색할 수 있는「주제명 색인」을 함께 갖추지 않으면 안

된다. 자료의 주제 또는 형식을 명사에 의해 검색하는 주제명 목록과 대비되며, 양자(兩者)를 합쳐 주제 목록이라고 부른다. 분류 체계를 바탕으로 하여 체계적으로 배열되며, 관련된 주제가 목록 파일 중에서 집중한다고 하는 이점과, 검색에는 그 분류 체계의 이해를 필요로 한다는 단점을 함께 가지고 있다.

분류순 배열(分類順排列) classified order

자료군이나 목록의 서지 레코드(목록 저록), 색인의 저록 등을 배열하는 데, 어떤 분류 체계에 따라 배열을 실시하는 것. 통상은 분류 체계 내의 위치를 나타내는 분류 기호를 각 자료 또는 저록에 부여하고, 그 기호가 가지고 있는 순서성을 바탕으로 배열하게 된다.

분류순 주제명 표목표(分類順 主題名標目表) classified list of subject headings

주제명 표목표는 통상 음순(音順) 배열표와 체계순 배열표의 양쪽을 갖추는데, 분류 체계순으로 배열된 표를 분류순 주제명 표목표라고 한다. 주제명 표목표의 기본형은 통상 음순 배열표로, 그것을 보완하는 것으로서 작성되는 경우가 많다. 주제 편목 작업(분류 작업과 주제명 작업)을 동일인이 실시하는 경우나, 새로운 주제명을 추가할 때의 참조 작성 등에도 편리하다. 또한 주제명 표목표의 유지 관리에도 필요하다.

분류표(分類表) classification scheme

클래스 간의 관계성을 체계적으로 표시하기 위해 작성되는 일람표. 클래스를 나타내는 명사(名辭)는 기호에 의해 상대적인 순서를 정하게 된다. 기호화된 클래스로 안내하는 것으로서, 통상 본표라는 일람표에 대한 명사로부터의 색인을 준비한다. 또한 일반 분류표의 경우는, 본표 이외에 보조표를 수반하는 경우가 많다. 이것들을 이용하여 자료 또는 서지 레코드를 체계적으로 순서화할 수 있다.
↔ 분류법

분류 표목(分類標目) class number heading

"자료의 주제 또는 형식을 기호로 나타내는 분류 기호를 목록 저록의 표목으로 한 것. 그 도서관이 채택하는 분류표에 정해진 기호의 형을 취한다."(『일본목록규칙 1987년판 개정 3판』 용어 해설).『일본목록규칙 1965년판』까지는 분류 표목이라는 용어는 사용되지 않았다.『일본목록규칙 신판 예비판』이 비기본 저록 방식을 채택함으로써, 모든 표목이 등가(等價)가 되고, 분류 표목도 표목 지시에 기재하게 되었다. 이 결과 분류 표목은 서지 분류의 결과를 나타내고, 청구 기호가 서가 분류의 결과를 나타내게 됨으로써, 양자의 차이가 명백하게 되었다. ↔ 분류 기호; 청구 기호

분리(分離) split

서지적인 관계를 나타내는 용어로,『일본목록규칙 1987년판 개정 3판』용어 해설에 의하면, "하나의 연속간행물이 복수로 나뉘는 것. 분리에는 새로운 표제(타이틀)의 연속간행물을 파생(separate)시키는 경우와, 분리의 결과 모두 새로운 타이틀이 되는 분할(split)의 경우가 있다. 링크 부여를 한 데이터베이스를 구성하는 경우는, 전자(前者)만을 분리의 범주에 포함시키고, 후자(後者)는 계속의 일종으로 간주하는 경우가 있다." ↔ 계속

분산 관련 사항(分散關連事項) → 분산된 관련 항목

분산된 관련 항목(分散--關聯項目) distributed relatives

동일의 사상(事象)이 분류표나 분류순 목록 상에서 분산되는 것. 관점 분류법에서는 어떤 사상의 각 관점이 각각의 주제 분야로 분산된다. 예를 들면 석유라는 사물은 경제 지질학, 광산 공학, 화학 공학, 유기 화학 등의 다양한 관점 아래에서 다루어지며, 각 주제 분야로 분산된다. 이와 같이, 같은 사상은 분류표 상에서 한 곳에 모이지 않는다. 또한 패싯식 분류법에서는, 두 번째 이후의 열거 순서의 패싯의 포커스로 이루어지는 주제는 분류순 목록 상에서 집중되지 않고 분산된다. 열거식 분류법에서도 실제상으로 마찬가지의 현상이 발생한다. 복수 저록 색인법(multiple entry indexing)을 채택하거나, 주제명 색인을 작성하여, 이에 대처하는 것이 가능하다. ↔ 관점; 열거 순서

분산제(分散制) decentralization of library

컬렉션이나 서비스를 지리적, 물리적으로 떨어진 복수의 도서관에서 제공하는 도서관 시스템의 조직 형태. 통상 경영 관리의 권한도 각각의 단위 도서관에 맡겨지고 있다. 역사가 오랜 대규모의 대학 등에서 채택하고 있는 도서관의 조직 형태로, 학부나 학과의 도서관이 서비스뿐만 아니라, 재정이나 인사 등의 관리면에서도 독자(獨自)의 권한을 갖고 운영된다. 분산제를 지지하는 주된 근거는 이용자의 편리성이다. ↔ 집중제

분서(焚書) book burning

책을 소각하는 것. 특히 책에 기록된 사상을 금압(禁壓)하고, 그 유통, 전파를 억지할 목적으로, 위정자, 권력자가 공개의 장에서 해당 서적을 소각하는 행위, 의식. 진(秦)의 시황제(始皇帝)의 분서갱유(焚書坑儒 BC 213) 이래, 나치스 독일의 분서(1933), 중국 문화대혁명의 분서(1966)에서도 볼 수 있는 것처럼, 역사적으로 거의 끊임없이 계속되고 있는 사상·언론의 탄압·통제 수단으로 검열·금서의 극단적인 형태이다. 책이 대량으로 싼 값에 생산되는 시대에는 모두 소각하는 것이 불가능하지만, 탄압·통제의 상징적인 의미를 가지고 이루어지고 있다. ↔ 검열

분석 서지학(分析書誌學) analytical bibliography

도서의 물적 측면(활자, 인쇄 방식, 용지, 접지(摺紙) 등)을 객관적으로 분석하고, 많은 사실을 모음으로써 서지학상의 문제를 해결하고자 하는 서지학의 한 분야. 비블리오그래피라는 말은 일반적으로는 도서의 리스트와, 리스트 작성에 사용되는 방법이라는 의미를 함께 가지고 있었으나, 19세기 말부터 금세기에 걸쳐, 특히 영국에서 새로운 서지학 연구가 개발되어 왔다. 그것은 지금까지와 마찬가지로 단순히 도서 리스트의 작성에 관계되는 것이 아니라, 당시의 다윈주의의 영향을 받아, 사실로 하여금 말하게 한다고 하는 박물학적 방법에 의해, 물(物)로서의 도서 자체의 작성에 관계되는 모든 과정을 연구하고자 하고, 나아가 18세기 이래로 독일과 그 밖의 곳에서 시작되고 있던 인큐내뷸러 연구의 전통을 계승하는 것이었다. 이 새로운 서지학 연구를 그레그(Sir Walter Wilson Greg 1875-1959)가 분석 서지학이라고 불렀다고 한다.

분석 합성식 분류법(分析合成式 分類法) analytico-synthetic classification

패싯마다 그 포커스로서의 단일 클래스만이 게재되는 분류법. 복수의 패싯의 포커스로 이루어지는 복합 주제는 분류표에 게재되지 않으며, 일정의 패싯 공식(facet formula)을 바탕으로 하여, 각 포커스의 분류 기호를 합성함으로써 표현된다. 통상 주제 분야마다 패싯이 열기(列記)되며, 패싯의 열거 순서를 나타내는 패싯 공식이 명시되어 있다. 주제 분야마다 설정된 패싯을 바탕으로 주제를 분석하고, 이어서 합성하여 재구성하는 것에서 이 명칭을 갖게 되었다. 패싯식 분류법이라고도 일컬어지며, 랑가나단(S. R. Ranganathan)이 작성한 콜론분류법(CC 1933)이 최초의 것이다. 1950년대부터 1960년대에 걸쳐, 영국의 분류연구그룹(CRG: Classification Research Group)에 의해 상당수의 분석 합성식 특수 분류법이 작성되었다. ↔ 열거식 분류법; 준열거식 분류법; 패싯식 분류법

분실(分室) branch

중앙관이나 분관(分館)이 커버할 수 없는 서비스 지역에 설치되는 소규모의 도서 제공 시설. 공공 도서관에서는, 일본의 경우, 한 소학교구(小學校區)에 하나의 분실이 설치되는 것을 목표로 하기도 한다. 직원은 전임(專任)이 한 명 배치되거나, 또는 배치되지 않는 경우도 있다. 일본의 경우, 공민관(公民館)에 병설되는 경우도 많다. 개관 시간은 중앙관이나 분관에 비해 적고, 특정일의 특정 시간에만 열게 되는 케이스도 있다. ↔ 분관

분실 자료(紛失資料) missing material

대출 중에 분실되거나, 소재가 불명이 되거나, 도난당한 도서관 자료. 망실 자료(亡失資料)라고도 한다. 이용자가 대출 중에 분실한 경우는, 동일의 자료 또는 상당 금액으로써 변상을 시키는 경우가 많다. 장서 점검의 결과, 소재가 불명이 된 자료는 불명 자료로서 처리하고, 일정의 연수가 경과해도 발견할 수 없는 경우에는 제적한다. 특히 중요한 자료, 이용이 많은 자료는 보충한다. 제적 후에 발견된 경우에는, 신규 등록을 하거나 복적 처리(復籍處理)를 한다.

분출(分出) analytics

"자료의 구성 부분을 기술하는, 독립된 서지 레코드. 구성 서지 단위와, 이 구성

부분을 수록하고 있는 수록 자료의 서지 단위로 구성된다."(『일본목록규칙 1987년판 개정 3판』 용어 해설). 하나의 서지 레코드의 작성 대상이 되고 있는 자료의 부분을 기술하고, 그것을 전체의 자료와 관련짓는 기록. 분출 저록(분출 기입: analytical entry)이라고도 하며, 일본에서는 분출 기록이라고도 한다. 합집 중의 각 저작, 연구서에 저자 이외의 저명인이 기고한 머리말이나 서론, 연속간행물 중의 각 기사 등이 대상이 된다.

분할 목록(分割目錄) divided catalog

사전체 목록(辭典體目錄)을 두 종류 이상으로 분할하여 편성한 목록. 저자·표제 목록과 주제명 목록으로 나누거나, 또는 저자 목록과 주제명·표제 목록으로 나눈다고 하는 복합형 목록과 개별형 목록의 조합에다가, 저자 목록, 표제 목록, 주제명 목록이라는 세 개의 개별형 목록으로 분할하는 경우도 있다. ↔ 사전체 목록

분할 저록(分割著錄) divided entry for multi-volume item

『일본목록규칙 1987년판 개정 3판』 용어 해설에서는, 「분할 저록 양식」을 "기술의 대상이 되는 단행 자료나 세트물을 형태적으로 독립된 부분마다 기술하는 기재 양식"으로 정의하고 있는데, 이 기재 양식에 따라 작성되는 목록 저록(목록 기입). 일괄 저록의 상대어. 기술의 대상이 되는 서지적으로 하나의 덩어리를 이루는 자료가 물리적으로 복수의 단위로 이루어지는 경우, 서지적인 한 덩어리 전체가 아니라, 개개의 독립된 부분마다 작성하는 목록 저록. 저록과 기술 대상의 물리적인 단위가 일대일로 대응하고 있는 것은 자료 관리상의 편의가 크다. 또한 한 덩어리가 되어야 하는 기술 대상 중에 미간(未刊)의 부분이 있을 때나, 그것들이 동시에 목록 작성 기관에 입수되지 않았을 경우, 완결이 불확정인 미완 저록(未完著錄)이 되는 것을 피할 수 있다. 한편 서지 사항이 거의 같고, 권차의 표시만이 다른 저록이 나란히 있으면 검색에 불편을 초래하는 경우가 있거나, 또는 도서 이외의 자료 유형에서는 적용이 곤란해지는 경우가 다수 존재하는 등의 측면도 있다. ↔ 일괄 저록

불 연산(--演算) Boolean operation

불(George Boole 1815-1864)이 제창한 논리 대수(論理代數)인 불 대수를 바탕으로 하는 집합에 대한 조작으로, 논리곱, 논리합, 논리차(부정)의 총칭. 논리곱은

곱집합, 논리합은 합집합, 부정은 보집합을 각각 구하는 연산이다. 정보 검색 시스템에서는, AND 검색(논리곱), OR 검색(논리합), NOT 검색(논리차)에 관한 것을 가리킨다. 구체적으로는 검색어 간의 동시 출현 관계를 구하는 조작으로, AND 검색은 검색어가 모두 포함되는 레코드군을 구하고, OR 검색은 검색어의 어느 것인가가 포함되는 레코드군을 구하며, NOT 검색은 특정 검색어를 검색 대상 외로 하는 레코드군을 구한다. 또한 컴퓨터가 행하는 연산이나 제어를 실행하는 스위칭 회로의 설계에 불가결한 기본 이론이기도 하다. ↔ 검색식

불용어(不用語) stop word

색인어 또는 검색어로서 이용할 가능성이 없기 때문에, 또는 이용하면 검색 효율이 저하되기 때문에, 정보 검색 시스템이 미리 색인어, 검색어에서 제외하기로 정한 단어. 즉 불용어는 색인 작성에서는 색인어로부터 제외되며, 정보 검색에서는 검색어로서 채택되지 않는다. 불용어로서 지정되는 것은 전치사, 접속사, 대명사, 관사 등, 전적으로 문법 관계를 나타내는 기능어나, 지나치게 빈출(頻出)하거나 너무 일반적이어서, 색인어, 검색어로서 특정성이 불충분한 단어이다. 불용어의 일람표를 불용어 리스트 또는 스톱 리스트라고 한다.

브라우징 browsing

명확한 검색 전략을 갖지 않은 채, 우연의 발견을 기대하여 만연(漫然)히 정보를 찾는 것. 원어는 가축을 방목하여 사료로서의 새잎과 새싹을 자유로이 먹게 시키는 것을 의미하였다. 문헌을 대상으로 하는 경우, 서가 상에서 도서의 등 표지(背表紙)를 마음 내키는 대로 바라보면서 읽거나, 특정 목적을 갖지 않은 채 신문이나 잡지를 집어 들어 내용물을 습독하는 행위 등을 포함한다. 브라우징에 의해, 정보 검색과는 다른 방향에서 관심사에 해당하는 정보를 우발적으로 얻을 수도 있다. ↔ 세렌디피티(serendipity)

브라우징 룸 browsing room

도서관의 건물 중에서, 브라우징 컬렉션을 제공하는 스페이스. 서가, 잡지가, 신문가, 그리고 의자나 소파 등이 설치되며, 통상은 편안한 분위기가 되도록 하고자 하는 방안이 강구되고 있다.

브라우징 컬렉션 browsing collection

도서관 컬렉션 중 이용자가 습독(拾讀)이나 가벼운 독서를 하기 위해 준비되어 있는 컬렉션. 통상은 신착 잡지나 신문, 또는 안내서 등이 포함되며, 브라우징 코너에 별치(別置)되어 있고, 관외 대출의 대상으로 하지 않는 경우가 많다.

브라운 Brown, James Duff

1862-1914. 스코틀랜드 출신. 런던 지역의 공공 도서관에 오랜 기간 근무하면서 20세기 초두(初頭)의 영국 공공 도서관론을 선도하였다. 듀이(Dewey)류의 합리주의적 미국 도서관학에 반발하면서, 에드워즈(Edwards) 이래의 영국 전통의 도서관론을 확립하고자 하였다. 그의 저서 『도서관 경영법』(*Manual of Library Economy* 1902, 1907)은 그의 서거 후의 제3판(1920) 이후로도 그의 이름을 남겨둔 채 간행이 계속되어, 제7판(1961)까지 간행되고 있다. 또한 분석 합성식 분류법의 선구로 일컬어지는 『주제분류법』(*Subject Classification* 1906)도 그의 업적으로서 알려져 있다. ↔ 에드워즈; 주제 분류법

브라운식 대출법(--式貸出法) Browne charging system

1895년에 브라운(N. E. Browne 1860-?)이 고안한 공공 도서관 대상의 대출 방식. 미국에서는 뉴아크식 대출법 등에 의해 대체되었지만, 영국에서는 사진식 대출법이나 컴퓨터식 대출법이 도입되기까지 가장 널리 보급되었다. 일본에서는 1960년대 이래로 상당수의 공공 도서관에서 채택되었다. 대출 시 계원(係員)은 일자표에 압인(押印)하여 이용자에게 자료를 건넨 후, 자루 모양의 대출권(貸出券)에 도서 카드를 끼워 넣고, 반납 예정일마다 청구 기호 순 등으로 배열해둔다. 이 방식은 이용자의 기입이 불필요하고, 반납 후에는 대출 기록이 남지 않는 것이 이점이다. 역브라운식을 비롯하여, 이 방식의 특징이나 이점을 살리고자 하는 도서관도 많으며, 1일의 대출 책수 1,000책 정도의 공공 도서관에서는 합리적인 방식이라고 말할 수 있다.

브래드포드 Bradford, Samuel Clement

1878-1948. 영국 런던 출신. 20세기 전반에 도큐멘테이션 분야에서 활약. 런던대학에서 화학을 전공하고, 사우스켄싱턴(South Kensington)의 과학박물관(Science

Museum)에 취직, 1901년에 동(同) 도서관 부문으로 옮기고, 1925년부터 1937년까지 도서관장으로 재직하였다. 이 도서관 부문은 국립과학기술대출도서관(National Lending Library for Science and Technology)으로 발전한다. 특정 분야의 잡지 논문을 망라적으로 수집하고자 할 때 발견한, 잡지수와 누적 게재 논문수와의 수학적인 규칙성은 브래드포드의 법칙으로 알려져 있다. 1927년에는 국제도큐멘테이션연맹(FID) 영국 지부를 설립, 그 후 1945년 FID 부회장, 1947년 국제분류위원회(International Committee on Classification) 의장을 역임하였다. ↔ 브래드포드의 법칙

브래드포드의 법칙(--法則) Bradford's law

어떤 주제에 관련된 논문의 상당수가 소수의 주요 잡지에 게재되는 한편, 그와 같은 논문을 극히 조금밖에 게재하지 않을 것 같은 잡지가 상당히 다수 존재한다는 경험칙(經驗則). 후자(後者)를 강조하는 경우에는 브래드포드의 분산 법칙이라고도 한다. 계량 서지학의 대표적인 분포 법칙의 하나. 이 법칙은 어떤 주제에 관련된 논문을 망라적으로 수집할 목적으로 잡지를 모을 경우, 주요한 잡지를 다 수집한 후에는, 수집하는 잡지에 게재되는 관련 논문 수가 한 잡지 당으로 점차 줄어간다고 하는 수확 체감의 법칙을 나타내고 있다. 브래드포드가 이 규칙성을 정식화했기 때문에, 이 이름으로 불리고 있다. 브래드포드는 두 가지 분야의 서지에 수록된 잡지와 논문수를 바탕으로 「브래드포드의 곡선」이라고 불리는 곡선을 유도해내고, 정보의 집중도가 가장 높은 중핵적 부분(곡선 부분), 상당히 집중하고 있는 주도적 부분(직선 부분), 넓게 분산되어 있는 주변적 부분(곡선 부분)으로 나눌 수 있다고 하였다. 이 법칙은 수학적인 형식상은 지프의 법칙에 일치하고, 학술 잡지에 대한 인용 등에 관해서도, 폭넓게 응용할 수 있는 것으로 알려져 있다. ↔ 계량 서지학

브룩스의 기본 방정식(--基本方程式) fundamental equation of information science

정보와 지식의 관계를 수식과 유사한 형식으로 나타낸 브룩스(Bertram Claude Brookes 1910-1991)의 모델. 1974년에 처음으로 발표되었으며, 표현이 다른 변종을 볼 수 있다. 대표적인 표현은 $K[S] + \Delta I = K[S + \Delta S]$로, $K[S]$는 지식 구조, ΔI는 정보, $K[S + \Delta S]$는 ΔI의 작용으로 일부가 변화된 지식 구조를 나타낸다. 이

것을 통해 그가 주로 표명하고자 했던 것은 정보의 수용은 새로운 요소의 단순한 부가가 아니라, 지식 구조의 재편성을 수반하는 과정이라고 하는 사고이다. 잉베르센(Peter Ingwersen)은 인지 과학적 관점에서 재해석을 통해, 수정 표현을 발표하고 있다. ↔ 정보; 지식

블랭킷 오더 → 일괄 주문

블로그 blog

웹로그(weblog)의 약어로, 블로그 툴을 사용하여 기사를 일기 형식으로 투고, 공개하는 일종의 전자 게시판. 종래의 게시판과는, ① 탑 레벨의 투고는 관리자만 가능(열람자는 팔로(follow) 기사밖에 투고할 수 없다), ② 다른 블로그의 기사와의 상호 링크가 가능(트랙백 기능), ③ 투고일에 의한 관리가 용이, ④ 휴대 전화나 PDA 등으로부터의 투고가 용이 등의 점에서 다르다. 일반의 웹 페이지에 비하면 레이아웃 등은 상당히 제한되지만, 웹 브라우저로부터 써넣는 것만으로 용이하게 투고, 갱신이 가능하다. 일본에서는 개인의 웹 일기가 많은 것으로 여겨지고 있다. ↔ HTML; 전자 게시판

비공식 연구 집단(非公式研究集團) → 보이지 않는 대학

비공식 커뮤니케이션(非公式--) informal communication

학술 잡지에 게재된 이후를 가리키는 공식 커뮤니케이션에 대응하는 말로, 그 이전의 단계에서 발생하는 정보 유통. 연구자끼리의 개인적인 정보 유통(면대면, 전화, 전자 메일 등)이 가장 전형적이며, 어디까지나 사적인 관계에 의존하는 커뮤니케이션이다. 확실하지는 않지만 매우 이른 단계에서 정보가 유통되는 것이 특징이며, 연구를 진행할 때 연구자가 중요한 정보원으로 삼는다고 일컬어지고 있다. 광의(廣義)로는 개인끼리의 구두(口頭) 커뮤니케이션뿐만 아니라, 프리프린트(preprint), 학회 발표 예고(豫稿) 등도 포함된다. ↔ 공식 커뮤니케이션

비교의 상(比較--相) comparison phase

상 관계의 하나로, 주제 간의 비교를 나타낸다. 예를 들면 「종교와 과학의 비교」, 「남성과 여성의 심리의 비교」 등 논리적으로는 특히 어느 것을 우선시키지 않으

면 안 된다는 근거는 없지만, 분류표에 따라서는 예를 들면 기호의 서수(序數) 값이 낮은 쪽을 우선하는 등의 결정을 행하고 있다. ↔ 상 관계

비도서 자료(非圖書資料) non-book material

도서 이외의 자료의 총칭. 특히 도서관 자료의 구분에 사용되며, 구체적으로는 연속간행물, 파일 자료, 시청각 자료, 마이크로 자료 등이 해당한다. ↔ 도서

비디오그램 videogram

영상·음성 데이터의 전기 신호 또는 그것을 변환한 디지털 데이터를 비디오테이프, 비디오카세트, 비디오디스크 등의 형으로 기록한 것. 다만 일반 상영용의 영화 필름은 통상 포함되지 않는다. 장래에 개발되는 매체도 포함된 영상 소프트의 총칭. 영상·음성 관계의 저작권의 적용 매체를 포괄적으로 나타내는 목적으로 사용되는 경우가 많다.

비디오디스크 videodisc

동영상과 음성의 기록을 특화한 광디스크. 전용(專用)의 재생 장치에 텔레비전이나 퍼스널 컴퓨터의 디스플레이를 접속하여 이용한다. 최초로 보급된 것은 직경 30cm의 디스크 양면에, 동영상은 아날로그 신호, 음성은 아날로그나 디지털 신호로 2시간 분을 기록하는 방식으로, 1981년 파이오니어사(일본)가 「레이저디스크」라는 명칭으로 상품화하였다. 1994년에는 직경 약 12cm의 디스크 단면에 동영상과 음성을 디지털 신호로 기록하는 DVD가 규격화되고, 그 후 널리 보급되었다. ↔ DVD; 광디스크; 시청각 자료

비밀 출판물(秘密出版物) clandestine literature

저자나 출판자가 특정(特定)될 수 없도록, 그 명칭 및 소재를 명기하지 않고, 통상의 출판 유통과는 다른 루트로 배포되는 출판물. 비합법 출판물, 특정 개인이나 단체를 중상(中傷)하는 문서, 외설 문서, 프라이버시를 침해하는 문서 등, 발행함으로써, 저자나 출판자가 탄압, 적발, 공격, 비난을 받을 가능성이 있는 경우에 비밀 출판이 이루어지는 경우가 있다. ↔ 발금본(發禁本); 비합법 출판

비배열 요소(非排列要素) non-filing element

배열에서 그 순서를 결정할 때 대상이 되지 않는 요소, 즉 순서의 결정에서 무시되는 요소. 예를 들면 일본어의 가타카나 표기에 사용되는 장음 기호(—)나 구두점 및 그에 준하는 기호 등은 상당수의 배열 규칙에서 배열상 무시된다. 또는 서구계(西歐系) 언어에 의한 표제(타이틀)를 알파벳순으로 배열할 때는 주격의 모두 관사(冒頭冠詞)는 무시되는 경우가 많다. ↔ 배열 요소

비우선어(非優先語) non-preferred term

색인 언어 시스템에서, 색인 부여에 일관하여 사용하지 않기로 결정된 단어, 그 밖의 기호. 문헌어(文獻語)나 착상어(着想語)와 같은 다양한 자연어로부터 적절한 우선어에 도달하기 위한 도입 부분이 된다. 시소러스에서 비우선어는 비(非)디스크립터(non-descriptor)라고도 한다. ↔ 우선어

비인(秘印) → 은인(隱印)

비즈니스 지원 서비스(--支援--) business information service

공공 도서관이 비즈니스에 관계되는 정보 니즈를 가진 개인, 기업을 희망하는 시민, 개인 사업자 등을 지원하기 위한 서비스. 지역의 비즈니스 정보의 제공, 상용(商用) 데이터베이스의 이용 지원, 비즈니스에 관계되는 참고 서비스에 대한 회답 업무, 각종 비즈니스 강좌·강연회 등의 프로그램이 있다. 미국의 공공 도서관에서는 오랜 역사를 가진 서비스이지만, 일본에서 비즈니스 지원 서비스가 주목받게 된 것은 비교적 최근으로, 비즈니스 지원 서비스 진흥을 목적으로 한 「비즈니스지원도서관추진협의회」가 2000년에 설립되었다.

비판적 초록(批判的 抄錄) critical abstract

저작의 내용에 대한 평가, 연구상의 의의 등, 초록 작성자의 의견을 포함한 초록. 참고 도서나 합집에 대한 비판적 초록에는 편집 방침, 체재 등에 관한 평가가 가해지는 경우도 있다. ↔ 지시적 초록; 통보적 초록

비합법 출판(非合法出版) illegal publication

출판을 규제하는 법률이 있는 경우에 그 법률에 따르지 않는 출판. 민주주의 국가에서는 언론·출판의 자유가 확립되어 있고, 출판에 대한 법적 규제는 저작권 침해나 프라이버시의 침해 등에 한정되고 있다. 그러나 저작권 침해 등에서 발행 정지 등의 처분이 된 출판물을 통상은 비합법 출판이라고는 하지 않는다. 비민주주의적인 국가에서는 정치 체제를 비판하는 세력·단체를 비합법화하고, 그 선전 활동이 되는 출판을 금지하는 경우가 많다. 그에 저항하여 이루어지는 출판을 비합법 출판이라고 부른다. 일본에서는, 1869년의 「출판조례」, 1893년의 「출판법」 등에 의해 정부가 출판물을 관리하였다. 당시에는 출판의 자유가 존재하지 않았으며, 비합법 출판이 다수 행해지고 있었다. 제2차대전 이후에는 「일본국 헌법」에 의해 출판의 자유가 보장되고 있다. 예외로서, 1952년의 「파괴활동방지법」 제5조에서 기관지지(機關誌紙)가 발행 정지 처분을 받은 경우에, 발행을 강행하면 비합법 출판에 해당하게 된다. ↔ 비밀 출판물; 출판

빈등 hollow back

책등(書背)의 제본 양식의 하나로, 표지의 등과 속장의 등이 밀착되어 있지 않은 것. 홀로백, 강배(腔背), 구멍등이라고도 한다. 책을 펼쳤을 때, 속장의 등과 표지의 등 사이에 공동(空洞: hollow)이 생긴다. 휜등(flexible back)과 찬등(tight back)의 장점을 받아들일 수 있도록 고안되었기 때문에, 어디를 펼치더라도 좋고, 등 문자(背文字)도 손상되지 않지만, 표지와 속장을 면지(面紙)로 접착시키고 있기 때문에, 면지의 목 부분에 부담이 가 파손되기 쉽다. ↔ 찬등; 휜등

사가판(私家版) private press edition

영리를 목적으로 하지 않는 개인 출판물의 것으로, 자신의 저작 등을 관계자 등 좁은 범위에 배포하기 위해 작성된다. 일본에서는 개인 출판 전문의 업자가 작성을 청부(請負)하는 경우가 보통이며, 그런 의미에서는, 자비 출판(自費出版)과 개념적으로는 공통한다. 그러나 원래는 이른바 애서가(愛書家)가 채산(採算)을 도외시하고 작성한 책으로, 때로는 자신이 인쇄소를 갖는 경우도 있다. 손 조판의 활자나 수동 인쇄기를 사용하고, 특별히 뜬 종이를 사용하며, 장정(裝丁)에도 마음을 쓰는 등, 애서가가 자신의 취미를 위해 적은 부수의 출판 활동을 행하는 것을 사가판 출판소(private press)라고 하는데, 유럽에서는 15세기 이래의 전통이 있다. ↔ 한정판

사고 분류법(四庫分類法) → 사부 분류법

사내보(社內報) house organ

주로 기업이 그 구성원을 대상으로 하여, 기업의 원활한 경영을 위해, 경영에 관한 사항, 업무에 필요한 연락 사항, 해설, 또는 친목을 목적으로 한 기사를 게재하는 연속간행물. 독자는 관련 기업이나 구성원의 가족에게까지 미치는 경우가 있다. 편집은 통상 기업 내에서 이루어지지만, 외부의 편집 프로덕션 등에 의뢰하는 예도 늘어나고 있다.

사노 토모사부로(佐野友三郞) Sano Tomosaburo

1864-1920. 군마현(群馬縣) 마에바시(前橋) 출신. 1890년 데이코쿠대학(帝國大學)을 중퇴, 중학교 교사 등에 종사, 1900년 아키타현립도서관장(秋田縣立圖書館長), 1903년 야마구치현립도서관장(山口縣立圖書館長)을 역임하였다. 공개 서가, 관외 대출의 추진, 전현(全縣)에 도서관을 보급시키는 순회 문고의 실시, 아동실 개설 등, 근대 공공 도서관 서비스를 전개하였다. 야마구치식 십진분류법, 저자기호법의 도입 등, 야마구치현립도서관은 "도서관의 메카"로 일컬어지며, 전 일본 공공 도서관의 발전을 리드하였다. 관장 재직 중에 서거하였다. 듀이(Dewey)와 편지 왕래를 하였으며, 선배에게 배우는 것도 게을리 하지 않았다.

사륙판(四六判)

(1) 종이의 원지(原紙) 치수(촌법)의 하나로, 788×1,091mm의 크기의 것. 일본에서는 쇼와(昭和) 초기에 A열판, B열판이라는 규격 치수가 재정되기까지, 국판(菊判)과 함께 일본의 용지 치수의 기준이 되어왔다. (2) 일본공업규격(JIS) 외의 판형. 전기(前記)의 용지를 32로 재단한 크기로, 약 127×188mm. 치수가 가로 4치(寸) 2푼(分), 세로 6치(寸) 1푼(分)인 것에서 이 호칭이 붙여졌다. 관련하여 사륙판의 배(倍)의 크기의 것(약 182×257mm)을「사륙배판」이라고 한다. (3) 서양에서 전지(全紙)의 12분의 1의 크기의 종이의 치수(촌법) 및 출판물의 크기(format). 12절판(折判)(duodecimo)이라고도 한다. ↔ 국판; 판형

사립 도서관(私立圖書館) private library

일본의「도서관법」제2조 제2항에서는, 공공 도서관 중 일본적십자사 또는「민법」제34조의 법인(이른바 공익 법인)이 설치하는 것을 사립 도서관으로 규정하고 있다. 국가, 지방 자치 단체는 사립 도서관의 사업에 간섭하지 않고, 설치 단체에 보조금을 제공하지 않지만, 도도부현(都道府縣)의 교육 위원회는 사립 도서관에 대해 필요한 보고를 요구하거나, 요청에 따라 지도, 조언할 수 있는 것으로 하고 있다. 또한 광의(廣義)로는 자료 제공 서비스를 실시하는 도서관 중 설치자가 국가나 지방 공공 단체 이외의 민간의 기관이나 개인인 것을 사립 도서관이라고 부르는 경우가 있다. ↔ 공공 도서관

사립대학도서관협회(私立大學圖書館協會)[일본] Japan Association of Private University Libraries

대학 도서관의 발전·협력을 도모하는 것을 목적으로 하여, 일본 전국의 사립 대학 도서관에 의해 조직된 단체. 1938년에 도쿄사립대학도서관협의회(東京私立大學圖書館協議會)로서 발족하고, 동년(同年)에 전국사립대학도서관협의회로 발전하였으며, 1943년에 현 명칭으로 변경하였다. 일상의 제 활동은 동서(東西)의 양 지구로 나뉜 부회 조직(部會組織)의 아래에서 전개하고 있으며, 협회 전체로서는 총회·연구회, 세미나의 개최를 비롯하여, 각종의 조사, 연구 활동의 조성, 출판물의 발행, 국내외와의 도서관 협력 등의 사업도 시행하고 있다. 기관지는 『사립대학도서관협회회보』(1952-   )이다.

사반본(四半本)

미농지(세로 30-31cm, 가로 42-43cm)보다 대형의 종이를 사절로 나눈 크기의 네모진 모양(枡形)의 소형본. 사반지본(四半紙本)이라고도 한다.

사본(寫本) → 필사본(筆寫本)

사부 분류법(四部分類法) Classification of Ssa-ku chu'on-shu

중국에서 최고로 보급된 분류법으로, 경사자집(經史子集)의 4부(部)로 나누는 분류법. 『수서 경적지』(隋書經籍志, 656년 이후)에 처음으로 나타났다. 그 이전의 궁정의 장서 분류는 갑을병정(甲乙丙丁)의 4부로 이루어지고, 을이 자이고 병이 사로 순서가 달랐었다. 경부(經部)는 유교의 경전과 그 주석 평론 등, 사부(史部)는 역사와 지리에 실제의 정치나 법률서, 서적이나 금석(金石)의 목록도 포함한다. 자부(子部)는 유가(儒家)와 다른 제자백가(諸子百家)의 책으로, 천문 역산(天文曆算)이나 의약, 복점 음양(卜占陰陽), 예술, 그 밖의 잡저(雜著)를 포함한다. 집부(集部)는 시문(詩文)을 비롯한 문예 작품과 그 평론, 그리고 문인 학자의 저작집과 전집을 포함한다. 희곡 소설류는 청(淸) 이전에는 책으로 인정되지 않았으나, 민국(民國) 이후에는 중시되고 있으며, 집부에 포함된다. 청의 건륭제(乾隆帝, 1711-1799)가 천하의 책을 모아, 『사고전서』(四庫全書)를 편찬, 각부의 아래에 유(類)·속(屬)을 두고, 체계를 정비하였다. 일본에서는 사고 분류법(四庫分類法)이라고도 한다.

사서(司書) librarian; certified librarian

한국에서는 「도서관법」 제6조에서 사서 직원 등의 구분과 배치, 자격 요건, 양상 등에 대해 규정하고 있다. 한편 일본의 「도서관법」 제4조에는, "도서관에 배치된 전문적 직원을 사서 및 사서보(司書補)라 칭한다."라고 하고, "사서는 도서관의 전문적 사무에 종사한다."라고 되어 있다. 일본 「도서관법」의 성격으로 볼 때, 사서는 공공 도서관의 전문적 직원이지만, 광의(廣義)로는 전문직으로서의 도서관인 일반의 명칭으로서도 사용되는 경우가 있다. ↔ 사서 강습; 사서 과정; 사서보; 사서 자격

사서 강습(司書講習)[일본] short course for certified librarian

일본에서 사서 자격 부여를 목적으로 하여, 일본의 「도서관법」 제6조의 규정을 바탕으로, 1956년부터 실시되고 있는 강습. 문부과학대신(文部科學大臣: 한국의 교육과학기술부 장관에 해당한다)의 위촉을 받은 대학에 의해, 예년(例年)에 하기(夏期)를 중심으로 개설되며, 동시에 사서보의 강습도 이루어진다. 개설하는 대학은 매년 봄 관보(官報)에 공시된다. 수강 자격은 대학에 2년 이상 재학하고 62단위 이상 이수한 자나 사서보 유자격자의 어느 하나이다. 사서보 강습의 경우는 고교 졸업 이상이다. 강습 내용은 「도서관법 시행규칙」에 의해, 사서는 14과목 20단위 이상, 사서보는 11과목 15단위 이상으로 되어 있다.

사서 과정(司書課程) course for certified librarian

도서관의 전문적 직업에 종사하는 사서의 양성과 자격을 부여하기 위해, 대학 및 전문 대학(일본에서는 단기 대학(短期大學)이라고 한다)에 편성된 과정의 통칭. 일본의 경우 그 편성 내용은 개강 과목, 단위수와 함께 극히 다양하지만, 「도서관법 시행규칙」에 의한 공공 도서관인 양성을 위한 사서 강습 과목에 따르고 있는 곳이 많다. 2007년 현재 개설교는 4년제 대학 155개교(국공립 17개교, 사립 138개교), 단기 대학 100개교(공립 4개교, 사립 96개교)이며, 통신 교육 과정이 사립 대학 7개교에 개설되어 있다. ↔ 부록: 한국의 문헌정보학 관련 교육 기관 현황

사서 교유(司書教諭)[일본] teacher librarian

일본의 「학교 도서관 사서 교유 강습 규정」에 의한 과목(5과목 10단위)을 이수

한 교원으로, 임명권자에 의해 사서 교유로서 발령을 받은 교원. 직무로는 각종의 도서관 서비스를 중심으로 한 학교 도서관의 운영과, 그것을 기초로 초·중등학교 학생 및 교원 한 사람 한 사람의 교수 학습 과정에서 발생하는 다종다양의 자료나 정보 요구에 부응함으로써, 교육과 학습 활동을 지원하는 것이 포함된다. 한국의 사서 교사와는 그 자격과 지위 등에서 차이가 있다. 한편 오늘날에 이루어지고 있는 교육 개혁의 실천에서는, 다양한 자료의 활용을 비롯하여, 각종의 도서관 서비스를 이용한 학습이 중시되어 오고 있어, 도서관을 운영하는 사서 교유가 맡는 역할은 복잡 다양해지고 있다.

사서보(司書補) certified library assistant

일본의 「도서관법」 제4조에서는, "도서관에 배치된 전문적 직원을 사서 및 사서보(司書補)라 칭한다."라고 하고, "사서보는 사서의 직무를 돕는다."라고 되어 있다. ↔ 사서; 사서 자격

사서 자격(司書資格) certification of librarian

한국의 경우는, 「도서관법」 제6조에서 사서 직원 등에 대해 규정하고 있고, 「도서관법 시행령」 제4조 제2항의 규정과 그에 관련된 별표 3에서 사서 직원의 자격 요건을 구체적으로 명시하고 있다(부록의 관련 조항 참조). 일본의 「도서관법」 제4조에 규정되어 있는, 공공 도서관의 전문적 직원인 사서의 자격이 이에 해당한다. 자격의 취득에 대해서는, 동법(同法) 제5조에 명기되어 있다. 그에 따르면, 대학 또는 고등 전문 학교를 졸업한 자로 사서 강습을 수료한 경우, 대학을 졸업한 자로 대학에서 도서관 관계의 과목을 이수한 경우, 3년 이상 사서보로서 근무한 경험을 가진 자로 사서 강습을 수료한 경우가 자격 요건이 되고 있다. 사서보의 자격 취득에 대해서도 「도서관법」 제5조에 명기되어 있는데, 사서 자격을 갖든가, 고등학교를 졸업 또는 고등 전문 학교 제3학년을 수료하고, 사서보의 강습을 수료한 경우가 자격 요건이 된다.

사서직 제도(司書職制度) professionalism of certified librarian

도서관의 관리와 운영을 전문직인 사서에게 맡겨, 그 사서가 도서관 활동에 전념할 수 있도록 하는 제도. 사서직 제도는 엄밀하게 말하면 공공 도서관의 전문

직 제도를 의미하는데, 다른 관종(館種)을 포함하는 도서관인의 전문직 제도의 의미로 사용되는 경우도 있다. ↔ 사서

사슬 달린 책(--冊) chained book

사슬을 묶어 책상이나 서가에 고정되어 있는 도서. 중세 유럽에서는 도서(필사본)의 수가 적고 귀중하게 여겨졌기 때문에, 그 망실(亡失)을 방지하기 위해, 대성당이나 수녀원, 대학의 도서관에서 시작되었다. 도서에 사슬을 묶는 이 방법은 중세 말경부터, 곳에 따라서는 17세기까지 계속되었다. 또한 도서에 사슬을 묶고 있는 도서관을 chained library라고 한다. 영국의 헤리포드(Hereford)의 대성당 도서관 등에는 사슬 달린 책과 서가가 남아 있다.

사원판(寺院版) → 사찰판(寺刹板)

사이버스페이스 cyber-space

컴퓨터 네트워크에 의해 생겨난 가상 공간(假想空間). 깁슨(William Gibson 1948-   )의 조어(造語). 그의 SF 소설 『뉴로맨서』(Neuromancer 1984)에서는 뇌(腦)를 컴퓨터에 접속함으로써 액세스할 수 있는 세계에서, 물질적인 제약이 없는 정보의 이용이나 제공·발신, 나아가 타자(他者)의 의식과의 직접적인 접촉이 가능하다고 묘사하였다. 일반적으로는 컴퓨터 네트워크, 특히 인터넷의 메타포로 사용된다. 공간의 메타포를 사용함으로써, 네트워크를 매개로 한 커뮤니케이션의 특질을 이해하거나, 「넷 서핑」(net surfing) 등 정보 검색에 기여하는 제 개념을 이해할 수 있다. ↔ 정보 공간(2)

사이트 라이선스 site license

소프트웨어나 온라인 정보 검색 서비스 등의 이용 계약에서, 개개의 이용자나 퍼스널 컴퓨터를 단위로 하여 계약하는 것이 아니라, 소프트웨어를 이용하는 장소나 서비스를 받는 장소를 단위로 하여, 도서관, 학교, 기업 등이 업자와 교환하는 일괄 계약에 관한 것. 그 장소(사이트) 내의 이용자나 퍼스널 컴퓨터의 대략적인 수를 바탕으로 하여 요금이 설정되며, 통상은 개별적으로 계약하는 것보다 낮은 금액이다. 또한 온라인 정보 검색 서비스에서는 연간 고정 요금이 채택

되는 경우가 많고, 종량제(從量制)의 요금 체제와 달리 사전에 집행 금액을 확정하기 때문에, 예산을 운용하기가 쉽다.

사인 계획(--計劃) sign system

이용자를 적확하게 도서관 서비스로 인도하기 위한 사인에 대해, 개개의 사인과 도서관 서비스를 체계적으로 조합시켜, 하나의 체계로서 효율적으로 배치하는 것. 사인은 그 기능면에서, 유도, 식별, 지시로 대별된다. 유도 사인은 주요 에어리어에 대한 방향을 표시하여 목적 장소로 인도하며, 식별 사인은 관명·실명 플레이트, 카운터, 서가, 열람 목록 등 유도 장소를 특정 및 식별하고, 지시 사인은 각종 이용 안내나 설명, 금지, 주의 등의 규제를 나타내는 것이다. 사인의 표시로는, 문자, 픽토그래프(pictograph) 등의 시각적인 것 또는 점자(點字) 플레이트, 난간 등 촉각적인 것이 있다. 사인 계획은 사인의 개개의 특성을 고려하면서, 체계화하여 표현하는 것을 기본적으로 하고 있다. 금후에는 장애인을 비롯한 다양한 이용자를 고려한 사인 계획이 필요하게 된다.

사전 결합 색인법(事前結合索引法) → 전조합 색인법

사전(事典) cyclopedia; dictionary

편집 방침에 따라 사물이나 인물, 사항을 나타내는 단어를 수집, 추출하여, 그것들을 표제어로 하여 음순(音順) 또는 주제에 의해 배열하고, 각각에 대해 간결하게 해설한 참고 도서. 특정 분야를 대상으로 하는 사전이 전문 사전(專門事典)이며, 모든 분야를 대상으로 하는 사전이 백과사전(百科事典)이다. 주로 어구의 의의를 해설하는 사전(辭典)과 대비하여, 「사전」(事典)이라고 불리는 경우가 있으나, 양자(兩者)의 개념에 명확한 경계는 없으며, 사전(事典)을 「사전」(辭典)으로서 간행하는 예도 많다. ↔ 백과사전

사전체 목록(辭典體目錄) dictionary catalog

"표제(타이틀) 표목, 저자 표목, 주제명 표목의 각 목록 저록(목록 기입)과 참조를 혼배(混排)한 목록"(『일본목록규칙 1987년판 개정 3판』 용어 해설). 복합형 목록의 일종. 커터(C. A. Cutter)에 의한 『사전체 편목 규칙』(초판 1876, 제4판

1904)의 발표 이래로, 미국에서 보급된 카드 목록의 편성법. 하나의 목록 파일만 검색하면 되는 것이 그 이점으로 여겨지지만, 반면에, 하나의 체계 아래에 배열되는 저록의 수가 대량이 되기 때문에, 배열하기가 어렵고, 아울러 이용하기에 어렵게 된다는 난점을 갖는다. 분할 목록과 대비된다. ↔ 분할 목록

사진 식자(寫眞植字) photo-typesetting

활자를 사용하지 않고 사진 기술을 응용하여 식자를 실시하는 방식. 사식(寫植)이라고도 한다. 사진 식자기를 사용하여, 네거티브의 문자반(文字盤)에 빛을 투과하여, 1문자씩 문자·기호 등을 인화지·필름에 인화하여, 인쇄용 판밑(版下)을 작성한다. 현재의 사진 식자기는 컴퓨터화되어 있으며, 그것을 사용한 작업을 전산 사식이라고 한다. 또한 인쇄를 실시하기 위해서는, 이 문자 조판된 인화지·필름에서 교정·수정을 행한 후, 다시 이 판밑에서 철판(凸版)·요판(凹版)·평판(平版)의 어느 판(刷版)을 제판할 필요가 있다. ↔ 식자; 조판

사찰판(寺刹板) book printed in Buddhist temple

불교 사원의 출판물. 사원판(寺院版)이라고도 한다. 일본에서 민간의 출판 사업이 성립하는 것은 에도(江戶) 시대인 17세기 중반 무렵부터인데, 그때까지는 사원이 출판 사업의 중심이었다. 특히 헤이안(平安) 말기부터 가마쿠라(鎌倉) 시대 이후는, 천태종(天台宗), 진언종(眞言宗), 나라제종(奈良諸宗), 나아가 정토종(淨土宗), 선종(禪宗) 관계의 불교 제파의 출판물은 양식상으로도 각각 특색 있는 발달을 보여주었다. 그것들은 각각 사원별로 또는 종파별로 종합하여 그 이름을 앞에 붙여 부르는데, 이러한 불교 사원의 출판물을 총칭하여 사찰판(사원판)이라고 한다.

사철 제본(絲綴製本) sewing

실로 책을 철(綴)하는 것. 일본말로는 가가리토지(かがりとじ)라고도 한다. 자루 매기(일본말로는 후쿠로토지(袋綴)라고 한다)의 책도 실로 철하지만, 사철은 일반적으로 양장본(洋裝本)에 대해 일컬어지고, 철사 매기(針金綴)에 상대하여, 접장(摺帳)의 등(背) 쪽을 목면사(木綿絲)로 철하는 것을 말한다. 오늘날 이 작업은 제본용 기계로 실시하는 기계 매기가 일반적인데, 특히 수작업으로 실로 철하는 것을 손매기(일본말로는 데토지(手綴)라고 한다)라고 한다. ↔ 손매기

사침 안정법(四針眼訂法) → 사침 제본

사침 제본(四針製本)

제본의 철한 곳(침눈)이 네 개인 것. 일본의 자루 매기(袋綴)의 상당수는 사침 제본이다. 일본에서는 사침 제본은 무로마치(室町) 말기부터 볼 수 있는데, 중국에서는 명대(明代)로부터라고 여겨지며, 그 때문에 명조 제본(明朝製本)이라고도 불린다. 중국에서는 사침 제본을 사침 안정법(四針眼訂法)이라고 한다. ↔ 자루 매기

사항(事項) area

「서지 기술의 대구분으로, 특정 범주의 데이터 또는 일련의 범주의 데이터로 이루어진 것」(『영미편목규칙 제2판 일본어판』 용어 해설을 일부 수정). 국제표준서지기술법(ISBD)에서는 표제와 책임 표시 사항, 판사항 등 8개의 사항이 설정되어 있다. 또한 각 사항은 통상 복수의 서지적 요소로 구성된다. ↔ 기술; 서지적 요소

사항 색인(事項索引) subject index

인명이나 지명(地名), 표제(타이틀) 등의 고유명 이외의 사항명을 표제어로 하는 색인. 주제 색인과 거의 동의(同義)로 간주해도 좋으나, 일반적으로 단행본의 권말 색인의 명칭으로서 사용되고 있다. ↔ 주제 색인

사회교육법(社會敎育法)[일본] Social Education Law

1947년에 시행된 일본의 「교육기본법」(구법)의 정신에 따라, 그 제7조의 사회 교육에 관한 규정을 바탕으로 하여 국가 및 지방 공공 단체에 의한 사회 교육 행정의 기본 방침을 정한 법률로, 1949년에 공포되었다. 사회 교육의 정의, 국가나 지방 공공 단체의 역할, 사회 교육 주사(主事) 및 주사보(主事補)의 배치와 자격, 사회 교육 관계 단체의 정의 및 국가나 지방 공공 단체에 의한 지원, 사회 교육 위원의 설치, 공민관(公民館)의 운영, 국·공립 학교 시설의 사회 교육을 위한 이용, 통신 교육 등을 규정한다. 제9조에서 도서관과 박물관을 사회 교육을 위한 기관으로 할 것을 규정하고, 각각에 대해서는 별도로 법률을 정하는 것으로 하고 있다. ↔ 도서관법[일본]

사후 결합 색인법(事後結合索引法) → 후조합 색인법

삭제판(削除版) expurgated edition

정치적, 도덕적, 그 밖의 이유에 의해, 텍스트 중에서 바람직하지 않다고 여겨지는 부분을 삭제한 판. 제2차대전 이전에 일본에서는, 출판물은 발행 전에 내무성(內務省)의 사전 검열을 받았는데, 발매, 발행 자체가 금지되는 이외에, 부분적으로 삭제한 삭제판으로서 발행을 허가받는 경우가 있었다. 전후(戰後)에는 출판물의 사전 검열제는 제도로서는 없어졌으나, 출판물에 대해 부분적인 삭제, 수정을 요구하는 사회적 압력이 가해지는 사례는 여전히 발생하는 경우가 있다. ↔ 검열

산성지(酸性紙) acidic paper

잉크의 번짐 방지를 위해 로진 사이즈(rosin size)와 유산(硫酸) 알루미늄을 사용한 종이. 종이의 주성분인 셀룰로스(cellulose)를 유산 이온이 분해하기 때문에, 세월과 함께 종이가 황변(黃變)하여 약해지게 되고, 장기의 보존에 견뎌내지 못한다. 19세기 후반 이후의 근대 제지 기술에 의해 만들어진 서적 용지의 대부분은 pH 5 이하의 산성지이다. 일본에서는 1980년대 이후, 산성지 문제로서 널리 알려지게 되었으며, 도서관이나 문서관에서는, 산성지의 열화(劣化)를 억제하고, 자료의 보존성을 높이는 것이 중요 과제로 인식됨과 동시에, 자료 보존의 사고 방식을 재구축하는 출발점이 되었다. ↔ 중성지; 탈산(脫酸)

삼아지(三椏紙)

팥꽃나무과의 식물인 삼지닥나무의 인피 섬유(靭皮纖維)를 주원료로 하여 뜬 화지(和紙: 재래식 일본 종이). 단단하고 인쇄에도 적합하기 때문에, 일본에서는 메이지(明治) 이후 국지(局紙)·지폐로서도 사용되고 있다.

삼전도서관·정보학회(三田圖書館·情報學會) → 미타도서관·정보학회

삼차 자료(三次資料) tertiary source

이차 자료를 편집하거나 가공한 자료. 구체적으로는, 이차 자료인 서지를 찾기 위한「서지의 서지」나, 참고 업무의 내용을 소개한 참고 도서의 해제 서지(解題

書誌) 등을 가리킨다. 연감이나 명감, 또는 교과서를 삼차 자료라고 부르는 경우가 있다. 이 이외에, 자료의 면밀한 검토와 평가가 이루어져 있으며, 현재는 *Gmelins Handbuch, Beilstein Handbuch* 라고 불리고 있다. 무기 화학 분야의 *Gmelins Handbuch der anorganischen Chemie* (초판 1819)나 유기 화학 분야의 *Handbuch der organischen Chemie* (초판 1918)도 삼차 자료의 예로 여겨지고 있다. ↔ 이차 자료

삼 청(森淸) → 모리 키요시

삽도(揷圖) → 삽화(揷畵)

삽입(揷入) intercalation

(1) 분류 작업의 기호 결정 단계에서 열거 순서의 재편성을, 패싯 지시 기호로 패키지화된 패싯의 이동에 의해, 유연하게 행하는 것. 패싯 지시 기호로는 괄호나 인용 부호 등 대(對)를 이루는 부호를 사용한다. 예를 들면, 국제십진분류법 (UDC)에서, 영국 자유당에 대한 분류 기호는 329.12(41-4)로, 열거 순서는 「정치학-정당-자유주의-영국」인데, 정당을 정책보다도 국가에서 앞에 구분하고자 할 때는, 삽입에 의해 329(41-4)12로 재편성이 가능하게 된다. 삽입의 최종 목적은 전방(前方)으로 이동한 패싯의 아래에서 이루어지는 유용한 그룹화이다. (2) 분류표에서 새로운 주제의 항목을 기존의 항목의 사이에 삽입하는 것. ↔ 열거 순서; 패싯 지시 기호

삽화(揷畵) illustration in text; figures in text

협의(狹義)로는 도서나 잡지, 신문 등의 해설을 보완하기 위해 또는 흥미를 갖도록 하기 위해 삽입되는 그림. 광의(廣義)로는 사진이나 지도 등도 포함한다.

삽화책(揷畵冊) illustrated book

본문 중에 삽화를 추가한 책. 문자보다도 그림을 주로 한 것은 그림책이다. 인쇄본에 그림이 삽입된 책으로서는, 일본에서는 에도기(江戶期)에 들어 통속적인 경향의 그림이 삽입된 책이 크게 발달하였다.

상 관계(相關係) phase relation

복합 주제가 하나의 주제 분야 내에서 패싯으로서 인정된 개념군 상호간의 강한 결합을 나타내는 것에 대해, 통상 다른 주제 분야에 속하는 주제 간의 약한 결합을 나타낸다. 예를 들면, 「마르크스주의가 영문학 비평에 미치는 영향」과 같이, 사회 사상으로서의 마르크스주의와 영문학 간의 영향 관계를 나타내게 되는 경우이다. 다만 「마르크스주의에 미치는 공상적 사회주의의 영향」과 같이, 같은 주제 분야 내에서도 상 관계는 생길 수 있는데, 다른 패싯에 속하는 주제끼리가 패싯 간 열거 순서에 의해 결합하는 것과 같은 강한 결합은 아니다. 종류로서는 영향의 상, 수단의 상, 비교의 상, 편향(偏向)의 상 등이 있다. 상 관계를 형성하는 주제를 혼합 주제라고 한다. ↔ 비교의 상; 수단의 상; 영향의 상; 편향의 상; 혼합 주제

상관 색인(相關索引) relative index

분류표 상의 분류 항목을 나타내는 각 명사(名辭)로부터 분류 기호를 찾기 위한 음순 일람표(音順一覽表). 간단하게 단어로부터 분류 기호를 찾기 위한 수단이라면 「색인」으로 무방하지만, 「상관 색인」이라고 불리는 최대의 포인트는 관점 분류법에서 사상(事象)이 각 주제 분야로 분산된 것을 사상의 측에서 의식적으로 집중시킨 것에 있다. 예를 들면, 일본십진분류법(NDC)에서, 그래픽 디자인, 공업 디자인, 상업 디자인은 별도의 주제 분야로 분산되는데, 이대로 음순(音順)으로 배열하더라도 디자인을 사상의 측에서 집중시키는 것이 불가능하다. 이 경우, KWOC 또는 도치형 기법 등에 의해, 디자인이라는 단어로부터 색인을 작성하여 비로소 집중시킬 수 있다. 또한 경우에 따라서는, 열거 순서가 낮은 패싯의 각 항목이 분산되는 것을 단어에 의해 집중시키는 경우도 있다. 이와 같이, 주제 분야에 의한 분산, 열거 순서의 고저에 의한 분산 등에 대처하여, 단어의 측에서 집중시키는 것을 의도한 색인 기법이다. 상관 색인의 예로서는, 듀이십진분류법(DDC)의 그것이 유명하다. ↔ 분산된 관련 항목

상관식 배가법(相關式排架法) → 이동식 배가법

상방판(上方版) → 카미가타판

상세 분류(詳細分類) close classification

(1) 외연(外延)이 좁은 개념의 클래스까지 세목을 마련하고, 특수한 클래스에까지 상세하게 전개된 분류 체계. (2) 분류되는 자료와 같은 외연의 개념의 클래스까지 또는 그 클래스 가까이까지, 상세하게 분류하는 것. ↔ 간략 분류; 서지 분류

상이한 이름(相異--) → 이형 명칭

상이한 표제(相異--標題) → 이형 표제

상합판(相合板)[일본] → 아이아이판

상호 참조(相互參照) → 참조

상황-갭-이용 모델(狀況--利用--) situation-gap-use model

정보 탐색을 상황 간의 갭을 메우기 위한 의미 부여 과정으로 파악하는 모델. 더빈(Brenda Louise Dervin 1938-)에 의해 제시되었다. 인간은 직면하고 있는 상황에 의미를 부여하고, 바람직한 상황에 도달하는데, 기유 지식(旣有知識)이 부족한 경우에는, 현재의 상황에 대한 의미 부여를 할 수 없으며, 바람직한 상황과의 사이에 갭이 생기고, 도달에 방해를 받는 경우가 있다. 그리하여 이 상황 간의 갭을 메우기 위해, 외부의 정보를 탐색·이용하여 상황에 대한 의미 부여를 행하고, 바람직한 상황에 도달한다.

새마을문고중앙회(--文庫中央會)[한국] → 부록: 한국의 주요 도서관 및 도서관 관련 단체

색인(索引) index

단행본이나 잡지, 그 밖의 자료, 정보원(情報源)을 대상으로 하여, 그 중의 특정 부분에 용이하게 접근할 수 있도록, 접근의 실마리가 되는 단어(표제어)를 일정의 규칙(가나다순이나 알파벳순, 일본어의 오십음순 등)으로 배열하고, 각 표제어 아래에 소재 지시를 기재한 리스트. 표제어로는 주제나 인명, 지명, 표제(타이틀) 등이, 소재 지시로는 해당 페이지 수나 해당 문헌의 서지 데이터 등이 사용된다. 검색 효과를 높이기 위해, 표제어 사이에 상호 참조가 부여되는 경우도 있다. 책

자 형태의 색인에서는, 표제어의 모두(冒頭) 부분이 실제의 접근점(액세스 포인트)이 되기 때문에, 표제어의 형식이 대단히 중요하였으나, 컴퓨터에 의한 검색이 가능해지면, 종래만큼 표제어의 형식에 구애될 필요가 없어지고 있다.

색인 로봇(索引--) indexing robot

인터넷상의 검색 엔진에 등록하는 웹 페이지를 수집하고 색인을 작성하기 위한 프로그램. 원칙적으로는 인간이 웹 페이지를 보기 때문에 사용하는 웹 브라우저와 똑같이 웹 클라이언트이다. 주어진 웹 페이지 중의 하이퍼링크를 추출하고, 링크처의 웹 페이지를 재귀적으로 찾아감으로써, 이론상으로는 링크가 확장된 페이지 전체를 수집할 수 있다. 다만 인터넷상의 웹 페이지 전체를 수집하는 것은 페이지 수가 방대하기 때문에, 물리적인 제약에서 현실적으로는 어렵다. ↔ 검색 엔진

색인법(索引法) indexing

색인 작성의 이론, 방법, 기법의 총칭. 색인 작성에는 도서의 권말 색인(卷末索引)의 작성도 포함된다. 색인법의 기본은 색인의 망라성과 특정성이다. 색인법의 종류에는 다른 관점에서 본 것으로서, 할당 색인법(assigned indexing)과 추출 색인법(derived indexing), 전조합 색인법과 후조합 색인법, 통제어 색인법과 자연어 색인법 등이 있다. 한편 색인 작성의 중심적인 작업인 색인어 부여 내지 색인어 추출에 관한 것을 색인 부여라고도 한다.

색인 시스템(索引--) indexing system

(1) 실체적으로는 색인 언어와 거의 같으며, 그 규칙, 체계면을 강조하여 본 경우에 사용되는 용어. (2) 색인 작성의 시스템. 색인 작성을 위한 구체적이고 일관성 있는 절차의 집합. (3) 색인 작성을 위한 소프트웨어. ↔ 색인 언어

색인 심도(索引深度) depth of indexing

색인 대상 중의 개념을 어느 정도 상세하게 색인어로 표현하는가의 정도. 개념상은 망라성(網羅性)이 색인 대상이 나타내는 개별의 개념을 어느 정도 커버하고 있는가의 척도인 것에 대해, 색인 심도는 그러한 개별 개념을 그것이 속하는 개념의 계층 체계 중의 어느 레벨에서 표현하는가에 관련되어 있다. 단일의 색

인어를 비교하면, 상위어보다도 하위어 쪽이 색인 심도가 크다. 다만 당연히 색인어의 조합이 결과적으로 색인 심도를 깊게 하는 경우가 있기 때문에, 망라성과 색인 심도의 구별은 미묘하다. ↔ 망라성; 특정성

색인어(索引語) indexing term

축적 정보의 조직화에서 사용되는 단어로, 특정의 정보·자료를 검색하는 실마리로서, 그 주제나 그 밖의 속성을 단어의 형식으로 표현한 것. 문헌을 대상으로 한 색인어에서, 주제를 나타내는 색인어로, 키워드, 디스크립터(descriptor), 주제명이 있다. 문헌의 주제를 직접 나타내지 않는 색인어로서는, 저자명, 표제(타이틀), 출판년 등이 있다. 이 이외에, 식별자(識別子)라고 불리는 고유 명사(지명, 인명, 기관명, 시스템명, 물질명 등)가 있다. 협의(狹義)로는 단어에서 주제를 표현한 것만을 가리키며, 저자명, 표제 등은 포함하지 않는다. 광의(廣義)로는 단어가 아니라 기호로 표현한 것도 가리키는데, 분류 기호, 식별 기호 등을 포함하는 경우가 있다. ↔ 검색어; 식별자

색인 어휘(索引語彙) index vocabulary

어떤 범위에서 사용되는 색인어의 총체. 시소러스나 주제명 표목표 등은 색인 어휘의 일람표이다. 색인어를 광의(廣義)로 생각하면, 분류표도 색인 어휘의 일람표로 간주할 수 있다. ↔ 색인 언어

색인 언어(索引言語) indexing language

색인 작성을 위해 사용되는 색인어의 총체. 색인 작성 언어라고도 한다. 색인 어휘와 동의(同義)로 사용되는 경우가 많으나, 자연 언어에서 어휘와 제 규칙의 체계 전체를 언어라고 부르는 것처럼, 색인의 규칙 체계까지를 합쳐 부르는 경우도 있다. ↔ 색인 어휘

색인의 깊이(索引--) → 색인 심도

색인지(索引誌) index journal

동일 표제(타이틀)로 정기적으로 간행되는 기사 색인. 초록은 없고, 배열 방법도 초록지와는 다르다. 통상은 특정의 전문 분야를 대상으로 하고 있다. 수록되는 자료의 종류는 불문하지만, 속보성(速報性)을 중시하기 때문에 연속간행물인 잡지나 신문의 기사를 대상으로 하는 경우가 많다. 책자 형태의 경우에는, 각 호의 수록 내용을 누적, 재편성하여 누적판(累積版)이 작성되는 경우가 있다. 색인지는 최신 문헌의 탐색에 우선 이용되며, 누적판을 중심으로 하여 소급 탐색에 이용된다. 1960년대부터 색인지의 작성 과정의 기계화가 진행되어, 현재 대부분의 색인지는 컴퓨터를 이용하여 작성되고 있다. 그 결과 책자 형태의 색인지와 같은 내용의 데이터베이스가 일찍부터 제공되어 왔다. ↔ 초록지

생애 학습(生涯學習) → 평생 학습

생애학습의 진흥을 위한 시책의 추진체제 등의 정비에 관한 법률(生涯學習--振興--施策--推進體制等--整備--法律)[일본] Promotion of Lifelong Learning Law

일본에서, 평생 학습을 진흥하기 위한 국가 및 도도부현(都道府縣)의 역할을 정한 법률로, 1990년에 공포되었다. 평생 학습의 진흥을 위해 도도부현의 교육 위원회가 시행하는 사업, 그 바람직한 기준, 도도부현에 의한 지역 평생 학습 기본 구상의 책정과, 문부과학성(文部科學省) 및 경제산업성(經濟産業省)에 의한 그 승인과 지원, 문부과학성 및 도도부현에 의한 평생 학습 심의회의 설치 등을 내용으로 한다. 평생 학습의 진흥에 즈음하여, 사회 교육 단체나 문화에 관련된 단체 이외에, 교육·스포츠·문화 등의 사업을 시행하는 민간 사업자의 능력을 활용하고자 하는 점이 특색으로, 그 때문에 실시에 즈음해서는, 문부과학성과 경제산업성이 공동으로 소관(所管)하는 것으로 하고 있다. 이 법을 이어받아 도도부현에서 담당과(실)나 평생 학습 심의회의 설치가 추진되고 있다.

서가(書架) bookshelf; bookcase; stack; book stack

주로 도서를 수납, 배열하기 위한 가구. 일반적으로 폭 약 90cm의 선반용 판자에 의해 몇 단(段)으로 구분되어 있는 것을 하나의 단위로 한다. 도서관에서는

이것을 「연」(連)이라고 부르며, 서가 수용량의 단위로 하고 있다. 선반용 판자의 상하 간격, 깊이, 단수(段數)는 배열하는 도서의 형태나 크기, 이용자의 체위(體位), 보기 쉬움이나 꺼내기 쉬움, 수납 효율 등을 고려하여 결정된다. 서가의 종류로는, ① 목제와 철제(스틸제), ② 단면 서가와 양면 서가, ③ 고정 서가와 가동 서가(可動書架), 선반 고정형과 선반 가동형, ④ 단층 서가와 적층 서가(積層書架), 밀집 서가, ⑤ 단주식(單柱式) 서가와 복주식(複柱式) 서가, ⑥ 기타(경사 서가, 회전 서가, 유리문 서가 등) 등이 있으며, 용도에 따라 조합하여 선택된다. 또한 잡지를 수납, 배열하는 경우는 잡지가(雜誌架), 신문의 경우는 신문가라고 한다.

서가 가이드(書架--) → 서가 안내

서가 관리(書架管理) shelf management

서가에 배가되어 있는 자료의 유지와 이용자에 대한 효율적인 제공을 목적으로 하여 이루어지는 각종의 작업에 관한 것. 편목 작업이 끝난 수입 자료나 반납된 자료를 서가 상의 정규의 위치에 배가하는 것이나, 서가 정리, 장서 점검 등의 이외에, 서가 배치나 자료의 배열 순서의 검토, 자료의 이동의 계획 입안이나 작업, 나아가 서가 안내에 관련된 작업도 포함한다.

서가 라벨(書架--) → 서가 안내

서가 목록(書架目錄) shelf list

소장 자료에 대한 각 목록 저록(목록 기입)을 서가 상의 자료의 배가 순서(排架順序)와 동일하게 배열하는 사무용 목록. 자료의 배가 단위에 대응하는 목록 저록을 청구 기호 순으로 배열함으로써 얻어진다. 편성의 목적은 ① 도서 기호를 결정하기 위해(각 자료에 고유의 기호를 부여하는 경우), ② 분류 기호를 부여하는 데 참고로 하기 위해, ③ 장서 구성의 파악과 수집 계획에 참고하기 위해, ④ 장서 점검을 위해, ⑤ 기타 각종 조사 등이다. 소장 자료의 전체가 분류순으로 배가되어 있는 경우에도, 개개의 자료에 대해 복수의 분류 기호를 부여할 때의 중출 저록(重出著錄: double entry)을 포함하지 않는 등의 점에서, 분류순 목록과 다르다. 한편 현재는 서가 목록이라는 형식으로 사무용 목록이 편성되는 경우는 드물어지고 있다. ↔ 분류순 목록

서가 배치(書架配置) shelf arrangement; arrangement of the shelves

서가를 늘어놓는 방법에 관한 것. 기본적으로는 ① 단면 서가(單片書架)를 벽면에 따라 배치하는 벽면형과 주변형, ② 개가실의 중앙부에 양면 서가를 병렬하여 배치하는 병렬형, ③ 빗살형(즐형: 櫛型) 서가 배치, ④ 방사상(放射狀) 서가 배치 등이 있는데, 도서관에서는 건물의 형이나 이용 형태 등에 따라, 이러한 방식을 조합하고 있다.

서가 분류(書架分類) shelf classification

서가 상의 도서관 자료를 주제에 따라 체계적으로 분류하고, 배열하기 위한 분류. 자료 상의 라벨에 표시하는 분류 기호는 간결하고 식별하기 쉬운 것이 바람직하며, 주제를 상세히 분류하기 위해 길게 하는 것은 피하지 않으면 안 된다. 따라서 일반적으로 간략한 것으로 이루어지지 않을 수 없다. 또한 서지 분류(書誌分類)에서는, 단일의 자료에 복수의 분류 기호를 부여하는 경우가 있으나, 서가 분류에서는 단 하나밖에 부여할 수 없다. 이용자가 직접 서가에 접하여 찾고자 하는 도서를 고를 때, 주제가 유사한 자료군에서 이용자가 기대하는 적서(適書)를 선택하는 데 적합하며, 공공 도서관이 발달한 19세기 후반부터 보급되었다. ↔ 간략 분류; 서지 분류

서가 안내(書架案內) shelf guide; shelf label

내관(來館)한 이용자가 관내의 어느 곳에 어떤 자료가 있는지를 정확히 요령 있게 이해할 수 있고, 동시에 서가에 배가되어 있는 자료로 이용자를 잘 유도할 수 있도록, 도서관이 준비해두는 각종 안내의 총칭. 출납 업무를 효율적으로 실시하는 것을 목적으로 하는 것도 있다. 게시물이나 인쇄물의 형태를 취하는 경우가 많다. 관내 전체에 대해 표시하는 서가 배치도나, 각종 서가마다 부착되는 서가 가이드, 선반 가이드 등에 의해, 각 서가에 배가된 자료의 주제를 표시하는 것이 일반적이다. 나아가 이용 중, 제본 중, 별치(別置) 등 있어야 할 서가 상에 없는 자료에 대해 대본판(代本板) 등에 행방을 표시하는 것이나, 도서관이 채택하고 있는 분류표를 표시해 두는 것 등도 포함된다. 도서관의 성격, 분위기, 규모 등을 고려하고, 표시 내용이나 크기나 디자인, 색채 등에 대해 창의적으로 연구할 필요가 있다.

서가 정리(書架整理) shelf reading

도서관의 개가제(開架制) 서가에서 배가(排架)의 혼란을 정기적으로 정리, 정돈하는 작업. 매일 실시하는 경우에는, 개관 시간 전부터 실시하는 경우가 많다. 공공 도서관에서는, 월에 1일 휴관하여 서가 정리를 실시하는 것이 일반적이다.

서견대(書見臺) bookrest

자료가 읽기 쉽게 되도록 자료를 책상에 대해 일정의 각도로 유지할 수 있도록 한 대(臺)로, 운반할 수 있는 것. 현재의 도서관에서는 일반의 도서에 대해서는 거의 사용되지 않고 있으나, 귀중서(貴重書)를 이용할 때 귀중서가 상하지 않도록 서견대를 이용하도록 하는 도서관이 소수이기는 하지만 존재한다. 신문을 열람하기 위한 신문 열람대도 일정의 각도에서 신문을 유지해주는데, 운반하여 이용할 수는 없지만 서견대의 일종으로 간주할 수도 있다.

서고(書庫) stack; stack room; storage

도서관 자료를 수장(收藏)하는 방이나 장소. 도서관 안에 있는 경우와, 서고가 독립된 건물로 되어 있는 경우가 있다. 일반적으로는 자료의 보존이나 관리를 중시하여 직원이나 특정의 이용자만을 서고에 출입시키지만, 일반 이용자에게 개방하고 있는 도서관도 있다. 자료의 수용력(收容力)을 높이는 노력과 함께, 출납 업무를 고려한 사용 편리성에 대한 배려도 필요하다. 또한 자료를 양호한 상태로 장기간 보존하기 위해, 방화, 방충해, 온도, 습도, 직사 일광(直射日光), 먼지 등의 실내 환경에도 주의가 필요하다.

서고 관리(書庫管理) stack management; custody of the collection

서고 내의 자료의 배가, 보존을 적절하게 하고, 출납, 검색, 점검 등의 작업을 적절히 실시할 수 있도록 하는 상황을 유지하는 것. 서가 정리, 장서 점검, 서가 간의 자료 이동, 개가제 서가에서 폐가제 서가로, 또는 보존 서가로의 자료 이동, 서가 안내의 작성, 환기, 온도나 습도의 조정 등의 일상적 업무 이외에, 서고 증설 계획 등의 장기적인 업무를 포함한다.

서명(書名) → 표제

서명 목록(書名目錄) → 표제 목록

서명 선행 사항(書名先行事項) → 표제 선행 사항

서명 잡정보(書名雜情報) → 표제 관련 정보

서문(序文) preface

책의 본문 앞부분(전부: 前付)에 위치되는, 집필의 의도, 집필 후의 감상, 사사(謝辭) 등을 적은 문장. 자신이 쓴 서문을 자서(自序), 다른 사람에 의해 추천의 뜻을 담아 쓴 서문을 타서(他序)라고 한다.

서브타이틀 → 부표제

서브패싯 → 하위 패싯

서브필드 subfield

MARC 레코드에서, 필드를 구성하는 단위로, 통상 서지 데이터의 최소 단위인 데이터 요소에 대응한다. 따라서 서지 기술을 구성하는 각 서지적 요소가 단일의 서브필드에 들어가는 경우도 있지만, 복수의 서브필드에 분할되어 들어가는 경우도 있다. 각 서브필드는 그것에 선행(先行)하는 식별 기호(서브필드 코드: subfield code)에 의해 식별된다.

서브필드 코드 → 식별 기호

서비스 계획(--計劃) service planning

도서관이 제공하는 서비스의 종류, 체제, 운용에 대한 계획 입안. 실제로는 미국의 공공도서관협회(PLA: Public Library Association)가 1970년대부터 1980년대에 걸쳐 도입한 「기획 프로세스」(planning process)를 가리킨다. 이것은 공공도서관의 개개의 지역 사회(커뮤니티)의 니즈를 우선하면서 동시에 유연한 서비스를 제공하기 위해, 도서관인과 주민이 일체가 되어, 목표를 설정하고, 조사에 의해 데이터를 수집하면서, 계획, 실시, 평가의 사이클을 반복해가는 것이다.

서비스 대상 집단(--對象集團) target group

도서관이나 정보 기관이 독자(獨自)의 방침을 바탕으로 서비스의 제공 대상으로 상정(想定)하는 사람들의 집합. 공공 도서관의 경우, 설치 자치 단체의 주민이나 다른 지역으로부터 해당 자치 단체로 통근, 통학하고 있는 사람으로, 집단의 연령, 직업, 계층, 이용 목적은 다양하다. 대학 도서관의 경우는, 대학 구성원(교직원, 학생)이 서비스 대상 집단이다. 도서관이나 정보 기관은 정기적으로 서비스 대상 집단의 구성 상황이나 니즈의 변화를 파악함으로써, 서비스 계획이나 전략을 명확하게 할 수 있다.

서비스 인구(--人口) population of library community

공공 도서관의 서비스 대상이 되는 인구. 통상은 공공 도서관의 설치 자치 단체의 인구(주민의 총수)가 그대로 사용되지만, 그 설치 자치 단체로 통근, 통학하고 있는 사람들의 총수를 더하는 경우도 있다.

서비스 지표(--指標) service index

도서관이나 정보 센터가 제공하는 서비스를 평가하는 지표. 랭커스터(Frederick Wilfred Lancaster 1933-   )는 정보 서비스를 평가하는 규준(規準)으로서, 비용, 시간, 질을 들고 있다. 예를 들면 공공 도서관의 대출 서비스에 대해서는, 등록률, 인구 일인당의 대출 책수 등 많은 서비스 지표가 있는데, 이러한 것들은 최근에는 성과 지표로서 집약되고 있다. ↔ 성과 측정

서비스 평가(--評價) evaluation of library service

도서관 서비스의 실태에 대해 점검·측정하고, 그 성패, 실시의 상황, 목표의 달성도, 효과 등에 대해 판단하는 것. 도서관 직원의 평가, 컬렉션의 평가와 함께, 도서관 평가의 일부를 이룬다. 서비스 평가는 도서관 경영의 일환으로, 실시한 서비스를 총괄할 때 이루어진다. 또한 서비스를 개선하거나 새로운 서비스 계획을 입안하기 위해 필요하게 된다. 사용되는 기법으로서는, 통계 수치의 활용, 서비스 지표나 그 성과의 측정, 이용자를 대상으로 한 설문지 조사나 관찰 조사의 실시 등이 있으며, 양적 및 질적인 측면을 대상으로 한 검토가 이루어진다. ↔ 도서관 평가; 성과 측정

서비스 포인트 service point

이용자가 도서관 서비스를 받는 장소를 의미하며, 공공 도서관 활동에 이용되는 경우가 많다. 즉 중앙관, 분관(分館), 이동 도서관, 배본소(配本所), 학교 도서관, 병원 도서관, 교도소 도서관 등 각종의 도서관 서비스 시설을 포함한다. 서비스 포인트로서의 조건은, 제공되는 자료의 주제가 어느 정도 넓은 범위에 걸쳐 있는 것, 결정된 장소에 설치되는 것이다. 하나의 서비스 포인트에서 충분한 도서관 서비스를 실시하는 것은 곤란하며, 서비스 포인트가 유기적으로 결부되어 충실한 도서관 활동이 실현될 수 있기 때문에, 특정 지역의 도서관 시스템은 복수의 서비스 포인트로 구성되어 있다. ↔ 도서관 시스템

서양 잡지(西洋雜誌) Western magazine; Western journal

도서관에서 잡지를 구분할 때 사용되는 구분의 하나로, 한국어나 일본어, 한자 이외의 문자가 사용되고 있는 잡지에 대해 편의적으로 부르는 방법. 「외국 잡지」는 국외에서 간행되고 있는 잡지이지만, 서양 잡지에는 국내에서 간행되고 있는 외국어의 잡지도 포함하게 된다. 일본의 도서관에서는, 잡지를 배치할 때, 일본 잡지와 서양 잡지, 또는 외국 잡지와 국내 잡지의 구별을 하는 경우와, 이러한 구별을 하지 않는 경우가 있다. ↔ 외국 잡지

서옥(書屋)[일본] Sho-oku

문헌상 일본 최고(最古)의 도서관으로 추정되는 시설. 1992년 호류사(法隆寺) 금당(金堂)의 석가 삼존상 대좌(臺座)의 해체 수리 중, 대좌 하부의 판에 묵서(墨書)가 발견되고, 그곳에 「서옥」(書屋), 「신사」(辛巳) 등의 명문(銘文)이 판독되었다. 「신사」는 621년(스이코조: 推古朝), 「서옥」은 후의 「서사」(書司: 나라(奈良) 시대의 내정(內廷)의 관청)나 「서전」(書殿: 만요슈(萬葉集)에 보이며, 다자이후(大宰府)에 있었다)과 흡사한 것으로 생각되는데, 도서관을 가리키는 것으로 볼 수 있다. 명문이 있는 판은 다른 건물의 전용재(轉用材)로 생각되고 있으며, 그것이 어디에 있었던 것인지, 조정에 있었을 가능성이 있지만, 상세한 것은 불명(不明)이다.

서적 도매상(書籍都賣商) → 서적 중개인

서적 중개인(書籍仲介人) wholesale bookseller

　　출판사와 서점의 중간에 서는 중개업. 중개인, 중개점이라고도 하며, 일본에서는 서적 도리츠기(서적 취차: 書籍取次)라고 한다. 통상의 유통업계에서는, 도매상이라고 불리고 있는 존재의 것. 일본에서는 메이지(明治) 중기 이후에 대규모의 서점에서 중개인이 발생하였으며, 제2차대전 중에는 통제 회사인 일본출판배급주식회사(약칭 일배(日配)라 한다)에 통합되었는데, 전후(戰後)에는 도쿄출판판매주식회사(현 토한)이나 일본출판판매주식회사(약칭 일판(日販)이라고 한다), 오사카야(大阪屋)로 분할되었다. 그 후의 고도 경제 성장 시대의 출판 산업의 융성이 위탁 판매와 정가 판매(재판제)에 의해 이루어지게 되면서, 출판물의 유통 과정을 장악하고 있는 중개인의 역할이 커지게 되었다. 한편 중개인은 서점에 대한 재판매가 임무이며, 독자에 대한 직접 판매는 담당하지 않는다. ↔ 서점; 위탁 판매제; 재판매 가격 유지 제도

서적관(書籍館) (1) library

　　(1) 도서관의 이칭(異稱). 일본의 문부성(文部省)의 서적관을 효시로 하여, 일본에서는 이 용어가 메이지(明治) 전후를 중심으로 자주 사용되고, 법률 용어로서도 사용되었는데, 점차「도서관」이라는 단어로 변해갔다. (2) 현재의 일본의 국립국회도서관의 전신(前身)의 하나. 1872년 문부성 박물국(文部省 博物局)이 박물관의 창설을 결정하자, 문부성 직원이었던 이치카와 세이류(市川淸流)가 서적원(書籍院)의 병립(竝立)을 건의, 박물관에 맞추어「원」(院)을「관」(館)으로 수정하여「서적관」을 건설하고 동년 8월 개관하였다. 박물국의 태정관(太政官)박람회사무국으로의 전속(轉屬)에 의해 1874년 아사쿠사문고(淺草文庫)로 개칭, 1875년 다시 문부성 소관의 도쿄서적관(東京書籍館)이 되었는데, 1878년에는 도쿄부로 이관되어 도쿄부서적관(東京府書籍館)으로 개칭, 1880년 다시 문부성 소관이 되어 도쿄도서관으로 개칭한 후, 1897년에 데이코쿠도서관(帝國圖書館)이 되었다. ↔ (2) 데이코쿠도서관

서점(書店) bookshop; bookstore

　　도서나 잡지 등의 출판물을 직접 독자에게 판매하는 소매상. 출판물의 소매점에 관한 것으로, 책방이라고도 하며, 일본에서는 서사(書肆)라고도 한다. 서점은 신

간 출판물을 취급하는 신간 서점에 대한 것을 가리키는 것이 일반적인 용법으로, 고서를 다루는 고서점(古書店)과는 구별된다. 역사적으로 보면, 일본의 경우, 에도(江戶) 시대부터 메이지(明治) 전기까지의 서점은 현재의 출판사와 서점을 겸한 존재로, 이 흔적이 예를 들면 이와나미서점(岩波書店) 등의 명칭에 남아 있다. 그 뒤로 메이지 중기 이후, 현재의 서적 중개인이 서점으로부터 분리되기 시작하였다. 예를 들면 도쿄도서점(東京堂書店)은 현재는 서점이지만, 제2차대전 전에는 중개도 겸하고 있었다. 일본의 출판물 판매 제도의 특징은 위탁 판매제와 정가 판매제(재판제)인데, 이를 바탕으로 독자에 대한 매장에서의 전시 판매를 담당하는 서점은 제 외국과 비교하여 현저하게 충실한 것으로 일컬어지고 있다. ↔ 서적 중개인; 위탁 판매제; 재판매 가격 유지 제도

서지(書誌) bibliography

어떤 기준에서 선정된 도서, 논문, 기사 등의 자료 한 점 한 점의 특징을 분석하여, 그 특징을 일정의 기술 규칙을 바탕으로 서지 데이터(도서라면, 저자명, 표제, 발행지, 발행처, 발행년, 페이지 수 등)로 표현하고, 이러한 데이터를 탐색하기 쉽도록 배열한 리스트. 이차 자료의 일종으로, 문헌 리스트, 문헌 목록이라고도 한다. 국가 서지, 전국적 판매 서지 등의 일차 서지, 선택 서지, 주제 서지, 개인 서지 등의 이차 서지, 「서지의 서지」 등의 삼차 서지로 구분할 수 있다. 현재는 기록 매체가 다종화(多種化)하고, 전자적 자료, 기타 형태의 자료를 수록 대상으로 하는 것도 서지로 간주하는 경우가 있다. 서지 그 자체의 매체도 한정하지 않으며, 카드 형태든 전자 형태든 무방하다. 서지는 문헌의 존재와 서지 데이터를 알리는 것이라고는 하지만, 문헌의 소재도 명시하고 있는 목록과는 구별된다. 책자 형태의 서지는 배열 방식과 색인의 유무·종류가 검색 효율에 영향을 미치며, 각각의 서지의 특징이 되고 있다. ↔ 목록

서지 결합(書誌結合) bibliographic coupling

두 개의 문헌이 어느 쪽이나 같은 문헌을 이용하고 있는 상황에서, 두 개 문헌 간의 관계. 두 개의 문헌은 서지 데이터를 공유함으로써, 서로 어떤 관계가 있는 것으로 판단된다. 1963년에 케슬러(Myer M. Kessler 1917-1997)에 의해 제안된 문헌 간의 관련도를 보기 위한 관점의 하나. 공유하는 인용 문헌의 수를 서지

결합의 도수(度數: 빈도), 즉 결합도라고 하는데, 예를 들면 문헌 A, B의 쌍방이 인용하고 있는 문헌이 X, Y, Z인 경우, 문헌 A, B의 결합도는 3이 된다. 이 도수(빈도)가 크면 관련도도 높은 것으로 생각되는데, 문헌 간의 테마의 유사도의 근사치로서 이용되는 경우가 많다. ↔ 동시 인용; 인용 문헌; 인용 분석

서지 계층(書誌階層) bibliographic hierarchy

『일본목록규칙 1987년판 개정 3판』 용어 해설은 「서지 계층 구조」를 "서지 레코드를 구성하는 서지 사항에는, 전체와 그것을 구성하는 부분(예: 세트물의 표제(타이틀)와 단행 자료의 표제)이라고 하는 상위와 하위의 계층 관계가 성립하는 경우가 있다. 이와 같은 계층 관계에 관한 것을 말한다."라고 정의하고 있다. 기술 대상 및 자료 간에 존재하는 다양한 서지적 관계의 하나이며, 전체 부분 관계 또는 수직 관계라고도 한다. 목록의 기계 가독화 및 목록(서지) 정보의 공유화의 움직임이 계층 관계의 파악이나 처리를 촉진하는 결과를 불렀다. 이와 같은 계층 관계를 『일본목록규칙 1987년판』 이후의 판은 「서지 단위」라는 독자(獨自)의 기술 대상 파악 단위를 설정하는 것으로 구조화하고 있다. 한편 서지 계층 구조 내의 상하의 위치 부여를 「서지 레벨」이라고 부른다. ↔ 서지 단위; 서지 레벨

서지 기술(書誌記述) → 기술

서지 단위(書誌單位) bibliographic unit

"동일의 서지 레벨에 속하는 고유의 표제(타이틀)로부터 시작하는 일련의 서지 사항의 집합. 서지 레코드는 하나 또는 복수의 서지 단위로 이루어진다. 서지 단위에는 기초(단행, 계속 간행), 집합, 구성의 3종이 있다."(『일본목록규칙 1987년판 개정 3판』 용어 해설). 이것은 『일본목록규칙 1987년판』 이후의 판이 독자적으로 설정한 기술 대상의 파악의 단위로, 이전의 『신판 예비판』이 채용하고 있던 형태상의 독립성을 바탕으로 하는 단위 부여인 「물리 단위」와는 다르다. 현재 서지 단위의 규정에 포함되는 「고유의 표제」를 어떻게 규정해야 하는가 하는 점의 해결이 요망되고 있다. 일본의 국립정보학연구소(國立情報學硏究所)가 채택하고 있는 「목록정보의 기준」에서는, 「고유의 표제가 아닌 것」을 제시함으로써, 그 해결을 도모하고 있다. ↔ 물리 단위; 서지 계층; 서지 레벨

서지 데이터(書誌--) bibliographic data

서지 또는 서지 데이터베이스에서, 1점마다의 자료를 식별·확인하기 위해 기술하는 데 필요한 데이터. 서지 데이터는 자료 그 자체로부터 얻을 수 있는 저자, 표제(타이틀), 출판에 관한 사항, 형태에 관한 사항, 기타 사항으로 구성된다. 각 사항의 정보원(情報源), 기술법, 기술 순서 등은 서지 또는 서지 데이터베이스의 이용 목적, 성격에 따라 자유로이 결정되는데, 서지 통정의 면에서는 국제적인 표준에 따르는 것이 바람직하다. 서지 데이터에는 검색을 위한 표목(접근점: 액세스 포인트), 내용을 주제 분석한 분류나 주제명은 본래 포함되어 있지 않지만, 그러한 것들은 데이터베이스에서는 검색이나 리스트 작성에 필요한 항목이 된다. 목록 관계의 용어인「기술」(記述)과 거의 동의(同義)이지만, 목록 관계 이외에서는「서지 데이터」라는 표현이 많이 사용된다. ↔ 기술

서지 레벨(書誌--) hierarchical bibliographical level; bibliographic level

"서지 레코드에 서지 계층 구조가 있을 때의 상하의 위치 부여를 말한다. 서지 레벨에는 기초, 집합, 구성의 세 레벨이 있다."(『일본목록규칙 1987년판 개정 3판』 용어 해설).『일본목록규칙 1987년판』 이후의 판에서는, 계층 구조를 기초 서지 레벨, 그 상위 서지 레벨, 그리고 하위 레벨로 구성되는 것으로 파악하고, 그것들을 각각 기초, 집합, 구성 서지 레벨로 표현하고 있다. 나아가 기초 서지 레벨에 대해서는, 단행 자료에 대한 단행 레벨, 연속간행물에 대한 연속 간행 레벨의 두 가지를 설정하고 있다. ↔ 서지 계층; 서지 단위

서지 레코드(書誌--) bibliographic record

일본에서는「개개의 자료에 대한 조직적으로 구성된 서지 사항의 집합인 기술(記述)에 표목을 추가한 것을 기계 가독형인 MARC 레코드로서 표현한 것」을 말한다. 즉 소재 기호 등의 소장에 관계되는 사항을 제외한 요소로 이루어지는 MARC 레코드를 가리키며, 그 때 소장 사항은「소장 레코드」로서 표현된다. 한편 서지 레코드를 광의(廣義)로 사용하여, 기계 가독형의 서지적 기록, 즉 소장 사항도 포함하는 MARC 레코드와 동의(同義)로 사용하는 경우도 있다. 이에 대해, 미국이나 한국에서는 일반적으로 이를 포괄하여「서지 레코드」라는 용어로 사용하고 있다. ↔ MARC 레코드; 서지적 기록; 소장 레코드

서지 레코드의 기능상 요건(書誌--機能上要件) → FRBR

서지 분류(書誌分類) bibliographical classification

자료 또는 서지 레코드의 주제를 그것과 외연(外延)을 대등하게 하는 분류 기호로 표현하는 분류. 자료의 배가(排架)를 목적으로 하는 서가 목록과는 달리, 분류 기호는 길어져도 무방하다. 분류법에 따라서는, 한 자료에 대해 복수의 서지 분류를 부여하는 것도 가능하다. ↔ 상세 분류; 서가 분류

서지분류법(書誌分類法) Bibliographical Classification(BC)

블리스(Henry Evelyn Bliss 1870-1955)가 고안한 일반 분류법. 1910년에 개요가, 이어서 1940-1953년에 초판이 간행된 후, 1977년 이후 제2판이 분책 간행 중이다. 전체의 구성은 블리스가 학문, 교육계에서 합의가 존재한다고 간주한 지식의 체계를 바탕으로 하고, 주류의 순서는 특수한 주제의 일반적인 주제에 대한 종속과 그 점진성(漸進性), 그리고 밀접한 관련성이 있는 주제 상호간의 병치(竝置)의 원리에 따르고 있다. 제2판(약칭 BC2)에서는 패싯 분석을 도입한 전면적인 개정이 이루어져, 최신의 분석 합성식 일반 분류표가 되었다. 주제를 다면적(多面的)으로 다룬 저작을 분류하기 위해 사상(事象) 클래스가 설정된 것, 잡지 논문에도 적용 가능한 정도의 특정성(特定性)을 갖추고 있는 것, 상세한 보조표를 가지고 있는 것, 소급적 기호법을 사용한 간결한 기호법을 채택하고 있는 것 등이 주된 특징이다. 유지 관리는 블리스분류협회(BCA: Bliss Classification Association)가 행하고 있다.

서지 사항(書誌事項) bibliographical item of description

"기술의 구성 요소. 표목은 포함하지 않는다."(『일본목록규칙 1987년판 개정 3판』 용어 해설). 서지적 사항이라고도 한다. 서지 기술을 구성하는 요소를 가리키며, 서지적인 데이터상의 최소 단위인「서지적 요소」와 그러한 서지적 요소가 복수 모여 구성되는「사항」(area)의 양측을 포함한 용어로서 사용되고 있다. ↔ 기술; 사항; 서지적 요소

서지 서비스(書誌--) bibliographic service

이용자의 요구에 부응하거나 또는 능동적인 기획으로서, 기록 정보원을 서지 등의 이차 자료로서 재구성하고, 이용자에게 제공하는 것에 관계되는 광범위하면서도 다양한 제 활동. 서지 서비스를 위해서는, 서지, 목록, 색인 등의 이차 자료, 나아가서는 CD-ROM이나 온라인 검색 서비스를 이용하여, 요구되는 주제의 자료를 조직적이면서도 철저하게 탐색하는 문헌 조사가 필요하다. ↔ 문헌 조사

서지 유틸리티(書誌--) bibliographic utility

다수의 참가 기관에 의한 온라인 분담 편목을 목적으로 하여 구성된 조직. 도서 관계에 서지 정보를 공급한다는 의미에서, 전기, 수도 등의 공익 사업에 준하여 이렇게 불린다. 북미(北美)에는 1971년에 온라인 분담 편목 시스템을 가동시킨 OCLC를 비롯하여, RLG, WLN, A-G Canada(전신은 UTLAS) 등이 있는데, 1990년대부터 순차적으로 OCLC에 통합되고 있다. 북미 이외에, 유럽, 오스트레일리아, 한국 등에도 설립되어 있다. 일본에서는 1986년에 설립된 학술정보센터(현 국립정보학연구소)가 이 기능을 수행하고 있다. 각각은 성립의 경위, 참가 기관의 구성, 경영 기반, 그리고 활동 내용이 다르지만, 어느 것이든 분담 편목과 종합 목록의 구성을 중심으로 하며, 상호 대차, 목록의 소급 변환 등의 도서관 업무의 지원이나, 데이터베이스 제공을 실시하고, 참가 기관의 업무의 경감이나 표준화에 기여하고 있다. 최근에는 WWW에 의한 종합 목록 데이터베이스의 제공이 이루어지고 있다. ↔ OCLC; RLG; WLN; 국립정보학연구소

서지의 서지(書誌--書誌) bibliography of bibliographies

간행되어 있는 서지, 목록, 색인을 수록 대상으로 하여, 그 서지 데이터를 일정의 규칙을 바탕으로 배열한 서지. 서지를 찾거나 서지의 존재를 확인하기 위한 도구(tool)이다. 이차 자료인 서지를 리스트하고 있기 때문에 삼차 자료로 간주되는 경우도 있다. 서지의 서지에도 최신의 것과 소급적인 것이 있는데, 일본의 최신의 서지의 서지로서는 『서지 연감』(1982-   )이, 소급적인 것으로는 『일본 서지의 서지』(1973-   )가 있다. 또한 전문 분야나 지역을 한정한 서지의 서지도 있다.

서지 작성자(書誌作成者)

서지를 작성하는 전문가. 문헌의 물(物)로서의 특성에 초점을 맞추어 분석, 기술하는 전문가와, 지적 내용에 초점을 맞추어 분석, 기술하는 전문가가 있다. 전자(前者)는 서지학자라고도 한다. 상당수는 전업(專業)이 아니라, 연구하는 한편의 일이나 취미로서 작성하고 있다. ↔ 서지

서지적 관계(書誌的 關係) bibliographic relationship

서지적 사실 간에 개재(介在)하는 제 관계, 판, 버전, 번역, 번안, 보유(補遺), 전체 부분(계층), 복제 등, 다양한 관계가 상정(想定)된다. 1970년대에 들어, 이러한 서지적 관계를 온라인 목록의 설계나 장래의 편목 규칙 개정 때의 이론적 및 경험적인 증거로서 사용하기 위해 고구(考究)해 가고자 하는 기운이 생겨났다. UNIMARC 포맷에서 서지적 관계의 유형화, 즉 수직, 시계열(時系列), 수평의 3군(群)으로 나누어 제시한 시도도 그러한 노력의 구현이었다. 1980년대 후반에는 틸렛(Barbara B. Tillett 1946-   )이 서지적 관계 전체를 7군으로 유형화하는 것을 시도하고 있다. 현재는 IFLA의 연구 그룹에 의한『서지 레코드의 기능상 요건: 최종 보고』(1997)가 가장 체계적인 분석이라고 말할 수 있을 것이다. ↔ 기술 목록법

서지적 기록(書誌的 記錄) bibliographic record

"특정 자료에 대해, 조직적으로 구성된 서지 사항의 집합으로, 표목, 소재 기호 등을 부가한 것. 목록 저록(목록 기입)인 경우와 MARC 레코드인 경우가 있다." (『일본목록규칙 1987년판 개정 3판』 용어 해설). 목록이나 서지의 기록 매체에는, 카드, 책자, 마이크로필름, 컴퓨터파일 등 각종의 것이 사용되고 있는데, 일본에서는 이러한 기록 매체를 불문하고, 기술 대상에 대한 서지적인 기록을 총칭하는 경우에「서지적 기록」이라는 용어를 사용하며, 종래의 종이 매체상의 기록에 대해서는「목록 저록」(목록 기입)을, 기계 가독형의 기록에 대해서는「MARC 레코드」를 사용하고 있다. 한편 한국이나 미국에서는 일반적으로 이를 포괄하여「서지 레코드」라는 용어로 사용하고 있다. ↔ MARC 레코드; 목록 저록; 서지 레코드

서지적 내력(書誌的 來歷) bibliographic history of item

"어떤 저작이 최초로 간행되고 나서 형(形)을 바꾸어 각종의 출판물이나 판으로서 간행되거나, 또는 복제나 번역 등으로서 간행되는 경우, 그 일련의 경위·변천을 말한다."(『일본목록규칙 1987년판 개정 3판』 용어 해설). 따라서 서지적 관계의 일부를 가리키는 것으로 파악할 수 있다. 주로 주기 사항 중에 「판 및 서지적 내력에 관한 주기」로서 기록되는데, 연속간행물의 경우에는 표제(타이틀)의 변천을 수반하는 경우가 많아, 특히 중요한 사항이 된다. ↔ 서지적 관계; 주기 사항

서지적 요소(書誌的 要素) bibliographic element

『일본목록규칙 1987년판 개정 3판』 용어 해설에서는, 「element」(요소)라 하여, "서지 정보의 개별의(distinct) 1단위를 표현하고, 동시에 기술의 사항을 구성하는 단어, 어구, 또는 문자군"이라고 정의하고 있다. 서지 요소라고도 한다. 예를 들면 「발행, 배포 등 사항」에서는, 발행지, 발행처, 발행년의 각 데이터가 서지적 요소에 해당하며, 각각이 서지적인 덩어리를 가지며, 데이터 처리상 사항(area)을 구성하는 최소 단위가 되고 있다. ↔ 기술; 사항

서지 정보(書誌情報) bibliographic information

대상이 되는 자료나 정보 자원 그 자체가 아니라, 그러한 대상에 대한 정보로, 그 식별과 확인을 포함하며, 대상에 대한 광의(廣義)의 액세스를 중개하는 것이다. 이 점에서는 이차적인 것으로 자리매김된다. 또한 문자를 중심으로 하여 대상을 표현하는 것으로, 수치나 화상(畵像)의 표현을 취하는 것과는 구별된다. 서지 정보를 저장한 데이터베이스가 서지 데이터베이스이다. 이상의 특성을 가진 서지 정보 및 그 구체적인 표현인 개개의 서지 레코드는 서지 기술, 표목이나 접근점(액세스 포인트), 초록이나 주제 표현 등으로 이루어지는데, 그러한 것에 소재 정보를 부가한 것이 목록 정보가 된다. ↔ 서지 레코드; 서지적 기록

서지 정보 교환용 포맷(書誌情報交換用--) bibliographic information interchange format

기계 가독 서지 정보를 교환하기 위해 개발된 포맷. 물리적 포맷(외형식)을 규정

한 *ISO 2709 Format for Bibliographic Information Interchange on Magnetic Tape* 와, 데이터 요소의 식별을 규정한 MARC 포맷 등의 내형식이 있다. 내형식의 국제 표준으로서는 UNIMARC나 CCF(Common Communication Format)가 잘 알려져 있다. 그러나 이러한 포맷은 교환 수단이 자기(磁氣) 테이프의 시대에 발단이 된 것으로, 현재는 마크업 언어나 RDF 등과의 대응도 시도되고 있다. ↔ JAPAN MARC; MARC 21; RDF; UNIMARC; 내형식; 외형식

서지 정보 확인(書誌情報確認) verification

수입 업무(受入業務)에서 요청된 문헌이 출판되었는지의 여부를 확인하거나, 발주(發注)를 위한 데이터로서 제공된 서지 데이터가 정확하면서도 충분한 것인지를 확인하는 작업. 차이가 있거나 불충분한 경우에는, 발주 의뢰자에게 재확인하거나, 또는 판매 서지 등의 참고 도구를 이용하여 충분한 데이터를 얻을 필요가 있다. 상호 대차를 의뢰할 때에도 마찬가지의 조사를 실시한다. ↔ 수입 업무

서지 제어(書誌制御) → 서지 통정

서지 통정(書誌統整) bibliographic control

자료를 식별·확인하고, 기록하여, 이용 가능한 상태를 만들어내기 위한 기법의 총칭. 서지 제어(書誌制御), 서지 조정(書誌調整), 서지 컨트롤이라고도 한다. 통상 도서관에서 이루어지는 편목 작업이나 분류 작업은 서지 통정의 가장 기본적인 방법이다. 나아가 공통의 기반인 편목 규칙이나 분류법, MARC 포맷 등을 제정하거나, 표준적인 자료 식별 기호를 제정함으로써, 인쇄 카드나 MARC 데이터로서 표준적인 서지 레코드가 이용될 수 있게 된다. 이를 통해 중복된 작업이 경감될뿐만 아니라, 광범위하고 효율적인 서지 정보 검색과 소장·소재 조사를 가능하게 하는 시스템의 기반이 형성되게 된다. 이와 같이 각관(各館)의 자료 조직화 처리에서 시작되어, 국가나 국제적인 규모로 표준적인 서지 레코드를 작성하고, 공동 이용하기 위한 장치에 이르기까지의 전체를 서지 통정이라고 한다. 근년에는 서지 통정의 대상은 비도서 자료, 문서관 자료, 또는 구성 서지 단위로 확장되고 있다. ↔ 세계서지통정

서지학(書誌學) bibliography

도서를 연구의 대상으로 하고, 이것을 과학적으로 다루는 연구 영역. 출판 사항 뿐만 아니라, 형태, 재료, 용도, 활자, 장정, 또는 개개의 내용이나 그 이동(異同), 성립의 역사, 사정 등을 과학적, 실증적으로 연구한다. 일본에서 서지학이라고 말하는 경우, 일반적으로는 에도(江戶) 시대 이전에 출판된 도서(고서)에 대해, 성립, 전래, 장정 등을 포함한 모든 것의 조사, 연구, 활동에 대해 사용되는 경우가 많다. 서지학은 일반적으로 분석 서지학(비판)과 체계 서지학(열거)으로 대별된다. 전자(前者)는 개개의 도서를 정확히 식별하고, 기술하는 것, 바꾸어 말하면, 원본과 이본(異本)의 차이 등을 상세, 엄밀하게 연구하는 것을 목적으로 한다. 후자(後者)는 개개의 도서에 대해 정보를 수집하고, 각각을 적확(的確)하게 식별할 수 있도록 기술하고, 논리적으로 정리하여, 리스트화하는 것 및 그 작성법의 연구이다. ↔ 도서학

서지학회(書誌學會)[한국] → 부록: 한국의 주요 도서관 및 도서관 관련 단체

서처 intermediary

정보를 요청하고, 그것을 이용하는 사람(최종 이용자: end user)을 대신하여, 필요하다고 여겨지는 정보를 적절한 데이터베이스로부터 검색하는 사람으로, 통상 그것을 위한 전문적인 기술을 갖추고 있는 것이 요건이 된다. 한국에서는, 한국능률협회와 한국정보통신진흥협회에서 관련 자격 시험을 실시하고 있다. 일본에서는, 정보과학기술협회가 데이터베이스 검색 기술자의 통칭을 서처로 하고, 인정 시험을 실시하고 있다. ↔ 정보검색응용능력시험[일본]

서체(書體) (1) script, (2) typeface

(1) 손으로 문자를 쓸 때 쓰는 사람이 마음속에 그려보는 일관된 양식, 특징, 구조를 갖는 문자의 체계. 이상적인 문자 체계로서의 서체를 "script," 실제로 쓰이는 문자를 "handwriting"으로 구별하는 경우도 있다. 활자 서체와 달리, 역사적인 서체는 서서히 끊임없이 변화하고 있다. 한자나 일문(日文)에는 해서(楷書), 예서(隸書), 행서(行書), 초서(草書) 등이 있다. 구미(歐美)에는 대문자체, 안샤르체, 고딕체, 휴머니스트체 등이 있는데, 서체의 분류·명명법(命名法)에는 복수의 유파가 있다. (2) 출판 관계에서는 활자 서체에 관한 것. ↔ 활자 서체

서치 엔진 → 검색 엔진

서평(書評) book review

도서의 내용을 비평·소개하는 것, 또는 그 문장. 일반적으로는 신간서가 대상이 되며, 잡지나 신문에 게재되는 이외에, 전적으로 서평을 게재하는 서평지(書評誌)나 서평지(書評紙)도 존재한다. 간행된 도서를 평가하는 기능과 동시에, 그 존재를 독자에게 알리는 기능을 갖는다. 그 때문에, 출판사가 신간서 간행과 동시에, 서평란이 있는 신문이나 잡지, 서평 담당자에게 헌본(獻本)하는 관습이 있다. 때로는 교정쇄의 단계에서 서평을 의뢰하는 경우도 있다. 특히 서점이 적은 구미(歐美)에서는, 서평은 중요시되고 있다. 근년에는 인터넷에서 전문가 내지 일반 독자의 서평이 대량으로 유통하게 되었다. ↔ 신간 정보

서표(書票) → 장서표

석상 택사(石上宅嗣) → 이소노카미 야카쓰구

석판 인쇄(石版印刷) lithography

석판석(石版石)을 이용하는 평판 인쇄의 일종. 석판석은 석회석의 일종으로, 지방을 잘 흡수하는 성질과, 수분을 잘 흡수·유지하는 성질을 갖추고 있다. 이것에 지방성의 액체나 초크로 묘사하고, 아라비아 고무액을 투여하면, 화선 부분(畵線部分)은 유성(油性), 비화선 부분은 수성(水性)의 평면이 생긴다. 이 판에 유성의 잉크를 사용하면, 화선 부분에만 잉크가 부착된다. 이 방법으로 최초로 인쇄를 시행한 것이 독일의 제네펠더(Johann Nepomuk Franz Alois Senefelder 1771-1834)였다.

선서(選書) → 자료 선택

선장본(線裝本) thread stitch bound book

일본의 자루 매기(袋綴)에 해당하는 제본 방법을 한 책에 대한 중국의 용어. 중국에서는 이 제본 방법이 명대(明代)에 시작되었기 때문에, 명조철(明朝綴)이라고도 하는데, 일본에도 전해졌기 때문에, 카라토지(당철: 唐綴)이라고 불리는 경우도 있었다. 당본식(唐本式)의 제본 방법이라는 의미이다. ↔ 자루 매기

선집(選集) selected works; anthology

1인의 저자나 복수의 저자를 불문하고, 많은 저작으로부터 대표적인 것을 골라 수록하는 도서. 한 저자의 저작에 한정한 것은 개인 선집 또는 저작집이라고 한다. 1책 또는 동일 체재의 복수책으로 간행된다. 「앤솔로지」는 선집 일반과 동의(同義)로도 사용되는데, 특히 일정의 주제, 형식의 문학 작품의 선집, 또는 아름다운 시나 문장의 발췌집을 가리키는 경우가 많다. 후자(後者)의 경우는 사화집(詞華集)이라고도 한다. ↔ 전집

선택 서지(選擇書誌) selected bibliography

이용 대상이나 저작의 수준 등의 관점에서 일정의 채택 기준을 설정하고, 수록 자료를 선택하여 작성한 서지. 예를 들면, 학교 도서관에 어울리는 도서를 취사 선택한 리스트, 고전적 명저를 선정한 서지 등이 이에 해당한다. 일차 서지나 국가 서지는 망라적, 포괄적으로 자료를 수록하는 것을 의도로 하고 있기 때문에, 다수 중에서 필요한 자료를 뽑아내기가 곤란한데, 선택 서지는 이 불편함을 해소한다. 특정 주제의 자료만을 선택하여 수록한 서지는 주제 서지로, 선택 서지가 아니다. ↔ 일차 서지; 주제 서지

선택적 정보 제공(選擇的 情報提供) → 정보의 선택적 제공

선풍엽(旋風葉) whirlwind leaf

첩장본(帖裝本)에서는 표지가 전후에 따로 따로 되어 있는데, 그 전후의 표지를 이어서 1매로 하여, 본문 용지를 감싸는 것처럼 한 것. 표지의 등(背)의 안과, 첩장본 형으로 되어 있는 본문 용지의 등의 부분이 풀로 붙여져 있지 않기 때문에, 표지의 등에 해당하는 부분을 잡고, 책배(전소구: 前小口)에 해당하는 쪽을 아래로 향하게 하면, 본문 용지가 펄럭펄럭 아래 쪽으로 늘어지게 된다. 또한 바람이라도 심하게 불면, 첩장본으로 되어 있는 부분은 날아오르게 된다. 선풍(旋風)이란 회오리 바람에 대한 것인데, 첩장본 부분이 표지의 등의 안에서 떨어져, 회오리 바람에 날려 펄럭이는 것에서, 선풍엽이라고 이름이 붙여진 것은 아닌가 여겨지고 있다. ↔ 첩장본

설명 참조(說明參照) explanatory reference

통상의 「보라 참조」나 「도보라 참조」에서는 검색자를 적절하게 안내할 수 없을 때 작성되는, 필요한 설명이나 지시를 부가한 참조. 『ALA 문헌정보학 용어사전』에서는, "해당 표목을 검색해야 하는 상황을 상세하게 설명한 「보라 참조」또는 「도보라 참조」. 예를 들면, 어떤 표목의 대상을 정의하는 참조, 어떤 단체명 표목으로부터 그 단체에 대해 이전에 사용되었던 표목 내지는 나중에 사용되게 된 표목으로의 참조나, 일련의 회의에 대해 사용되는 복수의 표목에 대한 참조 등"이라고 해설하고 있다. ↔ 도보라 참조; 보라 참조

설치율(設置率) establishment rate of library

도서관의 설치 권능(設置權能)을 가진 모체수에 대한, 실제로 설치하고 있는 모체수의 비율이며, 도서관의 설치 상황을 나타내는 수치로서 다루어진다. 특히 의무 설치제가 아닌 일본의 공립 공공 도서관의 경우, 이 비율이 중시된다. 즉 공립 도서관을 설치하고 있는 지방 공공 단체수를 전 지방 공공 단체수에서 제외한 값이 공립 도서관의 설치율이며, 공공 도서관의 보급과 신장에 관한 판단의 기준이 된다.

성과 측정(成果測定) performance measurement

도서관이 가져오는 가치, 즉 개별의 서비스, 컬렉션, 시설이 창출해내는 효과에 대해, 양적 및 질적 양면에서 측정하는 것. 도서관의 인적 서비스의 도달도를 측정하는 것만을 의미하는 경우도 있는데, 그것에 그치는 것은 아니다. 성과 측정은 도서관 서비스의 계획이나 개선에서 필요하게 되는 다양한 의사 결정에 불가결하다. 성과 측정에서는 도서관에 투입된 경비, 산출된 서비스, 그 효과, 이용자 특성에 관계된 다수의 척도가 마련되는데, 이것들을 복합한 지표가 활용된다. 일본에서는 퍼포먼스 측정이라고도 하며, 『JIS X 0812 도서관 퍼포먼스 지표(ISO 11620)』에 의해 지표의 표준화가 시도되고 있다. ↔ 도서관 평가; 서비스 평가

성인 교육(成人敎育) adult education

학령기를 넘긴 성인이 시민 생활에 필요한 지식을 얻거나 개인의 발전이나 생활 향상을 이루기 위해, 다양한 사회 기관에 의해 조직화된 프로그램을 통해 실시

하는 자기 교육 활동. 공공 도서관의 성인 교육은 성인의 계속 학습의 필요성과 정보 수집의 중요성을 전제로 하고 있다. 도서관은 독서 상담, 학습 상담 서비스를 중심으로, 학습 관련 정보의 제공이나 교육적 프로그램의 기획 및 실시 등, 성인 교육 활동을 지원하는 다양한 서비스를 제공하고 있다. 오늘날, 성인 교육은 성인 서비스라고 하는 더 넓은 맥락에서 전개되게 되었기 때문에, 도서관의 서비스도 학습 지원의 틀을 넘어 다양화하고 있다. ↔ 성인 서비스

성인 서비스(成人--) adult service

성인의 특정 니즈에 대응하여, 공공 도서관이 자료나 서비스나 프로그램을 제공하는 것. 공공 도서관은 커뮤니티의 교육 기관으로서의 역할을 수행하기 위해, 성인 교육 활동을 수행해왔다. 성인 서비스는 이 성인 교육 활동을 오락이나 정보 제공을 포함한 다채로운 활동으로 확장하고, 전개한 것이다. 성인 서비스는 컬렉션의 구축, 참고 서비스와 같은 통상의 도서관 서비스를 통해 이루어지는 것이 일반적이지만, 대상자를 성인으로 한정한 독서 상담이나 문화 프로그램의 개최 등과 같이, 더 명확하게 성인 대상을 지향한 서비스도 있다.

세계 서지(世界書誌) universal bibliography

국가나 언어, 주제나 시대 등에 어떤 한정을 설정하지 않고, 모든 자료를 망라적으로 수집하는 것을 목적으로 하는 서지. 실현되면, 동서고금의 모든 자료의 서지 데이터가 수록될 것이다. 지금까지 작성이 기획되고, 시도된 적도 있었지만, 어느 것이나 불완전 또는 좌절로 끝났다. 세계 각국에서 방대한 양의 출판이 이루어지고 있는 현재, 그 실현은 불가능하다고 생각되고 있다. 다만 서지 기술의 국제적인 표준화를 바탕으로 한 각국의 국가 서지 작성 사업에 의해, 그것들의 총체가 세계 서지의 기능을 수행하고 있는 것으로 간주할 수도 있다. ↔ 국가 서지

세계서지제어(世界書誌制御) → 세계서지통정

세계서지통정(世界書誌統整) Universal Bibliographic Control(UBC)

전 세계의 자료에 대한 서지 정보를 통일적으로 조직화하는 기법의 총체. 서지 통정의 제 활동을 일국 내를 초월하여 국제적인 레벨에서 행하는 것(국제적인

연휴(連携) 등을 포함한다) 및 서지 통정의 대상 자료를 세계적인 범위로 확장하는 것의 쌍방(雙方)이 함의(含意)된다. 19세기까지 이루어진 세계 서지 편찬의 시도는 20세기에 이르면 방기(放棄)되고, 대신에 국가를 단위로 하여 국가 서지를 정비하고, 그것을 상호간에 교환함으로써 국제적인 서지 정보의 축적을 가능하게 한다고 하는 방침이 채택되게 되었다. 그 구체적인 동향으로서, 1974년에 국제도서관연맹(IFLA)이 그 코어 프로그램의 하나로 UBC를 채택하고, 이를 위한 제 활동을 전개해왔는데(1986년에 프로그램은 UBCIM으로 개칭하였다), 2003년에 발전적으로 해체를 마치고, 그 활동은 UDT(Universal Dataflow and Telecommunications)과 함께, 서지 표준에 관한 국제도서관연맹-국립도서관장회의동맹(ICABS: IFLA-CDNL Alliance for Bibliographic Standards)으로 인계되었다. ↔ 국제도서관연맹; 서지 통정

세계지적소유권기구(世界知的所有權機構) World Intellectual Property Organization (WIPO)

지적 재산의 이용과 보호의 촉진을 목적으로 하는 국제 기구. 1893년부터 저작권에 관계되는 베른조약(Berne Convention)과 공업 소유권에 관계되는 파리동맹(Paris Convention for the Protection of Industrial Property)의 사무국의 역할을 해왔던 지적소유권보호 국제합동사무국(United International Bureaux for the Protection of Intellectual Property)의 후속 기구로서, 「세계지적소유권기관 설립조약」을 바탕으로 설립되었다. 1974년부터 연맹의 전문 기구가 되었는데, 2007년 8월 현재 184개국이 가맹하고 있다. WIPO 저작권 조약을 비롯하여, 공업 소유권과 저작권에 관한 24개의 조약을 관리함과 동시에, 각국의 국내법의 조화를 도모하고, 지적 재산권의 국제적인 적용의 추진, 논쟁 해결, 개발도상국에 대한 지원, 정보화 기술 지원 등의 활동을 실시한다. ↔ 지적 재산권

세구분(細區分) → 세목

세렌디피티 serendipity

우연히 뜻밖에 이루어지는 행운을 발견하는 능력, 또는 그 능력을 행사하는 것. 이 능력에 의해 실패한 실험의 결과로부터 예상 밖의 유용한 데이터나 지식을

얻거나, 검색 결과를 점검하고 있을 때 노이즈(잡음) 중에서 우연히 당초의 목적과는 다른 가치 있는 정보를 발견할 수 있다. 다만 모두가 우연과 행운에 의존하는 것은 아니며, 유용한 데이터, 정보를 인식하기 위한 기반이 되는 잠재적인 지식이나 집중력, 관찰력, 통찰력을 필요로 한다. 영국의 소설가 월폴(Horace Walpole 1717-1797)이 스리랑카의 옛날 이야기 『세렌디프의 세 왕자』(*Three Princes of Serendip*)와 연관하여 만들어낸 말이라고 한다.

세목(細目) subdivision

(1) 분류표 중의 상세한 항목. (2) 분류표에서, 본표 중의 기호에 부가하는 보조 기호. (3) 주제명 표목표에서, 형식 세목이나 특수 세목 등과 같이 주표목에 부가하는 것.

세트물(--物) set publication

"각 자료 자체의 고유의 표제(타이틀) 이외에, 전체에 대한 고유의 표제를 갖는 단행 자료의 집합으로, 어느 시점에서 전체의 간행을 완결할 것이 예정되어 있는 것(예: 일본 도서관학 강좌)"(『일본목록규칙 1987년판 개정 3판』 용어 해설). 『일본목록규칙 1987년판 개정 3판』 이후의 판에 고유의 개념 규정을 바탕으로 하는 용어로, 「단행 자료」와 마찬가지로, 서지 단위의 도입에 의해 새로이 등장하였다. 『일본목록규칙 신판 예비판』에 있었던 「다권물」(多卷物) 중 각권에 고유의 표제를 갖는 것만을 골라내는 형으로 성립된 용어이다. ↔ 다책물(多册物); 단행 자료

섹션 → 부편(部編)

셰라 Shera, Jesse Hauk

1903-1982. 미국 오하이오 주 출신. 1950년대부터 1960년대의 미국을 대표하는 도서관 연구자, 도서관학 교육자의 한 사람. 예일대학에서 영문학을 공부한 뒤, 대학 도서관과 전문 도서관의 근무를 거쳐, 시카고대학 도서관학대학원 박사 과정에 입학하고, 버틀러(Pierce Butler 1886-1953), 윌슨(Louis Round Wilson 1876-1979) 등의 훈도(薰陶)를 받으면서, 미국 공공 도서관사의 박사 논문 『공공

도서관의 성립』(*Foundation of the Public Library* 1944)을 정리하였다. 제2차대전 이후에는 시카고대학을 거쳐, 1952년에 신설의 웨스턴리저브대학(Western Reserve University) 도서관학부의 학부장에 취임, 도큐멘테이션 개념의 확립과 보급, 분류 목록의 연구, 도서관학 기초론의 검토, 도서관학 교육과 같은 넓은 분야에서 활동하였다. 주저(主著)는 상기의 것 이외에, 『도서관과 지식의 조직화』(*Libraries and the Organization of Knowledge* 1965), 『도서관학의 교육 기반』(*Foundations of Education for Librarianship* 1972) 등이 있다.

소급 변환(遡及變換) retrospective conversion

카드 목록이나 책자 목록 등의 기존의 장서 목록에 수재(收載)되어 있는 목록 데이터를 기계 가독형으로 변환하는 것. 변환된 MARC 레코드를 컴퓨터 도입 이후의 장서 목록 파일에 추가함으로써, 이용자는 OPAC 등을 이용하여, 전 장서를 일괄하여 검색할 수 있게 된다. 기존의 장서 목록을 사용하여 그대로 기계 가독형으로 변환하는 경우와, 수재된 자료 자체를 참조하면서 고쳐 편목 작업을 실시하고 기계 가독형의 MARC 레코드를 작성하는 경우가 있다. ↔ MARC; OPAC

소급 서지(遡及書誌) retrospective bibliography

과거로 소급하여, 어느 일정의 기간(1년간, 5년간, 또는 그 이상) 내에 발행된 출판물을 포괄적으로 수록한 서지. 도서만을 대상으로 하는 경우와 잡지 기사, 신문 기사를 대상으로 하여 작성되는 경우가 있다. 신간의 자료를 검색하는 데는 최신 서지(current bibliography)를 사용하지만, 소급적으로 그것들을 검색할 때에 사용된다. 최신 서지를 누적하고 재편집함으로써, 소급 검색에 유효한 서지가 생겨난다. 또한 새로이 과거로 소급하여 잡지 논문의 기사 색인이 작성되는 경우도 있는데, 이것은 소급적 기사 색인 등으로 불린다. ↔ 최신 서지

소급적 기호법(遡及的 記號法) retroactive notation

패싯 지시 기호(facet indicator)나 펜스 부호(fence)를 사용하지 않고 패싯의 합성을 실시하는 기호법. 기호의 단순성과 간결성을 유지할 수 있다. 패싯의 합성은 분류 항목의 기재 순서와 그것들의 결합 순서를 거꾸로 한다고 하는 도치의 원리를 바탕으로 하여 이루어지기 때문에, 우선 패싯일수록 분류표의 후방(後方)에 오

게 된다. 기호법의 상에서는, 분류표의 전방(前方)의 패싯으로 한 번 사용된 기호는 후방에서는 사용할 수 없다는 제약이 있다. 알파벳을 채택한 경우, 분류표의 제1패싯의 기수(基數)는 26이지만, 제2패싯에서는 25로 감소해간다. 이용자는 기호의 순서가 역전하는 위치에서 패싯의 합성이 이루어졌다는 것을 알 수 있다. 예를 들면, CDEBCDABC라는 소급적 기호는 펜스 부호를 사용한 CDE/BCD/ABC와 같은 효과를 갖는다. 이 기호법은 1960년대에 출판된 영국음악목록분류법(BCMC)에서 처음으로 응용되었다. 최근에는 서지분류법의 제2판(BC2)이 더 세련된 형으로 적용하고 있다. ↔ 패싯 기호법; 패싯 지시 기호; 펜스 기호법

소급 탐색(遡及探索) retrospective search

최신의 자료, 정보가 아니라, 과거의 자료, 정보를 새로운 것으로부터 옛날 것으로 향하여 시간적으로 소급하여 탐색하는 정보 탐색. 통상은 무제한으로는 과거로 소급하지 않으며, 기한을 정하여 이루어진다. 탐색이 검색과 사용 범위를 달리 하고 있는 것과 마찬가지로, 소급 검색과는 미묘하게 의미가 다른데, 소급 탐색이라는 말은 컴퓨터를 사용하는지 책자체(册子體)나 카드를 사용하는지는 불문(不問)하는 것이 일반적이다.

소셜 네트워킹 서비스 social networking service(SNS)

WWW의 구조를 사용하여, 인터넷상의 커뮤니케이션을 촉진하는 등록제의 서비스. 누리소통망이라고도 한다. 친구, 지인 간뿐만 아니라, 취미, 거주지, 출신교, 또는 「친구의 친구」의 연결을 통해 새로운 인간 관계를 구축할 수 있는 수단을 제공하고 있다. 참가자가 프로필, 블로그, 사진 등을 공개하는 기능, 인터넷상의 커뮤니티를 구축하는 기능, 다른 참가자의 프로필이나 커뮤니티를 검색하는 기능 등이 갖추어져 있다. 누구나 등록할 수 있는 것도 있지만, 참가자로부터의 「초대」가 없으면 등록할 수 없도록 하여 익명성을 약하게 한 것이 많다. 일본의 mixi, 세계적으로는 MySpace, Twitter, Facebook 등이 대표적이다. ↔ 전자 게시판

소장 권호(所藏卷號) holdings

도서관이 소장하는 연속간행물의 권차 및 연월차에 관한 것. 이것은 소장 사항으로서의 연속간행물의 소장 권차 및 연월차에 관한 것으로, 서지적인 식별을 위해

「순서 표시에 관한 사항」(자료 또는 발행 유형 특성 사항)에 기록하는 해당 연속간행물의 창간호 및 종간호의 권차 및 연월차와는 구별된다. ↔ 소장 사항

소장 레코드(所藏--) holdings record

개개의 자료의 소장에 관계되는 사항만을 서지 레코드로부터 독립된 레코드로서 표현한 것. 이때에는 해당 자료에 대한 서지 기술 및 표목으로 이루어지는 서지 레코드와, 그것에 연결된 소장 레코드가 한 쌍의 것으로서 관리, 이용된다. 서지 유틸리티 등에서 종합 목록 데이터베이스는 참가관의 소장 자료에 대한 서지 정보와 그 소장 정보로 구성되는데, 소장 정보는 서지 레코드와 일체화되어 있는 경우와, 이것과 분리되어 별도 소장 레코드로서 기록되는 경우가 있다. 예를 들면, 일본의 국립정보학연구소(國立情報學硏究所)의 종합 목록 데이터베이스는 후자(後者)의 예로, 서지 레코드와 소장 레코드가 링크된 형으로 구성되어 있다. 이와 같은 경우, 소장 레코드에는 통상 소장관명의 표시 이외에, 각관의 자료의 소장 상황(소장 권호, 수입 계속 표시 등), 그리고 서지 레코드에는 기록할 수 없는 각관 고유의 정보(청구 기호, 등록 번호, 소장 복본의 출판년이나 다른 특성 등)가 기록된다. ↔ 서지 레코드; 소장 사항

소장 사항(所藏事項) library's holdings

"각 도서관이 소장하는 자료에 대한 기록. 통상 연속간행물에 대해, 그 소장의 상황을 권차, 연월차 등으로 표시한다. 또한 종합 목록에서는, 소장관명의 표시가 들어간다."(『일본목록규칙 1987년판 개정 3판』 용어 해설). 서지 사항의 상대어로 사용되며, 소장 상황에 관계되는 소장 권호 등, 청구 기호나 등록 번호도 포함된 소재 기호 등 소장 복본 고유의 정보 등이 해당한다. 연속간행물의 소장 사항에 관해 『일본목록규칙 1987년판 개정 3판』에서는, 소장 순서 표시, 합철 제본의 수량, 보존 기간을 들고 있다. ↔ 서지 사항

소장 조사(所藏調査) holding check

도서관 내에 특정 자료가 소장되어 있는지의 여부를 조사하는 것. 해당 도서관 외의 자료의 소재를 조사하는 경우에는 소재 조사(所在調査)라고 한다. ↔ 소재 조사

소재 기호(所在記號) location symbol; location mark

"도서관 자료의 배가 위치를 나타내는 청구 기호나, 종합 목록의 자료의 소장관(所藏館)을 나타내는 소장 기호"(『일본목록규칙 1987년판 개정 3판』 용어 해설). 이러한 소재 기호는 소장 사항의 일부를 구성한다. 청구 기호는 자료를 주제별로 그룹화하는 분류 기호, 동일 분류 기호 내의 자료를 개별화하는 도서 기호, 별치(別置)의 장소를 나타내는 별치 기호 등으로 구성되며, 자료의 배가 위치를 결정함과 동시에, 열람이나 대출 또는 장서 점검 등의 때에 자료를 특정(特定)하는 기호로서 사용된다. 또한 소장 기호는 종합 목록에서 소장관의 명칭이나, 자료의 배치 장소를 나타내는 코드 등으로 구성된다. ↔ 소장 사항; 청구 기호

소재 조사(所在調査) location search

이용자로부터의 의뢰에 의해, 해당 도서관에 소장되어 있지 않은 특정의 자료에 대해 다른 도서관의 소장을 조사하는 것. 또한 상호 대차에서 소장관을 조사하는 경우도 가리킨다. 나아가 소장 조사와 동의(同義)로 사용되는 경우도 있다. 소재 조사에서는, 일본의 경우 국립정보학연구소(國立情報學硏究所)의 목록 소재 정보 데이터베이스를 비롯한 종합 목록이 극히 유효한 툴이 된다. ↔ 소장 조사

소재 지시(所在指示) location

색인에서 표제어에 의해 지시되는 특정의 정보가 색인 대상인 정보군 또는 자료군의 어느 곳에 위치하는지를 일정의 형식에 따라 기술하는 것. 예를 들면, 권말색인(卷末索引)에서는, 특정의 단어 또는 개념이 도서 중의 어느 곳에 출현하는지를 페이지 번호에 의해 기술한다. 잡지 기사 색인에서는, 특정의 기사가 언제, 어느 잡지의 어느 곳에 게재되었는지를 잡지의 서지 데이터와 특정 페이지에 의해 기술한다. 용어 색인에서는, 특정의 단어가 저작 중의 어느 곳에 출현하는지를 장절 번호(章節番號), 페이지 번호, 행 번호 등에 의해 기술한다. URL은 인터넷상의 정보원(情報源)을 대상으로 한 소재 지시의 기호이다.

소책자(小冊子) booklet

분량이 수십 페이지 정도로 적고, 극히 간이(簡易)한 방법으로 철한 도서. 팸플릿과 동의어로 사용되는 경우도 있는데, 소책자는 일반적으로는 더 도서관적인

성격이 강한 것을 가리킨다. 즉 분량은 팸플릿보다도 조금 많고, 내용은 교양적, 오락적, 또는 학술적인 것이 많으며, 간단한 카탈로그, 프로그램, 매뉴얼, 안내는 아니다. 또한 배포도 일반의 출판 유통 경로를 사용하며, 서점에서 판매되는 경우가 많다. 한편 출판자 총서의 총서명으로 소책자를 의미하는 부클릿(booklet)이라는 단어를 사용하고 있는 것도 있다. ↔ 리플릿; 팸플릿

소항목 주의(小項目主義) shorter entry type; concise entries; fragmented approach to subjects

백과사전, 전문 사전 등의 편찬 방식의 하나로, 표제어 한 항목의 대상 범위를 작게 하여 항목수를 많게 하고, 각 항목에 단문(短文)의 해설을 부가하는 것. 접근점(액세스 포인트)이 많고 해당 항목을 탐색하기 쉬우며, 기술이 간결하고 읽기 쉬운 반면, 관련 항목을 체계적으로 파악하기 어렵고, 기술에 중복이 많아진다고 하는 결점이 있다. 체계적인 검색을 가능하게 하기 위해, 상호 참조가 중요하다. 역사적으로는 대항목 주의에서 소항목 주의로 향하는 경향을 볼 수 있는데, *Encyclopedia Britannica*와 같이, 편(編)을 나누어 두 가지 방식을 공존시키고 있는 백과사전도 있다. ↔ 대항목 주의; 백과사전

속편(續編) (1) continuation (2) sequel

(1) "이미 출판된 저작을 보완하는 것으로서, 후속의 형으로 출판되는 저작"(『일본목록규칙 1987년판 개정 3판』 용어 해설). 보유(補遺)와 동의(同義)로 사용되는 경우도 있는데, 통상은 계속하여 간행되는 출판물을 총칭한 더 포괄적인 용어이다. (2) "그 자체로 완결하고 있으나, 이전의 어느 저작을 계속하는 문학상 또는 그 밖의 창작"(『영미편목규칙 제2판 일본어판』 용어 해설). ↔ (1) 계속 출판물; 보유

손매기 hand sewing

제본에서 엮음기(사철기: 絲綴機)를 사용하지 않고, 손으로 철하는 것. 일본말로는 데토지(手綴)라고 한다. 기계 매기에 상대하여 말한다. 손매기에는 본매기(本綴), 걸러매기 등의 방법이 있다.

손케이카쿠문고(尊經閣文庫) Sonkeikaku-bunko

카가 마에다가(加賀前田家)가 수집·보존해온 에도(江戶) 시대의 번주(藩主)에 의해 형성된 대표적인 문고. 마에다가는 대대로 책의 수집에 힘을 쏟아왔는데, 특히 3대 토시 츠네(利常), 5대 츠나노리(綱紀)가 책의 수집에 열심이었다. 메이지(明治) 이후에도 상당한 전적(典籍)을 수입(受入)하고 있으며, 일본서 7,500부, 한적(漢籍) 4,100부, 문서 2,500점 중에는 국보, 중요 문화재로 지정되어 있는 것이 많다. 귀중한 전본(傳本)은 마에다가본(前田家本)이라고 불리고 있다. 현재는 도쿄도(東京都) 메구로구(目黑區) 코마바(駒場)에 있으며, 마에다육덕회(前田育德會)가 운영을 맡고 있으며, 제한을 두고 공개되고 있다. 중요한 고전적(古典籍)의 영인판은 『손케이카쿠 총간』(尊經閣叢刊 1926-1952)에 수록되어 있다.

솔턴 Salton, Gerald

1927-1995. 독일의 뉘른베르크 출신. 벡터 공간 모델의 개발 등 다대한 발자취를 남긴 정보 검색의 연구자. 1947년에 미국 이주. 브루클린칼리지, 하버드대학에서 공부하였다. 하버드대학 조교수를 거쳐 1965년에 코넬대학으로 옮겨, 이후 30년간 동(同) 대학에서 교편을 잡았다. 그를 중심으로 한 그룹이 1960년대에 개발한 SMART시스템은 최초의 본격적인 자동 색인·검색 시스템이었다. 또한 이 연구에서 벡터 공간 모델 등의 이론이 탄생하여, 체계화되었다. 그 이외에도 검색 결과의 평가나 자연 언어 처리 기법의 응용 등, 정보 검색에 관련하여 폭넓은 업적을 남겼다.

송신 가능화권(送信可能化權) right of making transmittable to the public by wire or wireless means

자동 공중 송신권의 일부. 저작물을 자동 공중 송신할 수 있는 상태로 할 권리. 일본에서는 업로드권이라고도 한다. 구체적으로는, 디지털화된 저작물을 서버(자동 공중 송신 장치)의 디스크에 축적·입력(업로드)하고, 이용자로부터의 요구에 따라, 그 정보를 자동적으로 송신할 수 있는 상태를 만들어내는 것을 가리킨다. 또한 정보가 기록된 서버를 인터넷 등으로 접속하는 것도 포함된다. 또한 송신 가능화권은 저작권자 이외에, 실연가(實演家) 및 레코드 제작자에게도 인정되고 있다. ↔ 자동 공중 송신권; 저작권

송판(宋版) Sung edition

중국 송대(宋代 960-1279)의 간본(刊本). 송조(宋朝)의 시대는 중국 목판 인쇄의 황금 시대로 일컬어진다. 송판은 각자(刻字), 인쇄의 기술 공히 극히 정교함과 동시에, 용지, 먹(墨)이 모두 상질(上質)로, 판면(版面)은 높은 예술적 풍격(風格)을 갖추고 있다. 변경(汴京: 현재의 허난성(河南省) 카이펑(開封)에 해당)에 도읍을 두었던 송은 금(金)의 침입에 의해 1127년에 임안(臨安: 현재의 저장성(浙江省) 항저우(杭州)에 해당)으로 도읍을 옮겼는데, 1127년까지를 북송(北宋), 그 이후를 남송(南宋)이라고 부른다. 금이 북송의 도읍에 침입했을 때, 그곳에 있었던 많은 판본(版本)이 약탈되었기 때문에, 현존하는 북송 판본은 적다. 가마쿠라(鎌倉) 시대 이후 일본에 전해진 송판의 상당수는 남송판이다.

쇄차(刷次) number of impressions

인쇄물에서, 동일 원판을 사용한 쇄(인쇄)가 몇 회 발행되었는지를 나타내는 용어. 최초의 판을 제1쇄, 다음의 판을 제2쇄 등이라고 한다. 쇄차가 다르더라도, 판차가 동일하면, 오식(誤植) 등의 미세한 정정을 제외하고 내용의 변경은 없는 것이 보통이며, 서지 기술의 경우에도, 쇄차의 기록은 통상 이루어지지 않는다. 다만 개정, 증보 등의 표시가 있는 쇄차의 경우는 부차적 판표시로서 기록하고, 동일판 중에서의 한정을 표시할 필요가 있다. ↔ 판차

쇼 Shaw, Ralph Robert

1907-1972. 미국 디트로이트 출신. 문헌정보학 연구자·실무가로, 도서관 활동, 도서관학 교육, 서지 작성, 도서관 기술·정보 검색 시스템의 연구와 진흥, 학술 출판사의 창립 등 폭넓게 활약하였다. 미국 농무성 도서관장, 럿거스대학(Rutgers University) 및 하와이대학의 도서관학교 주임 교수를 역임하고, 미국도서관협회 회장(1956-1957)을 지냈다. *Bibliography of Agriculture*(1943)의 편찬에 참여하고, 그 경험으로부터 기계 문헌 탐색의 중요성을 인식하여, 부시(Vannevar Bush 1890 - 1974)의 래피드 실렉터(Rapid Selector)의 계속 연구에도 몰두하였다. ↔ 부시

쇼모츠도이야(書物問屋)[일본]

에도(江戶) 시대에 삽화가 들어간 대중 소설류(구사조시류: 草双紙類)와 같은 통속적인 읽을거리를 취급한 판원 서점(版元書店)을 지혼도이야(地本問屋)라고 하는데 대해, 경서류(經書類)와 같은 건실한 책을 출판한 판원의 서점을 쇼모츠도이야라고 한다. 취급하는 출판물의 내용에 따라 판원의 분담이 분명하게 정해진 것은 에도 중기부터이다.

쇼오쿠(書屋) → 서옥(書屋)

수고(手稿) → 자필 원고

수단의 상(手段--相) tool phase

상 관계의 하나로, 어떤 주제가 다른 주제를 연구하는 방법이나 수단을 나타낸다. 예를 들면, 「공공 도서관의 대출 책수의 통계적 분석」이나 「나츠메 소세키(夏目漱石) 소설의 마르크스주의적 해석」 등. 통상 수단이 아니라, 연구되는 주제를 우선한다. 패싯식 분류법에서는 연구 주제 아래에 분류하고, 상 연결 기호를 붙이고, 다시 방법이나 수단을 나타내는 주제의 기호를 부가하여 표현한다. ↔ 상 관계

수록지(手漉紙) → 수초지(手抄紙)

수물 제본(數物製本) edition binding

주로 시판할 것을 목적으로, 도서나 잡지 등을 동일한 의장(意匠), 재료, 공정에서 대량으로 만들어내는 제본. 판원 제본(版元製本), 출판자 제본(publisher's binding)이라고도 한다. ↔ 제제본(諸製本)

수복(修復) restoration

"경년(經年), 이용 등에 의해 손상된 도서관·문서관 자료를 기술계 직원이 보수할 때 사용하는 기술과 판단"(『IFLA 자료 보존의 원칙』 1986). 자료를 장기적으로 보존하는 경우, 수복 처리를 실시할 때의 원칙으로서, ① 비파괴적(사용 소재 등의 안정성을 고려하여, 원자료에 악영향을 미치지 않을 것), ② 가역적(可逆的)(수복 조치 이전의 상태로 되돌릴 필요가 생길 때 복원이 가능할 것), ③ 기

록화(원자료의 상태나 보수나 수복을 위해 사용한 재료나 방법을 기록해 둘 것)의 세 가지 점이 있다. ↔ 자료 보존

수서 업무(收書業務) → 수집 업무

수서 정책(收書政策) → 수집 방침

수용성(受容性) → 허용성

수입순 기호(受入順記號) accession number

도서 기호의 일종으로, 동일 분류 기호를 가진 복수의 자료에 수입 순으로 일련 번호를 부여해 가는 단순한 기호. 이를 부여함으로써 청구 기호의 완전한 개별화가 가능해진다. 그러나 수입순이라는 우연적 요소에 의존하고, 복본(複本)이나 계속 자료의 처리가 어려우며, 부여 시에 최종의 도서 기호를 확인할 필요가 있다는 등의 결점이 있다. 저자 기호표가 출현하기까지는 많은 도서관에서 채택되고 있었으나, 이용의 증대나 열람 방식의 변화에 대응할 수 없게 되어, 현재는 거의 사용되지 않고 있다. ↔ 도서 기호; 연대 기호; 저자 기호

수입순 배가법(受入順排架法) shelving by accession number; shelf arrangement in the order of accession number

고정식 배가법의 하나로, 자료를 주제에 관계없이 수입 순으로 배가하는 방법. 자료의 형태나 크기별로 수입 순으로 배가하는 것이 보통이다. 이 방법은 서가 상의 위치가 고정되기 때문에, 공간을 절약할 수 있고, 배가 조정의 노력도 소요되지 않지만, 분류순의 배가와 같이 서가 상에서 자료를 검색할 수 없다는 불편함이 있다. 따라서 주제 검색을 위한 수단이 불가결하고, 또한 검색한 자료를 얻기 위해서는 서가 상에서 여러 장소를 찾아야만 한다는 결점이 있다. ↔ 고정식 배가법

수입 업무(受入業務) accession work

도서관이 자료를 장서로서 받아들일 때의 최초의 작업으로, 중복 조사, 발주(發注), 지불, 수입 등록 등으로 구분된다. 유상(구입), 무상(기증, 자료 교환, 편입 수입, 관리 전환 등), 기탁 등을 통해 취득한 자료를 비품과 소모품의 2종으로 구분하고, 비품 취급의 자료는 도서 원부에 기재한다. 이것은 물품 관리법이나

회계 법규상 필요하게 된다. 일반적으로 기재 항목은 등록 번호, 편저자, 서명, 발행처, 발행년, 수입 종별, 가격 등이다. 각 자료에는 등록 번호, 장서인, 수입 날짜 도장(受入日附印)을 찍는다. 소모품 취급 자료에도 수입 날짜 도장, 장서인을 찍는다. 장서인과는 별도로 은인(隱印: 비인)을 찍는 경우도 있다. 무상으로 입수한 기증, 교환 자료도 거의 마찬가지의 절차로 수입한다.

수작업 탐색(手作業探索) manual search

인쇄 형태의 서지, 색인지, 초록지 등을 이용하여, 기계를 사용하지 않고 「수작업」(manual)으로 구하는 정보나 문헌을 찾아내는 것. 주제 분야에 따라서는, 수작업 탐색이 불가결하거나 연구상 중요한 경우도 있다. 컴퓨터에 의한 검색은 정보원(情報源)이 되는 데이터가 입력되어 대량으로 축적되어 있는 것이 전제이기 때문에, 기계 검색이 모든 경우에 가능한 것은 아니다.

수장 가능량(收藏可能量) stack capacity

서가 또는 서고에 수장할 수 있는 자료의 양에 관한 것. 도서관 설계나 서고 관리를 위해서는 불가결한 수치이다. 단순하게는 서가 한 선반에 수장 가능한 자료수×총선반수로 계산할 수 있는데, 통로나 작업 스페이스를 고려하면, 스페이스당의 수장 책수를 설정하여 산출할 필요가 있다. 일본의 『도서관 핸드북 제6판』(2005)에서는, "서가 간격 1.35m에 병렬 배치한 6단의 복식 서가에 여유도(餘裕度) 30%로 배가한 경우, 수용력(收容力)은 책수(2×6×30×0.7)÷면적(1.35×0.9)으로 200책/m^2 정도"라고 되어 있다. 실제로는 개가(開架)와 폐가별(閉架別), 서가의 형태, 간격, 선반 단수, 배가법, 대출 중인 도서 책수 등에 따라 변화한다.

수집 방침(收集方針) acquisition policy

수집해야 할 도서관 자료에 대한 기본적인 자료 선택을 위한 방침으로, 그 도서관이 어떤 도서관 서비스를 목표로 하고 있는지를 장서 구성의 면에서 분명하게 한 것. 성문화(成文化)에 있어서는, 목적, 의의, 서비스 대상, 수집 범위 등을 명확하게 규정하고, 널리 공개하여, 서비스 대상 집단의 비판과 협력을 얻도록 노력한다. 일본에서는 1970년대 무렵부터 성문화된 수집 방침을 볼 수 있게 되었는데, 아직 극히 원칙적인 것이 많고, 장서 개발의 방향성을 나타내고 있는 것은 적다. 「도서관의 자유에 관한 선언」에서는, "도서관은 스스로의 책임으로 작성한 수집 방침을 바탕으로 자료의 선택과 수집을 실시한다."고 밝히고 있어, 전문직으로서의 도서관관(圖書館觀)이 문제시되고 있다.

수집 업무(收集業務) acquisition service

자료 선택, 발주(發注), 수입(受入), 지불, 등록을 거쳐 자료의 정리 담당자에게 넘겨질 때까지의 도서관의 최초의 업무. 이 중 발주 이하의 업무를 특별히 수입업무라고 말하는 경우가 있다. 각관(各館)의 설치 목적에 따른 수집 방침과 구체적인 자료 선택 기준을 바탕으로 선택, 수집하는데, 복수관이 분담을 결정하여 자료의 수집에 임하는(분담 수집) 경우도 있다. 수집 방법으로서는, 구입, 기증, 교환, 기탁 등이 있으며, 일본의 국립국회도서관과 같이 법정 납본 제도를 바탕으로 하는 납입(納入)도 있다. 일반적으로는 구입에 의한 것이 중심이며, 그 때문에 자료 구입비의 다소(多少)가 장서의 규모를 결정한다.

수집 정책(收集政策) → 수집 방침

수초지(手抄紙) handmade paper

재래식 한지나 화지(和紙: 재래식 일본 종이)에서는 안피(雁皮) 나무, 닥나무, 삼지닥나무 등, 양지(洋紙)에서는 아마(亞麻), 마(麻), 목면(木棉) 등, 식물의 인피 섬유(靭皮纖維)를 물에 녹이고, 그 지료(紙料)를 망상(網狀)의 발(簀)로 한 매 한 매 수작업으로 떠서, 압착, 건조 등을 하여 만든 종이. 수록지(手漉紙)라고도 하며, 기계지에 상대하여 사용한다.

수택본(手澤本) association copy

구장자(舊藏者)가 가까이에 두고, 손에 쥐고, 애장한 책. 구장자가 써넣기를 한 책. 수택은 손때나 손의 기름에서 물은 광택을 의미한다. 구장본(舊藏本)과 거의 동의(同義)이다.

순수 기호법(純粹記號法) pure notation

A~Z, a~z, 0~9와 같이, 단일 종류의 기호에 의해 이루어지는 기호법. 혼합 기호법과 비교하면, 순서성은 명확하지만 기수(基數)가 적어진다는 결점이 있다. ↔ 혼합 기호법

순차 배가법(順次排架法) sequential location

자료의 배가법의 하나로, 수입순 배가법(受入順排架法)과 같이, 후에 수입된 자료를 도중에 삽입하는 것을 허용하지 않는 방식. 고정식 배가법과 같다. ↔ 고정식 배가법

순환 색인(循環索引) rotated index

용어열 색인(string index)의 일종. 표제어가 복수 구성어의 조합의 경우, 단어의 순번은 변하지 않고 각 구성어가 순서대로 도입어(導入語)가 되도록 표제어를 복수 생성하여, 접근점(액세스 포인트)을 증가시키는 색인. n개의 구성어로 이루어진 주제로부터는 n개의 표제어가 생성된다. 기본형의 표제어를 하나 준비하면 이후는 기계적인 작업이기 때문에, 컴퓨터 처리에 적합한 색인법이라고 할 수 있다. 룬(H.P. Luhn)이 고안한 KWIC 색인은 대표적인 순환 색인이다. ↔ 용어열 색인

순회 문고(巡廻文庫) travelling library

도서관의 장서의 일부를 분관(分館) 또는 그룹 등에 일정 기간 송부하는 일종의 대출 문고. 1890년대에 듀이가 뉴욕주립도서관장 때 도서관 진흥을 목적으로 하여, 주내(州內)의 공공 도서관이나 도서관 미설치 지역의 그룹 등에 100책 정도의 책과 대출 용구를 넣은 나무 상자를 보낸 것이 시작으로 여겨지고 있다. 일본에서는 이것을 사노 도모사부로(佐野友三郎)가 「순회 문고」로 번역하고, 아키타현립도서관(秋田縣立圖書館)에서 1902년에 시작하였다.

슈레팅거 Schrettinger, Martin W.

1772-1851. 독일 출신의 베네딕트수도회 수사(修士), 도서관인. 1795년에 수도회 도서관인이 되고, 1802년에 뮌헨의 궁정도서관으로 옮겨, 1823년에 하급 도서관인이 된다. 근대 도서관학 창시자의 한 사람으로 최초로 도서관학(Bibliothekswissenschaft)이라는 말을 사용하였다. 도서와 목록을 분리하는 원칙을 확립하고, 1817년에 주제명 목록법을 도입하였는데, 성공을 거두지 못하였다. 주저(主著)로는 『도서관학 전 교본(全敎本) 시론』(*Versuch eines vollständigen Lehrbuchs der BibliotheksWissenschaft* 1808-1829), 『도서관학 핸드북』(*Handbook der Bibliothekswissenschaft* 1834) 등이 있다.

스태프 매뉴얼 staff manual

업무의 표준화나 훈련을 위해, 업무의 개요, 상세한 처리 절차 등을 성문화(成文化)한 것. 일본에서는 사무 제요(事務提要)나 업무 필휴(業務必携) 등으로도 불린다. 통상 두 종류의 것을 들 수 있다. 하나는 종합적인 매뉴얼로, 그 도서관의 전반적인 개요, 연혁, 조직, 기구, 사무 분장, 규칙, 규정 등이 요령 있게 정리되어 있다. 다른 하나는 각 부문마다의 전문적인 업무 매뉴얼로, 참고 사무 매뉴얼이나 정리 업무 매뉴얼 등과 같이, 각각의 업무의 위치 부여, 내용, 범위, 작업 절차 등을 세부에 걸쳐 성문화하고, 업무의 조직적, 능률적인 처리 방법과 그 표준화를 유지하기 위해 작성된다. 특히 담당자의 교체에 의한 사무 인계의 원활화와 업무 수준의 저하를 방지하는 데 도움이 된다.

스탠딩 오더 → 계속 주문

스토리 시간(--時間) → 이야기 시간

스토리텔링 storytelling

말하는 사람이 이야기를 기억하여 듣는 사람에게 말하는 것. 이야기하는 기술은 고대로부터 노변(爐邊)이나 모닥불을 둘러싸고 이어져 왔던 것으로, 특히 중세의 비파 법사(琵琶法師)나 음유 시인(吟遊詩人)은 이름이 높다. 도서관에서는, 공공 도서관이나 학교 도서관에서 어린이를 대상으로 도서관인이나 교사가 이야기를 말하는 것을 가리킨다. 일본에서는, 공공 도서관에서 이루어지는 이야기회 중에, 책 읽어주기나 종이 인형극과 함께 이루어지는 경우가 많다. 어느 것이나 어린이들에게 독서에 대한 흥미를 갖도록 하는 것을 목적으로 하는 점에서는 공통되지만, 책 읽어주기가 책이나 그림책을 쓰여 있는 대로 읽어 들려주는 것에 대해, 스토리텔링은 말하는 사람이 자신의 말로 고쳐 말하는 것에 그 특징이 있다. 그 때문에 같은 이야기라도 말하는 사람에 따라 다른 맛을 갖게 할 수 있고, 또한 듣는 사람의 반응을 보면서 어조를 바꾸어가는 것도 가능하다. 따라서 전문적인 훈련을 필요로 하는 경우도 있는데, 일본에서는 도쿄어린이도서관 등에서 강습회가 열리고 있다. ↔ 북 토크; 이야기회; 책 읽어주기

스톱 워드 → 불용어(不用語)

스트링 색인(--索引) → 용어열 색인

스포퍼드 Spofford, Ainsworth Rand

1825-1908. 미국 뉴햄프셔 주 출신. 제6대 미국의회도서관장. 서점원과 신문 기자를 거쳐, 1861년 미국의회도서관 부관장에 취임하고, 1864년에 관장이 되어, 1897년까지 32년에 걸쳐 그 직을 수행하였다. 재임 기간 중에 동관(同館)은 미국 최대의 도서관으로 성장함과 동시에, 의회와 국민 양자(兩者)에게 서비스하는 도서관으로서의 성격을 갖추게 되었다. 그 기반이 되었던 것은 1870년의「저작권법」개정으로, 저작물의 저작권 등록의 장(場)으로 지정됨으로써, 동관은 국내 출판물의 망라적인 컬렉션을 갖게 되었다. 이와 같이 계속적으로 확대되는 도서관을 위해, 독립된 도서관의 건설에 진력하였으나, 그 완성을 앞에 두고 관장직을 사퇴하였다. 그러나 그 후에도 사망할 때까지 부관장으로서 다음의 2대의 관장을 보좌하였다.

시각 자료(視覺資料) visual material

(1) 문자나 화상(畵像) 등, 청각이나 촉각에 의하지 않고서 시각으로 인식할 수 있는 정보를 수록한 자료의 총칭. (2) 시청각 자료 중에서 청각 자료 이외의 것. (1)에서는 재생, 제시를 위한 기기의 사용 유무를 불문하였으나, (2)에서는 마이크로 자료 리더, 슬라이드 프로젝터, 컴퓨터 디스플레이 등의 기기를 사용하는 것이 전제가 된다.

시각 장애인 서비스(視覺障碍人--) library service for the visually impaired

통상의 도서관 자료를 이용할 수 없는 시각(시력, 시야, 색각) 장애인에 대해 도서관이 제공하는 서비스. 일반적으로는 대면 낭독 서비스나 점자 자료 및 녹음 자료의 우송 대출 등이 그 예이다. 약시자(弱視者)에 대한 서비스로서, 대형 활자본, 확대 사본의 제공이 있다. 시각 장애아에 대해서는, 촉각 그림책의 제공이나 책 읽어주기 등이 있다. 또한 점자에 의한 도서관 이용 안내, 관내 표시에 덧붙여, 확대 독서기나 원문에 빛을 쬐면 발성(發聲)하는 전자 독서기 등의 기기를 사용한 서비스, 점자 도서관의 네트워크에 의한 점자 자료에 대한 서지 데이터의 제공도 포함된다. ↔ 대면 낭독 서비스; 장애인 서비스; 점자 도서관

시놉시스 synopsis

(1) 소설이나 연극의 개요, 주목해야 할 점 등을 설명한 것. (2) 학술 논문의 내용을 요약한 것. 저자가 작성하는 경우가 많다. 연구의 목적, 방법, 결과, 결론을 중심으로, 주관적 판단을 포함하지 않고 설명한다. 본 논문을 읽어야 할는지의 여부에 대한 정보를 제공한다는 점에서 초록과 같은 역할을 가지고 있으나, 일반적으로 초록보다도 단어수가 많고, 그림이나 표를 포함하는 경우도 있다. ↔ (2) 초록

시대 구분(時代區分) period subdivision

주제를 시대에 따라 세분하는 것. 예를 들면 『일본십진분류법 신정 9판』의 「일본 경제사·사정」에서, 원시 시대에서 쇼와(昭和) 시대 후기·헤이세이(平成) 시대까지의 항목 설정이 이에 해당한다. 또한 주제명 표목에서도, 「일본—역사—에도(江戶) 시대」나 「일본 문학—역사—헤이세이 시대」와 같이 사용된다.

시디 → 콤팩트디스크

시리즈 → 총서

시리즈 사항(--事項) → 총서 사항

시맨틱 웹 semantic web

메타데이터의 활용에 의해, 웹 정보의 「의미」(semantics)를 컴퓨터가 감지할 수 있도록 하여, 정보 수집·이용의 고도의 자동화를 도모하는 기술. 2001년에 버너스 리(Tim Berners-Lee)가 제창하여 주목을 받았으며, 활발한 기술 개발이 이루어지고 있다. 그 요소 기술은 ① 표준화된 구문 구조에 의한 메타데이터 기술(記述)을 행하는 「RDF 모델 및 신택스 층」, ② 사용되는 용어나 개념의 상호 관계를 전달하는 「RDF 스키마 층」, 「온톨로지 층」, ③ 자동 처리를 위한 추론이나 신뢰성 등을 다루는 더 상위의 제층(諸層)이라는 계층 구조를 형성하고 있다. W3C가 각 층의 표준화를 추진하고 있다. ↔ RDF; 메타데이터; 온톨로지

『시민의 도서관』(市民--圖書館)[일본] Citizen's Library

1970년에 일본도서관협회가 출판한 시립 도서관 운영의 지침. 일본도서관협회가 1968년부터 1969년에 걸쳐 실시한 공공 도서관 진흥 프로젝트의 성과로서 간행되었다. 시립 도서관의 의의, 과제, 서비스, 관리·운영 등을 평이하게 해설하고 있다. 1965년에 개관된 히노시립도서관(日野市立圖書館)의 실천을 바탕으로, 시립 도서관이 당면하는 가장 중점을 두는 목표로서, ① 시민이 요구하는 도서의 자유롭고 편리한 개인 대출, ② 어린이에 대한 철저한 서비스, ③ 모든 사람들에게 대출하기 위한 전역(全域) 서비스망의 전개의 세 가지 점을 들고 있다. 1970년 이후의 도서관 만들기 운동 중에 도서관인 뿐만 아니라, 이용자, 행정 관계자에게 널리 읽혀, 큰 영향을 미쳤다.

시설 대출(施設貸出) loan to institutions

공공 도서관의 단체 대출 중 병원, 교도소, 양로원, 정신 장애인 시설, 신체 장애인 시설 등에 대한 대출. 공공 도서관에 의한 시설 대출은 이러한 시설 입소자에 대한 도서관 서비스를 추진해가는 상에서, 가장 유효한 수단의 하나라고 할 수 있다. 그러나 공공 도서관의 시설 도서관에 대한 서비스라는 점에서 말하자면, 단순한 시설 대출에 머무르지 않고 지역 공공 도서관인에 의한 시설 도서관의 운영에 관한 상담, 조언, 직접 서비스 등의 새로운 지원, 협력 관계가 요망된다. ↔ 교도소 도서관; 단체 대출; 병원 도서관; 시설 도서관

시설 도서관(施設圖書館) institution library

병원, 교도소, 양로원, 정신 장애인 시설, 신체 장애인 시설 등, 입소자가 사회 생활상 어떤 제약을 받고 있는 시설에 설치되는 도서관. 병원 도서관, 교도소 도서관 등이 비교적 잘 알려져 있는 사례이다. 각 시설 도서관에 공통되고 있는 과제로서는, ① 시설 설치자 및 직원에게 도서관 서비스의 필요성이 인식되어 있지 않은 경우가 간혹 있다, ② 도서관이 소속된 시설의 설치 목적과, 시설 입소자의 알 권리의 보장 사이에 알력이 생기는 경우가 있다(교도소 도서관의 검열의 문제 등), ③ 일반적으로 시설의 자원만으로는, 자료, 담당자 등의 점에서 충분한 서비스를 실시할 수 없는 경우가 많으며, 지역의 공공 도서관과의 협력이 요망된다는 세 가지 점을 들 수 있다. ↔ 교도소 도서관; 병원 도서관

시소러스 thesaurus

(1) 색인, 검색용의 구조화된 통제 어휘집. 디스크립터(descriptor), 비(非)디스크립터(non-descriptor) 및 그러한 것들의 관계(동의 관계, 계층 관계, 연관 관계)를 나타내는 기호, 의미의 범위를 나타내는 스코프 노트(scope note) 등으로 구성된다. 다양한 문헌어(文獻語)나 착상어(着想語)로 표시되는 개념에 대해, 일관하여 색인 부여에 사용되는 디스크립터를 명시하고, 나아가 그 체계와 구조를 명시함으로써, 검색 효율의 향상을 도모하는 것을 목적으로 한다. (2) 로제(Peter Mark Roget 1779-1869)가 작성한 *Thesaurus of English Words and Phrases* (1852)로 대표되는 수사용(修辭用)의 유의어(類義語) 사전. (3) 언어 연구나 자연어 처리용의 구조화된 어휘 체계

시소로패싯 thesauro-facet

시소러스와 패싯식 분류법이 조합된 통제 어휘집. 시소러스 부분과 패싯 분류 부분으로 이루어진다. 우선 시소러스 부분에서는, 디스크립터(descriptor)가 알파벳 순으로 배열되며, 동의 관계, 연관 관계 및 패싯 부분에서의 위치가 명시된다. 이어서 패싯 분류 부분에서는, 여러 종류의 패싯과 함께 각 디스크립터의 계층 관계가 명시된다. 패싯 분석에 의해 용어 간의 관계가 일관되게 표시되고, 시소러스 부분에 의해 각 단어가 가리키는 범위가 명확해지는 등, 양자(兩者)가 서로 보완하여 완성도가 높은 색인 언어를 제공한다. 에이치슨(Jean Aitchison 1938-   )에 의한 *Thesaurofacet*(1969)이 최초로 일컬어진다. ↔ 시소러스; 패싯식 분류법

시청각 라이브러리(視聽覺--) audio-visual library

(1) 시청각 자료의 전문 도서관으로, 사진, 영화, 레코드 등의 자료를 수집하고, 정리·보관하여, 이용에 도움을 주는 사진 라이브러리, 필름 라이브러리, 레코드 라이브러리 등으로 불리는 것의 총칭. (2) 시청각 자료를 수집하고, 정리·보관하여, 이용에 도움을 주는 시설. 일본에서는 점령 정책에서의 민주화의 수단으로서 영상 자료가 중시되었으며, 각 도도부현(都道府縣) 교육 위원회는 적극적으로 시청각 라이브러리(당시는 필름 라이브러리라고 불렀다)를 설치하였다. 16밀리 영화 필름, 슬라이드 등이 수집 자료의 중심이 되었으며, 기본적으로는 교육 문화 단체에 대해 자료나 기재(機材)의 대출 서비스를 실시하고 있었는데, 근년

에는 시청각 센터라는 명칭 아래, 시청각 자료의 제작이나 관련된 연수 등도 실시하는 시설로 변화해가고 있다.

시청각 서비스(視聽覺--) audio-visual service

도서관이 실시하는 시청각 자료의 수집, 정리, 제공에 관련된 서비스. 시청각 자료는 도서나 잡지와 달리, 이용하는 데는 특별한 기기나 특별한 보관 설비가 필요하며, 수집이나 정리에도 특별한 지식이 요구되기 때문에, 이를 통합하여 특별의 서비스 부문으로 하는 경우가 있다. 시청각 서비스는 자료의 특성에 맞추어, 자료를 수집하고, 정리하고, 이용하기 쉬운 설비를 준비함과 동시에, 관내(館內)에서 시청하거나, 관외로 대출할 때 편의를 도모하는 것이다. 또한 시청각 자료의 제작을 행하거나, 관내에서 영사회(映寫會)나 감상회 등의 행사를 주최하는 경우도 있다.

시청각 자료(視聽覺資料) audio-visual materials

비도서 자료 중 주로 문자가 아니라 화상(畵像), 영상, 음성에 의해 정보를 기록하는 자료로, 인간의 시각이나 청각을 통해 정보를 전달하는 것. 이것을 이용하는 데는 어떤 재생 장치(再生裝置)를 필요로 한다. 약칭은 AV 자료, AVM이다. ↔ 시각 자료; 화상 자료

식별 기호(識別記號) subfield code

MARC 레코드에서, 각 서브필드를 식별하고, 아울러 그것에 관련하여 부가적 정보를 제공하는 내용 표지 기호. 식별자(識別子), 서브필드 코드라고도 한다. 서브필드를 이루는 데이터 요소의 직전에 두며, 해당 데이터 요소의 식별 이외에, 그 길이의 지시나 데이터 요소의 표현에 사용된 문자 세트의 지정 등, 다양한 기능을 수행할 수 있다. ↔ 내용 표지 기호; 서브필드; 식별자

식별력(識別力) discriminativeness

색인어 또는 색인어의 세트가, 색인이 부여된 자료 내지 정보의 주제를, 그 이외의 주제와 어느 정도 적절히 구별할 수 있는가의 정도를 나타내는 척도. 다량의 문헌군에서 특정의 문헌을 식별하여 검토할 때, 색인어의 식별력이 낮으면, 검색

결과로서 다량의 문헌이 검색되어 버려, 정확률이 낮아진다. 한편 많은 경우에, 식별력을 높이고자 하면 재현율이 저하된다. ↔ 재현율; 정확률; 표현력

식별자(識別子) identifier

(1) 특히 시소러스를 이용하는 통제어 색인법의 경우, 지명, 인명, 기관명 등의 고유명을, 일반 개념을 나타내는 색인어와 구별하고, 더 간단한 리스트로서 관리하는 경우가 있다. 이와 같이 다루어지는 것을 식별자라고 한다. 색인 시스템의 대상 분야에 따라서는, 화학 물질, 특허 명세 번호, 규격 번호 등도 식별자로서 다루어진다. 또한 시스템에 따라서는, 어떤 색인어를 디스크립터(descriptor)로 채택하기까지의 준비 기간 중에, 시험적으로 식별자로서 구별해두는 경우도 있다. (2) MARC 레코드의 서브필드 코드에 관한 것. ↔ (1) 색인어; (2) 식별 기호

식자(植字) composition

활판 인쇄에서, 원고에 따라 선별한 활자를 원고의 지정대로 짜서 판을 만드는 작업. 일본에서는 사용되는 활자의 수가 많기 때문에, 미리 활자를 모으는 작업을 「문선」(文選)으로서 구별하고 있다. 조판의 한 공정으로서 자리매김되고 있다. ↔ 조판

식자 프로그램(識字--) → 리터러시 프로그램

신간 서지(新刊書誌) → 최신 서지

신간 정보(新刊情報) information on recent publication

새로이 간행된 도서의 안내. 출판사에 따라 신문, 잡지 상의 광고나 전단, 홈페이지 등에 의해 광보(廣報)된다. 서평지(書評誌)나 서평지(書評紙)는 신간 정보도 제공하고 있다. 일본의 경우, 일본 국내의 신간 도서에 관해 비교적 망라성이 높은 것은 각 서적 중개인이 간행하고 있는 신간 정보지이며, 양서의 근간(近刊), 신간 도서에 대해서는, 양서 수입 업자가 간행하는 정보지가 있다. ↔ 근간 정보

신고서(新古書) (2) bargain book

(1) 간행 후 얼마 되지 않아 새 책과 마찬가지의 상태에서 헌책으로서 자유 가격으로 판매되는 책. 상당수는 종래의 고서점과는 다른 신고서점(新古書店)에

의해 매수, 판매가 이루어진다. 시장의 성장에 의해, 책의 유통이 활성화하는 한 편으로, 신간 서점으로부터는 도둑의 피해, 저자나 출판사로부터는 중판(重版)의 기회 손실 등의 비판도 있다. (2) 출판사로 반송된 재고를 고서점에 대폭으로 값을 내려 도매하여, 자유 가격으로 유통되는 책. ↔ 고서; 헌책

신기성율(新奇性率) → 참신율

신문(新聞) newspaper

불특정 다수의 사람들을 대상으로, 최신의 뉴스 보도와 평론을 주된 목적으로 하여, 동일의 타이틀 아래, 블랭킷판 또는 타블로이드판의 형태로 철하지 않고 간행되는 연속간행물. 통상은 일정의 짧은 간격(일간, 주간, 주2회 간행 등)으로 정기적으로 발행된다. 일본에서는, 일간(日刊)의 신문은 그 발행 규모로부터, 전국지(주요 도시에 발행 거점을 가지고 전국에 배포), 블록지(특정 현(縣)을 중심으로 주변 지역에 배포), 지방지(한 현에서 발행)로 구분된다. 발행의 시간으로부터, 조간지와 석간지 등의 구분도 이루어진다. 내용으로부터는 일반지와 전문지, 나아가 업계지로 나뉜다. ↔ 연속간행물

신문종람소(新聞縱覽所)[일본]

일본의 신문의 요람기(搖籃期)에 전국 각지에 만들어진 신문의 독서 시설. 유료의 것, 무료의 것, 음식물이나 해설 등의 서비스가 부가된 것, 도서나 잡지 등도 제공하는 것 등, 그 경영 형태는 다양하였다. 1870년대부터 설립이 시작되었으며, 당초에는 관영(官營)의 것도 존재하였으나, 점차 민영(民營)의 것이 주류를 차지하게 되었다. 민영의 것으로는, 자유민권파(自由民權派)를 중심으로, 정당 등이 자신들의 주장을 전달하는 장(場)으로서 설치한 것이나, 영리 목적의 것 등이 있었다. 신문의 보급과 함께 점차 쇠퇴하였으며, 메이지(明治) 후기에는 풍속 영업 주체의 것 등도 출현하였는데, 일부는 다이쇼(大正) 초기까지 존속했다고 한다.

신서판(新書判)

일본공업규격(JIS) 외의 판형. B열 본판의 용지(765×1,085mm)에서 40매를 취한 크기의 것으로, B판(判) 40취(取), 삼륙판(三六判)이라고도 한다. B6판보다 약간

소형으로, 약 182×103mm. 일본에서는 1938년에 이와나미신서(岩波新書)가 이 크기로 간행되고 나서, 이 통칭(通稱)으로 불리게 되었다. ↔ 사륙판; 판형

신착 도서(新着圖書) new acquisition

도서관에서 새로이 수집하여 수입된 도서. 일본에서는 신수 도서(新收圖書)라고도 한다. 구입에 의한 신간 도서가 중심을 차지하지만, 기증, 교환 등을 통해 입수한 것도 포함하며, 반드시 출판년이 새로운 것으로 한정하는 것은 아니다. 또한「신착 자료 안내」로서, 신착 도서를 일정 기간 특별의 서가에 진열하거나 신착 도서 리스트를 작성하여, 이용자에게 알리는 도서관이 많다.

신착 자료 안내(新着資料案內) new arrival announcement

도서관에서 새로이 수입한 자료의 일람 리스트. 신간 도서에만 국한하지는 않는다. 어떤 도서가 도서관에 수집되었는지를 이용자에게 알리는 중요한 광보(廣報) 미디어이다. 속보성(速報性)이 요구되기 때문에, 공공 도서관의 경우, 행정 광보지(行政廣報紙)의 지면을 활용하는 경우도 있다. 도서관 독자(獨自)로 발행하는 경우는 그 배포가 행정 광보지와 동시에 이루어지도록 하는 방법을 취하기도 한다. 내용적으로는 서지 데이터만으로 된 것과 짧은 해설을 추가한 것이 있다. 아동을 대상으로 작성되는 것은 삽화 등을 풍부하게 사용하여, 읽기 쉽고 재미있는 것도 많다. 또한 배포물 없이, 관내(館內)에 나무의 케이스나 띠, 커버나 실물을 전시하는 것도 행해지고 있다.

신체 장애인 서비스(身體障碍人--) library service for the physically handicapped

도서관이 제공하는 장애인 서비스 중에서 특히 시각 장애, 청각 장애, 지체 장애(肢體障碍), 영속하는 내부(내장 기능) 장애를 가진 사람들을 대상으로 하는 서비스.

신필본(宸筆本) → 어필본(御筆本)

실질 대출 밀도(實質貸出密度) circulation per registration

도서관 통계를 사용하여 산출하는 공공 도서관 활동에 관한 계량적(計量的)인 지표의 하나로, 어느 기간의 대출 총책수를 등록자수로 나눈 값, 즉 등록자 1인

당의 대출 총책수이다. 따라서 실질 대출 밀도에 등록률을 곱하면 대출 밀도를 구할 수 있다. ↔ 대출 밀도; 도서관 통계; 등록률; 이용 통계

심사 제도(審査制度) referee system

학술 잡지에 투고된 논문의 내용을 심사자(referee)가 심사하여, 해당 잡지에 게재할 것인지의 여부를 판정하는 제도. 레퍼리 제도, 심사제라고도 한다. 이 제도에 의해, 투고 논문과 저자는 전문적 승인을 받는 한편, 학술 잡지는 질을 유지할 수 있다. 심사는 잡지의 편집 위원이나 투고 논문의 내용에 상세한 전문가에게 의뢰한다. 심사를 공정하게 실시하기 위해, 논문의 저자와 심사자 양자에게 서로의 이름을 알리지 않은 채, 투고 논문을 심사하고, 그에 따라 고쳐 쓸 것을 요청하는 경우가 많다. 심사 결과 탈락되는 건수는 학문 분야에 따라 다소 다르지만, 도서를 주요한 발표 수단으로 하고 있는 인문 과학에서도, 이 탈락율은 높다. ↔ 학술 잡지

심신 장애인용 유메일(心身障碍人用ゆうメール) book parcel for the mentally or physically handicapped

일본의 우편사업주식회사가 제공하는 도서의 배송 서비스로, 중도(重度)의 심신 장애인과 「도서관법」 제2조 제1항에 규정된 도서관과의 사이에서 열람용 도서의 접수에 이용할 수 있다. 통상의 유메일 요금의 반액으로 한다. 이 서비스를 이용하고자 하는 도서관은 심신 장애인을 위한 열람 업무에 관한 자료를 첨부하여, 미리 우편사업주식회사에 보고할 필요가 있다. 우정 민영화 이전에는 「심신 장애인용 서적 소포」라고 불렸던 것으로, 1976년 1월의 「우편법」 및 「우편 규칙」의 개정에 의해 중도(重度)의 신체 장애인을 대상으로 실시되게 되었으며, 1993년 12월의 「우편 규칙」의 개정에 의해 대상이 심신 장애인으로 확대되었다. ↔ 우편 대출

심층 웹(深層--) deep web; invisible web; hidden web

WWW에 의해 제공되고 있고, 브라우저에서 열람할 수 있음에도 불구하고, 일반적인 검색 엔진의 색인 로봇이 도달할 수 없는 부분의 것. 검색 엔진의 색인 부여에 의해 검색이 가능한 「표층(表層) 웹」의 상대어. 다른 웹 페이지로부터의

링크에서는 도달 불가능한 페이지, 데이터베이스와 같이 파라미터가 붙은 쿼리(query)에 대해 동적(動的)으로 생성되는 페이지, 스크립트나 Flash에 의해 동적으로 생성되는 링크로부터밖에 도달할 수 없는 페이지 등이 포함된다. 버그만(Michael K. Bergman)의 2001년의 조사에 의하면, 심층 웹은 표층 웹의 수십 배에서 수백 배 존재한다. ↔ 검색 엔진; 색인 로봇

십진식 기호법(十進式記號法) decimal notation

한 자리 올릴 때마다 10배가 되는 십진법의 원리를 바탕으로, 10개의 숫자를 사용하는 순수 기호법. 현실에서는, 숫자뿐만 아니라, 피어리오드 등 극히 몇 안 되는 종류의 기호도 포함하는 경우가 많다. 듀이십진분류법(DDC)이 대표적인 예이다. 이 기호법 이외에, 문자만 또는 문자와 숫자를 조합시켜 사용하는 비십진식 기호법이 있다. 십진식 기호법은 그 밖의 기호법에 비해 순서성이 가장 명쾌하고, 기호의 순서를 이해하기 쉽다는 점에서 우수하다. 다만 구분지(區分肢)가 10개밖에 없다고 하는 제약에서 오는 기호 배분상의 결점이 있다. ↔ 국제십진분류법; 듀이십진분류법; 일본십진분류법

십진식 분류법(十進式分類法) decimal classification

분류 기호로 십진식 기호법을 사용하는 분류법으로, 듀이십진분류법(DDC), 국제십진분류법(UDC), 한국십진분류법(KDC), 일본십진분류법(NDC) 등이 있다. 아라비아 숫자에 의한 십진식 기호를 사용하기 때문에, 단순하고 이해하기 쉽다. 그러나 십진식 기호는 알파벳 등의 기호를 사용하는 분류법에 비해, 한 자리 당의 구분지(區分肢)가 적기 때문에, 같은 상세도로 세분하는 데는 기호가 길어진다는 결점이 있다. 또한 하나의 클래스가 10개 이상의 멤버를 가질 때는, 기호의 계층 표현성을 유지하면서 세분하는 것이 곤란하다. ↔ 국제십진분류법; 듀이십진분류법; 십진식 기호법; 일본십진분류법

아는 자료 탐색(--資料探索) known-item search

표제(타이틀)나 저자 등의 서지 사항에 관한 정보가 이미 알려져 있는 특정의 문헌을 탐색하는 것. 일본에서는 기지 문헌 탐색(旣知文獻探索)이라고 한다. 디스크립터나 초록 중의 단어 등을 실마리로 하는 주제 탐색과는 달리, 아는 자료 탐색은 표제나 저자를 실마리로 하는 문헌 탐색으로, 구하는 문헌이 도서관에 소장되어 있는지의 여부, 또는 특정 저자가 쓴 도서나 논문에 어떤 것이 있는지 등, 특정 문헌의 소장 여부, 특정 저자의 문헌 조사 등을 위해 이루어진다. ↔ 주제 탐색

아동 도서(兒童圖書) → 어린이 도서

아동 도서관(兒童圖書館) → 어린이 도서관

아동 사서(兒童司書) → 어린이 사서

아동 서비스(兒童--) → 어린이 서비스

아동관 도서실(兒童館圖書室)[일본]

일본의 아동관 안에 설치된 도서실. 아동관은 일본의 「아동복지법」 제40조에 규정된 아동 후생 시설로 일본 전국에 약 4,500개소가 있으며, 「아동복지시설 최저기준」 제37조에 의해, 집회실, 놀이방(유희실), 도서실 등의 설치가 규정되어 있다. 아동관은 흔히 옥내형(屋內型)의 놀이터라고 일컬어지며, 놀이를 지도하는

아동 후생원이 배치되어 있다. 놀이 중에는 음악, 조형(造形), 극(劇) 등과 함께 독서나 이야기 프로그램이 있지만, 장서는 일반적으로 빈약하며, 대출도 적다. 공공 도서관, 지역 문고, 가정 문고 등과의 연휴(連携)에 의해, 책 읽어주기나 스토리텔링을 실시하거나, 행사를 합동으로 실시하고 있는 아동관도 있는데, 학교의 주5일제 실시에 따라, 더욱 지역에 뿌리를 둔 운영과 활동이 요망되고 있다.

아동도서관연구회(兒童圖書館硏究會)[일본] Society for Children's Libraries

어린이 도서관의 연구와 그 충실한 발전을 도모하는 것을 목적으로 하여, 1953년 7명의 유지에 의해 설립된 단체. 어린이 도서관의 전문성 확립을 위한 사업, 어린이 도서관 운영에 관한 연구회나 강습회 등의 개최, 어린이 도서관의 발전·충실화를 위한 선전·계몽, 우량 어린이 도서의 추천 사업, 다른 도서관 관계 단체나 어린이 관계 단체와의 연락·제휴 등의 사업을 전개하고 있다. 각 지방에 지부나 그룹이 있으며, 각각 지역에 뿌리내린 학습·보급 활동을 실시하고 있다. 기관지『어린이의 도서관』(1954-   )이나 『연보 어린이의 도서관』(1969-   ), 『신판 그림책의 목록』(1981) 등을 출판하고 있다.

아리야마 타카시(有山崧) Ariyama Takashi

1911-1965. 도쿄도(東京都) 히노시(日野市) 출신. 전후(戰後) 일본의 공립 공공 도서관 진흥 운동을 추진. 1936년 도쿄테이코쿠대학(東京帝國大學) 철학과 졸업. 1939년 문부성(文部省) 촉탁. 1946년 일본도서관협회 총무부장. 1949년 동(同) 사무국장. 전후 일본의 도서관 재건과 이후의 발전에 진력. 특히 도서관법의 제정, 일본 공립 도서관 발전의 토대를 구축한『중소 도시의 공공 도서관 운영』(1963)의 기획과 추진에 힘을 쏟고, 1965년에 히노시장(日野市長)에 취임한 후에는 이를 실증하는 히노시립도서관을 전면적으로 뒷받침하였다. 그러나 시장 재직 중에 서거. 또한 도서관 이론의 형성에 신경을 쓰면서, 일본도서관학회의 발전에 물적·인적으로 지원하였다. ↔『중소 도시의 공공 도서관 운영』

아마노 케이타로(天野敬太郎) Amano Keitaro

1901-1992. 일본 교토부(京都府) 교토시(京都市) 출신. 간사이대학(關西大學) 도서관 도서과장, 토요대학(東洋大學) 사회학부 교수 등을 역임. 인문 사회 과학계

의 서지 편찬 사업의 확립에 도움이 되었다. 소학교 졸업 후에 교토대학 도서관에 들어가, 27세에 『법정 경제 사회 논문 총람』(1927)을 간행한 이래로, 『본방서지(本邦書誌)의 서지』(1933), 『일본 서지의 서지』(1973-1984), 『일본 막스 웨버 서지』(1968, 1972) 등을 대표작으로 하여, 다수의 서지·색인을 발표하였다. 특히 경제사와 사회 사상사의 연구 수준을 반영한 아담 스미스, 마르크스, 막스 웨버 등의 인물 서지는 연구자의 높은 평가를 받았다.

아웃 소싱 → 업무 위탁

아웃리치 outreach

시설 입소자(入所者), 저소득층, 민족적 소수자 등 지금까지의 도서관 서비스가 미치지 않았던 사람들에 대해, 서비스를 확대해가는 활동. 아웃리치는 미국에서 1960년대 이후 흑인 시민권 운동 등의 사회적 배경을 바탕으로 발달한 개념 및 실천 활동이다. 미국에서는 사회적으로 불이익을 받고 있는 사람들이 많은데, 그대로 도서관의 미이용자가 된다는 사실이 도서관측의 책임으로서 문제가 되어, 종래의 서비스 제공 방법을 개혁하고, 미이용자를 이용자로 전환해가는 방책(方策)이 모색되었다. 「모든 사람에 대한 도서관 서비스의 침투」라는 개념에 대해, 미국에서는 서비스의 공백 지역을 없애가는 활동에는 extension service, extension work 등의 용어를 사용하는 경우가 많다. 서비스 권역 내임에도 불구하고 서비스가 미치고 있지 않은 주민을 대상으로 하는 활동에는 아웃리치라는 용어를 사용하는 경우가 많다. ↔ 확장 서비스

아이솔레이트 isolate(isolate focus)

(1) 랑가나단(Ranganathan)의 용어로, 많은 서로 다른 문맥에서 사용되고 있으며, 그 자체는 주제로 간주될 수 없는 단독의 명사(名辭). 아이솔레이트 포커스라고도 한다. 예를 들면 석탄이라는 명사(名辭)는 지질학, 경제학, 연료 공학, 화학 등의 분야에서 다루어지고 있는 아이솔레이트이다. 어떤 문맥에서든 분리된 것으로서의 단독의 개념이지만, 특정 주제 분야에서 고찰될 때는 패싯(facet)의 구성 요소, 즉 포커스가 되며, 아이솔레이트가 아니다. (2) 복합 주제를 구성하는 한 요소. ↔ 단위 개념; 디스크립터; 유니텀

아이아이판(相合板)[일본] joint publication

일본 에도(江戸) 시대에 한 점의 도서의 판목(版木)을 복수의 판원(版元)이 분할하여 소유하고, 판원끼리 각각의 판목을 제각기 가지고, 공동으로 출판한 책. 판원의 이름이 판권(일본에서는 오쿠즈케(奧付)라고 한다)에 연기(連記)되어 있다.

아침 독서(--讀書) morning reading activities

학교에서 매일 아침 수업을 시작하기 전에 10분 정도의 시간을 이용하여, 전교의 초·중등학교 학생과 교사가 일제히 자신이 좋아하는 책을 읽는다는 독서 추진 활동. 초·중등학교 학생의 풍요로운 마음을 길러주는 것을 목적으로 하여 1988년 후나바시가꾸인여자고등학교(船橋學院女子高等學校: 현 도요고등학교(東葉高等學校))의 하야시 히로시(林公)가 제창하고, 오오츠카 에미코(大塚笑子)와 함께 그 기초를 구축하고, 1997년에 아침독서추진협의회가 발족한 이래, 전국의 초·중·고교로 급속하게 보급되어, 2006년 8월 현재 일본 전국의 반수(半數)가 넘는 학교에서 실시되고 있으며, 각 교과 수업 시의 집중력 향상과 학급의 정서 안정 등 다양한 교육적 효과가 보고되고 있다. 아침 독서의 4원칙은 「모두가 한다, 날마다 한다, 좋아하는 책이면 된다. 그냥 읽기만 하면 된다」로, 감상문이나 기록은 요구하지 않는다. ↔ 독서 운동; 독서 추진 활동

아키비스트 archivist

문서 관리의 전문가. 공문서관과 고문서관 등의 전문 직원 이외에, 관공서(官公署)의 공문서의 관리와 보관 또는 그 공개 서비스에 관련된 업무에 종사하는 자와 기업 등의 문서 관리 담당자도 포함된다. 일반적으로는 문서류의 감정, 평가, 수집, 정리, 보관(분류, 목록 등의 작업을 포함한다), 공개 및 제공(전시, 출판, 또는 관리하고 있는 문서의 내용에 관한 정보 제공 서비스 등을 포함한다) 등이 주요한 임무로 되어 있다.

아트·도큐멘테이션학회(--學會)[일본] Japan Art Documentation Society (JADS)

도서관, 미술관·박물관, 미술 연구 기관, 관련 미디어에 걸쳐, 아트·도큐멘테이션의 발전에 기여하는 것을 목적으로 하여 1989년에 설립된 아트·도큐멘테이션연구회가 2005년에 개칭(改稱)한 학술 연구 단체. 사서, 학예사, 연구자를

포함한 개인 정회원, 학생 회원, 기관·단체 찬조 회원으로 구성되며, 총회, 임원회 이외에 조사, 문헌 정보 등 각종 위원회, SIG(special interest group), 간사이지역지부(關西地域地部)의 조직을 갖추고 있다. 주된 활동으로 연차 대회, 5년마다 열리는 연구 포럼의 개최, 『아트·도큐멘테이션 통신』(1989-), 『아트·도큐멘테이션 연구』(1992-)의 간행 등이 있다. 일본학술회의 등록 단체.

악보(樂譜) score

음악을 일정한 기보법(記譜法: 음악을 가시적으로 표기하는 방법)에 따라 지면상에 기록한 것. 주로 오선지(五線紙)를 가리키지만, 넓게는 이에 국한되지 않는다. 개개의 음의 높이나 선율의 움직임을 표시하는 것과, 악기의 주법(奏法)을 표시하는 것으로 대별된다. 악보의 종류로서는, 모음악보(스코어: 總譜), 피아노 스코어, 보컬스코어(vocal score), 오케스트라 악보, 파트보(part; parts), 미니어추어 스코어(miniature score)가 있다.

악서(惡書) evil book; harmful book

사회적으로 「유해」(有害)하다고 여겨지는 도서나 잡지 등의 자료. 특히 과격한 폭력이나 노골적인 성(性)의 표현을 포함하며, 청소년에게 악영향을 미칠 우려가 있다고 여겨지는 출판물을 가리킨다. 일본에서는 1955년에 전국적으로 악서 추방 운동이 확산되어, 대부분의 도도부현(都道府縣)에서 청소년 건전 육성 조례가 제정되었는데, 이 조례에서 청소년에게 「유해」하다고 지정된 도서류를 「유해 도서」(도쿄도(東京都)에서는 「불건전 도서」)라고 한다. 일본의 출판업계에서는 1991년부터 「성년 코믹 마크」를 자주적으로 표시하는 등 서점에서의 구분 진열을 도모해 왔는데, 출판의 자유, 도서관의 자유와의 관계에서 논의를 불러일으키는 경우도 많다. ↔ 독서의 자유; 양서

안내 서비스(案內--) referral service

문헌이나 정보의 요구에 대해, 그 분야의 적절한 전문가나 전문 기관에 조회하여 정보를 입수하여 제공하는 서비스. 또한 그와 같은 전문가나 전문 기관을 이용자에게 소개하는 서비스. 이와 같은 서비스를 제공하는 정보 기관은 참고 센터(reference center)라고 불린다. ↔ 클리어링하우스(1)

안내 소개 서비스(案內紹介--) → 정보 안내 서비스

안본(贋本) fake; forgery

사람을 속일 의도를 가지고, 연대나 제작자를 위조한 도서, 문서, 회화, 공예품 등을 만드는 것, 또는 그 작품. 안작(贋作)이라고도 한다. 기법이나 작풍(作風) 등을 모방하여 과거에 존재하지 않은 것을 새로이 만드는 안본과, 존재하는 것을 정교하게 모방·복제하여 만드는 안본이 있다. 이 용어는 미술품에 대해 사용되는 경우가 많으며, 도서나 문서에 대해서는 「위서」(僞書), 「위작」(僞作)도 사용된다. ↔ 위서; 위전

안전 개가제(安全開架制) safe-guarded open access system

개가 서가(開架書架)와 열람석이 분리되어 있고, 이용자가 개가 서가에서 자료를 가지고 나갈 때 일정한 절차를 필요로 하는 열람 방식. 도난과 분실 방지를 위한 방식으로, 초기의 안전 서가는 엄밀한 것이었다. 최근에는 자유 개가제가 거의 대부분이 되었지만, 도서관에서 라커를 사용하는 것은 이 흔적이라고도 말할 수 있다. ↔ 자유 개가제

안피지(雁皮紙)[일본]

진쵸우게과(科)의 식물인 인피(靭皮)의 인피 섬유를 주원료로 하여 떠낸 화지(和紙: 재래식 일본 종이). 반투명으로 광택이 있는 고급지로, 내구성이 뛰어나며, 충해(蟲害)를 잘 입지 않는 특징이 있다. ↔ 토리노코가미(鳥の子紙)

알 권리(--權利) right to know

정보를 수취할 권리와 정보를 요구할 권리. 일본에서 「알 권리」라는 용어가 등장한 것은 1970년대 초이며, 도서관계에서는 1973년의 야마구치현립도서관(山口縣立圖書館) 도서 좀도둑질 방치 사건에서, 고발자인 목사가 「도서관은 지역 주민의 알 권리를 보장하는 장소」라고 지적했을 때 시작되었다. 「알 권리」는 「일본국 헌법」에는 명기되어 있지 않다. 「도서관의 자유에 관한 선언」에서는, 「표현의 자유」와 표리 일체(表裏一體)로서의 「알 자유」를 보장하고 있는데, 「국제인권규약」 B규약 제19조 제2항의 「모든 종류의 정보와 사상을 추구하고, 접수하며, 전달하는 자유」나 「세계인권선언」의 「정보 및 사상을 추구하고, 접수하

고, 전달하는 자유」라는 법 개념에 의하면,「도서관의 자유에 관한 선언」의「알 자유」는 거의「알 권리」에 가까운 개념으로서 자리매김되고 있다.

알렉산드리아도서관(--圖書館) Alexandrian Library

기원전 3세기 초두(初頭)에 프톨레마이오스 왕조 이집트의 국왕에 의해 수도 알렉산드리아에 만들어진 도서관. 고대 그리스의 문헌을 핵(核)으로 일대 장서를 형성, 자매 기관인 뮤세이온(Museion)과 함께, 헬레니즘 문화의 성과를 집대성하고, 언어학, 의학 등의 여러 학문의 발전에 기여하였다. 장서는 저자명 등에 바탕을 둔 분류에 의해 관리되고 있었다고 하며, 칼리마쿠스(Callimachus, 기원전 305?-기원전 240?)에 의해 해제 서지『피나케스』도 작성되었다. 케사르(Gaius Julius Caesar 기원전 100-기원전 44)에 의해 도서관 주요부가 불탄 후에, 이것을 이교(異敎)의 시설로 간주하는 기독교 세력에 의해 4세기 말에 파괴되었다. 한편 유네스코의 후원을 바탕으로, 신 알렉산드리아도서관(Bibliotheca Alexandria)이 2002년에 개관되었다. ↔ 피나케스

알마낙 almanac

역(曆). 연감이라고 바꾸어 사용하기도 한다. 영국과 북유럽 여러 나라에서 중세부터 사용된 막대 달력(棒曆: clog almanac)이 기원을 이룬다. 막대 모양(棒狀)의 각재(角材)에 천체의 운행을 기록한 것이다. 인큐내불러(incunabula) 시대부터 인쇄되었으며, 지중해 방면에서는 항해력(nautical almanac)이 널리 공급되었다. 점성술에 의한 예언(practica)의 부가(附加)가 지배자의 반감을 사서 발매 금지 처분까지 발생했지만, 보급을 억제시키지는 못하였다. 유럽 여러 나라의 왕가 귀족(王家貴族)의 계보와 각국 인구나 군비(軍備)의 통계를 수록한 *Almanach de Gotha*가 1764년에 출현하여 상류 사회에 유행하였으며, *Whitaker's Almanack*가 1869년에 창간되어 시민 사회의 정보 편람으로서 호평을 얻었다. 오늘날에는 yearbook과 서명상의 구별밖에 없다. ↔ 연감

알코브식 서가 배치(--書架配置) alcove arrangement of shelves

서가의 배치법의 하나로, 열람실의 벽면에 대해 수직으로 서가를 병렬하여 배치하는 방식.

알파벳순 배열(--排列) → 음순 배열

암묵지(暗默知) tacit knowledge

폴라니(Michael Polanyi, 1891-1976)가 사용한 말. (1) 인간이 가지고 있는 지식의 하나로, 포괄성을 갖춘 비언어적인 지(知). 일반적으로 개인적인 경험에 의해 얻어지는 언어화하기 어려운 지식(노하우나 요령 등, 신체지(身體知)라고도 한다)으로 간주되며, 도서, 논문 등에 기술된 지식(언어로 명시적으로 표현된 지(知)로, 형식지(形式知)라고 일컬어진다)과 대비된다. (2) 명시적·형식적인 단서를 한데 모은 개인적인 능력지(能力知). 언어를 습득하거나, 미지(未知)의 세상사를 알 수 있는 것은 이 능력에 의한 것이다. ↔ 지식; 지식 관리

앞 그림 frontispiece

도서의 권두(卷頭)에 들어가는 그림류. 일본에서는 구치에(口繪)라고 한다. 일본 도서에서는 표제지의 다음에, 양서에서는 표제지의 대향면(對向面)에 들어가는 것이 일반적이다. → 도판

액세스권(--權) right of access

정보에 대해 액세스(access)할 권리. 첫째로, 매스커뮤니케이션 환경 속에서 정보의 생산자인 텔레비전 방송국, 라디오 방송국, 신문사, 출판사 등이 행한 보도(정보 발신)에 대해, 시청자나 청취자, 수신자 측이 반론하는 장(場)의 확보나 정정 등을 요구할 권리를 말한다. 이것은 거대화하는 매스미디어에 대해, 시청자나 청취자 측에서 컨트롤을 행하고자 하는 것이다. 둘째로, 본래 공공적인 성격을 가진 정보가 입수할 수 없는 곳에 존재하고 있거나 숨겨져 있는 경우에, 그 정보의 입수를 요구할 권리를 말한다. 이러한 것들은 알 권리와 거의 동의(同義)로, 정부 정보나 기업 정보의 공개에 대한 논의 속에서 지적되어 왔다. 나아가 후자(後者)의 개념의 연장으로서, 정보 네트워크의 발전에 따라, 모든 사람들이 지장 없이 비차별적으로, 그리고 적정한 가격으로 네트워크상의 정보에 액세스할 수 있도록 해야 함을 주장하는 정보 액세스권이 제안되고 있다. ↔ 알 권리

액세스 용이성(--容易性) accessibility

도서관의 성과(퍼포먼스: performance) 측정을 구성하는 개념의 하나로, 『JIS X 0812 도서관 퍼포먼스 지표』에 의하면, "서비스 또는 설비에 대한 도달 및 이용의 용이성"을 말한다. 도서관이 있더라도 개관 시간이 짧으면 액세스 용이성은 낮다. 또한 참고 서비스의 카운터가 있더라도 담당자가 시종 부재인 경우도 마찬가지이다. ↔ 이용 가능성

액세스 포인트 → 접근점

야간 개관(夜間開館)[일본] night opening

도서관이 이용자의 편의를 도모하기 위해, 야간에 도서관의 시설과 서비스를 제공하는 것. 공공 도서관의 일부와 상당수의 대학 도서관에서 실시되고 있는데, 교원과 학생의 연구, 학습의 장(場)인 대학 도서관에서는 특히 중시되고 있다. 야간 개관을 위해서는, 직원의 시차 출근(時差出勤)이나 초과 근무 또는 야간 전임 직원의 배치가 필요하게 된다.

야마토토지(大和綴)[일본]

화장본(和裝本)의 장정법의 일종인데, 이설(異說)이 많다. ① 무스비토지(結び綴じ)와 같다고 하는 사고방식. 이것은 표지의 위에서 테이프나 끈으로 책의 오른쪽 끝을 중앙에 한 곳이나, 또는 약간 윗부분과 약간 아랫부분의 두 곳을 장식적으로 매듭 매기를 한 것이다. 용지는 자루 매기와 마찬가지로 겹치고, 종이 노끈 등으로 먼저 안쪽 매기를 하고 있는 것이 통례이다. ② 철엽장(綴葉裝)과 같다고 하는 사고방식. 어쨌든 야마토토지는 카라토지(唐綴)에 상대되는 말로, ①, ② 어느 것도 중국에서는 볼 수 없는 장정법이다. ①의 무스비토지는 헤이안(平安) 말기부터 볼 수 있으며, 메이지(明治), 다이쇼(大正) 기에도 기념 사진첩의 장정에 사용되었다. ↔ 철엽장

약표제(略標題) → 간략 표제

양면 서가(兩面書架) double faced shelving; double-faced book stack

서로 등을 맞대 전후 양면 모두 도서를 배가(排架)할 수 있는 서가. 복식 서가(複式書架)라고도 한다. 일반적으로 선반용 판자는 전후 공통의 지주로 받쳐져 있다.

양서(良書) best book

일반적, 사회적으로 가치가 높은 것으로 간주되는 도서나 잡지 등의 자료. 적서(適書)와 함께, 자료의 선택과 제공에 임할 때 판단에 사용되는 개념이다. 즉 적서가 이용자의 특성에 적합한지의 여부를 기준으로 하고 있는 데 대해, 양서는 세속적인 가치가 높은 것을 기준으로 하고 있다. 양서는 악서(惡書)에 상대되는 개념으로서도 사용되는데, 선량, 건전과 같은 형용(形容)이 가능한 자료를 의미하는 경우도 있었다. 또한 교양주의적인 사상의 아래에서는, 교양인이 읽어야 할 자료라는 의미도 있다. 제2차대전 전의 일본에서는, 공공 도서관의 양서의 제공이 국가 통제의 수단에 짜 넣어져 있었기 때문에, 강압적인 이미지가 남아 있어, 양서라는 개념에 선입견을 가져오는 원인이 되기도 한다. ↔ 가치론; 적서

양잡지(洋雜誌) → 서양 잡지

양피지(羊皮紙) parchment

양과 산양의 가죽을 무두질하여 만들어진 서사재(書寫材) 또는 제본재. 파치먼트라고도 한다. 송아지 가죽으로 만든 독피지(犢皮紙)와는 엄밀하게는 구별된다. 제작법은 생가죽을 석회수로 잘 표백하고, 털과 얼룩을 없애기 위해 문질러서 얇게 한다. 다시 표면에 초크를 바르고, 경석(輕石)으로 부드럽게 마무리한다. 기원전 2세기경부터 파피루스를 대신하는 서사재로서 소아시아의 고대 도시 페르가몬(페르가뭄: Pergamum)을 중심으로 사용되게 되었다. 일설(一說)에는 페르가몬의 에우메네스 2세(Eumenēs II 재위 BC 197-BC 159)와 이집트의 프톨레마이오스 5세(Ptolemaios V BC 210-BC 181)와의 사이의 도서 수집을 둘러싼 확집(確執)으로, 이집트의 파피루스가 금수(禁輸)되었다고 한다. 이 사건으로 페르가몬에서는, 이전부터 사용되고 있던 동물의 피혁(皮革)의 서사재에 개량이 가해져, 우수한 서사재가 되었다. 파치먼트라는 단어도 Pergamum의 형용사형에서 변한 것이다. 양피지나 독피지는 내구성(耐久性)이나 유연성이 풍부하여 다루기 쉽다. 그 때문에 4세기경부터 중·근동(中·近東)이나 유럽에서는 파피루스를 대신하는 서사재로서, 15세기 이후 활판 인쇄술의 보급에 따른 간본(刊本)의 시대를 맞아 그 지위를 종이에게 넘겨줄 때까지 주류를 이루고 있었다. ↔ 독피지; 파피루스

어구 색인(語句索引) → 용어 색인

어레이 → 배열(配列)

어린이 도서(--圖書) children's book

유유아(乳幼兒)로부터 초등학생, 중학생 정도(0세에서 13, 14세 정도)의 독서 흥미나 독서 레벨에 맞는 도서. 아동 도서, 아동서, 어린이 책이라고도 한다. 그림책, 옛날 이야기, 유년 문학, 아동 문학, 전기, 과학책, 실용서, 참고 도서 등으로 나눌 수 있다. 일본의 경우, 그림책은 1950년대의 『이와나미(岩波)의 어린이의 책』(1953-   )이나 월간 그림책 『어린이의 친구』(1956-   ) 등의 출판, 아동 문학은 1953년의 와세다대학(早稻田大學) 동화회의 매니페스토(manifesto) 「『소년 문학』의 깃발 아래로!」나 1960년의 이시이 모모코(石井桃子) 등의 『어린이와 문학』 등의 출판, 과학책은 1960년대 후기부터의 월간 과학 그림책 『과학의 친구』 (1956-   )나 사진의 책 『과학의 앨범』(1969-   ) 등의 출판을 계기로 하여, 질 높은 어린이 도서가 간행되게 되고, 다른 장르의 연구도 진전되었다. ↔ 그림책; 청소년 도서

어린이 도서관(--圖書館) children's library

공공 도서관의 어린이 서비스를 실시하는 부문을 가리키며, 어린이실과 어린이 코너, 어린이 전문의 독립 도서관을 포함하는 총칭. 제일의적으로는, 어린이와 자료의 만남의 장소이며, 어린이의 알 자유를 자료 제공에 의해 보중하는 기관이다. 대출 서비스나 참고 서비스와 함께, 이야기회 등이 이루어진다. 주된 서비스 대상은 0세부터 13, 14세까지의 어린이, 즉 유유아(乳幼兒)로부터 초등학생, 중학생까지이다. 두 번째로는 어린이 도서를 읽고자 하는 성인(청소년을 포함한다), 어린이의 독서나 어린이 도서관에 대한 조사나 연구를 행하는 성인에 대한 서비스도 실시한다. 이 경우의 주된 대상은 어린이 도서 애호자, 어린이 문고나 모자 독서회(母子讀書會)를 돌보는 사람, 아동 문학이나 어린이 도서관학을 공부하는 학생, 연구자, 어린이 도서의 작가나 화가, 어린이 도서 편집자 등이 된다.

어린이도서연구회(--圖書硏究會)[한국] → 부록: 한국의 주요 도서관 및 도서관 관련 단체

어린이독서활동추진계획(--讀書活動推進計劃)[일본] Basic Plan for the Promotion of Reading Activities for Children

일본의 「어린이의 독서활동의 추진에 관한 법률」 제8조 「어린이독서활동추진 기본계획」의 기본적인 시책을 바탕으로, 제9조에 규정되어 있는 도도부현(都道府縣) 및 시정촌(市町村)의 어린이의 독서 활동 추진을 위한 계획. 2002년도부터 2006년도까지의 정부의 기본적인 시책의 내용은 ① 가정, 지역, 학교의 어린이 독서 환경의 정비, ② 학교 도서관 등의 도서 자료의 정비·충실화, ③ 학교, 도서관 등의 관계 기관이나 민간 단체 등의 연휴(連携)·협력에 의한 독서에 대한 대처나 계발·광보의 추진이다. 도도부현에 대해서는 2005년도 중에 모두 책정되었으나, 시정촌에서는 책정의 진척이 지체되고 있다. ↔ 독서 운동; 어린이의 독서활동의 추진에 관한 법률[일본]

어린이 문고(--文庫) bunko

민간의 개인이나 그룹이 자유로이 설치하고, 어린이 도서를 모아, 지역의 어린이들에게 대출, 책 읽어주기, 이야기회 등을 실시하고 있는 소규모 도서관. 일본의 경우는, 1993년 현재 전국에 3,872개 문고가 있다. 일본의 「도서관법」 제29조 "도서관과 동종(同種)의 시설은 누구나 이를 설치할 수 있다."가 문고가 생겨나는 객관적 조건을 만들고 있다. ↔ 가정 문고[일본]; 문고 활동; 지역 문고

어린이 사서(--司書) children's librarian

어린이 대상의 장서나 어린이 도서 연구자 대상의 장서를 구축하고, 도서관 서비스를 실시하는 전문직으로서의 도서관인. 아동 사서라고도 한다. 그 전문성은 어린이와 어린이 도서에 대해 알고 있고, 어린이와 어린이 도서를 결부시키는 방법을 알고 있는 것, 또는 어린이 도서관을 운영할 수 있는 것에 있다. 전문성을 북돋우는 데는, 기초적인 도서관학 과목에 더하여, 어린이 도서관학 과목의 이수에 의한 전문적 교육을 받고, 어린이 서비스의 이론과 방법, 기술을 습득한 위에서, 도서관 현장에서 어린이 서비스에 임함과 동시에, 부단한 연수를 실시할 것이 요망된다.

어린이 서비스 children's service

공공 도서관이 제공하는 서비스 중에서, 특히 유아(幼兒)에서 중학교 1학년생 정도를 대상으로 하는 것. 어린이 봉사, 아동 서비스, 아동 봉사라고도 한다. 유아나 어린이는 문자나 책에 처음으로 접하는 연대로, 이 시기의 체험이 생애의 독서 습관의 형성이나 도서관 이용에 커다란 영향을 미치기 때문에, 독서는 즐거운 것, 도서관은 즐거운 곳이라는 것이 체감적(體感的)으로 이해되는 서비스가 필요하게 된다. 구체적으로는, 어린이용 컬렉션의 구축과 운용, 책의 소개나 책 고르기의 지원, 또는 스토리텔링, 책 읽어주기, 북 토크, 이야기회 등 어린이를 대상으로 하는 집회의 개최나 학급 방문 등의 행사 등이 있으며, 나아가 특별한 시설에 수용되어 있는 어린이에 대한 서비스, 단체 대출을 비롯한 어린이 문고나 모자 독서회(母子讀書會)에 대한 협력이 포함된다. ↔ 유유아(乳幼兒) 서비스

어린이의 독서활동의 추진에 관한 법률(--讀書活動--推進--法律)[일본] Law on the Promotion of Reading Activities for Children

일본에서 어린이 독서년(2000년)의 이념을 이어받아, 2001년에 시행된 법률로, 모든 어린이가 자주적으로 독서 활동이 가능하도록 적극적으로 환경 정비를 추진하는 것을 기본 이념으로, 국가·지방 공공 단체의 책무, 보호자의 역할 등을 명확하게 하고, 활동 추진에 필요한 사항을 정하여, 어린이의 독서 활동 추진 시책을 종합적·계획적으로 추진하고, 어린이의 건강한 성장에 이바지하는 것을 목적으로 한다. 동법(同法)에 의해 4월 23일을 어린이 독서의 날로 제정하였다. ↔ 어린이독서활동추진계획[일본]

어순 배열(語順排列) word-by-word arrangement

배열의 단위로서 단어를 사용하는 방식. 이 방식에서는, 단어와 단어 사이의 스페이스 및 기호도 배열 요소가 된다. 따라서 online과 on-line 등, 단어의 구두법이 고정되어 있지 않은 단어는, 떨어져 배열되어 버리는 결과가 되는 경우가 자주 있다. 통상 구미계(歐美系)의 언어에서는, 배열은 이 방식에 의하는 경우가 많지만, 단어와 단어 사이(또는 문절과 문절의 사이)를 구분하는 띄어쓰기의 습관이 없는 일본어에서는, 일반적으로는 적용이 곤란하다. 또한 『일본목록규칙

『1987년판 개정 3판』 용어 해설에서는, 어순 배열을 "목록 저록(목록 기입)을 배열할 때, 표목을 구성하고 있는 각각의 단어를 단위로 하여 배열하는 방식. 우선 표목의 모두어(冒頭語)의 문자의 음순에 의해 제1차의 배열 위치를 정하고, 동일어에 대해서는, 다시 제2어, 제3어의 문자의 음순에 의해, 순차적으로 그 배열 위치를 정한다."고 하고 있다. ↔ 음순 배열; 자순 배열

어프루벌 플랜(approval plan) → 조건부 일괄 주문

어필본(御筆本) Emperor's autography

임금이 자필로 쓴 책. 일본에서는 천황이 자필로 쓴 책을 신필본(宸筆本)이라고 한다. 어필이나 신필의 상당수는 문서, 기록 등에 전해질 뿐이며, 그러한 책은 거의 전존하지 않는다.

언어 공통 구분(言語共通區分) subdivision of individual languages

일본십진분류법(NDC)의 일반 보조표의 하나. 8류(언어)에 적용하는데, 각 언어에 1(음성·음운·문자), 2(어원·어의·의미), 3(사전), 4(어휘), 5(문법·어법), 6(문장·문체·작문), 7(독본·해석·회화), 78(회화), 8(방언·사투리)의 어느 것을 부가하여, 각 언어의 문제별 구분을 나타낼 수 있다. 다만 일본어, 중국어, 영어의 세 언어에 관해서는, 이 구분에 상당하는 것이 더 상세화되고, 미리 본표 중에 전개되어 있기 때문에, 언어 공통 구분을 적용할 필요가 없다. 또한 듀이십진분류법(DDC)과 한국십진분류법(KDC)에도 보조표 중에 마찬가지의 기능을 수행하는 표가 있다. ↔ 보조표

언어 구분(言語區分) language subdivision

일본십진분류법(NDC)의 일반 보조표의 하나. 백과사전이나 문학 등에 적용되며, 언어의 종류를 나타내는 기호를 부가할 수 있다. 예를 들면 네덜란드어로 쓰인 백과사전은 백과사전이 030, 네덜란드를 나타내는 기호가 -493이기 때문에, 03에 493을 부가하여 034.93이 된다. 듀이십진분류법(DDC)과 한국십진분류법(KDC) 등 다른 많은 일반 분류표에서도 마찬가지의 표를 보조표로서 가지고 있는데, 이들 분류표에서는 국어 구분(國語區分)이라고 한다. ↔ 보조표

언컷 uncut

제본할 때 도서의 머리(天: 페이지 면의 위쪽 여백), 밑(地: 페이지 면의 아래쪽 여백), 책의 바깥쪽(小口: 일본말로는 고구치(こぐち)라고 한다)의 가장자리를 잘라내지 않고 마무리한 것. 프랑스 제본 등에 많다. 독자가 종이 칼(paper knife)로 순차적으로 페이지를 잘라서 읽도록 되어 있다. 그러나 전(全) 페이지를 잘라서 읽어버린다고 하더라도 재단기에서 재단한 것처럼 절단면이 가지런하지 않기 때문에, 마찬가지로 언컷이라고 한다. 또한 유럽에서는, 독자가 언컷판을 구입하여, 자신이 좋아하는 장정을 만드는 풍습이 있기 때문에, 언컷판은 얇은 가표지(假表紙)로 되어 있는 것이 많다.

업무 위탁(業務委託) outsourcing

조직 내부에서 실시하고 있던 업무를 외부에 맡기는 것. 일반적으로 외주(外注)는 포함되지만, 파견 근로자에 의한 업무 처리는 제외된다. 위탁하는 업무는 자료 수입, 목록 작성, 참고 서비스, 대출·반납, 제본 업무 등 다양하며, 위탁 범위도 부분 위탁으로부터 전면 위탁에 이르기까지 다양화하고 있다. 일본의 경우, 공공 도서관에서는, 주민 서비스 향상과 행정 비용 삭감의 관점에서, 지정 관리자 제도의 도입이 검토되고 있다. 대학 도서관에서는, 비용 삭감이나 개관 시간 연장 등에 대한 대응으로부터, 업무 위탁이 진행되고 있다. 근년에는 기업 도서관에서도, 경쟁 우위를 가져오는 핵이 되는 업무로 특화하기 위해, 위탁이 이루어지는 경향이 있다. 위탁에 있어서는, 업무 지식이나 노하우의 유출 방지에 배려할 필요가 있다. ↔ 지정 관리자 제도

에도판(江戶版)

일본에서는, 17세기 중반 이후 출판의 중심이 게이한(京阪: 교토(京都)와 오사카(大阪)를 합쳐 부르는 말)에서 에도로 이행(移行)하고, 겐로쿠(元祿) 무렵부터는 에도가 중심이 되었다. 교토와 오사카의 카미가타지방(上方地方)의 출판물을 카미가타판(上方版)이라고 하는 데 대해, 에도에서 출판된 책을 에도판이라고 한다. 특히 겐로쿠기(元祿期)까지에 간행된 것을 가리키는 경우가 많다. ↔ 카미가타판(上方版)

에드워즈 Edwards, Edward

1812-1886. 영국 런던 출신. 공공 도서관 운동 추진자. 독학으로 대영박물관의 등록 이용자가 되고, 저작 활동 후 동관(同館)에서 근무하면서 공공 도서관 설치 운동을 전개하고, 하원 공공도서관특별위원회에서 세계 각국의 공공 도서관 사정을 증언, 세계 최초의 공공도서관법의 성립(1850)에 공헌한다. 1851년에 맨체스터공공도서관의 초대관장. 동관을 퇴직한 후에는 옥스퍼드대학의 퀸즈칼리지(Queen's College)도서관 등에 근무. 주요 저서로 『도서관에 관한 각서』(*Memoirs of Libraries* 1859), 『마을의 무료 도서관』(*Free Town Libraries* 1869) 등이 있다.

에이전트 agent

(1) 컴퓨터나 그 이용자를 대행하여, 컴퓨터나 이용자가 목적으로 하고 있는 정보 처리를 자율성과 협조성, 학습 능력을 가지고 지원·수행하는 소프트웨어의 총칭. 정보 검색의 영역에서는, 리퀘스트에 따라 인터넷상의 다양한 정보 자원을 탐색하여 최적의 정보를 발견하는 에이전트나 일상 언어로 표현된 질문을 검색 시스템의 언어로 변환하는 인터페이스 에이전트의 연구가 진행되고 있다. 컴퓨터 네트워크상에서 동작하는 에이전트의 경우를 네트워크 에이전트라고 부른다. (2) 상용(商用) 온라인 정보 검색 서비스에서 대리점에 관한 것. 이용자와 데이터베이스 서비스 기관 사이를 중개하는 서비스를 행한다.

에이프런 시어터 Apron theater

무대에 선정된 흉갑식(胸甲式) 에이프런에 이야기의 배경과 매직테이프를 대어 붙이고, 연기하는 사람이 포켓에서 인형을 꺼내 에이프런에 붙여가면서 이야기를 연기하는 인형극. 나카타니 마유미(中谷眞弓)가 고안하여, 1979년에 보육 잡지에 발표한 이래로, 보육 현장을 중심으로 초등학교나 도서관의 이야기 시간(story hour) 등을 통해 보급되었다. 무대나 인형은 천으로 만들어지는 경우가 많아, 가지고 이동하기에 편리하다. 연기자와 어린이들이 가까이에서 대면하고, 서로 주고받으면서, 표정이나 몸짓을 더하여 연기하기 때문에, 일체적인 이야기가 될 수 있다는 것이 특징이다. 또한 에이프런 시어터는 등록 상표이다. ↔ 책 읽어주기; 어린이 서비스; 유유아(乳幼兒) 서비스; 패널 시어터

에피그라프 epigraph

(1) 책이나 문학 작품 등의 권두(卷頭)나 장의 모두(冒頭)에 기재하는 제사(題辭), 인용문 등. (2) 금석(金石), 기물(器物) 등에 적힌 명(銘)·명문(銘文).

엑스퍼트 시스템 → 전문가 시스템

엔드 유저 탐색(--探索) → 최종 이용자 탐색

엔트로피 entropy

섀넌(Claude Elwood Shannon 1916-2001)이 제시한 정보량의 표현 방식으로, 정보 이론의 기초를 이룬다. K 종류의 문자가 있고, 각각의 문자의 발생 확률이 $p_1, p_2, \ldots, p_i, \ldots p_k$일 때, 1문자당의 정보량 H를 $H = -\sum_{i=1}^{K} p_i \log p_i$로 정의하였다. 열역학의 엔트로피와 같은 형을 하고 있기 때문에 정보원(情報源)의 엔트로피라고 한다. 열역학에서는 난잡함을 표현하고 있는 것에 대해, 정보에서는 불확실성을 나타내고 있다. 정보 이론에서는 원칙적으로 대수(對數)의 한계에 2를 두기 때문에, 그 단위는 비트가 된다. ↔ 정보량; 정보 이론

여타 서명 정보(餘他書名情報) → 표제 관련 정보

역베이컨순(逆--順) inverted Baconian order

해리스(William Torrey Harris 1835-1909)의 분류표에서 주류의 배치 순서. 베이컨(Francis Bacon 1561-1626)의 지식 분류에 준거하고, 동시에 그 순서를 역으로 하고 있기 때문에 이 명칭을 갖게 되었다. 베이컨은 그의 저작『학문의 진보』(*Advance of Learning* 1605)에서, 지식을 습득하는 능력을 기억, 상상, 이성으로 구분하고, 기억에 대한 것을 역사(사학), 상상에 대한 것을 시학, 이성에 대한 것을 과학(철학)으로 하여, 각각의 지식 체계를 종속시켰다. 해리스는 이것을 역으로 과학(철학), 예술, 역사의 순으로 하여 체계화하였다. 해리스의 분류법은 그 후의 분류표에 많은 영향을 미치고, 듀이십진분류법(DDC), 한국십진분류법(KDC), 일본십진분류법(NDC)에도 영향을 미쳤다.

역할 기호(役割記號) → 롤

역할 표시(役割表示) designation of function

저작의 지적(知的) 또는 예술적 내용의 창조나 구현에 책임을 가지고 있거나, 기여한 바가 있는 개인 및 단체의 그 저작에 대한 관여의 방법이나 역할 등을 나타내는 표시로, 저작의 종류도 나타내는 어구. 저(著), 공저(共著), 작(作), 문(文), 화(畵), 촬영, 작곡, 편, 역 등 다양한 것이 있다. 기술 중의 「표제와 책임 표시 사항」과 그 밖의 것에서 저작에 관여한 개인이나 단체의 명칭에 덧붙여 기록한다. ↔ 표제와 책임 표시 사항; 책임 표시

연간 구입 책수(年間購入冊數) volumes purchased per year

도서관 자료의 연간 증가 책수 중 기증 수입이나 편입 수입(編入受入) 등을 제외한, 자료 구입비에 의해 구입된 자료의 책수. 연간 구입 책수와 대출 책수에는 정(正)의 상관이 있으며, 연간 구입 책수가 충분하면, 이용자는 도서관 자료에 신선함을 느끼게 되고, 대출 책수는 늘어난다. 역으로 불충분하면, 대출 책수는 감소한다. 연간 구입 책수의 기준은 공립 도서관의 경우, 대략 인구 1,000명 당 125책 이상이 바람직한 것으로 여겨지고 있다. ↔ 자료 구입비

연간 증가 책수(年間增加冊數) volumes added per year

1년간에 도서관 컬렉션에 추가되는 자료수. 도서의 수입 책수(受入冊數)를 사용하는 경우가 많다. 엄밀하게는 수입 책수에서 제적 책수를 빼지 않으면 안 된다. 상당수의 대학 도서관에서는 제본 잡지수를 포함하고 있다. 연간 증가 책수는 자료 구입비의 증감, 수집 계획, 예산 배분, 수집 방법의 상태, 출판 상황과 출판 가격의 추이에 따라 변화하며, 외국 도서에서는 구입 할인율이나 환율의 변동에 따라 크게 영향을 받는다. ↔ 장서 최신성

연감(年鑑) yearbook; annual

과거 1년간에 생긴 변화를 간결하게 기술하고, 통계나 명부 등을 첨가하여, 특유의 형식으로 게재하는 연간(年刊)의 연속간행물로, 참고 도서의 일종. 다음과 같은 종류가 있다. ① 종합 연감: 그 국가를 중심으로 하여 정치, 경제, 산업, 사회

문화 전반을 다룬다. 마찬가지로 일본의 예를 들면 도도부현별(都道府縣別)로 각 지방을 다루는 「지방 연감」이나 해외 전반을 다루는 「세계 연감」, 개별의 국가를 다루는 것(예: 『중국 연감』)도 있다. ② 전문 연감: 주제나 산업 분야마다 편찬되며, 영역에 따라 명부 중심의 것, 서지 중심의 것 등이 있다. ③ 백과사전 연감: 대규모의 백과사전은 용이하게 개정할 수 없기 때문에, 해마다의 보유(補遺)로서, 신 항목의 추가나 변화하는 중요 항목의 변동을 연감 형식으로 보충하는 것. ④ 통계 연감: 통계 정보를 주체로 한 연감으로, 지역이나 분야를 한정한 것도 있다. 1년간 단위이기 때문에, 1월부터 12월까지를 대상으로 하는 역년 편집(曆年編輯)이 이용상 편리하지만, 반드시 그렇게 되어 있는 것은 아니다. ↔ 알마낙

연결 기호(連結記號) → 링크

연관 관계(聯關關係) associative relationship

시소러스에서 디스크립터(descriptor) 간의 관계의 일종. 두 개의 디스크립터가 나타내는 개념이 계층적이 아닌 연관성을 가지며, 시소러스 속에서 그것을 표시하는 것이 색인 작성자, 검색자에게 유익한 정보를 가져다주는 것으로 생각되는 경우에 맺어지는 관계. 연관 관계는 「노새」와 「당나귀」와 같이, 디스크립터가 동일한 카테고리에 속하는 경우와, 「식물」과 「식물학」 또는 「온도」와 「온도계」와 같이, 다른 카테고리에 속하는 경우의 2종류로 나눌 수 있다. 연관 관계는 쓸데없이 부여하면 오히려 혼란을 가져오기 때문에, 신중한 음미가 필요하다. 연관 관계에 있는 디스크립터는 관련어라고 부른다.

연구 논문(硏究論文) research paper

연구 성과를 정리한 논문. 학술 논문이 학술 잡지의 게재와 밀접하게 관련되어 있는 것에 대해, 연구 논문은 공표 수단과의 관련이 적다. 연구 보고서가 부피가 방대한 것에 대해, 연구 논문은 통상 분량이 적은 것을 가리킨다. ↔ 연구 보고서; 학술 논문

연구 도서관(研究圖書館) research library

하나 또는 복수의 주제 영역에 대해, 망라적인 또는 충실한 장서를 갖추고, 학술적인 조사, 연구를 지원하는 도서관. 장서는 언어, 지리, 시대, 형태 등의 점에서 충분한 폭을 가지며, 그 영역의 필요에 따라, 필사본, 문서, 지도, 기타의 자료도 포함하고 있다. 대규모의 대학 도서관에서는, 학부 학생용의 도서관과 연구자인 교원과 대학원생을 위한 도서관이 기능적으로 분리되어 있는 경우가 있다. 그러한 경우에, 후자(後者)의 도서관은 연구 도서관으로 자리매김된다. 또한 국립 도서관이나 전문 도서관 등 중에 이러한 성격의 도서관이 있다.

연구도서관협회(研究圖書館協會)[북미] Association of Research Libraries(ARL)

1932년 설립된 연구 도서관의 단체로, 도서관의 연휴(連携), 정보 정책 형성에 대한 관여, 업무 혁신의 지원 등을 통해, 학술 커뮤니케이션에서 연구 도서관의 장래에 영향력을 행사하는 것을 목적으로 한다. 기관 회원제를 원칙으로 하는데, 자격은 모체 기관(대학)이 수여하고 있는 박사 학위수와 장서수 등을 중심으로 종합적인 도서관 평가를 바탕으로 하고 있다. 당초에는 42개 기관으로 발족하였으나 현재는 120개관을 넘어서고 있다. 관련 조직과의 협력, 가맹 도서관의 통계의 간행 이외에, 워크샵의 개최, 컨설팅 업무 등을 실시하고 있다.

연구 보고서(研究報告書) research paper

연구의 중간 결과나 최종 결과를 보고할 목적으로 정리된 문서. 반드시 공표를 의도하는 것은 아니며, 또한 형식이나 구성도 정해져 있지 않다. 연구 보고서 중 연구 조성 기관에 제출할 목적으로 작성되는 것은 테크니컬 리포트(technical report)라고 부른다. 통상은 얻어진 데이터나 상세한 기술(記述)을 게재하기 때문에 부피가 커지게 된다. 회색 문헌(灰色文獻)의 일종으로 간주되고 있다. ↔ 테크니컬 리포트; 회색 문헌

연구용 장서(研究用藏書) research collection

연구자의 연구에 사용되는 컬렉션으로, 대학 도서관에서 학부 학생용의 학습용 장서와 대비된다. 주제나 자료 형태 등에서는 구분되지 않는다.

연구형 질문(硏究形質問) research question

참고 질문 중, 단순한 탐색으로는 회답할 수 없을 것 같은 비교적 복잡한 조사를 필요로 하는 질문. 일본에서는 조사 질문(調査質問)이라고 한다. 통상의 수단으로 입수할 수 있는 범위의 탐색 도구로는 만족스런 해답을 얻을 수 없거나, 둘 이상의 서로 다른 탐색 결과를 얻을 수 있기 때문에, 더 시간을 들여 탐색하거나, 다양한 자료로부터 얻은 정보를 종합한 결과, 해답을 얻게 되는 종류의 질문을 말한다. ↔ 조사형 질문; 즉답형 질문; 참고 질문

연대순 기호(年代順記號) chronological order number

도서 기호의 일종으로, 동일 분류 기호를 가진 복수의 자료를 출판년 순으로 배열하기 위해 사용한다. 이를 표로 한 것을 연대순 기호표라 하는데, 비스코(Biscoe)의 연대순기호표(듀이십진분류법(DDC)이 제13판까지 부록으로서 게재하고 있었던 것으로, 기원전은 A, 기원 999년까지는 B, 1499년까지는 C, …, 1990~1999년까지는 Z로 끝나고 있으며, 기원 1년은 B001이 된다), 랑가나단(Ranganathan)의 연대순기호표(1880년 이전은 A, 1880~1889년은 B로, 이하 10년 단위로 2120~2129년이 Z, 2130~2139년이 AA가 되는데, 예를 들면 1881년은 B1과 같이 된다), 브라운(Brown)의 연대순기호표(예를 들면, 1450년을 aa로서 시작하고, 1년마다 소문자의 알파벳 2자에 의해 기호화해 가면 1934년은 sq가 된다) 등이 있다. ↔ 도서 기호; 수입순 기호; 저자 기호

연대순 배열(年代順排列) chronological order

사물이 생긴 시간의 선후에 따라 배열하는 것. 예를 들면, 자료군이나 목록의 서지 레코드(목록 저록) 또는 색인의 저록 등을 배열하는 데, 제작, 공표, 출판 등의 연대에 의해 늘어놓는 것 등이 해당한다. 통상 그 밖의 배열법의 보조로서 사용되는 경우가 많다.

연배(軟背) → 휜등

연산자(演算子) → 검색 연산자

연속간행물(連續刊行物) serial

"완결을 예정하지 않고, 동일의 표제(타이틀) 아래에, 일반적으로 권차(卷次), 연월차(年月次)를 따라, 개개의 부분(권호)이 계속하여 간행되는 자료. 잡지, 신문, 연보, 연감, 단체의 기요(紀要), 회보, 단행본 총서, 전자 저널 등이 있다."(『일본목록규칙 1987년판 개정 3판』 용어 해설). 통계 자료나 법규집, 명부, 웹사이트 등에서 부분적으로 내용이 개정되는 통합 자료와 합쳐, 계속 자료라고 한다. ↔ 계속 자료; 신문; 잡지; 정기간행물; 통합 자료

연속간행물 목록(連續刊行物目錄) serial catalog

도서관 등이 소장하는 연속간행물의 서지 레코드(목록 저록)를 편성한 목록으로, 해당 도서관의 소장 권호를 표시한다. 잡지 목록과 거의 동의(同義).

연속 배가법(連續排架法) → 순차 배가법

연쇄 색인(連鎖索引) chain index

랑가나단(S. R. Ranganathan)이 고안한 색인으로, 심층 분류에서 연쇄의 관계를 이용하여 문헌에 주제 표제어를 복수로 부여하는 방법을 사용하고 있다. 어떤 분류 기호에 상당하는 표제어가 문헌에 부여되면, 그 상위의 분류 기호에 상당하는 표제어를 순차적으로 부여해간다. 그 때 표제어의 선두어가 분류 기호마다 다르게 되도록 하기 때문에, 접근점(액세스 포인트)이 늘어나게 된다. 이 방법은 그 후 계층 분류와는 무관계의 경우에도 이용되고 있다. 즉 어떤 문헌에 부여된 복수의 주제어를 특수한 것으로부터 일반적인 것으로의 순으로 늘어놓아 표제어로 하고, 다시 선두부터 순서대로 주제어를 삭제한 것을 차례로 표제어로 하는 것으로, 용어열 색인의 일종으로 간주할 수 있다. ↔ 용어열 색인

연월차(年月次) chronological designation

"연속간행물의 순서 부여의 표시로, 연월일에 의해 그 순서를 나타내는 것. 출판 일자와는 본래는 다른 것"(『일본목록규칙 1987년판 개정 3판』 용어 해설). 따라서 출판 일자와는 반드시 일치하지는 않는다. 권차(卷次)와 함께, 연속간행물 자체 및 그 특정 부분을 확인·식별하기 위한 유용한 요소이다. ↔ 권차

연체(延滯) overdue

도서관에서 자료를 빌려간 이용자가 반납 기한 내에 빌린 자료를 반납하지 않는 것. 연체 도서, 연체 독촉, 연체료 등의 표현으로 사용된다. ↔ 대출; 독촉

연표(年表) chronological table

역사상의 사건 등을 연대순으로 배열하여 표 형식으로 나타내는 참고 도서. 세계사 전반에 걸친 것, 각국사, 지역사 이외에, 특정의 분야로 대상을 한정한 것도 적지 않다. 독립 간행되는 이외에, 일반서나 참고 도서의 일부로서 수록되는 연표도 있다. 연표가 등장하기 이전에는, 역사상의 사건 등을 연대순으로 문장으로 쓴 연대기(annals)가 쓰이고 있었는데, 기재 사항이 많아지게 되고, 또한 간단하게 찾아낼 수 있도록 표기한 것이 요구되는 경우도 있어서, 연표 형식의 것이 출현하였다. 연표는 사마천(司馬遷)의 『사기』(史記)에 포함되어 있는 「연표」로까지 소급할 수 있다. 일본에서 「연표」가 표제(타이틀)에 사용되게 되었던 것은 에도(江戶) 시대 이후의 일이다. 근년에는 CD-ROM으로서 간행되거나, WWW 상에 공개되기도 하는데, 검색 기능이 비약적으로 향상되어 사용하기가 용이해졌다. ↔ 알마낙

열거 순서(列擧順序) citation order

분류법에서 주제 분석에 의해 얻어진 각 패싯을 선형(線形)으로 늘어놓을 때의 우선 순서. 결합 순서라고도 한다. 예를 들면, 역사학의 패싯의 열거 순서가 장소—시대의 순이면, 일본 근세사는 일본—근세의 순으로 합성된다. 이 경우 근세에 관한 것은 각국 각 지역의 아래에 분산되게 된다. 즉 열거 순서에 의해, 어떤 주제가 모아지거나, 또는 분산되는 것이 결정되게 된다. ↔ 분산된 관련 항목; 패싯 공식; 표준 열거 순서

열거식 분류법(列擧式分類法) enumerative classification

복합 주제, 혼합 주제 등을 포함하여, 모든 주제에 대응하는 분류 항목을 미리 분류표에 마련하고, 대응하는 기제 기호(旣製記號)를 사용하도록 하는 분류법. 이 분류법에 의한 분류 작업은 우편 번호의 구분 선반과 같이, 자료의 주제를 어떤 선반에 적용시키는 방식이 된다. 그러나 발생할 가능성이 있는 모든 주

제를 예측하여 열거해두는 것은 사실상 불가능하기 때문에, 자료의 주제와 외연(外延)을 같게 하는 분류 기호를 부여할 수 없는 경우가 많다. 현실에서는 완전히 열거식인 분류표는 없으며, 보조표 등 어떤 형으로 합성 기법을 받아들이고 있다. 특히 듀이십진분류법(DDC)은 열거식 분류법이면서 분석 합성식의 기능을 적극적으로 도입하고자 하고 있다. ↔ 분석 합성식 분류법; 준열거식 분류법

열람(閱覽) in-library use

도서관 내에서 도서관 자료를 이용하는 것. 이용자의 도서관 자료에 대한 액세스 및 특정된 자료의 관내 이용이라는 양쪽을 포함한다. 도서관 자료에 대한 액세스는 이용자가 어떻게 도서관 자료에 접하는가하는 문제로, 폐가제, 개가제 등의 방식이 있다. 또한 관내에서의 자료 이용은 이른바 열람 공간의 문제로, 이용하는 자료나 이용 목적에 따른 시설 설비가 필요하게 된다. 시청각 자료나 전자 형태 자료 등 자료의 다양화에 따라 도서관이 준비하지 않으면 안 되는 열람 환경도 다양화해 가고 있다. 일본의 공공 도서관에서는, 1970년대에 대출을 중심으로 도서관 서비스가 신장하는 중에, 관내 이용을 위한 환경은 그다지 중시되지 않았지만, 최근에는 도서관의 대규모화와 참고 서비스의 충실화에 따라, 관내 이용 환경도 정비되어 오고 있다. 또한 대학 도서관에서는 대출도 포함한 자료의 이용 전체를 열람이라고 부르는 경우가 있다. ↔ 대출

열람 목록(閱覽目錄) public catalog

도서관 등이 그 소장하는 자료의 검색을 목적으로 하여, 이용자에게 공개, 제공하는 목록. 도서관 직원이 업무 수행용으로 사용하는「사무용 목록」의 상대어. 기본적으로 이용자 자신이 이용하기 위한 목록이기 때문에, 그 사용 편리성이나 검색의 편리함을 특히 고려하여 편성할 필요가 있다. 관내의 열람 공간 등에 비치되는 경우가 많지만, 오늘날에는 네트워크를 매개로 접속하여, 관외로부터 검색할 수 있는 목록이 출현하고 있다. ↔ 온라인 열람 목록

열람 방식(閱覽方式) circulation system

도서관 내에서 이루어지는 자료에 대한 액세스와 이용의 방법. 서가에서의 브라우징과 열람 시설과의 관계에 따라 결정되는 것이지만, 원래는 자료의 도난이나 분실을 막기 위한 방안이 중심으로, 다양한 방식이 고안되어 왔다. 우선 이용자가 직접 자료를 서가에서 브라우징 할 수 있는 개가제와 그렇게 할 수 없는 폐가제가 있다. 자료의 등(背)을 볼 수는 있지만, 직접 손으로 취할 수는 없는 반접가식(半接架式)도 있다. 또한 자료를 자유롭게 취하여 볼 수 있지만, 열람 시설로 그것을 가지고 나갈 때 절차가 필요한 경우는 안전 개가제라고 하는데, 절차를 필요로 하지 않는 자유 개(접)가제와는 구별된다. ↔ 출납 업무

열람실(閱覽室) reading room

도서관에서 이용자가 관내 열람을 하기 위한 방. 폐가제 서고의 경우는 책상과 의자만으로 된 독립된 열람실이 설치되지만, 개가제의 경우는 서가와 열람석이 일체가 되는 경우가 많다. 대학 도서관에서는 학부 학생, 대학원생, 교원의 학습, 연구를 위해 독립된 열람실을 두는 것이 주류이며, 또한 의논이 가능한 그룹 열람실이나 큐비클(cubicle)이라는 연구용 개인실을 설치하는 경향을 볼 수 있다. 대출을 중시하는 중소 규모의 공공 도서관에서는 독립된 열람실이 축소, 폐지되는 경향이 있다.

열람 업무(閱覽業務) circulation work

자료 제공 수단의 하나인 열람에 관한 활동 전반, 즉 이용자가 효율적으로 소장 자료에 액세스할 수 있도록 하기 위한 도서관측의 배려와 편의가 해당한다. 구체적으로는 이용하기 쉬운 관내 시설과 설비의 마련, 자료의 효과적인 배가, 알기 쉬운 검색 시스템의 도입, 도서관 직원에 의한 친절한 안내 등이 있다. 또한 이용된 자료의 서가 재배치, 폐가 자료의 출납(出納), 관내에서 이루어지는 자료 이용의 관리와 같은 활동도 포함된다.

열첩장(列帖裝) → 철엽장(綴葉裝)

열화(劣化) deterioration

자료가 물리적, 화학적, 생물학적 요인으로 손상을 입는 것. 물리적 요인에 의한 열화로는 복사나 부적절한 배가 등 때문에 가해지는 물리적인 힘에 의해, 자료가 훼손되는 것을 말한다. 화학적 요인으로서는, 열과 빛, 산(酸)이나 알칼리를 들 수 있다. 이러한 것들에 의해, 자료를 구성하고 있는 물질이 화학 반응을 일으키고, 종이 자료의 변색이나 퇴화, 마이크로필름의 초산 냄새(초산취: 酢酸臭) 등을 발생시킨다. 또한 생물적 원인으로서는, 자료에 발생하는 곰팡이나 벌레 등이 있다. 자료의 열화는 그것들이 단일의 요인 또는 복합적인 요인이 되어 발생시키게 된다.

영구지(永久紙) → 내구지(耐久紙)

영국도서관(英國圖書館) British Library

1759년에 슬론(Sir Hans Sloan 1660-1753)의 컬렉션을 모체로 발족한 대영박물관도서관을 비롯하여, 국립과학발명참고도서관, 국립과학기술대출도서관, 국립중앙도서관 등을 통합하여 1973년에 설립된 영국의 국립 도서관. 소장 도서 1,300만 책, 잡지·신문 92만 타이틀(2007년). 영국의 법정 납본 도서관의 하나이며, 국가 서지로서 *British National Bibliography*(1950-   )와 UK MARC를 작성, 배포하고 있다. 1998년에 런던의 세인트 판크라스(St. Pancras)에 신관을 개관하고, 시설면에서 확장을 시도하였다. 보스턴 스파(Boston Spa)에 있는 문헌제공센터(BLDSC: Document Supply Centre)는 영국 국내외로부터의 의뢰를 받으며, 문헌 제공의 세계적인 센터가 되고 있다. 한편 스코틀랜드와 웨일즈에는 각각의 국립 도서관이 존재한다.

영국도서관협회(英國圖書館協會) → CILIP

영미편목규칙(英美編目規則) Anglo-American Cataloguing Rules(AACR)

영국, 미국, 캐나다 3국의 범위에서, 점차 국제적인 지위를 확립하기에 이른 편목 규칙. 특히 영어권에서는 사실상의 국제 표준의 지위를 차지하고 있다. 제1판은 파리원칙(Paris Principles)을 바탕으로 한 것으로, 앞서 제시한 3국의 도서관협회 및 미국의회도서관(LC)이 협력하여 책정한 결과, 북미판과 영국판으로 나뉘어 1967년에 간행되었다. 제2판은 통일된 판으로서 1978년에 간행되었다.

아울러 제2판 1988년 개정판은 오스트레일리아도 합동운영위원회에 참가하여 간행되고 있다. 그 후에도 AACR의 개정을 위한 합동운영위원회(JSCAACR)에 의해 적절한 수정이 이루어져, 2006년 4월 단계에서는, 2002년 개정·2003년, 2004년, 2005년 갱신이 최신의 상태이다. 이러한 제2판은 파리원칙 이외에, 국제표준서지기술법(ISBD)에도 준거하고 있으며, 또한 광범위한 자료 종별을 다룰 수 있도록 규칙을 마련하고, MARC 레코드에 대한 대응도 의도하고 있다. 제1부 「기술」, 제2부 「표목, 통일 표제 및 참조」의 2부로 구성되어 있으며, 지금까지의 전통을 존중하여 기본 저록(기본 기입) 방식을 원칙으로서 유지하고 있다. 디지털 환경에 대응한 유연한 구조를 가질 수 있도록, 지금까지와는 규칙 구조가 크게 다른 개정판을 RDA(Resource Description and Access)라는 명칭으로 2011년에 인쇄본으로 발행하였다. ↔ 편목 규칙

영 어덜트 도서(--圖書) young adult book

(1) 대략 12세에서 18세의 영 어덜트 독자를 대상으로 하여 기획, 집필, 제작 및 판매 촉진이 이루어지는 도서. 전문 출판사는 거의 없고, 어린이 도서의 출판사나 종합 출판사에서 출판되는 경우가 많다. 미국에서는 출판의 한 분야로서 거의 확립되고 있는데, 일본에서는 고연령을 대상으로 하는 어린이 도서와 문고판의 틴에이저를 대상으로 하는 시리즈가 별개로 병립하고 있는 상황이다. (2) 영 어덜트 독자가 현재 읽거나 또는 읽을 가능성이 있는 도서. 도서관이 영 어덜트에 대해 준비할 필요가 있는 도서도 있다. (1)의 의미의 영 어덜트 도서는 당연히 포함되지만, 성인 대상의 일반서의 쪽이 많다. ↔ 어린이 도서; 영 어덜트 서비스

영 어덜트 서비스 young adult service

대략 12세에서 18세까지의 청년기 이용자에 대해 주로 공공 도서관이 실시하는 서비스. 종래에는 「청소년 서비스」라는 용어가 일반적이었으나, 어린이 서비스와의 혼동이나 포함을 피하기 위해, 이 용어를 사용하는 예가 많아지고 있다. 영 어덜트의 개인적 관심, 학습 과제, 오락 등의 총체적 요구에 따라 도서관 자원을 최대한으로 제공하는 것을 목적으로 한다. 다른 연대(年代)와 서로 다른 독자적인 행동 양식과 흥미를 가지고 있는 영 어덜트에 대한 대응에서는, 전용(專用)의 자료나 시설보다도, 오히려 어프로치의 방법이나 역점을 두는 방법에 유의한, 전문

적 지식이나 경험을 바탕으로 하는 방법에 중점을 두게 된다. 중학교, 고등학교의 학교 도서관이나, 대학, 전문 대학(일본에서는 단기 대학이라 한다), 고등 전문 학교 등의 도서관에서 실시되는 영 어덜트에 대한 서비스도「영 어덜트 서비스」라고 불리는데, 그 도서관의 설치 목적에 따라 서비스 내용은 다르다. ↔ 영 어덜트 도서

영엽(零葉) fragment

출판사나 인쇄소가 낸 완전본의 상태에 대해, 후일 일부의 페이지만의 불완전한 상태로 된 것, 또는 의도적으로 그렇게 한 것. 구텐베르크의『42행 성서』(1455년경)와 같이, 완전본으로는 대단히 고액인 것으로부터, 억지로 제본을 해체하여 1매나 수 매 단위로 판매되는 경우가 있는데, 이것들도 영엽이라고 부른다.

영향의 상(影響--相) influence phase

상 관계의 하나로, 어떤 주제가 다른 주제에 미치는 영향 관계를 나타낸다. 예를 들면,「영문학에 대한 성서의 영향」,「도서관 행정에 미치는 재정 적자의 영향」등. 통상 영향을 받는 쪽을 우선한다. 패싯식 분류법에서는, 영향을 받는 주제 아래에 분류하고, 상 연결 기호를 붙이고, 다시 영향을 미친 주제를 나타내는 기호를 부가하여 표현한다. ↔ 상 관계

영화(映畵) motion picture

고속도로 연속 촬영한 필름의 화상을 영사기에 의해 스크린에 연속 투영함으로써 동영상을 재현하는 매체. 그 기원은 1894년에 에디슨(Thomas Edison 1847-1931)이 발명한 키네토스코프(kinetoscope)로, 당시에는 모놀로그로 음성을 담고 있지 않은 것이었는데, 현재의 영화는 컬러의 동영상을 음성과 함께 재현한다. 나아가 동영상과 음성의 3차원적인 재현도 기술적으로 가능해지고 있다. 영화는 구미에서 1920년대에 제작 시스템과 배급·흥행 시스템이 확립되고, 대중적인 극장형 오락으로서 세계적으로 보급됨과 동시에, 현대 사회의 주요한 매스미디어의 하나로서 기능하고 있다. 또한 영화는 예술 작품으로서도 인지되고 있다. 촬영으로부터 배급까지 디지털화와 무필름(filmless)화가 진행되고 있다. ↔ 시청각 자료

예고(豫稿) → 프리프린트

예비판(豫備版) preliminary edition

정규판(正規版)에 앞서 간행되는 판으로, 본문에 대한 의견이나 비판을 모으고, 최종판의 내용 충실을 도모하는 것을 목적으로 한다. 잠정판(暫定版, provisional edition)이라고도 한다. 통상대로 판매되는 경우와, 특정의 개인을 선정하여 배포되는 경우가 있다. 정규판에 비해 소형판으로 나오는 경우도 있다.

예시 관계(例示關係) instance relation

시소러스의 계층 관계의 일종. 보통 명사로 표시되는 개념과 고유 명사로 표시되는 그 사례의 관계. 예를 들면 「산맥」과 「알프스 산맥」, 「철도」와 「토카이도 신칸센(東海道新幹線)」 등이다. ↔ 계층 관계

예약 갱신(豫約更新) renewal

잡지 등의 정기간행물의 구독 계속을 위해 실시하는 기간 연장 등의 절차. 특히 외국 잡지의 구입에서는, 국제적 상관행(商慣行)으로서, 1년마다의 「예약 신청」과 「개산 구독료 예납」(槪算購讀料豫納)과 「정산」(精算)이 원칙으로 되어 있으며, 이 방법을 취하지 않는 한, 잡지 발행처에서는 구독 희망자에 대한 발송을 개시하지 않는다. 전년(前年)에 계속하여 동일의 잡지를 구독하는 데는, 다시 예약 신청의 절차를 실시하지 않으면 안 되며, 예약 갱신이 필요하게 된다. ↔ 예약 구독

예약 구독(豫約購讀) subscription

(1) 특히 외국 잡지 등의 정기간행물에 대해, 대학 도서관이나 전문 도서관이 실시하고 있는 구입 방법. 미리 1년분을 예약하고, 구독료를 예납(豫納)한다. (2) 출판자가 고도의 전문서나 복각본(復刻本), 호화로운 한정판, 간행 횟수가 긴 전집이나 총서 등을 대상으로 하여, 간행 전에 미리 구독자를 모으고, 발행 부수를 결정할 때 취하는 판매 방법. 대상이 된 도서는 예약자에게만 배포된다. ↔ (1) 예약 갱신

예약 서비스(豫約--) reservation service

이용자가 요구하는 자료가 도서관의 서가에 없을 경우, 그 자료를 원칙적으로 반드시 제공하는 서비스. 이 서비스의 방법으로는, ① 소장하고 있는데 대출 중

인 자료는 반납을 기다리고(반납 대기), ② 미소장으로 구입에 적합한 것은 구입하며(구입), ③ 구입할 수 없거나 또는 구입에 적합하지 않은 자료는 타관(他館)에서 차용(借用)하여(차용) 제공하는 세 가지가 있다. 이용자가 많고 복본(複本)이 적은 경우도 구입, 차용을 실시한다. 이용자에 대한 PR, 서식이나 규칙, 본인에 대한 통지, 자료 구입 예산, 상호 대차 조직의 다섯 가지 조건이 필요하게 된다. 또한 상기(上記)의 것 중, 소장 자료의 대기만을 가리키는 용어로서「리저브」나「예약」을 사용하는 경우가 있다. 또한 일본의 공공 도서관에서는, 미소장 자료의 구입이나 차용의 서비스를「리퀘스트 서비스」라고 부르는 경우가 많다. 근년에는 인터넷에 의한 예약을 받는 도서관이 증가하고 있다.

예약 출판(豫約出版) publication by subscription

사전에 구독자를 모집하고, 판매 부수를 확정한 후에 출판하는 것. 미리 대금의 전액 또는 일부를 징수하는 경우도 있다. 고가의 도서, 한정판, 전집, 일부의 잡지 등에서 사용되는 경우가 많다. 예약 수에 의해 가격이 변동되는 경우도 있다.

오리지널 편목(--編目) → 자체 편목

오버나이트 론 overnight loan

본래 가지고 나가는 것이 금지되어 있는 도서관 자료를 폐관 시부터 다음 날 개관 시까지라는, 글자 그대로 하룻밤만 관외 대출하는 것. 주로 가지고 나가는 것이 금지된 참고 도서인 사전(辭典), 사전류(事典類)나 신착 잡지의 대출의 임시적 취급으로서 이루어져 왔다. 미국의 도서관 등에서는 일반적으로 이루어져 왔던 것이지만, 일본에서는 이용자로부터 강한 요망이 있어 부득이 이루어지는 정도이며, 규정 등에 명시된 예는 적다. 한편 현재는 참고 도서도 포함하여 대출하는 도서관이나, 요망이 많은 참고 도서는 복본을 구입하여 대출용으로 하는 도서관이 일반적이 되고 있다. ↔ 대출 금지 도서

오사카부립국제아동문학관(大阪府立國際兒童文學館) Osaka Prefectural International Institute for Children's Literature

어린이 문학 등 어린이 문화에 관한 도서, 그 밖의 자료를 수집·보존하고, 정보 제공을 실시하는 기관. 1979년 토리고에 신(鳥越信)씨 소장의 어린이 문학 관계

자료 약 12만 점이 오사카부에 기증되고, 오사카부는 이것을 계기로 어린이 문학 등 어린이 문화의 조사 연구와 국제 교류를 진흥하기 위해, 오사카부립국제아동문학관의 설립에 착수하여, 1984년 5월 5일에 개관하였다. 『국제아동문학관 기요』(1985-   )에 연구 성과를 공표하고 있다. 운영은 재단 법인 오사카국제아동문학관에 업무 위탁하고 있다. ↔ 어린이 도서; 어린이 도서관

오산판(五山版) → 고잔반

오선택(誤選擇) false drop

검색식에는 합치하고 있으나, 검색 질문의 의도와는 다르기 때문에, 질문과는 연관이 없는 문헌이 검색되어 버리는 것. 예를 들면 「도서관에 관한 법률」을 검색하고자 하여 검색식을 「도서관 AND 법률」로 한 경우 「법률에 관한 도서관」에 대한 문헌이 검색되어 버릴 가능성이 있다. ↔ 노이즈

오십음순 배열(五十音順排列) → 음순 배열

오침 안정법(五針眼訂法) → 오침 제본

오침 제본(五針製本)

제본의 철한 곳(침눈)이 다섯 개인 것으로, 한국 고서(일본에서는 조선본(朝鮮本)이라 한다)에서 자주 볼 수 있는 제본 방법이기 때문에, 일본에서는 한국식 제본(朝鮮綴)이라고도 한다. 한국 고서는 일반적으로 대형이고 용지가 두껍기 때문에, 이와 같은 제본 방법이 이루어졌다고 할 수 있는데, 일본에서도 이 제본 방법을 행하는 경우가 있다. 중국에서는 오침 안정법이라고 한다. ↔ 자루 매기

오쿠즈케(奧付) → 판권(면)

오틀레 Otlet, Paul Marie Ghislain

1868-1944. 벨기에의 브뤼셀 출신. 동료인 라 퐁테인(Henri La Fontaine 1854-1943)과 함께, 국제정보도큐멘테이션연맹(FID: Fédération Internationale d'Information et de Documentation)의 창설자이며, 국제십진분류법(UDC)의 고안자로 알려져 있다. 법률가로서 출발하였으나, 라 퐁테인과 함께 19세기 말부터 전 세계 문헌

의 서지 정보를 카드에 요약한 세계 서지(Repertoire bibliographique universel)의 편찬 사업에 몰두하였으며, 그 과정에서 국제십진분류법을 고안하였다. 도서관에서 실시하는 정리 기술을 넘어서서, 국제적으로 그리고 구성 서지 단위까지를 대상으로 한 문헌 정보를 축적하고, 조직화하고, 교환하고자 하는 활동을 도큐멘테이션이라고 부르고, 국제정보도큐멘테이션연맹의 전신에 해당하는 국제서지협회(IIB: Institut International de Bibliograpie)를 설립하였다. 제1차대전 후에는 세계 박물관, 국제 대학 등의 구상을 추진하는 국제주의자로서 활약하였다. ↔ 국제십진분류법; 국제정보도큐멘테이션연맹; 도큐멘테이션

오퍼레이터 → 검색 연산자

오프셋 offset

평판 인쇄의 일종으로, 화상(畵像) 등을 금속판에 제판하고, 잉크 화상을 일단 고무 블랭킷에 전사(轉寫)하고, 그곳에서 다시 종이 등으로 전사하여 인쇄하는 방법. 이 방법을 활판 인쇄와 같은 직접 인쇄에 상대하여 간접 인쇄라고 한다. 평판 인쇄의 대부분이 오프셋 인쇄이다. 판이 평평하기 때문에, 직접 인쇄에 비해 판의 마모가 적다든가, 화선(畵線)의 세밀한 부분까지 명료하게 인쇄할 수 있다는 특징이 있다. 또한 잉크의 양은 적어도 되지만, 종이는 그 점을 고려한 정착성이 높은 것을 사용할 필요가 있다. 이 방법은 철판(凸版)이나 요판(凹版) 인쇄에 이용되는 경우도 있다.

오픈 액세스 open access

학술 연구 성과를 누구나가 온라인으로 이용할 수 있도록 하는 것, 또는 그 이념. 상업 출판사에 의한 학술 잡지의 과점화(寡占化), 가격의 고등화(高騰化) 속에서, 연구 성과를 널리 공개하고자 하는 또는 공개해야 한다는 사고방식에서 생겨났다. 2002년에 설립된 BOAI(Budapest Open Access Initiative)에서는 오픈 액세스의 방법으로서, 셀프 아카이빙과 오픈 액세스 잡지의 두 가지가 제시되었다. 전자(前者)는 연구자 자신이 개인의 웹 사이트나 리포지터리 등에서 연구 논문 등을 무료로 공개하는 방법이고, 후자(後者)는 누구나 무료로 이용할 수 있는 온라인 저널을 간행하는 방법이다. ↔ 기관 리포지터리; 학술 잡지

온 디맨드 출판(--出版) on-demand publishing

독자로부터의 주문에 따라, 그 때마다 필요한 부수만을 인쇄·제본하여 판매하는 출판 방식. 이전에는 도서의 내용을 마이크로필름에 축적하고 있었으나, 현대에는 디지털화하여 컴퓨터에 축적하고, 웹 사이트 등에서 주문을 받는다. 원래는 품절이나 절판된 도서를 한 책으로부터 복각(復刻)하기 위한 출판 방식이었으나, 현재는 최초로부터 온 디맨드 출판만으로 간행되는 도서도 늘어나고 있다. 출판사에게는 재고·출하 코스트가 경감되고, 독자에게는 주문한 도서를 확실하게 입수할 수 있다는 이점이 있다. ↔ 복각

온라인 검색(--檢索) online retrieval

원격지의 호스트 컴퓨터에, 통신 회선을 매개하여 수중의 컴퓨터로부터 액세스하여, 호스트 컴퓨터가 제공하고 있는 검색 시스템에 의해 대상이 되는 데이터베이스로부터 구하는 정보를 검색하는 것. 질문 주고받기가 실시간(real time)으로 가능(대화형 시스템)하다는 것, 중앙의 호스트 컴퓨터에 동시에 복수의 단말이 접속할 수 있다는 것 등이 이점이다. 검색 시스템과의 응답의 방식으로서, 메뉴 방식과 명령어 방식이 있다.

온라인 목록(--目錄) online catalog

서지 레코드를 기계 가독 형식(MARC 레코드)으로 컴퓨터 시스템 내에 축적하고, 접속한 단말기를 매개로 하여, 대화 방식에 의해 그것들의 레코드를 직접적으로 검색, 갱신할 수 있는 목록. CD-ROM 등에 기록된 온디스크 목록과 합쳐 컴퓨터 목록이라고도 한다. 오늘날에는 서지 유틸리티 등과 접속하여 편목 작업을 실시하고, 필요한 데이터를 다운로드하거나 등록 데이터를 일괄하여 자기 매체(磁氣媒體) 등에 수취하여, 자관(自館)의 서지 레코드를 보유하는 온라인 목록 시스템도 많다. 또한 그 축적된 데이터를 OPAC 시스템으로 넘겨, 이용자의 검색에 제공하는 시스템도 많다. 그 장점으로서, 다수의 검색 항목을 설정할 수 있고, 다양한 검색 방법을 이용할 수 있으며, 레코드의 추가·수정 등이 즉시로 이루어지고, 다른 시스템에서 작성된 서지 데이터 등의 전용이나 다른 시스템과의 데이터 교환이 비교적 용이하며, 카드 목록 등에 비해 장소를 차지하지 않는다는 등의 점을 들 수 있다. ↔ MARC 레코드; OPAC

온라인 서점(--書店) online bookstore

인터넷을 이용하여 책이나 잡지의 통신 판매를 행하는 소매업자 또는 그와 같은 업자의 웹 사이트. 주문한 도서는 주문자 집으로 직접 배송되거나, 주문자가 지정한 점포로 배송되며, 신용 카드 결제나 대금 교환 우편(代金交換郵便)으로 지불이 이루어진다. 그 특징은 도서의 온라인 검색 기능이 풍부하고 강력하며, 신간서·베스트셀러의 안내나 서평이 충실하고, 가격 인하나 선물 등의 서비스를 실시하고 있으며, 개인의 구매 경향에 따른 정보 제공을 실시하고 있는 것 등이다. 미국에서는 1992년, 일본에서는 1995년에 등장하였으며, 그 중에서도 1995년에 개업한 미국의 아마존닷컴사의 성공이 비즈니스 모델이 되었다. 또한 현재는 종이 매체의 도서를 판매하는 경우를 가리키는 경우가 많으나, 전자화된 컨텐츠를 포함하고 있는 경우도 있다. ↔ 서점

온라인 열람 목록(--閱覽目錄) online public access catalog(OPAC)

컴퓨터화된 열람 목록으로, 서지 레코드는 기계 가독 형식(MARC 레코드)으로 축적되며, 온라인에 의한 대화 방식으로 검색을 실시하는 것. 이용자가 직접 단말기를 조작하고, 소장하는 자료를 검색할 수 있도록 설계된 것으로, 온라인 목록의 이점을 그대로 갖추게 된다. 즉 다수의 검색 항목이나 다양한 검색 방법 및 그러한 것들의 조합 검색이 가능하고, 또한 네트워크에 접속되어 있는 경우에는, 도서관 등의 외부에서 검색 이용이 가능하며, 나아가서는 다른 각종 파일(발주, 수입, 대출 등)과 연결하여, 그러한 각종의 정보를 제공할 수 있다는 것 등을 장점으로 들 수 있다. ↔ MARC 레코드; 열람 목록; 온라인 목록

온톨로지 ontology

대상 세계에 관한 제 개념을 정리하여 체계를 부여하고, 컴퓨터에게도 이해 가능한 형식으로 명시적으로 기술한 것. 원래는 철학상의 「존재론」을 의미하는데, 컴퓨터 과학(주로 인공 지능·지식 공학 분야)에서는 상기(上記)의 정의로 연구 개발이 추진되어 왔다. 21세기에 들어 시맨틱 웹(semantic web)이 주창되면, 의미 레벨(용어·개념)의 상호 운용성에 관련된 중핵적인 요소 기술로서 더욱 주목을 받게 되었다. 2004년 W3C에 의해 온톨로지 기술 언어 OWL(Web Ontology Language)의 설계 구조(사양: 仕樣)가 권고되었다. 문헌정보학 분야에서는, 분류법·시소러스·전거 파일 등과의 친화성이 주목되고 있다. ↔ 시맨틱 웹

와다 만키치(和田萬吉) Wada Mankichi

1865-1934. 기후현(岐阜縣) 오가키시(大垣市) 출신. 도서관계의 지도자, 도서관학자, 국문학자. 1890년에 도쿄데이코쿠대학(東京帝國大學) 국문과를 졸업한 후, 동(同) 대학에 취직, 1892년부터 1923년에 간토대지진(關東大地震)으로 도서관 소실의 책임을 지고 사임하기까지 관장으로 근무하였다. 이 사이에「데이코쿠대학 도서관의 규모 확장에 관한 건의」를 대학 총장 및 평의원에게 제출, 대학 도서관 개선에 진력하였다. 또한 동(同) 대학 국문학 교수를 하면서 도서관학 강좌를 1918년에 개설하였다. 일본문고협회 설립에 참가하여, 1904-1907년에 제2대 회장을 지내고,『도서관 잡지』(圖書館雜誌, 1907-   )를 창간하고, 일본도서관협회로 개칭하였다. 1916-1918년에도 회장으로 일하였다. 저서로『도서관 관리법 대강』(1922)이 있다. ↔ 일본도서관협회

완결 저록(完結著錄) closed entry

계속하여 출판된 단행본 자료가 완결되거나, 연속간행물이 종결되는 등의 이유로, 미완 저록(未完著錄: open entry)의 미확정인 부분이 모두 판명 또는 확정되고, 목록 저록상의 공백이 메워져, 잠정적인 정보가 확정된 정보로 치환되어 완결한 저록. 미완 저록의 상대어. ↔ 미완 저록

완본(完本) (1) unabridged edition (2) complete set (3) complete book

(1) 저작물의 내용에 생략 등 결락(缺落)이 전혀 없는 완전한 판.「간략판」이나「초본」(抄本)에 상대되는 용어. 다만 도덕 등의 면에서 선호하지 않는 것으로 여겨지는 곳도 커트하지 않고, 완전판으로서 간행된 것은「무삭제판」(unexpurgated edition)이라고 부른다. (2) 복수 권으로 이루어진 전집, 총서 등, 이른바 세트물에서, 전권(全卷)이 한 책도 빠짐없이 완전하게 갖추어져 있는 것.「결본」(缺本),「단본」(端本),「영본」(零本)에 상대되는 용어. (3) 낙장(落張), 난장(亂張), 파지(破紙) 등이 없는 완전한 도서. ↔ (1) 간략판; (3) 낙장(落張); 난장(亂張)

완전명(完全名) full name

일반적으로 서양 인명을 생략하지 않고 완전하게 철자화한 형으로 표기한 것. 완전 성명이라고도 한다. 『영미편목규칙 제2판』에서는, 어떤 이름에 대해 완전성의 점에서 다른 표기가 존재하는 경우, 가장 자주 볼 수 있는 형을 채택하고, 그것이 특별히 없을 때는 최신의 형을 채택하며, 나아가 어느 것이 최신인지를 판단할 수 없을 경우에는, 비교적 완전한 형 또는 가장 완전한 형을 선택하도록 규정하고 있다. ↔ 이형 명칭; 저자 표목

완전 조합(完全組合) exact match

불 검색(Boolean search) 모델에 바탕을 둔 검색 기법. 검색식에서 지정된 모든 단어가, 지정된 관계에서 축적 정보 중에 존재하는 정보를, 합치하는 정보로 판단한다. 검색식 중의 검색어 수가 증가하면 합치하는 정보가 급격히 줄어드는 성질이 있으며, 출력 건수를 제어할 수 없다. 검색 결과를 적합도에 따라 순위화할 수 없는 등의 결점을 갖는다. 이에 대해, 축적 정보가 갖는 특질을 바탕으로, 검색 질문에 가장 적합한 정보를 뽑아내고자 하는 기법을 부분 조합(partial match 또는 best match) 방식이라고 하며, 벡터 공간 모델, 논리 모델, 클러스터 모델 등 다양한 기법이 제안되고 있다.

외국어 사전(外國語辭典) foreign language dictionary

특정의 언어를 모국어로 하는 사람들이 모국어 이외의 외국어를 알기 위해 사용하는 사전. 외국어로 된 단어나 어구를 표제어로 하여 모국어로 해설을 덧붙인 것과, 모국어로 된 단어나 어구를 표제어로 하여 해당하는 외국어 및 그 용례를 붙인 것이 있으며, 대역 사전(對譯辭典)이라고도 한다. 한국인의 경우, 영한 사전, 독한 사전 등이 여기에 해당한다. 그 밖에도 외국의 국어 사전을 외국어 사전이라고 하는 경우도 있다. ↔ 국어 사전

외국 잡지(外國雜誌) foreign magazine; foreign journal

출판지를 바탕으로 한 잡지의 구분으로, 자국 이외에서 간행된 잡지. 자국에서 간행된 것은 국내 잡지라고 한다. 도서관에서는 사용 언어를 바탕으로 한 서양 잡지라는 구분이 오히려 일반적이며, 일본의 국립 대학 부속 도서관 9개관에 설치되어 있는 「외국잡지센터관」이 소수의 사용례이다. ↔ 서양 잡지

외연(外延) extension; denotation

하나의 개념이 적용되는 사물의 범위, 바꾸어 말하면, 하나의 개념이 나타내는 본질적 성질을 구유(具有)하는 표상군(表象群)을 말한다. 개념의 내포(內包)가 본질적 속성의 총화(總和)인 것에 대해, 외연은 그 개념이 적응할 수 있는 범위가 된다. 양자 간에는 상관 관계가 있어서, 반대의 방향으로 증감한다. 내포가 증가하면, 적응의 범위는 적어지게 되고, 외연은 감소한다. 계층 분류에서는, 일반적인 것으로부터 특정의 것으로 구분이 진행됨에 따라, 개념의 외연이 축소하고, 내포가 증대한다. ↔ 내포

외제(外題) outer title

표지에 표시되어 있는 서명. 동양서의 본문 권수(卷首)나 서(序), 목차 등에 있는 내제(內題)에 상대되는 말. 외제는 표지에 직접 수기(手記)하는 경우와, 서명을 쓰거나 인쇄한 제첨(題簽)을 첨부(貼付)하는 경우가 있다. 그 때문에 제첨을 첨부 외제(貼付外題)라고도 한다. 서명이 인쇄된 외제를 인쇄 제첨이라고 하고, 제첨에 손으로 쓴 서명을 수기 외제(手記外題)라고 한다. 동양서의 간본(刊本)에서는 인쇄 제첨을 붙이는 것이 통례이다. ↔ 내제; 제첨

외형식(外形式) carrier form

서지 정보(소장 정보, 전거 정보 등을 포함한다)를 데이터 처리 시스템 간에 교환하기 위한 MARC 포맷의, 레코드 표현의 기본적인 구조, 즉 레코드의 구조에 관련된 부분을 규정한 것. 기록하는 데이터 요소의 식별 지시법 등에 대해 규정한 「내형식」과 상대를 이룬다. 외형식으로서 규정된 레코드 구조는 레코드 레이블, 레코드 디렉토리, 데이터 필드군, 레코드 종단 기호 등으로 이루어진다. 아울러 외형식은 내용 표지 기호인 지시 기호 및 식별 기호(서브필드 코드)의 사용의 구조에 대해서도 규정하고 있다. 외형식의 표준화를 도모한 규격과 기준으로는 *ISO 2709 Format for Bibliographic Information Interchange on Magnetic Tape*와 일본의 과학기술학술유통기술기준 「서지적 정보 교환용 레코드 포맷(외형식)」(SIST 03) 등이 있다. ↔ MARC 포맷; 내형식; 레코드 디렉토리; 레코드 종단 기호

요구론(要求論) demand theory

자료의 선정 기준을 이용자의 요구에 있는 것으로 하는 입장으로, 이용자의 요구나 니즈를 충족하는 것에 제일의적(第一義的)인 의의를 인정하는 자료 선택론. 요구란 리퀘스트를 포함하여, 어떤 형으로 도서관인에게 직접 전달되는 자료나 정보에 대한 액세스의 주관적인 필요성을 나타내며, 사회적 요구나 자기 실현 요구 등의 계층을 갖는다. 한편 니즈는 잠재적이며, 이를 파악하기 위해서는, 도서관인 측의 특별한 주의력이나 지식, 직감력이 필요하게 된다. 요구론에는 자료 선택에서, 일정의 질적 기준이 있는 것을 전제로 하는 제한적 요구론과, 이용자의 자료 요구에 대해 도서관인이 가치 판단을 하지 않는다고 하는 이념을 기반으로 하는 절대적 요구론이 있다. ↔ 가치론

요람기본(搖籃期本) → 인큐내뷸러

요목(要目) → 목(目)

요약화(要約化) summarization

자료의 내용을 포괄적으로 기술하고 주제를 간결하게 설명하는 것으로, 분류를 비롯한 전조합 방식(前組合方式)의 기초가 되는 주제 분석법. 반대 개념은 부차적 또는 주변 주제까지 망라하는 심층 색인법(深層索引法)이다. 요약화를 바탕으로 하는 색인법은 망라성보다 특정성(特定性)을 중시한다. 망라성을 중시하는 심층 색인법과 검색 효율을 비교할 경우, 재현율(再現率)에서 떨어지지만, 정확률에서 뛰어나다. ↔ 망라성; 주제 분석; 특정성

요어 색인(要語索引) catchword index

저작의 표제(타이틀)나 텍스트 중의 주요어를 표제어로 하는 색인. 표제 중의 주요어를 표제어로 하는 색인은 잡지 기사 색인이나 논문집의 권말 색인 등으로서, 기사의 주요 검색용으로 작성되는 경우가 많다. 텍스트 중의 주요어를 표제어로 하는 색인은 문학 작품 등을 대상으로 작성되며, 용어 색인이라고 불린다. 표제어에 전후의 문맥을 추가하는 KWIC 색인의 형식을 취하는 것도 있다. ↔ 용어 색인

요판 인쇄(凹版印刷) intaglio printing

철판 인쇄(凸版印刷), 평판 인쇄와 함께 기본적인 인쇄 방식의 하나. 화선 부분(畵線部分)을 비화선 부분보다 오목한 상태를 한 판을 사용한다. 판면 전체에 잉크를 묻히고, 표면의 잉크를 제거하면, 오목한 화선부에 잉크가 남기 때문에, 판면에 종이 등을 대고 강하게 압력을 가하면 화선 부분의 잉크가 전사(轉寫)되어 인쇄가 이루어진다. 이 판의 특징은 화선부의 조각한 모양을 얕게 하거나 깊게 함으로써 잉크의 막에 변화를 줄 수 있다는 점으로, 이것은 철판이나 평판에서는 모방할 수 없는 기법이다. 그 대표적인 것이 책의 삽화 등에 자주 사용되는 조각 요판에 의한 동판화이다. 그러나 석판(石版) 인쇄가 18세기에 발명되고 사진 제판도 발명되면서, 보통의 출판물이 요판 인쇄되는 경우는 없어졌다. ↔ 그라비어 인쇄

용어 색인(用語索引) concordance

문학 작품이나 고전 저작 등을 대상으로 하여, 작품 중에 출현하는 모든 단어 또는 주요어를 표제어로 하여, 그 단어의 저작 중에서의 모든 출현 위치를 제시하는 색인. 어구 색인, 콩코던스라고도 한다. 통상은 1인의 1저작 또는 복수의 저작을 대상으로 하여 편찬된다. 소재 표시는 저본(底本)의 해당 페이지와 행수, 또는 장(章), 절(節)의 번호 등으로 표시된다. 전후의 문맥을 알 수 있도록 한 것도 있다. 컴퓨터의 도입에 의해 편찬 작업이 용이하게 되어, 급속히 증가하였다. 신뢰할 수 있는 텍스트 파일만 마련될 수 있으면, 단어가 출현하는 곳이나 전후의 문맥을 간단하게 확인할 수 있게 되었기 때문에, 현재는 기존의 용어 색인이 없더라도 용어 조사는 용이하게 할 수 있다. ↔ KWIC 색인

용어열 색인(用語列索引) string index

책자 형태의 색인에서는 표제어의 모두어(冒頭語)가 실제의 접근점(액세스 포인트)이 되기 때문에, 하나의 주제 표제어의 구성어의 순번을 바꾸어 넣거나 조합을 바꾸어, 표제어를 복수 생성하는 방법을 도입한 색인. 이 교체, 조합의 기법은 다양한데, 그러한 것들을 총칭하여 용어열 색인이라고 부른다. 교체, 조합의 작업은 통상 컴퓨터에 의해 자동적으로 실행할 수 있기 때문에, 주제 분석만 가능하면, 편집은 비교적 용이하다. 다만 접근점을 다수 마련하는 것을 주안(主眼)

으로 하고 있기 때문에, 책자 형태 자료로서는 분량이 많아진다는 결점이 있다.
↔ 순환 색인, 연쇄 색인

용어집(用語集) glossary

특정의 주제에 관한 어휘를 음순(音順) 등으로 배열한 리스트. 특정의 주제가 아주 좁은 분야나 특별한 사회 사상(社會事象)인 경우도 적지 않다. 사용되지 않게 된 어휘를 모은 것도 있다. 수록어에 간단한 정의, 해설, 대응하는 외국어 등을 부여하고 있는 것이 많다. 이 이외에, 저작 중의 주요한 단어를 권말(卷末) 등에 일정의 순서로 배열하고, 간단한 해설을 붙인 것도 용어집이라고 한다.

우선어(優先語) preferred term

색인 언어 시스템에서, 어떤 개념의 색인 부여에 즈음하여 일관하여 사용하기로 결정된 용어나 그 밖의 기호. 색인의 일관성 유지, 검색의 재현율 향상을 목적으로 한다. 예를 들면,「과환기 증후군」에 관한 문헌을 동의어인「과호흡 증후군」,「과잉 환기 증후군」등으로 임기응변적으로 색인을 부여하고 있으면, 검색자는 그것들 모두를 사용하여 검색을 실시할 필요가 생기게 된다. 그에 대해, 이 개념에 관한 문헌은 모두「과환기 증후군」이라는 용어로 색인을 부여하고, 다른 두 단어는 사용하지 않기로 결정하면, 검색자는 그 한 용어로만 검색하면 되어, 효율적이다. 이 경우의「과환기 증후군」이 우선어, 다른 두 용어가 비우선어이다. 한편 시소러스에서 우선어는 디스크립터(descriptor)라고도 한다. ↔ 디스크립터

우송 대출(郵送貸出) → 우편 대출

우편 대출(郵便貸出) lending by mail

시설 입소자나 장애인 등의 외출 곤란자에 대해, 예를 들면 일본의 우편사업주식회사의 우편·택배 서비스에 의해 자료를 제공하는 서비스. 송료(送料)는 자료 형태나 이용자에 의해 규정이 다르다. 일본에서는, 제4종 우편에 해당하는 시각 장애인을 위한 점자 자료, 특정 녹음물의 송료는 무료가 된다. 시각 장애인용의 비디오테이프의 발수(發受)에는 시각 장애인용의 유팩, 제4종 우편의 지정 사이즈를 초과한 점자 자료에는 점자 유팩, 심신 장애인용의 도서에는 심신 장애인 유메일이 마련되어 있는데, 어느 것이나 통상 요금의 반액으로 이용할 수 있다. 제4종

우편의 점자 자료 이외의 서비스를 이용하는 기관은 미리 우편사업주식회사에 보고하거나 지정을 받을 필요가 있다. ↔ 도서 우송 서비스; 심신 장애인용 유메일

운정(芸停) → 운테이

운테이(芸亭)

일본 나라(奈良) 시대 말기(설립년은 미상) 문인 이소노카미 야카쓰구(石上宅嗣)가 나라의 자택을 아슈쿠시(阿閦寺)로 삼고 그 한편에 설치한 도서관. 나라 시대 후반 후지와라(藤原) 씨가 정권을 장악하는 과정이나 불교가 정치와 결부하여 부패하는 상황을 보고 있던 야카쓰구가 만년(晩年)이 되어 불교와 유교의 통일에 의한 새로운 사상의 모색을 목표로, 독서, 사색, 논의의 장으로서 운테이를 개설하였다. 같은 뜻을 가진 사람들이 모여 배우고 논의하려고 했던 것 같다. 일본 최초의 공공 도서관으로 일컬어지고 있는데, 야카쓰구가 속한 모노노베(物部) 씨 일족을 위한 폐쇄적인 조직은 아니었기 때문에, 그 성격에서 보면 회원제의 도서관이라고 부르는 편이 적절하다고 생각된다. 야카쓰구의 사후 어느 사이엔가 없어졌다. ↔ 이소노카미 야카쓰구(石上宅嗣)

원격 접속(遠隔接續) remote access

네트워크 정보 자원과 같이 자료의 물리적 소장처가 불명(不明)의 경우나, CD 체인저(CD changer)에 탑재된 개개의 CD를 이용하는 경우 등, 이용자가 자료가 수록된 물리적 매체를 직접 입수한 적이 없는 전자 자료의 이용 형태. 원격 접속되는 자료는 서지 정보를 기록할 때 물리적 매체에 관한 정보를 기록할 필요가 없거나 또는 기록이 불가능하기 때문에 로컬 액세스되는 자료의 기술과 차이가 생기는 경우가 있다(예: 형태에 관한 사항의 결락). ↔ 로컬 액세스; 전자 자료

원격지 보존(遠隔地保存) remote storage

이용이 적은 자료를 서가에서 제거하여, 도서관으로부터 떨어진 장소에 있는 보존 서고 또는 보관 창고 회사에 이송하여 보관하는 것. 원격지에 보존되는 자료는 간행년에 따라 구분하는 경우가 일반적이다. 또한 밀집 서가를 사용하는 경우가 많다. 원격지의 자료에 대한 액세스는 직접 이용자가 찾아가는 경우와, 자료

청구가 발생한 단계에서 출고를 의뢰하고, 우송 또는 배송 업자에게 의뢰하여 회송 받아, 이용을 위해 제공하는 경우가 있다. 회송 받아 이용된 자료는 다시 보존 서고로 이송하는데, 이송하지 않고 그대로 남겨두고 복귀시키는 경우도 있다.

원격 학습(遠隔學習) distance learning

학습자가 교수자(敎授者)와 지리적으로 떨어진 상태에서 지도·지원을 받는 학습 형태. 학습 내용이나 학습 정보를 전달하기 위해 우편 또는 텔레비전, 라디오 등의 방송을 이용한 통신 교육과 인터넷을 이용한 이러닝 등이 있다. 학교 교육뿐만 아니라 평생 학습에도 이용된다. 도서관은 학습 정보의 제공과 학습의 장(場)의 제공이라는 관점에서 원격 학습의 지원이 가능하다. ↔ 이러닝

원문 서지학(原文書誌學) textual bibliography

인쇄된 본문과, 그 저자의 원문과의 관계를 비교, 분석하는 연구 영역. 저자의 원문(원고)은 인쇄되는 단계에서 식자공(植字工)에 의해 오독(誤讀)되거나, 오식(誤植)되는 경우가 있다. 원문 서지학이 목표로 하는 것은 저자의 가장 정확한 텍스트(원문)를 제공하는 것이다. 따라서 원문 서지학에서는, 저자의 자필 원고를 발견하면 그것을 바탕으로 하는 것이 간요(肝要)하지만, 일반적으로는 동일서의 각종 전본(傳本) 간의 자구(字句)의 이동(異同)을 조사하여, 가능한 한 그 저작의 원문을 분명하게 하고자 한다. 본문 비평(textual criticism: 원본 비평)이라고 불리는 경우도 있다.

원본 대체 자료(原本代替資料) reproduction

원자료의 상태를 유지하고 보호, 보존하기 위해, 대체물로서 하나의 자료 형태로부터 다른 기록 매체로 미디어 변환된 자료. 원본의 지식 내용이나 기록 내용을 이용하기 위해, 복사, 마이크로자료화, 전자 미디어화된 것이나, 원자료에 외관까지도 흡사하게 하는 것을 목적으로 한 정밀한 레플리카(replica), 영인(影印)이나 조판에 의한 복각(復刻)을 포함한다.

원판(原版) original edition

복제판, 복각판 등의 바탕이 되었던 판. 일본에서는 원판(元版)이라고도 한다.

원판(元版) Yuan edition

중국 원대(元代: 1271-1368)의 판본. 1279년에 원군(元軍)은 남송의 도읍이었던 임안(臨安: 현재의 항저우(杭州))에 들어가, 상당수의 책을 판목(版木)은 물론 각공(刻工)과 함께, 원의 도읍인 대도(大都: 현재의 베이징(北京))로 옮겼다. 원조(元朝)는 인쇄 사업을 중시하여, 송판(宋版)의 전통을 이어받았기 때문에, 특히 원조 초기의 판본은 송판에 가깝고, 문자도 크고 행간도 넓다. 중기 이후는 원가를 낮추기 위해, 행간, 자간을 채우고, 또한 간체자(簡體字)를 많이 사용하였다.

원표제(原標題) original title

"번역, 복제, 개정 등의 원자료의 표제"(『일본목록규칙 1987년판 개정 3판』 용어해설). 『일본목록규칙 1987년판 개정 3판』에 의하면, 번역의 경우에는, 대등 표제로서 기록되거나, 또는 표제에 관한 주기에 기록되며, 복제, 개정의 경우에는, 판 및 서지적 내력에 관한 주기로서 기록된다.

월드와이드웹 → WWW

웹 포털 web portal

인터넷상의 다양한 정보나 서비스에 접근하기 위한 입구로서 기능하는 웹 사이트, 서비스. 1990년대 후반의 출현 당시에는 필요한 컨텐츠를 찾아내기 위한 「허브」였으나, 그 후 인터넷 서비스 제공자나 검색 엔진 사이트가 무료 메일이나 게시판, 채팅, 블로그 등의 커뮤니케이션 서비스도 함께 제공하게 되었다. 이것들은 모든 사람에게 동일한 서비스를 제공한다고 하는 의미에서 수평 포털이라고 불린다. 이용자마다 서비스를 개별화할 수 있는 것은 수직 포털(Vortal: vertical portal)이라고 하며, 이용자 등록 기능을 갖추고 있다. ↔ WWW; 게이트웨이

위딩 weeding

여분이 된 중복 자료, 거의 이용되지 않게 된 자료, 내용이 오래 되고 신선도가 떨어진 불요 자료(不要資料)를 서가에서 선택하는 것. 일본에서는 불요 자료 선택, 제가(除架)라고도 한다. 선택된 자료는 보존 서고로 이관되거나 제적된 후

폐기되기도 한다. 컬렉션을 이용자의 니즈와의 관계에서 조직적으로 점검하는 프로세스로, 자료의 이용도, 발행 연도와 분야, 중요도, 물리적 상태 등을 바탕으로 한 위딩 방침에 따라, 서가 상의 자료를 직접 눈으로 훑어보고 작업이 이루어진다. ↔ 원격지 보존; 제적; 폐기

위서(偽書) imposture

이미 멸실되어 전존(傳存)하지 않는 고서를, 원본처럼 내용을 위조하여 작성한 책. 일본에서는 가탁서(假託書)라고도 한다. 그것에 대해, 간기(刊記)나 오쿠가키(奧書: 필사본 등의 말미에 필사한 사람의 이름, 제작 일자 및 경위 등을 기록한 글) 등을 위조하거나, 장서 인기(藏書印記)를 위조하여 날인하여, 고서로서의 가치를 높이려고 한 것은 위조서, 위본(僞本) 또는 안본(雁本)이라고 한다. ↔ 안본

위전(僞典) apocryphal work

누구의 저작인지 그 신뢰성이 의심스러운 저작. ↔ 안본

위키피디아 Wikipedia

인터넷상에 공개되고, 누구나가 자유롭게 집필, 수정할 수 있는 백과사전을 구축하는 프로젝트, 또는 그 사전. 웹 브라우저를 이용하여 웹 서버상의 HTML 문서를 고쳐 쓰는 시스템 Wiki를 사용하고, GNU 자유 문서 이용 허가 계약(GNU FDL: GNU Free Documentation License)을 바탕으로 공개되고 있다. 누구나 수정할 수 있기 때문에 그 정확성이 과제가 되는데, 2005년의 *Nature*지의 조사에 의하면, 자연 과학 항목에 관한 정확성은 *Encyclopedia Britannica*와 비교해도 손색이 없었다. 2001년에 두 사람의 미국인에 의해 영어판이 시작되고, 그 후 각국어판이 추가되었다. 2007년 5월 현재 언어 수는 200개를 넘어섰고, 기사는 영어판에서 179만 건, 일본어판에서 37만 건을 넘어서고 있다. ↔ 백과사전

위탁 판매제(委託販賣制) sale on consignment

소매점이 제작자(maker)가 생산한 상품을 매절(買切)하는 것이 아니라, 반품이 가능한 위탁이라는 형식으로 구매할 수 있는 제도. 출판계에서는 일반적으로 출판사가 발행한 신간서는 서적 대리점을 경유하여 서점으로 배본되는데, 위탁 판

매제에 의해, 일정 기한 내이면, 서점은 구매된 상품을 다시 대리점을 통해 출판사로 반품할 수 있다. 이렇게 함으로써, 다품종 소량 생산이라는 특성을 가진 책이라는 상품을 소매점인 서점은 스스로의 리스크를 부담하지 않고 점두(店頭)에 전시 판매할 수 있다. 그렇지만 일본의 경우, 연간 7만점이 넘는 출판 점수에 대응하지 않으면 안 되기 때문에, 서점측이 빨리빨리 위탁본을 반품해 버린다는 폐해도 생기고 있다. → 매절제

윌리엄슨 Williamson, Charles C.

1877-1965. 영국에서 도서관 교육을 대학의 전문 스쿨(professional school)에서 실시하는 제도를 제창하고 그 확립에 기여하였다. 경제학에서 학위를 취득하고, 브린모어대학(Bryn Mawr College)에서 경제학을 가르친 후, 1911년 이후 뉴욕공공도서관에서 경제학·사회 과학 부문의 주임 및 뉴욕시정도서실의 관장을 역임하였다. 그 사이에 카네기재단(Carnegie Foundation for the Advancement of Teaching)의 요청에 의해 1923년에 제출했던 것이『윌리엄슨 보고서』(*Training for Library Services*)이다. 이 보고서를 바탕으로 1926년에 컬럼비아대학에 도서관서비스대학원이 창설되었으며, 그는 그 학과장으로서 대학에 기반을 둔 도서관인 양성의 길을 열었다.

유(類) genus; class

(1) 종(種), 종차(種差), 특성, 우성(偶性)과 함께, 전통적 논리학의 다섯 가지 속성의 하나. A라는 사물의 종류의 하나가 B일 때, A를 유(類), B를 종(種)이라고 한다. (2) 듀이십진분류법(DDC)이나 한국십진분류법(KDC), 일본십진분류법(NDC) 등의 십진식 분류법에서, 1자리 레벨 10구분에 대한 호칭. ↔ 십진식 기호법; 종(種); 클래스

유네스코 공공도서관선언(--公共圖書館宣言) Public Library Manifesto

유네스코 가맹국이 공공 도서관의 역할이나 목적, 운영의 원칙에 대한 공통 인식을 표명한 것. 1949년에 처음으로 선언되었으며, 1972년과 1994년에 개정되고 있다. 공공 도서관을 교육, 문화, 정보면에서의 활력원으로 간주하고, 또한 민주주의를 뒷받침하고, 사람들의 평화와 정신면에서의 복지를 추진하는 기관으로서 자리매김

하고 있다. 나아가서는 액세스의 평등을 보장하고, 무료, 공비(公費)에 의한 지급, 법을 바탕으로 하는 설치와 같은 활동 원칙을 강조하고 있다. 1994년의 개정에서는, 공공 도서관의 사명으로서, 어린이의 독서 습관의 육성, 교육의 지원, 청소년의 창조적인 활동의 지원, 문화 유산에 대한 인식의 환기, 정보에 대한 액세스의 보장 등을 들고, 협력 활동의 의의를 설명하고, 운영상의 기본을 제시하고 있다.

유네스코 학교도서관선언(--學校圖書館宣言) School Library Manifesto

학교 도서관은 오늘날 정보나 지식을 기반으로 하는 사회에 부응하여 살아가기 위한 기본적인 정보와 아이디어를 제공하고, 초·중등학생이 책임 있는 시민으로서 생활할 수 있도록, 평생 학습의 기능을 육성하고, 상상력을 길러주는 것이라는 내용으로 하여, 1999년의 국제도서관연맹대회에서 승인되고, 동년 11월 유네스코의 정식 문서로서 채택된 선언. 학교 도서관의 사명, 재정·법령·네트워크, 학교 도서관의 목표, 직원, 운영과 관리, 선언의 이행의 항목으로 구성된다. 이 선언의 구체적 지침을 정한 *IFLA/UNESCO School Library Guidelines* (2002)가 간행되어 있다.

유니텀 uniterm

색인법에서, 문헌의 주제를 나타내기 위해, 문헌 중에 출현하는 단어를 어떤 어휘 통제도 가하는 일 없이 이용하는 방법에서의 개개의 단어. 유니텀 시스템은 1950년대에 미국에서 많이 채용된다. 이 기법의 파탄이 시소러스 도입의 하나의 주요인이라고 일컬어지고 있다.

유럽도서관(--圖書館) The European Library

유럽의 주요 국립 도서관의 방대한 소장 자료의 일원적인 검색을 가능하게 하는 포털 사이트. TEL을 통해 유럽도서관장회의(CENL) 가맹 45개국의 국립 도서관의 모든 컬렉션의 횡단 검색이 가능하며, 디지털 자료도 직접 열람할 수 있다. 사무국은 네덜란드왕립도서관에 있는데, 메타데이터의 개발과 다언어 기능의 개발을 행하는 복수의 첨단적인 기술 그룹이 계속적으로 협력하여 TEL 시스템을 구축하였다. 또한 EU에 신규 가맹한 국립 도서관에 대해 TEL에 대한 참가를 권유하는 TEL-ME-MOR 프로젝트도 실시되고 있다. ↔ 횡단 검색; 전자 도서관

유료 대출(有料貸出) renting

자료를 유료로 대출하는 서비스. 전 컬렉션이 유료 대출의 대상이 되는 경우는 드물며, 베스트셀러나 신간서 등 이용이 집중되는 자료가 지정되는 경우가 많다. 또한 리퀘스트 자료의 대출에 대가를 요구하는 경우도 있다. 유료라고 하더라도, 명목상(nominal)의 비용 부담을 부과하는 것이 대부분이며, 비용의 회수를 목적으로 하는 것은 아니다. 영미의 공립 도서관에서는 예를 볼 수 있으나, 일본에서는 실시하고 있는 도서관이 눈에 띄지 않는다.

유료 대출 도서관(有料貸出圖書館) → 도서 대여점

유료 대출용 컬렉션(有料貸出用--) rental collection

베스트셀러 등의 일과성(一過性)의 요구에 부응하기 위해, 일시적으로 전문 업자로부터 빌려와, 유료로 이용자에게 대출하는 컬렉션. 미국의 일부 공공 도서관에서 볼 수 있다. ↔ 유료 대출

유료 서비스(有料--) fee-based service

도서관에서 제공하는 서비스 중에서 비용을 징수하는 것. 일반적으로 간접 비용을 포함하지 않는 실비(實費)를 징수한다. 공공 도서관에서 이루어지는 복사, 대학 도서관에서 이루어지는 복사, 상호 대차, 온라인 데이터베이스 검색 서비스 등이 유료 서비스의 예이다. 공립 도서관에 관해서는 일본의 경우,「도서관법」제17조와 관련하여 논의가 이루어지고 있다. 또한 다양한 고도의 서비스를 실시하기 위해서는 유료 서비스가 필요하다고 하는 의견도 있다.

유산 송(有山崧) → 아리야마 다카시

유서(類書) (1) similar book (2) classified encyclopedia

(1) 유사(類似)한 내용의 도서. (2) 분류된 지식의 책이라는 뜻으로, 백과사전. 양(洋)의 동서를 막론하고, 고대의 백과사전은 개별 항목이 분류순이며, 그 내용은 기존의 학술 문헌에서 관련 기사를 초록한 것이다. 이 형식이 중국에서는 역대로 답습되었는데, 최종의 최대의 것은 청조(淸朝)의 『흠정고금도서집성』(欽定

古今圖書集成, 1726년 완성)으로 10,000권으로 이루어져 있다. 유서 형식은 일본에서도 오랫동안 행해졌는데, 최종의 『고사유원』(古事類苑, 1896-1914)에는 메이지(明治) 이전의 지식이 집대성되어 있다. 서양에서는 17세기 이후, 항목의 알파벳순으로 편성하고, 종합적으로 요약 기술하는 백과사전으로 발전하였다. 일본에서도 20세기에 들어 서양적인 백과사전으로 변하였다. ↔ (2) 백과사전

유아사 키치로(湯淺吉郞) Yuasa Kichiro

1858-1943. 군마현(群馬縣) 안나카(安中) 출신. 1885년 도시샤에이학교(同志社英學校) 졸업 후에 미국 오베린대학(Oberlin College), 예일대학에서 공부하고, 1891년에 학위를 취득하여 귀국하였다. 도시샤대학(同志社大學) 교수로서 근무하였는데, 1902년에 다시 시카고대학 올바니도서관학교에서 공부하고, 미국 각지를 비롯하여 영국, 프랑스, 독일의 도서관을 시찰하고 귀국하였다. 1904년에 교토부립도서관장(京都府立圖書館長)에 취임하여, 초창기의 일본의 도서관계에서, 어린이 서비스, 집회 활동(특히 전람회), 분관 설치 등 참신한 도서관 활동을 전개하였다. 또한 메이지(明治) 말에 교사에게 도서관의 필요성을 호소하여, 많은 소학교 도서실의 설치에 공헌하였다. 1916년에 퇴직하여 와세다대학(早稻田大學) 도서관 촉탁이 되어 연극박물관의 설립에 관여하였다.

유연성 있는 기호법(柔軟性--記號法) flexible notation

분류표 안에서, 어떤 기호를 부가함으로써, 기호의 논리적 순서 관계를 혼란시키지 않고, 적절한 위치에 신 주제를 삽입할 수 있는 기호법.

유유아 서비스(乳幼兒--) early-childhood services

공공 도서관에서 제공되는 어린이 서비스 중에, 특히 0세부터 취학 전까지의 유아(乳兒)·유아(幼兒) 및 그 보호자를 대상으로 하는 것. 어린이 서비스의 범주에 포함하여 고려되고 있다. 유유아 서비스 중에서도 특히 유아(乳兒)에 대한 서비스의 목적은 조기 독서 교육이 아니라 육아 지원의 일환으로 이해되는 경우가 많다. 일본에서는 2000년의 어린이 독서년에 영국의 북스타트 활동이 소개되어, 전국적인 확산을 보인 가운데, 공공 도서관의 유유아 서비스에 대한 관심이 높아져 왔다. 유유아와 그 보호자가 부담 없이 내관(來館)하기 위해서는 유모차의

배리어 프리(barrier free) 대책이나 수유실(授乳室)·다목적 화장실의 설치, 유아 코너의 정비 등 시설면에서의 고려가 불가결하다. ↔ 북스타트; 어린이 서비스

유종 관계(類種關係) genus-species relationship

(1) 사물과 그 종류의 관계. (2) 클래스와 그 멤버 간의 포함 관계. 개개의 멤버는 모두 클래스의 용어에 의해 정의되는 특성을 갖는다. 생물 분류학에서 속종 관계(屬種關係)가 고정된 계층의 특정한 곳에 적용되는 것에 대해, 전체와 부분 등 다른 특성을 결합하여 클래스를 만들지 않을 수 없는 문헌 분류법의 유종 관계는 상대적으로 계층의 어느 곳에나 적용된다. ↔ 유(類); 종(種)

유치에 의한 분류(誘致--分類) classification by attraction

어떤 사상(事象)을 특정의 관점에서 다룬 주제가 그 관점을 제공한 본래의 주제 분야에 적절한 분류 항목이 아니기 때문에, 어쩔 수 없이 관련 분야에서 둘 곳을 찾아내는 것. 예를 들면, 듀이십진분류법(DDC)에서, 항공 우주 의학은 의학에 분류 항목이 없고, 우주 공학의 클래스에 배치되어 있었다. 또한 유태인 문제는 사회학이 아니라, 유태교의 클래스에 배치되어 있었다. 미국의회도서관분류표(LCC)와 같이 본표에 분류 항목이 없는 채, 주제명 색인에 어휘를 추가해가는 조치도 분류표의 경직화(硬直化)라는 같은 원인에 기인하고 있다. ↔ 관점; 관점 분류법

유해 도서(有害圖書) → 악서(惡書)

윤리 강령(倫理綱領) code of ethics

전문직 단체가 전문직으로서의 사회적 책임, 직업 윤리를 행동 규범으로 하여 성문화(成文化)한 것. 상당수의 전문직 단체에서는 윤리 강령을 작성, 공표하고 있다. 의사는 「히포크라테스의 선서」 이래의 전통을 가지고 있으며, 간호사에게도 「나이팅게일 선서」가 있다. 또한 사회적 영향력이 강한 매스컴도, 출판, 신문, 잡지 등의 협회가 각각 윤리 강령을 작성하고 있다. 전문직을 목표로 하고, 정보를 다루는 도서관에서도, 한국의 「도서관인 윤리선언」이나 일본도서관협회의 「도서관원의 윤리강령」, 미국도서관협회의 「미국도서관협회 윤리강령」, CILIP의 「도서관·정보전문직의 윤리강령」과 같은 명칭의 것이 작성되어 있다.

으뜸 정보원(情報源) chief source of information

『영미편목규칙 제2판』에 설정되어 있는 용어로, 그 용어 해설에 의하면, "서지 기술(또는 그 일부)을 작성하는 정보원으로서 첫 번째 우선순위를 부여받는 서지 데이터의 정보원"으로 되어 있다. 예를 들면 동(同) 편목 규칙에서는, 도서의 으뜸 정보원은 표제지라고 하고, 그것이 없는 자료의 경우에는 표지, 권두 표제(caption title), 간기(colophon) 등 중 가장 완전한 정보를 얻을 수 있는 부분을 「표제지 대체 부분」으로서 사용하도록 하고 있다. 그러나 그때는 이용한 대체 부분을 주기에 명시할 필요가 있으며, 어디까지나 으뜸 정보원과의 차별화가 도모되고 있다. ↔ 정보원(情報源)

은인(隱印) secret stamp

사람 눈에 띄기 어려운 도서의 페이지의 여백 부분 등에 찍는 소형의 도장. 각각의 도서관에 따라, 어떤 특정 페이지에 소형의 관명인(館名印) 등을 찍는다. 장서인이 찍혀 있는 표제지, 표지, 판권이 절취(切取)되더라도 그 도서관의 장서임을 알 수 있도록 하기 위해, 즉 도난 도서의 발견이나 예방을 목적으로 하여 사용된다. 보존을 중심으로 생각하고, 분실을 극도로 우려했던 시기에는 반드시라고 해도 좋을 정도로 사용되었으나, 이용 중심이 된 현재에는 거의 사용되지 않게 되었다. 거의 비슷한 것으로 소구인(小口印)이 있는데, 이것은 도서의 머리(天: 페이지 면의 위쪽 여백)나 밑(地: 페이지 면의 아래쪽 여백)의 바깥쪽(소구: 小口)에 관명(館名)이나 마크화한 도장을 찍는 것으로, 현재에도 어느 정도 사용되고 있다. 비인(秘印)이라고도 한다. ↔ 장서인

음성 도서(音聲圖書) → 토킹 북

음순 배열(音順排列) phonetic order

배열에서, 알파벳(로마자 등)이나 한글, 일본어의 히라가나, 가타가나 등, 그 문자 자체에 갖추어진 순서를 바탕으로 배열을 실시하는 것. 알파벳순 배열(abc순 배열이라고도 한다)이나 히라가나나 가타가나에 의한 오십음순 배열이 그 예이다. 일본어의 한자나 중국어 등 표의 문자(表意文字)의 경우에는, 그 배열 요소를 발음할 때의 음을 표음 문자(表音文字)로 표기한 후에, 그러한 표기된 문자의 순서로 배열하는 것이 통상 행해지고 있다. 또한 음순 배열은 배열의 단위를 기

준으로 하여, 한 문자를 단위로 하는 자순 배열과 한 단어를 단위로 하는 어순 배열로 구분할 수 있다. ↔ 어순 배열; 자순 배열

음악도서관협의회(音樂圖書館協議會)[일본] Music Library Association of Japan

1971년에 일본 도쿄(東京) 7개관 관장 회의의 합의를 바탕으로 발족한 음악·예술계 대학 도서관 및 음악 전문 도서관으로 이루어진 전국적인 협의회 조직. 일본 내의 음악 자료를 가지고 있는 기관의 연락·제휴를 바탕으로 상호 협력 활동을 추진하고, 음악 도서관 활동의 진흥을 도모하며, 음악 문화의 발전에 기여하는 것을 목적으로 하고 있다. 그 구체적인 활동으로서는,『음악 관계 연속간행물 소재 목록』(1976-1993),『작곡가 전집·악보 총서 소재 목록』(1983) 등의 종합 목록 및『MLAJ 상호 협력 핸드북』(1985)의 간행에 의한 가맹관 간의 상호 협력의 추진을 들 수 있다. 또한 관계 학회와의 공동 사업으로서, 각종 서지를 편집, 간행하는 것 이외에도, 연수회, 공개 강좌 등을 주최하여 음악 도서관인의 교육과 육성에도 기여하고 있다.

음악 자료(音樂資料) musical material

음악이라는 주제 분야에 관한 자료. 음악이라는 주제에 대해 쓰고 있는 문헌과 음악 작품으로 대별된다. 주제의 영역으로서는, 음악 사학으로부터 민속 음악, 대중 음악, 나아가서는 음악과 다른 분야의 관련 분야 등이 포함된다. 자료의 종류로서는, 도서, 연속간행물, 악보로부터 레코드, 녹음 테이프, 콤팩트디스크와 같은 녹음 자료, 비디오테이프, 비디오디스크와 같은 영상 자료 및 회화, 사진과 같은 정지 화상 자료 등이 있다. 또한 악기 등의 발음체(發音體)를 음악 자료 속에 포함시키는 경우도 있다. ↔ 녹음 자료; 악기

음역 서비스(音譯--) recording service

시각 장애나 그 밖의 이유로 도서관 자료를 그대로는 이용할 수 없는 사람들에 대해 도서관이 실시하는 서비스의 하나로, 글로 쓰인 것을 음으로 변화시키는 서비스. 널리「낭독 서비스」가 이용되고 있는데,「낭독」에는 읽는 사람이 표현자라는 의미가 포함되어 있다고 하여, 대신에「음역 서비스」를 사용하게 되었다. 점역(點譯) 서비스에 상대되는 용어. ↔ 점역 서비스

의료 정보학(醫療情報學) medical informatics

의학과 의료에 관련된 정보를 대상으로 하며, 그것들이 의학과 의료에 유효하게 도움이 되는 방법과 기술을 연구하는 영역. 약제 정보(藥劑情報)나 의학 문헌 정보의 데이터베이스화, 심전도나 컴퓨터 단층 촬영 등의 의용 파형(醫用波形)이나 화상(畵像)의 해석 처리, 진료에 있어서 의사 결정 지원 시스템의 구축, 환자의 병력, 검사 결과, 처방, 회계 등 병원 내에서 분산적으로 발생하는 정보의 통합화를 도모하는 병원 정보 시스템의 구축, 나아가서는 환경 위생, 조기 진단이나 지역의 니즈 등을 포함시킨 포괄적 지역 건강 관리 시스템의 구축이 중심이 되고 있다.

의무 설치제(義務設置制) mandatory library service

법률의 정한 바에 따라 도서관의 설치를 의무화하는 것. 일본에서는,「학교도서관법」에 의해, 모든 학교에 도서관의 설치가 의무화되어 있는 것 등이 여기에 해당한다. 「대학설치기준」에 따라 설치가 의무화되어 있는 대학 도서관 등도 여기에 준하여 생각할 수 있다. 공공 도서관에 관해서는, 일본의 경우, 현행「도서관법」제정을 둘러싸고 논의 중에 주장된 적도 있었지만, 현재에 이르기까지, 일본의 공공 도서관은 임의 설치로 되어 있다. ↔ 도서관법[일본]

의학주제명표목표(醫學主題名標目表) Medical Subject Headings(MeSH)

미국국립의학도서관(U.S. National Library of Medicine)이 편집·간행하는 의학 관계의 시소러스. 1960년에 제1판이 간행되었다. 1963년의 제2판 이후는 기계 검색 시스템인 MEDLARS(MEDLINE)에서, 후조합 검색으로 사용되는 것을 의식하여 만들어지고 있다. 매년 주석 알파벳순 리스트(Annotated alphabetical list), 트리 구조(Tree structures), 순열 색인(Permuted MeSH)의 개정판이 간행되며, 또한 다운로드에 의한 입수나 WWW에 의한 통람(通覽)도 가능하다. 트리 구조에서는 표목이 16개 카테고리로 대별되는데, 5개가 인체의 부분이나 질병이라는 의학 관련 패싯을 나타내며, 다른 11개 카테고리는 주변 분야나 지명이다. 개개의 표목에 대해서는「Tuberculosis, Avian」과 같은 도치형을 많이 사용하는 것이 특징이다. 또한 부표목(副標目)이라고 일컬어지는 것이 있는데, 약간의 결합 규칙에 따라 주표목(主標目)에 조합시킴으로써, 이를 한정할 수 있다. ↔ 시소러스

의회 도서관(議會圖書館) parliamentary library

의회에 부설된 도서관. 옛날로는 독일의 시의회 도서관까지 거슬러 올라가며, 국가 레벨로부터 주 의회 레벨에 이르는 도서관이 있다. 가장 잘 알려져 있는 것으로서, 한국의 국회도서관, 일본의 국립국회도서관, 미국의 의회도서관이 있다. 의회의 입법 활동을 정보 제공 및 입법 참고 서비스의 면에서 뒷받침하는 역할을 갖기 때문에, 일반적으로는 법제, 정치 관계의 자료를 많이 소장하는데, 최근에는 환경 문제, 과학 기술, 민족 문제에까지 의회에서의 토의가 확대되고 있어, 입법 참고 서비스의 폭이 넓어지고 있다. 일본의 국립국회도서관에는「조사·입법참고국」이 있는데, 전문 직원을 다수 확보하고 있다.

의회 의사록(議會議事錄) parliamentary papers; congressional papers

국가 또는 지방의 입법 기관에 의해 작성되는 의회의 의사를 기록한 관공청 자료. 일본의 국회 의사록에는, 『관보』(1983-   )의 호외(號外)로서 간행되는 『중의원 의사록』(1947-   )과 『참의원 의사록』(1947-   )이 있다. 일본의 경우, 현재 제1회 국회(1947년 5월 개회) 이후의 본회의, 모든 위원회 등의 의사록은 인터넷상에 무료의 온라인 검색 시스템에 공개되어 있다. 한편 한국의 국회 회의록은「국회회의록시스템」에 의해 관리되고 있으며, 인터넷을 통해 검색·활용할 수 있다.

이니스(INIS) → 국제원자력정보시스템

이동 도서관(移動圖書館) mobile library; book mobile

공공 도서관이 도서관을 이용하기 어려운 지역의 주민에 대해, 어떤 이동 수단을 사용하여 도서관 자료를 옮겨, 도서관인에 의한 도서관 서비스를 제공하는 방식. 모든 주민이 공평하게 도서관 서비스를 받도록 하는 것이 주목적이지만, 주민의 도서관에 대한 이해를 높이고, 도서관이나 분관(分館) 설치의 기운을 고양시키는 것도 중요한 것으로 여겨지고 있다. 이동 수단으로서는, 역사적으로 마차, 자전거, 리어카 등이 사용되어 왔는데, 현재는 특별히 개조된 자동차의 이용이 주류를 이루고 있다. 일본에서는 외딴 섬을 대상으로 하는 도서관 선(圖書館船)이 사용된 사례가 있으며, 외국에서는 철도나 헬리콥터도 사용되고 있다. 통상 자동차 도서관의 적재량은 2,000 내지 4,000책이며, 2주간에 한 번 정도의 빈도로 순회한다. 일본에서는 제2차대전 직후에 자동차 도서관이 시작되어, 1965년부터 히노시립도서관(日野市立圖書館)의 활동에 의해 보급되었다. 최근에는 이동 도서관이나 자동차 도서관보다도 book mobile의 약칭인 BM(비엠)으로 통칭되고 있다.

이동식 배가법(移動式排架法) movable location; relative location

자료의 배가법의 하나로, 자료를 주제에 따라 분류하고 배가하는 방법. 자료는 일반적으로는 분류 체계를 바탕으로 하여 부여되는 분류 기호에 의해 배가 위치가 결정된다. 이 경우 기존의 자료군(資料群) 안에 동일 주제를 가진 새로운 자료가 삽입될 가능성이 항상 존재하며, 개개 자료의 서가 상의 위치는 계속적으로 이동하게 되기 때문에, 이동식 배가법이라고 한다. 또한 분류 체계에 따라 자료의 상대적 배가 위치가 규정되기 때문에, 상관식 배가법(相關式排架法)이라고도 한다. 주제로부터 접근할 때, 목록 등의 검색 수단을 통하지 않고 직접 서가에 접근하여 이용하는 것도 가능하다는 이점(利點)이 있으며, 개가제(開架制)의 경우는, 거의 대부분 이 배가법을 취한다. 한편 주제마다 자료의 증가에 대응하기 위한 공간을 미리 계산해 둘 필요가 있고, 아울러 대폭적인 자료의 이동을 야기하게 되는 등의 서가 관리상의 약점도 있다. ↔ 고정식 배가법

이러닝 e-learning

정보 기술을 이용하여 실시하는 학습으로, 웹 등을 이용하는 온라인형과, CD-ROM, DVD-ROM 등의 미디어를 이용하는 독립형(standalone type)이 있다. e는 electronic의 약어. 온라인형에서는 일반적으로 문자·정지 화상·동화상·음성을 구사한 교재 제공 외에도, 전자 게시판이나 차트 등의 대화형 시스템을 병용(倂用)하는 협력 학습 환경을 제공한다. 학교 교육이나 평생 교육에서 널리 이용되며, 국경을 넘어선 학습 기회의 제공도 가능하다. 시간이나 장소를 불문하고 학습이 가능하기 때문에, 기업 내 교육이나 자격 취득을 위한 전문직 교육에 적합하다. ↔ 원격 학습

이름 목록(--目錄) → 고유명 목록

이름 전거 파일(--典據--) name authority file

서지 레코드의 표목이 되는 개인명, 단체명, 회의명, 지명, 통일 표제, 총서명 등을 편목 규칙이나 전거 포맷(전거 레코드를 대상으로 하는 MARC 포맷)에 따라 기록하는 이름 전거 레코드를 수록하는 파일. 기계 가독형(機械可讀形)의 이름 전거 파일은 서지 유틸리티 등에서 목록 데이터베이스의 전거 관리(authority control), 나아가서는 OPAC 등의 검색 지원 기능에 사용된다. 「미국의회도서관 이름전거파일」 등이 국제적으로 널리 사용되고 있다. 일본에서는 국립국회도서관의 「JAPAN NARC 저자명 전거파일」 등이 있다. 한편 저자명 전거 파일이란 이름 전거 파일 중의 저자명만을 수록한 것이다. ↔ 전거 파일

이메일 e-mail

컴퓨터 네트워크를 중심으로 하는 각종 통신망을 매개로, 개인 간에 전자적으로 메시지를 교환하는 기능을 제공하는 시스템. 원래는 개개의 컴퓨터 네트워크 내에 접속되는 컴퓨터 간의 메시지 교환에 이용되고 있었는데, 컴퓨터 네트워크의 상호 접속의 진전에 따라 외부 접속성을 비약적으로 높였다. 휴대 단말이나 휴대 전화에서 이루어지는 이메일 서비스의 보급에 의해, 이메일의 커뮤니케이션 도구로서의 역할은 한층 높아지고 있다. 송수신자는 컴퓨터의 도메인명과 이용자명을 조합시킨 이메일 주소에 의해 특정(特定)된다. ↔ 메일링리스트

이메일 매거진 → 메일 매거진

이명동서(異名同書) book having another title

본문은 동일하면서도 다른 표제가 붙여져 있는 저작. 필사본(筆寫本)에서 많이 볼 수 있다. 인쇄본에서도, 미국과 영국에서 다른 표제가 붙여지기도 하고, 시대에 따라 다른 표제가 붙여지는 경우도 있다. 또한 이전의 서명을 변경하여 간행한 개제서(改題書)도 여기에 포함된다. ↔ 개제

이본(異本) variant; state

인쇄 작업의 도중에 정정이 이루어졌기 때문에 발생한다. 동일판임에도 불구하고 본문이 다른 책. 이쇄(異刷)라고도 한다. 유럽에서 활판 인쇄의 초기에는, 인쇄 작

업이 교정 작업과 병행하여 이루어졌는데, 잘못이 발견되면 인쇄 작업을 일시적으로 멈추고 교정을 실시하고, 다시 인쇄를 재개하였기 때문에, 이본이 생겨난다. 필사본(筆寫本)의 경우는, 동일한 본문을 가지고 있는 책은 모두 이본이 된다.

이북(e-book) → 전자책

이분법(二分法) dichotomy

하나의 특성 A에 주목하고, 이 특성 A를 가지고 있는지의 여부, 즉 A인가 A가 아닌가라는 두 가지의 분류 단위에 의해, 분류를 실시하는 방법. 이 경우에 A를 간단한 기호로 생각하면, A와 비(非)A라는 등가(等價)이다. 그렇지만 인간이 선택하는 분류 단위는 간단한 기호가 아니다. A라고 하는 특성은 인간이 중요하다고 인지함으로써 선택된 것이며, 따라서 비A라는 특성은 A라는 특성 이외의, 중요하지 않다고 생각되는 특성이 된다. 즉 A인가 비A인가라는 이분법은 이미 A의 측에 가담한 인지 작용이 작동하고 있는 것이며, A라는 특성의 자의적(恣意的)인 강요가 될 위험성을 포함하고 있다.

이소노카미 야카쓰구(石上宅嗣) Isonokami Yakatsugu

729-781. 통설에서 일본 최초의 공개 도서관으로 되어 있는 운테이(芸亭)의 설립자. 츄나곤 오토마로(中納言乙麻呂)의 아들. 모노노베아손(物部朝臣)으로 일컬어진다. 757년 사가미마모루(相模守), 그 후 지방관을 역임하고, 761년 견당부사(遣唐副使)로 임명되었으나 직후에 면직되었다. 763년(?) 후지와라노 나카마로(藤原仲麻呂)를 제거하고 후지와라 요시쓰구(藤原良繼) 등의 기도에 참여하였는데, 요시쓰구 혼자 책임을 지고 야카쓰구 등은 죄를 면하였다. 후에 참의(參議)를 겸하여 식부경(式部卿). 코닌 천황(光仁天皇) 옹립에 참여. 그 후 중무경(中務卿) 겸 중납언(中納言)이 되고, 이 무렵 황태자전(皇太子傅), 대납언(大納言)으로 승진하고, 사후에 정이위(正二位)를 추증받았다. 시부(詩賦)에 능하였고, 한적(漢籍)에 관한 지식이 풍부하고 글에도 빼어나, 오미노 미후네(淡海三船)와 함께 문인의 우두머리로 일컬어졌다. 만년(晩年)에 구택(舊宅)을 버리고 아슈쿠시(阿閦寺)로 삼고, 사내의 한 구석에 특별히 외전(外典: 불서(佛書) 이외의 책)의 원(院)을 두고, 운테이(芸亭)라고 이름 붙였다. ↔ 운테이(芸亭)

이야기 시간(--時間) story hour

어린이 도서관에서 어린이를 대상으로 스토리텔링을 실시하는 모임. 이야기 시간의 의의로서, 어린이들에 대해 독서하는 바탕을 만들어주고, 책에 대한 흥미를 길러주는 것 이외에, 도서관인과 어린이의 관계 육성, 도서관인의 스토리텔링 훈련을 들 수 있다. 이야기 시간은 정기적으로 개최하고, 30분 정도의 시간으로, 10명에서 30명 정도의 어린이들에게 한두 번 이야기해주는 것이 일반적이며, 시나 손가락 놀이, 그림책의 스토리텔링 등을 넣는 경우도 있다. ↔ 스토리텔링

이용 가능성(利用可能性) availability

도서관의 성과(퍼포먼스) 측정을 구성하는 개념의 하나로, 『JIS X 0812 도서관 퍼포먼스 지표』에 의하면, "이용자가 요구했을 때, 자료, 설비 또는 서비스에 대해, 실제로 도서관이 제공할 수 있는 정도"이다. 통상은 자료에 대해 사용되는데, 어떤 자료를 이용하고 싶다고 희망하고 있는 이용자가 있을 때, 실제로 그 자료를 이용할 수 있는지의 여부에 관한 가능성을 말한다. 서가에 있어, 곧 그 이용이 가능한 경우를 「즉시적인 이용 가능성」이라고 하여, 상호 대차 등을 경유하는 경우와 구별할 때가 있다. 미국의 대학 도서관에서는 특정의 문헌을 찾고 있는 이용자를 조사하여, 이용에 성공했는지의 여부를 명확하게 함과 동시에, 실패한 경우의 원인을 명확하게 하는 이용 가능성 조사의 실시 예가 있다. ↔ 접근 용이성

이용 교육(利用敎育) → 도서관 이용 교육

이용 분석법(利用分析法) use analysis method

광의(廣義)로는 어떤 기관이나 시스템이 이용되는 경우에, 그 이용을 분석함으로써, 그 기관이나 시스템의 효과와 효율 또는 목표의 달성도를 측정, 평가하는 방법. 도서관에서는 특히 장서의 평가나 이용자의 만족도의 조사를 실시하는 경우에, 대출이나 관내 이용의 정도를 그 척도로 사용하여, 계량적으로 분석하는 것을 가리킨다.

이용 빈도(利用頻度) frequency of library use

이용자가 일정의 기간 내에 도서관이나 정보 센터 등의 기관을 이용한 횟수. 도서관의 이용자 조사나 이용 조사의 질문 항목의 하나. 이용 빈도에 의해 이용자를 그룹으로 나눌 수 있다. 이용자의 분류는 이용 횟수를 어떻게 구분하는지에 따라 다르다. 일례로, 미이용자(과거 1년간 도서관을 이용하지 않았던 사람), 평균적 이용자(과거 1년간 도서관을 1회에서 11회 이용한 사람), 정기적 이용자(과거 1년간 12회 이상 이용한 사람)와 같은 분류가 이루어진다. ↔ 이용자 조사

이용자(利用者) user; reader

도서관의 서비스 대상자 중, 실제로 도서관을 이용하는 개인이나 단체. 도서관 이용자는 취학 전의 어린이로부터 모든 연령층의 성인까지의 폭을 가지며, 그 이용 형태도 자료의 이용으로부터 간단한 일시적인 심심풀이까지 다양하다. 그렇지만 도서관은 관종(館種)마다 어느 정도 이용자를 상정(想定)하여 활동을 전개하고 있다. 공공 도서관은 지역 주민이, 대학 도서관은 해당 대학 관계자가, 학교 도서관은 초·중등학교 학생과 교직원이, 전문 도서관은 설립 모체의 구성원이 주된 대상이 된다. 또한 주요한 이용자층 이외에도, 부차적인 이용자(예를 들면 대학 도서관의 졸업생, 공공 도서관의 해당 지역 이외의 주민의 이용)도 이용자에 포함된다. ↔ 서비스 대상 집단; 잠재 이용자

이용자 간담회(利用者懇談會) library user conference

특정의 도서관의 이용자를 모아, 도서관의 이용이나 본연의 모습에 대해 서로 이야기하는 간담회. 공공 도서관이 도서관에 대한 이용자의 목소리나 요구를 듣기 위해 개최하는 경우가 많다. 도서관의 활동을 지원하기 위해 조직된 도서관의 친구들 등의 자원 봉사자 그룹이 도서관과 지역 주민에게 요청하여 개최하는 경우도 있다. 지역 주민, 이용자의 요구를 도서관측에 전달하거나, 의견을 교환하는 주민 참가의 장이기도 하다.

이용자 교육(利用者敎育) → 도서관 이용 교육

이용자 만족도(利用者滿足度) user satisfaction

도서관의 성과(퍼포먼스) 측정의 척도의 하나로,『JIS X 0812 도서관 퍼포먼스 지표』에 의하면, "이용자가 도서관의 서비스 전반 또는 개개의 서비스에 만족하고 있는 정도"이다. 현상(現狀)의 도서관 서비스나 특정의 도서관 서비스에 대해 이용자가 어느 정도 만족하고 있는지를 서비스를 받는 이용자로부터 주관적으로 평가한 결과를 말한다. 이용자 만족도는 도서관 서비스의 아웃풋에 대한 효과를 대상으로 하고 있으며, 도서관의 효과를 간접적으로 측정하는 것이 가능하다. 또한 이용자 만족도는 이용자의 이용을 결정하는 주요한 요소가 되기도 한다.
↔ 도서관 평가; 성과 측정

이용자 모델(利用者--) user model

이용자의 정보 요구에 관계되는 다양한 속성을 사용하여, 정보 검색 시스템 상에 구축된 이용자의 특성을 나타내는 모델. 정보 검색 시스템은 이용자에 대해 질문을 내고, 그 회답을 바탕으로 이용자 모델을 구축하고, 그 모델을 사용하여 정보를 검색한다. 이용자 모델은 이용자의 목표, 이용자의 지위와 경력, 검색 시스템에 대한 친근도, 이용자의 지식 상태 등으로 구축된다. 이용자 모델을 짜넣은 시스템으로, 이용자의 기호(嗜好)에 있던 소설을 검색하는 GRUNDY 등이 있다.

이용자 서비스(利用者--) user service; reader service; public service

도서관 서비스에서 이용자에게 직접 제공되는 각종의 작용. 자료의 수집, 조직, 보존과 같은 기능을 바탕으로 하는 테크니컬 서비스(간접 서비스)와 대비하여 파악하는 것이 일반적이다. 즉 자료 및 정보의 제공 기능을 도서관이 수행하기 위해 실시하는 제 활동이 여기에 포함된다. 주된 서비스로서는, 이용자의 자료 열람이나 대출에 관계되는 업무, 참고 서비스, 대상자별로 전개되는 제 서비스, 이용자의 자료 이용에 관련된 집회 활동이나 시설 제공을 들 수 있다. 또한 아웃리치 서비스(outreach service)나 도서관 이용 교육도 여기에 포함하여 논의할 수 있다. ↔ 대출 업무; 도서관 서비스; 집회 활동; 참고 서비스

이용자 제한(利用者制限) controlled access

도서관의 이용을 일정의 기준 아래 조정하는 것. 이용자의 도서관 서비스에 대한 액세스를 조정하기 위해 이루어진다. 입관자수의 상한을 설정하고, 연령 제한을 두고, 자격 제한을 두는 등이 이에 해당한다. 이용자수가 극히 많은 도서관에서는 이러한 조정에 의해 서비스의 원활화를 도모하고 있다.

이용자 조사(利用者調査) user study; user survey

도서관이나 정보 센터 등의 기관이나 자료의 이용자에 대해, 그 특성, 니즈, 이용 행동을 명확하게 하기 위해 이루어지는 조사. 「이용 조사」와는 명확하게 구분할 수 없는 면이 있다. 대상에는 직접의 이용자에 한하지 않고 잠재 이용자나 비이용자도 포함된다. 방법으로서는, 질문지법, 면접법, 관찰법, 사례 조사 등의 사회 조사법이 중심인데, 자료의 이용에서는 인용 조사 등의 방법도 사용된다. 도서관 이용자에 대해서는, 미국의 공공 도서관 이용자를 대상으로 한 1949년의 베럴슨(Bernard Berelson 1912-1979)의 조사, 연구자에 대해서는 과학 문헌 이용을 명확하게 한 1948년의 버널(John Desmond Bernal 1901-1971)의 조사 이래로 많은 조사 사례가 쌓이고 있으며, 조사 방법은 더욱 세련되고, 복잡해져 가고 있다. 1980년대 이후에는, 인지적 방법을 이용한 이용자 모델의 구축에 초점이 옮겨가고 있다. 이용자 조사는 시스템을 평가하고 그 개선을 도모하는 목적의 것인데, 「이용자 연구」라고도 불리는 것처럼, 하나의 연구 영역이 되어 왔다.

이용 조사(利用調査) use study

도서관이나 정보 센터 등의 기관이 제공하는 시설, 서비스, 컬렉션의 이용 상황을 명확하게 하기 위해 이루어지는 조사. 도서나 잡지 등의 개개의 자료에 대해 실시되는 경우도 있다. 이용자의 니즈를 해명하고, 기관의 운영을 위한 정보원(情報源)으로 하는 것을 주된 목적으로 한다. 통상 이용 통계나 일상의 업무 통계, 업무 기록을 분석하는 통계적 조사와, 특정의 시설, 서비스, 자료를 대상으로 하여 실시하는 사회 조사법을 이용한 조사가 있다. 도서관을 대상으로 하는 경우는, 최근에는 성과(퍼포먼스) 측정으로서 표준화되고 있다. ↔ 성과 측정; 이용자 조사

이용증(利用證) library pass

도서관에 대한 입관(入館) 및 자료 이용을 할 때 제시를 요구받는 증명서에 관한 것. 이용 등록을 할 때 발행된다. 입관 시에 체크할 필요가 없는 도서관에서는, 자료의 대출권이 이에 상당한다. 또한 대학 도서관이나 전문 도서관에서는, 설치 모체가 발행하는 신분 증명서가 이를 대신하고 있는 경우도 있다.

이용 지도(利用指導) → 도서관 이용 지도

이용 통계(利用統計) use statistics

어떤 기관이나 시스템의 이용에 관한 통계로, 통상은 업무 기록을 집계함으로써 작성된다. 예를 들면, 도서관이나 정보 검색 시스템에서는, 많은 경우, 이용 통계가 작성되어, 이용 상황의 파악이나 평가에 사용된다. 도서관의 대표적인 이용 통계로서는, 대출 통계나 관내 이용 통계 등이 있다. ↔ 도서관 통계

이차 검색(二次檢索) secondary access

데이터베이스에 대해 검색을 실시할 때, 우선 대략적으로 원하는 정보를 포함하는 어느 정도의 범위의 정보를 확정하고, 이어서 그 중에서 정말로 자신이 원하는 정보를 골라내는 과정을 거치는 경우가 자주 있다. 이차 검색이란 후자(後者)의 단계를 가리킨다. ↔ 일차 검색

이차 서지(二次書誌) secondary bibliography

일차 서지를 바탕으로, 어떤 선택 기준을 설정하여 수록 대상 자료를 취사선택하여 작성한 서지, 어떤 테마에 관한 자료를 수록한 주제 서지, 어떤 개인의 저작이나 관련 문헌을 모은 개인 서지나 인물 서지, 이용 대상이나 수준을 설정하여 자료를 선정한 선택 서지 등이 있다. 기반적인 데이터를 제공해주는 일차 서지를 이용한 결과로 작성된 서지를 가리키는 것이 이차 서지의 본래의 의미이지만, 일차 서지가 망라성이 부족하고 신속하게 제공되지 않을 경우에는, 이차 서지에만 수록되는 자료도 많다. ↔ 선택 서지; 일차 서지; 집합 서지

이차 자료(二次資料) secondary source

일차 자료를 대상으로 하여, 그것을 편집, 가공한 자료. 크게 ① 일차 자료를 찾아내기 위한 검색 도구(서지, 목록, 초록지, 색인지 등), ② 일차 자료를 편집, 정리하거나, 그 내용을 취사선택하고, 평가를 덧붙인 자료(백과사전, 핸드북 등)로 나뉜다. ①만을 가리켜 이차 자료라고 부르는 경우도 있다. 일차 자료, 이차 자료와 같은 구분은 이념적, 상대적인데, 도서관의 실무에서는, 자료를 별치하기 위한 편의적인 구분으로서 이용된다. ↔ 일차 자료

이차 잡지(二次雜誌) secondary journal

색인지, 초록지, 리뷰지 등과 같이, 일차 문헌의 탐색 기능이나 대체 기능을 가진 정기간행물. 도서관에서는 다른 잡지와는 달리, 참고 컬렉션의 일부로서 배치되는 경우가 많다. ↔ 리뷰지; 색인지; 초록지

이판(異版) different edition

어느 판의 본문(구두점 등을 포함한다)과 동일의 것이 다른 출판사나 인쇄소에서 새로운 판으로 나오거나, 동일 출판사에서 다른 제작 수단으로 나오는 경우에, 기출(既出)의 판에 상대하여 새로운 판을 이판이라고 한다. 판이라고 하는 개념은 인쇄기의 발명에 의해 같은 인쇄물이 만들어지게 된 결과로 생겨났다. 판이 다르면 다른 판이 되는 것은 확실하지만, 이판은 동일 작품이라는 조건 아래에서 이동(異同)을 결정하는 용어이다.

이프린트 아카이브 e-print archive

전자적인 형식으로 프리프린트(preprint: 학술 잡지 논문의 원고)를 축적·보존, 유통시키는 시스템. 1991년에 미국 로스알라모스국립연구소(Los Alamos National Laboratory)의 긴스파그(Paul H. Ginsparg 1956-   )가 고에너지 물리학 분야에서 시작한 것을 효시로 하며, 또한 현재에도 가장 저명하다(2001년에 긴스파그의 이적과 함께 코넬대학으로 이관). 연구자가 원고를 일정한 형식(PDF나 XML)으로 지정된 서버에 등록하는 것으로, 그 원고의 전문(全文)을 전 세계에서 자유롭게 취득할 수 있기 때문에, 종래의 학술 잡지를 중심으로 하는 학술 정보 유

통 시스템을 근본적으로 변혁할 가능성이 주목되고 있다. ↔ 텍스트 아카이브: 프리프린트

이형 명칭(異形名稱) variant name

동일 개인이나 단체에 대해 표목으로 채택된 명칭 이외의 형식으로 된 명칭. 예를 들면, 저자 표목의 경우 편목 규칙에서는 원칙적으로 통일 표목의 채택을 규정하고 있는데, 그 때 표목으로 선정되지 않은 그 밖의 명칭의 형식은 이형 명칭으로 자리 잡게 된다. 이러한 이형 명칭의 관리 및 통일 표목에 대한 참조는 이름 전거 파일에서 표현할 수 있다. ↔ 개명; 저자 표목; 필명

이형 표제(異形標題) variant title

기술 대상 중의 어떤 정보원에든 표시되어 있는 표제로, 본표제(本標題)로 채택되지 않은 표제. 또는 어느 저작이 다양한 표제로 간행되고 있는 경우, 통일 표제로서 채택되지 않은 표제. 예를 들면 「천일야화」(千一夜話), 「아라비안나이트」, 「아라비아 야화」 등이 동일 저작을 가리킬 때, 통일 표제로서 「천일야화」를 선정하면, 그 이외의 모든 표제는 이형 표제로 자리 잡게 된다. ↔ 통일 표제; 표제 표목

인공 지능(人工知能) artificial intelligence

인식, 언어 이해, 판단, 추론, 학습, 문제 해결과 같은 인간의 두뇌의 활동을 연구 대상으로 하는 학문 분야. 그 목적은 이러한 일을 컴퓨터에 의해 실현하는 것으로, 그 응용 분야의 하나가 전문가 시스템(expert system)이다. 일반적으로 영상·물체·음성·언어의 인식, 지식의 표현이나 체계화, 학습의 세 분야로 대별(大別)할 수 있다. 인공 지능에 의해 사고를 심리학적·생리학적으로 파악하는 접근법이 개척되었는데, 두뇌의 활동을 어느 정도 컴퓨터에서 실현할 수 있을 것인지에 관해서는, 긍정적 및 부정적인 견해가 있다. ↔ 전문가 시스템

인기(印記) seal

장서인을 찍은 인영(印影). 장서 인기의 약어. ↔ 장서인

인덱싱 로봇 → 색인 로봇

인도지(印度紙) → 인디아 페이퍼

인디아 페이퍼 India paper

　양지(洋紙)의 일종. 인쇄용 박엽지(薄葉紙). 성서, 기도서, 사전, 육법전서(六法全書) 등 대량의 텍스트를 휴대하기 편리한 크기의 책자에 수록하기 위해, 문자를 작고 조밀하게 인쇄할 필요가 있는 도서에 사용된다. 칭량(秤量), 두께도 통상의 인쇄지의 2분의 1 정도인 20-30g/m^2 및 0.04-0.05mm로 얇고 가벼운 동시에 강하고 불투명하다. 또한 종이의 질이 균일하고, 잉크를 잘 흡수해야 한다. 원래는 중국에서 영국으로 수입된 판화의 시쇄(試刷)에 사용된 얇은 상질지(上質紙)를 가리켰는데, 옥스퍼드대학 출판부가 그것을 모방하여 삼 등을 원료로 하여 제조하기에 이르러, 그것을 사용하여 인쇄된 성서가 1875년에 간행되었다. 현재는 목재를 파쇄(破碎)한 화학 펄프를 주원료로, 전료(塡料: 종이의 불투명도를 증가시키기 위해 사용하는 보조제)를 배합하여 초조(抄造: 펄프로 종이를 만드는 것)한다.

인디케이터 → 지시 기호

인명록(人名錄) directory; name list

　편집 방침에 따라 선택, 수집한 인물의 이름을 표제어로 하여 음순(音順) 등으로 배열하고, 직업 또는 소속 기관, 주소, 전화 번호 등의 정보를 부가한 참고 도서. 인명부(人名簿)라고도 한다. 대표적인 것으로서, *Who's Who*(1849-　)나 일본의 『인명 흥신록』(1903-　)이 있다. ↔ 직원록

인명사전(人名事典) biographical dictionary

　일정의 기준을 바탕으로 선정된 인물의 이름을 표제어로 하고, 성명의 표기나 독음(讀音), 생몰년(生沒年), 경력, 업적 등, 그 인물의 프로필이 되는 정보, 즉 약전(略傳)을 게재하는 사전. 일반적으로는 역사상 커다란 족적(足跡)을 남긴 인물을 대상으로 하는 경우가 많다. 인물 정보를 탐색하기 위한 도구이다. 다양한 수록 기준에 의해 인명사전이 편찬되고 있는데, 예를 들면, 지역이나 시대를 한정하지 않은 『세계 전기 대사전』(1980-1981), 지역을 한정한 『콘사이스 일본 인

명사전』(2001), 시대도 한정한 『일본 근현대 인물 이력 사전』(2002) 등이 있다.
↔ 명감; 인명록; 직원록

인명 색인(人名索引) personal name index

인명을 표제어로 하는 색인. 통상 저작 중에 출현하는 인명을 검색할 목적으로, 단행본의 권말 색인(卷末索引)으로서 작성된다. 본문 중에서 동일 인물의 표기는 일반적으로 일정하지 않기 때문에, 색인에서의 기재 형식을 통일하여, 표제어가 뿔뿔이 흩어지지 않도록 하는 배려가 필요하다. 동시에 표제어의 표기와 본문 중의 표기가 크게 다르면, 독자는 동일 인물인지의 여부를 판별할 수 없게 되기 때문에, 색인의 통일 표제어에 주를 부기하거나, 상호 참조를 추가하는 방안이 필요하게 된다.

인물 서지(人物書誌) personal bibliography

특정의 인물이 집필한 저작, 또는 특정의 인물에 대해 제3자가 집필한 저작을 수록 대상으로 하는 서지. 한 사람의 인물을 대상으로 한 것을 「개인 서지」, 복수의 인물을 대상으로 한 것을 「집합 서지」, 집합 서지에 인물의 전기를 부기한 것을 「전기 서지」라고 한다. ↔ 개인 서지; 서지; 전기 서지; 집합 서지

인쇄(印刷) printing

문자나 그림으로 작성된 원고를 바탕으로 하여 판을 만들고, 판면(版面)에 잉크를 발라 문자나 그림을 종이나 천 등에 압인(押印), 전사(轉寫), 복제해내는 기술. 인쇄의 기법은 판의 종류에 따라, 철판(凸版), 요판(凹版), 평판(平版)의 3방식으로 나뉜다. 공판(孔版)을 더하여 4종류로 하는 경우도 있다. 인쇄물은 공간, 시간을 초월하여 같은 내용을 전달할 수 있다고 하는 전달의 동일성, 확실성을 가지고 있다. ↔ 요판 인쇄; 철판 인쇄; 평판 인쇄

인쇄본(印刷本) → 간본(刊本)

인쇄자 마크(印刷者--) printer's device

인쇄업자가 도서에 표시하는 자신(자사)의 표장(標章). 이 마크는 유럽에서 활판 인쇄가 시작된 얼마 후에 채택되게 되었을 뿐만 아니라, 같은 그림 무늬를 가게

밖에 간판으로 매달아 선전 효과를 거두게 된다. 마누티우스(Aldus Manutius 1450?-1515)의 닻과 돌고래, 토리(Geoffroy Tory 1480?-1533)의 깨진 병(pot casse), 캑스턴(William Caxton 1422?-1491)의 W와 C의 마크 등이 초기의 인쇄자 마크로서 유명하다. 명문(銘文)이 붙여진 마크도 있어, 인쇄자의 신조를 엿볼 수 있다. 인쇄업과 출판업이 분리되게 되면서, 인쇄업자가 아니라 출판업자의 표장(publisher's device)을 표시하게 되었다.

인쇄 카드(印刷--) printed card

국가 서지 작성 기관 등의 중앙 집중식 편목에 의해 표준적 서지 데이터가 인쇄된 목록 카드. 서지 기술 및 표목 지시가 인쇄되어 있으며, 이것을 제공받은 도서관은 개개의 표목, 소재 기호 등을 부가하여(경우에 따라서는 자관(自館)의 방침에 부합하도록 필요한 수정을 가하여) 자체의 목록 카드로 삼을 수 있다. 1901년에 미국의회도서관(LC)이 배포하기 시작한 「LC 인쇄 카드」는 각 도서관의 편목 작업의 인력을 절감하고, 아울러 목록 처리의 표준화를 촉진하였다. 이것에 의해, 복수 도서관에 의한 종합 목록 편성이 용이해지고, 또한 그 보급은 MARC 포맷의 개발로도 이어지는 결과가 되었다. 일본에서는 1950년부터 「국립국회도서관 인쇄 카드」, 1952년부터 「일본도서관협회 인쇄 카드」가 배포되어 왔는데, 1980년대에 들어, 전자(前者)는 JAPAN MARC, 후자(後者)는 TRC MARC로부터 인쇄되게 되었다. 오히려 오늘날에는 온라인 목록이 보급되고 카드 목록은 쇠퇴하고 있다. 그 영향을 받아 미국의회도서관은 1997년 3월, 일본 국립국회도서관도 1998년 3월로 인쇄 카드의 배포를 중지하였다. ↔ 중앙 집중식 편목

인용 문헌(引用文獻) citation

문헌 A에서 문헌 B의 문장이나 도표 등 어떤 표현이나 정보를 이용하고 그 출전(出典)을 문헌 안에 나타낸 경우, 문헌 B를 문헌 A의 인용 문헌이라고 부른다. 인용 문헌의 서지 데이터는 윤리 또는 저작권의 관점에서 식별 가능한 형식으로 문헌의 말미나 각 장말(章末), 각 페이지의 하부 등 정보의 결말마다 기재된다. 학술 잡지에서는 기술 형식이 규정되어 있는 경우가 많다. 인용 문헌은 인용 문헌 색인의 작성이나 인용 분석 등의 재료로서 이용된다. ↔ 인용 문헌 색인; 인용 분석; 참고 문헌

인용 문헌 색인(引用文獻索引) citation index

특정의 문헌을 검색할 때 그 문헌에 기재된 인용 문헌의 서지적 기술을 검색의 실마리로 하는 색인. 인용 색인이라고도 한다. 기본적으로는 어느 문헌이 다른 어떤 문헌에 인용되어 있는지를 알기 위해 이용된다. 문헌 간의 인용·피인용 관계를 주제의 유사성으로 보게 되면 주제 검색 도구의 일종으로 간주할 수 있다. 따라서 인용 문헌 색인을 사용함으로써 기지(旣知)의 문헌으로부터 그것과 유사한 주제를 다룬 더 새로운 문헌이 검색 가능하게 된다. 또한 인용 분석의 데이터로서도 이용되고 있다. 구체예로서는, Thomson Scientific사가 편찬하는 데이터베이스, Science Citation Index(수록 기간 1900-   ), Social Sciences Citation Index(1956-   ), Arts & Humanities Citation Index(1975-   )가 있다. ↔ 인용 문헌; 인용 분석

인용 분석(引用分析) citation analysis

인용 문헌을 저자에 의한 문헌 이용의 명시적인 표현으로 파악하고, 인용된 문헌의 특징을 분석함으로써, 연구에 관계된 다양한 사상(事象)을 해명하고자 하는 조사 또는 연구 영역. 인용 문헌이 갖는 주제, 서지적 형태, 발행국, 언어, 발행년, 잡지명, 저자명 등의 정보를 정량적(定量的) 또는 정성적(定性的)으로 분석하고, 연구자 간의 정보 전달이나 영향 관계, 연구 분야 내나 분야 간에서의 정보 전달이나 지식의 발전 과정, 연구 분야 간의 관계, 연구 분야나 잡지, 연구자, 연구 기관 등의 활동이나 영향도, 정보 미디어의 성질 등을 명확하게 하고자 하는 것이다. ↔ 계량 서지학; 서지 결합; 인용 색인; 인용 영향도; 즉시성 지수; 코어 저널

인용 색인(引用索引) → 인용 문헌 색인

인용 영향도(引用影響度) impact factor

인용 빈도를 이용하여, 문헌군의 중요도나 영향력을 측정하기 위한 척도의 하나. 영향력 계수라고도 한다. 문헌군으로서는 한 잡지의 게재 논문, 한 저자의 집필 논문 등이 이용된다. 1972년에 가필드(Eugene Garfield 1925-   )는 잡지의 영향력을 측정하기 위해 그 잡지가 인용된 회수의 합계를 그 잡지의 게재 논문수로 나눈 값, 즉 「잡지별의 한 논문 당 평균 인용 회수」를 이용하고, 이 계수

를 인용 영향도라고 이름 붙였다. 이것이 journal impact factor이며, 같은 계산 기법을 저자별로 적용하면 author impact factor가 된다. 인용된 회수의 단순한 합계로 영향력을 평가하면 게재 논문수가 많은 잡지일수록 값이 커지게 되기 때문에, 이것을 보정(補正)한 계수로 되어 있다. ↔ 인용 문헌; 인용 분석

인위적 특성(人爲的 特性) artificial characteristics

자의적(恣意的), 외견적 속성에 의한 구분 특성. 예를 들면, 동물을 발의 유무나 수에 의해 구분하는 것과 같은 경우이다. 도서의 분류의 경우에는, 크기나 색 등의 외적, 우유적(偶有的)인 특징을 구분 특성으로 하는 것을 말한다. ↔ 구분 특성; 자연적 특성

인큐내뷸러 incunabula

15세기(엄밀히는 활판 인쇄술이 발명된 1450년대부터 1500년 12월 31일까지의 사이)에 유럽에서 간행된 활자본의 총칭. 요람기본(搖籃期本), 초기 간본(初期刊本), 초기 인쇄본이라고도 한다. 필사본의 글자체를 모방한 활자를 사용하고, 종이 이외의 수피지(獸皮紙)도 사용하며, 아울러 필사본과 같은 채색을 입히는 경우도 있었다. 어원은 요람을 의미하는 라틴어 cunabula로, 인쇄본의 의미를 나타내게 되었던 것은 18세기 후반에 이르러서부터이다. 인큐내뷸러의 종합적인 목록으로서는 독일의 *Gesamtkatalog der Wiegendrucke*가 있다. 이것은 1925년에 편찬이 시작되었는데, 제2차대전으로 중단된 후, 1978년에 이르러 간행이 재개되었다. 이 목록에 의하면, 인큐내뷸러의 총수는 약 4만으로 추정되고, 그 4분의 3은 라틴어 저작이다.

일괄 기입(一括記入) → 일괄 저록

일괄 대출(一括貸出) bulk lending

일정량 이상의 자료를 한 시기에 한데 모아 대출하는 서비스. 단체 대출에 사용되는 일반적인 방법으로, 개인 대출에서 이루어지는 경우는 거의 없다. 공공 도서관에서 지역 문고나 학급 문고에 대한 대출, 주민 센터(일본의 경우 공민관(公民館)) 도서실이나 지역 시설에 대한 대출에서 예를 볼 수 있다. ↔ 단체 대출

일괄 수입(一括受入) block accession

자료를 수입할 때, 자료군(資料群)을 하나로 통합하여 처리하고, 그 중의 자료를 개별적으로 다루지 않는 방법. 자료군 안에서는 일련 번호를 부여한다. 향토 자료, 행정 자료, 고문서, 고기록류, 특수 컬렉션 등과 같이, 그것을 구성하는 자료를 각각 따로 독립하여 입수하고, 정리하고, 이용에 도움이 되도록 하기보다는, 하나의 자료군으로 일괄하여 다루는 것을 지향하는 자료 처리 방법이다.

일괄 저록(一括著錄) collective entry

형태적으로 복수의 구성 요소로 이루어지지만, 서지적으로는 하나로 통합되는 기술 대상에 대한 목록 저록(목록 기입). 분할 저록의 상대어. 하나의 저작을 단일 매체에 담기가 곤란하거나 부적절하다는 등의 이유로 복수의 구성 요소로 나뉘어 간행된 경우에는, 개개의 형태적으로 독립된 부분마다 저록을 작성하기보다는, 저작 전체에 대한 저록을 작성하는 편이 검색에 편리한 경우가 많다. 그러나 하나로 통합되어야 할 기술 대상 중에 아직 발행되지 않은 부분이 있을 때나, 그것들이 동시에 목록 작성 기관에 입수되지 않았을 경우에는, 완결이 확정되지 않는 미완 저록(未完著錄)을 작성해야만 한다. ↔ 분할 저록: 미완 저록

일괄 주문(一括注文) blanket order

물품을 매매할 때 채택되는 주문의 한 형식. 일괄 발주, 포괄 발주, 블랭킷 오더라고도 한다. 도서관에서는 자료 수집에 즈음하여, 계속적으로 주문할 필요가 있는 도서를 그 출판사 또는 특정의 업자로부터 직접 납품시켜 구입하는 시스템을 말한다. 대학 도서관이나 전문 도서관에서는, 특정의 주제나 분야, 그 내용의 정도, 출판사 등을 미리 특정하고, 그것에 해당하는 것을 서점이 골라 납품시키는 것도 가리킨다. 특히 전문 기관이나 단체의 계속 출판물로, 통상 서점을 경유하지 않는 것은 이 방법에 의하는 경우가 많다. 또한 연구 분야의 확대에 따라 관련 자료의 정비와 충실화를 도모하기 위해, 일정 기간 내에 소정의 도서나 자료를 수집하는 경우에도 채택된다. ↔ 계속 주문

일매 자료(一枚資料) → 낱장 자료

일반 분류표(一般分類表) general classification

듀이십진분류법(DDC), 국제십진분류법(UDC), 콜론분류법(CC), 한국십진분류법(KDC), 일본십진분류법(NDC) 등, 지식의 전 분야를 포함하는 분류표. 대부분의 일반 분류표는 사상(事象)보다 주제 분야를 우선하는 관점 분류법인데, 이 경우 사상이 주제 분야로 분산된다는 문제가 생긴다. 통상 본표 이외에 보조표와 색인을 갖추고 있다. 특정 주제 분야만을 주된 대상으로 하는 특수 분류표에 비해, 분류표를 구축하는 상에서, 이론적·실제적으로 많은 곤란한 문제를 안게 된다. ↔ 관점 분류법; 특수 분류표

일반 자료 표시(一般資料表示) → 자료 유형 표시

일반 장서(一般藏書) → 일반 컬렉션

일반 참조(一般參照) general reference

어떤 일반적인 사항으로부터 구체적, 개별적, 한정적인 일군(一群)의 사항에 대해 일괄적으로 이루어지는 참조. 총괄 참조라고도 한다. 통상 일반적인 제목(표목의 경우를 포함한다)으로부터 더 특정적인 제목군에 대해 예시로서 일괄한 참조가 이루어지는 경우가 많다. 주제명 목록에서 널리 사용된다. ↔ 참조

일반 컬렉션(一般--) general collection

도서관 컬렉션 중 특정 주제의 컬렉션이나 개인 문고나 귀중서 등의 특수 컬렉션 또는 특정 이용자층을 상정(想定)한 자료군을 제외한, 그 컬렉션의 대다수를 차지하는 부분. ↔ 특수 컬렉션

일본간호도서관협회(日本看護圖書館協會) Japan Nursing Library Association(JNLA)

간호 도서관의 진흥을 목적으로 하여, 간호 영역 도서관과 관련 영역의 교원이나 사서 개인으로 구성된 단체. 간호 도서관인의 자질의 향상을 목표로 하며, 일본간호협회와 세이로카간호대학(聖路加看護大學)의 사서들이 1991년 설립한 개인 중심의 간호도서관연구회를 모체로, 도서관 협력을 과제로 하여 동년 12월, 간호 대학이나 단대(短大) 등의 도서관으로 간호도서관협의회가 발족되고, 2003년 4월 일

본간호도서관협회로 명칭이 변경되었다. 연구회 개최, 회원 실태 조사, 간호 잡지 중복 교환 등의 조직 활동 이외에, 개인 연구 활동을 실시하고 있다. 기관지는 『간호와 정보』(1994-   ). 회원은 단체 114개관, 개인 68명(2007년 5월 현재)이다.

일본과학기술정보센터(日本科學技術情報--) → 과학기술진흥기구 정보사업본부[일본]

일본국제아동도서평의회(日本國際兒童圖書評議會) Japanese Board on Books for Young People(JBBY)

국제아동도서평의회(IBBY)의 일본 지부(1974년 설립). IBBY의 일본 창구이며, 어린이의 책에 관한 국제 협력의 대외 기관이기도 하다. 주된 활동으로, ① 어린이 책의 질의 향상과 보급: 국내외에서의 전시회, 국제 강연회, 세미나, 연구회의 개최, 어린이와 책에 관한 정보 수집·조사 연구, 회보『IBBY』(1975-   )의 발행, ② 어린이와 책에 관한 국제 협력: 일본의 정보를 해외로, 해외의 정보를 국내로의 전달과, 해외의 작가, 화가, 전문가와의 교류, ③ 국제안데르센상의 국내 선고(選考)와 국제선고위원회에 대한 추천. ④ 상기(上記)에 관련된 출판 등이 있다. ↔ 국제아동도서평의회

일본농학도서관협의회(日本農學圖書館協議會) Japan Association of Agricultural Librarians and Documentalists

농학계 도서관 사업의 진흥을 도모하고, 농림수산업 및 관련 학술의 발전에 기여하는 것을 목적으로 하는 단체로, 1966년에 설립되었다. 농학계 도서관을 중심으로 하는 기관 회원과, 개인 회원에 의해 구성된다. 기관지『일본농학도서관협의회지』(1966-   창간 당시는『일본농학도서관협의회 회보』)와 색인지『일본 농학 문헌 기사 색인』(1970-   ),「JAALD 시리즈」,『일본의 농학 관계 서지의 서지』(1989) 등의 출판 활동,「농학 도서관 정보 세미나」등의 회합을 개최하고 있다.

일본도서관문화사연구회(日本圖書館文化史硏究會) Japan Association of Library and Information History

도서관사에 관한 연구 단체. 1982년에 도서관사연구회로서 발족하여, 1995년에 한층 넓은 시야와 새로운 관점에서 연구를 심화시킴과 동시에, 오늘날 도서관이

안고 있는 문제의 해명에 역사의 시점에서 다가가는 것을 목적으로 하여, 현재의 명칭으로 변경하였다. 개인 회원에 의해 구성되며, 기관지『도서관 문화사 연구』(1984-　 창간 당시는『도서관사 연구』)와 뉴스레터의 간행, 연구 집회·총회, 정기 연구회(硏究例會)의 개최 등이 주된 활동이다.

일본도서관연구회(日本圖書館硏究會) Nippon Association for Librarianship

도서관학의 연구와 그 보급 발달, 그리고 회원 상호간의 친목을 도모하는 것을 목적으로 하는 단체로, 1946년에 발족하였다. 제2차대전 전에 오사카(大阪)에 본 거지를 두고 활동했던 청년도서관원연맹의 전통을 계승했다고 한다. 개인 회원과 단체 회원에 의해 구성되며, 총회, 평의원회, 이사회 이외에, 각종의 위원회와 연구 그룹이 조직되어 있다. 관종(館種)을 넘어서서, 그리고 현장과 연구자가 일체가 되어 연구 활동을 추진하고 있는 것에 특색이 있다. 기관지『도서관계』(1947-　) 이외에, 몇몇의 총서나 텍스트를 간행하고, 연구 대회, 세미나, 정기 연구회(硏究例會)를 개최한다. 일본학술회의의 등록 단체이다.

일본도서관정보학회(日本圖書館情報學會) Japan Society of Library and Information Science

도서관학의 진보 발전에 기여하는 것을 목적으로 하는 전국 학회. 1953년에 일본도서관학회로서 설립되어, 1998년 10월에 현재의 명칭으로 변경하였다. 개인 회원(정회원)을 중심으로, 학생 회원, 단체 회원 등에 의해 구성되며, 총회, 이사회, 상임 이사회 이외에, 각종의 위원회가 조직되어 있다. 개인 회원 735명, 단체 회원 56개 기관(2007년 3월 현재). 연구 대회, 춘계 연구 집회가 매년 개최된다. 기관지『일본도서관정보학회지』(1954-　 창간 당시는『도서관학회 연보』), 특정 테마의 연구 논문집인『논집·도서관정보학 연구의 추이』(1982-2001 창간 당시는『논집·도서관학 연구의 추이』)와 그 후속의『시리즈·도서관정보학의 프론티어』(2001-　)를 편집 간행한다. 또한 문헌정보학 관계 문헌의 검색 시스템 BIBLIS for Web을 운영한다. 연구 장려를 위해 학회상, 학회 장려상, 연구 조성금 제도를 두고 있다. 일본학술회의의 등록 단체이다.

일본도서관학회(日本圖書館學會) → 일본도서관정보학회

일본도서관협회(日本圖書館協會) Japan Library Association(JLA)

일본 전국의 도서관 및 도서관 관계자의 단체로, 도서관 사업의 발전을 도모하고, 문화의 진전에 기여하는 것을 목적으로 하고 있다. 1892년에 일본문고협회로서 창립되어, 1908년에 현재의 명칭으로 바뀌었다. 1930년에 사단 법인 인가. 개인 회원과 시설 회원으로 구성되며, 관종(館種)에 따른 부회(部會)와, 각종의 위원회, 그리고 도도부현(都道府縣)에 지방 조직을 가지고 있다. 전국도서관대회를 비롯한 회합의 개최, 기관지『도서관 잡지』(圖書館雜誌, 1907-   )를 비롯한 다채로운 출판 활동, 도서관의 자유 선언이나 도서관인의 윤리 강령 등의 작성, 일본목록규칙 등의 기본 도구의 작성과 출판, 어린이 도서관인 양성 강좌 등의 강연회의 개최, 도서 선정 사업, 도서관 진흥 사업, 의회나 행정에 대한 역할 등 활동 분야는 다양하다.

일본도서코드(日本圖書--)

일본 내에서 출판된 도서에 부여되는 일본 독자(獨自)의 식별 코드. 국제표준도서번호(ISBN)에, 「C」로 시작되는 분류 코드(4자리)와 「￥」으로 시작되는 정가 코드(5자리), 마지막으로 「E」가 연속된 형식을 취한다. 분류 코드는 판매 대상 코드, 단행본, 신서(新書), 문고를 구별하는 발행 형태 코드, 주제 분류를 나타내는 내용 코드로 이루어진다. 일본에서는 1970년에 독자적인 서적 코드를 도입하고, 1981년에 국제화에 대응하여 국제표준도서번호를 도입하였다. 그 때 분류 코드를 계승함과 동시에, 가격 코드를 추가한 체계가 생겨났다. 1990년에는 2단의 바코드로 표시하는 서적JAN코드도 시작되었다. ↔ 국제표준도서번호

일본독서학회(日本讀書學會) Japan Reading Association

독서에 관한 과학적 연구를 뜻하는 자의 연휴(連携)·협력에 의해 일본의 독서 문화의 발달 및 독서 지도의 진보를 도모하는 것을 목적으로 하는 연구 단체로, 1956년에 설립되었다. 교육학, 심리학, 사회학, 문헌정보학 등의 분야의 연구자를 중심으로, 개인을 회원으로 한다. 기관지『독서 과학』(1956-   )의 발행을 비롯하여, 대회나 부회(部會) 등의 회합의 개최, 연구 관련 정보의 수집과 소개, 국제독서학회(IRA: International Reading Association)를 비롯한 국내외 관련 단체와의 교류 등을 주된 사업으로 한다. 일본학술회의의 등록 단체이다.

일본목록규칙(日本目錄規則) Nippon Cataloging Rules(NCR)

　　일본의 표준 편목 규칙. 일본문고협회가 1893년에 서명 기본 저록 방식의 『화한도서목록편찬규칙』(和漢圖書目錄編纂規則)을 제정하고, 그 후신인 일본도서관협회가 이것을 개정하여, 1910년에 『화한도서목록편찬개칙』(和漢圖書目錄編纂槪則)을 제정하였다. 다시 1932년에는 『화한도서목록법안』(和漢圖書目錄法案)이 공표되었는데, 이것은 기본 저록에 관련된 논쟁을 불렀으나, 안대로 마무리되었다. 한편 청년도서관원연맹이 1943년에 저자 기본 저록 방식의 『일본목록규칙 1942년판』을 간행하였는데, 제2차대전 후 국립국회도서관의 개설을 위해 미국에 의해 초빙된 특별 고문은 동관(同館)은 화한서(和漢書)에 이 규칙을 사용하는 것으로 하고, 일본도서관협회가 조속히 그 개정을 실시하도록 권고하였다. 이후 이 권고에 따른 『일본목록규칙 1952년판』, 파리 원칙에 따른 『일본목록규칙 1965년판』, 국제표준서지기술법(ISBD)에 준거하고 아울러 기술 유닛 방식을 도입한 『일본목록규칙 신판 예비판』(1977), 이를 답습하면서도 서지 계층에 관계된 새로운 규정을 도입하고 온라인 목록이나 MARC 레코드에도 배려한 『일본목록규칙 1987년판』, 『일본목록규칙 1987년판 개정판』(1994) 및 『일본목록규칙 1987년판 개정 2판』(2001), 『일본목록규칙 1987년판 개정 3판』(2006)이 일본도서관협회에 의해 제정되어 있다. ↔ 편목 규칙

일본복사권센터(日本複寫權--) Japan Reprographic Rights Center

　　저작물의 복사에 관한 권리를 일괄 처리하고 저작권의 보호와 적절한 이용을 도모할 목적으로 1991년에 설립된 저작권 집중 처리 기구. 복사 이용 허락 계약을 체결한 이용자로부터 복사 사용료를 징수하고, 권리 위탁을 하고 있는 저작권자에게 분배한다. 저작권자와의 권리 위탁 업무 등은 동(同) 센터 회원인 저작권자단체연합, 학술저작권협회 및 출판자저작권협의회를 통해 이루어진다. 허락 계약의 종류로는 계약 기간 중의 복사에 대해 그 때마다 계약을 체결할 필요가 없는 포괄 계약과, 복사 이용하는 출판물을 특정(特定)하는 개별 계약이 있으며, 전자(前者)에는 실액(實額), 정액 조사, 간이의 3방식이 있다. ↔ 저작권 집중 처리 기구; 학술저작권협회[일본]

일본색인가협회(日本索引家協會) Japan Indexers Association

서지·색인에 관한 작성 기술의 향상, 보급·계몽, 사회적 효용의 증진을 도모함과 동시에, 관계자 공통의 권리를 보호하는 것을 목적으로 하여, 1977년에 창립된 연구 단체. 개인 회원에 의해 조직되어, 기관지『서지 색인 전망』(1977-1996)을 주로 한 출판 활동, 연구 대회나 세미나의 개최, 조사 연구 등의 사업을 실시해왔으나, 1997년에 해산되었다.

일본서적출판협회(日本書籍出版協會) Japan Book Publishers Association

일본에서 1952년에 발족한 출판단체연합회의 서적 부문이 모체가 되어, 1957년에 결성된 서적 출판사의 중심적 단체. 약칭은 서협(書協). 1965년에 사단 법인이 된다. 출판 사업의 건전한 발달과 그 사명의 달성을 도모하고, 문화의 향상과 사회의 진전에 기여하는 것을 목적으로 한다. 일본잡지협회, 일본출판취차(取次: 중개)협회, 일본서점상업조합연합회와 합쳐 출판 4단체라고 불린다. 기관지『서협』(書協, 1987-   ), 광보지『출판 광보』(1983-   ),『これから出る本』(1976-   )을 간행하고 있다. 「데이터베이스 일본 서적 총목록」을 구축하여, 검색 서비스 books.or.jp에서 이용되고 있다.

일본십진분류법(日本十進分類法) Nippon Decimal Classification(NDC)

기호법은 듀이십진분류법(DDC)을 응용하고, 주류 구분은 커터(C. A. Cutter)의 전개분류법(EC: Expansive Classification)을 따라, 일본의 도서관에 적합하도록, 그러면서도 일본 및 서양 도서 공용(共用)을 의도하여 편찬된 일본의 대표적인 일반 분류표. 1929년의 초판에서 1942년 5판까지는 모리 키요시(森淸)의 개인 편저로서 마미야서점(間宮書店)에서 간행되었는데, 1948년 이후에는 일본도서관협회가 편집, 간행을 계승하고 있다. 최신판은 1995년에 간행된 9판이다. 십진식 기호법을 채택하고, 0~9의 아라비아 숫자와 피어리어드를 사용한다. 실질적으로 1자리 및 2자리 기호의 경우에는, 0을 부가하여 최저 3자리의 기호로 하고, 3자리를 넘을 경우에는, 3자리 째와 4자리 째의 사이에 피어리어드를 둔다. 열거식 분류법이지만 보조표를 가지며, 부분적으로 기호의 합성이 가능하다. 보조표에는 일반 보조표와 고유 보조표(固有補助表)가 있다. 일반 보조표는 상당한 정도로 공통적으로 적용할 수 있는 것을 말하며, 형식 구분 등 6종류가 있다.

고유 보조표는 하나의 유 안에서 부분적으로 적용할 수 있는 것을 말하며, 6종류가 있다. 또한 상관 색인도 함께 가지고 있다. 8판 이후에는 기계 가독판도 이용할 수 있다. 일본에서는 전국적으로, 그리고 모든 관종(館種)에서 널리 사용되고 있다.『일본 전국 서지』(1955-   창간 당시는『납본 주보』)에 분류 기호가 부여되며, JAPAN MARC를 비롯한 일본 내의 각종 MARC에도 채택되고 있다. ↔ 십진식 분류법

일본아카이브즈학회(日本--學會) Japan Society for Archival Science

문서관 등의 아카이브즈의 관리, 역사, 교육 등에 대한 과학적 연구와 아카이브즈가 되는 기록의 생성, 보존, 활용 등의 실천을 추진하기 위해, 2004년에 설립된 연구 단체. 개인 회원(정회원)과 단체 회원(찬조 회원)으로 구성되며,『아카이브즈학 연구』(2004-   )의 발행, 연구 집회의 개최 등의 활동을 실시하고 있다.

일본약학도서관협의회(日本藥學圖書館協議會) Japan Pharmaceutical Library Association

약학 도서관 사업의 진흥을 목적으로 설립된 단체. 약칭은 약도협(藥圖協), JLPA. 일본의학도서관협회를 본보기로 하여 1955년에 발족하였으며, 전국의 약학계 대학, 연구소, 제약 기업의 도서관·도서실 등으로 구성되어 있다. 잡지 소재 목록의 발행이나 연구 집회의 개최 등, 도서관 간의 상호 협력이나 연수 등의 사업을 실시하고 있다. 기관지는『약학 도서관』(1956-   계간)이다.

일본의학도서관협회(日本醫學圖書館協會) Japan Medical Library Association

의학·의료, 그 밖의 관련 영역의 도서관 사업 진흥을 목적으로 하는 단체로, 주로 의학 도서관을 회원으로 하여 구성된다. 1927년에 관립의과대학부속도서관협의회로서 창설되었으며, 1929년에 의과대학부속도서관협의회, 1949년에 일본의학도서관협의회로 개칭한 후, 1954년에 현재의 명칭이 되었다. 1931년에 일본 최초의 학술 잡지 종합 목록인『의과 대학 공동 학술 잡지 목록』을 간행하고, 1954년에는 기관지『의학 도서관』을 창간하였다. 종합 목록·기관지의 간행, 도서관인 교육, 정보 자원의 분담 수집·상호 이용 촉진 등을 활동 내용으로 한다. 2004년부터 헬스 사이언스 정보 전문원의 자격 인정을 실시하고 있다.

일본출판인프라센터(日本出版--) Japan Publishing Organization for Information Infrastructure Development

일본 출판 업계의 유통 개선과 독서 서비스를 추진하고, 출판 및 관련 산업의 발전에 기여할 목적으로, 2002년에 설립된 유한 책임 중간 법인(有限責任 中間 法人). 약칭은 JPO. 일본서점상업조합연합회, 일본출판취차(取次: 중개)협회, 일본서적출판협회, 일본잡지협회, 일본도서관협회가 설립을 지원하고, 기금을 거출하였다. 동년 일본출판데이터센터로서 발족하였는데, 사업 확대를 위해 11월에 명칭을 변경하고, 2004년 4월에는 일본도서코드관리센터를 통합하였다.

일본출판학회(日本出版學會) Japan Society for Publishing Studies

1969년에 발족한, 출판 및 출판에 관련된 사업의 조사·연구에 종사하는 자 및 조사·연구에 관심을 가지고 있는 자가 조직한 연구 단체. 『출판 연구』(1970-   ), 『일본출판학회 회보』(1969-   ), 『일본 출판 사료』(1995-   )를 편집·간행하고 있다. 역사, 잡지 등의 부회(部會)에서의 연구 활동 이외에, 춘계, 추계로 연구 발표회를 연다. 일본학술회의의 등록 단체이다.

일본특허정보기구(日本特許情報機構) Japan Patent Information Organization(JAPIO)

일본의 공업 소유권 정보의 종합 서비스 기관. 1971년에 국회의 의결을 바탕으로 정부 및 경제단체연합회(당시)를 중핵(中核)으로 하는 민간의 재정적 협력에 의해 탄생한 일본특허정보센터가 전신(前身)이다. 그 후 1985년에 특허 정보 사업의 일원화를 도모해야 한다고 하는 통상산업성(당시)과 특허청의 지도에 의해, 발명협회의 특허 정보 서비스 부문을 통합하여 재편(再編)되었다. 사업 내용은 특허 데이터의 작성·정비, 출원 서류 복사, 원부 복사, 우선권 증명 관련 업무 등으로, 온라인 검색 서비스 PATOLIS 등의 영리 사업은 2001년에 주식회사 파토리스에 양도되었다. ↔ 특허 조사

일본학교도서관학회(日本學校圖書館學會) Japan Society of School Library Science

일본의 「학교도서관법」의 개정을 계기로, 「학교 교육의 충실화와 학교 도서관의 발전에 기여함과 동시에, 학교 도서관 이론과 교육 실천을 바탕으로 학교 도서관학을 구축할 것」을 목표로 하여, 1997년 12월에 설립된 단체. 학회지 『학교

도서관학 연구』(1999-   )나 『회보』의 발행을 비롯하여, 연구 발표 대회나 심포지엄 등의 각종 행사를 매년 개최하고 있다. 초등학교, 중학교, 고등학교에 소속된 현직 교원의 회원이 많은 것이 특징이다. 국제학교도서관협회(International Association of School Librarianship)의 가맹 단체이며, 일본학술회의의 등록 단체이다.

일불도서관정보학회(日佛圖書館情報學會)[일본] Société France-Japonaise des Bibliothécaires et des Documentalistes

문헌정보학 관계자를 중심으로 한 연구 활동에 의해, 일본과 프랑스 양국의 문헌정보학의 발전에 기여하는 것을 목적으로 하는 단체. 1970년에 일불도서관연구회로 발족하였으며, 1991년에 현재의 명칭이 되었다. 활동의 중심을 일불회관(日佛會館)에 두고, 일불회관 및 프랑스 정부로부터 학자 교환이나 보조금의 지원을 받을 자격을 가진 학회이다. 학술 심포지엄을 일본과 프랑스 양국에서 개최하고, 1998년에는 파리 일본문화회관에서 「일본에 관한 정보에 대한 액세스」를 개최하였다. 일불 공동 연구도 실시하며, 『프랑스 도서관 관계 용어집』(1990)이나 기관지『일불 도서관 정보 연구』(1970-   창간 당시는 『일불도서관연구회 회보』, 1974-1990은 『일불 도서관 연구』)를 발행하고 있다.

일차 검색(一次檢索) primary access

데이터베이스에 대해 검색을 실시할 때, 자주, 우선 대략적으로 원하는 정보를 포함하고 있는 어느 정도 범위의 정보를 확정하고, 이어서 그 중에서 정말로 자신이 원하는 정보를 골라낸다고 하는 2단계의 과정을 거치는 경우가 있다. 일차 검색이란 전자(前者)의 단계를 가리킨다. 전통적인 정보 검색 시스템의 구체적인 정보 검색 과정에서, 통상 이 2단계의 검색 과정은 도치 파일을 이용하여 대략의 검색 결과 집합을 얻어내는 과정과 그 중에서 정말로 원하는 정보를 선택하는 과정으로 대응해왔다. ↔ 이차 검색

일차 서지(一次書誌) primary bibliography

주제나 저자 등에 관계없이, 포괄적이고 망라적으로 도서나 잡지, 논문이나 기사, 그 밖의 문헌을 수록한 서지. 문헌의 형태, 발행지, 사용 언어, 발행년 등에

따라 수록 대상이 한정되는 경우가 있으나, 오리지널하고, 광범위하며, 일반적인 서지이다. 이 서지는 전문 주제나 저자별로 서지를 작성할 때 기초적인 데이터를 제공하기 때문에, 「일차적인 정보를 갖춘 서지」로서 일차 서지라고 일컬어진다. 국가 서지, 세계 서지, 전국적인 판매 서지, 전 분야를 망라한 논문 기사 색인 등이 여기에 속한다. ↔ 이차 서지

일차 자료(一次資料) primary source

이차 자료의 수록 또는 가공의 대상이 된 원자료. 자료를 그 기능으로부터 구분할 때, 오리지널한 정보를 생성하는 「일차 자료」와 그것을 편집·가공한 「이차 자료」라는 구분이 일반적으로 이루어지고 있다. 그러나 오리지널한지 아닌지의 판단 기준은 명확하지 않으며, 오히려 이차 자료의 정보원(情報源)이 되는 것, 또는 이차 자료가 아니라고 하는 상대적인 의미로 이 단어가 사용되고 있다. 도서나 잡지 논문이라는 간행 형태를 주된 특징으로 하는 자료 구분과는 다른 관점의 구분이다. 잡지 논문에는 오리지널한 성과를 발표하는 원저 논문(原著論文)도, 이차 자료로 여겨지는 리뷰 논문도 포함시킬 수 있다. 역사학에서 사용되는 「이차 사료」(二次史料)와는 전혀 다르다. ↔ 이차 자료

일차 잡지(一次雜誌) primary journal

논문이나 기사 등의 일차 정보를 게재하고 있는 잡지. 색인지, 초록지 등 이차 정보를 주체로 한 잡지를 이차 잡지라고 부를 때, 이것과 대응시켜 사용할 수 있다.

읽어주기 → 책 읽어주기

임사본(臨寫本)

원본을 옆에 두고 그것을 보면서 아주 흡사하게 서사(書寫)한 책. 임모본(臨模本)이라고도 한다. 원본 위에 종이를 대고 베껴 손으로 쓴 책은 영사본(影寫本) 또는 영초본(影鈔本)이라고 한다. 또한 원본을 사진으로 촬영하여 과학적 방법을 사용하여 만들어진 복각본(復刻本)은 영인본(影印本)이다.

임팩트 팩터 → 인용 영향도

입관료(入館料) admission fee

도서관의 시설 이용의 대가로서 입관할 때 이용자로부터 징수하는 비용. 일본에서는 박물관이나 미술관에서는 입관료를 받는 것이 일반적이지만, 도서관에 대해서는「도서관법」제17조에 "공공 도서관은 입관료, 그 밖의 도서관 자료의 이용에 대해 어떤 대가도 징수해서는 안 된다."고 규정되어 있다. 한국의「도서관법 시행령」제19조에서는 사립 공공 도서관의 경우에 한해 도서관 입장료를 이용자로부터 받을 수 있는 사용료 등의 범위에 포함시키고 있다.

입관자 통계(入館者統計) statistics of library visits

도서관 통계의 하나로, 입관자 수에 관한 통계. 옛날에 어느 도서관에서나 입·퇴관 때 절차를 필요로 했던 시기에는, 주요한 도서관 통계로 간주되었다. 그러나 공공 도서관에서는 대출이 중시되게 되고, 대학 도서관에서는 자료 분실 방지 시스템이 보급되어 입·퇴관의 수속이 불필요한 현재는 입관자 수를 카운트하지 않는 경우가 많아지게 되었다.

입관표(入館票) admission card

도서관에 입관할 때 이용자에게 건네지는 작은 종이 조각이나 카드. 열람 좌석의 지정, 서고 출납, 복사 서비스 등의 정리권(整理券)의 역할을 수행한다. 개가 서가의 일반화와 대출 서비스의 상대적인 중시에 따라, 점차 볼 수 없게 되었지만, 보존 기능을 우선하는 도서관에서는 현재도 사용되고 있다.

입도(粒度) granularity

데이터베이스 관리나 색인 작업, 정보 검색, 소트 처리 등에서, 기본적인 조작 단위가 되는 정보의 크기. 도서를 예로 들면, 책, 장, 절, 페이지, 단락, 행(行), 어(語), 문자 등의 입도를 생각할 수 있다. 어떤 입도를 채택하는가는 정보를 처리할 때의 작업 효율뿐만 아니라, 처리 결과의 정보를 이용할 때의 적합성 평가에도 영향을 미친다. 근년에는 메타데이터의 논의에서 정보 구조의 분석이나 비교를 행할 때 자주 이용된다. 광물의 분쇄 정도나 촬영 장치의 해상도 등, 타 분야에서 선행(先行)하여 사용되었던 용어이다.

입법 참고 서비스(立法參考--) legislative reference service

국가의 입법 기관에 대해 지원을 실시할 목적으로, 주로 의회 관계자에 대해 제공되는 조사 서비스. 입법, 그 밖의 안건의 분석이나 평가, 정치, 경제, 사회 등에 걸친 국정의 과제나 내외의 사정이나 제 제도에 관한 조사, 법안의 요강의 작성 등을 실시하고, 또한 장래에 문제가 될 테마에 대해 미리 분석하고, 발표하는 등의 활동을 실시한다. 미국의회도서관(LC)의 CRS(Congressional Research Service)나 한국의 국회도서관의 의회정보실, 일본의 국립국회도서관의 조사입법고사국의 활동이 여기에 해당한다. ↔ 미국의회도서관

입수 조건(入手條件) terms of availability

서지 기술을 구성하는 서지적 요소의 하나로, 그 자료의 입수 방법 등을 포함하여 입수 가능성을 나타내는 어구 등에 의해 표현된다. 판매되고 있는 것에 대한 정가를 포함한 의미로 사용되는 경우와, 그러한 정가를 제외한 협의(狹義)의 의미로 사용되는 경우가 있다.

자관 제작 툴(自館製作--) homemade reference tool

자관의 컬렉션을 기초로, 기존의 정보원(情報源)에 편집, 추출, 압축 등의 손질을 하여 작성된 서지, 색인, 초록 등, 이용자의 요구를 예측하여 작성된 툴(tool)로, 신착 잡지의 목차를 복제·편집한 목차집 등을 들 수 있다. 참고 서비스 중에서는 간접적 업무로서 자리매김되고 있는데, 직접적 업무로서의 질문 회답을 위해 불가결한 준비 작업이다.

자기 검열(自己檢閱) self censorship

언론 활동, 출판 활동에서, 사회적 영향력이 큰 개인, 조직, 단체 등이, 권력의 의향을 배려하여 자기 억제하고자 하는 것, 또는 그 메커니즘을 말한다. 도서관 활동에서도, 마찬가지의 억제를 자기 검열 또는 자체 검열이라고 한다(일본에서는 자주 규제 또는 자기 규제라고 한다). 일본에서는 1973년의 야마구치현립도서관(山口縣立圖書館) 도서 좀도둑질 방치 사건이나, 1986년에 발단이 된 토야마현립도서관(富山縣立圖書館) 도록 사건(圖錄事件) 등은 그 전형적인 예이다. 「도서관의 자유에 관한 선언」에서는, "그러한 자기 검열에 빠지지 않고, 국민의 알 자유를 지킨다"고 밝히고 있다. ↔ 검열; 알 권리

자동 공중 송신권(自動公衆送信權) right of interactive transmission

공중 송신권의 일부. 인터넷 등을 통해 디지털화된 저작물을 이용자로부터의 요청에 따라 자동적으로 송신할 수 있는 권리. 인터액티브 송신권이라고도 한다.

이 안에는 디지털화된 저작물을 서버(자동 공중 송신 장치)의 디스크에 축적·입력(업로드)하고, 이용자로부터의 요구에 따라, 그 정보를 자동적으로 송신할 수 있는 상태로 하는 권리(송신 가능화권)도 포함된다. ↔ 송신 가능화권; 저작권

자동 분류(自動分類) automatic classification

자료 또는 키워드를 컴퓨터를 이용하여 자동적으로 분류하는 기술. 분류할 때 미리 준비한 클래스에 자료 또는 키워드를 자동적으로 할당하는 경우와, 클래스를 동시에 작성한 연후에 할당하는 경우가 있다. 기법으로서는, 주로 키워드의 출현 빈도를 바탕으로 하며, 확률, 통계적인 방법이 사용된다. 그 밖에, 듀이십진분류법(DDC)이나 국제십진분류법(UDC)과 같은 기존의 분류표에 대해, 표제(타이틀)나 목차 중의 단어 등을 실마리로, 분류 기호를 자동적으로 분류하는 방법, 전문가 시스템(expert system)을 이용하여 분류 기호를 부여하는 과정을 지원하는 방법도 시도되고 있다. ↔ 자동 색인법

자동 색인법(自動索引法) automatic indexing

컴퓨터를 이용하여 색인 부여를 자동적으로 실시하는 기법. 기본적으로는 전자화되어 있는 텍스트 자료에 대해 소프트웨어가 자동적으로 색인어를 부여하는 것을 의미하고 있는데, 근년에는 화상(畵像)·음성 자료에 대한 자동 색인법의 연구도 시작되고 있으며, 조작 대상이 반드시 「텍스트」나 「단어」만은 아닌 경향도 볼 수 있다. 텍스트에 대한 색인어의 자동 부여에 관해서는, 극히 다양한 기법이 제안, 실험되고 있는데, 그것들은 대개 텍스트의 형식적 구조, 단어의 출현 빈도 정보, 텍스트의 구문, 의미 정보의 어느 것, 또는 그 조합을 이용하고 있다.

자동 서고(自動書庫) automated storage

전용(專用)의 폐가 서고로부터 도서관 자료를 자동으로 출납(出納)하는 시스템. 자동화 서고라고도 한다. 출납·반납의 노력과 서고 스페이스의 절약 효과를 목적으로 한다. 도서관 자료는 컨테이너라고 불리는 수납 케이스에 수납된다. 컨테이너는 고밀도의 랙으로 격납(格納)되며, 크레인이나 반송 시스템 등에 의해 출납구(스테이션)로 자동적으로 옮겨진다. 도서관 자료의 격납 상황은 일반적으로 독자적인 관리 시스템에 의해 실시간(實時間)으로 관리되며, 컨테이너로부터

의 출납 시에 그 체크가 이루어진다. OPAC에서 요구하는 도서관 자료의 출고를 지시할 수 있는 시스템도 있다. ↔ 출납 업무

자동차 도서관(自動車圖書館) → 이동 도서관

자동 초록법(自動抄錄法) automatic abstracting

전문(全文)이 전자화되어 있는 텍스트 자료의 초록문을 컴퓨터를 이용하여 자동적으로 작성하는 기법. 이제까지 제안, 실험되어 온 다양한 기법은 기본적으로 두 가지로 나눌 수 있다. 첫 번째는, 텍스트 중의 핵심 문장(key sentence)을 추출하고, 가공, 재구성하여 초록문으로 하는 기법이다. 핵심 문장의 추출에는 텍스트의 형식적 구조나 단어의 출현 빈도 정보가 이용되는 경우가 많다. 두 번째는, 텍스트 전체를 의미 해석하여 문맥 구조를 파악하고, 그것을 바탕으로 초록문을 생성하는 기법이다. 자동 초록법은 자동 색인법과 병행하여 연구되어 왔다.

자료 교환(資料交換) exchange of library materials

도서관이 자관(自館)의 또는 그 소속하는 기관의 출판물을 타 기관과 상호간에 교환하는 것. 장서의 충실화를 도모하기 위해, 중복 자료의 리스트를 교환하고, 자관의 필요 자료를 선택한다. 이른바 중복 자료의 교환을 말하는 경우도 있다. 관공청 출판물, 학술 연구 기관의 출판물 등, 구입에 의한 입수가 곤란한 자료의 경우에 중요하다. 대학이나 연구 기관 등은 자료 교환을 통해 학술 출판물의 적극적인 수집을 도모하고 있다. 외국 기관과의 교환을 특히 국제 교환이라고 한다. 일본의 국립국회도서관은 각국의 정부 간행물을 주로 국제 교환에 의해 수집하고 있다.

자료 구입비(資料購入費) library material budget

도서관 경비 중 도서관 자료의 구입에 들어가는 비용의 총칭. 자료의 형태, 이용 목적, 이용 대상 등에 따라, 도서비(기본 도서, 참고 도서, 아동 도서 등), 신문 잡지비, 시청각 자료비 등으로 세분화된다. 관종(館種)이나 규모 등에 따라, 자료 구입비가 도서관 경비에서 차지하는 비율은 다른데, 도서관 자료의 수준을 유지하고, 항상 매력적인 것으로 하기 위해서는, 이용자의 니즈를 바탕으로 하는 장서 계획과 충분한 자료 구입비가 필요하다. 일본에서는 「공공도서관의 바람직

한 기준」(1972), 「대학도서관기준」, 「학교도서관기준」 등에는 자료 구입비 산정을 위한 기준이 제시되어 있는데, 이러한 기준을 충족시키고 있는 도서관은 결코 많지 않은 것이 현상(現狀)이다. ↔ 연간 구입 책수

자료 보존(資料保存) preservation

도서관 자료나 문서관 자료의 현재와 장래의 이용을 보증하기 위해, 원래의 형태대로, 또는 이용 가능성을 높이기 위해 미디어의 변환을 시행하는 등으로, 유지를 도모하는 것. 구체적으로는 자료의 수집으로부터 폐기까지의 일관된 기준이나 방침을 설계하고, 환경 정비, 자료 이용상의 주의, 미디어 변환, 서고 스페이스의 확보, 재해 대책, 다른 도서관과의 협력, 직원의 연수를 실시하는 것을 포함한다. 자료 보호나 수복(修復), 미디어 변환을 포괄하는 개념이다. ↔ 미디어 변환; 수복; 자료 보호

자료 보호(資料保護) conservation

자료를 열화(劣化)나 손상으로부터 지키고, 가능한 한 원래의 물리적인 상태로 적절하게 보존하기 위해 실시하는 개개의 구체적인 방책. 자료 보존이 미디어 변환에 의한 정보의 보존과 이용이나, 협동 보존을 비롯한 보존을 위한 도서관이나 문서관의 협력 활동까지를 의미하는 폭넓은 개념인 것에 대해, 자료 보호는 물(物)로서의 자료를 유지하는 것을 의미한다. 환경 정비나 취급상의 주의 등의 자료의 열화나 손상을 방지하기 위한 예방적 조치와, 손상된 자료에 대한 최소한의 준비인 회복적 조치의 두 가지로 대별된다. ↔ 자료 보존

자료 분류법(資料分類法) → 문헌 분류법

자료 분실 방지 시스템(資料紛失防止--) book detection system(BDS)

자기(磁氣)를 이용한 도서관 자료의 망실 방지(亡失防止) 시스템. 도서관 자료에 자기를 띤 북 탐지 테이프를 붙여 두고, 이용자가 대출 절차를 밟지 않고 자료를 도서관 밖으로 가지고 나가려고 하면, 출입구 등에 설치된 자기 탐지 장치가 작동하여, 버저가 작동하거나, 출구의 게이트가 잠겨 퇴관할 수 없게 되는 구조로 되어 있다. 대출 수속 때에는 북 체크 유닛에 의해 자기를 소거하고, 반납 시

에 다시 자기를 띠게 한다. 이용자에게는, 도서관 내에 가방이나 자신의 책 등의 짐을 가져갈 수 있고, 퇴관 시에 체크를 받지 않고서도 해결되는 등의 이점이 있으며, 도서관 측에도 이용자의 입·퇴관 시의 관리 노력을 경감한다는 이점이 있다. 그러나 기기의 구입, 테이프의 자료에 대한 부착 등의 비용과 노력이 소요된다. 당초에는 주로 대학 도서관과 전문 도서관에 도입되었는데, 자료의 망실이 문제가 되어, 공공 도서관에도 도입되고 있다.

자료 선정 위원회(資料選定委員會) selection committee

자료의 수집, 선택 업무에 항시적으로 관계하는 조직. 일정 규모 이상의 도서관에서는, 관내(館內)의 일정 수의 직원으로 구성된 위원회가 설치되며, 수집 방침과 선택 기준을 바탕으로, 많은 자료 중에서 수집해야 할 자료를 선택하는 활동을 실시하고 있다. 개인에 의한 자료 선택에서는, 수집 방침과 선택 기준을 바탕으로 한다고 하더라도 잘못이나 흔들림이 나타나기 쉬우므로, 위원회 방식에 의해, 합의로 보정(補正)하면서 선택하는 것이 유효한 결과를 가져오기 때문이다. 통상은 상부 기관인 도서관 위원회 등의 조직이 연간 수회의 정례 회의를 개최하여, 자료 구입 계획의 결정, 예산 집행 상황의 파악, 구입 실적의 승인 등을 실시하고, 자료 선정 위원회는 출판 정보에 의한 자료 선택, 현물(現物)에 의한 자료 선택, 소급적인 자료 선택 등 일상적인 수집 활동을 실시한다.

자료 선택(資料選擇) selection

불특정 다수의 이용자를 상정(想定)하여, 일정의 장서 구성을 실현하기 위해 수집해야 할 개별의 자료를 선택하는 것. 자료 선정(資料選定) 또는 선서(選書)라고도 한다. 또는 장서 중에서 특정의 이용자를 위해 적서(適書)를 선택하는 것. 통상은 전자(前者)를 가리킨다. 즉 현존 자료의 충실도, 이용 빈도, 이용자의 니즈를 고려하여, 개개의 자료를 도서관에 수입할는지의 여부를 결정하는 작업이나 그 과정을 가리킨다. 자료 선택은 수집 방침이나 연도마다의 중점 계획을 바탕으로 하여 이루어지며, 선택 기준에 따라, 개개의 자료 유형이 도서관의 목적에 적합한지, 자료의 유용성과 비용 대 효과는 어떠한지, 이용자 요구나 니즈를 충족시키는지, 자료 수집의 긴급성과 우선순위는 적정한지 등의 여부를 판단하여 이루어진다.

자료 선택 기준(資料選擇基準) selection criteria

도서관이 자료를 수집할 때의 기본적인 방침인 수집 방침을 바탕으로 한, 개개의 자료를 선택할 때의 근거가 되는 세칙(細則). 자료 선정 기준이라고도 부른다. 그 내용은 자료의 대상이나 유형, 그리고 분야마다 어느 정도의 밀도에서 어떤 자료를 수집하는가를 명확히 한 것. 이것을 바탕으로 자료를 선택함으로써, 수집 방침에 따른 장서 구성이 되도록 하는 것을 목표로 하고 있다. ↔ 수집 방침; 자료 선택; 장서 구성

자료 유형 표시(資料類型表示) material designation

"목록 이용자에게 자료의 대략적인 종별(種別)을 알리기 위해 본표제의 직후에 기록하는 서지 사항"(『일본목록규칙 1987년판 개정 3판』 용어 해설). 일본에서는 자료 종별(資料種別)이라 한다. 『일본목록규칙 1987년판 개정 3판』에서는, 자료 유형 표시의 기록은 임의 규정으로 되어 있으며, 기록하는 경우에는 서사 자료, 지도 자료, 악보, 녹음 자료, 영상 자료, 정지 화상 자료, 컴퓨터파일, 박물 자료, 점자 자료, 마이크로 자료 등 기존의 표현을 채택하도록 하고 있다. 또한 국제표준서지기술법(ISBD)에서는, 「일반 자료 표시」(GMD: general material designation)라고 부르고 있다. ↔ 표제와 책임 표시 사항; 특정 자료 표시

자료 제공(資料提供) provision of library material

정보 제공과 함께, 도서관의 제공 기능을 구체화한 활동. 대상이 되는 자료는 패키지계의 미디어를 가리키며, 열람, 시청, 대출과 같은 수단을 이용하여 실현된다. 즉 도서관 자료를 이용자에게 미치도록 하여, 내용을 읽거나, 보거나, 듣는 것을 인지하는 활동이다. 다만 자료의 반납을 전제로 하고 있다. 따라서 복사물을 대출하는 것이 아니라, 소유하도록 하는 경우에는, 자료 제공이라고 부르지 않는다.

자료 종별(資料種別) → 자료 유형 표시

자료 청구표(資料請求票) call slip

폐가제의 서고 내에 보관되어 있는 자료를 열람하고자 할 때, 열람 희망자가 서

명이나 저자명, 잡지명이나 권호수, 그리고 청구 기호 등을 기입하여 서고 출납을 의뢰하기 위한 용지. 개가제 서고에서는 불필요하다.

자료 충족률(資料充足率) title fill rate

도서관 자료를 평가하는 지표의 하나로, 필요한 자료를 어느 정도 소장하고 있는지를 나타내고 있다. ① 이용자에 의해 요청된 자료 중 소장하고 있는 자료의 비율(소장율), ② 표준적인 리스트나 주제 서지에 수록되어 있는 자료 중 해당 도서관이 소장하고 있는 자료의 비율, ③ 이용자로부터 요청된 자료가 소정의 배가 장소에 있어 이용할 수 있는 비율. 특정 자료가 이용되는 방법이나 특정 도서관에서 이용되는 방법에는 개별성이 있기 때문에, 특정 도서관의 자료 충족률을 다른 도서관의 자료 충족률과 그대로 비교할 수는 없다.

자료 또는 발행 유형 특성 사항(資料--發行類型特性事項) material or type of publication specific details area

국제표준서지기술법(ISBD)에 규정된 기술의 세 번째 사항. 서지 기술의 대상이 되는 자료가 특정의 종류 또는 발행 유형(간행 방식)을 갖는 경우에, 다른 사항에서는 기록할 수 없는 정보를 여기에 기록한다. 지도 자료의 축척(縮尺)이나 도법(圖法), 악보의 음악 작품의 표현 형식이나 유형, 연속간행물의 권호차, 연월차 등이 그 예이다. ↔ 국제표준서지기술법; 사항

자료 회람 서비스(資料回覽--) routing

주로 신착 자료를 정기적으로 이용자에게 회람하고, 적극적으로 자료의 존재를 알리는 서비스. 전문 도서관과 같이, 이용자를 특정화할 수 있고, 아울러 이용자의 관심 영역이 한정되어 있는 경우에 이루어진다.

자루 매기(袋綴) thread stitch binding

용지의 서사(書寫) 또는 인쇄된 면을 외측(外側)으로 하여 두 번 접기로 한 것을 골고루 모아 아래를 철하고, 전후에 따로따로 표지를 붙여, 책등에 가까운 부분을 사철(絲綴)하는 장정법. 각 장이 각각 자루 모양(袋狀)으로 되어 있는 것에서 생겨난 명칭으로, 중국에서는 이 매기 방법에 의한 책을 선장본(線裝本)이라고 한다.

일본에서 에도기(江戶期)에 일반화된 자루 매기도 중국, 한국의 영향을 받은 것으로 생각된다. 매기 방법에는 사침 제본, 오침 제본 이외에, 실을 거는 방법에 생각을 집중한 강희 제본(康熙綴) 등이 있다. ↔ 사침 제본; 선장본; 오침 제본

자모(字母) matrix

철형(凸型)의 활자를 만들기 위한 요형(凹形)의 금속성 주형(鑄型). 모형(母型)이라고도 한다. 그곳에 납을 흘려 넣어 동일의 활자가 복제된다. 자모를 만드는 방법에는, 활자와 동일하게 만들어진 부형(父型)을 모형재(母型材)에 타입(打入)하는 방식(타입 모형: 펀치법(punching)이라고도 한다), 모형재에 직조(直彫)하는 방식(조각 모형: 직각법(直刻法)이라고도 한다), 종자(種字)의 납형(蠟型)을 전주(電鑄)로 철형, 나아가서는 요형으로 하는 등의 방식(전주 모형: 전태법(電胎法)이라고도 한다)의 3종류가 있다.

자순 배열(字順排列) letter-by-letter arrangement

문자를 배열의 단위로 하는 배열의 방식. 이 방식에서는, 단어와 단어 사이의 스페이스나 기호는 배열 요소로서는 무시된다. 따라서 online과 on-line 등 단어의 구두법이 고정되어 있지 않은 경우에도, 그러한 것들의 배열 위치가 떨어져 버리게 되는 문제는 회피된다. 그 때문에, 단어와 단어 사이(또는 문절과 문절의 사이)를 구분하는 띄어쓰기의 습관이 없는 일본어에서는, 이 방식에 의하는 경우가 많다. 또한 『일본목록규칙 1987년판 개정 3판』 용어 해설에서는, 자순 배열을 "목록 저록(목록 기입)을 배열할 때, 표목을 구성하고 있는 각각의 단어에 관계없이, 전체를 한 단위로 하여 문자의 음순(音順)으로 배열하는 방식"이라고 정의하고 있다. ↔ 어순 배열; 음순 배열

자연적 특성(自然的 特性) natural characteristics

구분 특성 중 본질적 속성을 바탕으로 하는 것. 예를 들면 동물을 척추의 유무에 따라 척추 동물과 무척추 동물로 구분하는 것과 같은 경우이다. ↔ 구분 특성; 인위적 특성

자원 공유(資源共有) resource sharing

도서관의 다양한 기능에 대해 복수의 도서관이 협력하여 실시하는 활동. 도서관 이용자의 정보나 자료에 대한 액세스를 실질적으로 확대하거나, 또는 도서관이 개별적으로 서비스를 제공하는 경우보다도 높은 비용 대 효과로 도서관 서비스를 제공하는 것을 목적으로 하고 있다. 자원 공유는 공식(公式)의 결정이나 협정, 비공식의 합의 등을 바탕으로 성립되며, 협력 체제는 지역, 주제, 관종(館種) 등을 바탕으로 하여 형성된다. 각 도서관이 소유하는 도서관 자료, 서지 정보, 인적 자원, 시설, 설비 등이 다른 도서관을 위해 상호간에 제공된다. 구체적인 활동으로서는, 도서관 상호 대차, 상호 이용, 종합 목록의 작성, 참고 서비스, 자료의 공동 구입, 분담 수집, 교환, 협동 보존, 분담 편목, 연수 등이 있다.

자유 개가제(自由開架制) free access system

이용자가 자유로이 서가에 접하고, 아울러 절차를 거치는 일 없이 서가에서 자료를 열람석으로 가져갈 수 있는 열람 방식. ↔ 개가제; 안전 개가제

자유 이용 마크(自由利用--)[일본] Free Use Mark

저작권자가 저작의 사용 조건을 간편한 마크로 의사 표시하는 방식의 하나. 2003년에 일본 문화청(文化廳)이 제정하였다. 프린트아웃, 카피, 무료 배포만을 인정하는 「프린트아웃·카피·무료 배포」OK 마크, 장애인의 이용에 한해 모든 비영리 목적의 이용을 인정하는 「장애인을 위한 비영리 목적 이용」OK 마크, 학교 활동에서의 이용에 한해 모든 비영리 목적의 이용을 인정하는 「학교 교육을 위한 비영리 목적 이용」OK 마크의 세 종류가 있다. ↔ EYE 마크(EYE LOVE EYE); 저작권; 크리에이티브 커먼즈

자주 규제(自主規制) → 자기 검열

자체(字體) → 활자 서체

자체 검열(自體檢閱) → 자기 검열

자체 편목(自體編目) original cataloging

목록 데이터베이스 안에, 입수한 기술 대상에 대응하는 서지 레코드가 존재하지 않는 경우나, 이용 가능한 유사한 레코드가 존재하지 않을 경우에, 새로이 독자적으로 서지 레코드를 작성하는 것. 카피 편목(copy cataloging)의 상대어. 이것은 컴퓨터를 이용한 목록 처리(온라인 목록 등)나 분담 편목에 한정된 것은 아니지만, 전형적으로는 국가 서지 작성 기관 등에 의해 제공되는 MARC 레코드를 중핵(中核)으로 하고, 거기에 수록되어 있지 않은 자료에 대해, 서지 유틸리티를 매개로 한 참가 기관에 의한 분담 편목의 상황에서 행해지고 있는 것을 가리킨다. 이 후자(後者)의 경우 목록 데이터베이스 안에 중복 레코드를 만들어내지 않도록 하기 위해, 또는 작성된 레코드가 상당수의 참가 기관의 카피 편목에 사용될 수 있도록, 일정 수준을 충족시키는 표준화된 레코드의 작성 또는 그것을 뒷받침하는 품질 관리를 위한 장치(전거 관리 등을 포함한다)가 불가결하게 된다.
↔ 분담 편목; 카피 편목

자택 배본 서비스(自宅配本--) → 택배 서비스

자필 원고(自筆原稿) manuscript

수기(手記) 또는 타자기로 친 원고. 일반적으로는 저작자 본인이 작성한 것.

잠재 요구(潛在要求) unexpressed demand

이용자에게 현존(現存)하는 요구이기는 하지만, 이용이나 리퀘스트의 형으로 도서관인에게 전해지지 않은 요구, 또는 도서관인이 눈치 채지 못한 요구. 도서관을 이용한 적이 없는 장래의 이용자의 요구를 포함한다. 소극적인 요구이기 때문에, 필요하다고 여겨지더라도 흥미의 대상이 되는 자료가 서가 상에서 보이지 않는 경우에는, 리퀘스트와 같은 현재 요구(顯在要求)로 되지 않고「사라져 버리는 니즈」로서 잠재화하고, 표면화하지 않는 경우가 많다. 자료 선택에서는, 이러한 잠재 요구에 십분 주의를 기울일 필요가 있다. 잠재 요구에는 특정 표제(타이틀), 특정 주제, 특정 저자, 특정 언어, 유사 자료에 대한 요구와, 액세스의 용이성, 읽기의 용이성, PR 활동의 부족 등에 기인하는 요구가 있다. ↔ 명시적 요구

잠재 이용자(潛在利用者) potential user

도서관의 서비스 대상자이면서도 도서관을 이용하지 않는 사람들. 비이용자 중에서도, 잠재 이용자는 이용할 가능성이 있으면서도 어떤 원인이 있어 이용하지 않는 사람들로, 소수 민족 집단, 장애인, 고령자, 문맹자 등이 포함되는 경우가 많다. 이용하지 않는 원인으로서는, 도서관에 대한 관심의 빈약이나 도서관 이용의 필요성을 느끼지 않는 것과 같은 이유 이외에, 지리적 조건, 시간적 조건, 도서관 시설의 미비, 서비스면에서의 문제 등을 생각할 수 있다. 이러한 원인에 대해서는, 서비스의 개선이나 PR 활동 등에 의해 배제가 가능한 경우도 있으며, 문제를 해결함으로써 잠재 이용자는 이용자로 변할 수 있기 때문에, 상당수의 도서관은 잠재 이용자를 시야에 넣은 서비스를 전개하고 있다. ↔ 서비스 대상 집단; 이용자; 적정 이용권

잡음(雜音) → 노이즈

잡제(雜題) → 표제 관련 정보

잡제본(雜製本) → 제제본

잡지(雜誌) magazine; journal

주제, 독자층, 집필자층 등에서 일정의 방향성을 갖는 복수의 기사를 게재하고 있는 연속간행물. 연속간행물을 잡지와 신문으로 대별(大別)하거나, 연속간행물 중의 정기간행물 중에 잡지를 두거나, 또는 출판물을 서적과 잡지로 크게 나누는 출판 유통 등에서 볼 수 있는 것처럼, 잡지의 위치 부여 방법은 다양하다. 현재 일본에서는, 출판물 매상고의 과반(過半)을 잡지가 차지하고 있다. 또한 이공계의 연구 도서관에서는, 자료 구입비, 이용의 대부분을 잡지가 차지하는 상황에 있다. 도서관에서는, 잡지의 각 호를 연도나 권 단위로 제본하고, 제본한 잡지를 도서로 간주하는 경우가 많다.

잡지 기사 색인(雜誌記事索引) periodical index

잡지 기사를 대상으로 하는 색인. 주제와 저자명에 의한 검색을 가능하게 하는 것이 많다. 통상은 주제 영역을 한정하여, 복수 타이틀의 잡지를 대상으로 하여

편찬된다. 현재는 책자 형태보다도 데이터베이스에서의 작성이 일반적이다. 최신의 정보를 제공하기 위해, 통상 매년 수회 이상 갱신(간행)된다. 또한 책자 형태의 경우, 소급적인 탐색을 용이하게 하기 위해, 이러한 데이터를 1년 단위로 통합한 연간 누적판이나 수년 단위의 누적판도 편찬된다. 일반적으로는 복수지를 대상으로 하기 때문에, 소재 지시에 서지 데이터가 사용된다. 그 때문에 서지적 색인이라고 불리는 경우도 있다. ↔ 누적 색인

잡지 코드(雜誌--)[일본]

주로 중개인을 경유하여 유통되는 일본의 국내 잡지에 부여되는 일본의 독자적인 식별 코드. 1956년에 도쿄출판판매(東京出版販賣: 현재는 토한)가 도입하였으며, 1978년에 업계의 공통 코드가 된다. 「잡지」(雜誌)라는 단어에 이어, 5자리의 숫자와 호수를 나타내는 2자리의 숫자로 이루어지며, 속표지에 표시된다. 첫 번째 자리는 발행 형태(간행 빈도, 코믹, 무크, 잡지 취급 카세트테이프)를 나타내며, 두 번째 자리 이하는 예를 들면 월간지의 경우는 지명(誌名)의 일본어 오십음순을 바탕으로 결정되는 식별 번호, 주간지에서는 2~4번째 자리가 지명의 식별 번호이고 5번째 자리가 발매 주수(週數)가 된다. 컴패니언 스토어(companion store) 등에서 다른 제품과 동일 처리를 가능하게 하기 위해 도입된 것이 「공통 잡지 코드」로, 국제적인 상품 코드인 UPC와 EAN이 2005년에 통일됨에 따라, 2004년에 신 코드 체계가 채택되었다. 잡지 코드 플래그(5자리), 예비 코드(1자리), 잡지 코드(5자리), 호수(2자리), 연호(年號, 1자리), 체크 기호(1자리)의 기본 13자리와, 예비 코드 1자리, 본체 가격(4자리)의 애드온 코드(add-on code)로 구성된다. ↔ 일본 도서 코드

장(張) double leaf

동장본(東裝本)이나 화장본(和裝本)의 두 번 접힌 1매의 낱장으로, 표리(表裏) 2페이지 분에 해당한다. 장수는 각 낱장의 접은 선에 적혀 있다. 일본에서는 정(丁)이라고도 한다. 매(枚)와 동의(同義)로 사용되는 경우도 있다. ↔ 매(枚)

장기 대출(長期貸出) permanent loan

통상 정해져 있는 도서관 자료의 대출 기간보다도 오랜 기간, 대출을 인정하는 것. 대학 도서관에서 졸업 논문을 위해 자료를 빌려가는 경우(이용 목적에 의한 경우), 학교 도서관에서 여름 휴가 등의 장기 휴가 전에 자료를 빌려가는 경우(시기적인 경우) 등이 있다. 또한 대학 도서관에서는, 연구실에 상비해 두고자 하는 자료를 도서관에서 그 연구실로 반영구적으로 빌려가는 형으로 처리하고, 그것을 장기 대출이라고 일컫는 경우가 있다.

장비(裝備) preparation

분류와 목록 작성의 후, 배가하기 전에 도서관 자료를 이용 가능한 상태로 준비하는 일련의 작업. 소장을 나타내기 위해 장서인(藏書印), 등록인 등을 찍는다. 청구 기호를 표시하는 도서 라벨의 부착, 표지가 얇은 페이퍼백이나 어린이 도서 등 이용 빈도가 높은 도서를 보강하는 필름의 부착, 반납 기한표나 바코드의 부착 작업 등이 있다.

장서(藏書) book collection; library holdings

도서를 소유하는 것, 또는 그 도서. 일반적으로는, 개인, 도서관, 기관, 단체가 소장하는 다수의 도서를 말하며, 1책을 말하는 경우도 다수의 도서 중의 1책의 의미를 갖는다. 도서 이외의 연속간행물 등을 포함하는 자료 일반으로 광의(廣義)로 사용하는 경우도 있다. 다수의 도서가 상호간에 유기적으로 유대를 가지면, 장서는 각 도서의 단순 합계 이상의 의미를 갖는데, 후다닥 수집되면 개개의 도서도 장서 전체도 의미를 잃어버린다. 장서의 이와 같은 유기적 성격에 착안하여 장서 구성이라는 개념을 확인한 것은 나카타 쿠니조우(中田邦造 1897-1956)이다. 1956년의 일리노이대학의 세미나에서도 장서의 이 성질이 발견되었으며, 이후로 미국에서는 book selection을 대신하여 collection development가 기본 개념이 되었다. 또한 도서관 장서는 한정 없이 증가하는 성질을 갖는데, 이 특질을 랑가나단은 "a growing organization"이라고 불렀다. ↔ 장서 구성; 컬렉션

장서 개발(藏書開發) → 장서 구성

장서 갱신율(藏書更新率) degree of updating library collection

도서관 장서를 평가하는 지표의 하나로, 어느 해에 신규로 수입(受入)된 도서의 책수와 제적된 도서의 책수를 보태고 합쳐, 연말의 장서 책수로 나눈 값. 자료의 갱신이 어느 정도 이루어지고 있는가를 측정하는 척도이다. 신규로 수입된 도서만의 경우가 장서 최신성이다. ↔ 장서 최신성

장서 관리(藏書管理) collection management

컬렉션의 계획적 및 체계적 관리. 장서 관리의 기능으로서, ① 장서 관리 방침 및 장서 관리 계획의 입안과 성문화(成文化), 장서 관리를 위한 자금의 획득, 배분, 그리고 그 관리 등, ② 자료 선택, 현존의 컬렉션 중에서 보존, 제적할 자료를 결정하는 등의 장서의 유지, 다른 도서관과 협력한 자료의 협동 수집, 협동 보존, 공동 이용, ③ 구축된 컬렉션에 관한 평가, 이용자의 장서에 대한 만족도나 이용자의 니즈의 파악, 나아가서는 장서 관리의 방침, 계획 및 절차의 평가가 있다.

장서 구성(藏書構成) collection development

도서관 장서가 도서관의 서비스 목적을 실현하는 구조가 되도록, 자료를 선택, 수집하여, 계획적, 조직적으로 장서를 형성, 유지, 발전시켜 가는 의도적인 프로세스. 장서 형성, 장서 구축(collection building), 장서 개발이라고도 한다. 수집 방침의 결정과 조정, 니즈 조사, 이용(자) 조사, 장서 평가, 자원 공유 계획, 장서 유지 관리, 제적 등의 제 활동이 포함된다. 도서관 장서는 고정된 자료군이 아니라, 새로이 간행된 자료를 추가하거나, 과거의 자료를 소급 수집하거나, 사용하지 않게 된 자료를 제거하는 등, 동적(動的)인 자료군이다. 그 때문에 장서 구성의 프로세스는 장서 평가에 의한 자료의 갱신, 제가(除架), 보존 등, 장서의 재구축 작업을 포함하는 장서의 체계적인 발전 활동이다.

장서 목록(藏書目錄) library catalog

도서관 등이 소장하는 자료에 대해, 그 서지 레코드(목록 저록)를 배열하여 편성한 목록. 간단하게 「목록」과 동의(同義)로 사용되지만, 수록 범위가 소장 자료에 한정되어 있는 점을 강조한 표현이다.

장서 비율(藏書比率) proportional rate of collection

도서관 장서를 평가하는 지표의 하나로, 어떤 기준에서 장서를 복수의 범주(카테고리)로 나누었을 때의 각각의 범주에 속하는 도서의 책수가 전 장서 책수에서 차지하는 비율(즉 구성비). 일반적으로는 한국십진분류법(KDC)이나 일본십진분류법(NDC) 등의 최상위의 10구분 등에서, 장서를 주제 분야로 나누어, 장서 비율을 구하는 경우가 많다. 이 이외에, 동서양별, 자료 형태별, 이용 대상별, 개가제와 폐가제와 같은 관리 방법 등의 범주가 있다. 각 범주마다의 연 대출 책수를 집계하고, 그에 대해 장서 비율과 마찬가지의 구성비를 계산하여 장서 비율과 비교하면, 각 범주의 장서가 다른 범주와 비교하여 활발하게 대출되고 있는지의 여부를 분석할 수 있다. 예를 들면, 보스트윅(Arthur Elmore Bostwick 1860-1942)은 전 대출 책수와 전 장서 책수의 비율을 도서관 기능도라고 부르고, 각 주제별로 대출 비율을 장서 비율로 나눈 값을 백분율비로 하여, 그 값이 기준치보다 큰지 작은지로 장서 구성을 평가하는 방법을 취하였다.

장서 신선도(藏書新鮮度) → 장서 최신성

장서인(藏書印) ownership stamp

소장을 표시하기 위해 도서에 찍는 인영(印影) 또는 인판(印判). 압인(押印)의 목적은 장서의 산일(散逸)을 막는 데 있는데, 자신 이외의 독자의 눈에 띄는 것을 의식한 면도 있다. 책에 도장을 찍는 습관은 중국에서 일본으로 이입되어 보급되었다. 도장의 크기, 형상, 의장(意匠) 등은 다양하다. 도서관의 장서인에는 도서관명이 새겨져 있는데, 오늘날에는 덧붙여 수입 등록 번호나 수입 연월 등을 세트로 하여, 장서인으로 한 것도 볼 수 있다. 구미(歐美)에서는, 장서인을 대신하는 것으로서 장서표(藏書票)가 있다. ↔ 인기(印記); 장서표

장서 점검(藏書點檢) inventory

장서 전체를 서가 목록과 대조하고, 장서의 현상(現狀)이나 분실 자료의 유무를 조사하는 것. 통상 이 작업을 통해, 파손 자료의 발견, 배가 장소의 잘못의 발견, 청구 기호의 오기 정정(誤記訂正) 등, 부차적인 효과를 얻을 수 있다. 불명 자료(不明資料)에 대해서는, 점검 기록을 작성하고, 이후 정기적으로 추적 조사

를 한다. 장서 점검의 시기로서, 일년에 한 번 이용자가 가장 적을 때를 골라, 휴관하여 실시하는 것이 일반적이다.

장서 증가율(藏書增加率) rate of collection growth

도서관 장서를 평가하는 지표의 하나로, 장서 책수에 대한 시계열(時系列) 데이터를 사용하며, 기준년의 장서 책수를 분모로 하고, 비교하는 해의 장서 책수를 분자로 하여 계산한 값.

장서 최신성(藏書最新性) currentness of library collection

도서관 장서를 평가하는 지표의 하나로, 어느 해에 신규로 수입(受入)된 도서의 책수를 연말의 장서수로 나눈 값. 일반적으로 신규로 수입된 장서의 이용은 수입 직후를 최고로 하여 수년은 잘 이용되지만, 그 후 이용은 급속히 감소한다. 상당수의 공공 도서관이나 대학 도서관의 학습용 컬렉션 등에서는, 장서의 이용을 높이기 위해서는, 장서 최신성을 높이는 것이 필요하게 된다. ↔ 장서 갱신율

장서 통계(藏書統計) statistics of library holdings

장서 책수로 표시되는 도서관 통계. 장서 구성의 현상(現狀)을 알고, 금후의 수집 계획, 장서 관리에 반영시키기 위해 이루어진다. 도서와 연속간행물, 나아가 그 밖의 자료 형태별로 나누고, 분류별, 개가 및 폐가별, 이용 대상별 등으로 나타내는 것이 일반적이다. 또한 수입 책수(受入冊數), 제적 책수 등도 포함한다. 대학 도서관에서는, 도서의 책수와 제본 잡지의 점수(點數)를 더한 값을 장서 책수로 하는 경우가 많다. ↔ 도서관 통계

장서 평가(藏書評價) collection evaluation

장서가 도서관의 목적이나 역할을 어느 정도 달성하는 힘이 있는지, 이용자의 요구나 니즈를 어느 정도 충족시키고 있는지, 장서의 어떤 영역에 결함이나 문제가 있는지, 자료 구입비는 어느 정도 유효한지 등을 판단하기 위해, 장서의 질이나 양을 평가하는 것. 장서 평가는 현재의 장서의 장점이나 단점의 평가임과 동시에, 새로이 발생하는 이용자의 니즈에 부합하여 자료를 추가하거나 또는 제거할 수 있도록, 장서 구성 방침에 수정을 가하거나, 장서 구성의 계속적 발전을 도모하기 위한 평

가이다. 장서 중심의 평가법으로, 관찰법, 체크리스트법, 장서 통계 분석이 있으며, 이용 중심의 평가법으로는, 이용 통계 분석, 관내 이용 조사, 리퀘스트의 분석, 이용 가능성 조사, 독서 조사 등이 있다. ↔ 관찰법; 이용 가능성; 체크리스트법

장서표(藏書票) ex libris; bookplate

소유자를 명확하게 하기 위해 책의 면지(面紙)에 첩부(貼付)하는 작은 종이 조각. 서표라고도 한다. 일반적으로 소유자명과 함께 문장(紋章), 표어(標語), 금언, 문양, 그림 등이 아름답게 디자인되어 있다. 15세기 중엽에 유럽에서 시작되었으며, 일본에는 메이지기(明治期)에 도입되었다. 특별의 컬렉션이나 개인의 애장서 등에 사용되는 경우가 많다. 제작 기법은 다양하며, 특히 일본 독자의 전통을 살린 판목 목판(板目木版), 형염(型染), 공판(孔版) 등에 의한 다색쇄(多色刷)의 작품은 소판화(小版畵), 소예술품으로서 애호자도 많다. 일본서표협회, 국제서표연맹(FISAE: Fédération Internationale des Sociétés d'Amateurs d'Ex-Libris)이 있다. ↔ 장서인

장서 회전율(藏書回轉率) turnover rate

도서관 장서를 평가하는 지표의 하나로, 어느 기간의 연 대출 책수를 장서 책수로 나누고, 1책의 장서가 몇 회 대출되었는지를 나타내는 값. 특히 대출을 중시하는 공공 도서관에서, 중요한 지표로 여겨진다. 이 지표는 컬렉션 전체뿐만 아니라, 주제별, 자료 종류별, 형태별로 산출할 수 있다. 어느 분야의 장서 회전율이 다른 분야보다 현저하게 낮을 때에는, 수집 방침이나 컬렉션의 재검토가 필요하다.

장애인 서비스(障碍人--) library service for the handicapped

시각 장애, 청각 장애, 지체 장애, 영속하는 내부(내부 기능) 장애, 그리고 학습 장애 등 그 밖의 심신 장애를 가진 사람들에 대해 도서관이 제공하는 서비스. 구체적으로는 점자 자료, 녹음 자료, 확대 자료, 확대 사본, 자막 삽입 비디오테이프, 수화 삽입 비디오의 수집과 제공, 대면 낭독(對面朗讀), 점역(點譯), 음역(音譯), 묵자역(墨字譯), 택배 등이 포함된다. 광의(廣義)로는 장애인을 도서관 이용에 장애를 가진 사람들로 간주하고, 민족적, 언어적, 문화적 소수자(마이너리티 주민), 고령자, 병원 등의 시설에 있는 사람들을 포함한다.

장합(張合) gathering

제본할 때, 접장(摺張)을 순번으로 모으는 작업. 장합이 확실히 되지 않으면, 접장이 중복되거나, 결락(缺落)되거나, 순번이 흐트러져, 난장(亂張)이나 낙장(落張)이 생긴다. 현재 장합은 접장 기호를 읽어가는 방식과, 접장의 등에 표시된 등표(背標: nigger head)라는 단인(段印)으로 판단해가는 방식이 있다. 후자(後者)의 방식에서는, 접장을 다 모으고 접장의 등을 보면, 등표가 계단 모양으로 나란히 있을 것이다. 등표가 가로로 늘어선 상태이거나, 계단 모양이 끊어져 있으면, 곧바로 난장, 낙장으로 판단할 수 있다. ↔ 접장 기호

재분류(再分類) re-classification

사용하고 있는 분류표를 다른 분류표로 교체하거나, 또는 분류표가 개정됨에 따라, 자료에 대해 이미 부여한 분류 기호를 변경하는 것. 통상 라벨에 기재된 분류 기호를 고쳐 자료의 서가 상의 배열을 변경하는 작업을 실시하게 되는데, 목록에 의한 주제 검색에 필요한 서지 분류만의 변경에 그치는 경우도 있다. ↔ 분류 기호

재생지(再生紙) recycled paper

제지용 원료의 전부 또는 일부에 폐지 펄프를 사용하여 초조(抄造)된 종이. 삼림 자원의 보호, 환경 문제에 대한 의식의 고조에 따라, 한번 이용한 종이를 회수하여 다시 한 번 종이의 원료로서 사용한 재생지의 사용이 촉진되고, 신문지, 골판지뿐만 아니라, 서적·잡지 등의 인쇄·기록 용지에도 사용되게 되었다. 기본적으로는 바람직한 동향이라고는 하더라도, 보존을 목적으로 하는 기록 용지로는 본래 중성지·내구지(耐久紙)의 사용이 바람직하며, 재생지를 사용하는 경우에도, 산성 재생지가 아니라, 상질계(上質系) 폐지 펄프를 원료로 하는 중성지를 사용할 필요가 있다. ↔ 산성지; 중성지

재판(再版) re-impression

본래는 기간(旣刊)의 도서를 다시 제판하고 바로 잡아 인쇄, 출판하는 것을 가리켰으나, 초판과 동일한 인쇄 원판으로 다시 출판하는 것 또는 출판된 것이라는 의미로 자주 사용된다. 후자(後者)는 중판(重版)이라고도 한다. ↔ 증쇄(增刷)

재판매 가격 유지 제도(再販賣價格維持制度) resale price maintenance system

제조자가 도매상, 소매점, 소비자에 대한 판매 가격(재판매 가격)을 결정하고, 그 가격(정가)으로의 판매를 지키도록 하는 제도. 일본에서는 재판제(再販制)라고도 한다. 일본의 경우, 본래대로라면 「독점금지법」에서는 불공정한 거래 방법으로서 금지되어 있는 행위이지만, 자유 경쟁에 의해 소비자의 이익을 해칠 우려가 있는 상품에 대해서는, 1953년의 「독점금지법」 개정에서 이 제도가 인정되게 되었다. 이 제도의 대상이 된 상품은 화장품·의약품 등의 특정의 일용품(日用品)(지정 판매)과, 도서, 잡지, 신문, 레코드판 등의 저작물(법정 재판)이었다. 그 후 1980년의 법 개정에 의해, 부분 재판이나 시한 재판(時限再販)이 도입되었다. 1997년에 지정 재판은 전면 폐지되었다. 법정 재판에 대해서는, 규제 완화의 흐름 속에서 일본의 공정거래위원회(公正取引委員會)가 제도 철폐를 검토하였으나, 2001년에 당면의 존속이 결정되었다. 한국의 도서 정가제는 이 재판매 가격 유지 제도에 해당한다고 할 수 있다.

재현율(再現率) recall ratio

정보 검색 시스템에서, 어떤 정보 요구 또는 검색 질문에 따라 검색을 실시했을 때, 데이터베이스 중의 모든 적합 정보에 대한 검색된 적합 정보의 비율. 얼마나 망라적인 검색이 이루어졌는지를 나타내며, 정확률과 함께, Aslib에 의한 크랜필드 연구 프로젝트(Aslib Cranfield Research Project)에서 생겨난 적합성을 바탕으로 하는 평가 척도이다. 그러나 모든 적합 정보가 판명되어 있지 않으면 산출할 수 없다는 점에서, 재현율은 현실적인 척도라고 할 수 없다. 재현율이 사용되는 것은 적합 정보가 모두 판명되어 있는 테스트 집합을 사용한 검색 실험의 장면에서이다. 테스트 집합을 사용하지 않고 재현율을 얻고자 한다면, 모든 적합 정보를 기지(旣知)의 모든 적합 정보로 대체하여 근사치를 산출하는 수단이 필요하게 된다. ↔ 적합성; 정확률

저록(著錄) → 목록 저록

저본(底本) copy-text

어떤 저작을 편집이나 번역할 때, 근거로서 사용되는 텍스트. 저자의 의도가 가장 정확하게 나타나 있다고 판단되는 책을 고른다. 편집이나 본문 연구에서는, 저본과 표기가 다른 몇몇의 텍스트와 교합(校合)하여, 저본에 수정을 가하여, 저자가 의도한 이상적인 텍스트를 추정한다. 어느 것을 저본으로서 채택하는가는 각각의 텍스트의 발생 상황에 따라 다르다. copy-text라는 용어는 영국의 서지학자로, 메이지(明治) 시대에 영어 교사로서 일본에 왔던 적이 있는 맥케로우(Ronald Brunlees McKerrow 1872-1940)의 조어(造語)이다. 정본(定本)과 구별하기 위해, 「저본」이라고 하는 경우가 많다. ↔ 정본

저자(著者) author

(1) 출판물 또는 문서나 기록, 수고(手稿) 등의 본문을 집필한 자. 픽션의 경우는 작자, 작가, 기사의 경우는 기자, 필자라고도 한다. (2) 편목 규칙에서 책임 표시로서 기록되는 자. 『일본목록규칙 1987년판 개정 3판』 용어 해설에서는, "저작의 지적 또는 예술적 내용의 창조, 내지는 구현(연주 등을 포함한다)에 책임을 갖거나, 기여하는 바가 있는 개인 또는 단체"라고 되어 있다. 이 경우는 단체도 저자가 되는 경우가 있으며, 편자, 편찬자, 역자, 작곡자, 작사가, 화가, 사진가 등도 포함된다. 한편 이것은 「저작권법」 상의 「저작자」에 가깝다.

저자 기호(著者記號) author mark

동일의 분류 기호를 부여받은 복수의 자료를 다시 저자명 순으로 배열하기 위해 부여되는 도서 기호의 하나. 저자명을 기호화하여 사용한다. 기호화에는, 저자의 성의 두문자(頭文字), 성과 명의 두문자의 조합, 저자의 두문자와 숫자의 조합 등의 방법이 있다. 저자 기호를 부여하기 위해 저자 기호표를 사용하는 경우가 있다. ↔ 도서 기호

저자 기호표(著者記號表) author mark table

저자명의 두문자(頭文字)와 숫자를 조합시킨 일람표의 것으로, 저자 기호를 부여할 때 사용한다. 저자의 성과 명의 두문자의 조합 등을 로마자나 한글, 일본의 경우 가나 문자 또는 숫자에 의해 기호화하여 표현한다. 대표적인 것으로, 커

터·샌본표(Cutter-Sanborn Three Figure Author Table 1950)나 이재철의 한글 순도서기호법, 일본의 모리 키요시(森淸)에 의한 일본저자기호표가 있다.

저자 목록(著者目錄) author catalog

"저자 목록만의 목록 저록(목록 기입)과, 참조를 배열한 목록"(『일본목록규칙 1987년판 개정 3판』 용어 해설). 개별형 목록의 일종. 이 목록에, 개인 및 단체의 고유명을 주제명 표목으로 하는 저록(기입)을 그 참조와 함께 혼배(混排)한 것이 고유명 목록이다.

저자 색인(著者索引) author index

저자명을 표제어로 하는 색인. 일반의 단행본의 경우에는, 본문 중에 출현하는 문헌의 저자명을 검색할 목적으로 편찬된다. 서지의 경우는, 본체의 배열이 주제 분류나 서명순, 연대순일 경우에, 저자명으로 간단하게 검색할 수 있도록, 저자 색인을 마련한다. 표제(타이틀)와 저자명을 통합하여 하나의 체계로 배열한 저자 표제 색인이 편찬되는 경우도 있다. ↔ 저자 표제 색인

저자 서명 목록(著者書名目錄) → 저자 표제 목록

저자 서지(著者書誌) author bibliography

1인의 저자 자신의 저작만을 망라적으로 수록하는 서지. 왕성한 저작 활동을 한 인물에 대해 작성되는 경우가 많다. 저자의 전기 사항과 합쳐, 연보 형식으로 편집되는 경우도 많다. 그 저자나 저작에 관한 문헌도 수록하는 서지는 개인 서지 내지는 인물 서지라고 일컬어진다. 독립 간행되지 않고, 개인 전집이나 다른 저서의 일부에 수록되는 경우도 많다. 특정의 인물을 키로 하여 작성되는 서지이기 때문에, 주제 서지의 일종으로도 간주된다. ↔ 개인 서지; 인물 서지; 주제 서지

저자성(著者性) → 책임성

저자 초록(著者抄錄) author abstract

원문헌의 저자가 스스로 작성하는 초록. 저자 이외가 작성하는 제3자 초록에 상대되는 말.

저자 표목(著者標目)　author heading

"저자명을 목록 저록(목록 기입)의 표목으로 하는 것으로, 저자명 전거 파일을 바탕으로 통제된 형을 취한다"(『일본목록규칙 1987년판 개정 3판』 용어 해설). 개인명 표목과 단체명 표목(회의명 등을 포함한다)으로 구분된다. 『일본목록규칙 1987년판 개정 3판』에서는, 기술 중의 기록 위치(본표제의 책임 표시로서 기록되어 있는 것, 특정판 또는 부차적 판의 책임 표시로서 기록되어 있는 것, 주기에 기록되어 있는 것 등의 구별), 그리고 저작에 대한 관여의 정도(주된 저작 관여자, 부차적인 저작 관여자, 그 밖의 저작 관여자의 구별)를 조합시킴으로써, 표목으로 할 것, 필요에 따라 표목으로 할 것, 원칙적으로 표목으로 하지 않을 것으로 3구분하는 기준을 지시하고 있다. ↔ 개인명 표목; 단체명 표목; 이름 전거 파일; 통일 표목

저자 표제 목록(著者標題目錄)　author-title catalog

"저자 표목과 표제(타이틀) 표목의 목록 저록(목록 기입)과, 참조를 혼배(混排)한 목록"(『일본목록규칙 1987년판 개정 3판』 용어 해설). 복합형 목록의 일종. 사전체 목록에서 파생된 분할 목록의 일종으로 파악할 수도 있다.

저자 표제 색인(著者標題索引)　author-title index

저자명과 표제(타이틀)를 표제어로 하고, 이것들을 통합하여 하나의 체계로 배열한 색인. 일반의 단행본의 경우에는, 본문 중에 출현하는 문헌의 저자명이나 표제를 검색할 목적으로 편찬된다. 서지의 경우는, 본체의 배열이 주제 분류나 연대순일 경우에, 저자명이나 표제로 간단하게 검색할 수 있도록, 저자 표제 색인을 마련한다. ↔ 저자 색인; 표제 색인

저작권(著作權)　copyright

저작물 등에 관해 저작자 등에 대해 인정되는 권리. 표현을 보호하는 저작권은 아이디어를 보호하는 공업 소유권 등과 함께, 지적 재산권을 구성하고 있다. 저작권에 관한 국제 단체로서 세계지적소유권기구(WIPO: World Intellectual Property Organization), 국제 조약으로서 「문학적 및 예술적 저작물의 보호를 위한 베른 조약」(Berne Convention for the Protection of Literary and Artistic Works)과

「세계저작권조약」(UCC: Universal Copyright Convention, 만국저작권조약이라고도 한다) 등이 있다. 많은 국가에서는 저작물의 저작권은 저작물의 창작으로부터 시작되며, 저작자의 사후 수십 년간 존속한다. 저작자는 저작물의 공중(公衆)에 대한 제공, 복제 등의 권리를 갖고 있는데, 사적 이용을 위한 복제나 인용 등에서, 저작권은 제한을 받는다. 일본의 「저작권법」에서는, 도서관 등의 복제는 이러한 저작권의 제한 조항의 하나로서 명기되어 있는데, 미국에서는 상세한 규정을 두지 않고, 판례에 의해 확립되어 온 공정 이용(fair use, 공정 사용)이라는 개념 안에서 다루어지고 있다. ↔ 공정 이용; 복제권; 저작권 집중 처리 기구; 저작 인접권

저작권 등록 도서관(著作權登錄圖書館) copyright library

저작권이 등록에 의해 발생하는 것이라는 사고방식은 유럽에 고유한 것으로, 이를 수리(受理)하는 기구는 국가에 따라 다양한 모습을 취해 왔다. 저작권법 및 의무 납본 제도는 어느 나라에서나 정해져 있지만, 도서관은 일반적으로 저작권이 있는 자료를 수취(收取)하고, 보존하는 장소로서, 저작권을 인정하는 기관으로는 되어 있지 않다. 저작권 자료 수리 부서를 도서관이 갖추고 있는 케이스로서는 미국이 있다. 미국에서는, 무방식 주의의 베른조약 가맹 이전에는 미국의 회도서관(LC) 내의 저작권국(著作權局: United States Copyright Office)에 대한 등록을 필요로 하였는데, 가맹 후에도, 동국(同局)에 등록된 미국 내 간행물은 저작권 소송 등에서 유리한 취급을 받게 되어 있다. 저작권 등록을 위한 자료 수리, 보존 기구를 국가의 도서관과 따로 만들고 있는 나라도 있다.

저작권법(著作權法)[일본] Copyright Law

일본의 저작권 법제는 1869년의 「출판조례」에서 시작되는데, 1899년의 베른조약 가맹 때, 「저작권법」(구법)이 제정되어, 근대적인 법 제도로서 정비되었다. 구법은 1970년에 전면 개정되어, 현재의 「저작권법」이 공포되었다. 저작자의 권리로서, 공표권, 성명 표시권, 동일성 유지권으로 이루어지는 저작자 인격권과, 복제권, 상연권, 번역권, 이차적 저작물 이용권 등으로 이루어지는 재산적 권리로서의 저작권을 인정하고, 나아가 실연자(實演者), 레코드 제작자, 방송 사업자 등에 대해, 녹음권·녹화권, 방송권, 대여권 등의 저작 인접권이나 청구권을 인

정하고 있다. 또한 사적 이용이나 도서관 등에서의 복제 등 일정의 조건 아래에서는, 저작권이 제한된다. 미디어의 급속한 다양화를 맞아,「저작권법」은 근년에 개정을 거듭하고 있다. ↔ 저작 인접권; 저작자 인격권

저작권법(著作權法)[한국] → 부록: 저작권법[한국]

저작권 집중 처리 기구(著作權集中處理機構) copyright clearance center

저작권의 보호를 목적으로 하여, 관계되는 저작권 권리자의 권리를 집중적으로 관리하고, 저작물 이용자로부터 일정의 저작권 사용료를 모아, 이를 배분하는 기능을 가진 기관. 한국에는 1964년에 설립된 한국음악저작권협회나 2000년에 설립된 한국복사전송권관리센터가 있고, 일본에는, 1939년에 설립된 일본음악저작권협회(JASRAC)나 1991년에 설립된 일본복사전송권센터 등이 있다. 집중 처리 기구 방식의 채택에 의해, 개개의 저작권자의 허락 없이 저작물 이용이 가능하게 되는데, 이 방식에서는 저작권 사용료의 설정, 징수한 저작권료의 배분 방법, 처리 기구 자체의 운영 경비 등의 문제가 있다.

저작권 표시년(著作權表示年) copyright date

"기술 대상의 저작권 표시에 기재되어 있는 첫 번째 발행년. ⓒ 마크를 붙여 표시되어 있다. 다만 녹음 디스크의 경우는 ⓟ 마크를 붙여 표시되어 있다"(『일본목록규칙 1987년판 개정 3판』 용어 해설). 저작권 등록의 절차를 필요로 하지 않는 일본의 경우에는, 표시되어 있지 않은 경우도 많다. 서지 기술에서는, 출판년이나 배포년이 없을 때, 그 대용으로서 사용되며, 그것임을 알 수 있는 형으로 기록하지 않으면 안 된다. 『일본목록규칙 1987년판 개정 3판』에서는, 앞에 「c」나 「p」를 부가하도록 하고 있다. ↔ 출판년

저작 기호(著作記號) work mark

동일 저자에 의한 저작을 다시 개개의 저작마다 개별화하기 위한 기호. 도서 기호의 보조로서, 완전하게 개별화하는 경우에, 이 기호를 사용하는 경우가 있다. 기호법으로서는, 표제(타이틀)의 두문자(頭文字), 수입순 기호(受入順記號) 등을 사용한다. 같은 표제의 것에는 판차 기호, 복본(複本)에는 복본 기호를 부여하는 등으로, 더 개별화하는 경우도 있다. ↔ 도서 기호

저작물(著作物) work

"사상 또는 감정을 창작적으로 표현한 것으로서, 문예, 학술, 미술 또는 음악의 범위에 속하는 것"(일본 「저작권법」 제2조 제1항 1호). 일본의 「저작권법」에서는 구체적으로 언어, 음악, 무용 또는 무언극, 미술, 건축, 도형, 영화, 사진, 프로그램이 저작물로서 예시되어 있다. 여기에 더하여, 기존의 저작물을 가공하여 창작된 이차적 저작물(번역, 영화화 등), 기존의 저작물이나 데이터와 같은 소재를 창작적으로 선택·배열한 편집 저작물(백과사전 등), 나아가 편집 저작물과 마찬가지의 것으로, 컴퓨터에서 검색할 수 있는 데이터베이스도 저작물로 간주된다. ↔ 저작권

저작 인격권(著作人格權) → 저작자 인격권

저작 인접권(著作隣接權) neighboring right

저작물을 전달할 때 중요한 역할을 수행하고 있는 실연가(實演家: 배우, 연주자, 연출가 등), 레코드 제작자, 방송 사업자 및 유선 방송 사업자를 보호하는 권리. 줄여서 인접권이라고도 한다. 이러한 자는 직접 저작물을 창작하지 않지만, 그에 관련된 활동을 실시하고 있기 때문에, 인접권으로서, 저작권법 보호의 대상이 되고 있다. 구체적으로는, ① 실연가의 녹음·녹화권, 방송권, 송신 가능화권 등, ② 레코드 제작자의 복제권, 송신 가능화권, 대여권 등, ③ 방송 사업자의 복제권, 재방송권, 유선 방송권 등, ④ 유선 방송 사업자의 복제권, 방송권, 재유선 방송권 등을 들 수 있다. ↔ 저작권

저작자 인격권(著作者人格權) author's moral right

저작물을 창작한 저작자의 인격적 이익을 보호하는 권리. 저작 인격권이라고도 한다. 구체적으로는, ① 공표되어 있지 않은 저작물을 공중(公衆)에게 제공·제시할지의 여부를 결정할 권리(공표권), ② 저작물을 공표할 때 저작자의 실명이나 변명(變名: 펜네임)을 표시할지의 여부를 결정할 권리(성명 표시권), ③ 저작물의 내용이나 제호(題號: 타이틀)를 무단으로 개변(改變)하지 않을 권리(동일성 유지권)로 이루어진다. 한편 재산적 권리로서의 저작권은 타인에게 양도할 수 있지만, 저작자 인격권은 일신 전속의 권리이기 때문에 타인에게 양도할 수 없다. ↔ 저작권

저지(楮紙) → 닥종이

적서(適書) right book

특정 이용자의 능력, 성격, 기호(嗜好)에 적합한 도서나 잡지 등의 자료. 양서(良書)와 함께, 자료의 선택과 제공의 판단에 사용되는 개념이다. 즉 양서가 일반적인 평가를 기준으로 하고 있는 것에 대해, 적서는 이용자로부터의 요구를 기준으로 하고 있다. 예를 들면 세속적으로는 가치가 낮은 자료로 간주되고 있다고 하더라도, 특정의 개인에게는 의미가 있는 자료로서 활용될 가능성이 있기 때문이다. ↔ 양서; 요구론

적정 이용권(適正利用圈) proper area for library service

지역 시설의 이용자가 가장 많이 포함되는 권역(圈域). 이것은 공공 도서관의 경우, 각종의 조사에서, 도서관을 중심으로 하여 반경 1km 전후의 원을 그린 권내(圈內)로 생각되고 있다. 도서관으로부터의 직선 거리가 1km가 넘으면, 이용자는 급속히 감소해 가는데, 그 원인으로서는 도보 또는 자전거로 내관(來館)할 수 있는지의 여부를 들 수 있다. 공공 도서관의 서비스 계획이나 분관망(分館網)을 입안할 경우에는, 적정 이용권을 고려할 필요가 있는데, 자동차나 전차 등의 교통 수단을 이용하여 내관하는 이용자에 대해서는, 이 수치가 적합하지 않다는 것에 주의할 필요가 있다. ↔ 내관자 밀도

적층 서가(積層書架) multi-tier stack

강철 지주를 사용하여 서가와 철판의 상(床)을 겹쳐 쌓은 구조의 서가. 서가, 철판상, 배가한 도서의 하중(荷重)은 모두 지주로 지탱한다. 상(床)부터 천정까지의 1층 분의 높이를, 최상단의 선반에 배가(排架)하고 있는 사람의 손이 다다르는 높이(2.2~2.3m 전후)로 억제하고 있고, 건축물의 기둥이나 대들보가 서가 안으로 나가지 않기 때문에, 전체적으로 수용 효율은 높다. 보행에 의한 소음이 심하고, 천정도 낮기 때문에 개가제의 서가로서는 부적당하며, 폐가제의 서고에 많이 사용된다. 일본에서는 현재 방재상(防災上)의 견지에서 이루어지는 행정 지도에 의해, 3층 이상의 적층 서가는 세울 수 없게 하거나, 아니면 3층 이상의 경우에는 2층마다 내화 구조(耐火構造)의 상으로 구분할 것을 요구하고 있다. ↔ 단층 서가

적합도순 출력(適合度順出力) ranked output

정보 검색 시스템에서, 검색 질문에 대한 적합도를 시스템이 자동적으로 판정하고, 그 순서에 따라 검색 결과를 출력시키는 기법. 적합도의 산출에는, 검색어의 출현 빈도, 출현 위치, 동시 출현 관계 등의 데이터가 사용되며, 대표적인 산출 방법으로서는, tf·idf법, 벡터 공간 모델을 이용한 기법, 웹 페이지의 링크 관계를 이용한 기법 등이 있다. 인터넷의 검색 엔진에서 적합도순 출력이 채택되고 있기 때문에, 일반적으로 널리 보급되었다. 검색 결과가 다량으로 출력되는 경우에는, 모든 결과의 내용을 확인하는 것이 곤란하기 때문에, 이러한 기법이 유효하지만, 시스템의 출력 순서와 이용자가 생각하는 적합도순이 다른 경우가 많아, 그것이 이 기법의 큰 문제점이라고 할 수 있다. ↔ tf·idf; 벡터 공간 모델

적합성(適合性) relevance

정보 검색에서 어떤 정보 요구 또는 검색 질문에 따라 검색을 실시했을 때, 검색된 정보가 어느 정도, 검색자의 정보에 대한 욕구를 해소하거나, 질문(의문)에 해답을 줄 수 있는가의 정도. 정보 검색의 주요 개념임에도 불구하고, 그 파악 방법에 대해서는 다양한 해석이 있다. 크게 나누면, 검색 질문과 정보와의 관계와, 정보 요구와 정보와의 관계의 두 가지의 입장에서 파악할 수 있다. 전자(前者)는 질문으로서의 언어 표현과 정보와의 관계에 착안하여, 애매성을 어느 정도 배제하는 것으로 검색 평가에서 일반적으로 사용되어 왔다. 후자(後者)는 정보 요구를 가진 이용자의 관점에서 적합성을 보는 것으로, 정보 검색이 이용자가 요구하는 정보를 제공하는 것이라면, 이쪽의 방향이 적합성의 더 본질적인 해석이라고 말할 수 있다. ↔ 재현율; 정확률

적합성 피드백(適合性--) relevance feedback

정보 검색에서 검색 결과가 검색 질문에 어느 정도 적합한지를 판정하고, 그 판정 결과로부터 얻어지는 정보를 바탕으로 하여 검색어의 재해석, 검색식의 수정, 검색 전략의 재검토 등을 실시하여, 검색 성능의 향상을 도모하는 것. 벡터 공간 모델에서는 로치오(Rocchio)의 방법이라고 불리는 유용한 피드백 기법이 개발되어 있다. ↔ 검색식; 검색어; 검색 전략; 벡터 공간 모델; 적합성; 정보 검색 시스템

전개분류법(展開分類法) Expansive Classification(EC)

커터(C. A. Cutter)가 1891년 이후 발표한 일반 분류표. 1903년의 그의 사후에도 1911년까지 계속하여 공표되었으나, 미완(未完)으로 마무리되었다. 도서관의 규모에 따라 선택할 수 있도록, 일곱 개의 주류와 하나의 하위 클래스만을 제시한 가장 간단한 표로 시작하여, 점차 상세하게 전개하는 전 7표로 구성된다. 다만 동일 기호가 동일 주제에 계속 대응한다고 하는 제한은 없다. 제7표에는 공통세목표와 지리구분표(local list)를 갖추고 있다. 기호법은 본표가 알파벳만, 그 밖의 표가 숫자만으로 간결하다(다만 미완성인 제7표에서는 기호법이 복잡해지고 있다). 이제는 실제로 사용되는 경우는 없는 것으로 생각되지만, 미국의회도서관분류법(LCC) 및 일본십진분류법(NDC)의 주류의 배열에 영향을 미치는 등, 역사적, 이론적으로 간과할 수 없는 존재이다. ↔ 커터

전개적 기호법(展開的 記號法) → 유연성 있는 기호법

전거 관리(典據管理) authority control

서지 레코드의 표목이 되는 개인명, 단체명, 통일 표제, 총서명, 주제명 등의 전거형(典據形)을 정하고, 그것들이 일관하여 사용되도록 유지 관리 하는 것. 기계가독형의 목록 데이터베이스에서는, 표목의 전거형(통일 표목), 전거형으로부터 그리고 전거형에 대해 작성해야 하는 참조, 전거형의 확정이나 참조의 지시의 근거가 된 정보원(情報源) 등을 구성 요소로 하는 전거 레코드를 사용하여, 서지 레코드와의 사이에 링크를 형성하여, 표목의 통일적 사용을 도모할 수 있다. 전거 관리란 목록 데이터베이스 안에 이미 존재하는 서지 레코드의 검색 누락을 방지하고, 중복 레코드의 발생을 억제하는 것에 유효하기 때문에, 서지 유틸리티 등의 데이터베이스의 품질 관리에 있어 불가결한 기능이다. 전거 제어, 전거 통제, 전거 컨트롤이라고도 한다. ↔ 전거 레코드; 전거 파일; 통일 표목

전거 레코드(典據--) authority record

서지 레코드에 대한 검색의 실마리가 되는 표목에 대해, 표목의 전거형(통일 표목), 전거형으로부터 그리고 전거형에 대해 작성해야 하는 참조, 전거형의 확정이나 참조의 지시의 근거가 된 정보원(情報源) 등을 편목 규칙이나 전거 포맷

(전거 레코드를 대상으로 하는 MARC 포맷)에 따라 기록하는 레코드. 개인명, 단체명, 회의명, 지명(地名), 통일 표제, 총서명 등을 대상으로 하는 이름(명칭) 전거 레코드와, 주제명을 대상으로 하는 주제명 전거 레코드가 있다. 전거 레코드는 목록 데이터베이스 중에서, 어떤 표목이 서지 레코드에 처음으로 부여될 때 작성되며, 그 이후 같은 표목을 부여할 때의 전거가 된다. ↔ 전거 파일; 통일 표목

전거 제어(典據制御) → 전거 관리

전거 통제(典據統制) → 전거 관리

전거 파일(典據--) authority file

"통일 표목의 형(形)과 독음(讀音), 전거로 한 참고 자료명, 채택하지 않은 명칭으로부터의 참조 등을 기록하는 파일로, 통일 표목을 유지 관리하기 위한 것. 저자명 전거 파일, 주제명 전거 파일 등이 있다"(『일본목록규칙 1987년판 개정 3판』 용어 해설). 이 통일 표목, 참고 자료명, 참조 등으로 구성되는 개개의 기록을 「전거 레코드」라고 한다. 기계 가독형의 전거 파일은 목록 데이터베이스 중의 서지 레코드의 표목에 대응하는 전거 레코드를 수록하며, 표목이 일관하여 사용되도록 유지 관리를 실시하는 전거 관리에서 사용된다. 전거 목록(전거 리스트: authority list)과 동의(同義)이다. 이름(명칭) 전거 파일과 주제명 전거 파일이 있다. 또한 저자명 전거 파일은 이름(명칭) 전거 파일에 포함되는 저자명만을 대상으로 하는 파일이다. ↔ 이름 전거 파일; 전거 관리; 전거 레코드; 주제명 전거 파일

전국공공도서관협의회(全國公共圖書館協議會)[일본] National Council of Public Libraries, Japan

일본의 공공 도서관 상호간의 연락을 긴밀하게 하고, 조사 연구를 실시하며, 도서관의 발전을 도모하는 것을 목적으로 하는 조직. 전국의 공공 도서관과 일본의 「도서관법」 제14조에 정해진 도서관협의회를 회원으로 하며, 국립국회도서관이 객원 회원이다. 1967년에 발족한 전국공공도서관장협의회가 1962년에 발족된 전국도서관협의회연합회와 1970년에 합병하여 전국공공도서관협의회가 되었

다. ① 공립 도서관에 관한 행정, 재정, 사업의 조사 연구, ② 자료의 수집과 정보의 교환, ③ 관계 기관에 대한 요망·진정 등이 주요 사업이며, 매년 문부과학성(文部科學省)의 공립 도서관 예산에 관한 진정 활동을 실시하고, 특정 테마에 관한 조사 보고서를 간행하고 있다.

전국 도서관 계획(全國圖書館計劃) national planning of library

주로 공공 도서관을 대상으로 하는 도서관 설치를 위한 전국 계획. 일본에서는, 전국 계획의 필요성이 논의되어 왔는데, 구체적으로는 전국공공도서관협의회가 1978년부터 진행한 조사가 있는데, 이것은 내서날 플랜이라고 불렸다. 미국에서는, 미국도서관협회가 1948년에 「공공도서관 서비스의 전국계획」(*A National Plan for Public Library Service*)을 수립하고 있다.

전국 서지(全國書誌) → 국가 서지

전국학교도서관협의회(全國學校圖書館協議會)[일본] Japan School Library Association

일본의 도도부현(都道府縣)에 조직되어 있는 학교도서관협의회의 연합체로서 1950년에 설립된 학교 도서관에 관한 전국적인 단체. 각 도도부현의 학교 도서관 연구 단체를 회원으로 하는데, 개인 회원 제도도 있다. 학교 교육의 향상 발전과 청소년의 독서의 진흥에 이바지하는 것을 목적으로, 법률 개정이나 예산 증액 운동, 교육 개혁에 대한 제언, 학교 도서관 운영 기준의 측정, 도서의 선정, 기관지 『학교 도서관』(1950-   )과 『학교 도서관 속보판』(1954-   ), 학교 도서관 운영의 지침서의 편찬 등의 다채로운 출판 활동, 학교 도서관 조사의 실시, 연구 대회의 개최, 청소년 독서 감상문 콩쿠르, 일본의 그림책 상 등 활동은 극히 광범위하다. 발족 당초에는 「학교도서관법」 제정에 큰 힘이 되었다.

전기 서지(傳記書誌) biobibliography

집합 서지의 일종으로, 수록 인물 각각의 인명 아래에 약전(略傳)이나 약력을 신고 있는 것. 개인 서지에는 약전이나 연보가 첨부되어 있는 것이 많은데, 통상 이것들을 전기 서지라고는 부르지 않는다. ↔ 집합 서지

전문가 시스템(專門家--) expert system

전문가가 가진 지식이나 문제 처리 능력을 계산기 프로그램에서 실현하고, 전문가와 같은 레벨에서 문제 해결을 행하는 것을 의도한 시스템. 전문가에는 고도의 영역 지식, 주어진 문제를 이해하여 의사 결정에 필요한 정보를 입수하는 능력, 입수한 정보를 바탕으로 적절한 판단을 행하는 능력이 요구되는데, 전문가 시스템에서는 이것들을 지식 베이스, 사용자 인터페이스, 추론 엔진에서 실현하고 있다. 초기의 예로서 DENDRAL이나 MYCIN이 있으며, 문헌정보학 분야에서도 도서의 자동 분류 등에 대한 도입이 시도되었다. ↔ 인공 지능

전문 검색(全文檢索) full-text retrieval

전문(全文) 데이터베이스(full-text database)의 전문(全文) 데이터의 필드를 대상으로 하여 실시하는 정보 검색. 문헌 데이터베이스를 대상으로 하는 전문 검색에서는, 검색자가 생각해낸 단어나 어구가 전문 데이터 중에 출현하는지의 여부에 의해 검색을 실시한다. 그 때문에, 주제 검색으로서 전문 검색을 실시하는 경우, 검색 결과에 노이즈(잡음)가 많아져 정확률이 낮아지는 경향이 있다. 서지 데이터베이스의 초록문 데이터의 필드를 대상으로 하여 실시하는 정보 검색의 것을 초록문 전문(抄錄文 全文)을 대상으로 하고 있다는 의미에서, 전문 검색이라고 부르는 경우도 있다.

전문 도서관(專門圖書館) special library

전문 도서관이란 본래 일반 도서관(general library)으로서의 공공, 대학, 학교의 각 도서관에 상대되는 말이었다. 이 전문 도서관에 대해, 종래에는 그 현상면에 착안하여, 장서의 주제 범위와 전문성의 수준이나 이용자의 한정성과 같은 면에서의 정의가 널리 받아들여져 왔다. 그러나 그것으로는 전문 도서관보다 주제 전문성이 높은 대학 도서관이나 이용자의 한정성이 강한 학교 도서관 등과의 구별은 불가능하다. 이론적으로는 사업의 집행 기관으로서의 조직의 업무 실시의 지원 기능으로서 만들어져, 조직의 구성원에 대한 서비스를 임무로 하고, 조직의 경비 부담에 의해 유지되는 도서관으로 정의할 수 있다. 그러나 「전문 도서관이란 조직의 도서관이다」라고 일의적(一義的)으로는 정의할 수 없다. 관용적인 전문 도서관의 개념은 현상적(現象的)인 정의와 이론적인 정의의 사이에 있다고 말할 수 있다.

전문도서관협의회(專門圖書館協議會)[일본] Japan Special Libraries Association

일본의 전문 도서관의 단체로, 1952년에 설립되었다. 관청의 도서관, 지방 의회의 도서실, 민간 각종 조사 연구 기관, 기업체의 자료 부문, 일부의 대학·공공 도서관 등의 도서관 상호간의 연락과 도서관 활동의 유기적 연휴(連携)를 도모하고, 그 향상 발전에 이바지하는 것을 목적으로 한다. 단체 회원제를 취하며, 이사회, 간사회, 각종 위원회, 그리고 7개의 지구 협의회에 의해 구성되어 있다. 자료 이용면에서의 상호 협력에 덧붙여, 연수, 조사 연구, 기관지『전문 도서관』(1960- 창간 당시는『전문도서관협의회 회보』)과『전문 정보 기관 총람』(1969-) 등의 출판, 국제 교류 등의 활동이 있다.

전문 분류표(專門分類表) → 특수 분류표

전문직 제도(專門職制度) professionalism

전문적인 직무를 그 직무에 대한 지식이나 기술을 가진 전문직이 관리, 운영해 가는 제도. 서양에서는 성직자, 의사, 법률가가 전통적인 전문직으로 여겨져 왔다. 이러한 전문직은 그 직이 사회적으로 유용하다는 것이 외부로부터 인지되고, 그 구성원이 훈련을 받고 일정 수준의 지식이나 기술을 갖추는 것을 전제로 한 상에서, 자율적으로 그 직무를 수행해간다. 전문직 제도를 유지하기 위한 전문직 단체를 가지며, 그 자격의 인정에 관여함과 동시에, 그 구성원을 통제하고, 전문직의 레벨을 유지하는 활동을 하고 있다. 현재는 교육, 간호, 복지 관계 등에 새로운 전문직이 성립해가고 있으며, 도서관의 전문적 직원도 여기에 포함된다. ↔ 사서직 제도

전미수서목록계획(全美收書目錄計劃)[미국] → 국가수서편목프로그램[미국]

전부(前付) front matter; preliminary matter

도서나 잡지의 주요 부분을 구성하는 본문의 앞부분(前部)에 위치하는 표제지, 서문, 목차, 범례(凡例), 도판 목차 등의 총칭. 본문, 후부(後付)에 대비하여 말한다. 한국에서 쓰는 용어로는 앞붙이라고도 하며, 일본말로는 마에즈케(まえづけ)라고 한다. ↔ 본문; 후부(後付)

전사(轉寫) reproduction proof; clean proof

아트지나 플라스틱 시트를 사용하여, 활판이나 철판(凸版)에 특히 깨끗하게 완성한 사진 제판용의 인쇄물. 인쇄에는 판이 필요한데, 활자를 짜서 판으로 하거나, 사진 제판과 같이, 원고류를 촬영하여 만든 네거티브나 포지티브를 바탕으로 하여 판을 만드는 등의 방법이 있다. 후자(後者)의 경우, 판을 만드는 공정이 활판조판에 비해 많아지기 때문에, 촬영하는 원고에 정도(精度)가 요구된다. 그 때문에 사진 제판용의 인쇄물을 전사(일본말로는 기요즈리(淸刷)라고 한다)라고 불러 일반의 인쇄물과 구별하고 있다.

전시회(展示會) exhibition

도서관이 소장하는 자료를 전시함으로써, 이용자가 자료에 대한 이해를 깊게 하고 독서에 대한 관심을 높이는 것을 목적으로 하여 도서관이 개최하는 행사의 일종. 광의(廣義)로는 도서관의 자료에 국한하지 않는 특정의 테마를 바탕으로 하는 자료의 전시나, 이용자로부터의 제안에 따라 기획된 전시회를 가리킨다. 또한 특정의 행사로써 뿐만 아니라, 도서관의 시설의 일부로 쇼케이스(showcase)를 이용한 전시 스페이스를 설치하고 자료를 전시하는 경우도 있다.

전역 서비스(全域--)[일본] library service for whole community

일본의 시정촌립 도서관(市町村立圖書館)의 정책 목표인 구역 전체 주민에 대한 도서관 서비스. 시정촌립 도서관은 자치 단체 구역의 어느 곳에 살고 있는 사람에 대해서도 균일하게 도서관 서비스를 제공하지 않으면 안 된다. 도서관이 단순히 도서를 수집, 보관하고 내관자(來館者)의 이용에 이바지하는 점적(點的)인 시설로서 파악되고 있던 1960년대 이전에는, 자치 단체를 면적(面的)으로 파악하는 「전역 서비스」라는 개념은 존재하지 않았다. 그러나 이용자 조사 중에 공공 도서관의 이용권(利用圈)이 한정적인 것이 명확해지고, 또한 도서관 서비스가 자치 단체의 주민에 대한 행정 서비스의 일부라는 것이 명확해지는 중에, 이 사고방식이 확립되어, 보급되어 왔다. 전역 서비스를 위해서는, 중앙관, 분관이나 이동 도서관 등의 서비스 포인트를 계획적으로 배치하는 것과, 그러한 서비스 포인트가 균등하고 효율적, 효과적인 서비스를 제공할 수 있도록 도서관 시스템을 형성하는 것이 필요하다. ↔ 도서관 시스템

전임 사서 교유 제도(專任司書敎諭制度)[일본] full-time teacher-librarian system

일본의 초·중등학교의 도서관·도서실에서 전문적 직무를 전담하는 전문 직원을 교육직 2등급, 정수법(定數法)에 자리매김된 전임 사서 교유로 하는 제도. 일본의 「학교도서관법」 제5조 제1항에는 "학교에는 학교 도서관의 전문적 업무를 관장하기 위해, 사서 교유를 두지 않으면 안 된다"라고 규정하고 있는데, 동법(同法) 부칙 제2항에는 "당분간 서서 교유를 두지 않을 수 있다"고 되어 있었다. 1997년의 동법 개정에 의해, 12학급 이상의 학교에 사서 교유의 필수 배치가 의무화되기는 하였지만, 많은 학교에서는 교과나 학급 전담으로서의 직무를 면제하지 않은 채, 겸임으로서 직무에 종사하는 것이 현상(現狀)이다. ↔ 사서 교유[일본]; 학교 도서관법[일본]; 학교 사서

전자 게시판(電子揭示板) bulletin board system(BBS)

이용자가 네트워크상의 특정의 서버에 액세스하여, 주로 텍스트에 의한 「기사」를 함께 투고하고, 상호간에 열람할 수 있도록 하는 시스템. 많은 시스템에서는, 기사 간의 참조·응답 관계를 알 수 있도록 되어 있다. 퍼스컴 시대부터 존재하고 있었는데, 인터넷이 보급되고, WWW를 이용한 웹 게시판이 일반화되었다. 참가자 한정의 폐쇄적인 것과, 불특정 다수가 써넣을 수 있는 것이 있다. 테마를 한정한 게시판이 많다. 일본의 「2채널」(일본어로는 「2ちゃんねる」)과 같은 대규모이면서도 원칙적으로 익명(匿名)인 전자 게시판에서는, 기사가 사건화, 사회 문제화하는 경우도 있다. ↔ WWW; 블로그

전자 도서(電子圖書) → 전자책

전자 도서관(電子圖書館) electronic library

자료와 정보를 전자 미디어에 의해 제공하는 것, 특히 네트워크를 매개하여 제공하는 것을 서비스의 중심으로 두고, 종래의 도서관이 맡아왔던 정보 처리의 기능의 전체 또는 일부를 흡수하고, 나아가 고도 정보화 사회의 요청에 부응하는 새로운 기능을 실현시킨 시스템 또는 조직, 기관. 전자 도서관을 앞에 붙인 시스템이나 프로젝트는 많지만, 단순한 컴퓨터 시스템으로부터 인적 서비스를 포함하는 것까지, 실현하려고 하고 있는 기능의 차이가 크다. 다만 ① 전자 도서의 제공 서비스뿐만이 아니고, ② 전문(全文) 데이터베이스 서비스뿐만이 아니

며, ③ 단순한 네트워크 자원의 축적이 아니라는 등은 필요 조건이 될 것이다. 인터넷상의 시스템이나 서비스는 virtual library나 digital library로도 불린다.

전자 메일(電子--) → 이메일

전자 신문(電子新聞) electronic newspaper

통신 수단을 이용하여 불특정 다수의 사람들에 대해 주로 최신의 뉴스나 평론을 짧은 간격으로 정기적으로 전달하는 정보 서비스. 전자 신문은 특정의 구독자에 대해 실제로 인쇄된 지면과 같은 내용을 전달하는 것과, 인쇄된 신문과는 다른 레이아웃에 의해 불특정 다수에게 발신하는 것이 있다. 전자(前者)에서는 전용(專用) 소프트웨어가 필요하고, 후자(後者)에서는 필요하지 않으나, 기사의 수나 분량이 적고, 사진 등도 제한되어 있는 경우가 많다. 광의(廣義)로는 과거에 인쇄 간행된 신문이나 송신된 전자 신문을 전자 미디어에 축적하여, 검색, 표시할 수 있도록 하는 신문 기사 데이터베이스를 포함한다. ↔ 신문

전자 우편(電子郵便) → 이메일

전자 자료(電子資料) electronic resources

정보의 축적, 유통에 전자적인 미디어를 사용하는 자료. 미디어의 기록 형식으로부터는 디지털 자료라고 할 수도 있다. 전자 자료는 정보를 기록 미디어에 고정하여 물류(物流) 시스템에서 이용자에게 배송하는 패키지계 자료와, 정보를 통신 시스템에서 이용자에게 전송하는 네트워크계 자료로 대별(大別)된다. 또한 축적 미디어가 이용자의 주변에 있는지의 여부에 따라, 로컬 액세스 자료와 원격 접속 자료(리모트 액세스 자료)로 이분(二分)할 수도 있다. ↔ 전자 도서관; 전자 저널; 전자 출판

전자 잡지(電子雜誌) → 전자 저널

전자 저널(電子--) electronic journal

종래는 인쇄물로서 출판되고 있던 잡지, 특히 학술 잡지와 동등의 내용을 전자 미디어를 이용하여 출판한 것. 전자 잡지라고도 한다. WWW의 이용이 주류가 되고

있으며, 그 밖에 광디스크, 메일링리스트(mailing list) 등이 이용되고 있다. 종이 매체의 잡지와 병행하여 출판되는 것, 전자판만의 것이 있다. 인쇄, 유통 코스트가 소요되지 않기 때문에, 무료로 공개되는 것도 있다. ↔ 전자 도서; 전자 출판

전자 종이(電子--) electronic paper

종이와 마찬가지의 얇음, 유연성, 시야각(視野角)의 넓음, 해상도의 높음, 취급의 간편함 등의 특질을 가지면서, 종이와는 달리, 표시 내용을 삽시간에 변경 가능한 전자적 표시 장치. 연구는 1970년대부터 시작되었으며, 전기 영동 방식(電氣泳動方式: electrophoretic)이나 액정 방식(液晶方式) 등 각종의 표시 방식이 고안되었다. 당분간은 1매의 것의 형태로, 가두의 광고나 전자 도서의 진화형과 같은 방면에서 응용되고, 책자체(冊子體) 도서의 대체는 이루어지지 않겠지만, 전자 종이 기술의 발전이 전자 매체와 종이 매체와의 관계를 크게 변화시킬 가능성이 있다. ↔ 종이

전자책(電子冊) electronic book

종래는 인쇄하여 도서의 형으로 출판되고 있던 저작물을 전자 미디어를 이용하여 출판한 것. 전자 도서, 전자 서적, 이북(e-book)이라고도 한다. 종래의 도서와는 달리, ① 표시 방식, 출력 방식을 독자가 자유로이 변경할 수 있다, ② 음성이나 동영상을 포함한 멀티미디어로 하는 것이 가능하다, ③ 항목 간에 링크를 확장해가는 하이퍼텍스트로 하는 것이 가능하다, ④ 컴퓨터 또는 전용(專用)의 기계가 없으면 읽을 수 없다는 등의 특징이 있다. 컨텐츠는 메모리 카드, 인터넷 등으로 배포된다. ↔ 멀티미디어; 전자 저널; 전자 출판

전자 출판(電子出版) electronic publishing

독자가 액세스하는 최종적인 유통 형태로 전자 미디어를 사용하여, 저작물을 일반적으로 배포하는 행위. 독자가 컴퓨터나 전용 기기를 이용하는 것을 전제로 하는 출판 형태. 전자 출판은 인쇄 자료나, 그것에 약간의 음성, 동영상을 추가한 저작물의 전자 미디어화로, 음성 중심, 동영상 중심의 저작물을 전자 미디어로 배포하더라도 통상은 전자 출판이라고는 말하지 않는다. 전자 출판에 이용되는 전자 미디어는 패키지계 미디어와 네트워크계 미디어로 구분된다. 후자(後者)를

이용한 전자 출판은 물리적 실체를 아무런 복제도 하지 않는다는 점을 비롯하여, 종래의 출판과는 근본적으로 다른 성격을 가지고 있다. ↔ 전자 도서; 전자 저널

전자 페이퍼(電子--) → 전자 종이

전조합 색인법(前組合索引法) pre-coordinated indexing

색인법의 하나로, 후조합 색인법과 대비되는 개념. 일본에서는 사전 결합 색인법이라고 한다. 개별의 정보 요구가 발생하기 전, 즉 색인 시에 자료의 주제에 포함되는 개념의 조합을 기호로 연결하여 보존하는 색인법. 예를 들면 「일본의 문학에서의 정원의 미학」이라는 주제의 경우, 「일본-문학-정원-미학」으로서 색인어를 구성하는 것이 전조합 색인법이며, 「일본」, 「문학」, 「정원」, 「미학」이라는 색인어를 열거하는 것이 후조합 색인법이다. PRECIS나 주제명 표목표는 전조합 색인법을 이용하고 있는 예이다. 전조합 색인법에서는 통상 노이즈(잡음)가 줄어든다. ↔ 후조합 색인법

전중 도성(田中稻城) → 다나카 이나기

전중 불이마(田中不二麿) → 다나카 후지마로

전집(全集) complete works; author's edition

개인 전집이라고도 불리며, 어떤 1인의 저자의 전 저작을 수록한 도서. 완전한 의미에서의 전집에는 미발표 작품이나 일기, 서간 등의 모든 자료가 수록된다. 따라서 엄밀하게는, 전집은 저자의 사후에 간행되는 것이다. 1책 또는 동일 체재의 복수책으로 간행되며, 표제지에는 전집이라는 사실이 명시된다. 또한 「일본 문학 전집」과 같이, 어느 영역이나 시대를 설정하여 복수의 작품을 수록한 것도 전집이라고 불리는데, 이것은 개념적으로는 전집이 아니라, 선집(選集) 또는 총서(叢書)이다. ↔ 선집; 정본(定本)

전체-부분 관계(全體-部分關係) whole-part relationship

시소러스의 계층 관계의 일종. 어느 부분이 그 속하는 전체를 문맥에 의하지 않고 함의(含意)하는 경우에 맺어지는 관계. 여기에는 「중추 신경」과 「척추」 등의

신체 조직, 「일본」과 「도쿄」(東京)와 같은 지리상의 위치, 「자연 과학」과 「식물학」과 같은 학문 분야, 「총무부」와 「인사과」 등의 사회 조직의 관계가 포함된다. ↔ 계층 관계

전화 참고 서비스(電話參考--) telephone reference service

참고 질문의 접수 방법의 하나로, 이용자로부터의 질문을 전화로 접수하여, 신속하게 대응하는 서비스. 시간적으로 형편이 안 되는 경우나, 거리상으로 떨어져 있는 등의 사정에 의해, 도서관을 방문할 수 없는 이용자에게는 유효한 서비스 형태이다. 전화에 의한 질문은 즉답형 질문인 경우가 많은데, 회답에 시간을 요하는 경우에는, 다시 전화를 걸도록 의뢰하는 등의 대응을 취할 필요가 있다. ↔ 참고 질문

절단(切斷) truncation

정보 검색에서 축적 정보 중의 색인어와 검색식 중의 검색어를 조합(照合)하는 조건의 하나로, 검색어 문자열의 부분적인 생략을 허용하는 것. 일본에서는 「부분 일치」, 「문자열 부분 일치」, 「패턴 매칭」이라고도 한다. 같은 어간(語幹)이나 어근(語根)을 가진 단어를 일괄하여 검색할 수 있다. 지정한 문자수의 생략을 허용하는 것(유한 절단)과 임의의 문자수의 생략을 허용하는 것(무한 절단)이 있다. 생략된 문자의 위치에 따라, 후방 절단(우측 절단(right-hand truncation) 또는 전방 일치), 전방 절단(좌측 절단(left-truncation) 또는 후방 일치), 양측 절단(중간 일치), 중간 절단이 있다.

절본(折本) → 첩장본(帖裝本)

절용집(節用集)

일본에서 무로마치(室町) 시대부터 편찬되기 시작한 간이 통속(簡易通俗)의 이로하(いろは: 일본어의 순서를 나타내는 기호)식의 분류 한화 사전(分類漢和辭典). 권수(卷首)의 어휘 배열의 이동(異同)에 의해, 예를 들면, 권두(卷頭)가 「이세」(伊勢)로 시작되는 것을 이세본(伊勢本)이라고 부르는 것과 같이, 인도본(印度本), 건본(乾本) 등으로 불리는 다양한 형으로 개편된 것이 자주 출판되어 보급되었다. 절용은 에도(江戶) 시대에는 통속 사전(通俗辭典)의 의미로 사용되게 되었다.

절정(折丁) → 접장

절판(絶版) out of print

출판사가 간행한 도서의 인쇄, 판매를 중지하는 것, 또는 그와 같은 상태. 엄밀히는 인쇄 원판을 폐기하고, 이후 증쇄(增刷), 재판(再版)을 행하지 않는 것을 말하는데, 재고가 없어지고, 증쇄의 시기가 미정인 경우를 포함하는 경우도 있다. 양서의 경우, OP나 OOP라는 기호로 표시된다. 증쇄가 예정되어 있고 일시적으로 재고가 없는 상태는 품절(品切: out of stack)이라고 한다.

점(點) title

도서·연속간행물 등의 수를 나타내는 데 사용하는 말로, 서명·지명(誌名)·지명(紙名) 등의 표제(타이틀)를 단위로 하여 셀 경우에 사용한다. 형태적 단위로서의 책(冊)과는 통상은 일치하지 않는다. 예를 들면 도서관에서 소장하는 잡지의 수를 나타낼 경우, 제본 잡지라는 형태적 단위로서의 책수에 의해 세는 방법과, 표제(타이틀)가 다른 잡지의 점수에 의해 세는 방법이 있는데, 전자(前者)는 물리적인 수량을 나타내고 있는 데 대해, 후자(後者)는 소장하는 잡지의 다양성·종류가 많음을 나타내고 있다. ↔ 권(卷)

점역 서비스(點譯--) translation service into braille

주로 점자 도서관에서 자원 봉사자 활동으로서 이루어지는, 시각 장애인의 독서용으로, 활자책 중에서 선택하여, 정확한 점자 자료로 역(譯)하는 서비스. 개개의 시각 장애인의 요구에 따라 이루어지는 경우와, 맹학생의 텍스트를 제작, 제공하는 경우도 있다. 점역의 방법은 종래의 점자 타자기의 사용에서, 퍼스널 컴퓨터를 사용한 점역으로 이행(移行)하고 있다. ↔ 음역 서비스(音譯--)

점엽장(粘葉裝) → 호접장(蝴蝶裝)

점자 도서관(點字圖書館) braille library

시각 장애인이 구하는 정보나 지식을 제공할 수 있도록, 점역(點譯), 음역(音譯)을 위한 자원 봉사자의 양성이나, 점자 자료나 녹음 자료의 제작, 대출 등을 실시하는 도서관. 일본에서는, 일본라이트하우스 맹인정보문화센터를 포함한 90개관이 전국시각장해자정보제공시설협의회(全視情協)(전 전국점자도서관협의회: 전점협)에 가맹하고 있다. 1994년부터 전점협의 활동에 의해, 시각 장애인에 대한 정보 서비스로서 점자도서관네트워크시스템(점역광장)이 가동되었다. 동(同) 시스템은 1998년에 「나이브넷」(naiiv-net)으로 개칭하고, 2001년부터는 「인터넷판 나이브넷」을 운용하고 있다. 「나이브넷」에 의해, 점자 도서관, 공공 도서관 등은 네트워크를 통해 점자 자료와 그 서지 정보를 이용할 수 있게 되어, 시각 장애인에 대한 정보 제공 서비스를 강화하고 있다.

점자 자료(點字資料) braille material

점자로 정보를 기록한 자료. 점자는 시각 장애인이 손으로 만져 읽기 위한 문자로, 1829년에 브라유(Louis Braille 1809-1853)가 고안하였다. 한글 점자는 1926년 박두성이 발표한 「훈맹정음」(訓盲正音)을 바탕으로, 1994년 11월 4일에 한글점자연구위원회에서 「한글 점자 통일안」을 발표하여, 사용되고 있다. 일본에서는 1890년에 이시카와 쿠라지(石川倉次 1859-1944)가 브라유 점자를 일본어의 오십음순으로 번안하였다. 세로 3개×가로 2개, 계 6개의 점의 돌기(突起)의 유무의 조합에 의해 문자를 표현하는 것으로, 63개의 부호가 있다. 점자 자료는 제판 인쇄되거나, 서모폼(Thermoform) 도서(발포 잉크 사용)로서 출판되고 있는데, 대부분은 자원 봉사자의 수작업(手作業)에 의해 작성되고 있다. 이제까지 점자기 또는 점자 타자기가 사용되어 왔는데, 근년에는 키보드에서 퍼스널 컴퓨터로 입력하여 점자 프린터로 인쇄하는 방법이 보급되어 왔다. 그 밖에, 기존의 텍스트 파일이나 OCR 입력의 문장을 점자로 변환하는 소프트웨어도 있다. ↔ 묵자 자료(墨字資料); 점자 도서관

점토판(粘土板) clay tablet

고대 메소포타미아에서 일반적으로 사용된 기록 매체. 기록이 간편하고 휴대하는 것도 가능했기 때문에, 기원전 3000년 이전부터 서력 기원 직후까지 다양한 언어의 기록에 사용되었다. 주로 서기(書記)들에 의해 설형 문자(楔形文字)의 문장을 기록하기 위해 사용되었으며, 추가로 인장의 압인(押印)도 행해졌다. 1변이 수 cm에서 수십 cm로, 뾰족하게 만든 갈대나 나무의 봉을 내리눌러서 문자를 적은 후에 건조시켰다. 건조시키는 것만으로는 축축해지면 개변(改變)도 가능하

기 때문에, 불에 굽거나 점토제의 봉통(封筒)을 덮는 경우도 있었다. 용도는 공문서로부터 상거래의 문서, 문학 작품에 이르며, 특히 왕궁이나 신전의 유적에서 발굴된 대량의 점토판은 조직적인 도서관 내지 문서관의 존재를 보여주고 있다. ↔ 파피루스

접근 용이성(接近容易性) → 액세스 용이성

접근권(接近權) → 액세스권

접근점(接近點) access point

"그 아래에서, 서지 레코드를 탐색하고 식별할 수 있는 명칭, 용어, 코드 등"(『영미편목규칙 제2판 일본어판』 용어 해설). MARC 레코드를 축적한 목록이나 서지 데이터베이스에서는, 일정의 형식으로 정리된 표목은 물론 간행년, 출판국 코드, 언어 코드, 각종의 표준 번호, 그 밖의 코드화 정보, 나아가서는 시스템에 따라서는 기술(記述) 중에 출현하는 문자열도 검색용의 키(검색어)로서 사용할 수 있으며, 그것들을 모두 포함한 용어가 접근점(액세스 포인트)이다. 따라서 표목에 비해 넓은 범위를 포함하는 용어이다. 또한 편의적으로 표목과 동의(同義)로 사용되는 경우도 많다. ↔ 서지 레코드; 서지적 기록; 표목

접속 구조(接續構造) syndetic structure

주제명 표목표의 참조 구조. 커터(C. A. Cutter)가 구축한 주제명 목록의 이론에 의하면, 주제명 표목표의 참조에는, 「보라 참조」와 「도보라 참조」의 두 종류가 있는데, 이것들에 의해 주제명 표목 간의 관련성이 표현된다. 「보라 참조」는 표목으로서 채택되지 않은 참조형으로부터 채택된 표목형으로 이루어지는 참조이며, 「도보라 참조」는 채택된 표목 간 상호의 참조로, 통상 상위의 주제명으로부터 하위의 주제명으로 이루어지는 참조와, 상하 관계가 아닌 관련 관계에 있는 표목으로 이루어지는 참조의 두 종류를 포함한다. 이 참조 구조를 가장 대규모로 실현해왔던 것이 미국의회도서관주제명표목표(LCSH)이다. 다만 동표(同表)는 제11판(1988) 이후, 「도보라 참조」를 세분 강화하여, BT, NT, RT와 같은 이른바 시소러스 스타일의 관련성 표현으로 변경하고 있다. ↔ 도보라 참조; 보라 참조

접장(摺張) section; signature

책은 통상 한 페이지 단위로는 인쇄되지 않으며, 사절본(四折本)이면 8페이지 분, 팔절본이면 16페이지 분을 인쇄지의 표리(表裏)에 인쇄하고, 일정한 순서로 꺾어 접으면, 페이지가 순번대로 나란히 된다. 이와 같이 하여 꺾어 접은 (인쇄) 전지(全紙)를 접장(일본말로는 오리초(折丁)라고 한다)이라고 하는데, 이것이 책의 기본적인 구성 단위가 된다. 그 모양은 책을 세워서 위에서 등(背)의 부분을 보면, 이절(二折)로 한 종이를 겹친 묶음이 몇 개쯤 생겨나는 것으로 이해할 수 있다. 이 묶음 하나 하나가 접장이며, 사철 제본(絲綴製本)일 때는 이 묶음의 접은 주름이 철하는 곳이 되고 있다.

접장 기호(摺張記號) signature

제본에서, 접장을 순번대로 맞출 때, 그 순번을 곧바로 알 수 있도록, 접장마다 인쇄된 연속 기호(번호). 유럽에서는 각 접장의 최초의(때로는 조금 뒤의) 페이지의 판면의 바깥쪽 하부 우측에 알파벳 순번을 표시하는 습관이 있었다.

접책(摺冊) → 첩장본(帖裝本)

접포(摺鋪) folder

회도(繪圖)나 지도와 같이, 커서 그대로는 보존하기 어렵기 때문에, 접어서 갠 형으로 보존되는 자료. 첩물(疊物)이라고도 한다. 접어서 갠 것의 상하에 각각 표지를 붙인 것도 있다. 접포는 옛날에는 포(鋪)로 세었는데, 현재는 매(枚)로 세는 경우가 많다.

정기간행물(定期刊行物) periodical

정기 또는 일정 기간을 두고, 통상은 연에 2회 이상 간행하거나 간행할 예정을 가지고 있는 연속간행물로, 연구 논문, 그 밖의 기사를 게재하는 것. 뉴스를 중심으로 다루는 신문, 단체의 회의록이나 업무 보고 등은 포함하지 않는, 학·협회가 편집 간행하는 학술 잡지, 상업 출판사가 편집 간행하는 일반 잡지 등, 잡지라고 불리는 연속간행물의 대부분이 해당한다. 통상 주간, 순간(旬刊), 격주간, 반월간, 월간, 격월간, 계간(季刊), 연3회간, 반년간이 있는데, 특히 공보나 구인 정보지 등에는 일간, 격일간, 주2회간의 것도 있다. ↔ 연속간행물; 잡지

정도율(精度率) → 정확률(正確率)

정리 업무(整理業務) technical service

수집된 도서관 자료를 이용할 수 있도록, 그 자료에 가해지는 일련의 업무. 정리 작업이라고도 한다. 통상은 각관(各館)의 정리 규정을 바탕으로 하여 이루어진다. 작업의 순서는 수입(受入), 분류와 편목, 장비(裝備), 배가(排架)의 순이다. 종래에는 이러한 작업에 상당한 일수를 필요로 하고 있었으나, MARC의 채택에 의해 업무의 합리화가 도모되고, 수입에서 배가까지의 기간이 대폭으로 단축되게 되었다.

정보(情報) information

발신자와 수신자의 존재를 상정(想定)했을 때, 발신자로부터 채널이나 미디어를 통해 수신자에게 전해지는 패턴. 문헌정보학에서는 브룩스(Bertram Claude Brookes 1910-1991)에 의한 「발신자의 지식 구조에 변화를 주는 것」이라는 정의가 널리 알려져 있다. 한편 수신자 내부에 형성되는 새로운 구조를 정보로 생각하거나, 작용의 과정 그 자체를 정보라고 부르는 입장도 있다. 정보는 데이터와 지식의 구별, 또는 물질이나 에너지와의 대비에 의해서도 설명된다. 정보라는 말은 메이지(明治)의 초기에 사카이 타다히로(酒井忠恕 1850-1897)에 의해 조어(造語)되었는데, 일상적으로 사용되게 된 것은 최근의 일이다. 그 일상적인 용법에서는, 지식이 축적인 것에 대해, 정보는 흐름으로 간주되는 경향이 있다. 정보의 의미는 다양하며, 분야에 의존하고 있기 때문에 정의할 수 없다고 하는 의견도 있지만, 정보의 정의나 의미의 탐색은 문헌정보학의 기본적인 연구 과제의 하나가 되고 있다. ↔ 데이터; 정보학; 지식

정보(情報)(교과)[일본] information study(subject area)

2003년도부터 일본의 고등학교에 신설된 교과로, 정보 수단의 활용을 도모하면서 정보를 적절하게 판단, 분석하기 위한 지식이나 기능을 습득시키고, 정보 사회에 주체적으로 대응하는 태도를 기르는 것을 목표로 한다. 보통 교과는 컴퓨터나 인터넷 이용의 기능 육성에 중점을 두는 정보 A, 컴퓨터의 기능이나 구조를 중심으로 하는 정보 B, 정보 사회에 대한 바람직한 태도를 육성하는 정보 C 중에서 1과목을 선택 필수로 하며, 이수 학년은 정해져 있지 않다. 교과 「정보」

를 가르치는 교원 양성을 위한 교직 과정은 2001년도부터 설치되었다. ↔ 정보 교육; 정보 리터러시

정보 검색(情報檢索) information retrieval

미리 조직화하여 대량으로 축적되어 있는 정보의 집합에서, 어떤 특정의 정보 요구를 만족시키는 정보의 집합을 추출하는 것. 주로 컴퓨터의 검색 시스템을 이용하는 경우에 사용되는 단어이다. 검색 대상에 따라 정보 검색을 분류하면, 사실 검색과 문헌 검색으로 나뉜다. 전자(前者)는 구하는 정보 그 자체(사실이나 데이터)를 찾아내는 것인 데 대해, 후자(後者)는 구하는 정보가 게재되어 있는 문헌의 서지 데이터 등을 찾아내는 것이다. ↔ 검색

정보 검색 시스템(情報檢索--) information retrieval system

축적된 정보 중에서 요구에 따라 정보를 검색하여 제공하는 기능을 가진 시스템. 축적 하위 시스템과 검색 하위 시스템으로 구성된다. 전자(前者)는 정보의 수집이나 축적, 색인 작업에 관계되고, 후자(後者)는 검색 질문의 접수와 검색, 제공에 관계된다. 정보 제공 기능의 측면에서 보면, 도서관은 정보 검색 시스템의 현저한 예라고 생각할 수 있다. 그러나 일반적으로는 컴퓨터 시스템 상에서 상술(上述)의 기능을 실현한 협의(狹義)의 시스템을 가리키는 경우가 많다. 협의의 정보 검색 시스템은 사내, 기관 내 시스템과, DIALOG나 일본의 과학기술진흥기구의 JDream II 등의 상용(商用) 시스템으로 나눌 수 있다. 현재는 네트워크를 매개로 하여 여러 종류의 정보 검색 시스템에 액세스하기가 용이해졌다.

정보검색응용능력시험(情報檢索應用能力試驗)[일본] Examination of Applied Knowledge and Skills for Database Searching

일본의 정보과학기술협회가 매년 실시하고 있는, 상용(商用) 온라인 데이터베이스를 중심으로 한 정보 검색 기능에 관한 전문적 기능과 자질을 인정하기 위한 시험. 서처시험이라고도 불린다. 1995년부터 2002년에는 「데이터베이스검색기술자인정시험」으로서 실시되었으며, 1989년부터 2000년에는 과학기술청(科學技術廳)의 인정을 받았다. 일반인을 대상으로 하는 기초능력시험도 실시하고 있다. ↔ 정보과학기술협회[일본]

정보 격차(情報格差) → 디지털 디바이드

정보 공간(情報空間) information space

(1) 정보를 요소로 하여 구성되는 공간. 아마리 준이치(甘利俊一 1936-   )가 1965년 무렵부터 수학·정보 과학의 맥락에서 사용하였으며, 정보 검색 등의 맥락에서도 이와 유사한 용례가 있다. (2) 정보 미디어에 의해 형성되는 가상 공간(假想空間). 커뮤니케이션의 장(場)으로서의 컴퓨터 네트워크를 가리키거나, 탐색해야 할 공간적 넓이가 있다고 보아 데이터베이스를 정보 공간이라고 부르는 예가 있으며, 인간의 지각을 전제로 하는 점에서 사이버스페이스의 개념에 가깝다. 이 이외에도, 비유적으로 애매한 것을 포함하는 여러 종류의 용례가 있으며, 미디어 공간(media space)이나 인지 공간(cognitive space) 등의 유사어와의 구별도 명확하지는 않으나, 전체적으로 인간의 정보 활동에 작용하는 외적 요인의 집합이나 구조를 정보 공간이라고 부르는 경향이 있다. ↔ (2) 사이버스페이스

정보 공개(情報公開) disclosure of official information; information disclosure; opening of information

행정 기관 등이 보유하는 정보의 공개를 법적으로 의무화함과 동시에, 그러한 정보의 공개를 요구하는 권리(알 권리)를 제도적으로 보장하는 것. 정보 공개 제도를 가장 일찍 도입한 나라는 스웨덴으로 1766년의 일이었는데, 정보 공개의 세계적인 흐름을 형성한 것은 1966년에 연방 레벨에서「정보자유법」을 제정한 미국이라고 일컬어진다. 한국에서는 1996년에「공공기관의 정보공개에 관한 법률」이 제정되었다. 일본에서는 1979년에 정보 공개 제도의 검토에 착수한 가나가와현(神奈川縣)을 시작으로, 지방 자치 단체에서 정보 공개 조례의 제정이 활발해졌다. 국가 레벨에서는, 1999년에「정보공개법」이 성립되고, 2001년 4월 1일에 시행되었다. ↔ 정보 공개법

정보 공개법(情報公開法) (1) national law on information disclosure; public information act (2) Law Concerning Access to Information Held by Administrative Organs

(1) 국가나 자치 단체의 행정 기관이 보유하는 정보를 국민이나 시민의 청구에 따라 개시(開示)하는 것을 의무화한 법률 일반. 한국의 경우, 1996년「공공기관

의 정보공개에 관한 법률」이 제정되었다. (2) 일본의 관련법으로, 정식 명칭은「행정기관이 보유하는 정보의 공개에 관한 법률」(1999년 5월 14일 법률 제42호)로, 2001년 4월에 시행되었다. ①「정부가 갖는 그 제 활동을 국민에게 설명하는 책무가 정당하게 되도록 할」것, ②「국민의 적확한 이해와 비판 아래에 있는 공정하고 민주적인 행정의 추진에 이바지할 것」을 목적으로 하여(제1조), 행정 기관 및 행정 문서의 범위(제2조), 행정 문서의 개시(開示)(제3조~제17조), 불복 신청 등(제18조~제36조) 등에 대해 규정하고 있다. 대상은 국가의 전 행정 기관이며, 조직 문서에서 결재·공람(供覽) 전의 문서 및 시행 전의 문서, 전자적 기록(전자 문서)도 포함된다. 공개 청구는 외국인도 가능하며, 비공개의 경우에는 불복 신청을 할 수 있다. ↔ 정보 공개

정보과학기술협회(情報科學技術協會)[일본] Information Science and Technology Association(INFOSTA)

정보의 생산, 관리 및 이용에 관한 이론과 기술의 발전을 통해 사회에 공헌하는 것을 목적으로 하는 정보 전문가의 단체. 1950년에 국제십진분류법협회로서 발족한 후, 활동의 확대에 의해 1958년에는 명칭을 일본도큐멘테이션협회로 고치고, 다음 해에 사단 법인이 되었다. 다시 1986년에는 분야의 진전에 맞춰 다시 명칭을 변경하여 현재의 명칭이 되었다. 개인 회원 이외에, 유지 회원(기업)과 특별 회원(비영리 단체)으로 구성되며, 총회, 이사회, 평의원회의 아래에, 각종 위원회나 전문 부회(部會) 등이 활동하고 있다. 기관지『정보의 과학과 기술』(情報の科學と技術, 1950- 창간 당시는 *UDC Information*, 그 후『도큐멘테이션 연구』)의 출판 활동, 연구, 연수 등의 활동 이외에, 정보검색응용능력시험 및 정보검색기초능력시험도 실시하고 있다. ↔ 정보검색응용능력시험[일본]

정보 관리(情報管理) (1) documentation (2) information management (3) information management

(1) 도큐멘테이션의 일본에서의 표현. (2) 조직 또는 개인이 입수한 정보를 찾기 쉽게 하기 위해 정리하는 방법, 기술, 기법. (3) 기업 등에서 정보의 누설을 막는 것. (1)의 용법은 1960년대부터 1980년대까지 볼 수 있는데, 최근에는 (2)와 (3)의 의미로 사용되는 경우가 많다. ↔ (1) 도큐멘테이션

정보 교육(情報教育) information technology education; information and communications technology education

정보 활용 능력의 육성을 주된 목적으로 하는 교육. 일본에서는,『정보화의 진전에 대응한 교육 환경의 실현을 향하여』(문부과학성, 1998)에서「정보 활용의 실천력」,「정보의 과학적인 이해」,「정보 사회에 참여하는 태도」의 육성이 목표가 되며, 1998-99년 고시의 학습 지도 요령(한국의 교육 과정에 해당한다)에서는,「종합적인 학습의 시간」, 중학교의「기술·가정」과, 고등학교의「정보」에서 다루어지는 것으로 되었다. 개념적으로는 미국의 information literacy instruction에 가까우나, 여러 외국에서는 일본과 같은 정보 기술 중시의 형식으로 실시되고는 있지 않다. ↔ 정보(교과)[일본]; 종합적인 학습의 시간[일본]

정보 니즈(情報--) information needs

어떤 문제를 안고 있는 인간이 자신의 지식이나 경험에 의해서는 문제를 처리할 수 없다고 판단하고, 문제의 처리, 해결에 도움이 되는 정보를 외부에서 구하고자 하는 인식 상태. 정보 니즈는 질문이라는 형식을 취하는「정보 요구」로서 표현함으로써, 정보 니즈를 만족시키는 정보의 탐색에 착수할 수 있다. 다만 정보 니즈는 변칙적인 지식 상태에서 생기기 때문에, 정보 니즈를 만족시키는 정보의 주제를 반드시 명확한 형식으로 표현할 수는 없다. 그리하여 이용자의 정보 니즈의 파악에는, 정보 니즈를 불러일으킨 문제 상황이나 이유를 이해하는 것이 중요하게 된다. ↔ ASK(벨킨의); 정보 요구

정보량(情報量) amount of information

하나의 통보를 받았을 때, 그 통보 중에 포함되는 정보의 양을 객관적인 수량으로 표현하는 것. 하틀리(Ralph Vinton Lyon Hartley 1888-1970)는 정보량을 불확실성의 수의 대수(對數)로서 정의하였다. 즉 문자의 종류가 K일 때, 1문자의 정보량을 $\log K$로 정의하였다. 따라서 길이 n의 통보의 정보량은 $n\log K$가 된다. 섀넌(Claude Elwood Shannon 1916-2001)은 문자의 발생 확률을 도입하여 1문자의 정보량을 엔트로피로 정의하였다. ↔ 엔트로피; 정보 이론

정보 리터러시(情報--) information literacy

다양한 종류의 정보원(情報源) 중에서 필요한 정보에 액세스하고, 액세스한 정보를 올바르게 평가하고, 활용하는 능력. 구체적으로는 이하의 능력을 포함한다. ① 정보에 대한 액세스: 다양한 종류의 정보원에 대해 숙지하고 있다. 실제로 참고 도서나 각종 데이터베이스 등을 이용하여, 필요한 정보에 액세스할 수 있다. ② 정보의 평가: 정확률(精確率)이나 재현율(再現率) 등으로부터, 액세스한 정보의 올바른 평가를 실시할 수 있다. ③ 정보의 활용: 기존의 지식 체계 중에 새로운 정보를 통합할 수 있다. 문제 해결에 임하여 정보를 유효하게 적용할 수 있다. ↔ 도서관 이용 교육; 문헌 이용 지도

정보 매체(情報媒體) → 정보 미디어

정보 문해(情報文解) → 정보 리터러시

정보 미디어(情報--) information media

인간의 정보 전달, 커뮤니케이션을 매개하는 것. 정보 전달에 관여하는 것은 극히 다양하기 때문에, 여러 가지로 개념 규정이 가능하다. 매개하는 물체·장치 또는 기술적 특성에 초점을 맞추는 경우와, 단순히 기술이 아니라 사회적인 시스템임을 강조하는 경우가 있다. 또한 Information media는 일본어로부터의 역어(譯語)로서의 사용례가 중심이며, 영어권에서는 거의 사용되지 않는 표현이다. ↔ 미디어; 커뮤니케이션

정보미디어학회(情報--學會)[일본] Japan Society for Information and Media Studies

정보 미디어 연구의 진보 발전에 기여하는 것을 목적으로 하여 2000년에 설립된 일본의 학술 단체. 다종다양의 정보 미디어에 대해, 개별 학문 영역으로부터의 전문적 연구를 진행함과 동시에, 이제까지의 문헌정보학이나 정보학 등의 구조를 넘어, 학제적인 연구 활동을 실시하는 장(場)을 만드는 것을 목표로 하고 있다. 개인 회원 344명, 찬조 회원 6개 기관(2006년 5월 30일 현재). 매년 연구 대회와 연구 발표회를 각 1회 개최한다. 학회지『정보 미디어 연구』(2003-   )에는 원저 논문 이외에, 회원이 창작한 저서, 데이터베이스 등의 컨텐츠를 소개하는 칼럼「작품 소개」등을 포함하고 있다.

정보 및 리퍼럴 서비스(情報--) → 정보 안내 서비스

정보법(情報法) information law

정보의 생산·유통·이용을 둘러싼 법 체계의 총칭. 컴퓨터 네트워크의 보급에 따라 독립된 법 체계로서 의식되게 되었는데, 현상(現狀)에서는「사이버법」,「정보 미디어법」,「정보 네트워크법」등 다양한 명칭이 사용되고 있다. 표현·언론의 자유, 출판·방송 등에 의한 명예 훼손, 저작권·지적 재산권, 정부의 정보 공개, 개인 정보 보호, 전자 상거래 등이 정보법의 대상이 되고 있는데, 근년에는 특히 인터넷의 이용에 관련된 제 문제가 정보법의 이름 아래에서 다루어지고 있다. ↔ 정보 정책

정보 브로커(情報--) information broker

고객의 요구에 따라, 유상(有償)으로 정보의 탐색, 수집, 평가, 분석, 제공을 행하는 개인 또는 기관. 오리지널한 정보를 생산하는 것이 아니라, 기존의 정보원(情報源)과 고객을 중개한다는 점에서 이름이 붙여졌다. 금후(今後)의 성립이 기대되는 정보 전문직으로서 개념화된 것으로, 실태로서 확립되어 있는 것은 아니다. 또한 영리의 정보 서비스업이라는 점에서 대체로 합의가 있기는 하지만, 정보 검색 대행업이나 조사·컨설팅업의 일종으로 간주되는 경우도 있다. 유사어로 independent information specialist, freelance librarian 등이 있다. ↔ 서처; 정보 전문직

정보 서비스(情報--) information service

(1) 도서관의 정보 제공 기능을 구체화한 서비스 전반. 참고 서비스가 여기에 해당한다. (2) 참고 서비스를 고도로 또는 기능적으로 확장시킨 각종의 서비스. 온라인 검색, CD-ROM 검색, SDI, 최신 정보 주지(current awareness service)와 같은 서비스가 이에 상당한다. (3) 도서관이 정보를 다루는 기관이라는 인식에서, 도서관이 실시하는 서비스 전체.

정보 센터(情報--) information center

어떤 형식으로 정보를 수집, 정리, 가공, 조직화하여 축적하고, 필요에 따라 검색, 제공하는 기관. 독립의 기관으로서 설립되는 경우도 있고, 어떤 기관의 한 부서로서 설치되는 경우도 있다. 근년에는 서지 정보의 수집, 축적, 제공을 실시하는 것을 가리켜 말하는 경우가 많으며, 이 경우에는 서지 유틸리티라고 일컬어지는 경우도 있고, 서지나 목록의 작성, SDI, 초록 작성, 정보 검색 서비스 등을 실시하는 기관이 이에 해당한다. 『ALA 문헌정보학 사전』에서는 문헌의 내용의 분석, 종합을 수반하는 조사 보고서의 작성 등은 실시하지 않는 것으로 한정하고 있다.

정보 시각화(情報視覺化) information visualization

문자 정보나 수치 정보를 인간이 이해하기 쉽게 도형이나 색채를 이용하여 컴퓨터 화면 등에 시각적으로 표현하는 것. 정보 가시화라고 한다. 그 기술의 중심을 이루는 것이 컴퓨터 그래픽스(CG)이며, 이차원 평면이나 삼차원 입체 표현(3D CG)으로부터 동영상까지가 있다. 가상 현실(virtual reality)도 정보 시각화의 하나이다. 대량의 복잡한 정보나 그 처리 과정을 포함하는 전체상의 전달·수용을 효과적으로 행할 수 있도록 하기 위해, 사용자 인터페이스, 소프트웨어 개발, 의학, 예술이나 산업계의 다양한 분야에서 커뮤니케이션에 응용되고 있다.

정보 시스템(情報--) information system

사람들이 어떤 목표를 달성하기 위한 활동의 일부로서, 정보를 조직적으로 수집, 축적, 이용할 수 있도록 구축된 구조. 광의(廣義)로는, 조직의 제 활동을 지원하기 위해 구축된 조직 내의 구조나 제도를 가리킨다. 협의(狹義)로는, 상술(上述)의 조직 내의 구조나 제도 등의 일부로서 도입되어 있는 컴퓨터 시스템이나 통신 기기를 비롯한 기계계 기구(機械系機構)의 부분을 가리킨다.

정보 안내 서비스(情報案內--) information and referral service; I & R service

I & R 서비스라고도 한다. 특정 지역 내에서 주민의 생활에 직접 도움이 되는 서비스를 제공하고 있는 단체, 기관, 개인을 리소스(resource)로서 자리매김하고, 그 프로필을 파일로서 정비하고, 이를 바탕으로 정보 제공을 실시하거나, 이용자를 그러한 리소스로 소개하여, 양자(兩者)의 중개를 도모하는 것을 목적으로 하

는 서비스. 미국의 대도시권의 공공 도서관에서 1970년대에 시작되었다. 단순한 정보 서비스에 그치지 않고, 이용자와 리소스 사이에 적극적으로 개입하여, 이용자에게 이익이 되도록 노력하기 때문에, 도서관 서비스로 간주해야 하는지의 여부에 대해서는 이론(異論)도 있다. 지역 사회 정보 서비스라는 명칭도 있으며, 지역 사회 서비스의 일환으로서 논의할 수도 있다. ↔ 지역 사회 서비스

정보 요구(情報要求) information requirement

직면하는 문제를 해결하기 위해 필요한 정보를 입수하고자 하는 욕구. ① 존재는 하지만 정보 요구로서 의식되는 데는 이르지 못하고 있는 것(정보 니즈), ② 정보 요구로서 의식되어 있는 것, ③ 구체적으로 기호화할 수 있는 것(검색 질문), ④ 검색식의 형태의 것의 네 가지의 레벨이 있다. ↔ 정보 니즈

정보원(情報源) source of information

"서지 기술에 즈음하여, 기술 대상 자료의 서지 사항을 기록하는 경우의 근거가 되는 것"(『일본목록규칙 1987년판 개정 3판』 용어 해설). 정보원을 규정함으로써, 자료 중의 참조한 곳에 따라 서지 사항의 표시 내용에 차이가 있을 때에도, 작성되는 서지 레코드에 흔들림이 생기는 것을 피할 수 있다. 예를 들면, 『일본목록규칙 1987년판 개정 3판』에서는, 자료 종별(도서, 서사 자료, 지도 자료 등의 구별) 및 간행 방식(연속간행물만)마다, 나아가서는 서지 사항마다, 기술의 근거로 해야 하는 정보원을 그 우선순위를 포함하여 제시하고 있다. 한편 정보원 중 다른 것에 우선하여 사용되는 것을 『영미편목규칙 제2판』에서는 「으뜸 정보원」이라고 부른다. ↔ 기술; 으뜸 정보원

정보 윤리(情報倫理) information ethics

(1) 정보와 관련하여, 사람이 얼마나 잘 사는가에 대해 탐구하는 응용 윤리학의 한 분야. 프라이버시(privacy), 지적 재산권, 정보나 컴퓨터 네트워크의 부정 이용, 정보 보호(information security), 유해 정보, 정보 격차 등, 정보에 관계된 윤리적 문제를 대상 영역으로 한다. (2) 일본의 정보처리학회 윤리 강령으로 대표되는 정보 기술 전문가의 행동 규범으로서의 직업 윤리. ↔ 윤리 강령

정보 의뢰 봉사(情報依賴奉仕) → 정보 안내 서비스

정보의 선택적 제공(情報--選擇的 提供) selective dissemination of information

요구에 따라 특정 주제에 관한 최신의 정보를 검색하여 정기적으로 제공하는 정보 서비스. 선택적 정보 제공이라고 번역하는 경우도 있다. 개별적인 니즈에 따라 미리 마련한 특정 테마에 대한 검색식을 정보 검색 시스템에 등록해 두고, 정기적으로 또는 데이터 갱신 때마다 검색하여, 새로운 해당 정보의 리포트를 제공한다. ↔ 최신 정보 주지 서비스

정보 이론(情報理論) information theory

정보의 양, 변환, 전송을 수학적으로 체계화한 이론. 섀넌(Claude Elwood Shannon 1916-2001)이 벨연구소에 근무하고 있던 당시에 발표한 "A Mathematical Theory of Communication"(1948)이 시작이 되었다고 한다. 이 논문에서 정보는 확률로 정의될 수 있고, 모든 정보는 0과 1로 표현될 수 있다는 사실이 제시되었으며, 정보량으로서의 엔트로피(entropy)나 통신로(channel)라는 새로운 개념이 도입되었다. 정보 이론이 다루는 문제는 정보량, 통신로의 통신 용량, 부호화, 노이즈(잡음)와 신호, 협대역화(狹帶域化) 등으로, 정보가 사람에게 가져다주는 가치라는 주관적인 면은 다루어지지 않는다. ↔ 엔트로피; 정보량

정보 자원(情報資源) information resources

(1) 필요할 때 이용할 수 있도록 어떤 방법으로 추적된 정보나 자료. 천연 자원, 인적 자원 등의 용법을 정보에 적용하여 이용된다. (2) 조직에서의 자원으로 간주되는 정보. 주로 기업 정보 시스템을 대상으로 하여 만들어진 개념으로, 조직의 유용한 데이터나 정보를 처리 기술에서 독립된 실체로서 인식하고, 사람이나 자본 등을 조직의 경영 자원으로 간주하는 것과 같은 의미에서, 데이터나 정보를 경영 자원으로 간주하고 관리한다(정보 자원 관리).

정보 전문직(情報專門職) information profession

정보 서비스에 관한 전문적 지식, 기술을 가지고 업무에 임하는 사람 또는 직종(職種). 일반적으로는 사서나 데이터베이스 검색 기술자 등의 제 자격(諸資格)에 의해 전문성을 뒷받침하게 된다. 그러나 현상(現狀)에서는 정보 전문직에 대한 인지도나 수요는 낮고, 전문직으로서의 확립이 어렵기는 하지만 관련 단체에서 다양한 지원 활동이 이루어지고 있다. ↔ 사서

정보 정책(情報政策) information policy

정책이란 「바람직한 사회 형성을 위한 목표와 그것을 실현하기 위한 수단에 관해 정부 기관이 정하는 기본적 방침과 구체적 사업」으로 정의할 수 있는데, 그것을 정보의 생산·유통·이용에 적용시킨 것. 전기 통신 정책, 도서관·문서관 관련 정책, 출판 정책, 정보 공개, 개인 정보 보호 정책, 지적 재산권 정책 등이 이 범위에 들어간다. 일본에서는 2001년부터 내각 직속의 고도정보통신네트워크 사회추진전략본부가 통합적 정보 정책을 전개하고, 2006년 1월에 「IT 신개혁 전략」을 발표하였다. 국제 레벨에서는 유네스코, 국제도서관연맹(IFLA) 등이 도서관 관련의 정보 정책을 맡고 있다. ↔ 정보법

정보지(情報誌) guide magazine

영화나 연극, 콘서트, 전람회를 비롯한 각종의 모임, 책, 텔레비전 프로그램이나 게임, 레스토랑, 여행 등, 오락이나 취미를 중심으로 한 토픽에 관한 최신의 정보를 약간의 평가를 섞어 게재하는 연속간행물. 채널별, 지역별, 일시순 등으로 배열되며, 탐색하기 쉽도록 하는 노력이 이루어지고 있다. 일본에서는 1972년에 창간된 『피어』(ぴあ) 이래로, 다양한 정보지가 간행되어 오고 있는데, 객관적, 공평을 표방하고 있는 점에 착안하면, 일본 고유의 형태의 잡지라고 말할 수 있다. 특정 지역에 대한 망라적인 안내를 중심으로 한 타운지는 정보지적인 성격이 강하다. 기업의 구인, 부동산의 임대나 판매의 정보를 수록한 것도 정보지라고 불린다.

정보지식학회(情報知識學會)[일본] Japan Society of Information and Knowledge

정보 지식학에 관한 학술·기술의 진보 발전에 기여하는 것을 목적으로 하는 학술 단체. 1988년에 설립되었으며, 학술적·기술적 연구의 추진에 더하여, 다른 단체와의 연휴(連携)·협력을 바탕으로 하여 표준화 등의 실천적 문제에 대응하는 것을 목표로 하고 있다. 개인 회원과 찬조 회원 등으로 구성되며, 인문사회과학계 부회, 전문용어연구부회, CODATA부회가 설치되어 있다. 연차의 연구 보고회 (1993-   ), 각종 심포지엄, 월례 간담회 등을 개최하고, 논문지 『정보지식학회지』 (1990-   )를 편집·간행한다. 일본학술회의(日本學術會議)의 등록 단체이다.

정보처리학회(情報處理學會)[일본] Information Processing Society of Japan

정보 처리의 학술·기술의 진흥·보급에 기여하는 것을 목적으로 하여 1960년에 설립된 일본의 학술 단체. 일본의 정보 처리 분야를 대표하는 단체로서 국제정보처리연맹(International Federation for Information Processing)에 가맹되어 있다. 개인 회원 약 22,000명, 찬조 회원 약 300개사(2006년 3월 현재). 연 2회의 전국 대회, 각종 심포지엄, 세미나 등을 개최하고, 기관지『정보 처리』(1960-   ), 『정보처리학회 논문지』(1979-   ) 등을 편집·간행한다. 또한 정보학기초연구회 등 주제별로 설치된 연구회나 연구 그룹에서, 독자의 보고회 개최나 논문지 발행도 이루어지고 있다. 정보 기술의 표준화에서도 일본 내의 주도적인 단체이다. 일본학술회의(日本學術會議)의 등록 단체이다.

정보 탐색 행동(情報探索行動) information-seeking behavior

정보원(情報源)이나 검색 툴(tool)의 인식이나 선택, 검색 조작, 도서관인과의 커뮤니케이션 등, 사람이 정보를 찾을 때 취하는 구체적인 행동. 각자가 가지고 있는 정보 요구의 구체화나 정교화, 변경, 그리고 탐색, 결과의 평가와 가부(可否)에 관계된다. 탐색자 모두에게 공통하는 측면도 있지만, 지식 레벨, 지적 환경, 정보 요구의 특성, 개인적 특성 등, 개개 탐색자의 사정에 따라 다른 측면도 많다. 도서관 등 많은 정보 기관은 전형적인 정보 탐색만을 상정(想定)하여 정보 요구 환경을 설정하고 있는데, 이용자가 정보 요구를 적절하게 충족하도록 하기 위해서는, 정보 탐색 행동의 고유한 측면에도 충분히 부응할 수 있는 체제를 확립할 필요가 있다. ↔ 검색

정보 파일(情報--) information file

참고 서비스를 위해 팸플릿, 리플릿, 클리핑 파일 등을 용이하게 찾아낼 수 있도록 파일한 것. 목적을 정한 후에 파일 자료로부터 선택하여 작성된다. ↔ 클리핑 파일; 파일링 시스템

정보 필터링(情報--) information filtering

정보 요구를 바탕으로, 정보원(情報源)으로부터 불필요한 정보를 제거한 후에 정보 제공을 실시하는 기술. 정보 검색이나 SDI는 이용자의 측에서 정보 요구를

검색어나 검색식 등으로 변환하여 제시하고, 입수한 정보의 유용성은 이용자가 판단한다. 한편 정보 필터링에서는, 정보 제공자나 시스템의 측에서 이용자에게 유용한 정보를 판단·제공하고자 한다. 나아가 이용자의 정보 요구까지도 상정(想定)·정치화(精緻化)하여 정보의 제공을 실시하는 경우도 있다. 따라서 이용자는 정보의 수신자로서의 성격을 강화하게 된다. ↔ 정보 검색; 정보 요구; 정보의 선택적 제공

정보학(情報學) information science

학술 정보로 대표되는 정보 유통 과정을 연구 대상으로 하고, 특히 정보의 축적과 유통, 이용을 위한 미디어, 그리고 이를 지원하는 사회 조직을 중심으로 다루는 연구 영역. 도서관학과 도큐멘테이션을 기반으로 하고, 정보 검색 연구나 과학 커뮤니케이션 연구, 정보 탐색 행동 연구 등을 통합하여, 제2차대전 후에 형성되었다. 유연 영역(類緣領域)으로서, 유럽을 중심으로 하는 인포매틱스(informatics)가 있다. 일본에서 말하는 「정보 과학」(수리과학적인 정보 이론을 중핵으로 하고, 컴퓨터 기술과 밀접하게 관계되는 영역)과는 다르다. ↔ 도큐멘테이션; 문헌정보학

정보화 사회(情報化社會) information society

공업 생산이 견인력이 되고 있던 공업 사회 대신에, 정보가 중핵적인 역할을 맡는 사회. 사회의 이러한 이행(移行)은 컴퓨터나 정보 통신의 발달에 의해 생겨나며, 글로벌화에 따라 한 나라의 자원이나 기준의 중요성의 상대화가 발생하고, 네트워크화에 따라 권력의 분산화가 생기는 등과 같은 예측이나 논의가 1970년대 초두부터 이루어졌다. 그 상당수가 현실이 되어가고 있는 사회에서는, 정보의 보호(security)나 지적 소유권 등 해결해야 할 문제에 직면하고 있으며, 종래의 논의는 기술 결정론적 성격이 강하고, 지나치게 낙관적이었다는 비판도 있다.

정본(定本) definitive edition

이본(異本)이나 원고 등을 비교, 조합(照合)하고, 충분한 교정을 가함으로써, 본문을 최종적으로 신뢰할 수 있는 형으로 정리하여 확정한 도서. 그 저작의 문헌학적 연구에 필요한 자료가 각주(脚註)나 난외주(欄外註) 등의 형으로 붙여지는 경우가 많은데, 이를 apparatus criticus라고 한다. 정본 작성의 근거가 된 것은

저본(底本)이라고 일컬어진다. 1인의 저자의 전 저작에 대한 정본은 그 저자가 의도한 것에 대한 가장 가까운 어프로치를 제공해주는 것으로서 중요하다. 많은 연구자에 의한 주석(註釋)이나 원전의 이문(異文)을 모은 집주판(集註版)과는 다르다. ↔ 교정; 저본; 집주판

정부 간행물(政府刊行物) government publication

정부 또는 국제 기관이 법률 또는 규칙을 바탕으로 하여 일반적으로 공표할 목적으로 작성하는 간행물. 주로 중앙 정부의 간행물을 말한다. 그 종류는 다양한데, 관보(官報), 백서(白書), 통계서가 대표적이다. 각국에 정부 간행물의 간행 기관이 있는데, 일본의 국립인쇄국, 미국의 GPO(Government Printing Office) 등이 그 대표적인 예이며, 민간 출판사에서 발매, 간행되는 것도 많다. 일본에서는, 망라적이지는 않지만『일본전국서지』(日本全國書誌, 1955-   창간 당시는『납본주보』(納本週報))에 수록된다. 유통 기구로서, 정부 간행물 서비스 센터 및 서비스 스테이션이 있다. ↔ 관공청 출판물; 행정 자료

정부 정보(政府情報) government information

정부가 보유, 관리, 제공하는 정보를 가리키는데, 주로 공표를 전제로 하여 제공되는 정보를 가리켜 사용되는 경우가 많다. 정부 간행물, 관공청 출판물, 행정 자료 등을 포함하는 개념으로, 이것들은 근년에 이르러 인터넷상에서의 제공이 진행되고 있다. 정부 및 자치 단체가 인터넷상에 제공하는 정보와 서비스는 각각「전자 정부」,「전자 자치 단체」라고 불린다. 전자 정부(자치 단체)의 진전에 따라, 인터넷상의 정부 정보의 파악 및 그 보존이 도서관계의 과제가 되고 있다. ↔ 관공청 출판물; 정부 간행물; 행정 자료

정상화(正常化) normalization

장애인이 장애가 없는 사람과 함께 보통으로 생활할 수 있도록 하는 것 또는 그와 같은 이념. 1950년대에 덴마크의 지적장애인부모회의 운동에서 발전하였다. 1969년에 스웨덴의 니르제(Bengt Nirje 1924-2006)가 "정상화의 원리"(The normalization principle and its human management implications)를 발표한 것을 계기로 확산되었으며, UN의「장애인 권리선언」(1975)의 토대가 되기도 하였다. 오늘날에는

사회 복지 전반의 이념으로서 정착되어, 배리어 프리(barrier free), 유니버설 디자인(universal design)과 같은 사고방식에 구체화되어 있다. 일본의 도서관의 장애인 서비스에서는, 누구나가 같이 이용할 수 있는 도서관 서비스를 제공하는 것으로서 이해되고 있다. ↔ 장애인 서비스

정오표(正誤表) errata; corrigenda

도서의 인쇄 후에 찾아낸 본문 등의 잘못을 정정한 표. 일본서에서는 후부(後付)에, 양서에서는 전부(前付)에 인쇄하는 것이 일반적인데, 작은 종이 조각에 인쇄하여 그 도서에 끼우는 경우도 많다.

정합(丁合) → 장합(張合)

정형 주기(定型註記) formal notes

주기 사항에서 일정의 도입 어구 또는 표준적인 정형 어구를 사용하는 주기. 주기의 형을 통일함으로써 제시하는 정보의 종류를 알기 쉽게 하거나, 또는 명료성을 손상시키지 않고 스페이스를 절약할 수 있는 경우에 사용된다. 주기에는 이 정형 주기와, 편목 담당자가 자유로운 형으로(다만 명료하고 문법적으로는 정확하게) 기록하는 비정형 주기가 있다. ↔ 주기

정확률(正確率) precision

정보 검색 시스템에서, 어떤 정보 요구 또는 검색 질문에 따라 검색을 실시했을 때, 검색된 정보에 포함되는 적합 정보의 비율. 얼마나 노이즈(잡음)가 적게 검색을 할 수 있었는지를 나타내며, 재현율(再現率)과 함께, Aslib에 의한 크랜필드 연구 프로젝트(Aslib Cranfield Research Project)에서 생겨난 적합성을 바탕으로 하는 평가 척도이다. 당초에는 적합률이라고 불렸는데, 적합성과 구별하기 위해 현재는 정확률이 사용되는 경우가 많다. 정도율(精度率)이라고도 하며, 일본에서는 정도(精度)라고 한다. 재현율과 정확률은 일반적으로는 반비례의 관계에 있기 때문에, 재현율을 높이기 위해 검색 결과를 늘리면 정확률은 내려가게 된다. 이 때문에 정보 검색 평가에서 재현율과 정확률을 사용하는 경우에는, 재현율, 정확률의 한쪽만이 아니라 양쪽에서 종합적으로 평가할 필요가 있다. ↔ 재현율; 적합성

제국도서관(帝國圖書館)[일본] → 데이코쿠도서관[일본]

제본(製本) binding

읽거나 취급할 때 편리하도록, 또는 본문을 보호하기 위해, 낱장, 접장(摺帳: 일본말로는 오리초(折丁)라고 한다) 등을 순서에 따라 묶고, 실, 철사, 접착제 등으로 매고, 표지를 붙여 책자 형태로 만드는 것. 제책(製冊)이라고도 한다.

제본자 표제(製本者標題) binder's title

"제본자가 자료의 표지 상에 문자로 써넣은 표제(타이틀). 출판자에 의한 본래의 표지 표제와 구별하여 사용한다."(『영미편목규칙 제2판 일본어판』 용어 해설) 파손 자료를 수리 제본했을 때나, 복수책의 자료를 1책으로 정리하여 합책 제본(合冊製本)했을 때, 그 표지나 등에 기재되는 표제이다. 당초부터 표지나 등에 표시되어 있던 표제와 동일한 것으로 하는 경우도 있지만, 그 간략형으로 이루어지는 경우도 있다. ↔ 표지 표제; 책등 표제

제작년(製作年) date of manufacturer

서지 기술의 대상이 되는 자료가 제작된 연대, 일자. 서지 기술상, 제작년은 제작지 및 제작자와 함께 제작 항목을 이루며, 일반적으로는 발행 항복이 불명(不明)할 때, 또는 비간행물의 경우에 기록된다. 또는 발행년의 대체 정보로서, 제작년만을 발행지, 발행처에 이어 기록하는 경우도 있다. 아울러 이러한 때에는 제작년이라는 것을 알 수 있는 형으로 기록할 필요가 있다. 예를 들면, 『일본목록규칙 1987년판 개정 3판』에서는, 「인쇄」, 「제작」 등의 어구를 부가하도록 하고 있다. ↔ 발행년; 발행, 배포 등 사항; 발행처

제작자(製作者) manufacturer

서지 기술의 대상이 되는 자료의 제작에 책임을 갖는 개인 또는 단체. 서지 기술상, 그 명칭은 제작지 및 제작년과 함께 제작 항목을 이루며, 일반적으로는 발행 항목이 불명(不明)할 때, 또는 비간행물의 경우에 기록된다. ↔ 발행, 배포 등 사항; 발행처

제작지(製作地) place of manufacturer

제작자가 제작 활동을 시행한 주소 또는 주소지. 서지 기술상, 그 지명은 제작자 및 제작년과 함께 제작 항목을 이루며, 일반적으로는 발행 항목이 불명(不明)할 때, 또는 비간행물의 경우에 기록된다. ↔ 발행, 배포 등 사항; 발행지

제적(除籍) withdrawal

도서관에서 소재불명이거나, 파손이나 오손이거나, 또는 불필요하게 된 자료를 원부(原簿)에서 삭제하는 것. 그 도서관의 물품 관리 규정에 따른 처리가 이루어진다. 제적된 자료에 대해서는, 폐기, 기증, 매각, 관리 전환 등의 처리가 취해진다. ↔ 위딩; 폐기

제제본(諸製本) job binding

주문자의 기호(嗜好)나 지정에 따라, 한 책 한 책 개별적으로 행하는 제본. 잡제본(雜製本)이라고도 한다. 책의 구입자의 기호에 따라 가제본의 책을 가죽 제본으로 다시 만드는 것이나, 도서관의 지정에 따라 합본하는 것, 수리를 위한 재제본(再製本) 등이 포함된다. ↔ 수물 제본(數物製本)

제책(製冊) → 제본

제첨(題簽) title piece

동양 고서나 화한서(和漢書)의 표지에 붙여지는 작은 지편(紙片)으로, 서명이나 권수 등이 표시된다. 일본의 간본의 제첨에는 단책형(短册型)과 방형(方型)의 것이 있는데, 전자(前者)는 일반적으로 표지 좌측 상방에 붙이는 경우가 많지만, 방형의 제첨은 표지 중앙 상부에 붙인다. 양자(兩者)를 동시에 표지에 붙이는 경우도 있다. 제첨의 문자가 손으로 쓴 것일 경우에는 수기 제첨(手記題簽)이라고 하는 것에 대해, 문자가 인쇄되어 있는 경우는 인쇄 제첨이다. 인쇄 제첨의 경우, 문자만을 인쇄하는 것과, 문자의 외주(外周)에 구(構)를 갖는 것, 나아가 일본의 에도(江戶) 시대 후기의 독본이나 초쌍지(草双紙) 등에서는 제첨에 그림을 추가한 경우도 있다. 이것을 그림 제첨(繪題簽)이라고 한다.

조건부 일괄 주문(條件附一括注文) approval plan

출판 정보를 체크하고 나서 주문한다고 하는 노력을 줄이기 위해, 수서 방침 등에 비추어, 미리 서점에 일정의 범위를 제시하고, 납품된 자료를 체크하여 채택 여부를 결정하는 자료 구입 방법. 서점측은 그 도서관의 수집 방침이나 자료의 범위, 내용의 정도 등을 잘 이해할 필요가 있다. 서점이 일차 선택을 하는 것이 되기 때문에, 수입(受入) 담당자는 출판 정보의 내용을 잘 파악하여, 누락이 없도록 유의하는 것이 바람직하다.

조기성 기호법(助記性記號法) mnemonic notation

기억하기 쉬운 기호법에 관한 것으로, 이하와 같은 종류가 있다. ① 같은 개념을 다른 클래스에서 표현할 때, 그러한 것들을 동일의 기호로 나타낸다. 예를 들면, 일본십진분류법(NDC)에서, 810(일본어), 910(일본 문학)과 같이. 이와 같은 일은 기호의 합성을 실시하는 분류법이라면 당연한 것처럼 발생한다. 열거식 분류법에서도, 상당수의 경우 보조표를 사용하여 약간의 기호 합성을 실시하기 때문에, 이러한 효과가 생겨난다. ② 클래스의 명칭을 그 클래스의 명사(名辭)의 두 문자(頭文字)에서 취한다. 예를 들면, 서지분류법(BC)에서 화학(chemistry)을 C로 하는 것과 같다. ③ 발음하기 쉬운 음절로 기호를 표현한다. 예를 들면, London Education Classification(LEC)의 기호법의 Basv(두뇌 유출), Jib(시험)과 같다. 또한 기억하기 쉬운 기호법의 성질을 조기성(memorability, mnemonics)이라고 말하는 경우가 있다.

조본(祖本) original text

편저된 당시의 텍스트. 원본(原本), 원본(元本)이라고도 한다.

조사 질문(調査質問) → 연구형 질문

조사형 질문(調査形質問) search question

참고 질문 중, 즉답할 수 있을 만큼 간단하지 않고, 두 종류 이상의 탐색 도구를 병용하여 해답을 구할 수 있는 정도의 질문. 일본에서는 탐색 질문(探索質問)이라고 한다. 참고 도서가 데이터베이스화됨에 따라 탐색이 용이해지고, 종래에는 조사형 질문으로 다루어지고 있던 것이 즉답형 질문으로 간주되는 경우가 많아졌다. ↔ 연구형 질문; 즉답형 질문; 참고 질문

조절분류법(調節分類法) Adjustable Classification

브라운(J. D. Brown)이 1898년 간행한 자신의 저서에 게재한 일반 분류표. 그는 1890년대 초기 이후, 안전 개가식 도입의 준비와 병행하여 고안을 시작한 일련의 분류표 중에서, 퀸·브라운분류법(Quinn-Brown Classification 1894)과 주제분류법(SC: Subject Classification)의 사이에 위치한다. 영국의 중소 공공 도서관을 대상으로 하여, 새로운 주제를 삽입할 수 있도록 기호에 공백을 남겨두고 있다. 자연 과학 이하 11개의 부문으로 대별(大別)되는데, 상세도는 균일하지 않으며, 색인도 불충분하다. 주제의 순서에 관해서는, 종래의 분류표가 브라운 자신의 퀸·브라운분류법을 포함하여 정신 과학 우선의 순서였던 것을 수정하였다. 또한 알파벳과 숫자를 조합한 기호법은 다음의 주제분류법(SC)으로 이어졌다. ↔ 브라운; 주제분류법

조판(組版) composition

원고를 바탕으로 하여 활자를 짜고, 최종적으로는 판을 만들기까지의 작업 및 완성한 판. 영어에서는 이러한 작업을 composition이라고 하는데, 완성된 판은 form(e)이라고 불러 구별하고 있다. 일본에서는 사용되는 활자수가 매우 많기 때문에, 작업을 분할하며, 활자를 모으는 작업을 「문선」(文選), 그 후에 판에 함께 정리하는 작업을 「식자」(植字)라고 하여 구별하고 있다. 따라서 조판은 이러한 두 작업을 포괄하고 있는 것이 된다. 다만 페이지 수가 많지 않으면, 서양과 같이 작업을 분할하지 않고 마무리하는 경우도 있다. 수동, 기계, 나아가서는 컴퓨터라고 하더라도, 조판이라는 표현이 사용되고 있다. ↔ 식자

조합 도서관(組合圖書館) association library

협동으로 독서를 행하고자 하는 사람들이 조합을 조직하고, 일정의 자금을 거출하여 설립한 도서관을 가리킨다. 협회 도서관이라고도 한다.

조합립 도서관(組合立圖書館)[일본] association library

일본의 「지방자치법」 제284조에서는, 복수의 지방 공공 단체가 협동으로 조합(일부 사무 조합)을 설치하고, 사무의 일부를 공동 처리하는 것이 인정되고 있다. 도서관 서비스도 이 대상으로 하는 것이 가능한데, 이리하여 설립된 도서관을 조합립 도서관 또는 일부 사무 조합립 도서관이라고 부르고 있다. 또한 광역 도서관이라는 말도 사용되고 있다. 규모가 작은 지방 공공 단체가 각각 도서관을 설치하더라도, 자료나 직원, 시설에서 한계가 크기 때문에, 서비스의 효율과 질의 향상을 목표로 하여, 조합립 도서관이 설립되는 경우가 많다.

존경각문고(尊經閣文庫) ↔ 손케이카쿠문고

좀 bookworm

종이를 먹어 오손(汚損)시키거나, 종이에 구멍을 내기도 하는, 자료에 유해한 곤충. 자료 보존에서는, 약품에 의한 방제나 폭서(曝書)를 실시하여, 방충과 구제(驅除)에 노력하고 있다.

좁쌀책 → 두본(豆本)

종(種) species

유(類), 종차(種差), 특성, 우성(偶性)과 함께, 전통적 논리학의 다섯 가지 속성의 하나. A라고 하는 사물의 종류의 하나가 B일 때, A를 유, B를 종이라고 한다. ↔ 유(類)(1); 유종 관계

종속 표제(從屬標題) dependent title

"본표제(본타이틀)가 본체와 부분의 명칭으로 구성되어 있는 것(예:「정본야나기타구니오집(定本柳田國男集) 부록」,「잡지 기사 색인 인문·사회편」)의 부분의 명칭(『일본목록규칙 1987년판 개정 3판』 용어 해설). 개별적으로 간행된 부편(部編)이나 부록 등의 그 자체의 명칭(부편명 등)으로, 본체와 공통하는, 또는 그러한 부편이나 부록 등에 공통하는 공통 표제와 함께, 본표제를 구성한다. 그 자체로는 독립된 표제가 되지 못하며, 복수의 자료에 공통하는 명칭을 구분 또는

한정하는 형으로 그에 연결되는, 부분의 명칭이다. ↔ 공통 표제; 본표제; 부편명(部編名)

종이 paper

주로 식물 섬유를 재료로 하고, 수지(樹脂) 등을 추가한 용액 중에 분산시켜 빽빽하게 얽히게 하고, 떠내어 시트 모양으로 하여 건조시킨 것. 따라서 엄밀히 말하면 파피루스나 양피지(羊皮紙)는 종이가 아니다. 다양한 용도로 사용되는데, 최량(最良)의 서사 재료로서의 지위는 현재에도 흔들리기 어렵다. 중국 후한(後漢)의 채륜(蔡倫)의 개량을 계기로 하여 서서히 세계로 확대되었다. 일본에서는 화지(和紙: 재래식 일본 종이)와 양지(洋紙)로 대별한다. 화지는 닥나무(楮), 삼지닥나무(三椏), 안피 나무(雁皮) 등의 질긴 껍질(靭皮)을 원료로 하여, 수제로 만들어져 왔는데, 현재는 기계로 만든 것도 있다. 양지는 목제 펄프를 원료로 하고, 사이즈제, 충전제, 색소 등을 첨가하여 기계로 만들어진다. 현재는 합성 섬유를 원료로 하는 것도 있다. ↔ 양피지; 채륜; 파피루스; 화지

종합 도서관(綜合圖書館) general library

대규모 대학 등에서, 본관, 분관, 부국 도서관(部局圖書館) 등이 하나의 도서관 시스템으로서 운영되고 있는 경우의 본관 또는 중앙관.

종합 목록(綜合目錄) union catalog

복수의 도서관 또는 컬렉션에 수장(收藏)되어 있는 자료의 서지 데이터를 하나의 체계 아래에 편성, 배열하고, 소재를 표시하는 목록. 소재는 통상은 소재 기호로 나타낸다. 목록을 작성하기 위해 협력한 관종(館種), 지역, 또는 수록 대상이 된 자료(도서, 연속간행물 등)나 주제 등에 따라 유별(類別)된다. 일본에서는, 대학 도서관을 중심으로 하여 약 900개 기관(2000년)이 참가하는『학술 잡지 총합 목록』(1953-2001)이 대표적인 예이다. 또한 국립정보학연구소의「목록 소재 정보 데이터베이스」나 OCLC의 WorldCat은 전자적인 형태의 종합 목록의 예이다.

종합 분류표(綜合分類表) → 일반 분류표

종합적인 학습의 시간(綜合的--學習--時間)[일본] Periods for Integrated Study

일본의 학교에서 종래의 교과의 틀이나 영역을 넘어, 횡단적(橫斷的), 종합적으로 학습 활동을 실시하는 시간. 1998년도 고시(告示)의 학습 지도 요령(한국의 교육 과정에 해당한다)에서 신설. 「스스로 학습하고 스스로 생각하는 교육」이라는 교육 이념을 상징하는 역할이 기대되며, 학습의 방법을 지원하는 학교 도서관이 적극적으로 활용될 것으로 예상되었는데, 2003년에는 학습 지도 요령이 부분 개정되어, 학교의 교육 전체 중에 자리매김된 체계적인 지도가 요구되고, 각 교과와 관련한 지도의 필요성이 강조되게 되었다. 배경으로는, 교육 내용의 학교 간 격차의 문제나 「학력 저하」 논쟁 등이 있다.

종합 정보 계획(綜合情報計劃) → GIP

종합 표제(綜合標題) collective title

"몇몇의 저작으로 이루어지는 자료로, 각 저작에 각각 표제(타이틀)가 있을 때, 그 자료 전체에 붙여진 포괄적인 표제를 말한다"(『일본목록규칙 1987년판 개정 3판』 용어 해설). 『일본목록규칙 1987년판 개정 3판』에 의하면, 단일의 단행 자료 전체에 대한 종합 표제가 있으면, 그것을 본표제로서 채택하고, 그것이 없을 때에는, 수록되어 있는 각 저직의 표제 및 책임 표시 등을 소정의 정보원에 표시되어 있는 순으로, 「표제와 책임 표시 사항」에 열기(列記)하도록 하고 있다.
↔ 본표제

좌야 우삼랑(佐野友三郞) → 사노 토모사부로

주(註) annotation

주로 저작 중의 일부분(단락, 문, 구, 용어)에 대해 별도로 붙여진 설명. 표시 방법에는 페이지의 하부에 붙여지는 각주(脚註), 행과 행의 사이에 기재되는 행간 주기(行間註記) 등이 있다. ↔ 해제(解題)

주기(註記) note

"표제(타이틀)로부터 총서에 관한 사항에 이르기까지의 정형적인 서지 사항으로 구성되는 서지 기술을 부연·상술(詳述)하거나 한정할 필요가 있을 때, 기술의 마지막에 기록하는 서지 사항"(『일본목록규칙 1987년판 개정 3판』 용어 해설. 다만 현행의 서지 기술에서는, 표준 번호와 입수 조건을 기록하는 사항이 마지막이 된다). 그 기능으로서는, 자료의 식별, 서지 레코드의 이해를 용이하게 하며, 자료의 특징을 표시하고, 서지적 내력을 표시하는 등 다양한 것이 있으며, 일반적으로는 편목 담당자가 각 서지 사항의 기술에 설명을 추가할 필요가 있다고 인정되는 경우에 기록된다. ↔ 주기 사항

주기 사항(註記事項) note area

국제표준서지기술법(ISBD)에 규정된 기술의 일곱 번째 사항. 정형적인 서지 사항으로 구성된 다른 사항의 기술을 부연 또는 상술(詳述)하거나, 한정하는 사항인 「주기」를 기록한다. 표제와 책임 표시 사항으로부터 총서 사항까지에 기술할 수 없으나 중요하다고 판단되는 사항은 모두 주기 사항에서 기록한다. 예를 들면, 해당 자료의 서지적 상황이나 형태에 관한 주기, 내용에 관한 주기 등이 있다. ↔ 국제표준서지기술법; 사항

주류(主類) main class

분류표의 기본적이면서도 주요한 구분의 하나로, 통상은 기호 레벨의 제1구분을 가리킨다. 일반 분류표에서는 전통적인 학문 분야를 염두로 구분을 시작하지만, 세계관의 상위(相違)와 기호법의 제약에 의해, 주류의 서열(序列)과 수는 가지각색이다. 주류의 수는 듀이십진분류법(DDC), 국제십진분류법(UDC), 한국십진분류법(KDC), 일본십진분류법(NDC)이 10개, 알파벳을 사용하는 미국의회도서관분류법(LCC)이 21개, 알파벳과 아라비아 숫자를 사용하는 서지분류법(BC)이 35개, 여기에 그리스 문자를 혼합시킨 콜론분류법(CC)이 42개인데, 관점 분류법과는 이질(異質)인 주제분류법(SC)은 대략적으로 4개이다. 어느 분류표의 주류와 다른 분류표의 주류가 개념 레벨에서 대응한다고는 할 수 없다. 구분 특성의 적용이 시작되는 주제 분야의 비교·대조를 실시하는 데는, 특히 십진식 분류법에 관해 제2구분 정도까지 범위를 넓힐 필요가 있다. ↔ 관점 분류법; 구분; 규범류

주석(註釋) → 주(註)

주정보원(主情報源) → 으뜸 정보원

주제(主題) subject

텍스트 자료, 특히 활자 자료의 저작 중에 중심으로서 논의되고 있는 개념. 테마, 논제 등이라고도 하는데, 예술 작품의 주제와는 다른 것으로 생각되고 있다. 일본에서는 「건명」(件名)이라고도 불려왔다.

주제 검색(主題檢索) subject retrieval

주제를 실마리로 하는 정보 검색. 문헌의 저자명이나 간년(刊年), 인물의 생년월일 등, 주제 이외의 속성은 검색에서 일의적(一意的)으로 정해지는 데 대해, 주제는 일의적으로 정해지지 않기 때문에, 주제 검색은 주제 이외의 것을 실마리로 하는 정보 검색보다도 고도의 정보 처리가 요구된다. 그 때문에 주제 검색은 정보 검색을 둘러싼 연구 영역의 중심적인 연구 과제가 되고 있다. 검색자 측에서는 정보 요구의 주제 분석이 필요하고, 검색 대상인 축적 정보의 측에서는 정보 또는 자료의 주제 분석과 주제에 의한 조직화가 필요하다. 나아가 정보 검색 시스템에서는, 정보 요구와 축적 정보를 주제를 바탕으로 적절하게 조합(照合)시키는 기구가 요구된다.

주제 게이트웨이(主題--) subject gateway

옥석혼효(玉石混淆)의 대량의 인터넷 정보 자원 중에서, 평가되고 엄선된 정보의 검색과 탐색이 가능한 메타데이터(목록) 등의 검색 서비스를 제공하는 온라인 서비스 또는 사이트. 주제 게이트웨이는 그곳에 수록하는 메타데이터 등의 정보원(情報源)의 평가를 엄밀하게 실시하기 때문에, 특정의 학술적 주제 분야에 특화하는 경우가 많다. 인터넷 정보 자원을 평가·선택하고, 그러한 메타데이터 등을 기술하는 업무는 그 품질 관리가 중요하며, 도서관인, 연구자, 주제 전문가 등의 전문적 지식·기술에 크게 의존하기 때문에, 컴퓨터에 의한 자동화는 곤란하다. ↔ 메타데이터

주제명 규정(主題名規程) subject code

적절하고 수미일관(首尾一貫)한 주제명 표목의 부여 작업을 실시하기 위한 성문

규정(成文規程). 주제명 표목표 전체에 적용되는 일반 주제명 규정과, 특정 분야에 한정하여 적용되는 특수 주제명 규정이 있다. ↔ 주제명 표목; 주제명 표목표

주제명 목록(主題名目錄) subject catalog

"주제명 표목만의 목록 저록(목록 기입)과, 참조를 배열한 목록"(『일본목록규칙 1987년판 개정 3판』 용어 해설). 개별형 목록의 일종. 자료의 주제 또는 형식을 명사(名辭)로 표시한 주제명 표목과 참조가 음순(音順)으로 배열된 것으로, 그러한 주제나 형식으로부터의 검색을 가능하게 한다. 자료의 주제 또는 형식을 기호를 사용하여 검색하는 분류순 목록과 대비되는데, 양자를 합쳐 주제 목록이라고 부른다. 찾는 주제를 나타내는 명사(名辭)로 직접 검색할 수 있다는 점이 큰 장점이지만, 관련된 주제가 목록 파일 중에 분산되어 버린다고 하는 단점을 갖는다. 이 단점을 보완하기 위해, 「보라 참조」와 「도보라 참조」가 불가결하다.

주제명 색인(主題名索引) alphabetico-subject index

분류순 목록에 부수(附隨)되며, 이용자가 주제를 나타내는 명사(名辭)로부터 분류 기호를 검색할 수 있도록 하는 색인. 수입된 개개의 자료의 분류 기호에 대응하여 작성된다. 주제명 색인에 의해 분류 기호를 알고 나서, 다시 분류순 목록에서 검색한다는 간접적인 검색이 되는데, 일반적으로 이용자가 분류표에 정통해 있을 것으로는 기대할 수 없기 때문에, 분류순 목록에서 불가결한 색인이다. 분류표에 통례적으로 부가되어 있는 명사(名辭)로부터 만들어지는 색인과 비교하면 다음과 같은 특징이 있다. ① 도서관의 소장 자료에 한정하여 작성된다. 요컨대 주제명 색인에서 발견된 분류 기호에 대응하는 자료는 반드시 그 도서관에 존재한다. ② 주제명 색인의 기법에 의해서는, 복합 주제의 각 구성 요소로부터의 검색이 가능하다. ③ 명사(名辭)에 대응하는 분류 기호는 도서관이 그 정조(精粗)를 조절한 결과이다. ④ 도서관에서의 신 주제를 다룬 자료의 수입과 함께 증보된다. 작성의 기법으로서는 연쇄 색인 등 다양한 것이 있다. *British National Bibliography*(1950-   )의 분류순 본편에 대응하는 주제명 색인이 유명하다. ↔ 분류순 목록; 연쇄 색인

주제명 서명 목록(主題名書名目錄) → 주제명 표제 목록

주제명 전거 파일(主題名典據--) subject authority file

서지 레코드의 표목이 되는 주제명의 전거 관리에 사용되는 주제명 전거 레코드를 기록한 파일. 통상 종래로부터의 책자 형태에 의한 주제명 표목표를 전거 포맷(전거 레코드를 대상으로 하는 MARC 포맷)에 따라 기계 가독 형식으로 한 것을 주제명 전거 파일이라 부르고 있다. 예를 들면, 미국의회도서관주제명표목표(LCSH)의 기계 가독판이 주제명 전거 파일로서 국제적으로 널리 사용되고 있다. 일본의 경우, 책자 형태로는 기본건명표목표나 국립국회도서관건명표목표가 간행되어 있으며, 또한 기계 가독 형식으로는, 기본건명표목표가 간행되어 있다. ↔ 주제명 표목표; 전거 파일

주제명 표목(主題名標目) subject heading

단어에 의해 주제를 검색할 때 사용하는 통제어에 관한 것으로, 주제명 목록에서 사용된다. 이 일람표를 주제명 표목표라 하는데, 그 중에서 자료의 주제를 나타내는 단어를 골라 부여한다. 주제 이외에, 사전이나 전집 등, 형식을 나타내는 단어도 포함된다. 책자 형태 또는 카드식의 주제명 목록에서는, 배열 순서를 결정하는 제일의 실마리가 된다. 컴퓨터 목록의 경우는, 분류 기호와 함께 주제 검색의 접근점(액세스 포인트)으로서 중요한 역할을 수행한다. 표목의 형식으로서는, 「일본어」와 같은 단일의 형, 「도서관(공공)」과 같은 도치형, 「도서 정리법」과 같은 복합어 등이 있다. 최대의 특징은 「일본―역사」와 같은 전조합형(前組合形)이 존재하는 것이다. ↔ 디스크립터; 주제명 규정; 주제명 표목

주제명 표목표(主題名標目表) list of subject heading

주제명 표목을 통상 음순(音順)으로 배열한 일람표. 주제명 표목으로서 직접 이용되지 않는 단어인 참조형(참조 주제명)도 포함된다. 통제어를 사용한 주제명 표목이 구조화되어 있으며, 참조 주제명과 표목형의 관계(「보라 참조」), 또는 주제명 표목 간 상호의 관련(「도보라 참조」)도 표시되어 있다. 음순표 이외에, 체계적으로 배열된 체계순 일람표를 포함하는 경우도 있다. 이 표는 주제명 표목표의 유지 관리에 불가결하다. 대표적인 것으로, 미국의회도서관주제명표목표(LCSH)나 일본의 기본건명표목표가 있다. 또한 의학주제명표목표(MeSH)와 같이, 실질적으로 시소러스인 것을 주제명 표목표라고 부르는 경우도 있다. 책자

형태 또는 기계 가독형으로 제공되고 있다. ↔ 분류순 주제명 표목표; 시소러스; 접속 구조; 주제명 표목

주제명 표제 목록(主題名標題目錄) subject-title catalog

"주제명 표목과 표제 표목(서명 표목)의 목록 저록(목록 기입)과, 참조를 혼합 배열한 목록"(『일본목록규칙 1987년판 개정 3판』 용어 해설). 복합형 목록의 일종. 사전체(辭典體) 목록에서 파생된 분할 목록(分割目錄)의 일종으로 파악할 수도 있다.

주제 목록(主題目錄) subject catalog

자료를 주제(또는 형식)로부터 검색하기 위한 목록. 자료의 주제 또는 형식을 기호로 나타낸 분류 표목에 의해 배열되는 「분류순 목록」과, 자료의 주제 또는 형식을 명사(名辭)로 나타낸 주제명 표목에 의해 배열되는 「주제명 목록」의 두 종류가 있다. ↔ 분류순 목록; 주제명 목록

주제 목록법(主題目錄法) subject cataloging

목록법은 서지 레코드 작성을 위한 여러 종류의 작업에 대한 것으로, 그 중 주제에 관한 레코드 작성에 관계되는 측면을 주제 목록법이라고 한다. 이 작업은 주제 정보에 관계되며, 주제 분석과 그 결과에 대한 분류 기호 및 주제명 표목의 부여가 중심이 된다. 이 작업에 의해 주제로부터의 검색이 가능하게 된다. 주제 목록법과 기술 목록법(記述目錄法)을 아우르는 작업이 일반적으로 목록법이라고 일컬어지고 있다. ↔ 목록법; 기술 목록법

주제 문헌 안내(主題文獻案內) subject guides; guide to the literature

어느 특정 분야나 테마에 대해 연구나 조사를 시작하고자 하는 학생, 연구자, 도서관인 등을 대상으로 하여, 그 분야나 테마의 연구법이나 연구 동향, 기본 문헌, 주요 잡지, 이차 자료, 문헌 탐색 방법이나 도서관 이용법 등을 해설한 참고 도서. 집필자는 도서관인이나 연구자이다. 상업 출판사, 학회 및 협회, 대학 도서관 등에서 출판되며, 간행 형태는 도서뿐만 아니라, 팸플릿이나 잡지 기사의 경우도 있다. 주제별 해제 서지(解題書誌)에 가까운 성격의 것이지만, 내용에 연구법이

나 문헌 이용법 등을 포함하고 있으며, 단순한 해제 서지는 아니다. 문헌 해설을 주체로 하는 것은 해제 서지의 성격이 강하고, 연구법에 중점을 둔 것은 주제의 연구 입문서에 참고 문헌을 첨가한 성격의 것이 된다. ↔ 주제 서지; 해제 서지

주제별 열람실(主題別閱覽室) subject reading room

특정의 주제 또는 학문 분야별로 구분된 열람실. 특정의 주제에 관한 자료를 집중적으로 수집, 배가하고, 열람, 대출에서 참고 서비스까지 종합적으로 이루어지는 경우가 많다. 또한 이와 같이 특정의 주제에 관해 자료나 서비스의 제공을 일원적으로 행하는 제도를 「주제별 열람실제」 또는 「주제별 부문화」라고 한다.

주제분류법(主題分類法) Subject Classification(SC)

브라운(James Duff Brown 1862-1914)이 퀸·브라운분류법(Quinn-Brown Classification 1894)과 조절분류법(Adjustable Classification 1898)을 거쳐, 1906년에 발표한 일반 분류표. 1939년의 제3판 이후는 개정되고 있지 않다. 구체적 주제는 일반적 주제(관점)에 우선하여 동일한 곳에 집중해야 한다는 주장에 입각하고 있다. 주류는 물질과 힘, 생명, 정신, 기록이라는 서열을 바탕으로 배열한 결과, 총류(교육 등을 포함한다)를 제외하고는 자연 과학이 선행(先行)하고, 응용은 그 이론적 기초의 뒤에 배치된다. 본표상의 구체적 주제는 범주표에 열거된 형식 등의 일반적 주제에 의해 세분된다. 기호는 알파벳과 세 자리의 숫자로 이루어지는 비계층형의 혼합 기호로, 본표의 기호와 범주 기호 사이는 마침표로 구분한다. ↔ 분산된 관련 항목; 조절 분류법

주제 분석(主題分析) subject analysis

자료의 주제를 명확하게 하는 작업

주제 색인(主題索引) subject index

주제 검색을 가능하게 하기 위해, 주제를 표현하는 키워드(keyword)나 디스크립터(descriptor)를 표제어로 하는 색인. 일본에서는 단행본의 권말 색인에서 「사항 색인」이라는 명칭이 사용되는 경우가 많다. 서지의 경우는, 본체의 배열이 저자명순이나 서명순, 연대순인 경우에, 주제로부터의 검색이 가능하도록 주제

색인을 준비한다. 잡지 기사 색인의 경우는, 주제 검색이 중요하며, 본체가 주제 색인으로 되어 있는 경우가 많다. 검색 효과를 개선하기 위해, 주제를 어떻게 확정하고 어떻게 표제어를 구성하는가에 대해, 다양한 방법이 연구되고 있다. ↔ 사항 색인

주제 서지(主題書誌) subject bibliography

주제 분야를 한정하고, 그 분야의 자료를 망라적으로 수집한 서지. 특정 주제 서지, 전문 서지라고도 한다. 동일의 주제를 다루는 주제 서지라도, 서지 작성자에 따라 채택하는 주제의 폭, 도서, 잡지 논문 등 수록하는 자료의 종류, 또는 연대, 지역, 언어 등의 설정이 다르기 때문에, 복수의 주제 서지가 작성되며, 각각이 특색을 갖게 된다. 주제 서지는 인문, 사회 과학 분야에서 작성되는 경우가 많다.

주제 세목(主題細目) topical subdivision

주제명의 주표목에 의해 표현된 주제를 다시 그 주제의 관련 주제나 관점 등에 의해 한정하는 경우에 사용하는 세목. 예를 들면, 일본의 기본건명표목표에서는, 「일본—공업」이나 「교토부(京都府)—연중 행사」와 같이, 지역명에 부가하여 그 지역에 관련된 주제를 나타내거나, 「데이터 처리—행정」이나 「임금—건설업」과 같이, 지역명 이외의 주제를 나타내는 주제명에 부가하여, 그 주제를 더 한정하기도 한다. ↔ 형식 세목

주제 자료 전문가(主題資料專門家) subject bibliographer

특정 주제나 학문 분야의 전문적 지식을 갖춘 도서관인으로, 그 주제 영역의 자료 선택과 평가에 책임을 갖는다. 대학 도서관이나 대규모 공공 도서관에서 주제 부문제를 채택하고 있는 경우, 자료 형태에 관계없이, 그 특정 주제의 자료 관리, 열람, 대출로부터 참고 서비스 등을 일원적으로 실시하는 주제 전문 도서관인을 가리킨다. 미국의 대규모 도서관에서는, 주제 전문제가 발달하고 있다. 일본에서는, 도도부현립(都道府縣立) 등의 대규모 공공 도서관에서는 제2차대전 후에, 또한 대규모 대학 도서관에서는 1980년대 이후에 주제 부문제가 채택되기 시작하였는데, 주제 부문별로 열람실을 설치하는 데 머무르고, 주제 자료 전문가를 각 실에 배치하는 데는 이르지 못하는 경우가 많다.

주표(主表) → 본표

주표목(主標目) main heading

"부표목(副標目)이 있는 표목의 최초의 부분"(『영미편목규칙 제2판 일본어판』 용어 해설). 단체의 내부 조직이 저작에 관계되어 있는 경우, 「재무성 관세국」과 같이 단체명을 주표목으로 하고, 그 내부 조직명을 부표목으로 한 표목을 구성하도록 『일본목록규칙 1965년판』까지는 규정하고 있었다(『일본목록규칙 신판 예비판』 이후, 내부 조직명을 생략하고, 상부 단체명만에 의한 표목의 채택을 원칙으로 하고 있다). 또한 『영미편목규칙 제2판』에서는, 특정 종류의 내부 조직 또는 관련 단체의 경우에는, 「주표목. 부표목」의 형식으로 표목을 구성하는 것으로 규정하고 있다. ↔ 단체명 표목; 부표목

주해(註解) → 평주(評註)

죽지(竹紙)

어린 대나무의 섬유를 원료로 떠낸 중국제의 종이. 진당(晋唐)의 시대에 시작되어, 명(明) 시대의 인쇄에 많이 사용되었다. 벌레에는 강하지만, 접는 데 약하고, 그다지 단단하지는 않다. 일본에서는, 에도(江戶)의 중기 이후에 서화(書畵)에 사용되었다.

준열거식 분류법(準列擧式分類法) semi-enumerative classification

열거식 분류법에서는 모든 있을 수 있는 복합 주제 등을 사전(事前)에 분류표 안에 준비해두는 것이 불가능하다. 열거식 분류법을 바탕으로 하면서도, 보조표나 조합 기호 등을 풍부하게 마련하여, 주제를 합성하는 기법을 상당한 정도로 도입한 분류법에 대한 것을 말한다. 대표적인 예는 국제십진분류법(UDC)으로, 듀이십진분류법(DDC)을 그 체계적 기반으로 하면서, 논문 레벨의 복합 주제에 대응할 수 있도록 분석 합성식의 기능이 강화되어 있다. 그러나 주제를 구성하는 패싯을 충분히 검토하여 체계화한 분석 합성식 분류법과 달리, 각 주제 분야의 패싯 분석이 불충분하고, 각 주제의 분류 기호의 단순한 결합에 의해 특정화를 도모하는 데 불과하다는 한계를 가지고 있다. ↔ 분석 합성식 분류법; 열거식 분류법

중고책(中古冊) → 헌책

중복 조사(重複調査) → 복본 조사

중성지(中性紙) alkaline paper

중성 사이즈제(劑)를 사용하여 초지(抄紙)된 종이로, 산성지에 상대되는 말. 다만 보존 용지로서의 중성지의 경우에는, 단순히 중성 사이즈제를 사용하고 있을 뿐만 아니라, 유해한 리그닌(lignin) 등을 포함하고 있지 않은 고순도(高純度)의 화학 펄프를 원료로, 종이의 안팎에서 발생, 침입하는 산(酸)을 중화시키는 완충 효과를 갖도록 알칼리성 물질을 포함하고 있을 필요가 있다. 수소 이온 농도 (pH) 7~8 이상의 종이로 이루어지기 때문에, 엄밀히는 중성지가 아니라 약알칼리성지가 된다. 일반적으로 산성지에 비해 3배의 내구성을 갖는다고 한다. ↔ 내구지(耐久紙), 산성지

『중소 도시의 공공 도서관의 운영』(中小都市--公共圖書館--運營)[일본] *Management of Public Libraries in Medium and Small Cities*

1963년에 일본도서관협회가 출판한 중소 공립 도서관 운영의 지침. 약칭은 『중소 리포트』. 일본도서관협회 중소공립도서관 운영기준연구회가 3년간에 걸친 일본 전국 공립 도서관의 조사와 검토를 바탕으로, 주로 인구 5만부터 20만의 시의 도서관을 대상으로, 도서관 개혁의 지침을 제시한 것. 중소 공립 도서관의 기능·역사·현상(現狀), 서비스, 자료, 관리, 시설 등을 전반적으로 해설하고 있다. 도서관의 기본적 기능은 자료 제공이라는 것, 도서관이 십분 이용되기 위해서는 고수준의 자료 구입비가 필요하다는 것, 직접 이용자에게 서비스하는 시정촌립 도서관(市町村立圖書館)이 공립 도서관의 중심이라는 것 등을 분명히 하였다. 다만 개인 대출보다도 단체 대출을 중시한 점은 이 책의 한계이다.

중앙관(中央館) central library; main library

도서관 시스템에서 중심적 역할을 수행하고 있는 도서관. 메인 라이브러리라고도 한다. 일반적으로 중앙관은 관리 운영상의 중추로서 도서관 전체의 업무를 통괄하고, 다른 도서관 간의 조정을 실행하면서 도서관 시스템 전체를 컨트롤해 간다. 대규모의 컬렉션을 소장하고 있는 경우가 많으며, 자료 제공과 정보 제공

의 중심적 기관이다. 또한 자료 수집이나 정리 업무를 조정하는 입장에 있다.
↔ 도서관 시스템

중앙 집중식 정리(中央集中式整理) centralized processing

복수관의 도서관 자료의 정리를 정리 센터에 집중시켜 실시하는 방법. 미국의 공공 도서관의 시스템에서는, 일반적으로 중앙관이 분관(分館)의 수입 자료를 일괄하여 정리한다. 정리 부문을 중앙관에 집중함으로써, 정리 업무의 합리화, 표준화가 실현되고, 분관은 정리 업무로부터 해방되어 이용자 서비스에 전념할 수 있다. 또한 자료의 수집과 통합하여 실시하는 경우도 있다. 유사한 것으로, 정리 작업 중 목록에 한정한 중앙 집중식 목록법이 있다. 일본을 비롯하여, 각국의 국립 도서관이 시행하고 있는 국가 서지 작성 작업은 그 대표적인 예이다. 현재 일본에서 보급되고 있는 정리 하청 업자도 일종의 중앙 집중식 정리 센터라고 할 수 있다.

중앙 집중식 편목(中央集中式編目) centralized cataloging

한정된 수의 기관이 다른 도서관 등을 위해 집중적으로 실시하는 편목 작업. 국가 서지 작성 기관이 망라적으로 수집한 국내 출판물을 대상으로 하여, 표준 편목 규칙을 바탕으로 자체 편목(오리지널 편목)을 실시하는 것이 그 전형이다. 중앙 집중식 편목에 의해 작성된 서지 레코드는 오늘날 서지 유틸리티에서 이루어지는 카피 편목에 이용되며, 상당수의 도서관의 편목 작업의 인력 절감, 표준화에 도움을 주고 있다. 또한 관종별이나 지역별 등의 도서관 그룹을 대상으로 한 공통의 정리 센터에 의한 편목 작업, 서적 유통 관련 회사에 의한 도서관에 대한 납품 자료를 대상으로 한 편목 작업, 또는 대학 도서관에서 부국 도서관(部局圖書館)의 수입 자료를 대상으로 하는 중앙관 등에 의한 편목 작업 등도 중앙 집중식 편목에 해당한다. ↔ 분담 편목; 카피 편목

중앙 집중화(中央集中化) → 집중제

중정 정일(中井正一) → 나카이 마사카즈

쥬이트 Jewett, Charles Coffin

1816-1868. 미국 메인(Maine) 주 출신. 근대 미국 도서관 창설자의 한 사람. 브라운대학(Brown University)을 졸업한 후, 신학교 등을 거쳐, 브라운대학 도서관의 관장으로 취임하고, 장서 목록의 간행과 장서 구성에 업적을 남긴 후, 스미스소니언연구소(Smithsonian Institution)의 도서관 담당 사무차장으로 취임하여, 그 조직을 「학술 중앙 도서관」(국립 도서관)으로 하는 구상 아래, 종합 목록의 편찬, 인쇄 카드의 배포, 표준적인 편목 규칙의 책정 등을 계획하였는데, 동(同) 조직을 「학술 진흥 기관」으로 하고자 하는 헨리(Joseph Henry 1797-1878)와의 대립에 의해 파면되었다. 그 후 발족한 지 얼마 안 된 보스턴공공도서관에 초대되어, 실질적인 관장으로서, 대출 방식의 강구나 그 밖의 활동을 통해 다른 도서관에 커다란 영향을 미쳤다.

즉답형 질문(卽答形質問) ready reference question; quick reference question

참고 질문 중 특정의 사실, 데이터 등을 구하는 질문으로, 즉석에서 회답할 수 있는 비교적 평이한 질문. 통상 사전, 명부 등의 즉답용의 참고 도서 1, 2점을 사용하는 것만으로 해답을 얻을 수 있는 질문을 말한다. 일반의 도서관에서 다루어지는 많은 참고 질문은 이러한 종류의 것이다. ↔ 연구형 질문; 조사형 질문; 참고 질문

즉시성 지수(卽時性指數) immediacy index

인용을 실마리로 한, 정보 전달의 신속성을 조사하기 위한 척도. *Science Citation Index* (1963-   )의 한 권인 *Journal Citation Reports* (1975-   )에서는, "어느 잡지의 어느 해의 즉시성 지수는 그 잡지의 그 해의 게재 논문이 동일년에 인용된 총수를 게재 논문수로 나눈 값"으로 정의하고 있는데, 현재는 이 정의가 일반적으로 채택되고 있다. 한편 1967년에 미도우즈(Arthur Jack Meadows 1934-   )는 특정의 잡지를 대상으로 그 인용 문헌의 발행년을 조사하고, 발행년이 새로운 인용 문헌수(과거 6년간의 것)를 발행년이 오래된 인용 문헌수(20년 이상 전의 것)로 나눈 것을 즉시성 지수로 정의하고 있다. ↔ 인용 문헌; 인용 분석

증간호(增刊號) special number; special issue

연속간행물에서, 통상의 호와는 따로 간행되는 호. 학술 잡지에서는, 명부나 회의록 등 통상호와는 다른 특성의 테마나 목적을 위해 간행되는 경우가 많다.

증쇄(增刷) new impression

출판사가 이미 간행되어 있는 것과 같은 인쇄 원판을 사용하여 추가하여 인쇄하는 것. 목록 상에서는 원칙적으로 판표시에는 기재하지 않는다. ↔ 재판(再版)

지구의(地球儀) → 구의(球儀)

지도(地圖) map

지구 또는 다른 천체(天體)(예: 달)의 표면 또는 관련되는 면(예: 대기권면, 표층 아래의 지층면)의 전면(全面) 또는 부분에 대해, 사상(事象)을 선정하고(예: 지형, 식생), 상징화하고(예: 채색 구분, 기호화), 일정하게 축척(縮尺)하여, 평면(이차원)에 표현한 것. 매체는 종이나 천 등에 한정되지 않으며, 전자 미디어에 정보를 입력하고, 재생 장치에 표시하는 것을 포함한다. 구면(球面)(또는 회전 타원체)을 평면에 투영(投影)하기 때문에, 투영법이 중요하다. 방위(方位)를 정확하게 나타내는 원통 도법에서는 거리나 면적이 부정확하게 되고, 면적을 극히 유사하게 하는 투영법에서는 방위가 흐트러진다. 그 때문에 근대 지도에서는, 방위, 축척, 투영법을 명시하는 것이 필수가 된다. 천구의(天球儀), 지구의, 지형 모형 등 삼차원으로 표현한 것은 지도 자료에 포함되지만, 지도는 아니다. ↔ 해도

지리 구분(地理區分) geographic subdivision

(1) 분류법의 용어. 주제를 장소라는 구분 특성에 의해 세분하는 것 또는 그 구분지(區分肢)의 일람표. 일반적으로 이 구분 특성의 우선순위는 낮으며, 시대에 따른 구분과 표현 형식에 의한 구분에만 앞선다. 일람표는 일본십진분류표(NDC)의 경우, 일반 보조표의 하나인 형식 구분(공통 세목) 중의 한 항목을 전개한 별도의 표로서 제시되어 있는데, 그 내용의 대부분은 국명을 중심으로 한 행정 지명이다. 한편 듀이십진분류법(DDC)에서는, 같은 보조표의 형식이면서 구분지는 자연 지명을 포함하는 등 다양하다. (2) 주제명 목록법의 용어. 일본의

기본건명표목표(基本件名標目表) 등에서는, 특정 지역에 관계되는 주제일 때, 경제나 지리 등 지역성이 강한 소수의 주제명에서는, 지역명을 우선하여 그 아래에서 주제 구분을 실시하고, 과학이나 기술 등 지역성이 박한 대부분의 주제명의 경우는 주제를 우선한다. 후자(後者)의 케이스에서, 해당 주제의 주제명을 지역에 의해 세분하는 것, 또는 그 결과 부가되는 세목을 지리 구분이라고 한다.
↔ 공통 세목; 보조표; 형식 구분

지명(誌名) title of journal; title of magazine

신문 이외의 연속간행물의 표제(타이틀). 잡지의 개제(改題)나 합병, 분리 등 때문에, 지명이 변경되는 경우가 있다. 또한 동일의 지명으로 다른 연속간행물이 존재하는 경우가 있으며, 식별을 위해서는 책임 표시나 창간년이 사용된다.

지명(紙名) title of newspaper

신문의 타이틀. 통상은 제1면에 「제자」(題字)로서 게재되어 있다.

지명 사전(地名事典) gazetteer; geographical dictionary

일정의 기준을 바탕으로 선정한 지명을 표제어로 하여, 그 표기나 발음, 위치, 면적, 인구, 역사, 현상(現狀), 그 밖의 특징을 자연 지리, 인문 지리, 역사 등의 측면에서 기술한 사전. 일반적으로 지명의 음순(音順), 또는 지역 구분의 아래에서 음순으로 배열된다. 지명 자체에 많은 종류가 있고, 더구나 하나의 지명에 대해 언급해야 할 요소가 많기 때문에, 개개의 사전에 따라 그 내용은 반드시 한결같은 모양은 아니지만, 중점을 두는 방식에 따라, 지지적(地誌的)인 것, 역사적인 것, 지명 연구적인 것 등으로 구분된다. 근대 일본의 지명 사전은 요시다 토우고(吉田東伍)의 『대일본 지명 사전』(1910-1907)에서 시작된다. 한편 각종의 백과사전은 어느 정도 지명 사전의 성격을 내포하고 있다.

지명 색인(地名索引) place name index

지명을 표제어로 하는 색인. 일반의 단행본의 경우에는, 본문 중에 출현하는 지명을 검색할 목적으로 편찬된다. 지도책의 경우는, 지도 상에 기재된 명칭을 망라하여, 검색하기 쉽도록, 해당하는 페이지와 그 페이지를 종횡(縱橫)의 격자(格

子)로 구분한 구획의 번호에 의해 소재를 지시한다. 독립된 도서로서 간행되는 참고 도서로서의 지명 색인에서는, 소재 지시에 위도(緯度)와 경도(經度)를 사용하거나, 일본의 경우, 국토지리원의 지형도를 사용하기도 한다.

지방 의회 도서실(地方議會圖書室)[일본] local assembly library

일본의 「지방자치법」 제100조 제17항의 규정에 의해, 지방 공공 단체의 의원의 조사 연구에 도움을 주기 위해, 그 각각의 의회에 설치되도록 되어 있는 도서실. 조문상은 국가나 도도부현(都道府縣)에 송부하는 관보나 공보, 간행물을 보관하는 것이 주된 업무이며, 일반 공개할 수도 있다. 법적인 근거를 가진 의회 도서실로서, 국회에 대해 국립국회도서관의 조사입법고사국(調査立法考査局)이 갖는 기능과 마찬가지의 것을 지방 레벨에서 실현하는 것을 겨냥한 것으로 생각할 수 있다. 현상(現狀)에서는, 도서실로서 독립의 방과 전임(專任)의 직원 배치를 가지고 운영되고 있는 것은 도도부현이나 정령지정도시(政令指定都市)를 비롯한 비교적 대규모의 지방 공공 단체에 한정되어 있다. ↔ 의회 도서관

지방 출판물(地方出版物) local publication

특정의 지방에서 출판되는 출판물. 지방의 출판사, 신문사, 서점, 단체, 개인 등이 출판하고 있다. 지방 출판물은 대규모 서적 중개상의 취급 대상이 되지 않는 경우가 많은데, 일본에서는, 1976년에 지방 출판물을 유통시킬 목적으로 「지방·소출판유통센터」가 설립되었다. 당초의 취급 출판사는 180개사였는데, 2007년에는 1,100개사가 되었다.

지시 기호(指示記號) indicator

MARC 레코드에서, 각 필드에 관련하여 부가적 정보를 제공하는 내용 표지 기호. 지시자라고도 한다. 필드 내의 데이터에 관한 부가적 정보를 표시하기도 하고, 레코드 내의 다른 필드와의 관계(링크 부여나 순서의 지정 등) 또는 데이터 처리 과정에서 요구되는 특정의 처리에 대한 부가적 정보를 제공하는 데 사용된다. MARC 21이나 UNIMARC에서는, 2바이트의 지시 기호를 사용하고 있다. JAPAN MARC에서도 UNIMARC 대응판이 이것을 채택하고 있다. ↔ 내용 표지 기호; 필드

지시자(指示子) → 지시 기호

지시적 초록(指示的 抄錄) indicative abstract

원문헌이 무엇에 대해 쓴 것인지를 기술하는 초록으로, 원문헌 중에 쓰여 있는 기법이나 데이터, 결론 등에 관한 구체적인 정보는 통상 포함되지 않는다. 따라서 지시적 초록은 주로 원논문을 읽을 것인지의 여부를 선택하는 기준으로서 작용하는 것이며, 원문헌에서 논의되고 있는 요점을 간결하고도 구체적으로 파악하는 데는 적합하지 않다. ↔ 비판적 초록; 통보적 초록

지식(知識) knowledge

경험과 교육에 의해 얻어지는, 판단할 때 기반이 되는 것. 철학의 인식론과는 달리, 문헌정보학에서는, 미디어를 통해 축적, 전달되는 조직이나 사회가 공유하는 지식을 논의의 대상으로 해왔는데, 정보학에서는, 과학적 지식, 폴라니(Michael Polanyi 1891-1976)의 암묵지(暗黙知), 포퍼(Sir Karl Raimund Popper 1902-1994)의 객관적 지식 등을 받아들이려고 하고 있다. 정보와의 관련에 관해서는, 일반화나 형식화가 진행된 정보, 구조가 복잡한 정보를 지식으로 간주하거나, 흐르는 것이 정보이고 축적되는 것이 지식이라고 하는 등의 사고방식이 있다. 한편에서는 정보를 동일시하기도 하고, 인지 기구(認知機構)의 내부인지 외부인지로 구별하는 경우도 있다. 정보 처리의 영역에서는, 컴퓨터에 지식을 다루도록 하고자 하는 지식 공학이 있는데, 정보 검색에 영향을 미쳤다. ↔ 객관적 지식; 데이터; 암묵지; 정보

지식 관리(知識管理) knowledge management

인간의 머릿속에 존재하는 지식, 지혜, 노하우 정보 등의 암묵지(暗黙知)를 조직으로서 공유할 수 있는 형식지(形式知)로서 결집하고, 새로운 정보 기술을 도입하여 조직 내에서는 언제 어디서든 누구나가 신속하게 필요한 정보를 골라내어 활용할 수 있는 상태로 하는 것 및 그 구조를 만드는 것. 이렇게 함으로써, 암묵지로부터 형식지, 다시 또 암묵지와 나선형으로 새로운 지식의 공유·창조가 실현되고, 그 결과 조직은 효율을 높임과 동시에, 새로운 가치를 만들어낼 수 있다. ↔ 암묵지

지식 분류(知識分類) knowledge classification

지식의 전 분야 또는 한정된 분야에 대해, 지식 그 자체의 특징을 명확하게 하기 위한 분류 체계. 그 지식에서 파생하는 직업이나 지식을 근거로 하는 문헌을 분류하는 것을 목적으로 하지 않는다. ↔ 문헌 분류법; 분류

지역 개방(地域開放) open to the public

주로 국립 학교 또는 공립 학교 도서관을 지역의 사람들의 이용에 제공하는 것. 일본의 경우,「사회교육법」제44조,「학교교육법」제85조에 의해, 초·중등학교에서는 학교 교육상 지장이 없는 한, 학교 시설을 초·중·고생이 이용하지 않는 휴일이나 야간 등에 지역의 사람들에게 개방하는 학교 개방의 일환으로서 이루어진다. 1969년의 고베시(神戶市)의 학교 도서관의 개방을 시작으로 하여, 네리마구(練馬區), 가나가와현(神奈川縣) 등이 실시. 학교는 평생 학습 시설로 자리매김되고, 나아가 학교 5일제의 실시에 따라, 커뮤니티 센터로서의 성질을 가질 것으로 기대되고 있다. 또한 복합 시설이 만들어져, 학교 도서관 개방도 확산을 보이고 있다. 그러나 학교 도서관 개방을 위해서는 학교 도서관이 충분히 정비되고, 기능의 충실화가 도모되어 있는 것이 전제가 된다. 근년에는 대학 도서관의 지역 개방도 추진되고 있다. ↔ 도서관 개방

지역 계획(地域計劃) regional plan

일본의 예를 들면, 시정촌(市町村) 등의 대상 지역 전역에 도서관 서비스를 제공하기 위해, 어떤 도서관 시스템을 구축하는가 하는 계획. 어느 정도의 규모의 어떤 기능을 가진 시설을 어디에 배치하는가 하는 것이 그 기본적 요소가 된다. 계획을 세우는 전제로서, 대상 지역의 인구 분포나 동선(動線) 등의 지역 정보 및 도서관 서비스의 목표가 명확하게 되어 있지 않으면 안 된다. ↔ 도서관 시스템

지역 구분(地域區分) → 지리 구분

지역 문고(地域文庫)[일본] community bunko

일본에서, 지역의 자치회나 마을 주민회(町內會), PTA, 유지 그룹 등이 조직적으로 설치하고, 운영하는 어린이 문고. 운영 주체, 경비의 확보, 운영의 형태의 차

이에서, 개인의 집에 설치되는 가정 문고와 편의상 구별하기 위해 사용된다. 소속하는 단체나 자치 단체에서 시설 이용이나 경비의 조성을 받거나, 회비나 바자나 폐품 회수의 수익 등을 경비로 충당하여, 유지(有志)가 집단적으로 운영하는 경우가 많다. 도서는 구입이나 기증 이외에, 도서관으로부터의 집단 대출을 이용한다. 1963년에 마치다시립도서관(町田市立圖書館)의 협력을 얻어, 마치다시(町田市)에 지역 문고가 시작되었으며, 도시 근교의 집합 주택(단지)의 증가에 따라 대규모 어린이 문고가 출현하였다. 1969년에 네리마지역문고(練馬地域文庫) 독서서클연락회가 결성되고, 문고 연락회가 각지에 생겨, 어린이 사서의 배치 요구나 도서관 만들기 운동이 일어나고, 도서관 서비스망의 정비가 추진되었다. ↔ 가정 문고; 문고 활동; 어린이 문고

지역 사회 서비스(地域社會--) community service

공공 도서관이 지역 사회(커뮤니티)의 주민에 대해 지역 사회에 관한 유익한 정보를 제공하는 서비스. 도서관은 주민의 정보 니즈를 파악하고, 지역 사회에 존재하는 다양한 문제에 대한 해결이나 주민의 생활 향상에 도움이 되는 정보를 준비하며, 이용자에게 제공하는 것으로 지역 사회 서비스를 실시한다. 시민 생활에 필요한 단체나 기관에 관한 정보를 제공하거나, 해당 기관을 직접 소개하는 정보 안내 서비스(information and referral service)나, 도서관에서 지역 사회의 다양한 정보를 수집하여 제공하는 지역 사회 정보 서비스는 지역 사회 서비스의 예이다. → 정보 안내 서비스

지역 외 이용자(地域外利用者) non-resident user

공공 도서관의 설치 자치 단체의 행정 구역 외에 거주하고 있으면서, 그 도서관을 이용하고 있는 사람. 그 설치 자치 단체로 통근, 통학하고 있는 사람은 주민과 같은 취급을 받는 경우가 많으며, 지역외 이용자라고는 일컬어지지 않는 예가 많다. 자신이 거주하는 자치 단체에 도서관이 없는 경우나, 있더라도 멀거나, 서비스 수준이 낮거나 한 경우에 이용한다. 도서관이 도서관장의 권한에 의해 대출권(貸出卷)을 교부하는 경우, 도서관의 이용 규정에서 이용자를 전혀 제한하고 있지 않은 경우 등에는, 행정 구역 외의 주민이라도 대출 서비스를 받을 수 있다.

지역 자료(地域資料) → 향토 자료

지적 소유권(知的所有權) → 지적 재산권

지적 재산권(知的財産權) intellectual property

인간의 지적 활동에 의해 생산된 기술이나 미디어 등의 형(形)이 없는 재산에 대한 권리의 총칭. 지적 소유권 또는 무체 재산권(無體財産權)이라고도 한다. 지적 재산권은 학술이나 문예, 미술 등의 문화적 창작에 관한 저작권, 발명이나 고안, 의장, 상표 등의 산업상의 창작에 관한 공업 소유권(특허권, 실용신안권, 의장권, 상표권) 및 그 밖의 권리(영업 비밀(trade secret)이나 상호에 관한 권리 등)로 대별(大別)된다. ↔ 저작권

지정 관리자 제도(指定管理者制度) designator administration system

지방 공공 단체가 설치하는 문화 시설 등의 공공 시설의 관리, 운영을 주식회사나 NPO를 포함한 민간 사업자에게 시행하도록 할 수 있는 제도. 지정 관리자의 지정은 자치 단체의 장이 조례로 정하고, 허가를 내준다. 일본의 경우, 2003년 9월의 개정「지방자치법」의 시행에 의해 도입되었으며, 경과 조치 기간이 끝나는 2006년 9월까지, 관리 위탁 제도에 의해 공공 단체 등에 위탁해온 공공 시설에 대해 원칙적으로 지정 관리자 제도로 이행하게 되었다. 민간 사업자의 창의적인 계획과 효율적 관리 기법을 활용하는 것으로, 서비스의 향상과 행정 코스트의 삭감이 기대되고 있다. 도서관의 자유의 보장, 공평한 서비스나 운영의 보장이 요구되고 있다. 근년에는 PFI라는 새로운 운영 형태도 출현하고 있다. ↔ PFI

지정 도서(指定圖書) reserve book

대학의 교육 과정(커리큘럼)에 따라 교육, 학습상의 효과를 높이기 위해, 수업 과목을 담당하는 교원이 선정한, 그 과목을 이수하는 학생에게 이용시키기 위한 자료. 도서관은 학생수에 따라 복본을 준비하여 설치한다. ↔ 지정 도서 제도

지정 도서 제도(指定圖書制度) reserve book system

대학 도서관에서 교원이 작성하는 지정 도서 리스트에 따라 수집되어 설치되고

있는 자료군을 관리하는 제도. 구체적으로는 컬렉션의 정비, 과목이나 교원별의 배가(排架), 관외 대출의 금지나 대출 기간의 단축과 같은 관외 대출의 제한 등, 특별한 배려가 이루어진다. 이 제도는 교원과 도서관이 협력하여 교육과 학습의 효과를 높이기 위해 설치되는 것으로, 학생의 자주적인 학습에 무게를 두는 제도라고 할 수 있다. 일본에서는 1966년부터 문부성(文部省)이 국립 대학 도서관의 지정 도서 제도를 위한 예산 조치를 강구하였는데, 정착되지 못하고 종결되고 있다. ↔ 지정 도서

지프의 법칙(--法則) Zipf's law

텍스트에 출현하는 단어의 집중과 분산에 관한 규칙성에 대한 법칙. 텍스트 중에서 각 단어가 사용되는 횟수를 계수(計數)했을 때 일반적으로 관찰되는 극히 일부의 단어가 빈번하게 사용되는 반면, 아주 조금밖에 사용되지 않는 단어가 다수 존재한다고 하는 편향된 분포에 관한 것. 계량 정보학의 대표적인 분포 법칙의 하나. 사회 일반에서 관찰되는 마찬가지의 집중, 분산 현상을 폭넓게 연구한 지프(George Kingsley Zipf 1902-1950)에게서 그 이름이 유래되었다. 그 때문에 광의(廣義)로는 단어의 출현 빈도뿐만 아니라, 다른 대상에 대한 같은 규칙성을 지프의 법칙이라고 칭하는 경우가 있다. 또한 지프의 법칙은 수학적으로는 쌍곡선형의 함수로서 표시된다. ↔ 계량 정보학

직공 도서관(職工圖書館) mechanics' library

18세기 말부터 19세기에 걸쳐 영국 및 미국 각지에 설립된 도서관으로, 근대 공공 도서관의 선구적 존재. 산업 혁명과 함께 등장한 공장에서 일하는 직공들의 교육을 목적으로 하여 설립된 민간의 직공 학교(mechanics' institute)에 부속하여 만들어졌다. 당초에는 교육의 보조를 목적으로, 과학 기술 관계의 책을 수집·제공하고 있었는데, 직공의 오락용으로 소설이나 역사용 등도 비치하게 되고, 자주 이용되어, 학교의 중심적 시설이 되었다. 이용자로부터 징수한 회비 이외에, 자선가로부터의 기부도 받았는데, 자금 부족으로 장서나 운영면에서 문제를 안고 있는 곳이 많았다. 공공 도서관의 발달과 함께 쇠퇴하였다. ↔ 회원제 도서관

직원록(職員錄) personnel directory; staff list

그 당시에 재직하고 있는 일정 범위의 공무원 등을 대상으로 하여, 부서마다 직위, 자격, 이름 등을 기재한 명부. 정부, 지방 자치 단체 이외의 단체, 기관에 대해, 그 직원이나 사원 등의 인물 정보를 수록한 명부도 직원록이라고 불린다. 일본에서는 대표적인 것으로서, 매 년도에 국립인쇄국(國立印刷局)이 편집, 발행하고 있는 『직원록』(1886-)이 있는데, 여기에는 국가의 기관, 특수 법인, 도도부현(都道府縣), 시정촌(市町村)의 직원으로, 국가의 계장 및 그 상당직 이상으로 여겨지는 자 모두가 등록되어 있다.

진화순(進化順) evolutionary

클래스의 멤버로서의 배열(配列: array)의 배치 순서를 결정하는 방법의 하나로, 진화의 순서에 따르는 것. 예를 들어, 인간이라는 클래스의 배열이라면, 진화순을 이용하여, 유년, 아동, 청년, 장년, 노년과 같이 배치된다. 배열의 배치 순서에는, 그 밖에 연대순(예: 고대, 중세, 근세, 근대, 현대), 공간적 순서(예: 홋카이도(北海道), 혼슈(本州), 시코쿠(四国), 큐슈(九州), 오키나와(沖縄)의 순서) 등이 있다. 또한 주제 분야(특히 주류)의 배치를 고려할 때, 학문 분야의 발전 과정을 바탕으로 배치 순서를 결정하는 경우가 있다. 이와 같이, 배열뿐만 아니라, 주제 분야의 배치 순서를 결정할 때에도 적용되는 경우가 있다. ↔ 구분 특성; 배열

질문 응답 시스템(質問應答--) → 질의 응답 시스템

질문 처리표(質問處理表) → 참고 질문 처리표

질의 응답 시스템(質疑應答--) question answering system

이용자로부터 제시된 자연어에 의한 질문에 대해, 시스템이 내부에 있는 추론 기구나 지식 베이스를 사용하여 적절한 응답을 주고 해답을 제공하는 컴퓨터 시스템. 데이터베이스 검색이나 사실 검색에 추론 기능을 부가한 지적 검색(知的檢索) 시스템이라고도 말할 수 있다.

집단 대출(集團貸出) → 단체 대출

집주판(集註版) variorum edition

고전적 저작에 대해, 이제까지 출판된 복수의 주석자(註釋者)에 의한 몇몇의 주석이 달린 텍스트를 비교·검토할 수 있도록 정리하여 편집한 판.

집중 목록 작업(集中目錄作業) → 중앙 집중식 편목

집중 정리(集中整理) → 중앙 집중식 정리

집중제(集中制) centralization of library

도서관 시스템의 경영 관리를 집중적으로 실시하기 위한 조직 형태. 집중화의 형태로는, ① 컬렉션이나 인적 자원을 하나의 건물에 통합하는 물리적인 집중화, ② 복수의 단위 도서관으로 구성되는 도서관 시스템에서 재정이나 인사 등에 대한 의사 결정을 통괄적(統括的)으로 실시하는 관리 권한의 집중화, ③ 복수의 단위 도서관을 위해 자료의 구입, 수입이나 목록 작성과 같은 특정의 도서관 업무를 한 곳에 통합하여 행하는 업무의 집중화하는 세 가지의 유형이 있다. 일반적으로, 도서관 시스템의 집중제를 주장하는 근거는 한정된 자원으로 최대의 효과를 올리기 위한 관리 운영의 효율화와 경제성에 있다. ↔ 분산제

집합 서지(集合書誌) collective bibliography

2인 이상의 인물을 대상으로 하여, 인물마다 본인의 저작이나 제3자가 집필한 관련 문헌을 정리하여 수록하고 있는 서지. 인물 집합 서지라고도 한다. 수록 문헌의 망라성이라는 점에서는 개인 서지에 미치지 못하지만, 단행(單行)의 개인 서지를 작성할 정도의 문헌량이 없는 인물에 대한 저작이나 관련 문헌의 조사에는 유효하다. 또한 동시대인, 같은 분야의 인물 등의 저작 활동이나 인물이나 작품 연구의 비교 등이 용이하게 이루어질 수 있는 것이 집합 서지의 특징이라고 말할 수 있다. ↔ 개인 서지; 인물 서지

집합 서지 단위(集合書誌單位) collective bibliographic unit

"집합 서지 레벨의 서지 단위로, 단행 자료의 집합 또는 상위 레벨의 계속 자료의 고유의 표제(타이틀)로부터 시작하는 일련의 서지 사항의 집합"(『일본목록규

칙 1987년판 개정 3판』용어 해설). 줄여서 집합 단위라고도 한다. 서지 레코드를 구성하는 구조적인 단위인 서지 단위의 하나를 이룬다. 둘 이상의 계층에서 존재하는 경우가 있다. 단행 자료의 집합을 기술의 대상으로 할 때는, 집합 서지 단위를 기술의 본체로 하는 서지 레코드를 작성하게 되며, 그것을 집합 레벨의 레코드라고 한다. ↔ 기초 서지 단위; 서지 단위

집회 활동(集會活動) library assembly program

시민의 문화 활동을 위해, 공공 도서관이 시설이나 자료를 제공하여, 독서회, 연구회, 영화회, 자료 전시회 등을 개최하는 것. 집회 활동은 도서관 이용에 직접 결부되는 독서회, 스토리텔링과 같은 활동과, 직접적으로는 도서관 활동에 결부되지 않으나, 도서관에 대한 관심을 높이는 계기가 될 수 있는 강연회, 영화회, 콘서트, 전시회, 강좌, 강습회 등의 개최의 두 가지로 나눌 수 있다.

쪽수 매김 → 페이지 매김

차별 도서(差別圖書) discriminative book

어떠한 차별이든, 차별을 긍정하거나 조장하는 내용을 가진 도서. 차별이란 인종, 민족, 국적, 신분, 직업, 연령, 성, 성적 지향(性的指向), 장애, 신앙, 그 밖의 모든 속성을 근거로, 개인, 집단, 국가 등을 부당하게 열등한 것으로서 다루는 표현, 행위, 의식, 사상에 관한 것이다.

찬등 tight back

책등(書背)의 제본 양식의 하나로, 표지의 등과 속장의 등을 고정시키고 풀을 붙여 밀착시킨 것. 견배(堅背), 경배(硬背)라고도 한다. 책을 펼쳤을 때나 덮었을 때나, 등의 형은 변하지 않는다. 단단하고, 휜등(flexible back)이 갖는 등 문자(背文字)가 손상된다는 결점은 없어지게 되는데, 맬몫(binding marigin)을 펼치기는 불충분하다. ↔ 빈등; 휜등

참고 도구(參考道具) reference tool

개개의 참고 질문을 회답할 때 사용하는 참고 자료에 관한 것. 책자 형태의 참고 도서에 머무르지 않고, 도서관인이 필요에 따라 작성하고 있는 신문의 클리핑 자료나 향토 관계의 색인과 같은 자관(自館) 제작 도구도 포함된다. 각각의 도서관 특성이나 이용자의 요구에 따라, 문제 해결이 가능한 정보 파일(information file)도 유용한 참고 도구이다. 참고 질문을 해결하는 「도구」로서의 측면을 강조한 용어이다. ↔ 정보 파일; 참고 도서; 참고 자료

참고 도서(參考圖書) reference book

대상으로 하는 분야의 관계 정보를 기사로 하여 다수의 항목으로 정리하여, 그것들을 음순(音順) 또는 체계순으로 배열함으로써, 특정의 항목을 용이하게 조사할 수 있도록 한 도서. 레퍼런스 북이라고도 한다. 특정의 정보를 구할 때 사용하며, 전체를 통독(通讀)하는 것은 상정(想定)하고 있지 않다. 참고 도서는 다른 자료에 대한 안내나 지시를 주목적으로 하는 서지, 목록 등과, 사실 해설적인 사전(辭典), 사전(事典), 도감, 연표 등으로 대별된다. 특색으로서는, ① 표제어 아래에 각 항목이 간결하게 기술되어 있고, ② 배열에 특색이 있으며, 탐색을 용이하게 하기 위해 목차나 색인에 고안이 이루어져 있고, ③ 책자 형태이며, 용이하게 운반이나 이용이 가능하다는 것 등을 들 수 있다. 도서관에서는 참고 서비스를 성립시키는 도구이며, 참고 컬렉션으로서 구축되고 있다. 현재는 참고 도서와 같은 내용의 저작이 전자 미디어로 제공되게 되었다. ↔ 참고 컬렉션

참고 도서관(參考圖書館) reference library

참고 도서를 비롯하여, 주로 조사, 연구에 도움이 되는 자료로 이루어진 컬렉션을 구성하고, 참고 서비스를 실시하는 전문 직원을 배치하고 있는 도서관 내지 도서관의 한 부문. 원칙적으로 자료의 대출은 이루어지지 않으며, 열람에 한하고 있다.

참고 면담(參考面談) reference interview

이용자가 참고 질문으로서 표명한 정보 요구의 내용에 대해 확인하고, 애매한 점을 명확하게 하고, 이해할 수 없는 점에 대한 설명을 구하기 위해, 도서관인에 의해 이용자에 대해 이루어지는 면담. 이용자의 정보 요구를 파악하는 데 있어서는, 질문의 주제를 확정함과 동시에, 요구가 생긴 상황이나 배경, 정보 이용의 목적이나 동기 등을 중요한 실마리로 하여 확인하는데, 그 때는 질문자의 몸짓이나 표정 등의 비언어 커뮤니케이션에도 주의를 기울일 필요가 있다. ↔ 참고 질문

참고 문헌(參考文獻) reference

문헌 A에서, 문헌 B를 참고 자료로서 이용하고, 그 출전(出典)을 문헌 중에 표시한 경우, 문헌 B를 문헌 A의 참고 문헌이라고 부른다. 인용 문헌과의 차이가

꼭 명확한 것은 아니다. 또한 독자에게 참고가 될 것 같은 문헌으로서 소개된 문헌을 참고 문헌이라고 부르는 경우도 있는데, 교과서나 개설서 등에서 많이 볼 수 있다. ↔ 인용 문헌

참고 사례 데이터베이스(參考事例--) reference database

참고 질문과 회답의 내용의 기록인 참고 사례를 레코드로서 축적한 데이터베이스. 질문 회답 서비스의 사후 처리로서 작성된다. 질문, 회답, 회답 프로세스, 참고 자료 등의 중핵적(中核的)인 사항 이외에, 검색을 위한 분류나 키워드 등 부가적인 정보를 추가한 것이 많다. 주로 도서관 내에서의 정보 공유, 질문자에 대한 추가 정보의 제공, 유사 질문의 조사의 도구(툴), 질문 경향의 파악, 추가해야 할 자료의 파악, 직원 연수의 교재, 서비스의 광보(廣報) 등에 활용된다. 일본의 경우, 국립국회도서관이 주도하고, 전국의 공공, 대학, 전문 도서관과 협동으로 구축하고 있는 레퍼런스협동데이터베이스는 그 대표적인 예이다. ↔ 데이터베이스; 참고 서비스; 참고 질문; 참고 질문 처리표

참고사무규정(參考事務規程)[일본] Rules of Reference Work

1961년 3월 15일에 일본도서관협회 공공도서관부회 참고사무분과회가 채택한, 공공 도서관을 염두에 둔 참고 서비스의 기준. 원형은 고베시립도서관장(神戶市立圖書館長) 시치 가쿠로우(志智嘉九郎 1909-1995)가 작성한 「고베시립도서관 상담사무규정」이다. 규정에는 목적, 정의, 회답 사무의 원칙, 회답의 제한, 담당자와 분장 사무, 회답 사무, 참고 자료의 정비, 기록, 통계·조사, 독서 상담, 연수가 23조로 기록되어 있다. 이 규정은 참고 사무에 대한 인식을 높였으나, 현재에 이르기까지 한 번도 개정되지 않고 있다. 참고 서비스의 고도화에 의해, 현재의 서비스에 적용할 수 없는 조항도 포함되어 있다. ↔ 참고 서비스; 참고 업무

참고 서비스(參考--) reference service

어떤 정보 또는 자료를 구하고 있는 도서관 이용자에 대해, 도서관인이 중개적 입장에서, 구하고 있는 정보 또는 자료를 제공 내지 제시함으로써 지원하는 것 및 그에 관계되는 제 업무. 도서관의 정보 서비스 중, 인적이고 개인적인 지원 형식을 취하는 것을 말하며, 이용 안내(지도)와 정보 또는 자료의 제공의 두 가지로 대별(大別)된다.

참고 업무(參考業務) reference work

정보 또는 자료를 구하고 있는 개별의 도서관 이용자에 대해 이루어지는 도서관인에 의한 인적 지원. 오늘날에는 참고 서비스라고 불리는 경우가 많다. ↔ 참고 서비스

참고 자료(參考資料) reference material

참고 서비스에서 사용하는 자료. 참고 도서보다 개념은 넓다. 서지나 색인 등의 이차 자료와 동의(同義)로 사용되는 경우도 있는데, 사실 데이터(fact data)를 수록하는 자료 등은 일차 자료라도 참고 자료가 될 수 있기 때문에, 이차 자료, 일차 자료를 불문하고, 참고 서비스를 행하는 상에서 필요하게 되는 자료를 가리킨다. 자료의 「소재」의 면을 나타내는 용어이다. ↔ 참고 서비스; 참고 컬렉션

참고 정보원(參考情報源) reference source

참고 질문의 회답에 이용되는 정보원. 단일의 도서관 내의 것뿐만 아니라, 다른 도서관 및 도서관 이외의 기관, 단체, 개인이 보유하는 정보원 중 액세스가 가능한 것 모두가 포함된다. 그 정보원은 기록 정보원과 비기록 정보원으로 대별할 수 있는데, 전자(前者)는 인쇄 자료, 시청각 자료, 기계 가독 데이터 파일 등으로 이루어지며, 후자(後者)는 도서관인, 그 밖의 관계자와의 협력 관계에서 얻을 수 있는 지식 등으로 이루어진다. ↔ 참고 도구; 참고 자료; 참고 컬렉션

참고 질문(參考質問) reference question

도서관 이용자가 정보 또는 자료에 대해 도서관인에게 묻는 질문. 내관(來館)한 이용자로부터의 질문뿐만 아니라, 편지, 팩스 등의 문서에 의한 질문, 전화, 전자 메일 등의 통신 수단을 이용한 질문도 있다. 도서관인이 이러한 종류의 참고 질문을 받고 회답하는 것은 참고 서비스의 중심적인 업무이다. ↔ 연구형 질문; 조사형 질문; 즉답형 질문

참고 질문 처리표(參考質問處理表) reference transaction slip

이용자로부터의 참고 질문 접수의 기록을 일정의 양식에 따라 정리한 것. 정리표의 항목은 질문자, 질문 내용, 응답자, 정보원(情報源), 처리 과정 등, 질문 회

답에 관계된 요소로부터 선택한다. 질문 처리표에 기록함으로써, 후일에 즉석에서 회답할 수 없는 질문을 받았을 경우의 처리에 도움이 되거나, 참고 서비스의 평가를 위한 기초 데이터로서 이용할 수 있다. ↔ 참고 사례 데이터베이스; 참고 서비스; 참고 질문

참고 컬렉션(參考--) reference collection

참고 도서를 중심으로, 참조 또는 조사 목적의 이용에 적합한 각종의 자료, 즉 참고 자료로 이루어지는 일군의 집서(集書). 이용자의 조사 이용 및 도서관인의 참고 서비스에 편리하도록, 일반 도서 컬렉션과는 별치(別置)되며, 통상 그 컬렉션에 포함되는 자료는 대출되지 않는다. ↔ 참고 도서

참고 프로세스(參考--) reference process

참고 서비스에서, 이용자로부터 도서관인에게 던져지는 질문을 시작으로 회답에 이르기까지의 일련의 처리 과정. 질문의 접수, 질문 내용의 확인과 분석(참고 면담), 탐색 전략의 수립, 정보원(情報源)의 선택, 탐색어(접근점: 액세스 포인트)의 선정, 탐색의 실행, 회답의 선택, 회답의 제시·제공 등으로 이루어진다. 탐색에 실패하거나 질문자가 회답에 만족하지 않거나 하는 경우, 일부의 프로세스가 반복되는 경우가 있다. ↔ 참고 면담; 참고 서비스; 탐색전 면담

참신율(斬新率) novelty ratio

정보 검색에서 어떤 검색에 의해 얻어진 정보 중 검색자에 의해 미지(未知)의 새로운 것으로 판단된 정보의 비율. 비율을 구하는 데 있어서 모수(母數)로는 ① 그 검색에 의해 얻어지는 정보의 총 건수, ② 그 검색에 의해 얻어지는 적합 정보의 건수, ③ 검색 대상이 되고 있는 정보군에 포함되는 적합 정보의 총 건수의 어느 것을 사용한다. 참신율은 정보 검색 시스템 고유의 수치가 아니라, 검색자의 지식량에 의존하는 수치이다. 따라서 검색 시스템의 성능과는 무관계의 지표이지만, 검색자 개인에게 있어 검색 시스템의 유효성이나 데이터베이스의 갱신 빈도의 적절성을 평가하는 지표가 된다. ↔ 적합성

참조(參照) reference; cross reference

독립된 사항끼리 관련지어, 한쪽의 사항에서 다른 쪽으로 지시, 안내하는 일, 또는 그것을 행하는 것. 서지, 목록, 색인, 사전(辭典), 사전(事典) 등에서 사용된다. 목록에서는, 『일본목록규칙 1987년판 개정 3판』 용어 해설에서, "목록 중에서, 어떤 표목으로부터 다른 표목으로 유도하고, 안내하는 역할을 갖는 것. 어떤 표목을 직접 다른 표목으로 안내하는 「보라 참조」와, 달리 관련이 깊은 표목이 존재한다는 것을 나타내는 「도보라 참조」가 있다"고 정의되어 있다. 또한 「참조」를 의미하는 cross reference라는 용어가 「상호 참조」라고 번역된다. 그러나 일본에서는, 서로 「도보라 참조」를 내고 있는 사항 간의 참조만을 「상호 참조」라고 부르는 경우가 있어, 어느 쪽을 가리키고 있는지의 판단이 필요한 것으로 여겨진다. ↔ 도보라 참조; 보라 참조

창간(創刊) start of publication

연속간행물의 첫 호를 간행하는 것. 연속간행물을 창간했을 때는, 임의이기는 하지만, ISSN 센터에 송부하여, 국제표준연속간행물번호를 취득하게 된다.

창간호(創刊號) first issue

연속간행물의 최초의 호. 제1권 제1호 또는 통권 제1호의 것.

채륜(蔡倫) Ts'ai Lun

생몰년 미상. 계양(桂陽)(후난성: 湖南省) 출신의 후한(後漢)의 환관으로, 자(字)는 경중(敬仲). 제지 기술을 개량하여 서사 자료로서의 종이의 보급에 커다란 영향을 미쳐, 오랫동안 제지법의 발명자로 여겨져 왔다. 105년에 수피(樹皮), 마설(麻屑), 넝마, 어망을 원료로 하여 종이를 만들어 화제(和帝)에게 헌상, 후에 이것이 채후지(蔡侯紙)로 일컬어진다. 패교지(覇橋紙), 금관지(金關紙)의 발견에 의해, 채륜 이전의 시대에도 종이 자체가 존재했었다는 것이 확인되고 있지만, 싼값으로, 가볍고, 얇고, 내구성(耐久性)이 있는 채륜지는 목(木)·죽간(竹簡)이나 견포(絹布)를 대신하는 서사 재료의 지위를 확립하였으며, 그 기술은 593년에 한국으로, 610년에는 한국을 거쳐 일본으로 전래되고, 서구(西歐)로는 실크로드를 따라 12세기에 전해졌다. ↔ 종이

책 읽어주기 book reading service; reading aloud

읽는 역할을 맡은 사람이 책이나 그림책을 어린이들에게 읽어주는 것. 그림책의 그림을 보여주면서 읽어주는 것이 일반적이지만, 이야기만을 들려주는 경우도 있다. 어린이가 이야기를 가까이하는 계기를 만들고, 독서의 소지(素地)나 동기 부여를 행하는 것이 목적이지만, 읽는 역할을 맡은 부모나 교사, 도서관인이 듣는 사람인 어린이와 커뮤니케이션을 시도하는 것에 의의가 있는 것으로도 생각되고 있다. 책 읽어주기에는, 생활적인 책 읽어주기와 학습적인 책 읽어주기가 있는데, 공공 도서관이나 가정에서는 통상 전자(前者)에 해당하는 즐거움을 위한 그림책이나 이야기의 책 읽어주기가 중심이다. 한편 후자(後者)는 학교에서 수업 중이나 쉬는 시간을 이용하여 이루어지는데, 장편 소설의 전개의 구분을 파악하거나, 등장 인물의 관계를 파악하는 작업을 실시하거나, 논픽션의 경우에는 정확히 읽는 것에 초점을 맞추는 경우도 있으며, 독해 지도(讀解指導)가 더해지고 있다는 점에서, 일반적인 책 읽어주기의 개념과는 상위(相違)하다는 특징이 있다. ↔ 북 토크; 스토리텔링

책등 표제(--標題) spine title

도서의 낱장 등을 철한 외측의 부분의 표지(즉 책등)에 표시된 표제(타이틀). 책등(書背)에는 표제 이외에, 저자나 발행처 등이 표시되는 경우가 많다. 『일본목록규칙 1987년판 개정 3판』에서는, 도서의 경우, 본표제를 선정할 때 사용하는 소정의 정보원의 하나가 된다. ↔ 표지 표제

책읽는사회만들기국민운동(冊--社會--國民運動)[한국] → 부록: 한국의 주요 도서관 및 도서관 관련 단체

책임성(責任性) responsibility

저작을 창출해낸 창조성이나 구현성의 근원에 상당하는 것을 가리키는 추상적 개념. 종래에는 「저자성」이라고 불려왔던 것을 더 포괄적인 표현으로 바꾸어, 포함하는 범위를 확대하고, 다양한 정보 미디어에 대한 적합성도 시도한 용어이다. 그 저작의 지적 또는 예술적 내용의 창조, 또는 구현에 책임을 갖거나, 기여하는 바가 있는 개인 또는 단체에 책임성이 존재하는 것으로 생각된다. 제일의

적(第一義的)으로 책임을 갖거나 기여하는 바의 협의(狹義)의 저자로부터, 부차적 관여자인 편자, 역자, 교정자 등에 이르기까지, 저작에 대해 다양한 관여의 방법이 있는데, 그 저작의 창조성이나 구현성에서 차지하는 비율에 따라, 책임성(저자성)의 정도에 차이가 생긴다. 또한 책임성이란 서지 기술의 첫 번째 사항에 기록되는 서지적 요소「저자 표시」가「책임 표시」로 그 명칭을 변경한 것에 대응하는 용어이다. ↔ 기본 저록 표목; 저자 표목

책임성의 분담(責任性--分擔) shared responsibility

"어떤 자료의 내용의 창조에서, 동종의 활동을 한 둘 이상의 개인 또는 단체 간의 협력을 말한다. 각각이 담당한 곳은 그 자료에 별개로 명백한 부분을 형성하고 있어도 좋고, 각각이 담당한 곳이 다른 것과 구별할 수 없더라도 무방하다"(『영미편목규칙 제2판 일본어판』용어 해설). 이와 같은 책임성의 분담은 기본 저록 방식(기본 기입 방식)의 기본 저록 표목을 선정할 때 문제가 된다. 『영미편목규칙 제2판』에서는, 단독의 저자가 아니라 동종의 활동을 한 둘 이상의 저자가 존재하는 경우, 주된 저자가 표시되어 있으면 그 저자를, 주된 저자가 존재하지 않고 둘 또는 셋의 저자이면 최초에 표시되어 있는 저자를 각각 기본 저록의 표목으로 하고, 넷 이상의 저자의 경우에는 표제(타이틀)를 표목으로 하여 저록을 작성하는 것으로 하고 있다. ↔ 기본 저록 표목; 책임성의 혼합

책임성의 혼합(責任性--混合) mixed responsibility

"책임성이 혼합된 저작이란 다른 개인이나 단체가 다른 종류의 활동(예를 들면, 다른 인물이 쓴 저작의 각색이나 삽도)을 행함으로써, 저작의 지적 또는 예술적 내용에 기여한 저작에 관한 것이다"(『영미편목규칙 제2판 일본어판』용어 해설). 이와 같은 책임성의 혼합은 기본 저록 방식(기본 기입 방식)의 기본 저록 표목을 선정할 때 문제가 된다. 『영미편목규칙 제2판』에서는, 번역, 편곡, 번안과 같이 기존의 저작을 개변(改變)한 것과, 다른 개인 또는 단체의 다른 종류의 기여에 의한 새로운 저작(예를 들면, 저작자와 예술가의 공동 저작, 회견기)의 경우의 두 가지의「책임성의 혼합」의 범주(카테고리)가 있는 것으로 되어 있다. ↔ 기본 저록 표목; 책임성의 분담

책임 표시(責任表示) statement of responsibility

"저작의 지적 또는 예술적 내용의 창조 내지는 구현(연주 등을 포함한다)에 책임을 갖거나, 이에 관여하는 바가 있는 개인 또는 단체에 관한 표시"(『일본목록규칙 1987년판 개정 3판』 용어 해설). 저작의 확인·식별상 책임 표시는 표제(타이틀)와 함께 중요한 역할을 수행하는 것으로, 기술 중의 「표제와 책임 표시 사항」에는, 이러한 개인이나 단체의 명칭으로, 그 저작에 대한 관여의 방법이나 역할 등을 나타내는 어구(역할 표시)를 포함하여 기록한다. 마찬가지로, 특정의 판이나 부차적 판에만 관계하는 경우에는 「판사항」, 총서에 관계하는 것은 「총서 사항」에 각각 기록된다. 책임 표시에 포함되어야 할 범위는 편목 규칙에 따라 다른데, 『일본목록규칙 1987년판 개정 3판』에서는, 직접적인 저작자, 즉 본문의 저자, 편찬자, 작곡자, 화가 등의 이외에, 간접적인 역할을 수행한 자, 즉 원작자, 편자, 역자, 각색자, 연주자 등도 그 범위에 포함되어 있다. 또한 책임 표시란 종래에는 「저자 표시」(author statement)라고 불렸던 것을 더 포괄적인 표현으로 고친 것이다. ↔ 표제와 책임 표시 사항

책자식 목록(冊子式目錄) printed catalog

목록 저록(목록 기입) 및 참조가 기재된 책자 형태의 목록. 제작 방법으로서는, 인쇄에 의한 것, 목록 카드의 사진 처리에 의한 것, 기계 가독 데이터로부터 컴퓨터에 의해 편집·출력한 것 등이 있다. 목록 저록의 가제(加除) 및 저록 데이터의 수정 등은 기본적으로 곤란하며, 내용의 최신성을 가질 수는 없으나, 일람성(一覽性)이 있고, 휴대성이 우수하다. 나아가서는 한 번에 여러 부를 만들 수 있다는 이점이 있다.

책자체(冊子體) book form

동일 사이즈의 종이나 수피지(獸皮紙) 등을 여러 매 겹치고, 그 한 변을 풀이나 실로 함께 철한 것. 튼튼하게 하기 위해, 시트의 전후에 표지를 붙이는 경우도 있다. 낱장 자료(일매 자료: 一枚資料)나 권자본(卷子本)과 마찬가지로, 자료의 형태를 나타내는 용어이다. 도서나 잡지 등 현대의 인쇄 자료의 상당수는 책자체이다. ↔ 코덱스

천 그림책 busy book

두꺼운 천의 바탕천에, 그림 부분을 아플리케하고, 매직테이프나 똑딱단추, 단추, 지퍼, 끈으로 채우거나, 떼어내거나, 연결할 수 있도록 하고, 글 부분을 손으로 쓴, 그림책과 장난감을 겸비한 손으로 만든 도서. 장기 입원 어린이나 재택 장애아(在宅障碍兒)를 대상으로 한 어린이 도서관 「후키노토우문고」(홋카이도(北海道) 삿포로시(札幌市) 소재)가 1975년에 전맹(全盲)으로 지체 부자유, 정신 지체도 있는 2세아의 모친의 요구에 따라 연구하여, 미국의 주부가 만든 천 그림책 "BUSY BOOK"(바탕이 두툼한 무명의 바탕천에 펠트로 삼각형의 텐트가 아플리케되고, 지퍼로 개폐(開閉)할 수 있는 등의 고안이 된 손으로 만든 도서)을 바탕으로 개발하였다. 에이프런이나 캘린더, 패널, 태피스트리(tapestry)로 한 것도 있다. 건강아를 포함하여 장난감, 기능 회복 훈련 교재 등으로 이용되고 있다.

천구의(天球儀) → 구의(球儀)

천야 경태랑(天野敬太郞) → 아마노 케이타로

철엽장(綴葉裝)

화장본(和裝本)의 장정법의 일종으로, 용지를 몇 매를 겹쳐 두 번 접어 한데 묶고, 여러 묶음을 겹쳐 실로 엮고, 이것에 전후(前後)의 표지를 붙여 만든 것. 그 엮은 실의 묶어 늘어뜨린 것이 내부의 엮은 끝 부분에 남아 있다. 표지는 첫 묶음의 겉쪽과, 마지막 묶음의 안쪽으로 약간 꺾어 굽혀 첨부하고, 그 작은 접힌 부분을 본문의 묶음에 철해 넣고 있다. 철엽장이라는 호칭은 쇼와(昭和) 초기에 카와세 카즈마(川瀨一馬 1906-1999) 등이 고안한 것을 일본서지학회에서 사용하기로 한 것이다. 철엽장은 중국에서는 볼 수 없는 일본의 독특한 장정법이기 때문에, 이것을 야마토토지(大和綴)라고 하는 의견도 있다. 일본에서는 헤이안(平安) 후기부터 행해져 에도기(江戶期)에도 볼 수 있는데, 가마쿠라(鎌倉) 중기부터 에도 중기까지의 일본의 국문 관계의 사본류(寫本類)에서 많이 볼 수 있는 장정법이다. ↔ 야마토토지(大和綴)

철판 인쇄(凸版印刷) relief printing

요판 인쇄(凹版印刷), 평판 인쇄(平版印刷)와 함께 기본적인 인쇄 방식의 하나. 화선 부분(畵線部分)을 다른 부분보다 돌기(突起)시켜, 그곳에 잉크를 붙여 인쇄한다. 그 대표는 활판 인쇄인데, 망판(網版), 목판 등도 철판에 속하고 있다. 판면(版面)이 철형(凸形)이기 때문에 화선이 분명하며, 제판(製版)의 방법은 주조(鑄造) 등 종류도 많으며, 현재도 중요한 판식이다. 그러나 철형이기 때문에, 고저차(高低差)가 원인이 되어, 면 또는 선에 가해지는 압력에 차가 생기기 때문에, 높이의 조절이나, 중심부보다 주변부가 짙게 나와 버리는 마지널 존(marginal zone) 대책이 필요하게 된다. ↔ 활판 인쇄

첩(帖) quire

(1) 첩장(帖裝)의 책의 의미로, 첩장본(帖裝本) 또는 절본(折本)과 동의(同義)이다. (2) 첩장본으로 만든 책을 세는 용어. (3) 종이를 일정의 매수로 정리하여 세는 단위. 반지(半紙)는 20매, 미농지(美濃紙), 봉서지(奉書紙)는 48매, 양지(洋紙)는 12매를 각각 1첩이라 한다. 서양의 양피지본(羊皮紙本)에서는 1쾌이어(quire)는 제본의 편의상에서 양피지 4매로, 그것을 두 번 접어, 8장 16페이지가 되었다. ↔ (1) (2) 첩장본(帖裝本)

첩물(疊物) → 접포(摺鋪)

첩장본(帖裝本) folded book

권자본(卷子本)과 함께 옛날 동양서 장정법의 일종. 가로로 길게 이은 종이를 일정한 크기(폭)로 꺾어 접고, 그 앞과 뒤에 두꺼운 종이나 판으로 된 표지를 붙인 것. 절본(折本), 접책(摺册), 접본(摺本)이라고도 한다. 권자본을 꺾어 접어 만든 첩장물이라고 할 수 있다. 권자본은 두루마리로 만들기 때문에 열독(閱讀)할 때 개폐(開閉)가 불편하지만, 첩장본에서는 이 점이 개선되어 있다. 필요한 곳을 곧바로 펼쳐볼 수 있으며, 권자본과 같이 처음부터 펼쳐가지 않으면 안 되는 부자유스러움이나 다 읽은 후에 다시 마는 불편함이 없다. 현대에도 경전류나 집인첩(集印帖) 등의 장정으로 일반적으로 사용되고 있다.

첫줄 색인(--索引) first-line index

문학 작품, 특히 시나 일본의 와카(和歌) 등의 모두 부분(冒頭部分)(제1행, 제1구 등)을 표제어로 하여, 해당 작품을 검색할 수 있도록 한 색인. 모두구 색인(冒頭句索引)이라고도 한다.

청각 장애인 서비스(聽覺障碍人--) library service for the aurally impaired

청각 장애인을 위해 도서관이 제공하는 서비스. 수화(手話)나 필담(筆談) 등으로 대응할 수 있는 직원의 배치, 자막 첨부 비디오테이프나 수화 첨부 비디오테이프, 필름 등의 수집과 제공, 확성 장치가 있는 집회실의 설치, 긴급 사태 발생시를 위한 광학식(光學式)의 경보 장치의 설치 등을 들 수 있다. 또한 장애인의 니즈에 따르기 위해, 다른 기관(청력 장애인 정보 문화 센터 등)과의 상호 협력도 포함된다. 국제도서관연맹(IFLA)에 의한 「청각 장애인에 대한 도서관 서비스를 위한 IFLA 지침」이 있다. ↔ 장애인 서비스

청구 기호(請求記號) call number

도서관 자료의 배가 장소를 나타내는 기호. 개가식의 경우, 목록을 검색하고 배가 장소를 나타내는 기호를 조사한 상에서 자료의 출납을 청구하기 때문에, 이 명칭이 사용되었다. 통상 분류 기호와 도서 기호의 조합으로 표현된다. 고정 배가의 경우는 분류 기호는 사용하지 않고, 수입순 기호(受入順記號) 등을 사용하게 된다. ↔ 도서 기호; 분류 기호

청소년 도서(靑少年圖書) → 영 어덜트 도서

청소년 서비스(靑少年--) → 영 어덜트 서비스

청쇄(淸刷) → 전사(轉寫)

체계적 색인법(體系的 索引法) Systematic Indexing

1911년에 영국의 카이저(Julius Otto Kaiser 1868-1927)가 동명(同名)의 자신의 저서에서 제창한 색인 시스템. 경영 및 상업 문헌의 정리를 목적으로 개발되었다. 복합 주제의 구성 요소를 사물을 나타내는 구상적(具象的)인 것과 그 작용을 나타

내는 과정적(過程的)인 것으로 나누는 분석법으로, 상업 문헌에서는 국가(장소)도 구상적인 것의 특수 형태로서 구성 요소에 부가되었다. 단순하면서도 명쾌한 실용 시스템으로, 현재도 여전히 채택 기관이 있다. 주제명 표목의 이론적 발전을 예로 들 때, 카이저의 구상과 과정의 2대 범주(카테고리)론은 커터(C. A. Cutter)로부터 랑가나단(S. R. Ranganathan)으로 이어지는 다리가 되었다. ↔ 기본 범주

체인 chain

분류표에서 유종 관계(類種關係)를 상하로 찾아가는 세목의 계열에 관한 것. 「문학-일본 문학-헤이안(平安) 문학-수필-세이쇼 나곤(淸少納言)-마쿠라노 소시(枕草子)」는 문학이라는 클래스에서 세목(細目)의 체인의 하나이다. 계열을 내려감에 따라 구분이 진행되고, 개념의 범위가 좁혀지기 때문에, 하위의 서브클래스는 외연 감소(外延減少) 또는 내포 증대(內包增大)의 방향으로 향한다. ↔ 배열(配列); 연쇄 색인

체인에 묶인 책(--冊) → 사슬 달린 책

체크리스트법(--法) list-checking method

도서관 컬렉션의 평가 방법의 하나로, 미리 준비한 체크리스트와 조합(照合)하여, 리스트에 열거되어 있는 자료의 소장을 조사하여 평가하는 방법. 소장율이 높으면, 컬렉션이 바람직한 상태에 있는 것으로 생각하게 된다. 사용되는 체크리스트에는 기본 도서 리스트, 중요한 전문 도서관의 소장 목록, 주제 전문 서지, 학술 잡지의 인용 문헌, 수상 작품 리스트 등이 있다. 대학 도서관의 도서에서는 주제 서지가, 학술 잡지에서는 자주 인용되는 잡지의 리스트가 사용되고 있다. 중소 규모의 공공 도서관에서는 선정 도서의 리스트가 사용되는 경우가 많다. 이 방법은 조합 작업(照合作業)이 중심이기 때문에, 일반적으로 작업이 간단하고, 도서관 이외의 관리자에게 장서의 약점을 확인시킬 때, 다른 방법보다도 이해시키기가 용이하다. 그러나 적절한 체크리스트를 얻을 수 있는지의 여부가 문제이다.

초기 간본(初期刊本) → 인큐내뷸러

초기 인쇄본(初期印刷本) → 인큐내뷸러

초록(抄錄) abstract

원논문(특히 잡지 논문, 보고서류 등)의 내용을 특정의 표현 형식으로 원문헌보다도 간결하게 기술한 문장 및 그 내용. 초록은 원논문을 읽을 것인지의 여부를 선택할 때 사용하는 지시적 초록이나, 원문헌을 어떻게「정리하는지」를 중시하는 통보적 초록 등, 그 용도나 목적에 따라 분류되는 경우가 있다. 초록 작성자(저자 자신의 경우도 있고, 제3자의 경우도 있다)는 초록 작성에 있어 자신의 해석이나 비판을 넣을 수 없다는 것이 원칙인데, 초록은 원문헌과는 다른 표현 형식을 취하는 것이기 때문에, 초록 작성자에 의한 문헌 내용의 취사선택은 피할 수 없게 된다. 따라서 초록을 쓰는 측 및 읽는 측의 양자(兩者)에게, 문헌 내용의 취사선택을 어떻게 생각하는지가 초록을 파악하는 상에서의 중요한 포인트가 된다. ↔ 발췌; 시놉시스(2)

초록지(抄錄誌) abstract journal

문헌에 대한 액세스 수단과 요약의 제공을 목적으로 하며, 통상은 주제 분류의 체계순으로 문헌의 서지 데이터와 초록을 배열하는 정기간행물. 초록 작성에 노력과 시간을 필요로 하기 때문에, 초록지가 작성되는 전문 분야는 한정되어 있다. 수록 대상은 다양하며, 잡지나 신문의 기사 이외에, 회의 자료, 학위 논문, 특허, 테크니컬 리포트(기술 보고서) 등도 대상이 되고 있다. 책자 형태의 경우에는, 1년 내지 수년 분을 대상으로 한 누적 색인이 작성되는 경우가 있다. 초록지는 색인지와 같이, 1960년대부터 작성 과정의 기계화가 진행되었으며, 책자 형태의 초록지와 같은 내용의 데이터베이스가 제공되고 있다. 일본의 초록지의 대표적인 예는『과학 기술 문헌 속보』(1958-   )이다. ↔ 색인지; 초록

초쇄(初刷) first impression; first printing

하나의 조판 또는 판목(版木)을 사용하여 처음으로 인쇄하는 것, 또는 그 때 인쇄된 모든 인쇄물. 초쇄라는 표현은 초판에만 사용되는 것이 아니라, 제2판, 제3판, 증보판 등, 그 판에서 처음 인쇄되면 어느 것이든 초쇄가 된다. ↔ 증쇄; 후쇄

초판(初版) first edition

최초로 제작된 인쇄 원판을 사용하여 인쇄된 도서의 집합. 도서는 같은 인쇄 원판을 사용하여 몇 번이나 증쇄(增刷)되는데, 오식(誤植)의 정정 정도의 수정뿐으로 내용에 개정이 이루어지지 않는 한, 반복하여 인쇄되더라도 모두 같은 초판이다. 이것들은 초판 제1쇄, 초판 제2쇄 …와 같이 불린다. 문예나 사상의 분야에서는, 초판본은 저작 발표 당시의 저자의 사상을 아는 것으로서 중요시되며, 때로는 높은 값을 부르는 경우가 있다. ↔ 개정판; 쇄차; 증쇄; 판

촉각 그림책(觸覺--) tactile picture book

시각 장애아가 촉각으로 감상할 수 있도록, 그림책을 원본으로 하여, 천이나 피혁, 모사(毛絲) 등의 소재를 사용하여, 대지(臺紙)에 그림의 부분을 반입체적으로 첩부(貼付)하고, 글 부분을 점자(點字)와 묵자(墨字)로 한 도서. 손으로 보는 그림책, 손가락으로 읽는 책이라고 부르는 경우도 있다. 도쿄도(東京都) 시나가와구(品川區)의 자원 봉사자 그룹 「무츠키회」(むつき會)가 1974년에 제작을 시작하여, 각지로 확산되었다. 1책씩이 자원 봉사자의 수작업으로, 새의 그림에 깃을 첩부하거나, 과일의 경우에 향료를 스며들게 한 입자(粒子)를 붙여(향기 나는 그림책), 실물이 상상될 수 있도록 궁리를 집중시키고 있다. 그림 부분을 철장(凸狀)으로 하거나 오려낸 해외의 그림책도 번역 출판되고 있다. ↔ 천 그림책

촉지도(觸地圖) tactual map

시각 장애인을 위해 손으로 만져 형상을 인식할 수 있는 지도. 지도면의 요철(凹凸)의 표현법에 연구가 요망되며, 연구되고 있다.

총류 클래스(總類--) generalia class

일반 분류표에서, 백과사전이나 일반 논문집과 같이 주제가 다기(多岐)에 걸쳐 있어 특정의 주제 분야에 한정할 수 없는 저작을 수용하기 위한 클래스. 문헌 분류법에서는 통상은 주제를 형식에 의해 더 구분하는데, 총류 클래스에서는 주제로 구분할 수 없기 때문에, 형식에 의해 직접 구분하게 된다. 또한 예를 들면, 일본십진분류법(NDC)에서는 0류가 총류에 해당하는데, 여기에는 정보 과학이나 도서관 등 주제 클래스도 포함되어 있다. 기존의 일반 분류표에서는 총류 클래스 중에 약간의 주제 클래스를 포함하는 것이 있다. ↔ 형식

총목차(總目次) tables of contents

단일의 잡지나 다권물(多卷物)의 단행본의 복수 권(호)의 목차를 정리한 자료. 잡지의 경우, 각 권의 최종호에 게재한 것이나, 수십 년분을 독립 간행한 것이 있다. 또한 복수의 잡지의 총목차를 하나로 정리한 참고 도서도 있다. 색인과 달리 주제나 저자명으로부터 직접 검색할 수 없는데, 연대를 따라 집필자나 집필 내용의 변천을 조사하는 데 유용하다. 또한 편찬 작업은 색인에 비하면 일반적으로 용이한데, 목차에 잘못이 있는 경우도 있기 때문에, 정확을 기하기 위해서는 본문을 찾아보고 확인하는 작업이 불가결하다. 구미(歐美)보다도 일본에서 많이 볼 수 있는 타입의 자료이다.

총색인(總索引) general index

단일의 잡지나 다권물(多卷物)의 단행본의 복수 권(호)을 대상으로 하여 편찬된 색인. 통상은 저자 색인, 표제(타이틀) 색인, 주제 색인 등이 만들어진다. 잡지에서는, 1년마다 편찬되며, 각 권의 최종호에 게재되는 경우가 있는데, 편찬에 상당한 노력(勞力)이 필요하기 때문에, 상당수는 창간 10주년 등의 전환기에 독립 간행물로서 편찬된다.

총서(叢書) series

(1) "각 자료 자체의 고유의 표제(타이틀) 이외에, 그 그룹 전체에 공통하는 종합 표제가 있고, 상호간에 관련되어 있는, 개별 자료의 집합. 총서는 전체로서 종간(終刊)을 예정하지 않고, 계속적으로 간행된다는 점에서는 연속간행물이지만, 개개의 자료가 고유의 표제를 가지며, 출판물로서 독립하고 있다는 점에서는 단행 자료의 집합이다. 개개의 자료에는 순서를 매기기 위한 총서 번호가 붙어 있는 것과 붙어 있지 않은 것이 있다(예: 이와나미신서)"(『일본목록규칙 1987년판 개정 3판』 용어 해설). 「시리즈」라고도 하며, 일본에서는 「쌍서」(双書)라고도 불리고 있다. 출판사가 주로 그 사명(社名)을 앞에 붙인 총서명(문고, 신서(新書), 선서(選書) 등)을 붙여, 종간을 예정하지 않고 연속 간행하는 것을 「출판사 총서」(publisher's series)라고 부른다. 총서와 유사한 간행 형태를 취하는 것으로, 세트물 및 연속간행물이 존재한다. 총서는 간행의 종기(終期)를 예정하지 않는 점에서 세트물과 구별되며, 또한 개개의 자료가 고유의 표제를 갖는다는

점에서 연속간행물과 구별된다. (2)『군서유종』(群書類從)과 같이, 다수의 책을 모아 정리한 것. ↔ (1) 단행본 총서; 세트물; 연속간행물

총서명(叢書名) series title

각각이 고유의 표제(타이틀)를 가지며, 동시에 전체로서 종기(終期)를 예정하지 않고 간행되는 자료의 그룹 전체에 공통하는 표제. 각 자료 자체가 갖는 고유의 표제와는 구별된다. 또한 서지 기술 중의 총서 사항에 기록되는 서지적 요소로서의 총서의 본표제나 총서의 대등 표제라는 의미에서는, 집합 서지 단위에 해당하는 표제에 해당하는 표제에 관한 것이다. 이 경우에는 앞서 살펴본 총서의 표제 이외에, 세트물이나 연속간행물의 표제가 해당한다. 통상 최상위 서지 레벨의 본표제가 총서의 본표제가 된다. ↔ 총서; 총서 사항

총서 번호(叢書番號) series number

"총서를 구성하는 개개의 자료에 부여되어 있는 번호. 번호의 전후에 그것을 수식하는 어구가 붙어 있는 경우도 있다"(『일본목록규칙 1987년판 개정 3판』 용어 해설). 이 번호는 총서 내에서의 순서 부여 및 특정화를 목적으로 하고 있다. ↔ 총서; 총서 사항

총서 사항(叢書事項) series area

국제표준서지기술법(ISBD)에 규정된 기술(記述)의 여섯 번째 사항. 서지 기술의 대상이 되는 자료의 상위 서지 레벨의 서지 사항을 기록한다. 이것에 의해, 둘 이상의 서지적인 계층에 속하고 있는 기술 대상의 경우, 그 확인 식별과 복수 서지 레벨로부터의 검색이 가능하게 된다. 『일본목록규칙 1987년판 개정 3판』에서는, 서지 단위의 규정과 연동하여, 동(同) 사항에 기록하는 상위 서지 레벨의 서지 단위는 집합 서지 단위로 하고 있다. 즉 세트물, 총서, 연속간행물이 기록된다. 기록해야 할 서지적 요소로는 총서의 본표제, 총서의 대등 표제, 총서 관련 정보, 총서에 관한 책임 표시, 총서의 국제표준연속간행물번호, 총서 번호, 그리고 하위 총서의 서지 사항이 있으며, 이 순서로 기술하도록 하고 있다. ↔ 국제표준서지기술법; 사항

총서의 권호(叢書--卷號) → 총서 번호

최신 서지(最新書誌) current bibliography

전반적 또는 일반적인 서지로, 계속하여 새로이 출판되는 출판물을 수록 대상으로 하여, 주간, 월간, 계간(季刊), 연간 등으로 정기적으로 간행되는 서지. 일본의 경우,『일본 전국 서지』(1955-   창간 당시는『납본 주보』),『출판 연감』(1951-   )이 여기에 해당한다. 신간 서지라고도 한다. 또한 전문 주제 분야에서도 새로운 출판물의 정보를 제공, 획득하는 것이 중요하며, 전문 잡지에 신간 정보나 문헌 소개로서 매호 게재되는 경우가 많다. 예를 들면『사학 잡지』(1889-   )에서 게재하는「사학 문헌 목록」이 그 예이다. ↔ 소급 서지

최신 정보 주지 서비스(最新情報周知--) current awareness service

도서관, 그 밖의 정보 기관이 이용자에 대해 최신 정보를 정기적으로 제공하는 서비스. 컨텐츠 서비스, 신착 도서 목록의 배포, 정보의 선택적 제공(SDI) 등의 형태가 있다. ↔ 목차 속보지; 정보의 선택적 제공; 컨텐츠 서비스

최종 이용자 탐색(最終利用者探索) end-user searching

실제로 정보를 필요로 하고 이용하는 개인 또는 기관이 직접 자신이 그 정보를 검색하는 것. 목적으로 하는 정보의 검색에 적합한 데이터베이스의 선정, 검색어나 명령어의 선택, 검색식의 조합 등, 검색 결과를 보면서 시행착오를 거쳐, 구하는 정보를 얻을 수 있을 때까지 작업이 가능하기 때문에, 최종 이용자 자신이 검색 기술을 가지고 있으면 더 좋은 결과를 얻을 수 있다. ↔ 검색 절차; 온라인 검색

추정 저자(推定著者) supposed author

저자 불명의 저작이나, 저작에 표시되어 있는 저자명이 의심스러운 저작에서, 간접적 증거에 의해 추정되는 저자. 목록에는 추정이라는 뜻을 명기(明記)함과 동시에, 추정의 근거를 기재한다.

추천 도서(推薦圖書) recommended book

단체, 기관, 개인 등이 어떤 기준 또는 가치 판단 아래, 주제마다 또는 출판물 전체를 통해, 적절한 것, 우수한 것으로서 추천하는 도서.

추출 색인법(抽出索引法) derived indexing

색인법의 하나로, 할당 색인법(assigned indexing)과 대비되는 개념. 색인 대상 중의 본문이나 논제 중에 실제로 출현하는 단어를 색인어로서 사용하는 방법. 색인 작성자가 실시하는 경우도 있지만, 현재는 구문 해석과 사전(辭典)의 조합(照合)에 의한 기계적 처리가 이용되는 경우가 많다. ↔ 할당 색인법

축쇄판(縮刷版) reduced-size edition

도서나 연속간행물의 판면(版面)을 사진 기술 등에 의해 축소하여 인쇄하고, 판형을 작게 하여 간행한 인쇄 자료. 축쇄판을 간행하는 목적은 염가 보급(廉價普及)을 위해, 장기 보존을 위해, 분량이 많은 자료의 취급을 용이하게 하기 위해, 휴대용을 간행하기 위해 등이다. 축쇄판이 간행되는 자료로서는, 신문, 사전(辭典), 사전(事典) 등이 있다. 특히 전국지(全國紙)의 축쇄판은 전형적인 도서관 자료로서 널리 보급되고 있다. 서지학적으로는 축쇄판은 내용이 원래의 판과 완전히 같더라도 다른 판으로 간주된다.

축약판(縮約版) → 간략판

출납 업무(出納業務) paging

이용자의 자료 청구를 바탕으로, 폐가 서고(閉架書庫)에서 자료를 가져와 청구자에게 제공하거나, 이용이 종료되어 반납된 자료를 다시 폐가 서고로 들여보내는 작업. 최근에는 OPAC 시스템과 연동시켜, 이용자가 자료를 검색하여 단말에서 자료를 청구하면, 기계가 자료를 서고에서 꺼내오는 자동 서고가 개발되고 있다. ↔ 자동 서고

출판(出版) publication; publishing

인쇄 기술을 이용하여, 문장이나 사진 등의 저작물을 도서나 잡지 등으로 복제하고, 널리 사회에 공표하는 행위, 또는 이 행위의 개념. 이 행위의 결과에 의한 산물을 출판물이라고 부른다. 따라서 한 번 출판된 저작물은 공적 존재로 전화(轉化)하며, 찬동(贊同)과 비판의 대상이 된다. 출판 행위의 동의어로서는 간행, 발행 등이 있는데, 개념을 나타내는 경우는 일반적으로 출판을 사용한다. 출판에는 유상(有償)으로 판매하는 출판과 무상의 출판이 있으며, 영리를 목적으로 하는 유상의 출판은 상업 출판이라고 부르고, 무상의 출판은 자비 출판(自費出版)이라고 부른다. 본래 인쇄 기술을 이용하여 작성한 것을 출판물이라고 부르는데, 전자식 수단에 의해 복제된 CD-ROM이나 네트워크상에만 게재되는 전자적인 정보 등에 대해서도, 전자 출판이라는 용어가 사용되고 있다.

출판년(出版年) → 발행년

출판, 배포 등 사항(出版, 配布等事項) → 발행, 배포 등 사항

출판자(出版者) → 발행처

출판지(出版地) → 발행지

출판학(出版學) publishing studies

출판 영역의 제 사상(諸事象)을 연구 대상으로 하는 학문. 출판의 기능, 환경, 과정 등에 대해, 역사적, 사회 과학적, 기술론적, 인문 과학적, 법학적 시점에서의 해명이 시도되고 있다. 매스미디어론의 일부로도 생각할 수 있지만, 출판 활동에 밀착된 실학의 성질이 강하며, 독립된 한 영역을 이루고 있다.

취성(脆性) brittleness

자료의 물리적인 재질면에서의 약함. 구체적으로는, 종이, 필름(테이프), 자기 디스크와 같은 소재의 질이 나쁜 것이나 결함이 있는 것으로, 연함이나 환경(온도나 습도 등)에 기인하여 열화(劣化)나 파손을 야기한다.

취합본(取合本) made up copy

결본으로 되어 있는 1부 수 권(책)의 서적을, 따로따로 전해진 책을 그러모아 맞춘 책.

측면적 분류법(側面的 分類法) → 관점 분류법

칙판(勅版)[일본] Emperor's edition

천황(天皇)의 출판물. 일본의 칙판은 에도(江戶) 초기의 고요제이(後陽成), 고미즈노오(後水尾) 양 천황이 간행한 것뿐이다. 고요제이천황(1571-1617)은 도요토미 히데요시(豊臣秀吉)의 의해 조선에서 전래된 동활자로, 1593년에 『고문 효경』(古文孝經) 1책을 만든 사실이 기록되어 있다. 이 칙판을 분로쿠칙판(文祿勅版)이라고 하는데, 오늘날 전해지지 않는다. 그 후 고요제이천황은 대형 활자본에 의해, 1597년부터 1603년에 걸쳐, 『권학문』(勸學文), 『일본 서기 신대권』(日本書紀神代卷)을 비롯한 몇 점을 출판하였다. 그것들을 게이쵸칙판(慶長勅版)이라고 한다. 나아가 고미즈노오천황(1596-1680)은 동활자로, 1621년에 『황조유원』(皇朝類苑) 15책을 간행하였다. 이것은 겐나칙판(元和勅版)이라고 하는데, 어느 것이나 당당한 판식(版式)으로, 칙판이라는 이름에 걸맞은 출판물이다.

카네기 Carnegie, Andrew

1835-1919. 스코틀랜드 출신. 19세기 후반부터 20세기 전반에 걸쳐, 철강업에 의한 자산을 문화 향상을 위한 자선 활동에 투입한 미국인 실업가. 도서관계에서는, 전미(全美) 각지에 1,700관 남짓의 공공 도서관을 기부(약 4,100만 달러)한 공적으로 알려져 있다. 1848년에 미국으로 이주하여, 펜실베이니아 철도 등을 거쳐 카네기제강회사를 설립하여 성공을 거두었다. 사업 은퇴 후에「학문의 발전과 보급을 위해」1억 2,500만 달러를 투자하여 설립한 카네기재단(Carnegie Foundation for the Advancement of Teaching)에 의한『윌리엄슨 보고서』(*Training for Library Services* 1923)나 시카고대학 도서관학대학원 설립에 대한 자금 지원은 도서관 연구의 발전에 다대한 영향을 미쳤다.

카드식 대출법(--貸出法) card charging system

등록자 1인에 대해 1매의 카드장의 대출권(대출 카드)으로 대응하는 대출 방식. 대출 카드에는 등록자의 성명, 주소, 이용자 번호 등을 기재하여 교부한다. 이용자는 이 대출 카드에 자료의 청구 기호, 서명들을 기재하여 카운터에 자료와 함께 제출한다. 담당자는 대출 카드의 기재 사항과 자료를 대조하고 나서 대출 카드에 반납 예정일을 기록하고, 성명의 가나다순으로 배열하여 카운터에 보관한다. 자료는 이용자에게 건네준다. 자료 반납 시에는 이용자의 성명을 찾아, 해당하는 대출 카드를 뽑아내어 반납 일자를 기록한 뒤, 이용자에게 돌려준다. 이 방법은 담당자의 노력이 거의 들어가지 않지만, 대출 카드가 개인의 독서 기록으

로서 남는 등의 문제점도 있다. 학교 도서관에는 적당한 대출 방법이라고 해도 좋다. ↔ 도서 대출 카드

카드식 목록(--式目錄) card catalog

카드 형태의 목록 저록(목록 기입) 및 참조를 작성하고, 이것을 카드 케이스에 일정한 순서로 배열한 목록. 책자식 목록의 뒤를 이어, 컴퓨터를 이용한 목록의 보급 이전에는 광범위하게 사용되었다. 그 특장(特長)으로서, 카드의 가제(加除)나 기록 사항의 수정 등이 용이하고, 데이터를 최신의 상태로 유지할 수 있으며, 또한 비교적 다수의 사람이 동시에 이용할 수 있다는 것 등을 들 수 있다. 한편 일람성(一覽性)이 결여되고, 휴대성이 없으며, 복제하여 복수 장소에 두는 것이 일반적으로 곤란하며, 소장 자료수의 증대에 따라 상당히 넓은 공간을 필요로 하는 등의 단점이 있다. 또한 목록 파일의 규모가 증대함에 따라, 배열 작업을 비롯한 유지 관리 및 이용자에 의한 검색의 쌍방에서 현저하게 이용하기 어려워지는 등의 단점도 있다. ↔ 목록 카드

카미가타판(上方版)[일본]

에도(江戶) 시대의 17세기 전반(칸에이(寬永) 무렵)까지는 출판의 중심이 교토(京都), 오사카(大阪)의 카미가타(上方)였으나, 그 후 17세기 후반(겐로쿠(元祿) 무렵)에는 에도가 중심이 된다. 에도의 출판물을 에도판이라고 부르는 데 대해, 카미가타 지방의 출판물을 카미가타판이라고 한다. ↔ 에도판

카미시바이(紙芝居)[일본] picture-story board

이야기를 장면으로 나누어, B4에서 A3판 크기의 두꺼운 종이의 표면에 1매씩 그림으로 그리고, 두꺼운 종이의 안에 글을 쓴 것. 일반적으로 카미시바이 무대에 들어가, 공연자가 그림을 순번으로 보여주면서 이야기하는 일본 독특의 문화재로 간주되고 있다. 가두(街頭) 카미시바이와 인쇄 카미시바이가 있는데, 가두 카미시바이는 그림을 손으로 그린 것으로, 120매에서 1,000매로 구성되며, 물주를 통해 전국의 카미시바이 업자에게 대출되었으나, 쇠퇴하였다. 인쇄 카미시바이는 교육 카미시바이라고도 하는데, 그림이 인쇄된 것으로 12매에서 32매 짜리로 구성되며, 현재에도 도서관, 유치원, 보육원, 초등학교 등에서 이용되고 있다.

1960년에 시나가와구립도서관(品川區立圖書館) 오오사키분관(大崎分館)과 오다와라시립아동문화관(小田原市立兒童文化館)에서 카미시바이의 개인 대출이 시작되었다. 현재 도서관에서는 투명한 비닐제의 카미시바이 주머니에 넣어 대출하고 있다.

카운터 업무(--業務) counter work

도서관의 카운터(서비스 데스크)에서 이루어지는 이용 안내, 등록, 대출, 반납, 독서 안내, 참고 서비스, 그 밖의 이용자 서비스의 총칭. 직원이 이용자와 직접 대면하여 실시하는 업무이기 때문에, 도서관 서비스 전체의 성패에 관계된다. 최근에는 인원 배치의 효율화나 개관 시간의 연장을 목적으로 하여, 카운터 수의 축소와 통합화, 배치 직원 수의 삭감, 비정규 직원의 도입, 자동화, 기계화 등이 진행되고 있다. 그러나 이용자의 현재적 요구(顯在的 要求)에 신속하고 확실하게 부응하고, 나아가 잠재적 요구를 발굴하여 더 나은 도서관 서비스를 전개하기 위해, 이 업무에 대한 재검토와 체제 구축을 도모할 필요가 있다. ↔ 플로어 업무

카피 편목(--編目) copy cataloging

목록 데이터베이스 중에, 입수된 기술 대상에 대응하는 서지 레코드 또는 유사한 레코드가 존재하는 경우, 그것을 그대로 이용하는 편목 작업, 또는 필요에 따라 수정을 가하여 서지 레코드를 작성하는 편목 작업. 자체 편목(오리지널 편목: original cataloging)의 상대어. 서지 유틸리티와 접속하고, 그 서지 레코드를 이용하는 카피 편목이 그 전형이 되는데, 그곳에서는 서지 레코드 검색의 히트율이 참가 기관의 편목 인력 절감의 기준이 된다. 따라서 서지 유틸리티에서는, 목록 데이터베이스 중에 이미 존재하는 서지 레코드의 검색 누락을 방지하기 위해, 각종의 검색 기능 및 전거 관리 등의 방법이 불가결하게 된다. 또한 목록 데이터베이스 중에 해당하는 서지 레코드가 존재하고, 그것을 간단하게 이용하는 경우와, 유사한 레코드를 전용하여, 필요한 수정을 가하는 경우를 구별하는 경우가 있다. 전자(前者)를 카피 편목, 후자(後者)를 전용 편목(轉用編目)(derived cataloging: 일본에서는 유용 목록 작업(流用目錄作業)이라고 한다)이라고 부른다. ↔ 분담 목록법; 자체 편목

카피레프트 copy-left

저작권자가 저작물의 자유로운 이용, 복제, 개변(改變)을 인정하고, 나아가 그 파생물의 재배포에 대해서도 제한이 없는 이용을 지키도록 요구하는 권리에 관한 것, 또는 그 추진 운동. 실제로는 컴퓨터 소프트웨어를 대상으로 하고 있으며, 카피레프트의 예로는 오픈 소스나 프리 소프트웨어가 있다. 1982년에 스톨먼(Richard M. Stallman 1953-   )이 제창하였다. 소프트웨어는 무상으로 널리 보급해야 한다는 사고방식에 근거하고 있다. ↔ 저작권

칼럼 column

가로짜기(횡조: 橫組)의 도서나 잡지에서, 1페이지의 판면(版面)을 세로로 둘 이상으로 분할하여 판을 짜고 있는 경우의 분할된 각각의 부분. 페이지 매김 대신에 칼럼에 번호가 매겨지는 경우도 있다. 세로짜기의 경우는 가로로 분할하며, 각각을 단(段)이라고 한다.

캐럴 carrel

본래는 도서관 내의 개인 열람실을 말했는데, 바뀌어 서고 내의 열람자용 데스크를 말하게 되었다. 도서관 내에서 이용자가 자리를 잡고 독서나 조사를 하기 위해 사용된다. 자리를 잡고 이용할 수 있도록 하는 일인용의 데스크이기 때문에, 현재는 서고 내에 없더라도 일인용의 데스크를 캐럴이라고 칭하게 되었다. 대학 도서관이나 전문 도서관, 일본의 경우 도도부현립 도서관(都道府縣立圖書館) 등에 주로 설치되어 있다. 대학 도서관에서는 교원이나 논문을 작성하는 학부 학생, 대학원생에게 기한을 한정하여 전용(專用)시키는 경우도 있다. 휠체어에 탄 채로 이용할 수 있도록 하는 신체 장애인용의 캐럴도 있다.

캐릭터 세트 → 문자 집합

캡션 타이틀 → 권두 표제

커뮤니케이션 communication

광의(廣義)로는, 정보나 아이디어, 태도, 감정 등의 개인(또는 집단) 간의 전달. 사람들의 상호 작용의 성립에 불가결하며, 모든 활동에서 이루어진다. 협의(狹

義)로는, 인간의 제 활동 중에서도 특히 정보 전달을 주된 목적으로 하는 활동. 제도화된 활동에서는, 메시지의 내용이나 경로가 미리 정해지고, 커뮤니케이션을 어떻게 조직적으로 행하여 효율이 좋은 활동을 달성하는가가 문제가 된다.

커뮤니티 서비스 → 지역 사회 서비스

커터 Cutter, Charles Ammi

1837-1903. 미국 보스턴 출신. 19세기 후반의 미국 도서관계의 지도적 인물의 한 사람으로, 근대적인 편목 규칙과 분류표의 고안자로서 알려져 있다. 하버드 대학 등을 졸업한 후, 동(同) 대학 도서관을 거쳐, 보스턴아테나에움(Boston Athenaeum)의 관장으로 오래 근무한 뒤, 신설된 포브스도서관(Forbes Library)의 도서관장으로서 생애를 마쳤다. 도서관 운영에 대한 공헌 이외에도, 초창기의 미국도서관협회에서의 활동이나 *Library Journal*(1876-   창간 당시는 *American Library Journal*) 편집장으로서의 활동 등을 통해 도서관계에 공헌하였다. 특히 도서관 자료의 조직화를 위한 도구의 정비에 힘을 기울이면서,『사전체 편목 규칙』(*Rules for a Dictionary Catalogue*, 초판 1876년, 제4판 1904), 전개 분류법, 저자 기호표 등을 고안하여, 그 후의 자료 조직법에 결정적인 영향을 미쳤다.

컨서베이터 conservator

도서관이나 문서관(文書館)에서 자료의 보존에 관한 전문적 직무에 종사하는 사람. 일찍이 자료의 보존에 관해서는, 도서의 수리 제본, 귀중서나 고문서 등의 수리, 보전 등을 제외하면, 특히 전문적인 기술이 필요하다고는 여겨지지 않았다. 그러나 근년에는 이른바 자료 열화(資料劣化)의 문제가 발생하고 있는 것 이외에도, 마이크로 자료나 각종의 시청각 자료 등, 보관이나 보존에 관하여 특별한 전문적 기술을 요하는 자료가 많아져, 박물관의 자료 보존 전문가와 동등한 기술적 전문가가 필요하다고 여겨지고 있다. ↔ 자료 보존

컨스펙터스 conspectus

체크리스트법과 관찰법을 종합한 장서 평가법으로, 자료의 충실도가 미국의회도서관분류법(LCC) 등의 분류 기호마다 단계별로 표시된다. 미국의 RLG가 1980년

대 초두에 개발하였으며, 참가 도서관의 조사 결과를 데이터베이스화하여 공개하였다. 이를 통해 개별 도서관의 평가뿐만 아니라, 도서관 간의 비교나 전국적인 장서 평가, 분담 수집에도 이용 가능하게 된다. WLN/OCLC가 퍼스널 컴퓨터용 소프트웨어를 개발하여, 해외에도 이식(移植)되었다. 조사에 다대(多大)한 노력이 소요된다는 것, 관심이 자료의 소유보다도 접근으로 이행(移行)했다는 것 등으로, 1997년의 RLG를 시작으로 하여 철수가 눈에 띄고 있다. ↔ RLG; 관찰법; 장서 평가; 체크리스트법

컨텐츠 content

컴퓨터·정보 통신 분야, 미디어 산업에서, 다양한 미디어에 통합되어 제공되는 정보 내용을 가리킨다. CD-ROM 타이틀과 같은 전자 매체에 격납(格納)된 정보, 인터넷 정보와 같은 네트워크에서 입수 가능한 정보, 방송 프로그램 등. 도서관이 전자 도서관 서비스에서 제공하는 일차 정보도 포함한다. 또한 영어에서는 단수형이 일반적이며, 복수형은 목차의 의미가 된다.

컨텐츠 서비스 → 목차 서비스

컬렉션 collection

(1) 도서관에서 소장하는 자료 전체. 도서관 컬렉션이라고도 한다. 도서가 중심인 인상이 강한「장서」대신에, 더 다양한 자료의 집적(集積)을 의미하는 용어로서 사용되고 있다. (2) 이용 목적, 이용자 층, 주제, 자료 종별, 자료 형태 등 공통의 특성을 가지며, 하나로 통합되어 운영, 관리되는 자료군이다.

컴퓨터 목록(--目錄) → 온라인 목록

케이스 제본(--製本) case binding

제본 공정에서, 속장(내용물)을 만드는 공정과 표지를 만드는 공정을 별도로 실시하고, 최후에 속장에 표지를 붙이는(감싸는) 방법. 대량 생산, 기계 공정에 적합하지만, 주로 면지(面紙)만으로 속장과 표지가 붙어져 있기 때문에, 튼튼함에서 떨어진다. 그에 대해, 본래의 수제본(手製本)에서는, 표지의 심이 되는 판이나 두꺼운 종이를 등 철끈으로 속장에 붙인 후에 표장 재료(表裝材料)를 붙이는 일련의 과정으로 제본되기 때문에, 완성된 책은 튼튼하다.

코덱스 codex

(1) 책 형태의 일종으로, 종이와 같은 시트장(狀)의 서사 재료를 여러 매 겹쳐 합치고, 그 한 변(邊)을 철한 것. 책자체(冊子體)의 원형으로, 본래는 2매 이상의 나무나 상아(象牙)의 판을 경첩으로 이은 것을 의미하고 있었는데, 후에 파피루스, 독피지(犢皮紙: vellum), 양피지(羊皮紙), 종이 등을 철한 사본을 의미하게 되었다. 초기의 책의 형태인 권물(卷物)(권자본: 卷子本)은 읽기에 불편하고, 시간이 걸리며, 검색도 곤란하였는데, 유럽에서는 4세기경부터 코덱스가 일반적이 되어, 책의 일람성(一覽性)과 검색 기능뿐만 아니라 보존성도 두드러지게 향상되었다. (2) 로마법을 집성(集成)한 책.

코믹 자료(--資料) comics material

양식화, 단순화된 그림과 말풍선의 대사로 이루어진 장면(코마: 프레임)의 연속에 의해 표현되는 그림 이야기인 코믹을 주된 수록 내용으로 하는 자료. 4코마의 개그적인 것으로부터 단행본으로 하여 수십 권에 달하는 장편까지 있다. 「만화」라는 의미가 겹쳐지지만, 한 코마 만화와 구별하여 「만화」라고 표기하거나, 특히 사실적, 성인 대상의 만화를 「극화」(劇畫)라고 부르기도 한다. 스토리성이 강한 코믹이 발달한 것은 제2차대전 이후부터로, 현재의 코믹은 본래의 코믹컬한 것이라는 틀을 넘어, 온갖 테마, 제재를 다루는 표현 장르가 되고 있다. 코믹은 주로 잡지에 연재되며, 상당수는 후에 단행본이나 문고본으로서 간행된다. 동인지(同人誌)도 많다. 오랜 동안 도서관에서는 수집 대상이 되지 않았으며, 또한 서지 통정의 대상 외로 여겨져 왔으나, 그 시장으로서의 크기나 독자층의 폭으로 보아, 코믹 자료의 제공과 보존은 도서관에서도 커다란 과제가 되고 있다.

코어 저널 → 핵심 저널

코어 컬렉션 → 핵심 장서

코퍼스 corpus

언어 데이터로 한정하면, 기계 가독 텍스트의 집성체(集成體). 가장 광의(廣義)로는 텍스트의 임의의 집성체를, 협의(狹義)로는 어떤 언어 클래스를 대표하는 유한(有限)의 기계 가독 텍스트 집성체를 가리킨다. 더 넓은 문맥에서는, 화상

(畵像)이나 음성을 포함하는 다양한 종류의 데이터의 집성체도 코퍼스(화상 코퍼스·음성 코퍼스 등)라고 일컬어진다. 언어 코퍼스는 언어학, 문학, 텍스트 처리 등의 기본적인 연구 재료로, Brown Corpus(미국 영어, 총 어휘 수 약 백만)나 British National Corpus(영국 영어, 총 어휘 수 약 1억) 등 대규모의 것이 만들어지고 있다. 수록 데이터에 분야, 출전(出典), 발행년, 성별, 연령층, 사회층 등의 정보가 부가되는 경우도 있다.

콘텐츠 → 컨텐츠

콜로타이프 인쇄(--印刷) collotype

사진이나 회화 등의 농담(濃淡)의 연속 계조(連續階調)를 나타내는 데 적합한 평판 인쇄의 일종. 젤라틴(gelatine)과 중크롬산암모늄(Ammonium Dichromate) 등을 배합한 감광액(感光液)을 유리판에 도포(塗布)하여 건조시키고, 네거티브를 만들어 감광 부분을 경화(硬化)시켜, 불필요한 감광액을 씻어내고 판을 만든다. 젤라틴 막(膜)에 물을 흡수시키면, 잉크의 수용차(受容差)에 의해 화상의 농담을 낼 수 있다. 판면(版面)은 젤라틴 때문에 내쇄력(耐刷力)이 결여되어, 대량 인쇄에 적합하지 않다. 또한 낱장(권취지(卷取紙: 두루마리 인쇄 용지)와 같이 연속하고 있지 않은, 1매씩 독립된 종이로, 일본말로는 마이요시(枚葉紙)라고 한다) 인쇄이기 때문에, 인쇄 작업이 비효율적이 되는 결점이 있다.

콜론분류법(--分類法) Colon Classification(CC)

랑가나단(S, R, Ranganathan)이 1933년에 세계 최초의 분석 합성식 분류표로서 발표한 일반 분류표. 이후 개정을 거듭하여 제7판 제1권이 1987년에 출판되었다. 명칭은 초판 당시, 유일의 패싯 지시 기호로서 표 중에 사용되었던 콜론(:)에서 유래되었다. 최신판은 기본 주제(Basic Subject), 공통 아이솔레이트(common isolate), 특수(고유) 아이솔레이트(special isolate)의 3부분으로 이루어진다. 각 주제에 대해, 최초에는 특정의 기본 주제로 분류하고, 이어서 그곳에 열기(列記)되어 있는 제 패싯 중의 각 포커스에 대응하는 분류 기호를, 제시되어 있는 패싯식에 따라 합성하여, 대상 주제 전체에 대한 분류 기호로 한다. 패싯 결합의 순서는 다섯 가지의 기본 범주(기본 카테고리: PMEST)를 바탕으로 하며, 대상 주제가 다른 기본 주제에 걸쳐 있는 경우, 상호간에 여섯 가지의 상 관계(相關

係)를 인정하고 있다. 개정에 따라, 패싯 운용의 자유화가 진행되었다. 인도의 도큐멘테이션연구교육센터(DRTC: Documentation Research and Training Centre)가 유지 관리한다. ↔ 랑가나단; 분석 합성식 분류법

콤팩트디스크 compact disc(CD)

(1) 광디스크의 국제적인 통일 규격의 시리즈. 음악용인 CD-DA, 범용(汎用)의 읽기 전용인 CD-ROM, 추기형(追記型)인 CD-R, 고쳐 쓰기형인 CD-RW 등이 있다. (2) (1)의 일종인 CD-DA를 바탕으로 한 음악 기록 디스크. 투명한 합성 수지로 보호된 직경 약 12cm의 금속 박막의 원반(圓盤)의 단면에, PCM(Pulse Code Modulation) 방식(음의 에너지 변화를 0과 1의 조합에 의한 부호로 변환하여 표현하는 방식)으로 디지털화한 음성 신호를, 금속 박막 표면의 미소(微小)한 요철(凹凸)의 연속에 의해 기록한 것. 국제 규격에서는 최대 수록 시간 약 74분, 직경 약 8cm의 CD 싱글도 있으며, 약 20분의 재생이 가능하다. 반영구적인 재생 능력을 유지할 수 있는 것으로 여겨지고 있다. ↔ 광디스크; 녹음 자료; 음악 자료

콩코던스 → 용어 색인

크기 size

서지 기술의 대상이 되는 자료의 척도(寸法)(높이, 폭, 깊이 등)의 총칭. 서지 기술에서 자료의 크기는 이판(異版)의 식별에 도움이 됨과 동시에, 배가 위치 결정의 기준이 되기도 한다. 예를 들면, 문자의 판형의 차이는 별개의 서지 레코드 작성의 근거가 되며, 대형본 또는 소형본을 별치할 때의 기준은 그 책의 크기이다. 형태 기술 사항에서는 크기 중 주된 척도(도서의 경우 외형의 높이)만을 센티미터 단위로, 우수리를 절상(切上)하여 기록하는데, 자료의 특성에 따라서는 복수의 척도를 기록하기도 하고, 더 상세한 기록을 행하는 경우가 있다. 예를 들면 『일본목록규칙 1987년판 개정 3판』에서는, 종장본(縱長本), 횡장본(橫長本) 등 판형이 규격 이외의 경우에는, 세로(縱)와 가로(橫)의 길이를 기록하고, 소형본에 대해서는 밀리미터 자리까지를 기록하도록 하고 있다. ↔ 형태 기술 사항

크랜필드 실험(--實驗) Cranfield experiments

정보 검색 연구의 초기에, 영국의 크랜필드에서 클레버든(Cyril W, Cleverdon 1913-1997)을 중심으로 1957년부터 1968년에 몇 번이나 반복하여 이루어진 저명한 검색 실험 프로젝트. 주로 색인 시스템에서 통제 어휘의 유용성에 관한 실증이 시도되었다. 재현율(再現率)이나 정확률(정도율(精度率)이라고도 한다)에 의한 검색 결과의 평가도 이 실험 프로젝트로 거슬러 올라간다. 현재의 TREC이나 NTCIR과 같은 검색 실험의 모형으로, 검색에 관련한 다양한 요인을 연구실 내에서 제어함으로써 과학적인 연구 결과를 얻고자 한 타입의 검색 실험의 원조로서 자리매김되고 있다. ↔ NTCIR; TREC

크리에이티브 커먼즈 Creative Commons

저작권자에게 자신의 작품의 사용 조건을 간편한 마크로 의사 표시하는 수단을 제공하고, 저작물의 원활한 유통, 재사용을 촉진하는 프로젝트, 또는 그것을 추진하는 비영리 단체의 명칭. 저작권자가 웹 사이트 등에서, 문장, 사진, 영상, 음성 등의 사용 조건을 크리에이티브 커먼즈가 정의한 마크에 의해 미리 선언해 둠으로써, 이용자는 사용 허락의 절차를 생략할 수 있다. 미국의 레식(Lawrence Lessig 1961-   )의 제창으로 시작되어, 각국에 추진 단체가 만들어지고 있다. 마크에는 저작권자명 등의 표시를 의무화하는 「표시」, 개변(改變)이나 가공을 금지하는 「변경 금지」, 영리 목적의 이용을 금지하는 「비영리」, 개변이나 가공 후에 같은 허락 조건에서의 반포(頒布)를 지정하는 「계승」(동일 조건 변경 허락이라고도 한다)의 네 가지가 있으며, 이것들을 조합한 여섯 종류의 허락 방식이 있다. ↔ 저작권

클래스 class

하나의 또는 복수의 속성을 공통으로 갖추고 있는 개념 또는 사물의 집합에 관한 것. 예를 들면, 도서관이라는 클래스는 도서·기록이나 그 밖의 자료·정보를 수집·정리·보존하여 이용에 이바지하는 시설이라는 특성을 갖춘 것 모두를 가리킨다. 클래스는 어떤 특성을 적용하여, 다시 하위의 클래스로 구분할 수 있다. 예를 들면, 도서관에 설립 모체라는 구분 특성을 적용하여, 국립 도서관, 공공 도서관, 학교 도서관 등의 하위 클래스로 구분할 수 있다.

클로스 제본(--製本) cloth binding

표지의 표장 재료(表裝材料)로서 천, 제본용 클로스를 사용하고 있는 제본. ↔ 가죽 제본

클리어링하우스 clearinghouse

(1) 광의(廣義)로는, 문헌이나 정보의 요구에 대해, 그 분야의 적절한 전문가 또는 전문 기관을 이용자에게 소개하는 역할을 수행하는 정보 기관으로, 안내 센터(referral center)와 동의(同義)로 사용된다. (2) 일반적으로는, 계획 중, 진행 중의 연구에 관한 기록이나 정보를 입수, 정리, 제공하는 정보 기관. 오리지널한 데이터의 작성도 실시한다. ↔ (1) 안내 서비스

클리핑 파일 clipping file

신문이나 잡지의 기사를 잘라내어 대지(臺紙)에 붙이고, 제본하거나 파일링하여 이용에 도움이 되도록 하는 도서관 자료. 도서로서 출판되는 데는 시간이 걸리는 시사적인 기사나, 출판되기 어려운 지역적인 향토 기사 등의 분야에서 이용되는 경우가 많다.

키워드 keyword

도서, 기사, 웹 페이지 등의 텍스트 정보에서, 그 중심적인 내용이나 주요한 개념을 표현 내지 대표하고 있는 단어. 또는 텍스트 중에 출현하는 임의의 단어를 의미하는 「프리 키워드」와 동의(同義)로 사용되는 경우도 있다.

키 타이틀 → 등록 표제

타깃 그룹 → 서비스 대상 집단

타블로이드판(--判) tabloid; tabloid size

1페이지가 보통의 신문의 크기(스탠더드판 또는 블랭킷판)의 절반으로 B4판 정도 크기의 판형 및 이 판형의 신문. 스탠더드판에 비해 제작이 용이하고 휴대에 뛰어나다는 이점을 가지며, 광보지(廣報紙), 업계지, 사내보(社內報), 학교 신문 등에 널리 사용되고 있다. 1919년에 미국의 시카고트리뷴(Chicago Tribune)사가 그림을 넣어 기사를 요약한 일간 신문을 이 크기로 발행한 것이 최초로 일컬어진다. 그 후 미국에서는 이 크기의 신문의 내용이 비속화했기 때문에, 통속 대중지(기사는 짧고 평이하고, 사진이나 일러스트가 많고, 대중이 받아들이는 사건을 야단스럽게 다루는 등의 특징이 있다)에 관한 것을 「타블로이드 신문」(tabloid paper)이라고 부르게 되었다.

타우베 Taube, Mortimer

1910-1965. 미국 뉴저지 주 출신. 정보 검색 연구에 커다란 영향을 미친 정보학 연구자·기업가. 럿거스, 시카고, 하버드, 캘리포니아의 각 대학에서 공부하였다. 대학 도서관이나 미국의회도서관(LC)에서 도서관인으로 근무한 후, 1952년에 Documentation사를 창립하고, 정보 검색 시스템의 연구 개발이나 정보 관리에 관한 컨설팅 업무를 사업화하였다. 그 사이에 유니텀(Uniterm) 시스템 및 후조합 색인법을 고안하고, 컴퓨터를 이용한 정보 검색 시스템의 실용화에 공헌하였다. ↔ 유니텀; 후조합 색인법

타이트 백(tight back) → 찬둥

타이틀(title) → 표제(標題)

타이프페이스 → 활자 서체

탈산(脫酸) deacidification

종이 자료의 수명을 연장하기 위해, 종이 중에 생기는 산 또는 산을 발생하는 물질을 알칼리성 물질을 사용하여 중화(中和)하는 것. 기술로서는 소량 탈산과 대량 탈산이 있다. 소량 탈산은 1매마다 처리하는 방법으로, 최초에 약알칼리성의 수용액을 사용하는 방법이나, 알칼리성 용제(溶劑)를 사용하는 방법이 있다. 장치가 간편하고 약제를 입수하기 쉽기 때문에, 세계의 다양한 도서관이나 문서관, 수복 공방(修復工房)에서 행해지고 있다. 또한 대량 탈산은 자료를 대량으로 중화 처리하기 위해 개발된 기술로, 알칼리성 용제를 사용하는 액상 중화법과 기화(氣化)한 가스를 사용하는 기상 중화법이 있다. 이 이외에도 세계 각국에서 DEZ법이나 FMC법, 웨이트법, 에틸렌옥사이드법 등의 대량 탈산 기술이 개발되어 있다. ↔ 산성지

탐색(探索) search

축적된 정보의 집합에서, 특정의 정보 요구를 충족시킬 것 같은 정보를 찾아내는 것. 검색이 데이터베이스를 중심으로, 대체로 색인지 등의 이차 자료를 바탕으로 하여 체계적으로 찾는 것임에 대해, 탐색은 그러한 기법적 한정을 함의(含意)하지 않는 형으로 사용되는 경우가 많다. ↔ 검색; 정보 검색

탐색 기록(探索記錄) search log

검색의 처리 동작의 기록으로서 검색 시스템에 남겨진 기록. 통상은 검색 과정에서 검색자가 키보드에 의해 입력한 명령어(command)나 검색식의 기록, 마우스에 의해 선택한 메뉴 항목의 기록 등이다. ↔ 검색 절차

탐색 목록(探索目錄) → 파인딩 리스트

탐색전 면담(探索前面談) presearch interview

서처(seacher)가 최종 이용자(end user) 대신 온라인 검색을 실행하는 경우에, 정보 요구의 파악과 확인을 위해 최종 이용자에 대해 이루어지는 면접. 서처는 검색 테마의 상세 내용, 이용자의 속성, 검색 결과의 사용 목적 등에 대해 상세히 파악함으로써, 적절한 데이터베이스의 선택과 검색 전략의 구축이 가능하게 된다. ↔ 서처

탐색 질문(探索質問) → 조사형 질문

탕천 길랑(湯淺吉郞) → 유아사 키치로

태그 tag

MARC 레코드에서 각 필드를 식별하기 위한 3바이트의 캐릭터. 내용 표지 기호의 하나로, 표시 기호 또는 필드 식별자라고도 한다. 일반적으로는 데이터 항목이나 데이터 필드 등을 식별하고, 그 내용을 나타내기 위해 사용되는 1바이트 이상의 캐릭터를 가리킨다. ↔ 내용 표지 기호; 필드

택배 서비스(宅配--) home delivery service

신체 장애인이나 자리에서 일어나지 못하는 노인 등, 내관(來館)이 곤란한 사람들의 자택으로 자료를 보내주는 도서관 서비스. 자택 배본 서비스, 가정 배본 서비스 등으로 불리는 경우도 있다. 도서관인이 직접 보내주는 체제를 취하고 있는 경우와, 자원 봉사자나 복지 관계 직원 등이 보내주는 경우가 있는데, 다음과 같은 점에서 전자(前者)의 쪽이 바람직하다고 여겨지고 있다. 즉 이용자가 자택에서 손에 넣을 수 있는 장서 정보, 유통 정보에 제한이 있고, 전문가로서의 도서관인의 상담이 필요하며, 또한 직원의 측에서도, 이용자의 요구를 직접 들을 기회가 된다는 것, 이용자의 독서의 비밀을 지킬 필요가 있다는 것이다. 배본의 방법으로서는, 자동차나 이동 도서관에 의해 정기적인 순회를 실시하는 방식과, 이용자로부터의 요구에 따라 그 때마다 방문하는 방식이 있다. ↔ 도서 우송 서비스; 우편 대출

터미놀로지 terminology

전문 용어, 즉 전문 분야에서 유통한다고 하는 사회적 관점에서 인정되는 분야 의존의 말(단어나 구 등)의 집합. 또는 그것을 대상으로 하는 연구. 자주 뷔스터(Eugen Wüster 1898-1977)에게서 시작된다고 일컬어지는「비엔나류」의 전문 용어「학」에서는, 용어와 개념과의 관계를 고정적으로 파악하는 관점에 서서, 표준화 활동에 중점을 두며, 연구로서는 개념의 명확한 분류나 기술(記述)을 중시하는 경향이 있었다. 1990년대 이후, 계산 언어학(computational linguistics)이나 언어학에서도 전문 용어 연구가, 인지 심리학(cognitive psychology) 분야에서도 개념 연구가 진행되어, 용어와 개념의 관계를 포함하게 되고, 종래의「비엔나류」의 관점은 반성의 압박을 받고 있다.

테크니컬 리포트 technical report

(1) 연구 기관에서 연구 성과를 관리 기관에 보고함과 동시에, 주로 기관 내나 같은 분야의 연구자에 대한 정보 전달을 목적으로 하는 연구 보고서. (2) 미국에서 연구 조성 기관에 대한 의무로서, 일정의 형식으로 연구 성과를 보고하는 연구 보고서. 양자(兩者)에 공통하는 특징으로서, ① 원칙적으로 1건 1보고서이다, ② 속보성(速報性)이 높다, ③ 내용이나 질은 다양하다, ④ 식별을 위한 고유 번호를 갖는다, ⑤ 분량에 제약이 적고, 일반적으로 분량이 많다, ⑥ 경인쇄(輕印刷)로 간이 제본인 경우가 많다는 등을 들 수 있다. (1)의 예로서 일본원자력연구개발기구의 JAEA 리포트, (2)의 예로서 PB 리포트, AD 리포트, DOE 리포트 등이 있는데, 이것들을 대상으로 한 전문의 색인·초록지 또는 데이터베이스가 있다. 홈페이지에 공개되는 것이 늘어나고 있다. ↔ 연구 보고서

텍스트 text

(1) 주로 언어에 의해 표현되는 자료 일반. 언어학이나 기호학 분야에서는, 단순히 기록된 기호 표현이라는 의미가 아니라, 수신자와 송신자의 커뮤니케이션 과정에 자리매김된 텍스트 개념이 제창되게 되었는데, 그 영향을 받아, 단순한 기록이라고 말하는 이상의 의미로 이 말이 사용되게 되었다. 나아가 언어 표현뿐만 아니라, 도(圖), 사진, 그림과 같은 표현 형식을 취하는 것도 넓게 텍스트에 포함시키는 사고방식도 있다. (2) 인쇄물의 본문. (3) 교과서, 교재. ↔ (1) 커뮤니케이션. (2) 본문. (3) 교과서

텍스트 아카이브 text archive

전자적인 형식으로 복수(통상은 다수)의 텍스트를 축적하여, 인터넷에서 제공하는 사이트, 또는 그 서비스. Oxford Text Archive나 Project Gutenberg, 일본에서는 아오조라문고(靑空文庫) 등이 유명하며, 문학 작품이나 연구의 소재가 되는 고전적 저작을 수록 대상으로 하고 있다. 종래 저작권이 없는 텍스트를 대상으로 하는 아카이브가 많고, 입력도 자원 봉사자로 이루어지고 있기 때문에, 무료로 전자 텍스트의 전문(全文)을 입수할 수 있다. 인문학 분야에서는 고전적, 사전·서지류, 자연과학 분야에서는 잡지 논문이나 프리프린트 등이 수록 대상이 된다. ↔ 이프린트 아카이브

토리노코가미(鳥の子紙)

본래는 안피지(雁皮紙)의 일종으로, 계란과 같이 담황색(淡黃色)을 하고 있는 것에서 이름 붙여졌다고 한다. 주로 서사 용지(書寫用紙)로서 사용된다. ↔ 안피지

토킹 북 talking book

시각 장애인을 위해, 문자 자료를 음독(音讀)하여 레코드(음반) 또는 오디오테이프에 녹음한 자료. 음성 도서 또는 녹음 도서라고도 하는데, 녹음 도서 중에서도 특히 영미(英美)의 도서관, 출판사가 제작하고 있는 것을 가리키는 경우가 많다. 영미에서는, 녹음 자료가 일반적으로 보급되기 전에 이미 점자 자료 이외의 시각 장애인을 대상으로 하는 자료로서 토킹 북을 제작하고 있었다는 점에 특징이 있다. 역사적으로는, 미국의회도서관(LC)이 1934년에 매분 33회전 3분의 1의 레코드로 제작했던 것을 기원으로 하며, 그 후에는 다양한 회전수의 레코드, 각종의 오디오테이프가 토킹 북으로 이용되고 있다. 또한 통상의 재생 기기보다도 조작이 용이한 토킹 북 전용의 재생 기기도 개발되고 있다. ↔ 녹음 서비스; 시각 장애인 서비스

통권 호수(通卷號數) whole number

연속간행물의 각 호를 표시하는 경우에, 권(卷)을 사용하지 않고, 창간호로부터의 일련 번호로 표시되는 호수.

통보적 초록(通報的 抄錄) informative abstract

원문헌이 무엇에 대해 쓴 것인지 뿐만 아니라, 그곳에서 논의되고 있는 기법이나 데이터, 결론 등에 대해서도 어느 정도 구체적으로 알 수 있도록 한 초록. 따라서 원문헌이 다루고 있는 주제에 관한 일정의 지식이 있으면, 경우에 따라서는 원문헌의 대신으로서도 이용할 수 있다. ↔ 비판적 초록; 지시적 초록

통속 도서관(通俗圖書館)[일본] popular library

일본에서 메이지(明治) 말기부터 쇼와(昭和) 초기 무렵까지 전국 각지에 설립되었던 일반 민중 계몽을 위한 도서관. 통속 교육을 위한 도서관이다. 현재의 사회 교육에 관한 것을 1886년부터 1921년까지 문부성(文部省)은 통속 교육이라고 일컫고 있었는데, 이 이후에도 제2차대전 전에는 통속 교육·통속 도서관이라는 말은 보통으로 사용되어 왔다. 공립의 것도 있고 사립의 것도 있는데, 특히 다이쇼기(大正期)에서 쇼와(昭和)의 초기에 걸쳐서는 수많은 소도서관이 설립되고 있다. 중등 이상의 교육을 받고 있지 않은 민중의 계몽·교육을 목적으로 하며, 사상 선도를 위한 비교적 소수의 도서 등을 갖추고, 시설 설비, 직원, 대출 절차 등의 면에서 간편함을 취지로 하여 설치된 것이 많았다. ↔ 교육회 도서관

통일 표목(統一標目) uniform heading

"통제된 형의 표목. 예를 들면, 저자나 저작이 둘 이상의 명칭으로 알려져 있는 경우, 그 중의 하나의 명칭으로 통일된 표목"(『일본목록규칙 1987년판 개정 3판』 용어 해설). 동일 저자가 복수의 명칭으로 알려져 있는 경우, 자료의 표시형을 그대로 표목으로 취하면 동일 저자의 저작이 목록 파일 안에서 분산되어 버려, 목록의 기능의 하나인「동일 저자의 저작의 집중」이 손상되어 버리게 된다. 이름(명칭) 전거(저자명 전거) 파일을 사용하여 전거 관리를 실시하고, 각 저자에 통일 표목을 적용함으로써,「동일 저자의 저작의 집중」이 가능하게 된다. 무저자명 고전, 음악 작품, 종교 경전 등에 대해 통일 표목인「통일 표제」를 적용하는 것도 마찬가지로「동일 저작의 집중」을 의도한 것이다. ↔ 이름 전거 파일; 저자 표목; 통일 표제

통일 표제(統一標題) uniform title

"어떤 저작이 다양한 표제(타이틀)로 간행되는 경우, 통일된 저작명의 아래에 목

록 저록을 목록 중의 한 곳에 집중하기 위해 사용한다."(『일본목록규칙 1987년판 개정 3판』 제26장). 또는 "1. 목록법상의 목적을 위해, 저작을 식별하기 위한 특정 표제(타이틀). 2. 어떤 저작의 표목을 다른 저작의 표목으로부터 구별하기 위해 사용하는 특정 표제"(『영미편목규칙 제2판 일본어판』 용어 해설)로 정의된다. 특히 무저자명 고전(無著者名古典), 음악 작품, 종교 경전은 동일 저작이 다양한 표제로 알려져 있고, 아울러 그것들이 자료 상에 표시되어 있다. 표시되어 있는 표제를 표목으로 사용하는 것만으로는 동일 저작이 목록 파일 안에서 분산되어 버린다. 그와 같은 동일 저작의 목록 저록을 목록 파일 안에서 집중시키기 위해 사용하는 것이 통일 표제이다. ↔ 통일 표목; 표제 표목; 형식 표목

통제 어휘(統制語彙) controlled vocabulary

정보 검색에서 색인어로서 이용하는 단어를 한정하고, 그 의미 범위나 사용 방법을 규정한 것으로, 통제어라고도 한다. 다만 본래 「어휘」는 단어의 집합을 가리키고, 「어」는 개별의 단어를 가리키기 때문에, 그에 따라 구분하여 사용하는 경우도 있다. 어휘 통제의 기본적인 목적은 어형(語形)이나 표기의 변화, 동의어의 존재로 검색 누락이 생기지 않도록, 또한 동형이의어(同形異義語)로 노이즈(잡음)가 생기지 않도록 하는 것이다. 전형적인 통제 어휘로서는, 시소러스를 바탕으로 하는 디스크립터가 있다. 또한 디스크립터가 후조합 색인법의 통제 어휘인 것에 대해, 주제명 표목표를 바탕으로 하는 주제명 표목, 분류표를 바탕으로 하는 분류 기호는 전조합 색인법의 통제 어휘로 간주할 수 있다. 이와 같은 색인 어휘를 정하는 것을 어휘 통제라고 한다. ↔ 디스크립터; 분류 기호; 주제명 표목

통합 자료(統合資料) integrating resources

어떤 자료에 대해 갱신(부가(附加) 또는 변경)이 이루어질 때, 그 갱신 내용이 원래부터 있는 내용과 별도로 존재하지 않고, 바꾸어 끼우기나 개서(改書)에 의해 전체로서 하나로 통합되는 계속 자료. 갱신 자료(更新資料)라고도 한다. 예로서, 가제식(加除式) 자료, 데이터베이스, 웹 사이트가 있다. ↔ 가제식 자료; 계속 자료; 데이터베이스

특례 범주(特例範疇) → 특례 포커스

특례 포커스(特例--) favored focus

이용 환경의 사정을 반영하여, 패싯의 멤버의 열, 즉 배열(配列: array)의 최초에 이용자의 관심이 극단적으로 높은 것이나 또는 수적으로 우세한 포커스를 두는 조치. 특례 범주(특례 카테고리: favoured category)라고도 한다. 예를 들면, 서구 영어권의 분류표에서는 기독교가 다른 종교에 대해 우대되거나, 영문학이 다른 언어의 문학에 대해 우대된다. ↔ 배열(配列)

특수 보조 기호(特殊補助記號) special auxiliary

공통 보조 기호와 함께, 국제십진분류법(UDC)의 보조 기호의 하나. 다만 UDC 일본어 중간판에서는 「고유 보조 표수」(固有補助標數)라고 칭하고 있다. 기본 기호에 이어 특수 보조 기호를 부가함으로써, 더욱 주제를 한정할 수 있다. 공통 보조 기호가 본표 중의 어느 부분에 대해서나 적용할 수 있는 것에 대해, 특수 보조 기호는 특정의 클래스 내에서만 적용된다. 특수 보조 기호에는 포인트 낫(.0), 하이픈(-), 아포스트로피(')의 세 종류가 있다. UDC 일본어 중간판에서는, "어떤 기본 기호에 대해, 기본 기호에 의한 세분 전개와는 다른 관점에서 세분된 부분적인 분류 체계가 부수(附隨)되어 있는 것이다"라고 설명하고 있다. 패싯식 분류법의 입장에서 보면, 패싯 결합의 불완전하고, 어중간한 형태로 볼 수 있을 것이다. ↔ 공통 보조 기호; 국제십진분류법

특수 분류표(特殊分類表) special classification

지식의 전 분야를 포괄하는 일반 분류표에 대해, 특정 주제 분야만을 대상으로 하는 분류표. 다만 주변 분야를 간략하게 폭넓게 포함시키는 경우가 있다. 전문 분류표라고도 한다. ↔ 일반 분류표

특수 세목(特殊細目) special subdivision

주제명 표목표의 각종 세목 중 어떤 특정의 주표목(主標目) 아래에서만 사용할 수 있는 세목. 일본의 기본건명표목표(基本件名標目表)의 예에서는, 「사진—촬영」, 「음악—연주」 등이 있다. 그 기능으로서는 주표목을 추가로 동작이나 기법, 재료 등에 의해 한정하는 경우가 많다. 예를 들면, 「작물—재배」의 경우, 이것을 세목의 결합으로서 표현하는 것인지 또는 재배라는 복합어에 의해 표현하는 것

인지와 같이, 세목 표현으로 하는지의 여부를 판단하기 어려운 경우가 있다. ↔ 주제 세목

특수 컬렉션(特殊--) special collection

도서관 컬렉션 중 특정의 주제 또는 자료 종류, 자료 형태로 구성되는 컬렉션군의 총칭으로, 일반 컬렉션과 대비된다. 귀중서, 개인 문고, 나아가서는 낱장 자료(일매 자료: 一枚資料)인 지도, 악보, 판례, 특허 자료, 표준 규격, 학위 논문, 점자 자료 등이 특수 컬렉션의 예이다. 이러한 자료는 일반 컬렉션 중에 배가(排架)하면 분산되어 버려, 이용 목적에 따라 사용하기 어렵기 때문에, 하나의 정리된 단위로 하여 일괄하여 별치하는 편이 나은 것으로 여겨지고 있다.

특정성(特定性) specificity

색인법의 용어로, 개개의 색인어의 상세함, 구체성의 정도에 관한 것. 예를 들면, 「수목」(樹木) 보다는 「벚나무」, 「벚나무」 보다는 「왕벚나무」의 쪽이 특정성이 높다고 한다. 색인법에서는 특정성이 높은 색인어를 부여하는 것이 원칙으로 되어 있다. ↔ 색인 심도

특정 자료 표시(特定資料表示) specific material designation

"자료가 속하는 자료 종별(資料種別)을 더욱 세분하고, 특정화한 명칭(예: 녹음 자료의 「녹음 카세트」, 「녹음 테이프」 등)"(『일본목록규칙 1987년판 개정 3판』 용어 해설). 일부의 자료에 관해, 형태 기술 사항에 그 자료의 개수(및 그 구성 단위의 수량이나 연주 시간, 재생 시간 등을 포함한다)와 함께 기록된다. 한편 본표제의 직후에 기록되어 그 자료의 대략적인 종별을 알려주는 「자료 유형 표시」와는 구별된다. ↔ 자료 유형 표시; 형태 기술 사항

특허 분류(特許分類) patent classification

특허 자료의 정리와 이용의 편의를 도모하기 위한, 그리고 특허 출원된 발명의 내용이나 기술 분야를 명확하게 구분하고, 심사나 조사를 용이하게 하기 위한, 특허 자료에 관한 독자(獨自)의 분류. 특허 제도를 가진 나라에서, 종래에는 각국이 각각의 분류를 채택하고 있었는데, 각국 공통의 특허 분류를 채택함으로써,

특허 자료의 정리, 활용, 조사 등의 편의를 도모하기 위해, 1971년에 국제특허분류(IPC: International Patent Classification)가 스트라스부르크협정(Strasbourg Agreement)으로 탄생되었다. 이후 주요국에서는 이를 채택하고 있으며, 일본에서도 1980년 이후 이 분류표를 채택하고 있다. 그러나 영국과 미국에서는 종래대로, 자국의 분류를 채택하고 있다. ↔ 국제특허분류; 특허 자료; 특허 조사

특허 자료(特許資料) patent material

발명 등에 관해 특허 제도를 바탕으로 하여 작성되는 원서(願書), 명세서와 도면, 특허 공보, 심사 관계 서류의 총칭. 어느 것이나 형식과 구성이 정해져 있다. 원서, 명세서 등은 출원자(出願者)가 작성하고, 특허 공보는 각국의 특허청이 간행한다. 일본의 특허 제도에는, 「특허법」, 「실용신안법」, 「의장법」(意匠法), 「상표법」이 있는데, 특허 공보로서『공개 공보』,『특허・실용신안 공보』,『의장 공보 정보』,『상표・상표 서환(書換: 개서) 등록 공보』등이 CD-ROM이나 DVD로 간행되고 있다. 특허 자료는 특허 번호에 의해 식별되며, 주제 탐색을 위한 국제특허분류(IPC: International Patent Classification)가 사용되고 있다. 나아가 각종의 초록지, 색인지나 데이터베이스가 마련되어 있으며, 검색을 위한 수단이 정비되어 있다. 일본에서는 특허청이 개발한 「페이퍼리스 시스템」에 의해 출원에서 심사, 공보의 단계까지 전자화되고 있다.

특허 조사(特許調査) patent search

특허권의 취득을 출원하기 전에, 그 발명이 특허를 받을 수 있는 기술적 내용을 가지고 있는지, 신규성과 진보성이라는 면에서 특허를 취득할 요건을 채우고 있는지 등, 선행 특허나 선행 기술의 유무 등에 대해 조사하는 것. 이를 위해서는, 출원하는 발명이 해당하는 기술 분야의 특허 분류를 적확(的確)하게 파악하고, 특허 공보 등을 열심히 조사할 필요가 있다.

파니치 Panizzi, Antonio Genesio Maria

    1797-1879. 이탈리아의 모데나공국(公國)(Modena) 출신. 근대 도서관 탄생의 아버지, 근대 목록법의 시조로도 일컬어진다. 영국에 정치 망명 후, 1831년에 영국 박물관에 채용되고, 1837년에는 인쇄본부장, 1856년에는 관장이 된다. 1869년에는 배스(Bath) 상급훈작사(上級勳爵士, K.C.B)의 칭호를 받는다. 장서 목록의 개선에 몰두하여, 1841년에 91개조로 이루어진 성문화(成文化)된 최초의 편목 규칙 *Rules for the Compilation of the Catalogue*를 출판하였다. 자료의 수집을 중시하였으며, 납본 제도의 철저화를 도모하고, 국내 자료 및 국외 자료의 망라적 수집에 노력하였다. 또한 자료의 증가에 따라, 대규모의 원형 열람실과 철제 서고의 건설을 실현하는 등 많은 업적을 남겼다.

파리원칙(--原則) Paris Principles

    1961년에 국제도서관연맹(IFLA)의 주최에 의해 파리에서 열린 국제 회의에서 채택된, 주로 표목의 선정과 형식의 결정에 관한 원칙. 각서(覺書)의 형으로 정리되어 있는데, 그 각서의 대상, 목록의 기능, 목록의 구성, 저록(기입)의 종류, 복수의 저록의 사용, 각 저록의 기능, 통일 표목의 선택, 1인의 개인 저자, 단체를 표목으로 하는 저록, 다수 저자의 저작, 표제(타이틀)를 표목으로 하여 저록이 작성되는 저작, 개인명의 저록어의 12개 항목으로 이루어져 있다. 저자성을 바탕으로 하는 기본 저록이 확인되었으며, 독일계 편목 규칙의 측이 광범위한 단체명을 표목으로 하는 저록을 인정한 것과, 영미계의 편목 규칙의 측이 어떤 종류의 단체명에 관계된 지명을 표목으로 하는 저록을 포기한 것으로, 편목 규칙의 국제적 통일이 크게 전진하였다. 일본에서는, 이 파리원칙을 바탕으로 하여『일본목록규칙 1965년판』이 제정되었다. 2003년에는 국제편목원칙에 관한 IFLA전문가회의(IME ICC: IFLA Meeting of Experts on an International Cataloguing Code)가 모든 자료에 대응할 수 있는, 더 포괄적인 새로운 원칙(프랑크푸르트원칙이라고 불린다)의 검토를 진행하여, 2009년에『국제목록원칙규범』(ICP: Statement of International Cataloging Principles)을 발행하였다. ↔ 국제표준서지기술법; 편목 규칙; 표목

파밍턴 플랜 Farmington Plan

미국에서 1948년부터 시작되었던 외국 자료의 협동 수집 계획. 1942년에 코네티컷 주 파밍턴에서 열린 회의에서 이 계획이 제안되었다. 각 참가 도서관이 특정 지역이나 국가 또는 특정 주제의 자료를 담당하고, 분담하여 수집함으로써, 미국 전체에서 전 세계의 학술적인 가치가 높은 자료의 망라적인 컬렉션을 구축하고자 하였다. 참가한 것은 대규모 대학 도서관 50개관과 국립 도서관 3개관, 그리고 공공 도서관과 전문 도서관 등 60개관이다. 이 계획은 1972년에 종료되었다.

파손본(破損本) damaged book

의도적인 행위에 의해 오려지거나 파손되거나, 과실 또는 열화(劣化)에 의해 파손된 도서관 자료. 잡지 등의 도서 이외의 자료에도 사용된다. 개인적인 이용을 위해 자료의 일부에 써넣거나, 언더라인을 긋는 경우를 포함하는데, 특히 음료 등을 엎지르거나 하여 더럽힌 자료는 오손본(汚損本)이라고도 한다. 이러한 오손본이나 파손본은 내용이 귀중하고 대체가 불가능한 경우, 재제본(再製本)하여 이용하는 경우도 있다. 잡지의 경우는, 결락(缺落)된 부분을 타관(他館)에 의뢰하고 복사하여 채워 재제본하는 경우도 있다. 자료의 파손이 반복하여 발생하는 경우에는, 폐가 서고로의 이동, 대출 제한, 대체 자료로의 변환, 보관 취급, 제적 등의, 대상이 되는 자료를 찾아내는 작업이 필요하게 된다.

파순 배가(破順排架) broken order

특정의 자료를 별치(別置)하고, 도서관에서 기본적으로 채택하고 있는 분류 기호

의 순서가 아니라, 다른 기준에 따라 배가하는 것. 일정의 테마별, 저자별, 출판자별, 판형별(判型別) 등에 의한 예가 있다.

파인딩 리스트 finding list

도서관 등의 소장 자료에 대한 저록(기입)을 식별 가능한 정도로 간략화하여 기록한 리스트. 저자, 표제(타이틀), 청구 기호 등만을 기록한 리스트를 가리키는 경우가 많으나, 간략 목록법에 의해 작성된 목록 저록을 배열한 목록을 가리키는 경우도 있다. ↔ 목록

파일링 시스템 filing system

팸플릿이나 리플릿, 클리핑 자료, 사진, 도면, 엽서, 포스터 등의 파일 자료를 정리하고 수납하기 위한 방법. 파일 자료는 도서와 마찬가지로 서가에 하나씩 세워 배열하는 것이 곤란하고, 형태도 다양할 뿐만 아니라, 파손, 산일(散逸)되기 쉬워, 정리 보존하는 데는 파일링 시스템이 필요하게 된다. 파일링 시스템의 대표적인 것으로, 캐비닛을 이용하여 수직으로 수납하는 버티컬 파일 방식과, 상자 등을 이용하여 서가에 배가하는 셸프(오픈) 파일 방식이 있다. 현재는 광디스크 등을 이용한 전자적 파일링 시스템의 개발, 이용도 추진되고 있다. ↔ 버티컬 파일

파일 자료(--資料) filing material

도서관 자료 중에서, 산일(散逸)되기 쉬운 팸플릿, 리플릿, 낱장 자료(일매 자료: 一枚資料)인 클리핑 자료를 비롯하여, 낱장 자료인 지도, 사진, 도표, 그림 엽서 등을 일정의 체계에 따라 분류하고, 폴더에 넣거나, 바인더에 철한 것. 폴더는 캐비닛이나 박스 파일 등에 수납하여 이용한다. 근년에는 광디스크 등에 파일 자료를 보존하고 있는 전문 도서관도 있다.

파치먼트 → 양피지

파피루스 papyrus

고대 이집트에서 양산(量産)된, 이집트 및 그리스, 로마권에서 주류를 이루었던 기록 매체, 또는 그 원재료가 되었던 식물의 이름. 갈대에 흡사한 파피루스 초(草)는 당시 나일강 하류부의 수변(水邊)의 습지에 무성하였고, 또한 재배되었으

며, 여러 종류의 일용품의 재료가 되었다. 기록 매체로서의 파피루스는 그 풀의 줄기의 속을 리본 모양으로 갈라 이어 붙여, 압착하고, 건조시켜 만든다. 필기에는 갈대 펜과 잉크를 사용하였다. 통상은 수십 센티미터(cm) 각(角)의 시트를 대상(帶狀)으로 합쳐 이어 권자본(卷子本)으로 하였다. 꺾어 구부리면 약하기 때문에 책자체(册子體)는 예가 적다. 4세기경부터 고가이지만 더 강인한 수피지(獸皮紙)로 교체되고, 종이가 유럽에 전래되면서 그 역할을 마쳤다. ↔ 권자본; 독피지; 양피지; 점토판

판(版) edition

"(1) 동일 출판자가 동일 원판을 사용하여 발행하는 간행물의 인쇄물. (2) 동일 마스터를 사용한 카피의 전체"(『일본목록규칙 1987년판 개정 3판』 용어 해설). 인쇄 원판이나 마스터 등에 변경이 이루어진 것, 즉 저작의 내용에 개정 등의 변경이 가해진 것(제2판, 개정판 등)을 비롯하여, 외장(外裝)에만 차이가 있는 것(호화판, 축쇄판 등)이나, 저작의 형식이나 용도의 차이에 의한 것(일본어판, 초록판 등)도 특정의 판으로 간주된다. 또한 칙판(勅版), 관판, 일본의 스루가판(駿河版), 고활자판 등의 서지학의 용어는 발행처, 발행지, 판식(版式) 등의 뜻에서 「판」이라는 표현을 사용했던 것이다. ↔ 판차; 판표시

판경(版經) printed sutra

인쇄된 불교 경전으로, 필사된 사경(寫經)에 상대되는 말. 불교 경전의 인쇄는 일본에서는 『백만탑다라니』(百萬塔陀羅尼)를 비롯하여, 나라(奈良), 헤이안(平安) 시대에 이미 이루어지고 있는데, 당시의 불전(佛典)의 인쇄는 승려에게 필요한 텍스트를 제공하기 위한다는 것보다도, 공양, 공덕을 쌓기 위한 접경 공양(摺經供養)이었다. 이러한 접경도 판경이기는 하지만, 인쇄의 기술도 아직 유치하고 유품도 적다. 일본의 판경이 본격적으로 발달하고, 양식적으로도 뛰어난 것이 만들어진 것은 헤이안(平安) 말기부터 가마쿠라(鎌倉) 시대로, 카스가판(春日版), 코야판(高野版), 정토교판(淨土敎版) 등 불교 제파에 의한 특색이 있는 판경이 출판되었다. 나아가 남북조(南北朝)에서 무로마치(室町) 시대에 걸쳐서는 선종 관계의 고잔판(五山版)이 나타났는데, 에도기(江戶期)에는 출판 문화의 주류가 불교 관계의 것에서 세속적인 것으로 옮겨간다.

판권(면)(版權面) colophon

도서나 잡지의 말미에 저작자나 발행처의 이름과 주소, 발행년월일, 판차와 쇄차, 저작권 표시 등을 기재한 페이지 또는 그 부분. 원래 일본 특유의 것으로, 일본말로는 오쿠즈케(奧付)라고 한다. 일본에서는 1722년 12월 에도마치부교(江戶町奉行) 오오오카 타다스케(大岡忠相)가 낸 「신작서적출판의 의식에 첨부된 포고문」 속의 1조 "어떤 책이든 이 이후에는 신판(新板)의 것은 작자 및 출판한 곳의 실명(實名)을 발문(跋文)에 밝히도록 할 것"에서 유래한다. 메이지(明治) 이후에도 법률로 규정되어, 1945년 5월 24일에 폐지되기까지 의무화되어 있었다. 현재는 법적 규제가 아니라 관행으로서 계승되어, 필요하다고 여겨지는 서지 사항의 기재 부분으로서 의의를 가지고 있다. 서구(西歐) 활판 인쇄 초기인 15세기에 서적 권말에 인쇄년월, 장소, 인쇄자명 등을 기재한 부분을 colophon(마무리의 뜻을 가진 그리스어)이라고 한 것에 비견된다.

판매 목록(販賣目錄) trade catalog

출판사, 고서점, 서점, 서적 도매상이나 중개인 등이 자사(점)에서 취급하고 있는 도서, 잡지 등의 출판물을 수록 대상으로 하여 편집, 간행하는 문헌 리스트. 신간 도서를 수록한 신간 목록, 자사의 출판물을 모은 출판 목록, 고서점이나 양서 수입 대리점이 작성하는 재고 목록, 판매 전시회나 옥션 등에 출품하는 도서 등을 모은 출품 목록 등이 있다.

판매 서지(販賣書誌) trade bibliography

국내에서 출판하여 판매되고 있는 도서 등의 자료를 포괄적으로 수집한 서지. 상업 출판물로서 발행된 도서의 판매를 위해 작성되는 영업용의 리스트이기도 하기 때문에, 상업 서지라고도 일컬어진다. 전국적으로 커버하고 있는 것을 전국적 판매 서지라고 한다. 여기에는 어떤 일정 기간(전 1개월, 전년 1년간)에 간행된 신간 도서를 수록한 서지와, 이전에 발행된 것이라도 절판이나 품절되지 않고 현재도 판매되고 있는 입수 가능한 도서를 수록하고 있는 서지가 있다. 또한 어느 출판사가 자사(自社)의 출판물을 망라적으로 수록한 것이나, 고서점이나 양서 수입 대리점 등이 작성하는 재고 목록 등의 「판매 목록」을 판매 서지라고 부르는 경우가 있다.

판면(版面) type page

인쇄된 페이지에서 문자나 도판(圖版)이 들어가는 영역. 페이지의 사주(四周)의 여백을 제외한 인쇄 영역. 페이지 레이아웃상, 판면의 형이나 크기, 위치를 전 페이지에 일정하게 유지하는 쪽이 아름답다.

판본(版本) → 목판본

판사항(版事項) edition area

국제표준서지기술법(ISBD)에 규정된 기술의 두 번째 사항. 표제와 책임 표시 사항의 기록만으로는 확인·식별할 수 없는, 해당 자료가 속하고 있는 판을 특정화하는 것을 의도하고 있다. 기록해야 할 서지 사항에는 서지 기술의 대상이 되는 자료의 판표시, 특정판에만 관계되는 책임 표시, 부차적 판표시, 그리고 부차적 판표시에만 관계되는 책임 표시가 있으며, 이 순서로 기록된다. ↔ 국제표준서지기술법; 사항

판식(版式) style of edition

(1) 간본(刊本)의 판면(版面)의 형식. 양서에서는 활자의 서체와 조판의 체재로 판식이 결정되는데, 동양 고서(화한서(和漢書) 등 포함)에서는 목판의 판밑(版下)의 서체, 광곽(匡郭), 괘선(罫線)이나 판심(版心) 등의 체재가 판식의 특징을 이룬다. (2) 판의 구조에 의한 판의 방식. 근대 인쇄술에서는 철판(凸版), 평판(平版), 요판(凹版)의 세 가지 판이 있다.

판차(版次) edition designator

인쇄물에서 판이 몇 회 고쳐졌는지를 나타내는 용어. 최초의 판을 초판, 다음의 판을 재판, 제2판 등이라 한다. 개판(改版)은 인쇄물의 내용의 개정에 따라 이루어지는 경우가 많은데, 해당 자료의 서지 기술을 행하는 경우, 이 판차를 판표시로서 기록함으로써, 다른 판과의 상위(相違)를 명확하게 할 수 있다. 또한 일본에서는 쇄차(刷次)의 의미로 판차를 사용하고 있는 발행처가 있는데, 서지 기술을 행할 때 주의가 필요하다. ↔ 쇄차; 판

판표시(版表示) edition statement

"자료가 속한 판을 나타내는 어구 등의 표시. 증보판(增補版), 개정판 등의 이외에, 축쇄판(縮刷版), 호화판(豪華版) 등도 포함된다. 또한 컴퓨터파일의 버전, 서사 자료(書寫資料)의 원고도 포함한다"(『일본목록규칙 1987년판 개정 3판』 용어해설). 자료의 판차나 판의 종류를 나타내는 모든 어구가 해당한다. 서지 기술 중의 판사항에서는, 기술의 대상이 되는 자료에 표시되어 있는 형을 기록한다. 다만 실제는 쇄차(刷次)인데, 판으로 표시되어 있는 경우가 있기 때문에, 주의가 필요하다. 또한 다른 판과 두드러지는 상위(相違)가 인정되는 경우에는, 표시의 유무에 관계없이, 적절한 어구를 보기(補記)하는 등으로, 특정의 판이라는 것을 나타낼 필요가 있다. 한편 판표시에 상당하는 어구가 복수의 언어(또는 문자)로 나타나 있는 경우, 두 번째 이후에 기록하는 언어(또는 문자)의 판표시를 「대등판표시」라 한다. ↔ 판사항

판하본(版下本)

판목(版木)을 새길 때에는, 얇은 종이에 쓴 텍스트를 뒤집어서 판목에 첨부(貼付)하고 새겨 나간다. 판목을 새기기 위해 쓴 텍스트를 판하서(版下書)라 하고, 책 1책분 전부의 판하서를 판하본이라고 한다. 그러나 판하서는 실제로 판밑(판하: 版下)으로서 사용되면 남지 않기 때문에, 판하본이라고 칭하는 것은 판밑으로서는 사용되지 않았던 미간본(未刊本)의 최종 원고이다.

판형(判型) (1) book size (2) format

(1) 도서의 크기, 용지의 크기에 관계되며, 일본에서는 다음과 같은 역사적 변천이 있다. ① 화지(和紙: 재래식 일본 종이)를 사용한 화장본(和裝本)의 크기로, 미농지(美濃紙)나 반지(半紙)를 사용한 미농판, 반지판. ② 메이지(明治) 초기부터의 양지를 사용한 양장본의 크기로, 국판(菊判), 사륙판(四六判) 등. ③ 일본공업규격(JIS)으로 정해져, 현재 보급되고 있는 것. 규격판. A열과 B열의 두 계통이 있으며, 각각 0호부터 12호로 이루어지는 크기. 예를 들면 A4판, B5판 등으로 불리고 있다(A4판은 A열 0호를 4회 두 번 접기를 한 크기, B5판은 B열 0호를 5회 두 번 접기를 한 크기의 것). 또한 규격 외의 것으로서 A판 20취, B판 40취(신서판) 등이 있다. 한국에서는 한국공업규격(KS A5201)에 의해 A판과 B판 각각 0부터 10

까지 22종의 규격 재단 치수가 정해져 있다. (2) 서양에서, 전지(全紙: 대략 19×25인치)를 겹쳐 접은 횟수로 나타내는 단어의 총칭. 예를 들면 전지를 1회 접어 4페이지로 한 이절판(폴리오판, folio), 2회 접은 사절판(쿼토판, quarto) 등이 있다. 희서(稀書)의 기술과 같이 상세한 서지 기술을 행하는 경우에 사용한다. ↔ (1) 국판; 사륙판; 신서판

패널 시어터 panel theater

백(白)과 흑(黑)의 기모(起毛)한 천 조각을 친 60×100cm 정도의 패널(무대)에, 부직포로 만든 인형이나 배경의 그림을 붙이거나, 떼거나, 이동하면서 이야기를 공연하는 인형극. 일본의 코우다 료준(古宇田亮順)이 1973년에 고안. 보육원, 유치원, 도서관의 이야기회 이외에, 노인을 대상으로 공연되는 경우도 있다. 작품은 공연자가 만드는 이외에, 작품집이 시판되고 있다. ↔ 어린이 서비스; 유유아 서비스; 에이프런 시어터; 책 읽어주기

패싯 facet

일반적으로는 보석이나 컷글라스(cut glass)의 컷 면(面)에 대한 것을 가리키는데, 분류법에서는 어떤 클래스를 둘 이상의 다른 구분 특성에 의해 구분했을 때 얻어지는 하위 클래스의 총체(總體)를 말한다. 구분되는 클래스는 통상 문학이나 경제학 등의 주제 분야이다. 예를 들면, 문학이라는 클래스를 언어라는 특성에 의해 구분하면, 일본 문학, 영문학, 프랑스 문학 등의 하위 클래스를 얻을 수 있으며, 문학 형식이라는 특성에 의해 구분하면, 시, 희곡, 소설 등의 하위 클래스를 얻을 수 있다. 즉 이 때 각각의 하위 클래스의 총체가 언어 패싯(일본 문학, 영문학, 프랑스 문학 . . .), 문학 형식 패싯(시, 희곡, 소설 . . .)이 된다. 패싯식 분류법에서는, 주제 분야마다 몇몇의 패싯이 설정되며, 그것을 바탕으로 주제 분석을 행하게 된다. ↔ 패싯식 분류법; 하위 패싯

패싯 공식(--公式) facet formula

구분 특성을 일관된 순서로 적용하기 위한 공식. 패싯식 분류법에서, 열거 순서의 동의어로 간주해도 무방하다. 공식의 조립에는 세 가지의 원리가 인지되고 있다. 첫 번째는 카이저(Julius Otto Kaiser 1868-1927)의 구상(具象)—과정 및

랑가나단의 PMEST로 대표되는 구체성 감소의 원리로, 사물—재료—동작이라는 중요성의 공식은 이 생각에 따른다. 두 번째는 블리스(Henry Evelyn Bliss 1870-1955)의 과학적 및 교육적 컨센서스(합의: consensus)의 원리로, 주제는 어떻게 연구되고 교육되는가라는 관점이다. 세 번째는 목적 중시의 원리로, 연구나 개발에는 명확한 목적이 있기 때문에, 그것을 제1패싯으로 고정시킨 후에 공식을 조립하는 것이다. OVS라는 수동 구문(受動構文)은 이 생각에 따른다. 이러한 원리를 상호 보완적으로 집대성한 것이 표준 열거 순서이다. ↔ 열거 순서; 표준 열거 순서

패싯 분석(--分析) facet analysis

패싯식 분류법을 구축할 때의 기초가 되어야 할 패싯을 인식하는 과정. 즉 기본 범주를 염두에 두면서, 주제가 어떤 특성에 의해 구분되어야 하는지(또는 구성되어 있는지)를 결정하기 위한 분석법. ↔ 기본 범주; 주제 분석; 패싯

패싯식 기호법(--式記號法) faceted notation

패싯식 분류법에서 필요한 모든 패싯을 정해진 열거 순서에 따라, 합성, 표시할 수 있도록 고안된 분류 기호법. 모든 복합 주제에 대한 표현 가능성을 갖추고 있다. 패싯을 도입하는 패싯 지시 기호(facet indicator)를 사용하는 경우와, 소급적 기호법과 같이 패싯 지시 기호를 사용하지 않는 경우가 있다. ↔ 소급적 기호법; 패싯 지시 기호; 펜스 기호법

패싯식 분류법(--式分類法) faceted classification

랑가나단이 콜론분류법(CC)에서 채택한 원리를 바탕으로 하는 분류법. 주제 분석과 합성을 그 기본 원리로 하고 있기 때문에, 분석 합성식 분류법이라고도 일컬어진다. 주로 보조표 등의 형으로 열거식 분류법에 도입되고 있던 합성에 의한 주제 표현을 랑가나단이 패싯이라는 개념을 도입함으로써 이론적으로 체계화하였다. 그 이론은 영국의 분류연구회(CRG: Classification Research Group)에 의해 상당수의 특수 분류표의 작성에 활용되어 커다란 성과를 거두었다. ↔ 분석 합성식 분류법

패싯 지시 기호(--指示記號) facet indicator

패싯 합성된 분류 기호의 각 요소를 분리하는 부호로, 이어지는 기호의 패싯의 의미를 지시한다. 콜론분류법(CC)은 제4판에서 기본 범주(기본 카테고리: PMEST)에 대응하는 5종류의 구두법 기호(, ; : . ')를 패싯 지시 기호로 채택하였다. 아라비아 숫자와 알파벳을 병용하는 혼합 기호의 일종(예를 들면, L860U3의 L과 U)이나, 알파벳의 대문자나 소문자를 병용하는 혼합 기호의 일종(예를 들면, RavManLep의 R과 M과 L)도 패싯 지시 기호로서 기능하고 있다. 괄호나 인용 부호 등 대(對)를 이루는 부호는 삽입을 위한 패싯 지시 기호로서 사용된다. ↔ 삽입; 소급적 기호법; 패싯식 기호법; 펜스 기호법

팩시밀리 판(--版) facsimile edition

책이나 미술품 등의 복제 중, 특히 원자료의 내용뿐만 아니라, 물리적 형태를 포함하여, 가능한 한 충실하게 재현한 판. 예를 들면, 도서의 경우 원자료의 본문·도상(圖像) 등의 형·색을 사진 제판 기술에 의해 정확히 재현할 뿐만 아니라, 지질·장정 등의 조본(造本) 면에 대해서도 가능한 한 충실하게 재생한 것. 팩시밀리 판은 다른 복제에 비해 노력·비용이 들어가기 때문에, 특히 귀중한 자료일 경우에만 발행된다. ↔ 복각; 복제; 원본 대체 자료

팰림프세스트 palimpsest

그리스어의 「다시」 및 「긁어내다」의 뜻을 가진 두 단어로 이루어진 복합어에서 유래한다. 이전에 기록된 자구를 부분적으로 또는 완전히 소거(消去)한 양피지(羊皮紙) 등의 수피지(獸皮紙)의 표면에, 새로운 자구를 적은 사본. 2회 이상 재사용한 경우도 있다. 수피지는 귀중품이었기 때문에, 유럽을 위주로 7세기와 8세기 전반에 뤽세이유(Luxeuil), 보비오(Bobbio), 장크트갈렌(St. Gallen: 생갈이라고도 한다) 등의 수도원에서, 원래의 그리스어나 라틴어에 의한 텍스트를 긁어내고, 다른 문헌을 겹쳐 쓰는 예가 많았다. 후에 특히 19세기 이후, 당초의 텍스트가 시약(試藥)에 의해, 뒤이어 자외선을 조사(照射)하는 방법에 의해 복원되게 되었다. 그 중에는, 키케로(Marcus Tullius Cicero BC 106-BC 43)의 『국가론』을 비롯하여 플라우투스(Titus Marccius Plautus BC 250?-BC 184), 리비우스(Titus Livius BC 59-AD 117) 등의 저작이 있다. ↔ 독피지; 양피지

팸플릿 pamphlet

분량이 수 페이지에서 수십 페이지로 적고, 극히 간이(簡易)한 방법으로 철하고 있는 책자 형태의 인쇄 자료. 접은 종이를 철하지 않고 겹치기만 하여 책자 형태로 한 것도 있다. 내용은 상품의 카탈로그, 행사의 프로그램, 기계의 매뉴얼, 시설이나 설비의 이용 안내, 정치적 주장의 해설 등 다양하지만, 어느 것이든 한정된 정보, 지식을 일시적으로 제공하는 목적으로 작성된다는 점에 특징이 있다. 그 특징으로부터 간이 자료(簡易資料), 단명 자료(短命資料: ephemeral), 파일 자료로 분류되는 경우가 있다. 배포는 일반의 출판 유통 경로가 아니라, 특정의 집단에 대한 우송, 물품에 대한 첨부, 특정 장소에서 손수 전하거나 비치(「자유로이 가져가는」 방식)하는 등의 방법에 의하기 때문에 그 대부분이 회색 문헌(灰色文獻)으로 간주된다. 유네스코에서는 통계 작업을 위해, "표지를 제외하고 5페이지 이상 48페이지 이하의 인쇄된 비정기간행물"이라고 정의하고, 팸플릿을 리플릿, 도서, 연속간행물과 구별하고 있다. ↔ 리플릿; 책자체; 파일링 시스템

퍼지 검색(--檢索) fuzzy retrieval

검색식과 축적 정보의 합치 정도를 완전히 합치하는지 아닌지의 두 값이 아니라 다치적(多値的)으로 판단하여 조합(照合)을 실시하는 검색 방법의 하나. 개개의 정보가 고유하게 갖는 내용적 특질을 바탕으로 하는 부분 조합(部分照合) 방식. 축적 정보의 검색어에 대한 관련의 강도(强度)를 나타내는 멤버십 함수를 고려하여, 그것을 바탕으로 조합 조작을 실시한다. 검색어 간의 AND 및 OR 관계는 개개의 멤버십 함수값 간에서의 최소치 및 최대치로 나타낸다. 검색 결과를 적합도 순으로 출력하는 것이 가능한데, 검색어와 축적 정보와의 합치도를 적확하게 표현할 수 있는 멤버십 함수를 고안하는 것이 용이하지 않은 것에 문제가 있다. ↔ 퍼지 모델

퍼지 모델 fuzzy model

정보 검색의 분야에서는, 퍼지 집합의 이론을 응용한 검색 모델을 가리킨다. 불 연산(Boolean operation)을 바탕으로 하는 검색 모델에서는, 문헌이 검색어에 관련되는지의 여부는 검색어의 출현 여부에 의해 이치적(二値的)으로 결정되며, 문헌 중의 단어에 가중치를 부여하기가 곤란하지만, 퍼지 모델에서는 각 문헌이 그

검색어에 관계되는 정도(가중치)를 다치적(多値的)으로 표현할 수 있다. 이 값에 대해 논리곱이나 논리합 등의 연산을 사용하는 것이 가능하게 되기 때문에, 검색 결과를 순위화하여 제시하는 것이 가능하게 된다. ↔ 불 연산; 퍼지 검색

퍼포먼스 측정(--測定) → 성과 측정

페이지 page

(1) 도서나 잡지 등, 책자체(册子體)를 구성하는 낱장의 단면(單面). (2) 페이지 (1)의 분량을 나타내는 단위. 1매의 낱장은 안과 밖의 2페이지가 된다. (3) 페이지 (1)의 책자체 중에서의 순서를 표시하는 숫자. 페이지 번호에 관한 것. 통상은 난외(欄外)에 인쇄되어 있다.

페이지 매김 pagination

책이나 잡지의 페이지에 순번으로 번호를 부여하는 것. 또는 그와 같이 부여된 연번(連番)에 관한 것. 도서의 경우, 전부(前付) 부분이 후에 인쇄되는 경우도 많고, 따로따로 나누어서 페이지가 부여되는 경우도 있다. 사본(寫本)의 경우, 장 단위로 번호가 부여되기 때문에, 이것을 장수 매김(foliation)이라고 한다. 페이지가 매겨진 책이 유럽에서 눈에 띄게 된 것은 15세기 말의 일이며, 일본에서는 메이지(明治) 시대에 들어서고 나서의 일이었다.

페이퍼백 paperback

가제본(假製本)의 경장본(輕裝本). 종이 표지로, 하드커버에 상대되는 용어. 대량 부수로 생산되며, 휴대에 편리한 것, 염가인 것 등의 이유로 오늘날 널리 보급되고 있다. 현대의 페이퍼백의 염가판 시리즈는 역사적으로는 1935년에 영국의 레인(Allen Lane 1902-1970)이 창간한 Penguin Books가 시작했다고 일컬어지는데, 그 후 미국에서 Pelican Books, Pocket Books 등이 창간되었다. ↔ 하드커버

펜스 기호법(--記號法) fence notation

합성된 패싯의 의미를 지시하는 것이 아니라, 단순한 울타리(柵)로서의 구두법 부호로 그것들을 분리하는 표현형 기호법. 콜론분류법(CC)의 초판에서 제3판까

지 사용된 콜론(:) 이외에, 사선(/)이 펜스 부호로서 자주 사용된다. ↔ 소급적 기호법; 패싯 지시 기호

편람(便覽) handbook

특정 영역의 지식을 정리하여, 실무적인 목적으로서 해설한 참고 도서. 표제(타이틀) 중에서는, 「편람」, 「핸드북」 이외에, 「필휴」(必携), 「길잡이」, 「매뉴얼」 등이 사용되고 있다. 분야에 따라 내용이나 형식은 천차만별이며, 표준적인 기술 형식이 있는 것은 아니다. 예를 들면 이공학 분야에서는, 도표나 공식을 포함한 체계적인 것이 많다. 한편 육아, 관혼상제 등 일상생활을 다룬 것도 있다. 공통하고 있는 것은 실무에 도움이 되는 것을 목적으로 하고 있는 것이며, 목적으로 하는 「실무」의 정도에 따라, 같은 분야에서도 내용이 달라지고 있다.

편면 서가(片面書架) → 단면 서가

편목 규칙(編目規則) cataloging rules

도서관의 목록을 작성하는 지침이나 방법을 규칙의 형식으로 조목별로 쓰고, 체계적으로 편성한 것. 목록 규칙이라고도 한다. 대상이 되는 자료의 특징을 기록하는 서지 기술의 작성에 관한 규칙, 기술을 검색할 때의 실마리가 되는 표목(접근점: 액세스포인트)의 선정과 형식의 결정에 관한 규칙 등으로 이루어진다. 표준적인 편목 규칙의 제정 및 보급은 도서관 간의 목록(서지) 정보의 교환이나 공유를 가능하게 하고, 나아가서는 국가 서지 작성 기관이나 서지 유틸리티 등에서 제공되는 서지 정보를 개개의 도서관에서 이용하는 것을 용이하게 해준다. 오늘날에는 각국 또는 각 언어권에서 각각 표준적인 편목 규칙이 제정되고 있는데, 한국에서는 한국목록규칙(KCR), 일본에서는 일본목록규칙(NCR), 영어권에서는 영미편목규칙(AACR)이 널리 채택되고 있다. 또한 그 국제적인 정합성(整合性)을 유지하기 위한 기준을 제시한 국제표준서지기술법(ISBD)이나 파리원칙이 있다. ↔ 국제표준서지기술법; 목록법; 배열 규칙; 영미편목규칙; 일본목록규칙; 파리원칙

편입 수입(編入受入) accession by incorporating

자료 수입의 방법의 하나로, 당초 소모품 취급을 하여 수입된 신문 잡지나 페이

지 수가 적은 연속간행물 등을 후일에 장기 보존하기 위해 합책 제본(合冊製本)하여, 도서로서 수입하는 것.

편집(編輯) editing

(1) 출판물, 문서, 기록, 녹음 자료, 영상 자료 등의 본문이나 항목 또는 소재로부터 취사선택하여, 고쳐 쓰거나 가필(加筆)하여 하나의 저작을 작성하는 것. 특히 출판물의 편집자에 관해서는, 편목 규칙에서는 「편자」(編者)라고 하는데, 이것은 『일본목록규칙 1987년판 개정 3판』 용어 해설에서는 "저작을 출판하기 위해 편집하는 자"로서, 책임 표시에 포함되며, 저작에 간접적으로 관여하는 자로서 다루어지고 있다. (2) 출판의 과정에서, 계획을 세우고, 집필자를 선정하고, 의뢰하고, 원고를 모아, 이것을 완전한 것으로 하고, 나아가 일정을 관리하는 등, 원고를 제작 부문으로 넘기기까지의 모든 활동.

편찬(編纂) compilation

일정의 방침 아래 복수의 저작이나 항목을 모으고, 취사선택, 재편집하여, 하나의 출판물로 하는 것. 예를 들면, 특정 저자에 의한 저작을 모아 저작집을 만드는 경우나, 어떤 테마의 저작을 모아 합집, 선집을 만드는 경우에 사용된다. 차전 등의 참고 도서에도 사용되는 경우가 있다. 일반적으로 원래의 저작 등에는 손을 댈 수 없다. 편찬자의 출판물에 대한 관여의 정도는 편자(編者)보다도 강한 것으로 간주되며, 『일본목록규칙 1987년판 개정 3판』에서는 저자와 동등하게 다루어지고 있다.

편향의 상(偏向--相) bias phase

상 관계의 하나로, 어떤 주제가 특히 그것에 관심을 가지고 있는 사람들을 향해 편향하여 다루어지는 경우를 말한다. 예를 들면, 「도서관인을 위한 통계학」, 「등산객을 위한 기상 입문」 등, 통상 편향의 대상이 되는 사람들이 아니라 주제를 우선한다. 패싯식 분류법에서는 주제를 바탕으로 분류하고, 상 연결 기호를 붙이고, 이어서 편향의 대상이 되는 사람들을 나타내는 분류 기호를 부가하여 표현한다. ↔ 상 관계

평생 학습(平生學習) lifelong learning

사람은 평생에 걸쳐 학습을 계속 발달시키는 존재라는 이념을 바탕으로 하는, 학습의 형태, 방법, 제도, 정책 전반. 일본에서는 생애 학습(生涯學習)이라고 한다. 평생 교육(lifelong integrated education)과 동의어이지만, 관점의 차이로 이해된다. 즉 평생에 걸쳐 자율적인 교육 활동을 그 주체(학습자)의 면에서 파악하는 경우, 평생 학습이라는 용어의 의의가 강조되는 것이다. 또한 평생 교육은 제도적인 면을 중시하여, 가정 교육, 학교 교육, 사회 교육을 통합한 교육 실천을 의미하고 있는데, 평생 학습에서는, 그러한 다양한 교육 제도를 종합적으로 활용하면서, 학습 활동을 추진하는 것에 주된 초점이 맞추어져 있다. 오늘날 공공 도서관은 평생 학습 시설로 생각되고 있다. 이것은 제도적으로 사회 교육 시설의 하나로 되어 있기 때문이며, 기능에서 그 활동이 넓고 학습자를 자료면과 정보면에서 지원하고 있기 때문이기도 하다.

평주(評註) comment

기존의 저작을 비판하거나, 주나 설명을 추가하여 본문의 의의를 해명하는 것. 한편 「주」란 나가사와 키쿠야(長澤規矩也)의 『도서학 사전』(1979)에 의하면, "어려운 본문의 의미를 쉽게 하는 것"이다.

평판 인쇄(平版印刷) lithography; planography; planographic printing

판면(版面)에 명확한 고저차가 없고, 화선부(畵線部)는 친유성(親油性), 비화선부(非畵線部)는 친수성(親水性)으로, 물과 잉크를 교대로 공급하면 물과 지방이 상호간에 서로 반발하는 성질을 이용하여 인쇄하는 방법. 1798년 독일의 제네펠더(Johann Nepomuk Franz Alois Senefelder 1771-1834)의 발명에 의해 석판(石版)에 의해 시작되었다. 금속판(아연, 알루미늄)의 이용에 따라 급속히 발전하고, 나아가 오프셋 인쇄의 발명에 의해 주요한 판식(版式)으로 발전하였다. 종류로서 판재(版材)에 의한 구분으로 석판석(石版石), 아연판(亞鉛版), 알루미늄판, 다층판(多層版) 등, 판의 표면 상태에 의한 구분으로 평판, 평요판(平凹版), 평철판(平凸版) 등이 있다. ↔ 석판 인쇄; 오프셋; 콜로타이프

폐가제(閉架制) closed stack system

서고의 관리 방식의 하나로, 자료는 서고에 수용되어 있고, 이용자는 직접 서가에 접할 수 없다. 이용자가 자료를 이용하는 경우에는, ① 목록 등의 검색 수단을 이용하여 자료를 찾고, ② 자료 청구표에 청구 기호, 저자명, 서명, 잡지명 등의 필요 사항을 기재하고, ③ 그것을 카운터의 직원에게 건네고, ④ 직원이 서고에서 해당하는 자료를 골라낸다고 하는 순서가 필요하게 된다. 직원이 자료의 출납 업무를 하는 것에서, 출납식(出納式)이라고도 한다. 자료의 분실이 적고, 서가의 배열이 혼란스럽지 않으며, 전체적인 자료 수용 능력이 높은 등, 보존이나 관리의 면에서는 이점이 있는 반면, 자료의 이용면에서, 인력이 소요되고, 브라우징을 할 수 없다는 등의 결점이 있다. ↔ 부분 폐가제

폐간(廢刊) discontinuance of publication

연속간행물의 최종호가 간행되는 것. 휴간의 경우는 복간을 의도하고 있지만, 폐간은 복간을 예정하고 있지 않다. ↔ 휴간

폐기(廢棄) discard

특정의 자료를 컬렉션에서 제거하는 것. 자료를 제적한 후의 처리를 가리키는데, 제적(除籍)의 동의어로서 사용되는 경우가 있다. ↔ 위딩; 제적

폐기 기준(廢棄基準) weeding criteria

컬렉션 중에서 자료를 제거할 때의 기준. 장서 수용량에 한계가 있고, 또한 대출 중심의 도서관에서는, 출판으로부터의 시간의 경과나 신판 간행 때문에 내용이 낡게 되고, 이용되지 않으며, 중복되어 있고, 손상이 심하다는 네 가지 점이 기준이 되고 있다. 기준의 성문화(成文化)는 도서관의 목표, 컬렉션 구성, 컬렉션의 갱신, 스페이스 등을 고려하여 결정해야 한다. 학교 도서관용으로는 일본의 경우, 전국학교도서관협의회 『학교 도서관 도서 폐기 규준』(1993)이 있다. ↔ 위딩; 장서 구성; 제적; 폐기

포괄 발주(包括發注) → 일괄 주문

포배장(包背裝) spine wrapped binding

종이를 문자면을 외측(外側)으로 하여 두 번 접어 겹쳐 쌓아, 1책 분을 종이 노끈으로 연철(連綴)하고, 1매의 두꺼운 표지로 감싸고, 등 부분을 본문 용지와 풀로 붙이는 장정법(裝丁法). 중국에서는 원대(元代)로부터 명대(明代)의 중엽에 걸쳐 이루어졌으며, 일본에서도 그 영향을 받아, 가마쿠라(鎌倉) 중기부터 행해졌다. 특히 고잔판(五山版)의 원장본(原裝本)은 대부분 포배장이었다고 일컬어진다. ↔ 고잔판(五山版)

포스팅 posting

(1) 데이터베이스의 레코드에 특정의 데이터 요소를 부여, 기입, 배치하는 것. 데이터베이스의 색인 작성에 관해, 특정의 레코드에 특정의 색인어를 부여하는 것을 의미한다. (2) 색인 작성에서, 색인어를 부여한 횟수, 즉 색인어의 출현 빈도에 관한 것. 데이터베이스 중에서의 특정 색인어의 출현 빈도나, 특정 레코드에 부여된 색인어의 개수를 포스팅이라고 한다. (3) 데이터베이스를 대상으로 하는 정보 검색에서, 1회의 검색으로 검색되는 레코드의 건수

포커스 focus

한 패싯 중의 각 멤버(구성 요소). 랑가나단(S. R. Ranganathan)에 의하면, 주제를 구성하는 각 요소를 아이솔레이트(isolate)라고 하는데, 이 아이솔레이트가 특정의 주제 분야와 결부하여, 어떤 패싯의 멤버가 될 때, 그 아이솔레이트를 포커스라고 부른다. ↔ 아이솔레이트

포켓판(--判) pocket edition

포켓에 들어가는 정도의 휴대에 편리한 소형본의 총칭. 문고판(A6판), 신서판(新書判) 등이 포함된다. 옛날에는 「수진본」(袖珍本)이라고 일컬어졌으며, 삼오판(三五判, A판 40취, 약 148×82mm), 삼육판(三六判, B판 40취, 약 185×103mm), 국반절판(菊半截判, 약 109×151mm) 등을 가리킨다. ↔ 국판; 신서판

포토 라이브러리 → 시청각 라이브러리

표목(標目) heading

"서지 레코드를 검색하는 실마리가 되는 것으로, 목록 저록(목록 기입)의 모두(冒頭)에 기재되어, 그 배열 위치를 결정하는 제1요소. 표목이 되는 것으로는, 표제(타이틀), 저자, 주제명 및 분류 기호가 있다"(『일본목록규칙 1987년판 개정 3판』 용어 해설). 표목은 검색 및 배열의 기능을 수행하기 위해, 집중성, 배타성 및 배열성을 조건으로서 갖추지 않으면 안 된다. 동일 저자에 의한 것이나 동일 주제의 것을 집중시키기 위해, 통제된 통일 표목을 사용하고, 동시에 배타성을 실현하기 위해, 동명이인(同名異人)에 생몰년 등의 부기 사항을 부가하여 구별을 가능하도록 하고 있다. 또한 일본에서는, 표의 문자 언어(表意文字言語)에 의한 표제, 저자, 주제명에 관해서는, 배열이 용이한 가타가나나 로마자로 표기함으로써, 배열성을 보증하고 있다. 또한 표목과 접근점(액세스 포인트)을 동의(同義)로 사용하고 있는 경우도 많은데, 후자(後者)는 전자(前者)에 덧붙여 각종의 코드화 정보, 검색 가능한 기술(記述) 중의 출현 어구 등도 포함한 더 광의(廣義)의 용어이다. ↔ 서지 레코드; 접근점

표목 지시(標目指示) tracing

"기술(記述)의 하부에, 도서관이 편성하는 목록의 종류마다, 각종의 표목을 지시하는 것. 이 지시를 바탕으로 하여, 목록 저록(목록 기입)의 모두(冒頭)에 표목을 기재한다. 또한 자료를 제적(除籍)할 경우에는, 목록 중의 해당 자료에 관한 모든 목록 저록을 제거하는 실마리가 되기도 한다"(『일본목록규칙 1987년판 개정 3판』 용어 해설). 기본 저록 방식에서는, 기본 저록의 하부에 부출 저록이나 분출 저록 등의 보조 저록의 모든 표목이 기록된다. 이것을 트레이싱이라고 한다. 한편 기술 유닛 방식에서는, 각 저록의 하부에 표목이 되는 것이 모두 기록된다. ↔ 서지 레코드; 표목

표시 기호(表示記號) → 태그

표적 그룹(標的--) → 서비스 대상 집단

표제(標題) title

"자료의 명칭 또는 자료 중에 수록되어 있는 각 저작의 명칭을 나타내는 어구.

통상 자료에 표시되어 있다"(『일본목록규칙 1987년판 개정 3판』 용어 해설). 도서의 「서명」, 연속간행물의 「지명」(誌名)이나 「지명」(紙名) 등의 포괄적인 명칭. 표제와 「타이틀」을 동의어로 사용하는 경우도 있지만, 구별하여, 이상의 설명을 타이틀이라 하고, 「표제」는 이러한 타이틀에 책임 표시, 판표시를 추가한 것 전체를 가리키는 용어로서 사용하는 경우도 있다. 『일본목록규칙 1987년판』에 도입된 서지 단위란 이 표제(식별·확인에 도움이 되는 「고유의 표제」)를 바탕으로 하여, 기술 대상을 파악하는 것이다.

표제 관련 정보(標題關連情報) other title information

"본표제 또는 대등 표제, 또는 자료 중의 각 저작의 표제에 결부된 형으로 표시되어, 본표제 등에 관련하여, 이것들을 한정 설명하고 있는 어구 등. 부표제(sub-title)와 표제 선행 사항(avant-titre)을 포함한다"(『일본목록규칙 1987년판 개정 3판』 용어 해설). 기술 대상의 성격, 내용 등, 또는 그 제작이나 출판의 동기를 나타내는 모든 어구가 포함되는데, 본표제의 다른 형(예를 들면, 채택되지 않았던 표지 표제나 책등 표제 등)은 포함되지 않는다. ↔ 부표제; 표제 선행 사항; 표제와 책임 표시 사항

표제 목록(標題目錄) title catalog

"표제 표목만으로 이루어진 목록 저록(목록 기입)과, 참조를 배열한 목록"(『일본목록규칙 1987년판 개정 3판』 용어 해설). 개별형 목록의 일종이다.

표제 색인(標題索引) title index

문헌 등의 표제(타이틀)를 표제어로 하는 색인. 일반의 단행본의 경우에는, 본문 중에 출현하는 문헌의 표제를 검색할 목적으로 편찬된다. 서지의 경우는, 본체의 배열이 주제 분류나 저자명순, 연대순인 경우에, 표제로부터 간단하게 검색할 수 있도록, 표제 색인이 준비된다. 표제와 저자명을 합쳐 하나의 체계로 배열한 저자·표제 색인이 편찬되는 경우도 있다. ↔ 저자·표제 색인

표제 선행 사항(標題先行事項) avant-titre

"정보원(情報源)에 표시되고, 본표제의 상부 또는 앞에 있는, 본표제를 선도하는

형의 표제 관련 정보"(『일본목록규칙 1987년판 개정 3판』용어 해설). 본표제를 내용적으로 설명하거나 한정·수식하는 어구가 해당하는데, 실제로는 그러한 어구를 본표제와 구별되는 표제 선행 사항으로 간주하거나, 또는 그러한 어구도 포함하여 본표제가 구성되는 것으로 간주하는지의 판단이 곤란한 경우도 있다.
↔ 표제 관련 정보

표제와 책임 표시 사항(標題--責任表示事項) title and statement of responsibility area

국제표준서지기술법(ISBD)에 규정된 기술의 첫 번째 사항. 자료의 명칭 또는 자료에 수록되어 있는 개개의 저작의 명칭인 표제(타이틀)와, 그러한 표제에 대응하는 저작의 지적 또는 예술적 내용에 책임을 갖는 개인 또는 단체를 기록하는 책임 표시로 이루어진다. 구체적으로는, 본표제(별표제를 포함한다), 자료 유형 표시, 대등 표제, 표제 관련 정보, 책임 표시와 같은 서지적 요소를 이 순서로 기록한다. ↔ 국제표준서지기술법; 사항

표제 표목(標題標目) title heading

"표제(타이틀)를 목록 저록의 표목으로 하는 것으로, 일반적으로는 그 자료에 표시되어 있는 형을 표목으로 한다"(『일본목록규칙 1987년판 개정 3판』용어 해설). 표제에는 본표제, 대등 표제, 표제 관련 정보, 총서명, 주기된 표제 등이 있으며, 나아가서는 표제 중의 수식어 또는 수식부를 제외한 부분 표제가 있는데, 이러한 것들 중에서 적절한 것을 표제 표목으로서 선정하게 된다. 『일본목록규칙 1987년판 개정 3판』에서는, 필수의 표목으로서 본표제, 별표제를, 또한 종합 표제를 갖지 않은 자료에 대해서는, 같은 필수의 표목으로서 본표제를 구성하는 각 저작의 표제를, 각각 표목으로 하도록 규정하고 있다. 한편 표제 표목의 일종으로서, 각 자료에 표시되어 있는 형이 아니라, 통일된 형의 것을 사용하는 「통일 표제」가 있다. ↔ 통일 표제

표제지(標題紙) title page

"통상 출판물의 모두(冒頭)에 있으며, 해당 출판물의 가장 완전한 서지 정보를 제시하는 페이지. 완전한 표제(타이틀)나 책임 표시, 판차, 발행지, 발행처, 발행

년의 전부 또는 일부의 표시가 있다"(『일본목록규칙 1987년판 개정 3판』 용어 해설). 표제면, 타이틀 페이지, 일본어로는 도비라(扉)라고도 한다. 구미(歐美)에서는 표제지에 가장 완전한 서지 정보를 표시하는 것이 조본(造本)의 관행이 되고 있으며, 이것을 서지 기술의 으뜸 정보원(情報源)으로서 안정적으로 사용할 수 있다. 그에 대해, 일본에서는 표제지를 단순한 장식으로 간주하는 경향이 있으며, 상세한 정보는 판권지에 기재되는 경우가 많다. 또한 표제지에 덧붙여, 부표제지를 가지고 있는 출판물도 있다. ↔ 부표제지; 정보원(情報源)

표제지 대체 부분(標題紙代替部分) title page substitute

「자료에 표제지가 없는 경우, 그 대신이 되는 곳을 말한다. 통상 표제지에 표시되어 있는 정보가 출판물의 어느 페이지(내지는 페이지의 일부) 또는 출판물을 구성하는 그 밖의 부분에 기록되어 있을 때, 이 부분을 표제지를 대신하여 기술의 정보원(情報源)으로 한다. (예: 표지, 표제어, 권두(卷頭), 판권지 등)」(『일본목록규칙 1987년판 개정 3판』 용어 해설 중의 「표제지를 대신하는 것」의 일부 수정). 『영미편목규칙 제2판』에서는, 도서의 으뜸 정보원은 표제지라고 하고, 그것이 없는 자료의 경우에는 표지, 약표제지, 권두 표제(caption title), 판권지, 난외 표제(欄外標題), 또는 그 밖의 부분 중 가장 완전한 정보를 얻을 수 있는 부분을 표제지 대체 부분으로서 사용하도록 하고 있다. ↔ 정보원; 표제지

표준 규격(標準規格) standards

품질의 향상, 제품의 효율화, 사용의 편의 등을 위해, 개개의 제품의 형상이나 품질의 설계 구조(사양: 仕樣)에 관해 표준화 기관이 일정의 절차와 형식으로 작성한 문서. 표준, 규격이라고도 한다. 표준화 기구에는, 국제 규격을 작성하는 국제표준화기구(ISO: International Organization for Standardization)와 같은 국제 조직, 국내 규격을 작성하는 각국의 규격 제정 기관, 단체 규격을 작성하는 단체의 표준화 위원회나 규격 위원회 등이 있다. 표준 규격은 제조자나 이용자 등의 관계자의 합의 아래 작성되며, 규격 번호, 규격명, 본체, 부속서 등으로 구성된다. 국제 규격이나 국내 규격의 탐색이나 입수 수단은 정비되어 있으나, 심의 중인 규격안의 입수는 곤란하다. 최근에는 인터넷상에 공개된 것도 늘어나고 있다.

표준 번호 및 입수 조건 사항(標準番號--入手條件事項) standard number and terms of availability area

국제표준서지기술법(ISBD)에 규정된 기술의 여덟 번째 사항. 기술 대상에 관계되는 국제적 표준 규격에 의한 번호, 그 밖의 상업 시스템에 의한 대체 번호(레코드 발매 번호 등), 그리고 기술 대상의 정가나 입수 가능성 등 입수 조건을 기록하는 사항이다. 기록해야 할 서지적 요소에는, 표준 번호, 핵심 서명(key title), 입수 조건이나 정가 및 부대 조건(어떤 서지적 요소에 부가하여, 그것을 한정, 설명, 수정 또는 정정하는 것)이 있다. ↔ 국제표준서지기술법; 사항

표준 열거 순서(標準列擧順序) standard citation order

영국의 분류연구그룹(CRG: Classification Research Group)이 제시한 패싯의 열거 순서로, 각 주제 분야에 공통하여 적용할 수 있는 것. CRG는 랑가나단(Ranganathan)의 기본 범주(기본 카테고리: fundamental category)의 열거 순서(PMEST)에서 볼 수 있는 구체성 감소의 원리를 재검토하여 중요성의 원리를 도입하고, 각 주제 분야에서 가장 중요한 패싯으로서 연구 목적 또는 최종 결과를 최초에 들었다. 여기에 더하여, 카이저(Julius Otto Kaiser 1868-1927)의 구상(具象)―과정의 원리, 블리스(Henry Evelyn Bliss 1870-1955)의 과학적 및 교육적 컨센서스(합의: consensus)의 원리 등을 발전적으로 종합하여, 「사물―종류―부분―소재―성질―과정―조작―작용인(作用因)―공간―시간―표현 형식」을 표준 열거 순서로서 정리하였다. OVS라는 수동 구문(受動構文)이 기본이 되고 있다는 것, 종류, 부분, 소재 및 성질에 종속하고 그것을 한정하는 역할을 갖는다는 것의 두 가지 점이 중요하다. ↔ 기본 범주; 열거 순서; 패싯 공식

표지 표제(表紙標題) cover title

인쇄 매체 자료의 외부(안과 밖의 부분)를 싸고 있는 표지에 표시되는 표제(타이틀). 책등(書背) 부분에 표시되어 있는 표제는 「책등 표제」로서 구별한다. 『일본목록규칙 1987년판 개정 3판』에서는, 도서의 경우 본표제를 선정할 때 사용하는 소정의 정보원(情報源)의 하나가 된다. ↔ 책등 표제

표현력(表現力) expressiveness

특정의 자료 내지 정보에 부여된 색인어 또는 색인어의 세트가 자료 내지 정보의 주제를 어느 정도 정확하면서도 포괄적으로 표현하고 있는지의 정도를 나타내는 척도. 색인어의 표현력이 크면 클수록, 그것을 사용한 정보 검색의 재현율(再現率)은 높아진다. 따라서 표현력이 높은 것은 색인어가 선정될 때의 필수 조건이다. 한편 표현력이 크더라도 식별력이 작은 색인어가 있을 수 있기 때문에, 표현력이 큰 것은 정확률(精確率)이 높다는 것을 보증하지 않는다. 또한 표현력의 대소는 색인어의 특정성(特定性) 또는 색인어가 갖는 의미의 내포, 외연(外延)의 대소와 직접적인 상관 관계는 없다. ↔ 식별력; 재현율; 정확률

표현의 자유(表現--自由) freedom of expression

구두(口頭), 도서, 신문, 잡지 이외에, 영화, 음악, 회화, 사진, 라디오, 텔레비전, 인터넷 등, 모든 방법, 매체에 의해 사상, 신조, 지식, 감정 등의 개인의 내심의 정신 활동을 외부로 공표하는 자유. 「일본국 헌법」 제21조에서는, 「언론, 출판, 그 밖의 일체의 표현의 자유」를 기본적 인권으로서 보장하고 있다. 공표(公表)라는 사회적 행위에 의해 타인의 명예나 프라이버시 등을 침해할 가능성이 있기 때문에 무제약은 아니지만, 그 중요성에 비추어, 엄격한 객관적 기준에 의한 제약이 예외적으로 허용되는 데 불과하다. ↔ 검열; 독서의 자유; 알 권리

푸트남 Putnam, George Herbert

1861-1955. 미국 뉴욕 출신. 제8대 미국의회도서관장. 하버드대학 졸업 후, 23세에 미니애폴리스 애서니엄(Minneapolis Athenaeum)의 관장에 취임, 미니애폴리스공공도서관의 관장을 거쳐, 신관이 완성된 지 얼마 되지 않은, 당시 미국 최대의 공공 도서관이었던 보스턴공공도서관의 관장이 된다. 1899년에 미국의회도서관장 영(John Russell Young 1847-1899)이 서거하자, 도서관계의 추천을 받아 관장이 되었다. 1939년까지 재직하면서, 미국의회도서관의 발전에 정력적으로 몰두하여, 미국의회도서관분류법(LCC)과 미국의회도서관주제명표목표(LCSH)의 채택, 인쇄 카드의 배포, 도서관 상호 대차의 시작, 국내 주요 도서관의 종합 목록의 편찬, 별관의 증축 등의 사업에 의해, 동관(同館)이 세계 최대의 도서관이 되는 데 공헌하였다.

프라이버시 보호(--保護) protection of privacy

자기에 관한 정보의 흐름을 컨트롤할 권리의 보호. 프라이버시는 영국에서 19세기 말에「혼자 있게 해주었으면 하고 바랄 권리」로서 논의된 이래, 오랜 논의를 거쳐, 오늘날에는 더 적극적인 의미를 갖게 되기까지 이해가 깊어지고 있다. 컴퓨터와 통신 기술의 발달에 따라, 개인 정보가 누설되는 위험이 생기고, 개인 정보의 보호 대책이 필요하게 되었는데, 그 근거가 되는 것이 프라이버시권이다. 1980년에 경제협력개발기구(OECD: Organization for Economic Cooperation and Development)는「프라이버시보호와 개인데이터의 국제유통에 대한 가이드라인에 관한 OECD 이사회 권고」중에, 수집의 제한, 데이터 내용의 원칙, 목적 명확화의 원칙, 이용 제한의 원칙 등 여덟 개의 원칙을 정하고 있는데, 이것은 각국의 개인 정보 보호법의 기초가 되었다. 도서관의 개인 정보로서는, 이용자의 성명과 주소, 내관 기록(來館記錄), 이용 기록 등이 있으며, 프라이버시 보호에 대해서는, 일본에서는 1974년의 히가시무라야마시립도서관(東村山市立圖書館) 설치조례의「이용자의 비밀을 준수할 의무」이래로 대책을 취하고 있다.

프랑스국립도서관(--國立圖書館) Bibliothèque Nationale de France

1368년 샤를르 5세(Charles V 1337-1380)가 설치한 왕실도서관에 기원을 두며, 파리의 리슐리외 거리의 구 국립도서관(Richelieu Library)과, 똘비악(Tobliac) 지구에 건설된 프랑소와미테랑도서관(François Mitterrand Library)을 합쳐 1994년에 발족하였다. 이 밖에도 아르세날도서관(Bibliothèque de l'Arsenal), 국립오페라극장도서관(Bibliothèque-Musée de l'Opéra), 쟝빌라르관(Maison Jean Vilar), 마르네라발레(Marne-la-Vallée)기술센터 등이 소속된다. 1537년에 제정된 세계 최초의 법정 납본 제도에 의해 프랑스의 출판물을 망라적으로 수집하고, 목록 데이터베이스를 작성·제공함과 동시에, 국내의 주요한 학술 도서관과 공동으로「프랑스공동목록」이라고 불리는 종합 목록 데이터베이스를 작성하고 있다. 1,300만 책이 넘는 도서 이외에, 사본, 악보, 판화, 화폐 등을 소장한다.

프랭클린 Franklin, Benjamin

1706-1790. 미국 보스턴 출신. 정치가, 외교관, 과학자, 저술가. 소년 무렵 아버지의 양초 제조업이나 형의 인쇄업을 돕는 기술을 익혀, 필라델피아에 가서 인

쇄공이 된다. 이 무렵 동료와 회원제의 독서회 준토 클럽(Junto Club)을 결성. 1731년에 공동으로 도서관을 만들 것을 제안, 50명의 회원이 출자하여 도서를 구입하고, 필라델피아도서관으로 발전시켰는데, 후에 이 도서관은 미국의 회원제 도서관의 어머니로 불린다. 1776년 미국 독립선언서 기초 위원의 한 사람으로 선출된다. 과학자로서 피뢰침의 발명, 연의 실험 등의 업적이 있다. 만년에는 정치가, 외교관으로서 활약하였다. ↔ 회원제 도서관

프리 페이퍼 free paper

무료로 배포되는 신문. 일반지가 독자(讀者) 서비스로서 각 지역에서 발행하여 신문에 끼워 넣는 형식은 종래부터 있었으나, 근년에는 광고료를 주된 수입원으로 하는 독립된 프리 페이퍼가 증가하고 있다. 일반지보다도 내용이나 독자층을 좁힌 것이 많고, 주부 대상의 기사 중심의 것, 지역 정보를 중심으로 한 것, 점포의 할인권을 다수 게재한 것, 보도를 주체로 간결한 기사를 많이 실은 것 등 다양하다. 배포 방법은 이전에는 택배나 전호 배포(全戶配布)가 많았으나, 근년에는 역, 가두, 점포 등에 랙(rack)을 설치하여 자유롭게 가져갈 수 있도록 하는 스타일이 늘어나고 있다. ↔ 신문

프리서치 인터뷰 → 탐색전 면담

프리프린트 preprint

학술 잡지에 게재되기로 된 논문에 대해 동료 연구자들로부터 빨리 승인과 비판을 구하기 위해, 잡지 간행 전에 배포하는 것을 목적으로 하여 작성되는 게재 논문의 복제. 비공식적인 미디어로, 속보성(速報性)이 있다. 자연 과학의 제 분야를 중심으로 하여, 연구자 간에 프리프린트의 교환이 이루어지고 있다. 미국에서는 1961년에 생물 의학 분야의 프리프린트의 복제, 배포를 실시하는 센터가 만들어져, 일시적으로 성공한 적이 있다. 현재 물리학을 비롯한 분야에서는, 인터넷상에 이프린트아카이브(e-print archive)라고 불리는 것이 작성되고 있어, 프리프린트의 등록, 열람 등이 가능한 교환 센터의 역할을 수행하고 있다. 단행본의 일부 등, 학술 잡지 이외에서도 프리프린트가 작성되는 경우가 있다. ↔ 이프린트아카이브(e-print archive)

플로어 업무(--業務) floor work

카운터(서비스 데스크) 이외의 서비스 플로어에서 이루어지는, 이용 안내, 독서 안내, 참고 서비스, 책 읽어주기, 북 토크, 그 밖의 이용자 서비스의 총칭. 일부러 카운터까지 와서 직원에게 폐를 끼치는 것을 염려하거나, 귀찮아하거나, 직원의 인적 지원을 받을 수 있다는 것을 알지 못하는 이용자에 대해 유효하다. 직원이 지나가고 있을 때 이용자가 말을 걸어오는 경우가 많지만, 갈피를 못 잡고 있는 이용자에게 직원 측에서 지원을 요청하는 것도 중요하다. 나아가 우발적인 기회를 기다릴 뿐만 아니라, 의도적, 계획적으로 직원이 관내(館內)를 순회하고, 이용자와의 접촉 기회를 늘이는 것도 효과가 있다. ↔ 카운터 업무

피나케스 Pinakes

알렉산드리아도서관의 운영에 종사했던 칼리마쿠스(Callimachus AD 305?-AD 240?)의 편찬에 의한 문헌 목록(전 120권). 현존하지 않으나, 단편(斷片)이나 인용이 전해진다. 사본(寫本)을 시문서(詩文書)(서사편, 비가조편(悲歌調篇), 단가조편(短歌調篇), 가요조편, 비극편, 희극편)과 산문서(散文書)(법률편, 철학편, 수사학편, 사학편, 의학편, 잡편)로 편별(篇別)하였다고 하는데, 이설(異說)도 있다. 각 구분의 아래에 저자를 알파벳순으로 배열하고 있다. 서명, 저자명, 모두(冒頭)의 수 행(數行)을 기록한 일종의 검색 목록으로, 저작 해설, 저자 소개를 붙인 해제 서지(解題書誌)의 성격도 가지고 있다. 피나케스라는 말은 판(板) 내지 판상(板狀)의 것을 의미하는 말의 복수형으로, 거기에서 장서 목록 등의 뜻으로 전화(轉化)하였다. ↔ 알렉산드리아도서관

피아르지(PR誌) public relations magazine

관청이나 자치 단체, 단체, 기업이 불특정 다수의 사람들에 대해, 그 기관의 활동을 소개·선전할 목적으로 간행하는 연속간행물. 광보지, 홍보지라고도 한다. 체재나 내용의 면에서 일반의 잡지와 다름없는 것도 늘어나고 있다. 무료의 것도 유료의 것도 있는데, 배포는 한정적이며, 입수가 곤란한 경우가 많다.

피아르 활동(PR活動) public relations(PR)

특정의 조직과 일반의 사람들이 상호 이해를 확립하고, 그 관계를 유지, 촉진시

켜 가기 위한 조직 측의 활동. 도서관에서는 광보 활동(廣報活動)과 동의로 사용되는 경우가 많은데, 피아르(PR) 활동은 광보 활동의 상위 개념이다. 즉 도서관과 이용자의 양호한 커뮤니케이션을 구축하기 위한 다양한 시도를 통합한 활동으로, 광보 활동은 그 안에 포함된다. PR 활동을 도서관의 성장에 결부시키기 위해서는, 일반적으로 도서관 측에서 정보를 발(發)하는 것뿐만 아니라, 항상 이용자의 의견이나 요망 사항을 듣고, 그것들을 도서관 경영에 반영시켜 갈 필요가 있다. ↔ 광보 활동

필드 field

파일이나 데이터베이스에서 레코드를 구성하는 단위로, 특정 범주의 데이터 요소의 집합으로 이루어진다. 정보 교환용 MARC 포맷에서는, 데이터 필드라 불리며, 각 필드는 태그에 의해 식별된다. 많은 경우에, 하나의 필드는 복수의 서브필드로 구성된다. ↔ 가변 길이 필드; 고정 길이 필드; 레코드(1); 서브필드

필드 길이 field length

파일이나 데이터베이스에서 레코드 중의 각 필드의 물리적 길이로, 통상 바이트 수(또는 다른 적당한 단위의 수)로 나타낸다. 정보 교환용 MARC 포맷에서는, 레코드 디렉토리 중의 개개의 디렉토리 엔트리에서 대응하는 필드의 길이를 기록하고 있다. ↔ 필드

필드 종단 기호(--終端記號) field terminator; field separator

MARC 레코드에서 레코드 중의 각 가변 길이 필드의 말미에 부가하여, 필드의 종료를 나타내는 특정의 제어 문자(컨트롤 캐릭터). 필드 분리 문자, 필드 터미네이터라고도 한다. ↔ 가변 길이 필드

필명(筆名) pen name; pseudonym

"저자가 저작 상에서 사용하는 본명 이외의 이름. 펜네임"(『일본목록규칙 1987년판 개정 3판』 용어 해설). 일반적으로 저자가 그 정체를 숨기거나 애매하게 하기 위해 사용한다. 나아가서는 본명에 의한 저작과는 다른 분야나 형식의 저작을 발표할 때 사용하는 예도 적지 않다. 저자 표목으로서는, 자료에 표시되어

있는 이름 그 자체, 또는 일반적으로 알려져 있는 이름의 형을 통일 표목으로서 채택하게 되기 때문에, 필명이 표목이 되는 경우도 많다. 또한 본명과 필명을 함께 표목으로 채택하고, 양자 간을 상호간에 참조로 연결하는 경우도 있다. ↔ 이형 명칭; 저자 표목

필모그래피 filmography

영화를 수록 대상으로 하여, 개개 영화의 특징을 일정의 기술 규칙을 바탕으로 하여 간결하게 표현하고, 그 데이터를 탐색하기 쉽도록 배열한 리스트. 도서를 대상으로 한 서지에 상당하는 이차 자료. film과 bibliography의 합성어. 망라적인 필모그래피 이외에, 특정 배우가 출현한 영화, 특정 감독이 연출한 영화, 특정 테마에 관한 영화, 특정 시설, 기관 등이 수집한 영화 등의 필모그래피가 편집되고 있다. 인쇄물 이외에, 인터넷상에서도 다수의 필모그래피가 공개되어 있다. 기술 항목에는 작품명, 제작년, 제작 회사, 스태프, 캐스트(배역), 상영 시간, 수상 경력(受賞經歷), 개요 등이 포함되는 경우가 많다.

필사본(筆寫本) manuscript

수기(手記)한 책. 인쇄 간행된 책(간본: 刊本)에 상대되는 말. 서사본(書寫本), 수서본(手書本), 초본(鈔本), 사본(寫本) 등이라고도 한다. 인쇄술 발명 이전에, 책은 이미 서사되었다. 일본에서는 쇼토쿠태자(聖德太子) 이래로 무로마치(室町) 말기까지의 필사본을 「고사본」(古寫本)이라고 부르는데, 불서(佛書)가 대단히 많다. 이어 게이쵸(慶長)・겐나(元和)・칸에이(寬永) 연간의 필사본은 고사본에 준하여 다룬다. 나라(奈良) 시대에는 사경생(寫經生)이라는 사람들이 있어, 조정의 사업으로서 사경이 실시되었다. 필사본은 그 서사 방법에 의해, 필사본, 영사본(影寫本), 모사본(模寫本)으로 분류되는데, 통상의 필사본으로는 자필본, 원고본, 편자 자필본이 포함된다. 서구(西歐) 중세의 수도원(修道院)에서는 서사실(書寫室)을 설치하고, 사자생(寫字生)을 두었는데, 책 속의 각 페이지에도 수채색(手彩色)을 하고, 호화로운 장정의 장식 사본을 제작하고 있다. ↔ 고사경; 고사본

하다하치망구문고(羽田八幡宮文庫)[일본] Hadahachimangu-bunko

1848년 현재의 토요하시(豊橋)에 개설되어, 메이지(明治) 초기까지 활동했던 문고. 하다하치망구 신주(神主)였던 국학자 하다노 타카오(羽田野敬雄)가 하이쿠 시인 후쿠타니(福谷世黃), 사노(佐野蓬宇) 등과 함께 기금을 모아, 경내에 문고를 개설한 것으로, 수증(후쿠타니는 자신의 장서 3,000권을 기증)이나 기금에 의해 수집한 장서는 1만 권에 달하였다. 문고의 횡으로 책 읽는 곳을 세워, 열람소로 하고, 또한 2부 10책, 1개월간(서사(書寫)를 고려한 기간으로 생각된다)으로 하는 책의 대출도 실시하였다. 주로 국학, 한적(漢籍), 향토 자료로 이루어진 장서의 상당수는 현재 토요하시시립도서관이 보존하고 있다.

하드커버 hardcover; hardback; hardbound

본장본(本裝本)으로 된 딱딱한 표지(경표지: 硬表紙)의 도서. 종이 표지의 경장본(輕裝本)인 「페이퍼백」에 상대되는 용어. ↔ 페이퍼백.

하위 시리즈(下位--) → 하위 총서

하위 총서(下位叢書) sub-series

"하위 서지 레벨의 총서(시리즈). 하위 총서명은 총서의 본서명과 함께 표시되어 있는데, 총서의 본서명과 밀접하게 관련되어 있는 경우도 있지만, 연관되어 있지 않은 경우도 있다"(『일본목록규칙 1987년판 개정 3판』 용어 해설). 총서 내의 총서로, 다른 더 포괄적인 총서와 함께 항상 표시되는 총서를 말한다. 총서 내에서 서지 계층이 존재할 때, 최상위 총서 이외에 부여되는 상대적인 호칭으로, 그 때 최상위의 총서가 총서의 본서명이 된다. ↔ 총서

하위 패싯(下位--) sub-facet

패싯 내에서, 추가로 구분 특성을 적용한 결과로 얻어지는 클래스의 집합. 예를 들면, 건축학이라는 클래스의 건물 패싯에 관해, 이것에 양식, 용도, 재료라는 구분 특성을 적용하여, 양식 하위 패싯, 용도 하위 패싯, 재료 하위 패싯을 얻을 수 있다. 이러한 하위 패싯을 랑가나단(S. R. Ranganathan)은 배열(配列: array)이라고 불렀다. 하위 패싯의 상당수는 기초가 되는 패싯이 더 구분되어 비로소 나타나는 종속 패싯이다. 종속 패싯의 특성이 상위의 그것에 의존하고 있는 것부터도, 사물-종류-부분의 열거 순서는 그 논리적 귀결이다. ↔ 레벨; 배열(配列)

하이퍼미디어 hyper media

하이퍼텍스트 구조의 멀티미디어. 넬슨(Ted Nelson 1937-)의 조어(造語). 하이퍼텍스트 시스템의 개발 과정에서, 화상·음성 등에도 대응시킬 필요 때문에, 멀티미디어 대응의 하이퍼텍스트라고 하는 의미로 사용되었던 것으로 보인다. 그러나「하이퍼텍스트라는 말에도 텍스트 이외의 데이터 형식을 포함할 수 있다」고 해석하며, 이 말을 사용하지 않는 사람도 있다. 또한 하이퍼텍스트의 기법과 멀티미디어의 기술이 밀접하게 결부되게 되었기 때문에, 멀티미디어라는 말과 혼용하고 있는 케이스도 많다. ↔ 멀티미디어; 하이퍼텍스트

하이퍼텍스트 hypertext; hyper-text

비선형 구조(非線型構造)를 갖도록 구성된 일련의 전자 텍스트. 넬슨(Ted Nelson 1937-)에 의한 1965년의 조어(造語). 기본적으로 선형적인 종이 매체의 텍스트를「넘어서는」(hyper) 것으로서 이름이 붙여졌다. GUI 기술의 발달에 따라 1980년대에 일반화되고, WWW의 기반 개념에 도입되어 정착되었다. 텍스트 간 또는 텍스트 내의 항목 상호의 참조 관계를 나타내는 기호가 텍스트에 부여되며, 브라우저 등의 대응 소프트웨어를 이용하여 열람한다. 참조 관계는 링크 또는 하이퍼링크라고 불리며, 링크를 추적하면서 관련 텍스트를 연속적으로 열람하는 것을 내비게이션이라고 부른다. ↔ WWW; 텍스트; 하이퍼미디어

학교 도서관(學校圖書館) school library

교육 과정의 전개와 학생의 건전한 교양의 육성에 기여하는 것을 목적으로 하여, 초등학교, 중학교, 고등학교에 설치되어 있는 도서실. 일본에서는, 「학교도서관법」에 의해, 그 설치가 의무화되어 있다. 미디어가 다양화하고, 학생 한 사람 한 사람의 학습의 형태나 속도가 다르다는 사실 등이 해명되고, 나아가 자학자습 능력이 중시되는 교육 실천에 따라, 학교 도서관에서 다루는 미디어도 다양화하고, 그것들의 다종다양한 미디어를 사용한 학습 활동을 실시하기 위한 설비를 갖춘 시설로서의 인식이 깊어지면서, 선진국에서는 1970년대 이후, 교재 센터(instructional material center) 또는 학습 자료 센터라는 명칭으로 불리게 된다. 일본에서는 여전히 학습 자료 센터로서의 인식이 깊다. ↔ 학습 자료 센터

학교 도서관 기준(學校圖書館基準) standards for school libraries

학교 도서관의 발전과 충실화를 위해, 그 설치, 운영에 관해 필요하다고 생각되는 원칙, 서비스, 자료, 직원, 시설 등에 대해 구체적인 항목을 문서화한 것으로, 도서관의 당연히 있어야 할 모습을 나타내는 규정과 수치 목표로 이루어진다. 일본에서 공표된 「학교도서관기준」은 몇 가지를 들 수 있는데, 가장 대표적인 것으로 여겨지는 현행의 기준은 문부성(文部省)이 1959년에 편집한 『학교 도서관 운영의 지침서』에 수록되어 있다. 이것은 이후 학교 도서관의 기본적인 본연의 모습과 도달 목표를 나타내는 지침으로서 널리 활용되고 있는데, 법적 구속력은 갖고 있지 않다. 장서의 수량에 관해서는 「학교도서관 도서표준」(문부과학성, 1993)이나 「학교도서관 미디어기준」(전국학교도서관협의회, 2000)이 있다.

학교도서관문화운동네트워크(學校圖書館文化運動--) → 부록: 한국의 주요 도서관 및 도서관 관련 단체

학교 도서관 미디어 센터(學校圖書館--) school library media center

학교에 대해, 폭넓은 영역에 걸쳐 인쇄 미디어 및 시청각 미디어, 필요한 설비, 나아가서는 전문직인 미디어 스페셜리스트(media specialist)에 의한 서비스를 제공하는 기관. 1960년대의 후반부터 미국의 학교 도서관계에서, 종래의 「학교 도서관」이나 각 학교의 「교재 센터」라고 하는 단어를 대신하여 점차로 사용되

게 되었다. 근년에는 비인쇄 미디어의 영역이 더욱 더 확장되고, 학군 레벨의 학습 자료 센터에 의한 보완과 네트워크가 중시되고 있다. ↔ 미디어 프로그램; 학교 도서관; 학습 자료 센터

학교도서관법(學校圖書館法)[일본] School Library Law

일본의 초등학교, 중학교 및 고등학교(맹학교, 농아학교 및 양호학교를 포함한다)의 도서관에 관한 법률로, 1953년에 공포되었다. 학교 도서관의 정의와 역할, 설치 의무, 전문적 직원으로서의 사서 교사의 배치 의무, 학교 도서관의 설치·육성에 관한 국가의 책임, 학교 도서관에 대한 국고 부담과 그 조건 등을 규정하고 있다. 학교 도서관의 설치율이 극히 높은 것은 동법(同法)에 힘입은 바이지만, 그 규모나 활동에 대해서는 개선의 여지가 크게 남아 있으며, 특히 사서 교유(司書敎諭)의 의미 배치에도 불구하고, 부칙 제2항에서 "당분간 … 사서 교유를 두지 않을 수 있다"라고 한 것 때문에, 사서 교유의 배치가 극히 낮은 현상(現狀)을 초래했다는 비판이 있다. 또한 1997년에 부칙 제2항을 고쳐, 2003년 3월 31일까지 소규모 학교를 제외하고 배치를 의무화하는 것 등을 담은 개정안이 성립되었다.

학교도서관법(學校圖書館法)[한국] → 부록: 학교도서관법[한국]

학교도서관선언, 유네스코(學校圖書館宣言--) → 유네스코 학교도서관선언

학교도서관정책포럼(學校圖書館政策--) → 부록: 한국의 주요 도서관 및 도서관 관련 단체

학교 사서(學校司書) school librarian

학교 도서관의 일을 주로 행하고 있는 사무 직원의 통칭. 일본의 경우「학교도서관법」에 규정되어 있는 전임(專任)의 사서 교유(司書敎諭)가 충분히 배치되지 않았기 때문에, 일상의 학교 도서관 서비스를 맡는 사람이 다양한 형식으로 고용되게 되는데, 그러한 직원이 이 이름으로 불리고 있다. 지방 자치 단체에 따라서는, 사서 자격을 가진 사람에게 전임으로 학교 도서관의 운영을 맡기는 등, 고용의 형식뿐만 아니라, 고용된 사람의 학력이나 자격도 다종다양하다.

학군 도서관(學群圖書館) school district library

(1) 미국에서 19세기에 볼 수 있었던 공공 도서관의 한 형태. 학군을 단위로 하고, 학생뿐만 아니라 해당 구역에 사는 전 주민을 대상으로 한 도서관으로, 주법(州法)에 의해 도서 구입이나 도서관 설치를 위해 과세(課稅)하는 것이 인정되어 왔다. (2) 해당 학군의 모든 주민을 위해, 학군에 의해 설립되고 재정이 유지되는 무료 공공 도서관으로, 지방 교육 위원회 또는 교육 위원회가 임명하는 도서관 위원회에 의해 감독된다(『ALA 문헌정보학 사전』). (3) 학군의 전문 직원이나 관리자의 이용을 위해 학군에 갖추어져 있는 전문 자료의 컬렉션, 학군 미디어 프로그램의 한 구성 요소(『ALA 문헌정보학 사전』).

학급 대출(學級貸出) loan to classrooms

학교 도서관의 자료를 학급을 대상으로 일괄하여 일정 기간 대출하는 방법. 학생이 매일의 학습에 필요로 하는 교과 학습용 자료나 참고 도서, 또는 독서 의욕을 환기시키고 독서 활동을 촉진시키기 위한 읽을거리 등이, 교사의 의도나 학생의 희망에 따라 학교 도서관 자료 중에서 선정되고, 학급으로 통합하여 대출된다. ↔ 학급 문고

학급 문고(學級文庫) classroom library

학교, 주로 초등학교의 각 교실에 설치된 컬렉션. 학생이나 교사 등이 각자 가져온 도서나 학급비 등에 의한 도서 구입 등으로 발생한 문고이지만, 공공 도서관이나 학교 도서관으로부터의 집단 대출에 의해 자료를 골고루 갖출 수 있는 경우가 많아지고 있으며, 현재는 학교 도서관의 분관(分館)으로서 기능하는 경향이 있다. 자료에는 읽을거리 이외에도, 교과 관련 자료, 참고 도서 등이 포함되며, 이것들을 가볍게 읽을 수 있도록 학생들의 가까이에 두고, 독서 의욕을 환기시키고, 자료 이용의 확대를 도모하는 주체적인 학습 태도를 육성하는 것을 목적으로 하고 있다. 특히 초등학교 저학년에는 도서관 이용의 도입으로서 의의가 있다. 운영은 담임 교사의 지도 아래 학생의 자주적 활동에 맡겨진다. ↔ 학급 대출

학급 방문(學級訪問) classroom visit

공공 도서관에 의해 실시되는 어린이 대상의 서비스의 하나로, 도서관인이 학교를 찾아가서, 수업의 일부로서 학급 단위로 도서관이나 독서나 책에 대해 어린이에게 이야기하는 것. 간단하게 이야기를 하는 것뿐만 아니라, 어린이의 흥미를 끌도록, 여러 권의 책을 소개하는 북 토크나 스토리텔링, 나아가 카미시바이(紙芝居: 일본의 전통 그림 연극) 등도 합쳐 가리키는 경우가 많다. 도서관에 대한 이해나 독서에 대한 흥미를 깊게 하는 것을 목적으로 하고 있으며, 초등학교를 중심으로 하지만, 유치원이나 중학교가 대상이 되는 경우도 있다. 학급 방문을 실시하기 위해서는 해당 학교나 사서 교사 등으로부터 충분한 이해를 얻는 것이 필요하다. 또한 근년에는 학생에게 내관(來館)하도록 하는「학급 초대」의 사례도 증가하고 있다.

학부 학생용 도서관(學部學生用圖書館) undergraduate library

통상 대학원을 병설하는 대학에서, 특히 학부 학생의 교육 과정(커리큘럼)을 지원하는 것을 목적으로, 학부 교육과 밀접하게 결부된 장서 구성, 서비스를 실사하는 도서관. 반드시 독립의 건물을 갖는 것으로 국한하지는 않는다.

학술 논문(學術論文) treatise

새로운 연구 성과를 내용으로 하고, 일정한 구성을 갖춘 논문. 일반적으로 논문명, 저자명, 서론, 방법과 결과, 고찰과 결론, 인용 문헌 리스트로 구성된다. 통상은 학술 잡지에 게재된 것을 학술 논문이라고 부르고 있다. 당초에는 잡지 편집자에 대한 편지나 보고의 형식을 취했는데, 19세기에 현재와 같은 형식이 되었다. 인문 과학, 사회 과학 분야에서는, 학술 논문은 후에 정리되어 학술 도서로서 간행되는 경우가 많다. 검색 수단으로서, 색인지나 초록지, 또는 서지 데이터베이스가 작성되고 있다. ↔ 논문; 학술 도서; 학술 잡지

학술 도서(學術圖書) scholarly books; scientific book

새로운 사실의 탐구 결과를 일정한 학문적 방법을 바탕으로 정리하여 도서의 형태로 학계에 보고하는 자료. 나아가 연구 활동을 지원하는 사전, 전문 사전, 핸드북 등의 참고 도서나 서지를 포함하는 경우도 있다. 실제로는 교과서나 교양서에

서도 새로운 사실이나 정보를 제공하고 있고, 연구를 지원하는 문헌에서도 일의적(一義的)으로 그것을 목적으로 한 것이 아닌 경우도 있어, 학술 도서와 비학술 도서의 경계가 꼭 명료한 것은 아니다. 학술 도서는 상업 출판사에서 간행되는 경우와 함께, 대학 출판부나 연구 기관에서 간행되는 경우도 적지 않다. 대부분은 간행 부수가 적고, 또한 고가가 되는 경향이 있다. ↔ 연구 논문; 학술 논문

학술 도서관(學術圖書館) academic library

대학 및 전문 대학(일본에서는 단기 대학(短期大學)이라고 한다), 고등 전문 학교 등의 고등 교육 기관에 설치되어 있는 도서관. 그 기본적인 목적은 소속된 기관의 교육, 연구 등의 활동을 지원하는 것을 통해, 기관의 사명, 목적의 달성에 이바지하는 것이다. 이를 위해 소속된 기관의 학생이나 교직원의 학습, 교육, 연구 등의 활동에 필요한 장서의 구성과 서비스를 계획, 관리, 제공한다. 동시에 학술적인 자료, 정보의 대규모 장서를 갖추고, 국가의 학술, 문화를 뒷받침하는 기능도 갖는다. 국가에 따라서는 국립 도서관으로서의 역할 등도 담당하는 경우가 있다. 학술 도서관의 실제의 조직이나 장서, 서비스의 중점을 두는 방향은 공통하는 점도 많지만, 소속하는 기관의 종류나 규모, 대상으로 하고 있는 전문 영역에 따라 크게 다르다.

학술서(學術書) → 학술 도서

학술 잡지(學術雜誌) scientific journal; scholarly journal

협의(狹義)로는, 심사 제도를 채택하고, 독창성이 있는 최신의 연구 성과를 전하는 투고 논문을 게재하는 잡지. 광의(廣義)로는, 학술적인 내용의 기사를 게재하는 잡지. 과학 커뮤니케이션의 연구 영역에서는 협의의 학술 잡지를 대상으로 하고, 도서관에서는 『학술 잡지 종합 목록』이라는 용례에서 볼 수 있는 것처럼 광의의 정의를 사용하고 있다. 학술 잡지는 편집 기관이 학술 단체나 연구 기관이고, 투고 규정이 정비되어 있고, 자유롭게 투고할 수 있으며, 나아가 게재 논문에는 논문명, 저자명, 소속 기관이 명시되고, 인용 문헌과 초록이 있는 등의 표준적인 형태를 취하고 있는 경우가 많다. 1665년에 창간된 *Journal des sçavans*와 *Philosophical Transactions*가 학술 잡지의 기원으로 여겨지고 있다.

학술저작권협회(學術著作權協會)[일본] Japan Academic Association for Copyright Clearance

학회 및 협회로부터 위탁을 받아 저작권의 집중 처리를 행하기 위해, 일본공학회, 일본농학회, 일본치과의학회 및 일본약학회를 정회원으로 하여, 1989년 2월에 학협회저작권협의회로서 설립되었으며. 복사권의 집중 처리는 1990년 10월부터 개시되었다. 1991년 9월에, 출판자저작권협의회 및 저작자단체와 함께, 일본복사권센터를 설립하였다. 동(同) 센터와 공동으로 복사권의 집중 처리를 실시하고, 이용자와의 복사 허락 계약의 체결 및 계약에 의해, 복사 사용료를 권리자인 학회 및 협회에 분배하고 있다. 또한 미국의 집중 처리 기관과 협정하여 상호간에 관리 저작물의 권리 허락 대행 업무를 실시하고 있다. 1999년 4월에 학술저작권협회로 개칭하였다. ↔ 일본복사권센터; 저작권 집중 처리 기구

학술 정보(學術情報) scholarly information; scientific information

학술 연구의 성과로서 생겨난 정보 및 그것이 다시 편집, 압축, 가공되어 생성된 정보. 관측, 측정, 계산 데이터 및 기록, 학술 문헌(학술 논문, 보고서, 학술 도서 및 서지, 색인지, 초록지 등), 그리고 개인적인 커뮤니케이션이 포함된다. 학술 연구를 위해 사용되는 정보라는 의미를 포함하는 경우도 있으며, 이 경우에는 상기(上記)에 더하여, 연구 프로젝트 및 연구자, 연구 재료, 연구 시설 및 설비 등에 관한 정보도 포함된다. 또한 사용되는 미디어의 종류는 다양하다.

학술정보센터(學術情報--)[일본] → 국립정보학연구소

학술정보시스템(學術情報--)[일본] scientific information system

일본 학술심의회의 1980년의 답신 「금후의 학술정보시스템의 바람직한 모습에 관하여」에 제시된 인문, 사회, 자연 과학을 망라한 학술 정보의 유통 시스템 구상. 학술 연구 활동의 제 과정에서 필요로 하는 각종의 정보를 적확하고 동시에 효율적으로 이용자에게 공급하는 것을 목적으로 하며, 구체적으로는 일차 정보의 수집·정리와 그 제공, 데이터베이스의 검색, 목록·소장 정보의 작성, 그리고 데이터베이스의 작성을 들어, 중추 기관의 필요성을 강조하고 있다. 대학 도서관, 대형 계산기 센터, 대학의 정보 처리 센터, 대학 공동 이용 기관, 분야별

외국 잡지 센터 등과 새로이 설치 예정인 중추 센터를 연결한 네트워크의 실현을 목표로 하고 있다. 이 답신을 바탕으로, 그 후의 문부성(文部省)의 학술 정보 정책이 추진되고, 학술정보센터(현 국립정보학연구소)의 설립에 이르렀다. 한편 이 용어는 대학의 정보 시스템을 나타내는 일반명으로서도 사용되고 있다.

학습권(學習權) right to learn

인간 한 사람 한 사람이 주체적으로 학습하는 것을 가능하게 하는 체제를 국가나 지방 자치 단체에 요구할 권리. 「일본국 헌법」 제26조에는 「국민은 교육을 받을 권리를 갖는다」라고 되어 있는데, 이 권리의 담당자가 국가인지, 국민 한 사람 한 사람인지 하는 것에 관해 큰 논의가 존재하고 있었다. 이 권리자를 명확하게 국민으로 자리매김하고, 나아가 오해를 주기 쉬운 교육권이라는 단어가 아니라, 국민 한 사람 한 사람이 배우고자 할 때의 환경 조성과 제도 만들기를 요구할 권리를 의미하는 학습권을 키워드로 하여, 광범위한 교육 운동이 전개되었다. 도서관계에서도 지방 자치 단체에 대해 양호한 도서관 서비스를 실시할 것을 요구하는 주민 운동(도서관 만들기 운동)이 1970년대 이래로 일본에서 전국적으로 펼쳐졌는데, 그 때 공공 도서관이 국민의 학습권을 보장하는 기관이라는 규정을 행하여, 운동의 중요한 이론적 기반으로 자리매김이 이루어졌다.

학습 자료 센터(學習資料--) learning resources center

모든 형태나 범위의 미디어를 포함하는 컬렉션과 그 이용에 관련된 설비와 전문 직원에 의한 서비스를 학습자, 교원, 직원이 이용할 수 있는 시설. 교재 센터(instructional material center)라고도 한다. 미국에서는 1960년대로부터 시작된 교육 개혁 속에서, 시청각 자료를 비롯하여 미디어가 다양화하고, 이러한 미디어를 학습 활동에 활용하는 것의 필요성이나 유효성이 해명되었다. 그런 까닭에 학교 도서관에서는 이제까지의 인쇄 자료를 중심으로 한 컬렉션으로부터의 탈피를 도모하고, 학습에 도움이 되는 모든 형태의 미디어를 취급함과 동시에, 미디어를 제작하는 설비나 능력을 갖춘 직원의 배치도 이루어지게 되었다. 그리고 학군(學群)에 학습 자료 센터를 설치하고, 그것을 바탕으로 각 학교의 학습 자료 센터를 조직화하여, 자원과 사람과 시설이나 설비를 유효하게 활용하는 것을 도모하고 있다. ↔ 학교 도서관 미디어 센터

학위 논문(學位論文) thesis; dissertation

학위를 취득하기 위해 대학원 등에 제출되는 연구 논문. 제출된 학위 청구 논문은 심사를 거쳐 가부가 결정된다. 나라에 따라, 학위 제도는 다른데, 「석사」(일본에서는 수사(修士)라고 한다)와 「박사」가 있다. 박사의 학위를 취득하는 데는 박사 논문이 필요하지만, 석사의 학위에는 논문 제출이 필요하지 않은 경우도 있다. 학위 논문은 일반적으로 대부분에서 오리지널한 연구 성과를 포함하는 경우가 많은데, 분야나 나라에 따라서는, 기발표(旣發表)의 논문을 정리한 것도 가능한 경우가 있다. 미국의 학위 논문에 관해서는 서지 통정과 복제 배포의 메커니즘이 갖추어져 있으나, 많은 나라에서는 학위 논문의 탐색과 입수가 곤란하다.

한국간행물윤리위원회(韓國刊行物倫理委員會) → 부록: 한국의 주요 도서관 및 도서관 관련 단체

한국교육학술정보원(韓國敎育學術情報院) → 부록: 한국의 주요 도서관 및 도서관 관련 단체

한국기록관리학회(韓國記錄管理學會) → 부록: 한국의 주요 도서관 및 도서관 관련 단체

한국기록관리협회(韓國記錄管理協會) → 부록: 한국의 주요 도서관 및 도서관 관련 단체

한국기록학회(韓國記錄學會) → 부록: 한국의 주요 도서관 및 도서관 관련 단체

한국대학도서관연합회(韓國大學圖書館聯合會) → 부록: 한국의 주요 도서관 및 도서관 관련 단체

한국도서관·정보학회(韓國圖書館·情報學會) → 부록: 한국의 주요 도서관 및 도서관 관련 단체

한국도서관학회(韓國圖書館學會) → 한국문헌정보학회

한국도서관협회(韓國圖書館協會) → 부록: 한국의 주요 도서관 및 도서관 관련 단체

한국목록규칙(韓國目錄規則) Korean Cataloging Rules(KCR)

한국도서관협회에서 편찬하고 발행하는 한국의 표준 편목 규칙. 1961년 초판이 발행된 이래로, 1966년에 제2판, 1983년에 제3판, 2003년에 제4판(통칭 KCR4)이 발행되었다. KCR4는 0장에서 12장까지 모두 13장으로 구성되는데, 제1장은 기술총칙에 해당한다. 단행본과 지도 자료, 도서 및 고문서, 악보, 녹음 자료, 화상 자료 및 영상 자료, 전자 자료, 입체 자료, 마이크로 자료, 연속간행물, 점자 자료 등을 대상으로 하고 있다. 기본 표목을 규정하지 않고 있고, 통일 표목을 적용하지 않으며, 표목 선정 규칙도 포함되어 있지 않다. 표목이라는 용어 대신에 접근점이라는 용어를 사용하고 있다.

한국문헌자동화목록(韓國文獻自動化目錄) Korean Machine Readable Cataloging (KORMARC)

국립중앙도서관에서 개발과 유지를 맡고 있는 한국의 표준적인 자동화 목록법. 코마크라고도 한다. 포맷은 LC MARC의 포맷을 준거한 1980년의 KORMARC 실험용 포맷 단행본용을 시작으로 하여, 현재는 MARC 21을 참고하여 개발된 통합서지용 KORMARC 형식(『한국문헌자동화목록형식』(통합서지용), 2006년 한국도서관협회 발행)이 KSX 6006-0으로서 지정되어 있다. 동양서뿐만 아니라 서양서에 대한 목록 데이터를 작성하기 위해 개발되었으며, 국립중앙도서관에서는 KORMARC에 관련된 별도의 홈페이지(〈http://www.nl.go.kr/kormarc/index.jsp〉)를 운영하고 있다.

한국문헌정보학회(韓國文獻情報學會) → 부록: 한국의 주요 도서관 및 도서관 관련 단체

한국박물관협회(韓國博物館協會) → 부록: 한국의 주요 도서관 및 도서관 관련 단체

한국본(韓國本) Korean book

한국, 특히 조선 시대의 한국에서 서사(書寫) 또는 출판된 책. 한국인의 저술에 한정되지 않으며, 상당수의 한적(漢籍)이 포함된다. 조선 시대(1392년 건국) 이전의 고려 시대의 책은 고려본이라고 불리는데, 현재 전해지는 것이 적다. 그 때문에, 한국본은 실질적으로는 조선 시대의 책이다. 한국에서는 활자판은 이미 고려 시대 말기에 시작되었다고 하지만, 일본에서는 이에 대해 확실한 유품(遺

品)이 부족하다고 보는 경우가 많다. 조선 시대에 들어서면, 정부에 활자의 주자소(鑄字所)가 설치되고, 동활자에 의한 인쇄가 이루어지기 시작하는데, 이것은 유럽의 활자 인쇄술보다도 빠르다. 한국본은 일반적으로 대형으로 오침 제본(五針製本)이며, 용지도 두꺼운 닥종이(저지: 楮紙)가 많다. 도요토미 히데요시(豊臣秀吉)의 임진왜란에 의한 조선 동활자의 일본 전래는 일본의 칙판(勅版), 고활자본(古活字本)의 성립에 큰 영향을 미쳤다.

한국비블리아학회(韓國--學會) → 부록: 한국의 주요 도서관 및 도서관 관련 단체

한국사립대학교도서관협의회(韓國私立大學校圖書館協議會) → 부록: 한국의 주요 도서관 및 도서관 관련 단체

한국서지학회(韓國書誌學會) → 부록: 한국의 주요 도서관 및 도서관 관련 단체

한국신학도서관협의회(韓國神學圖書館協議會) → 부록: 한국의 주요 도서관 및 도서관 관련 단체

한국십진분류법(韓國十進分類法) Korean Decimal Classification(KDC)

한국도서관협회에서 편찬하고 발행하는 한국의 표준적인 분류표. 1964년에 초판이 발행된 이래로, 1966년에 제2판, 1980년에 제3판, 1996년에 제4판, 2009년에 제5판(통칭 KDC5)이 발행되었다. 듀이십진분류법(DDC)과 일본십진분류법(NDC), 박봉석의 조선십진분류표(KDCP), 미국의회도서관분류법(LCC), 국제십진분류법(UDC) 등을 참고하여 개발되었으며, 종교 공통 구분 등의 도입 등 상당 부분에서 특징을 가지고 있다. KDC5는 2권(제1권 본표와 제2권 상관 색인)으로 발행되었다. 공공 도서관과 학교 도서관을 중심으로 널리 채택되고 있다.

한국어린이도서관협회(韓國--圖書館協會) → 부록: 한국의 주요 도서관 및 도서관 관련 단체

한국의학도서관협의회(韓國醫學圖書館協議會) → 부록: 한국의 주요 도서관 및 도서관 관련 단체

한국전문대학도서관협의회(韓國專門大學圖書館協議會) → 부록: 한국의 주요 도서관 및 도서관 관련 단체

한국정보관리학회(韓國情報管理學會) → 부록: 한국의 주요 도서관 및 도서관 관련 단체

한국조사기자협회(韓國調査記者學會) → 부록: 한국의 주요 도서관 및 도서관 관련 단체

한국출판인회의(韓國出版人會議) → 부록: 한국의 주요 도서관 및 도서관 관련 단체

한국학교도서관협의회(韓國學校圖書館協議會) → 부록: 한국의 주요 도서관 및 도서관 관련 단체

한정판(限定版) limited edition

인쇄 부수를 소량으로 한정하고, 동일 조판에서의 인쇄를 다시 행하지 않는 출판물. 부수는 200부에서 500부 정도가 일반적인데, 10부 이하의 경우도 있다. 발행 부수가 적기 때문에, 가격은 대체로 고가이다. 많은 부수 출판에 적합하지 않은 내용의 것을 한정 출판하는 경우와, 정규판 이외에 특장본(特裝本)으로서 간행되는 경우가 있다. 한정판인 것을 나타내기 위해, 통상 한정 번호(copy number)가 부여되어 있으며, 저자 서명본이 되는 경우도 있다. 일반적으로 「사가판」(私家版)이라고 불리는 것은 거의가 한정판이기도 하다. ↔ 사가판

할당 색인법(割當索引法) assigned indexing

색인 대상에 대해 색인 작성자 또는 색인 시스템이 색인 어휘 중에서 색인어를 선정하여 부여하는 색인법. 추출 색인법(extract indexing)과 대비되는 개념. 색인 어휘로서는 시소러스 등의 통제 어휘를 사용하는 경우가 많은데, 자연어를 사용해도 무방하다. 일본에서는 부여 색인법이라고 한다. ↔ 추출 색인법

합병(合倂) merger

서지적인 관계를 나타내는 용어로, 둘 또는 그 이상의 연속간행물을 통합하여, 새로운 연속간행물을 만들어내는 것. 합병의 결과, 새 표제를 가진 연속간행물이 되는 경우와, 합병 이전의 하나의 연속간행물의 표제를 유지하는 경우의 양쪽을 포함한다.

합성(合成) synthesis

복합 주제 등에 대응하여, 주제를 더 상세하게 표현하기 위해 분류 기호를 조합시키는 방법. 기본이 되는 분류 기호에, 보조표 중의 기호나 분류표 중의 다른 곳의 기호를 부가함으로써, 새로운 분류 기호를 구성한다. 분류 기호를 길게 하는 원인이 되기도 하지만, 분류표 작성상의 경제성과 함께 기호에 의한 주제의 특정화 가능성을 증대시키기 때문에, 분석 합성식 분류법은 물론 거의 모든 열거식 분류법에서도 이 기법을 사용하고 있다. ↔ 열거 순서

합자(合字) ligature

복수의 문자를 결합하여 하나로 한 문자. 필사본의 때에 문자군(文字群)을 간략하게 표기하기 위해 고안되었다. 활자의 경우는, æ나 fi, ffi와 같이 두 문자 이상을 합쳐 하나의 문자로 주조한다. 앰퍼샌드(&)는 현재는 기호로서 다루어지고 있는데, 라틴어 et의 합자가 원형이 남지 않을 정도로 변형된 것이다. 일문(日文)에서는 현재 거의 사용되지 않고 있다.

합집(合集) collection

"하나 또는 둘 이상의 저자(개인 또는 단체)의 몇몇 저작을 모은 것. 「전집」, 「선집」, 「저작집」, 「논집」, 「체계」, 「강좌」, 「총서」 등의 명칭이 상당수 사용되고 있다"(『일본목록규칙 1987년판 개정 3판』 용어 해설). 일반적으로 복수의 물리적인 단위로 이루어지는 경우가 많지만, 물리적으로 한 단위의 것도 있다. 또한 종합 표제를 가지고 있는 것도 있으나, 이를 갖지 않고 수록된 개개 저작의 표제만을 표제지 등에 열거한 것도 있다.

합철(合綴) bound with

별도로 간행된 책이나 팸플릿 등을 한 책으로 합쳐 묶는 것으로, 함께 묶여진 것을 합철본 또는 합본이라고 한다. 도서관에서는 잡지류를 보존하기 위해, 한 책으로 합철하는 것을 특히 합책(合冊)이라고 부르고, 합책을 위해 행하는 제본을 합책 제본이라고 부르는 경우가 많다.

해도(海圖) chart

주로 항해에 필요한 바다의 상황을 상세하게 기재한 지도. ① 총도(總圖): 축척 400만분의 1급, ② 항양도(航洋圖): 100만분의 1급, ③ 항해도: 30만분의 1급, ④ 해안도: 5만분의 1급의 4종은 메르카토르(Gerhardus Mercator 1512-1594)의 정각원통도법으로 그리고, ②에서는 앞바다의 수심이나 주요 등대, ③에서는 앞바다에서 주간에 볼 수 있는 육상 목표, ④에서는 연안 지형의 세부가 기재된다. ⑤ 항박도(港泊圖): 5만분의 1 이상의 대축척도는 국지적이기 때문에 평면으로서 다루는 평면도법에 의해 항만, 정박지, 수도(水道)가 상술된다. 이 이외에도, 수로 특수도로서, 수심, 해저 지질, 자원, 지자기(地磁氣: 지표면 자기장), 해상(海象: 바다에 관한 자연 과학적 현상) 등의 주제도나 선위(船位: 해상에서의 배의 위치) 결정을 위한 로란(Loran: long range navigation)이나 데카(Decca) 해도 등이 있다. 일본에서는 해상보안청 수로부가 담당하며, 2004년도부터 항해용 전자 해도를 작성하고 있다. ↔ 지도

해적판(海賊版) pirated edition

「베른조약」(Berne Convention)이나 세계저작권협약(UCC: Universal Copyright Convention) 등의 저작권에 관한 국제 조약으로 보호되고 있는 저작물을 저작권자나 원출판사의 허락 없이, 다른 나라(조약 가맹국)에서 복제, 출판한 것. 도서의 경우는 저작권 침해본이라고도 한다. 해적판은 저작권에 관한 국제 조약 가맹국 간의 침해 행위를 수반하는 것으로, 똑같이 무단으로 복제, 출판한 경우라도 저작권이 침해되지 않는 것은 미승인판(unauthorized edition)이라고 부른다. 이 경우에는 법적 책임은 없지만, 도덕면에서의 책임은 피할 수 없다. 아울러 해적판의 대상은 도서뿐만 아니라, 비디오테이프, 콤팩트디스크, 소프트웨어 등에도 미치고 있다. 한편 국내에서 이루어지는 무단 복제, 출판도 해적판이라고 부르는 경우가 있다. ↔ 저작권

해제(解題) annotation

특정의 저작에 대해, 그 내용, 대상 영역, 성립 사정, 의의, 다른 저작과의 관계 등을 설명한 것. 저자의 소개나 저작의 내용, 편집 방침에 대한 평가가 추가되는 경우도 있다. 문학서나 역사적으로 중요한 저작의 복각(復刻) 또는 번역서의 권

말에 붙여지는 경우가 많다. 각 서지 데이터에 해제가 부여되어 있는 서지를 해제 서지라고 한다.

해제 서지(解題書誌) annotated bibliography

수록하는 개개의 저작에 대해, 서지 데이터 이외에 저자의 약전(略傳), 저작의 유래, 내용과 특색, 형태 등의 해제를 붙인 서지. 수록 방침의 점에서는, 선택 서지적인 성격을 가진 것이 많다. 예를 들면, 일본의 『국서 해제』(1926), 『한서 해제』(1905), 『근대 일본 명저 해제』(1962), 『국어학 서목 해제』(1902) 등이 있다.

핵심 장서(核心藏書) core collection

(1) 특정 분야를 연구하기 위해 필수가 되는 자료군. (2) 이용 빈도가 높은 자료군. (3) 도서관 창설 당시에, 포괄적, 표준적인 리스트, 또는 서지적인 가이드를 바탕으로 하여 수집되어 구축되는 자료군.

핵심 저널(核心--) core journal

어떤 전문 분야에서, 중요성이 높은 것으로 간주되고 있는 일군의 잡지. 주로 학술 잡지에 대해 사용된다. 전문적인 주제의 컬렉션을 구축할 때, 핵심 저널을 아는 것이 중요하다고 여겨지고 있다. 핵심 저널을 판정하는 데는 다음과 같은 방법이 있다. ① 설문지 조사 등으로 전문가, 연구자에게 평가하도록 한다. ② 서지 등에서 논문수를 조사하고, 게재 잡지별로 집계하여 순위화한다. 이것은 「브래드포드의 법칙」에 의한 곡선을 이끌어내는 방법으로, 이 곡선 좌측의 솟아오르는 부분에 포함되는 잡지가 핵심 저널에 상당한다. ③ 인용 분석을 실시하여, 피인용 지수가 높은 잡지를 선정한다. ④ 대출, 복사, 상호 대차의 기록을 집계하여, 요구가 많은 잡지를 선정한다. ↔ 브래드포드의 법칙; 학술 잡지

핸드북 → 편람(便覽)

행간 주기(行間註記) → 주

행정 자료(行政資料) administrative document

행정 기관이나 지방 자치 단체 및 그 관련 기관, 국제 기관이 간행하는 자료. 각 기관의 자료를 바탕으로 하여 작성된 민간의 출판물을 포함하는 경우도 있다. 일반적으로 행정 자료라는 파악 방법은 공공 도서관이 해당 자치 단체의 자료를 수집, 제공, 보존할 때 사용된다. 독립된 컬렉션인 경우와 향토 자료의 일부가 되는 경우가 있다. ↔ 관공청 간행물; 정부 간행물

향토 자료(鄕土資料) local material; local collection

도서관 자료의 종류의 하나로, 도서관이 소재하는 지역이나 자치 단체에 관계되는 자료. 이전에는 향토사에 관한 자료로 간주되었다. 지역 자료라고도 한다. 현재의 공공 도서관은 그 지역에 대한 자료를 책임을 가지고 수집하는 것이 업무의 하나로서 자리매김되고 있으며, 그것들의 참고 질문에 답하는 것도 중요한 업무가 되고 있다. 수집 대상 지역으로는, 근린이나 관할 지역을 포함시키는 경우도 있다. 내용적으로는, 향토에 관계된 자료라고 하는 경우와, 향토인이나 출신자에 의한 저서나 향토에서의 출판물, 나아가 고문서나 출토품 등까지 포함시키는 경우가 있다. 또한 행정 자료를 향토 자료의 일부로 하는 경우와 별도로 취급하는 경우가 있다. ↔ 지방 출판물; 행정 자료

허용성(許容性) hospitality

새로운 주제를 분류표 중의 적절한 장소에 삽입하거나, 전개할 수 있도록 해두는 것. 지식의 분류는 과학의 진보 발전과 함께 변화하고 재편성이 이루어져 가고 있는데, 분류표도 실용면을 고려하면서, 끊임없는 개정에 의해 대응하지 않으면 도움이 되지 않게 되어 버린다. 이를 위해서는, 분류표의 논리적인 순서를 흩트리지 않으면서, 항상 새로운 주제를 삽입, 전개할 수 있도록 허용성을 갖추지 않으면 안 된다. 새로운 주제를 자리매김할 수 있는 방법으로서는, 그 주제와 가장 밀접한 관계가 있다고 생각되는 분류 항목의 아래에 넣거나, 또는 적절한 곳에 삽입 또는 전개하여 분류 항목을 신설하는 것이 일반적이다. 후자(後者)의 경우에 허용성이 필요하게 된다. ↔ 분류 기호; 분류표; 삽입

헌사(獻辭) dedication

표제지의 다음 페이지 등에 있으며, 이름(개인 또는 단체)을 들어, 「바친다」, 「올린다」 등으로 연결되어 있는 부분. 헌사를 올리는 상대는 특별한 지원이나 협력을 아끼지 않았던 사람들인 경우가 많지만, 가까운 사람인 경우도 있다. 또한 저자나 출판자가 도서를 타인에게 헌정할 때 첨부하는 말도 헌사라고 한다.

헌책(--冊) second-hand book

다른 사람에 의해 소유된 경력을 가진 도서. 새 책(신본: 新本)에 상대되는 용어. 중고책(中古冊), 고본(古本)이라고도 한다. 통상 새 책으로 입수 가능한지의 여부를 불문하고, 고가의 값이 붙은 「고서」(古書)와는 구별된다. 또한 간행 후 세월이 지나, 절판 등 때문에, 출판사나 신간 서점에서는 입수할 수 없게 된 옛날 책(old book) 일반을 가리키는 경우도 있다. ↔ 고서

현물 선택(現物選擇) selection on approval

자료를 손에 들고, 내용이나 장정, 조본(造本)을 보고, 직접 선택하는 방법. 현물 선택의 형태로는, 서점이 일차 선택하고 도서관에 반입하여 적당한 것을 고르는 것이나, 우송이나 세일즈맨에 의한 판매, 도서관인이 서점이나 서적 대리점에 나가 하는 매장 구매 등이 있다. 대학 도서관에서는, 수집 분야, 수집 레벨, 자료 유형, 수집 언어 등을 정리한 수집 방침을 제시하거나, 또는 교육 과정(커리큘럼)이나 학과 구성에 맞는 특정 분야의 학술서를 발행하는 전문 출판사를 지정하여, 해당하는 자료를 전부 반입하여 적당한 것을 고르는 방식으로 구입하는 조건부 일괄 주문(approval plan)이 있다. 공공 도서관에서는 어린이 도서의 현물 선택이 중시된다.

현시 요구(顯示要求) → 명시적 요구

현직 연수(現職研修) in-service training

도서관, 그 밖의 정보 기관에서 일하는 직원이 새롭게 발전한 기술이나 기능을 익히고 익숙해지기 위해 실시되는 연수. 방법으로서는, 동일의 조직 내에서 이루어지는 것과, 외부 기관에 의해 이루어지는 것이 있다. 처음에는 도서관 내에

서 이루어지는 직원의 교육으로 생각되어 왔으나, 도서관인 양성의 전문 교육 과정이 설치됨에 이르러서는, 도서관 내에서 이루어지는 전문직에 의한 직원의 연수로 생각되게 되었다.

협동 보존(協同保存) cooperative storage

복수의 도서관이 각각의 도서관의 자료를 공동 이용하기 위해 상호 협력에 의해 보존하는 것. 자료 수집의 단계부터 협정하는 경우와, 자료 폐기의 단계에서 협정하는 경우가 있다. 후자(後者)는 분담 보존이라고도 한다. 분담 수집과 분담 보존은 연속간행물, 관공청 출판물, 향토 자료에 유효한 것으로 여겨지고 있으며, 실시 사례가 많다. ↔ 보존 서고; 분담 보존

협동 수집(協同收集) cooperative acquisition

도서관의 상호 협력 활동의 하나로, 복수의 도서관이 협동하여 자료를 수집하는 활동. 분담 수집의 동의어로서 사용되는 경우도 있다. 협동 수집은 협동으로 이루어지는 수집 작업 전반을 나타내는 개념으로, 수집 범위를 협의상 조정하는 분담 수집과 같이, 구체적인 방법을 특정(特定)하는 것은 아니다. 따라서 분담 수집은 협동 수집의 형태의 하나에 해당한다고 이해해야 할 것이다. ↔ 분담 수집; 수집 업무

협동 장서 개발(協同藏書開發) cooperative collection development

2관 이상의 도서관이 협정을 맺고 실시하는 장서 개발의 협력이나 수집 분담 및 장서 관리에 관한 것. 장서 개발에 대한 도서관 협력 시스템에는 다양한 레벨이 있는데, 동일 지역 이외의 도서관의 장서 개발을 고려하여, 중복 분야의 자료 수집을 억제 또는 조정함으로써, 다수의 도서관이 협정을 맺고, 일정의 중점 수집 분야를 서로 분담하는 레벨의 것까지 있다. 미국에서는, 자원 공유가 장서 개발의 방침에 도입되고 있는 경우가 많으며, 협동 장서 개발은 각각의 도서관의 장서 개발에도 영향을 미치고 있다.

협력 대출(協力貸出)[일본] cooperative lending

일본의 경우, 시정촌립 도서관(市町村立圖書館)에서, 이용자로부터 자관에서 소장하고 있지 않은 자료의 요구가 있을 경우, 그 자료를 도도부현립 도서관(都道府縣立圖書館)으로부터 빌려 받는 것으로써 요구에 대응하는 것. 도도부현립 도서관의 시정촌립 도서관에 대한 지원 기능의 사업의 하나로, 이른바 「상호 대차」(相互貸借)의 개념과는 구별할 필요가 있다. 또한 자료 제공에 관계되는 것이기 때문에, 도도부현립 도서관에서 실시하는 각종 사업 중 가장 기본적인 것이며, 그 다과(多寡)는 서비스 수준을 나타내는 것이 되기도 한다. 협력 대출을 원활하게 실시하기 위해, 자료 운반 수단의 확보, 장서 목록의 정비, 장서의 충실화 등이 필요하게 된다. 자료의 운반 수단으로서는, 순회차(또는 협력차)의 운행이 일반적이다.

협력차(協力車)[일본] cooperative delivery vehicle

일본에서, 도도부현립 도서관(都道府縣立圖書館)이 자료의 배달, 연락을 위해 시정촌립 도서관(市町村立圖書館) 간을 순회시키고 있는 차. 도서관 협력차, 연락차라고도 한다. 도도부현립 도서관의 도서관 협력 체제를 충실화하기 위한 방책의 하나. 1970년에 도야마현(富山縣)과 도쿄도(東京都)에서 시작되었다. 도서관인이 동승하여 각 도서관의 상황을 아는 것도 중요하다고 여겨지고 있다.

협력 참고 서비스(協力參考--) cooperative reference service

도서관 간에 이루어지는 일정의 협정을 바탕으로, 이용자의 질문을 협정을 맺은 도서관의 참고 서비스 담당자에게 조회하고, 회답을 얻는 형식으로 이루어지는 정보 서비스. 협력 레퍼런스라고도 한다. 이용자 자신을 협정을 맺은 도서관에 소개하는 것도 포함된다. 도서관 협력의 하나로, 각 도서관의 주제의 약한 면을 보완하고, 참고 서비스의 질을 향상시키기 위해 이루어진다. 참고 서비스 사례를 데이터베이스에 축적하여 공동 이용할 수 있도록 하는 시도도 시작되고 있다. ↔ 도서관 협력; 참고 서비스; 참고 서비스 사례 데이터베이스

협회 도서관(協會圖書館) → 조합 도서관

형무소 도서관(刑務所圖書館) → 교도소 도서관

형식(形式) form

도서, 마이크로 자료와 같은 자료의 물리적 형식, 또는 사전, 논문집과 같은 주제의 취급 방법에 관련된 표현 형식(제시 형식)을 말한다. 문헌 분류법에서는 주제를 바탕으로 하여 분류하는 것을 원칙으로 하는데, 같은 주제의 것을 다시 형식에 의해 구분하여, 이용의 편리함에 이바지하는 것이다. 분류표에서는 통상 물리적 형식은 채택되지 않고 표현 형식이 채택된다. 도서, 마이크로 자료, 비디오 녹화 자료와 같이 물리적 형태가 다른 것은 통상 각각마다 별치되기 때문에, 자료 배가의 수단으로서 분류 기호가 그것을 표현할 필요는 없기 때문이다. 일반 분류표에서는 공통 세목의 하나로서 보조표에서 다루어지는 경우가 많다. ↔ 공통 세목; 보조표; 형식 구분

형식 구분(形式區分) form subdivision

일본십진분류법(NDC)의 일반 보조표의 하나. 01부터 088까지의 기호를 사용하며, 이론, 역사적·지리적 논술, 참고 도서, 논문집 등을 나타낸다. 이 중에서, 이론이나 역사적·지리적 논술 등은 형식이 아니라 주제로, 이러한 것을 내형식(內形式), 참고 도서나 연속간행물 등 순수하게 형식을 나타내는 것을 외형식(外形式)이라고 부르는 경우가 있다. 일반적으로는 공통 세목이라고 부르는 것에 상당한다. 마찬가지의 표가 듀이십진분류법(DDC)에도 있는데, 제16판까지는 형식 구분이라고 불렸으나, 제17판 이후에는 표준 세구분(standard subdivision)이라는 명칭이 되었다. 한국십진분류법(KDC)의 표준 구분에 해당한다. ↔ 공통 세목

형식 세목(形式細目) form subdivision

일본의 『기본건명표목표(基本件名標目表) 제3판』의 일반 세목에 관한 것. 사전, 연감, 역사 등이 있으며, 「고고학—사전」, 「지방 자치—연감」, 「일본—역사」와 같이 필요에 따라 어떤 표목의 아래에서나 부가할 수 있다. 또한 문학 형식 세목이나 목록, 도집(圖集) 등 특정 표목의 아래에서밖에 적용할 수 없는 약간의 세목도 일반 세목 중에 포함된다. 일본십진분류법(NDC)의 형식 구분에 상당하는 것으로 생각할 수 있다. 학습서, 색인, 사전 등 많은 자료의 형식을 나타내는데, 일부는 연구법이나 역사 등 주제를 나타낸다. 미국의회도서관주제명표목표(LCSH)에도 마찬가지의 세목이 있다. ↔ 세목; 특수 세목

형식 표목(形式標目) form heading

목록 저록(목록 기입)에 대한 표목의 하나로, 저작의 형식(예를 들면, 단편 소설집, 수필집), 또는 자료의 형식(예를 들면, 사전, 백과사전)을 나타내는 어구로 이루어진다. 형식 표목, 또는 부표목으로서의 형식 부표목은 옛날부터 사용되고 있는데, 파니치의 규칙(1839)에서도 볼 수 있다. 그 이후로, 형식 표목 및 형식 부표목은 점차 사용되지 않게 되었는데, 오늘날의 편목 규칙에서는 채택되는 경우가 드물게 되었다.『영미편목규칙 제2판』에서는, 전집, 선집, 소설집, 수필집, 법령집 등 특정 형식의 자료에 대해, 저자 표목 아래에서의 집중을 시도하는 통일 표제의 일종인 「종합 표제」(collective title)가 채택되고 있다(Works, Selections, Novels, Essays, Laws 등). 또한 형식 표목의 기능은 현재 주제명 표목에서 맡고 있는데, 특히 「형식 세목」이 그에 대응한다. ↔ 통일 표제; 형식 세목

형태 기술 사항(形態記述事項) physical description area

국제표준서지기술법(ISBD)에 규정된 기술의 다섯 번째 사항. 서지 기술의 대상이 되는 자료의 형태의 대요(大要)를 파악할 수 있고, 동시에 해당 자료와 분리할 가능성이 있는 부속물이나 첨가물 등의 수량 등, 자료의 관리 및 보전상 필요한 정보를 얻을 수 있도록 기록한다. 기록해야 할 서지적 요소로는, 특정 자료 표시와 자료의 수량, 기타 형태 세목, 크기, 부록 자료(딸림 자료)가 있다. 수량의 예로서는, 도서의 페이지 수나 마이크로피시의 매수 등, 기타 형태 세목의 예로서는, 삽화류의 유무와 점수(도서의 경우), 재생 속도나 트랙수(녹음 자료의 경우) 등이 있다. 이 사항은 이전에는 「대조 사항」(對照事項: collation)이라고 불렸던 것에 상당한다. ↔ 국제표준서지기술법; 사항

형태별 배가법(形態別排架法) shelving by material form

고정식 배가법의 하나. 도서관 자료를 그 대소(大小)나 형상 등의 물리적 형태를 기준으로 구분하여 배가(排架)하는 방법. 이 방법에서는 도서의 높이 등이 균일해지기 때문에, 서가의 선반널(붕판: 棚板)의 간격을 필요 최소한으로 함으로써 서가나 수장 공간(收藏空間)을 유효하게 이용할 수 있다. 한편 같은 주제의 도서라고 하더라도 그 형태에 의해 배가 장소가 달라지기 때문에, 이용자가 직접 서가에 접할 때에는 불편이 생긴다. ↔ 고정식 배가법

형태소 분석(形態素分析) morphemic analysis

문장을 의미를 갖는 최소 단위인 형태소로 분할하고, 품사의 활용, 표제어 등을 판별·부여하는 처리. 분석에는 형태소 사전과 형태소에 관한 문법 지식을 사용한다. 자연어 처리에서 가장 기본적인 처리로, 이 분석 결과를 바탕으로 구문 분석이나 의미 분석, 키워드의 자동 추출 등이 이루어진다. 영어와 같이 띄어쓰기가 이루어지는 언어에서는, 단어를 비록 근사적이라고는 하지만 기계적으로 분할할 수 있기 때문에, 품사 태깅과 형태소 분석이 개념적으로는 구별되지만, 일본어와 같은 교착어(膠着語)에서는, 품사 태깅의 전제로서 형태소 분석이 필요하게 되기 때문에, 양자는 실질적으로 같은 것을 의미하며, 일반적으로 형태소 분석이라고 일컬어진다. 일본어의 분석 방식으로서, 최장 일치법(最長一致法), 자종 구분법(字種切り法), 문절수 최소법(文節數最小法) 등이 있다.

호(號) number; issue

연속간행물의 간행 단위. 호수는 간행의 순서를 따라, 3호, 4호, 또는 5월호, 6월호 등이 된다. 호수에서 권(卷)을 구성하는 경우와 권만의 경우(통호: 通號)가 있다. 전자(前者)에서는 하나의 권 중에서, 결정된 호수를 반복하여 사용하게 된다.

호접장(蝴蝶裝) butterfly binding

동양 고서나 화한서(和漢書)의 장정법의 일종으로, 인쇄 또는 필사된 종이를 자면(字面)을 안쪽으로 하여 두 번 접고, 각 종이의 접힌 부분의 바깥쪽의 등에 가까운 부분에 풀을 붙여 서로 밀착시켜 가고, 거기에 표지를 붙인 것. 표지는 전후를 이어 1매로 감싼 것, 또는 등만 별지나 견(絹)으로 감싸고, 전후 각각 따로 표지를 붙인 것도 있다. 실도 끈도 사용하지 않은 채 풀만으로 만드는 것이 특징이다. 호접장에서는 자면이 있는 마주보는 두 페이지의 다음에는 백지(白紙)의 부분이 마주보는 두 페이지 분 오게 된다. 중국에서는 송대(宋代)의 대표적 장정법이다. 일본에서는 헤이안(平安) 시대부터 가마쿠라(鎌倉) 시대의 사본(寫本)이나 판본(版本)에서 볼 수 있는데, 중국에 비해 두꺼운 종이가 사용되기 때문에, 종이의 표리(表裏) 공히 서사(書寫) 또는 인쇄되는 경우가 많다. 접은 것의 등에 가까운 부분에서 종이가 서로 풀로 붙여 합쳐져 있어, 책을 펼칠 때 나비가 날개를 펼치는 것과 같은 형이 되기 때문에, 이 이름이 붙여진 것이다. 이 장정법을 일본에서는 점엽장(粘葉裝)이라고 부른다.

혼배(混排) inter-filing

본래 성질이 다른 것을 동일 계열의 아래에 배열하고, 단일 파일을 편성하는 것. 예를 들면, 목록에서는, 어떤 편목 규칙에 따라 작성된 서지 레코드를, 다른 규칙에 의한 서지 레코드 안에 편입, 통합하는 것 등을 가리킨다. ↔ 배열

혼합 기호법(混合記號法) mixed notation

한 종류의 기호만을 사용하는 순수 기호법에 대해, 복수의 종류의 기호를 사용하는 분류 기호법의 것. 예를 들면, 미국의회도서관분류법(LCC)은 대문자의 알파벳 기호와 아라비아 숫자를 조합하여 사용하는 혼합 기호법을 채택하고 있다. 이 기호법에는, 예를 들면 문자는 숫자의 전과 후의 어디에 배열하는가 하는 순서성이 명확하지 않다는 결점이 있는데, 기수(基數)의 수가 많아짐으로써, 분류 기호가 비교적 짧고, 신 주제에 대한 허용성도 커지게 된다는 이점이 있다. ↔ 분류 기호법; 순수 기호법; 허용성

혼합 주제(混合主題) complex subject

「국가와 종교」나 「간호학을 위한 심리학」 등과 같이, 분류표 중의 다른 둘 이상의 주제 분야에 속하는 포커스로 이루어지는 주제. 상 관계(相關係)를 형성한다. ↔ 복합 주제; 상 관계

홀로백(hollow back) → 빈등

홍보 활동(弘報活動) → 광보 활동

홍보지(弘報誌) → 피아르지

화각본(和刻本) Chinese book printed in Japan

일본에서 새로이 판목(版木)을 새겨 재제작한 한적(漢籍)의 판본(版本). 화판(和板 또는 和版)이라고도 한다.

화상 자료(畵像資料) image material; graphic material

화상 정보를 주체로 한 자료의 총칭. 회화(繪畵), 사진, 지도, 포스터 등, 내용을

육안(肉眼)으로 직접 인식할 수 있는 것뿐만 아니라, 슬라이드나 디지털 화상 파일 등, 슬라이드 프로젝터나 컴퓨터 디스플레이 등의 재생 장치에 의해 내용을 표시, 인식할 수 있는 것도 포함된다. 디지털 화상 파일의 기록 매체는 그 종류를 불문하고, 넓게는 동화상을 포함하는데, 동화상은 일반적으로는 영상이라고 부르고 있다. 문자나 음성에 의한 화상의 설명이 딸려 있는 것도 있다.

화전 만길(和田萬吉) → 와다 만키치

화지(和紙) Japanese paper

일본 고래(古來)의 종이뜨기 방법(초지법: 抄紙法)에 의해, 안피(雁皮) 나무, 닥나무, 삼지닥나무 등, 식물의 인피 섬유(靭皮纖維)를 원료로 떠낸 종이. 내구성(耐久性)이 뛰어나고, 유해한 물질이 포함되어 있지 않기 때문에, 자료의 보존·수복(修復)의 재료로서도 이용된다. 본래는 손으로 뜬 것이었는데, 현재는 기계로 뜬 것도 있다. ↔ 닥종이; 삼아지; 안피지

화학 구조 검색(化學構造檢索) chemical structure search

화합물에 관한 정보를 화합물의 구조를 바탕으로 색인을 붙이고, 검색하는 기법. 1980년대 초부터 CAS나 프랑스의 DARC 온라인 시스템에서, 그래픽 단말을 사용한 화학 구조 검색 서비스가 제공되고 있다. 일본에서는, 과학기술진흥기구가 제공하고 있는 JCHEM 파일 등에 화학 구조 검색이 통합되어 있다.

화학정보협회(化學情報協會)[일본] Japan Association for International Chemical Information

일본 국내외의 화학 정보의 원활한 유통의 촉진을 목적으로 하는 조사 연구 기관으로서, 일본화학회 정보특별위원회의 권고를 바탕으로, 1971년에 화학정보협의회로서 설립된 사단 법인. 미국화학회 Chemical Abstracts Service의 *Chemical Abstracts* (1907-   ) 등에 대한 일본어 문헌의 입력을 담당함과 동시에, 초록지 『화학 속보』(1973-   )를 간행하고 있다. 과학기술진흥기구, 미국화학회, 독일의 IZ Karlszuhe가 공동 운용하는 STN International(Scientific & Technical Information Network)의 도쿄(東京)서비스센터가 된다.

확대 독서기(擴大讀書器) magnifiable reading machine

　약시자(弱視者), 고령자용으로, 책이나 잡지 등 인쇄 자료를 확대하여 모니터 화면에 영사하는 장치. 기종에 따라서는 40배 이상으로 확대할 수 있는 것, 컬러 화면의 것 등 고기능화가 진행되고 있다. 시각 장애인이나 고령자를 위한 도서관에 구비되는 경우가 많다.

확장 서비스(擴張--) extension service

　(1) 집회 활동, 강연회, 독서 서클 활동, 전시 사업 등에 의해 도서관 서비스의 PR을 도모하고, 주민을 도서관으로 끌어 들이는 업무. (2) 분관 설치, 이동 도서관의 운영, 도서 우송 서비스 등 도서관 서비스의 공백 지역에 대한 서비스 신장 활동. 일본에서는 이전에는 extension library service, extension work, library extension 등의 번역어로서 「관외 활동」(館外活動) 등의 용어가 사용되는 경우가 있었는데, 그 업무 내용은 시대에 따라 다양하게 이해되었으며, 관외 활동이라는 말은 오늘날에는 거의 쓰이지 않는다. 미국에서는 상기 (2)의 의미로 한정하여 사용되는 경우가 많으며, 주립 도서관의 중요한 업무의 하나로서 자리매김되고 있다. ↔ 아웃리치

환배(丸背) → 둥근등

환자용 도서관(患者用圖書館) patients' library

　입원 환자를 대상으로 하는 도서관. 일본에서는 「의료법」 제22조에 의해, 종합병원에 대해서는, 도서실의 설치가 의무화되어 있는데, 현상(現狀)에 있어서는, 이 도서관은 병원 직원을 대상으로 의학, 약학, 간호학 등의 자료, 정보를 제공하는 의학 도서관으로 이해되고 있는 경우가 많으며, 환자용 도서관에 관한 명확한 규정은 없다. 근년에 일본병원환자도서관협회(1974년 설립)의 연구, 실천, 보급 활동 등에 의해, 우수한 활동을 각지에서 볼 수 있게 되었지만, 전 병원에 대한 보급률, 조직, 운영상의 자리매김 등에서 볼 경우, 구미 제국에 비해 현저하게 뒤떨어져 있어, 금후 한층 더 발전이 요망되고 있다. ↔ 병원 도서관

활자 서체(活字書體) typeface

활판 인쇄나 사진 식자(寫眞植字)를 전제로 디자인된 서체. 일문(日文)의 활자 서체에는, 명조체, 해서체, 고딕체가 있으며, 그 밖에 가나 서체로서 안틱체와 가나모지체(가나문자체: 假名文字體)가 있다. 해서체에는 청조체(淸朝體), 정해서체(正楷書體), 교과서체가 있다. 또한 보기 드문 예로서는, 예서(隷書), 행서(行書), 초서(草書), 송조(宋朝) 등 한자의 역사적 서체에서 만들어진 것이 있다. 구문(歐文)의 활자 서체는 다양한데, 패밀리로서 몇몇의 계통으로 구분된다. 패밀리에는 캐슬론(Caslon), 보도니(Bodoni)와 같은 고안자나 주조자의 이름이 붙여져 있다. 또한 패밀리의 서풍을 계속 유지하고, 자폭(字幅)의 광협(廣狹), 검기 등의 변화에 따라 생긴 일련의 서체를 시리즈(series)라고 한다. 영미(英美)에서 다소의 상위(相違)는 있으나, 8종 내지 9종으로 구분하는 분류법이 있다.

활판 인쇄(活版印刷) printing from movable type

활자를 짠 판을 사용하여 인쇄하는 철판(凸版) 인쇄의 일종. 광의(廣義)로는, 활자판을 복제하여 만든 연판(鉛版)이나 전주판(電鑄版) 등을 사용하여 인쇄하는 것을 포함한다. 이 기법은 서양에서는 15세기 중엽에 독일인 구텐베르크가 개발하여, 출판물의 주요한 인쇄 방식이 되었다. 일본에서는 모토키 쇼조(本木昌三 1824-1875)가 메이지(明治) 초기에 상하이(上海) 미화서관(美華書館)의 갬블(William Gamble 1830-1886)로부터 활자 주조 등의 방법에 대해 지도를 받아, 근대 인쇄의 기초를 구축하였다. ↔ 구텐베르크

회귀 교육(回歸敎育) → 리커런트 교육

회비제 도서관(會費制圖書館) subscription library

영국 및 미국에서 18세기부터 19세기에 발달한 도서관의 일종으로, 근대 공공도서관의 선구적 존재. 이용자가 어떤 형식으로든 도서관의 운영비를 부담함으로써 유지되는 도서관으로, 대부분은 연회비의 형식으로 지불되었다. 공동으로 구입한 자료 등을 참고로 시사 문제 등을 토론하는 「독서 클럽」(book club)이라고 불리는 클럽 조직이나 프랭클린(Benjamin Franklin 1706~1790)의 필라델피아도서관회사나 칼라일(Thomas Carlyle 1795-1881)의 런던도서관과 같이, 회원

조직으로 항구적인 장서를 갖춘 비영리의 도서관 등, 사람들이 자발적으로 설립·운영하는 도서관을 가리킨다. 광의(廣義)로는 영리 목적의 도서 대여점(일본에서는 카시혼야(貸本屋)라고 한다)도 포함된다. ↔ 회원제 도서관

회색 문헌(灰色文獻) gray literature

서지 통정이 이루어지지 않고, 유통의 체제가 정비되어 있지 않기 때문에, 간행이나 소재의 확인, 입수가 곤란한 자료. 정부나 지방 자치 단체 등의 심의회 자료 및 보고서, 테크니컬 리포트(기술 보고서), 프리프린트, 회의 자료, 학위 논문 등에는 회색 문헌으로 불리는 것이 많다. ↔ 테크니컬 리포트; 프리프린트; 학위 논문; 회의 자료

회원제 도서관(會員制圖書館) social library

18세기에 생겨난 도서관의 일종으로, 근대 공공 도서관의 선구적 존재. 유럽과 미국에서 발달하였는데, 유사한 시설이 세계 각지에 존재하였다. 도서관에 출자(出資)하는 것을 이용의 조건으로 하는 것이나, 회비제 도서관(會費制圖書館)과 같이, 독서 요구를 채우기 위해 사람들이 자발적으로 자금을 함께 내어, 설립·운영하는 도서관을 전형적으로 하지만, 직공 도서관과 같이, 특정의 사람들을 대상으로 회비를 징수하고, 항구적인 장서의 구축을 목표로 하는 19세기에 생겨난 비영리의 도서관도 포함한다. 광의(廣義)로는 영리 목적의 도서 대여점(일본에서는 카시혼야(貸本屋)라고 한다)도 포함된다. 메이지(明治), 다이쇼(大正) 기의 일본의 순회 문고나 그 밖의 독서 시설 중에는 회원제 도서관으로 자리매김할 수 있는 것이 적지 않다. 또한 회원제에 의해 운영되고 있는 문고 활동도 이에 상당하는 것으로 생각할 수 있다. ↔ 직공 도서관; 회비제 도서관

회의록(會議錄) proceedings

학회 등의 단체가 개최하는 학술적인 내용을 가진 회의, 연구 집회에서 구두 발표나 강연 등의 기록을 간행한 것. 연속간행물과 단행본의 쌍방의 형태가 있다. 또한 회의 전에 제출된 예고(豫稿)를 게재하는 경우와, 회의 후에 완전한 논문(full paper)이라고 불리는 논문을 제출하는 경우가 있다. 회의 참가자와의 질의 응답이 있다는 점이 회의에서 이루어지는 발표의 특색인데, 질의응답의 기록도

게재되는 경우가 있다. 단행본의 형태를 취하는 경우, 간행에는 시간이 걸리는 경우가 많다. 회의록은 회색 문헌(灰色文獻)의 대표를 이루고 있는데, 색인지나 서지 데이터베이스가 계속 정비되고 있어, 개개의 발표를 탐색할 수 있는 것도 있다. 그러나 1회에 한정된 회의의 회의록이나 기관지에 게재되는 회의록도 있기 때문에, 망라적인 탐색이나 입수에는 일반적으로 곤란이 따른다.

회의 자료(會議資料) conference material

학술적인 내용을 갖는 회의나 연구 집회의 개최에 수반하여 작성되는 일련의 자료. 구체적으로는, 개최 예고(캘린더), 일정표, 요지집(要旨集), 예고집(豫稿集), 회의록 등이 있으며, 발표할 때 사용된 슬라이드나 배부 자료도 포함된다. 일반적으로 회의 자료는 회의 참가자 이외에는 입수하기 어렵다. 개최 예고나 일정표는 인터넷에서 다수 제공되고 있다. ↔ 회의록

회차(回次) consecutive numbering

거의 정기적으로 열리는 회의, 보고, 조사 등의 개최, 발표, 실시 순서를 나타내는 서수(序數).

횡단 검색(橫斷檢索) cross database retrieval system; multiple database retrieval system

복수의 데이터베이스를 대상으로 하여, 동일한 검색을 동시에 실행하는 것. 예를 들면 의학 분야의 어느 주제에 관한 논문을 망라적으로 수집하려고 생각하는 경우, MEDLINE만을 검색하는 것이 아니라, EMBASE나 BIOSIS 등의 데이터베이스도 포함하여 검색을 한 번에 실행할 수 있으면 편리하다. 이 경우 데이터베이스 간의 중복 레코드를 삭제하는 기능이 필요하게 되는데, 횡단 검색이 가능한 시스템에서는 이 기능이 갖추어져 있는 경우가 많다.

후부(後付) back matter

도서나 잡지의 주요 부분을 구성하는 본문의 뒷부분(後部)에 위치하는 부록, 색인, 후기(後記), 판권, 광고 등의 총칭. 전부(前付), 본문에 대비하여 말한다. 한국의 용어로는 뒷부분 또는 뒷붙이라고도 하며, 일본말로는 아토즈케(あとづけ)라고 한다. ↔ 본문; 전부(前付)

후쇄(後刷) reissue

특히 목판의 경우에, 이미 간행된 판본의 판목(版木)을 그대로 사용하여 나중에 가서 인쇄하는 것 또는 그와 같이 인쇄된 도서. 현재의 증쇄(增刷)에 상당하는 용어. 판본의 경우, 초쇄(初刷), 후쇄의 쇄의 연월을 확실하게 알 수 없는 경우가 많기 때문에, 판면(版面)이 선명하고 마멸결손(磨滅缺損)이 없는 것을 초쇄, 그렇지 않은 것을 후쇄로 하는 것이 통례이다. ↔ 증쇄; 초쇄

후조합 색인법(後組合索引法) post-coordinate indexing

색인법의 하나로, 전조합 색인법과 대비되는 개념. 일본에서는 사후 결합 색인법이라고 한다. 개별의 정보 요구가 발생한 후, 즉 검색할 때 불 연산자(Boolean operator) 등을 사용하여 색인어를 조합시키는 것을 전제로 한 색인법. 구체적으로는, 자료의 주제를 나타내는 개념의 결합 상태나 순서에 관계없이, 색인어를 열거한다. 후조합 색인법에서는 통상 검색 누락은 줄어들지만, 노이즈(잡음)는 늘어난다. ↔ 전조합 색인법

후쿠로토지(袋綴) → 자루 매기

휜등 flexible back

책등(書背)의 제본 양식의 하나로, 표지의 등과 속장의 등을 밀착시키고 있으나, 유연성이 있는 것. 연배(軟背)라고도 한다. 책을 펼쳤을 때, 속장의 등에 맞추어 표지의 등이 활처럼 굽혀지기 때문에, 맬폭(binding margin)을 펼치기는 좋으나, 등 문자(背文字)가 손상되기 쉽다. ↔ 찬등(tight back); 빈등(hollow back)

휴간(休刊) suspension of publication

연속간행물의 간행이 정지되는 것. 다시 간행되기 시작하면, 「복간」(復刊)이다. 출판계에서는 실제로는 「폐간」(廢刊)이더라도, 「휴간」이라고 표현하는 경우가 많다. ↔ 복간; 폐간

휴일 개관(休日開館) holiday opening

도서관이 이용자의 편의를 도모하기 위해, 일요일이나 경축일에 개관하여 서비스나 시설을 제공하는 것. 일본의 상당수의 공공 도서관은 이용자의 니즈에 부응하기 위해, 일요 개관을 실시하고 있다. 대학 도서관에서도 휴일 개관을 실시하는 기관이 증가하고 있다.

흡수(吸收) absorption

서지적 관계를 나타내는 용어로, 하나 내지는 그 이상의 연속간행물이 다른 연속간행물에 편입되는 것, 바꾸어 말하면, 어떤 연속간행물이 하나 내지는 그 이상의 다른 연속간행물을 병합하고, 원래 표제를 유지하고 있는 것. 「합병」의 일종으로 자리매김되고 있다. ↔ 합병

희구서(稀覯書) → 희서(稀書)

희귀서(稀貴書) → 귀중서; 희서

희서(稀書) rare book

수요가 있는 책이지만, 고서적 시장에서 드물게 밖에 입수할 수 없는 진귀한 책. 진본(珍本), 희구서(稀覯書)라고도 한다. 희서는 잔존(殘存) 부수가 적은 것만으로 결정되는 것이 아니라, 수요에 따른 희소성에 따라 희서가 된다. 도서관에서는 희서는 모두 귀중서로서 취급되는데, 귀중서는 희소하지 않더라도 그 자체가 상당히 고액인 것 등의 다른 조건을 갖춘 것이다. 희서는 귀중서와 함께, 이용보다는 보존에 중점을 두게 되며, 별치(別置)하여 일반의 자료와 구별하여 특별 취급을 한다. ↔ 귀중서

1. 도서관법[한국]
2. 도서관법 시행령[한국]
3. 도서관법 시행 규칙[한국]
4. 학교도서관진흥법[한국]
5. 학교도서관진흥법 시행령[한국]
6. 저작권법[한국]
7. 도서관 권리 선언[미국]
8. 도서관인 윤리 선언[한국]
9. 한국의 주요 도서관 및 도서관 관련단체
10. 도서관자료의 교환·이관·폐기 및 제적의 기준과 범위[한국]
11. 한국의 문헌정보학 관련 교육 기관 현황
12. 사서 교육 기관의 교육 과정 및 이수 학점[한국]
13. 한국어판 서문의 원문
14. 영한 대조 색인
15. 역자 후기

[부록 1]

도서관법 [한국]

[제정 1994.3.24 법률 제4746호 圖書館및讀書振興法]
[일부개정 2011.4.5 법률 제10558호 시행일 2011.7.6]

제 1 장 총칙

제1조(목적) 이 법은 국민의 정보 접근권과 알 권리를 보장하는 도서관의 사회적 책임과 그 역할 수행에 필요한 사항을 규정하여, 도서관의 육성과 서비스를 활성화함으로써 사회 전반에 대한 자료의 효율적인 제공과 유통, 정보접근 및 이용의 격차해소, 평생교육의 증진 등 국가 및 사회의 문화발전에 이바지함을 목적으로 한다.

제2조(정의) 이 법에서 사용하는 용어의 정의는 다음과 같다.

1. "도서관"이라 함은 도서관자료를 수집·정리·분석·보존하여 공중에게 제공함으로써 정보이용·조사·연구·학습·교양·평생교육 등에 이바지하는 시설을 말한다.
2. "도서관자료"란 인쇄자료, 필사자료, 시청각자료, 마이크로형태자료, 전자자료, 그 밖에 장애인을 위한 특수자료 등 지식정보자원 전달을 목적으로 정보가 축적된 모든 자료(온라인 자료를 포함한다)로서 도서관이 수집·정리·보존하는 자료를 말한다.
3. "도서관서비스"라 함은 도서관이 도서관자료와 시설을 활용하여 공중에게 제공하거나 지원하는 대출·열람·참고서비스, 각종 시설과 정보기기의 이용서비스, 도서관자료 입수 및 정보해득력 강화를 위한 이용지도교육, 공중의 독서활동 지원 등 일체의 유·무형의 서비스를 말한다.
4. "공공도서관"이라 함은 공중의 정보이용·문화활동·독서활동 및 평생교육을 위하여 국가 또는 지방자치단체가 설립·운영하는 도서관(이하 "공립 공공도서관"이라 한다) 또는 법인(「민법」이나 그 밖의 법률에 따라 설립된 법인을 말한다. 이하 같다), 단체 및 개인이 설립·운영하는 도서관(이하 "사립 공공도서관"이라 한다)을 말한다. 다음 각 목의 시설은 공공도서관의 범주 안에 포함된다.

가. 공중의 생활권역에서 지식정보 및 독서문화 서비스의 제공을 주된 목적으로 하는 도서관으로서 제5조에 따른 공립 공공도서관의 시설 및 도서관자료기준에 미달하는 작은도서관
나. 장애인에게 도서관서비스를 제공하는 것을 주된 목적으로 하는 장애인도서관
다. 의료기관에 입원 중인 사람이나 보호자 등에게 도서관서비스를 제공하는 것을 주된 목적으로 하는 병원도서관
라. 육군, 해군, 공군 등 각급 부대의 병영 내 장병들에게 도서관서비스를 제공하는 것을 주된 목적으로 하는 병영도서관
마. 교도소에 수용 중인 사람에게 도서관서비스를 제공하는 것을 주된 목적으로 하는 교도소도서관
바. 어린이에게 도서관서비스를 제공하는 것을 주된 목적으로 하는 어린이도서관
5. "대학도서관"이라 함은 「고등교육법」 제2조에 따른 대학 및 다른 법률의 규정에 따라 설립된 대학교육과정 이상의 교육기관에서 교수와 학생, 직원에게 도서관서비스를 제공하는 것을 주된 목적으로 하는 도서관을 말한다.
6. "학교도서관"이라 함은 「초·중등교육법」 제2조에 따른 고등학교 이하의 각급 학교에서 교사와 학생, 직원에게 도서관서비스를 제공하는 것을 주된 목적으로 하는 도서관을 말한다.
7. "전문도서관"이라 함은 그 설립 기관·단체의 소속 직원 또는 공중에게 특정 분야에 관한 전문적인 도서관서비스를 제공하는 것을 주된 목적으로 하는 도서관을 말한다.
8. "납본"이라 함은 도서관자료를 발행하거나 제작한 자가 일정 부수를 법령에서 정한 기관에 의무적으로 제출하는 것을 말한다.
9. "온라인 자료"란 정보통신망(「정보통신망 이용촉진 및 정보보호 등에 관한 법률」 제2조제1항제1호의 정보통신망을 말한다. 이하 같다)을 통하여 공중송신(「저작권법」 제2조제7호의 공중송신을 말한다. 이하 같다)되는 자료를 말한다.
10. "온라인 자료 제공자"란 온라인 자료를 정보통신망을 통하여 공중송신하는 자를 말한다.
11. "기술적 보호조치"란 「저작권법」에 따라 보호되는 저작권 등의 권리에 대한 침해행위를 효과적으로 방지 또는 억제하기 위하여 그 권리자나 권리자의 동의를 얻은 자가 적용하는 기술적 조치를 말한다.

제3조(적용범위) 이 법은 정보관·정보센터·자료실·자료센터·문화센터 및 이와 유사한 명칭과 기능이 있는 시설 중 대통령령이 정하는 바에 의하여 문화체육관광부장관이 인정하는 시설에 대하여도 적용한다.

제4조(국가 및 지방자치단체의 책무) 국가 및 지방자치단체는 국민이 자유롭고 평등하게

지식정보에 접근하고 이를 이용할 수 있도록 도서관의 발전을 지원하여야 하며 이에 필요한 시책을 강구하여야 한다.

제5조(도서관의 시설 및 도서관자료
① 도서관은 도서관자료의 보존·정리와 이용자의 편의를 위하여 적합한 시설 및 도서관자료를 갖추어야 한다.
② 제1항에 따른 도서관의 시설 및 도서관자료의 기준은 대통령령으로 정한다.

제6조(사서직원 등)
① 도서관은 대통령령이 정하는 바에 따라 도서관 운영에 필요한 사서직원, 「초·중등교육법」 제21조제2항에 따른 사서교사 및 실기교사를 두어야 하며, 도서관 운영에 필요한 전산직원 등 전문직원을 둘 수 있다.
② 제1항에 따른 사서직원의 구분 및 자격요건과 양성에 관하여 필요한 사항은 대통령령으로 정한다.
③ 국가 및 지방자치단체는 도서관직원의 전문적 업무수행 능력향상을 위하여 노력하고 이에 따른 교육기회를 제공하여야 한다.

제7조(도서관의 이용·제공 등)
① 도서관은 도서관자료의 유통·관리 및 이용 등에 관한 업무의 효율성을 높이고 지식정보의 공동이용을 위하여 다른 도서관과 협력하여야 한다.
② 도서관은 주민에게 다양한 서비스를 제공하기 위하여 박물관·미술관·문화원·문화의 집 등 각종 문화시설과 교육시설, 행정기관, 관련 단체 및 지역사회와 협력하여야 한다.
③ 대학도서관·학교도서관·전문도서관 등은 그 설립 목적의 수행에 지장이 없는 범위 안에서 공중이 이용할 수 있도록 시설 및 도서관자료를 제공할 수 있다.

제8조(이용자의 개인정보보호) 도서관은 도서관이용자의 개인정보 보호를 위하여 다음 각 호의 시책을 강구하여야 한다.
1. 이용자의 정보수집과 관리, 공개 등에 관한 규정의 제정에 관한 사항
2. 도서관직원에 대한 관련 교육의 실시에 관한 사항
3. 그 밖에 이용자의 개인정보보호와 관련하여 도서관장이 필요하다고 판단한 사항

제9조(금전 등의 기부)
① 누구든지 도서관의 설립·시설·도서관자료 및 운영을 지원하기 위하여 금전 그 밖의 재산을 도서관에 기부할 수 있다.
② 국가 또는 지방자치단체가 설립한 도서관은 제1항에 따른 기부가 있을 때에는 「기부금품의 모집 및 사용에 관한 법률」에도 불구하고 이를 접수할 수 있다.

제10조 삭제

제11조(다른 법률과의 관계) 도서관에 관하여는 다른 법률에 특별한 규정이 있는 경우를 제외하고는 이 법이 정하는 바에 의한다.

제 2 장 도서관정책의 수립 및 추진체제

제12조(도서관정보정책위원회의 설치)
① 도서관정책에 관한 주요사항을 수립·심의·조정하기 위하여 대통령 소속하에 도서관정보정책위원회(이하 "도서관위원회"라 한다)를 둔다.
② 도서관위원회는 다음 각 호의 사항을 수립·심의·조정한다.
  1. 제14조의 종합계획의 수립에 관한 사항
  2. 도서관 관련 제도에 관한 사항
  3. 국가와 지방의 도서관 운영체계에 관한 사항
  4. 도서관 운영평가에 관한 사항
  5. 도서관 및 도서관자료의 접근·이용격차의 해소에 관한 사항
  6. 도서관 전문인력 양성에 관한 사항
  7. 그 밖에 도서관정책을 위하여 대통령령으로 정하는 사항
③ 도서관위원회의 사무를 지원하기 위하여 위원회에 사무기구를 두고, 제2항에 따른 기능을 수행하기 위하여 문화체육관광부에 기획단을 둔다.
④ 도서관위원회의 사무기구 및 기획단 설치·운영 등에 관하여 필요한 사항은 대통령령으로 정한다.
⑤ 위원장은 사무기구 및 기획단의 업무수행을 위하여 필요한 경우에는 관계 행정기관의 공무원 또는 관련 단체의 임직원의 파견을 요청할 수 있다. 이 경우 요청받은 기관의 장은 특별한 사유가 없는 한 이에 응하여야 한다.

제13조(도서관위원회의 구성)
① 도서관위원회는 위원장 1인과 부위원장 1인을 포함한 30인 이내의 위원으로 구성한다.
② 위원장은 도서관에 관한 전문지식 및 경험이 풍부한 사람 중에서 대통령이 위촉하고, 부위원장은 문화체육관광부장관이 된다.
③ 위원은 다음 각 호의 사람이 된다.
  1. 대통령령으로 정하는 관계 중앙행정기관의 장 및 이에 준하는 기관의 장
  2. 도서관에 관한 전문지식 및 경험이 풍부한 사람 중 위원장이 위촉하는 사람. 다만, 초대위원은 부위원장이 위촉한다.
④ 위원장은 회의를 소집·주재한다.

⑤ 위원장은 필요한 경우에 부위원장으로 하여금 직무를 대행하게 할 수 있다.
⑥ 제3항제2호에 따른 위원의 임기는 2년으로 하되, 1차에 한하여 연임할 수 있다.
⑦ 위원이 사고로 직무를 수행할 수 없거나 궐위된 때에는 지체 없이 새로운 위원을 임명하여야 한다. 이 경우 보임된 위원의 임기는 전임위원의 잔여기간으로 한다.
⑧ 도서관위원회의 운영 등에 관하여 필요한 사항은 대통령령으로 정한다.

제14조(도서관발전종합계획의 수립)
① 도서관위원회위원장은 도서관의 발전을 위하여 5년마다 도서관발전종합계획(이하 "종합계획"이라 한다)을 수립하여야 한다.
② 종합계획에는 다음 각 호의 사항이 포함되어야 한다.
  1. 도서관정책의 기본방향에 관한 사항
  2. 도서관정책의 추진목표와 방법에 관한 사항
    가. 도서관의 역할강화에 관한 사항
    나. 도서관의 환경개선에 관한 사항
    다. 도서관의 협력체계 활성화에 관한 사항
    라. 그 밖에 도서관정책의 주요 시책에 관한 사항
  3. 역점 추진과제 및 관계 부처 등의 협조에 관한 사항

제15조(연도별 시행계획의 수립 등)
① 중앙행정기관의 장과 특별시장·광역시장·도지사 및 특별자치도지사(이하 "시·도지사"라 한다)는 종합계획에 기초하여 매년 12월말까지 연도별 시행계획(이하 "시행계획"이라 한다)을 수립하여 추진하여야 한다.
② 시행계획을 수립·추진함에 있어서 시·도지사는 해당 지역의 교육감과 협의할 수 있다.
③ 시행계획의 수립 및 추진에 관하여 필요한 사항은 대통령령으로 정한다.

제16조(재원의 조달)
① 국가 및 지방자치단체는 종합계획 및 시행계획의 추진을 위하여 필요한 재원을 확보하여야 한다.
② 도서관발전을 위하여 필요한 재원의 전부 또는 일부를 「문화예술진흥법」 제16조에 따른 문화예술진흥기금에서 출연 또는 보조할 수 있다.

제17조(도서관 관련 협회등의 설립)
① 문화체육관광부장관은 도서관 상호 간의 도서관자료교환, 업무협력과 운영·관리에 관한 연구, 관련 국제단체와의 상호협력, 도서관서비스 진흥 및 도서관의 발전, 직원의 자질향상과 공동이익의 증진을 위하여 필요한 경우에 도서관 관련 협회 등(이하 "협회등"이라 한다)의 법인 설립을 허가할 수 있다.

② 국가는 제1항에 따른 협회등의 운영에 필요한 경비를 보조할 수 있다.
③ 협회등에 관하여 이 법에 규정된 것을 제외하고는 「민법」 중 비영리법인의 규정을 준용한다.

제 3 장 국립중앙도서관

제18조(설치 등)
① 문화체육관광부장관은 그 소속하에 국가를 대표하는 도서관으로서 국립중앙도서관을 둔다.
② 국립중앙도서관은 국가대표도서관으로서 효율적인 업무처리 및 지역간 도서관의 균형발전을 위하여 필요한 경우에 지역별·분야별 분관을 둘 수 있다.
③ 그 밖에 국립중앙도서관의 조직 및 운영 등에 관하여 필요한 사항은 대통령령으로 정한다.

제19조(업무)
① 국립중앙도서관은 다음 각 호의 업무를 수행한다.
  1. 종합계획에 따른 관련 시책의 시행
  2. 국내외 도서관자료의 수집·제공·보존관리
  3. 국가 서지 작성 및 표준화
  4. 정보화를 통한 국가문헌정보체계 구축
  5. 도서관직원의 교육훈련 등 국내 도서관에 대한 지도·지원 및 협력
  6. 외국도서관과의 교류 및 협력
  7. 도서관발전을 위한 정책 개발 및 조사·연구
  8. 「독서문화진흥법」에 따른 독서 진흥 활동을 위한 지원 및 협력
  9. 그 밖에 국가대표도서관으로서 기능을 수행하는데 필요한 업무
② 제1항에 따른 업무수행에 관하여 필요한 사항은 대통령령으로 정한다.
③ 제1항제7호의 업무수행을 위하여 국립중앙도서관에 도서관연구소(이하 "연구소"라 한다)를 둔다.
④ 연구소의 설립·운영 및 업무에 관하여는 대통령령으로 정한다.
⑤ 국립중앙도서관은 그 업무를 효율적으로 수행하기 위하여 국회도서관과 협력하여야 한다.

제20조(도서관자료의 납본)
① 누구든지 도서관자료(온라인 자료를 제외한다. 이하 이 조에서 같다)를 발행 또는 제작한 경우 그 발행일 또는 제작일부터 30일 이내에 그 도서관자료를 국립중앙도서관에 납본하여야 한다. 수정증보판인 경우에도 또한 같다.

② 국립중앙도서관은 제45조제2항제3호에서 규정한 업무를 수행하기 위하여 필요한 경우 도서관자료를 발행 또는 제작한 자에게 이를 디지털 파일형태로도 납본하도록 요청할 수 있다. 요청을 받은 자는 특별한 사유가 없는 한 이에 응하여야 한다.

③ 국립중앙도서관은 제1항 및 제2항에 따라 도서관자료를 납본한 자에게 지체 없이 납본증명서를 교부하여야 하며 납본한 도서관자료의 전부 또는 일부가 판매용인 경우에는 그 도서관자료에 대하여 정당한 보상을 하여야 한다.

④ 납본대상 도서관 자료의 선정·종류·형태·부수와 납본 절차 및 보상 등에 관하여 필요한 사항은 대통령령으로 정한다.

제20조의2(온라인 자료의 수집)

① 국립중앙도서관은 대한민국에서 서비스되는 온라인 자료 중에서 보존가치가 높은 온라인 자료를 선정하여 수집·보존하여야 한다.

② 국립중앙도서관은 온라인 자료가 기술적 보호조치 등에 의하여 수집이 제한되는 경우 해당 온라인 자료 제공자에게 협조를 요청할 수 있다. 요청을 받은 온라인 자료 제공자는 특별한 사유가 없는 한 이에 응하여야 한다.

③ 수집된 온라인 자료에 본인의 개인정보가 포함된 사실을 알게 된 자는 대통령령으로 정하는 방식에 따라 국립중앙도서관장에게 해당 정보의 정정 또는 삭제 등을 청구할 수 있다.

④ 제3항에 따른 청구에 대하여 국립중앙도서관장이 행한 처분 또는 부작위로 인하여 권리 또는 이익의 침해를 받은 자는「행정심판법」에서 정하는 바에 따라 행정심판을 청구하거나「행정소송법」에서 정하는 바에 따라 행정소송을 제기할 수 있다.

⑤ 국립중앙도서관은 제1항에 따라 수집하는 온라인 자료의 전부 또는 일부가 판매용인 경우에는 그 온라인 자료에 대하여 정당한 보상을 하여야 한다.

⑥ 수집대상 온라인 자료의 선정·종류·형태와 수집 절차 및 보상 등에 관하여 필요한 사항은 대통령령으로 정한다.

제21조(국제표준자료번호)

① 도서 또는 연속간행물을 발행하고자 하는 공공기관, 개인 및 단체는 그 도서 또는 연속간행물에 대하여 국립중앙도서관으로부터 국제표준자료번호(이하 "자료번호"라 한다)를 부여받아야 한다.

② 국립중앙도서관은 제1항의 규정에 따른 업무를 효율적으로 수행하기 위하여 출판 등 관련 전문기관·단체 등과 상호 협력하여야 한다.

③ 자료번호의 부여에 필요한 사항은 대통령령으로 정한다.

제 4 장 지역대표도서관

제22조(설치 등)
  ① 특별시·광역시·도·특별자치도(이하 "시·도"라 한다)는 해당 지역의 도서관시책을 수립하여 시행하고 이와 관련된 서비스를 체계적으로 지원하기 위하여 지역대표도서관을 지정 또는 설립하여 운영하여야 한다.
  ② 제1항에 따른 지역대표도서관의 설립·운영에 관하여 필요한 사항은 대통령령으로 정한다.
제23조(업무) 지역대표도서관은 다음 각 호의 업무를 수행한다.
  1. 시·도 단위의 종합적인 도서관자료의 수집·정리·보존 및 제공
  2. 지역의 각종 도서관 지원 및 협력사업 수행
  3. 도서관 업무에 관한 조사·연구
  4. 지역의 도서관자료수집 지원 및 다른 도서관으로부터 이관받은 도서관자료의 보존
  5. 국립중앙도서관의 도서관자료 수집활동 및 도서관 협력사업 등 지원
  6. 그 밖에 지역대표도서관으로서 필요한 업무
제24조(지방도서관정보서비스위원회의 설치 등)
  ① 시·도는 관할 지역 내에 있는 도서관의 균형 있는 발전과 지식정보격차의 해소에 관한 주요사항을 심의하기 위하여 지방도서관정보서비스위원회(이하 "지방도서관위원회"라 한다)를 둔다.
  ② 지방도서관위원회는 다음 각 호의 사항을 심의한다.
    1. 지방도서관의 균형발전에 관한 사항
    2. 지방도서관의 지식정보격차 해소에 관한 사항
    3. 그 밖에 지방도서관정책을 위하여 지방도서관위원회에서 필요하다고 인정하는 사항
  ③ 지방도서관위원회는 위원장 1인과 부위원장 1인을 포함한 15인 이내의 위원으로 구성한다.
  ④ 위원장은 시·도지사가 되고, 부위원장은 지역대표도서관장이 되며 위원은 도서관에 관한 전문지식과 경험이 풍부한 자 중 위원장이 위촉하는 자가 된다.
  ⑤ 위원장은 회의를 소집·주재한다.
  ⑥ 위원장은 필요한 경우에 부위원장으로 하여금 직무를 대행하게 할 수 있다.
  ⑦ 지방도서관위원회의 운영에 관하여 필요한 사항은 당해 지방자치단체의 조례로 정한다.
제25조(운영비의 보조) 국가는 도서관 협력체계의 효율적 운영을 위하여 지역대표도서관을 설치한 시·도에 대하여 그 사업비의 일부를 보조할 수 있다.

제26조(도서관자료의 제출)
① 지방자치단체가 자료를 발행 또는 제작한 경우에는 그 발행일 또는 제작일부터 30일 이내에 그 도서관자료를 관할 지역 안에 있는 지역대표도서관에 제출하여야 한다. 수정증보관인 경우에도 또한 같다.
② 제출대상 도서관자료의 종류·부수 및 제출 절차 등에 관하여 필요한 사항은 대통령령으로 정한다.

제 4 장의 2 공공도서관

제27조(설치 등)
① 국가 또는 지방자치단체는 대통령령이 정하는 바에 따라 공립 공공도서관을 설립·육성하여야 한다.
② 누구든지 사립 공공도서관을 설립·운영할 수 있다.
③ 제1항에 따라 설립된 공립 공공도서관은 "도서관"이라는 명칭을 사용하여야 한다.

제28조(업무) 공공도서관은 정보 및 문화, 교육센터로서 수행하여야 할 기능을 발휘할 수 있도록 다음 각 호의 업무를 수행한다.
1. 도서관자료의 수집·정리·보존 및 공중에 이용 제공
2. 공중에 필요한 정보의 제공 및 지방행정에 필요한 정보의 제공
3. 독서의 생활화를 위한 계획의 수립 및 실시
4. 강연회, 전시회, 독서회, 문화행사 및 평생교육 관련 행사의 주최 또는 장려
5. 다른 도서관과의 긴밀한 협력 및 도서관자료의 상호대차
6. 지역 특성에 따른 분관 등의 설립 및 육성
7. 그 밖에 공공도서관으로서의 기능수행에 필요한 업무

제29조(공립 공공도서관의 운영 및 지원 등)
① 국가 및 지방자치단체는 도서관의 설립·운영 및 도서관자료수집에 관하여 필요한 경비의 일부를 보조하는 등 공립 공공도서관의 균형 있는 발전과 효율적 운영을 위하여 필요한 지원을 할 수 있다.
② 지방자치단체가 설립·운영하는 공립 공공도서관에 대하여는 당해 지방자치단체의 일반회계에서 그 운영비를 부담하여야 한다.
③ 「지방교육자치에 관한 법률」 제32조에 따라 교육감이 설립·운영하는 공립 공공도서관에 대하여는 해당 지방자치단체의 일반회계 예산의 범위 안에서 그 운영비의 일부를 부담하여야 한다.

제30조(공립 공공도서관의 관장 및 도서관운영위원회)
　① 공립 공공도서관의 관장은 사서직으로 임명한다.
　② 공립 공공도서관은 해당 도서관의 효율적인 운영을 도모하고 각종 문화시설과 긴밀히 협조하기 위하여 도서관운영위원회를 두어야 한다.
　③ 제2항에 따른 도서관운영위원회의 구성 및 운영에 관하여 필요한 사항은 당해 지방자치단체의 조례로 정한다.

제31조(사립 공공도서관의 등록 및 폐관)
　① 누구든지 사립 공공도서관을 설립하고자 할 때에는 제5조 및 제6조에 따른 시설·도서관자료 및 사서직원 등에 관한 기준을 갖추고 대통령령이 정하는 바에 따라 시장·군수·자치구의 구청장(이하 "시·군·구청장"이라 한다)에게 등록신청을 할 수 있다. 이 경우 시·군·구청장은 등록증을 교부하여야 한다.
　② 제1항에 따라 등록한 자가 그 등록사항을 변경하려면 변경등록을 하여야 한다.
　③ 제1항에 따라 등록한 사립 공공도서관의 설립자가 당해 도서관을 폐관하고자 할 때에는 시·군·구청장에게 등록증을 반납하여야 한다.

제31조의2(등록의 취소 등)
　① 시·군·구청장은 제31조제1항에 따라 등록한 사립 공공도서관이 다음 각 호의 어느 하나에 해당하면 등록을 취소하거나 기한을 정하여 시정을 요구하거나 6개월 이내의 기간을 정하여 운영정지를 명할 수 있다.
　　1. 거짓이나 그 밖의 부정한 방법으로 등록을 한 경우
　　2. 제31조제2항에 따른 변경등록을 하지 아니한 경우
　　3. 제5조 및 제6조에 따른 시설 및 도서관자료기준 등을 유지하지 못하여 제28조에 따른 업무를 수행할 수 없다고 인정되는 경우
　　4. 그 밖에 이 법에 따른 도서관의 설립목적을 위반하여 관리·운영한 경우
　② 제1항에 따라 등록이 취소된 때에는 그 도서관의 대표자는 시·군·구청장에게 1개월 이내에 등록증을 반납하여야 한다.

제31조의3(청문) 시·군·구청장이 제31조의2에 따라 등록을 취소하고자 하는 경우에는 청문을 실시하여야 한다.

제32조(사립 공공도서관의 지원 등)
　① 국가 및 지방자치단체는 제31조제1항에 따라 등록한 사립 공공도서관의 균형 있는 발전과 효율적 운영에 필요한 지원을 할 수 있다.
　② 국가 및 지방자치단체의 장은 사립 공공도서관의 조성 및 운영에 필요하다고 인정하는 경우「국유재산법」또는「공유재산 및 물품 관리법」등의 관계 규정에도 불구하고 국

유·공유 재산을 무상으로 사용하게 하거나 대부할 수 있다.

제33조(사용료 등) 공공도서관은 대통령령이 정하는 바에 따라 그 이용자에게서 사용료 등을 받을 수 있다.

제 5 장 대학도서관

제34조(설치) 「고등교육법」 제2조에 따른 대학 및 다른 법률의 규정에 따라 설립된 대학교육과정 이상의 교육기관에는 대학도서관을 설치하여야 한다.

제35조(업무) 대학도서관은 교수와 학생의 연구 및 교육활동과 교직원 등의 지식정보 함양에 필요한 다음 각 호의 업무를 수행한다.
 1. 대학교육에 필요한 각종 정보자료의 수집·정리·보존 및 서비스 제공
 2. 효율적 교육 과정의 수행을 위한 지원
 3. 다른 도서관 및 관련 기관과의 상호협력과 서비스 제공
 4. 그 밖에 대학도서관으로서의 기능수행에 필요한 업무

제36조(지도·감독) 대학도서관은 「고등교육법」과 「사립학교법」 및 그 밖의 법률의 규정에 따른 해당 대학의 지도·감독이나 교육기관의 감독청의 지도·감독을 받아야 한다.

제 6 장 학교도서관

제37조(설치) 「초·중등교육법」 제2조에 따른 학교에는 학교도서관을 설치하여야 한다.

제38조(업무) 학교도서관은 학생 및 교원 등의 교수, 학습활동을 지원하기 위하여 다음 각 호의 업무를 수행한다.
 1. 학교교육에 필요한 도서관자료의 수집·정리·보존 및 이용서비스 제공
 2. 학교소장 교육 자료의 통합관리 및 이용 제공
 3. 시청각자료 및 멀티미디어 자료의 개발·제작 및 이용 제공
 4. 정보관리시스템과 통신망을 이용한 정보공유체제의 구축 및 이용 제공
 5. 도서관 이용의 지도 및 독서교육, 협동수업 등을 통한 정보 활용의 교육
 6. 그 밖에 학교도서관으로서 해야 할 기능수행에 필요한 업무

제39조(지도·감독) 학교도서관은 「초·중등교육법」과 「사립학교법」 및 그 밖의 법률의 규정에 따른 해당 학교의 감독청의 지도·감독을 받는다.

제 7 장 전문도서관

제40조(등록 및 폐관)
　① 국가, 지방자치단체, 법인, 단체 또는 개인은 전문도서관을 설립할 수 있다.
　② 누구든지 전문도서관을 설립(이하 "사립 전문도서관"이라 한다)하고자 할 때에는 제5조 및 제6조에 따른 시설·도서관자료 및 사서직원 등에 관한 기준을 갖추고 대통령령이 정하는 바에 따라 시·군·구청장에게 등록신청을 할 수 있다. 이 경우 시·군·구청장은 등록증을 교부하여야 한다.
　③ 제2항에 따라 등록한 사립 전문도서관의 설립자가 해당 도서관을 폐관하고자 할 때에는 시·군·구청장에게 등록증을 반납하여야 한다.
제41조(업무) 전문도서관은 다음 각 호의 업무를 수행한다.
　1. 전문적인 학술 및 연구 활동에 필요한 도서관자료의 수집·정리·보존 및 이용서비스 제공
　2. 학술 및 연구 활동에 대한 신속하고 효율적인 지원
　3. 다른 도서관과의 도서관자료공유를 비롯한 다양한 협력활동
　4. 그 밖에 전문도서관으로서의 기능수행에 필요한 업무
제42조(준용) 제32조는 제40조제2항에 따라 등록된 사립 전문도서관에 대하여 이를 준용한다.

제 8 장 지식정보격차의 해소

제43조(도서관의 책무)
　① 도서관은 「정보격차해소에 관한 법률」 제10조에 따라 지식정보격차 해소를 위한 시설·도서관자료 및 프로그램을 설치·운영하여야 한다.
　② 도서관은 모든 국민이 신체적·지역적·경제적·사회적 여건에 관계없이 공평한 지식정보서비스를 제공받는 데에 필요한 모든 조치를 하여야 한다.
　③ 도서관은 지식정보격차 해소를 위한 시설과 서비스를 제공하는 경우에 장애인 그 밖에 대통령령이 정하는 지식정보 취약계층(이하 "지식정보 취약계층"이라 한다)의 접근 및 이용편의를 증진하는 데에 최선을 다하여야 한다.
제44조(지식정보격차 해소의 지원)
　① 국가 및 지방자치단체는 지식정보 취약계층이 도서관시설과 서비스를 자유롭게 이용할 수 있도록 필요한 시책을 강구하여야 한다.
　② 국가 및 지방자치단체는 「정보격차해소에 관한 법률」 제10조제2항 및 제3항에 따라 지

식정보 취약계층의 지식정보 접근 및 이용환경을 개선하기 위하여 도서관이 도서관자료, 시설, 정보기기 및 소프트웨어 등을 구비하는데 필요한 재정의 일부를 지원할 수 있다.
③ 국가 및 지방자치단체는 지식정보 취약계층이 도서관자료를 이용하는 경우 「저작권법」 제31조제5항에 따라 저작재산권자에게 지급하여야 하는 보상금에 대하여 예산의 범위에서 그 전부 또는 일부를 보조할 수 있다.

제45조(국립장애인도서관지원센터의 설립·운영)
① 국립중앙도서관장 소속하에 지식정보 취약계층 중에서 특히 장애인에 대한 도서관서비스를 지원하기 위하여 국립장애인도서관지원센터(이하 "지원센터"라 한다)를 둔다.
② 지원센터는 다음 각 호의 업무를 수행한다.
  1. 도서관의 장애인서비스를 위한 국가 시책 수립 및 총괄
  2. 장애인 서비스를 위한 도서관 기준 및 지침의 제정
  3. 장애인을 위한 독서자료·학습교재·이용설명서 등의 제작·배포
  4. 장애인을 위한 정보서비스와 특수설비의 연구 및 개발
  5. 장애인의 정보서비스를 담당하는 전문직원 교육
  6. 장애인의 정보서비스를 위한 국내외 도서관과의 협력
  7. 그 밖에 장애인에게 필요한 도서관서비스에 관한 업무
③ 지원센터의 설립·운영 및 업무에 관하여 필요한 사항은 대통령령으로 정한다.

제9장 보칙

제46조(권한의 위임·위탁) 이 법에 따른 문화체육관광부장관의 권한은 그 일부를 시·도지사에게 위임하거나 협회 및 관련 단체에 위탁할 수 있다. 이 경우 문화체육관광부장관은 위탁업무 수행을 위하여 협회 및 단체 등에 사업비를 포함한 운영비를 지원할 수 있다.

제47조(과태료)
① 제20조제1항을 위반한 자에게는 해당 도서관자료 정가(그 도서관자료가 비매자료인 경우에는 해당 발행 도서관자료의 원가)의 10배에 해당하는 금액 이하의 과태료를 부과한다.
② 제1항에 따른 과태료는 문화체육관광부장관이 부과·징수한다.

제48조 삭제

부칙 〈제8029호, 2006.10.4〉

제1조(시행일) 이 법은 공포 후 6개월이 경과한 날부터 시행한다.

제2조(도서관 등록 등에 관한 경과조치) 이 법 시행 당시 종전의「도서관 및 독서진흥법」의 규정에 따라 등록·신고된 도서관 및 문고는 이 법에 따른 것으로 본다.

제3조(도서관협회 등에 대한 경과조치) 이 법 시행 당시 종전의「도서관 및 독서진흥법」제14조의 규정에 따라 설립된 협회등은 이 법에 따라 설립된 단체로 본다. 다만, "새마을문고 중앙회"에 대한 지도·감독은 문화관광부장관과 협의하여 행정자치부장관이 한다.

제4조(행정처분 등에 관한 경과조치) 이 법 시행 당시 종전의 규정에 따라 문화관광부장관 등의 행정기관이 행한 등록, 그 밖의 행정기관의 행위 또는 각종 신고, 그 밖의 행정기관에 대한 행위는 그에 해당하는 이 법에 따른 행정기관의 행위 또는 행정기관에 대한 행위로 본다.

제5조(다른 법률의 개정)
① 著作權法 일부를 다음과 같이 개정한다.
　　제28조제1항 중 "圖書館및讀書振興法"을 "「도서관법」"으로 한다.
② 文化藝術振興法 일부를 다음과 같이 개정한다.
　　제20조제6호를 다음과 같이 한다.
　　　6. 그 밖에 도서관의 지원·육성 등 문화예술의 진흥을 목적으로 하는 문화시설의 사업이나 활동

제6조(다른 법령과의 관계) 이 법 시행 당시 다른 법령에서「도서관 및 독서진흥법」을 인용한 경우에는「도서관법」을 인용한 것으로 본다.

부칙(地方敎育自治에관한法律)〈제8069호, 2006.12.20〉

제1조(시행일) 이 법은 2007년 1월 1일부터 시행한다.〈단서 생략〉

제2조 내지 제8조 생략

제9조(다른 법령과의 관계)
① 내지
④ 생략
⑤ 법률 제8029호 도서관법 일부를 다음과 같이 개정한다.
　　제29조제3항 중 "「지방교육자치에 관한 법률」제34조"를 "「지방교육자치에 관한 법률」제32조"로 한다.
⑥ 생략

부칙〈제9528호, 2009.3.25〉

① (시행일) 이 법은 공포 후 6개월이 경과한 날부터 시행한다.
② (작은도서관에 관한 경과조치) 이 법 시행 당시 등록·신고된 문고는 제2조제4호가목의 개정규정에 따른 작은도서관으로 본다.

부칙 〈제10558호, 2011.4.5〉

이 법은 공포 후 3개월이 경과한 날부터 시행한다.

[부록 2]

도서관법 시행령 [한국]

[제정 1994.7.23 대통령령 제14339호]
[(타)타법개정 2011.1.17 대통령령 제22625호]

제1조(목적) 이 영은 「도서관법」에서 위임된 사항과 그 시행에 관하여 필요한 사항을 규정함을 목적으로 한다.

제2조(인정요건 및 절차)

① 「도서관법」(이하 "법"이라 한다) 제3조에 따라 문화체육관광부장관은 정보관·정보센터·자료실·자료센터·문화센터 등의 시설 중 공중이 그 시설에서 보존하는 자료를 이용할 수 있는 검색·이용 및 대출에 관한 시설을 갖춘 시설을 직권 또는 신청을 받아 이 법의 적용을 받는 시설로 인정할 수 있다.

② 제1항에 따른 시설로 인정을 받으려는 자는 인정신청서에 보존하는 자료의 현황과 검색·이용 및 대출에 관한 시설의 현황에 관한 서류를 첨부하여 문화체육관광부장관에게 제출하여야 한다.

제3조(도서관의 시설과 도서관자료) 법 제5조제2항에 따라 도서관이 갖추어야 하는 시설과 도서관자료의 기준은 별표 1과 같다.

제4조(사서직원 등)

① 법 제6조제1항에 따라 도서관에 두는 사서직원의 기준은 별표 2와 같다.

② 법 제6조제2항에 따른 사서직원의 구분과 자격요건은 별표 3과 같다.

③ 문화체육관광부장관은 제2항에 따른 사서직원의 자격요건을 갖춘 자에게 문화체육관광부령으로 정하는 바에 따라 사서자격증을 발급하여야 한다.

제5조(도서관정보정책위원회의 심의·조정사항) 법 제12조제2항제7호에서 "대통령령으로 정하는 사항"이란 다음 각 호의 사항을 말한다.

1. 도서관 운영 및 이용 실태에 관한 사항

2. 법 제24조에 따른 지방도서관정보서비스위원회와의 협력에 관한 사항
3. 도서관 이용 등에 관한 민간 참여 및 자원봉사 활성화에 관한 사항
4. 도서관자료의 교환, 이관, 폐기 및 제적(除籍 : 더 이상 이용가치가 없는 도서를 등록대장에서 제거하는 것을 말한다)의 기준과 범위에 관한 사항
5. 도서관의 시설 및 도서관자료 기준과 사서직원 배치 기준에 관한 사항
6. 제8조에 따른 연도별 시행계획의 수립지침 및 관계 행정기관의 의견조정에 관한 사항
7. 그 밖에 도서관의 주요 정책과 사업에 관한 사항으로서 법 제12조에 따른 도서관정보정책위원회(이하 "도서관위원회"라 한다)의 위원장이 회의에 부치는 사항

제6조(도서관위원회의 당연직 위원)
① 법 제13조제2항제1호에서 "대통령령이 정하는 관계 중앙행정기관의 장 및 이에 준하는 기관의 장"이란 기획재정부장관·교육과학기술부장관·법무부장관·국방부장관·행정안전부장관·문화체육관광부장관·지식경제부장관·보건복지부장관·여성가족부장관·국토해양부장관을 말한다.
② 도서관위원회의 회의는 재적위원 과반수의 출석으로 개의하고, 출석위원 과반수의 찬성으로 의결한다.
③ 도서관위원회에 출석하는 위원, 관계 공무원 또는 관계 전문가 등에게는 예산의 범위에서 수당, 여비 그 밖에 필요한 경비를 지급할 수 있다. 다만, 공무원이 그 소관 업무와 직접 관련하여 도서관위원회에 출석하는 경우에는 그러하지 아니하다.
④ 이 영에서 정한 것 외에 도서관위원회의 운영에 필요한 사항은 도서관위원회의 심의를 거쳐 도서관위원회의 위원장이 정한다.

제7조(실무조정회의)
① 도서관위원회의 심의 안건에 대한 관계 행정기관의 실무협의 및 조정을 위하여 실무조정회의를 둘 수 있다.
② 실무조정회의의 구성과 운영에 필요한 사항은 문화체육관광부령으로 정한다.

제8조(연도별 시행계획의 수립·추진)
① 법 제15조에 따른 연도별 시행계획(이하 "시행계획"이라 한다)의 효율적인 수립을 위하여 문화체육관광부장관은 도서관위원회의 심의를 거쳐 다음 해의 시행계획 수립지침을 정하고, 이를 9월 30일까지 관계 중앙행정기관의 장과 특별시장·광역시장·도지사 및 특별자치도지사(이하 "시·도지사"라 한다)에게 통보하여야 한다. 〈개정 2008.12.31, 2009.9.21〉
② 관계 중앙행정기관의 장과 시·도지사는 제1항의 시행계획 수립지침에 따라 11월 30일까지 다음 각 호의 사항이 포함된 다음 해의 시행계획을 수립하여 문화체육관광부장관에게 제출하여야 한다.

1. 해당 연도의 사업추진방향
2. 주요 사업별 추진방향
3. 주요 사업별 세부운영계획
4. 그 밖의 사업추진에 관하여 필요한 사항

③ 문화체육관광부장관은 제2항에 따라 제출된 다음 해의 시행계획을 종합하여 도서관위원회의 심의를 거쳐 확정한 후 이를 12월 31일까지 관계 중앙행정기관의 장 및 시·도지사에게 통보하여야 한다.

④ 관계 중앙행정기관의 장 및 시·도지사는 1월 31일까지 전년도 시행계획의 추진 실적을 문화체육관광부장관에게 제출하여야 하며, 문화체육관광부장관은 이를 종합하여 3월 31일까지 도서관위원회에 제출하여야 한다.

제9조(도서관직원의 교육훈련)

① 국립중앙도서관은 법 제19조제1항제5호에 따른 도서관직원의 교육훈련을 위하여 사서교육훈련과정을 설치하고 운영하여야 한다.

② 도서관의 장은 소속 직원이 5년에 1회 이상 제1항에 따른 사서교육훈련과정을 이수하도록 하여야 한다.

③ 국립중앙도서관장은 제1항에 따른 사서교육훈련과정의 일부를 다른 도서관·연수기관 또는 문헌정보학과나 도서관학과를 설치한 대학으로 하여금 실시하게 할 수 있다.

④ 제1항부터 제3항까지의 규정에서 정한 것 외에 도서관직원에 대한 교육훈련에 관하여 필요한 사항은 국립중앙도서관장이 정한다.

제10조(국립중앙도서관의 협력업무)

국립중앙도서관은 법 제19조제1항제5호 및 제6호에 따른 국내외 도서관과의 교류와 협력을 위하여 다음 각 호의 업무를 수행하여야 한다.

1. 국가문헌정보체계 구축을 통한 정보와 도서관자료의 유통
2. 분담수서(分擔收書 : 도서관자료를 분담하여 수집하는 것을 말한다), 상호대차(相互貸借 : 도서관간에 도서관자료를 상호교류하는 것을 말한다), 종합목록 및 도서관자료의 공동보존
3. 국내외 희귀 도서관자료의 복제와 배부
4. 도서관자료의 보존과 관련된 지원
5. 국제도서관기구에의 가입과 국제간 공동사업 수행에의 참여
6. 국내외 각종 도서관과의 업무협력 연계체제 구축을 위한 도서관협력망의 운용

제11조(국제교류를 위한 도서관자료의 제공)

① 국립중앙도서관장은 「공공기록물 관리에 관한 법률」 제3조제1호에 따른 공공기관이 발행하거나 제작한 자료 중 법 제19조제1항제6호에 따른 외국도서관과의 교류 및 협력을

위하여 필요한 도서관자료가 있는 경우에는 그 도서관자료의 제공을 요청할 수 있다.
② 제1항에 따라 도서관자료의 제공을 요청받은 기관은 해당 도서관자료가 「보안업무규정」
에 따른 비밀에 속하는 등의 특별한 사유가 없는 한 도서관자료의 제공에 협조하여야
한다.

제12조(독서 진흥 활동을 위한 지원 및 협력) 국립중앙도서관은 법 제19조제1항제8호에
따른 독서 진흥 활동을 위한 지원 및 협력을 위하여 다음 각 호의 업무를 수행하여야 한다.
1. 공중의 독서활동 촉진을 위한 독서 자료(「독서문화진흥법」 제2조제2호에 따른 독서 자료를 말한다) 및 각종 프로그램의 개발과 보급
2. 제21조에 따른 지식정보 취약계층의 독서환경 개선
3. 독서 관련 시설·기관 및 단체와의 협력

제13조(도서관자료의 납본)
① 법 제20조제1항에 따라 국립중앙도서관에 납본(納本)하는 도서관자료는 다음 각 호의
도서관자료로 한다.
 1. 도서
 2. 연속간행물
 3. 악보, 지도 및 가제식(加除式) 자료
 4. 마이크로형태의 자료 및 전자자료
 5. 슬라이드, 음반, 카세트테이프, 비디오물 등 시청각자료
 6. 「출판문화산업 진흥법」 제2조제4호에 따른 전자출판물 중 콤팩트디스크, 디지털비디오디스크 등 유형물
 7. 점자자료, 녹음자료 및 큰활자자료 등 장애인을 위한 특수자료
 8. 출판 환경의 변화에 따라 새로운 형태로 발간되는 기록물로서 문화체육관광부장관이 인정하는 도서관자료
② 법 제20조제2항에 따라 국립중앙도서관에 디지털 파일형태로도 납본하도록 요청할 수
있는 도서관자료는 제1항 각 호의 도서관자료 중에서 장애인을 위한 특수자료로 변환
및 제작이 가능한 자료로 한다. 이 경우 디지털 파일형태는 국립중앙도서관장이 제13조
의3에 따른 도서관자료심의위원회의 심의를 거쳐 선정하여 고시한다.
③ 제1항에 따른 납본 대상 자료의 납본 부수는 2부로 하고, 제2항에 따른 디지털 파일형
태로 된 자료의 납본 부수는 1부로 한다.
④ 법 제20조제1항 및 제2항에 따라 도서관자료를 납본하는 자는 문화체육관광부령으로
정하는 바에 따라 도서관자료 납본서를 국립중앙도서관장에게 제출하여야 한다. 다만,
납본한 도서관자료의 전부 또는 일부가 판매용인 경우에는 문화체육관광부령으로 정하

는 바에 따라 보상청구서를 제출하여야 한다.

제13조의2(온라인 자료의 수집)

① 법 제20조의2제1항에 따라 국립중앙도서관이 수집하는 온라인 자료는 전자적 형태로 작성된 웹사이트, 웹자료 등으로서 국립중앙도서관장이 제13조의3에 따른 도서관자료심의위원회의 심의를 거쳐 선정하여 고시하는 자료로 한다.

② 국립중앙도서관장은 법 제20조의2제1항에 따라 수집하는 온라인 자료의 전부 또는 일부가 판매용인 경우에는 그 온라인 자료를 제공한 자에게 도서관자료 수집증명서를 발급(전자문서에 의한 발급을 포함한다)하여야 한다.

③ 제2항에 따라 도서관자료 수집증명서를 발급받은 온라인 자료 제공자는 문화체육관광부령으로 정하는 바에 따라 도서관자료 보상청구서를 국립중앙도서관장에게 제출(전자문서에 의한 제출을 포함한다)하여야 한다.

④ 국립중앙도서관장은 법 제20조의2제1항에 따라 수집하는 온라인 자료에 대하여 그 대가를 정당하게 보상하기 어려운 경우에는 도서관자료에서 해당 온라인 자료를 삭제하는 등의 조치를 할 수 있다.

제13조의3(도서관자료심의위원회 설치)

① 법 제20조에 따라 납본되는 도서관자료 및 법 제20조의2에 따라 수집되는 온라인 자료의 선정·종류·형태 및 보상 등에 관한 주요 사항을 심의하기 위하여 국립중앙도서관에 도서관자료심의위원회(이하 "심의위원회"라 한다)를 둔다.

② 심의위원회는 위원장을 포함하여 15명 이내의 위원으로 구성한다.

③ 위원은 다음 각 호의 사람이 되고, 위원장은 제2호에 따라 위촉된 위원 중에서 호선한다.

   1. 교육과학기술부장관, 행정안전부장관 및 문화체육관광부장관이 지명하는 교육과학기술부, 행정안전부 및 문화체육관광부 소속 고위공무원 각 1명

   2. 도서관 및 관련 분야에 관한 전문지식과 경험이 풍부한 사람 중에서 국립중앙도서관장이 위촉하는 사람

④ 위원장은 심의위원회를 대표하며, 그 업무를 총괄한다.

⑤ 제3항제2호에 따라 위촉되는 위원의 임기는 2년으로 한다.

⑥ 심의위원회의 업무를 효율적으로 수행하기 위하여 분야별로 분과위원회를 둘 수 있다.

⑦ 제1항부터 제6항까지에서 규정한 사항 외에 심의위원회 및 분과위원회의 운영 등에 필요한 사항은 문화체육관광부령으로 정한다.

제13조의4(개인정보의 정정 또는 삭제 청구)

① 법 제20조의2제3항에 따라 개인정보의 정정 또는 삭제를 청구하려는 자는 개인정보 정정·삭제 청구서를 국립중앙도서관장에게 제출하여야 한다.

② 국립중앙도서관장은 제1항에 따른 정정 또는 삭제 청구를 받은 때에는 10일 이내에 필요한 조치를 한 후 정정·삭제조치 결과통지서를 청구인에게 송부하여야 한다. 이 경우 10일 이내에 필요한 조치를 할 수 없는 정당한 사유가 있을 때에는 그 사유를 통지하고 한 차례만 10일의 범위에서 그 기간을 연장할 수 있다.

③ 국립중앙도서관장은 제1항에 따른 정정 또는 삭제 청구에 대하여 정정 또는 삭제를 하지 아니하기로 결정하거나 청구의 내용과 다른 결정을 한 경우에는 그 결정의 내용 및 사유와 해당 결정에 대한 불복절차에 관한 사항을 적은 정정·삭제거부 등 결정통지서를 청구인에게 송부하여야 한다.

제14조(국제표준자료번호의 부여)

① 법 제21조제1항에 따른 국제표준자료번호(이하 "자료번호"라 한다)는 국제표준도서번호와 국제표준연속간행물번호로 구분하되, 국립중앙도서관장은 자료의 이용과 유통과정의 편의를 위하여 부가기호를 추가로 부여할 수 있다.

② 자료번호를 부여 받으려는 자는 문화체육관광부령으로 정하는 바에 따라 국립중앙도서관장에게 자료번호신청서를 제출하여야 한다.

③ 자료번호와 부가기호(이하 "한국문헌번호"라 한다)의 부여 대상, 절차 및 표시 방법 등은 국립중앙도서관장이 정하여 고시한다.

④ 국립중앙도서관장은 한국문헌번호를 부여 받은 자가 도서나 연속간행물에 한국문헌번호를 표시하지 아니한 경우에는 그 한국문헌번호의 부여를 취소하거나 사용을 금지할 수 있다.

제15조(지역대표도서관 설립·운영 등)

① 법 제22조제1항에 따라 시·도지사는 해당 특별시·광역시·도·특별자치도가 설립한 공공도서관이나 그 밖의 공공도서관 중 하나를 지정하여 지역대표도서관으로서의 업무를 수행하게 하여야 한다.

② 지역대표도서관의 장은 매년 11월 말까지 다음 각 호의 사항을 종합하여 시·도지사에게 보고하여야 한다.

 1. 차년도 지역도서관 운영계획
 2. 지역 내 도서관협력 및 국립중앙도서관과의 협력 현황
 3. 지역 내 공공도서관 건립 및 공동 보존서고의 운영 현황
 4. 지역 내 공공도서관 지원과 지역격차 해소 추진 실적
 5. 지역 내 도서관활동의 평가 및 실태조사 분석결과

제16조(제출대상 도서관자료의 종류 등) 법 제26조제2항에 따라 지방자치단체가 지역대표도서관에 제출하여야 하는 도서관자료의 종류 등에 관하여는 제13조제1항 및 제3항(제1

항에 따른 납본 대상 자료에 관한 부분으로 한정한다)을 준용한다.

제17조(공공도서관의 설립·육성)
① 법 제27조제1항에 따라 국가나 지방자치단체는 지역주민이 쉽게 접근할 수 있는 곳에 공공도서관을 설치하도록 노력하여야 한다.
② 공공도서관(법 제2조제4호 각 목의 도서관은 제외한다)은 지역주민에게 봉사하기 위하여 지역의 특성에 따라 작은도서관, 분관(分館), 이동도서관 등을 육성하고 지원하여야 한다.

제18조(사립 공공도서관의 등록 및 폐관 절차)
① 법 제31조제1항에 따라 사립 공공도서관을 등록하려는 자는 등록신청서에 시설명세서를 첨부하여 특별자치도지사·시장·군수·자치구의 구청장(이하 "시·군·구청장"이라 한다)에게 제출(전자문서에 의한 제출을 포함한다. 이하 이 조에서 같다)하여야 한다.
② 법 제31조제2항에 따라 등록사항을 변경하려는 자는 그 등록사항이 변경된 날부터 14일 이내에 변경등록신청서에 시설명세서를 첨부하여 시·군·구청장에게 제출하여야 한다. 이 경우 변경등록신청을 받은 시·군·구청장은 변경된 등록증을 발급하여야 한다.
③ 법 제31조제3항에 따라 등록한 도서관을 폐관하려는 자는 폐관신고서에 등록증을 첨부하여 시·군·구청장에게 제출하여야 한다.

제19조(공공도서관의 사용료 등) 법 제33조에 따라 공공도서관이 이용자로부터 받을 수 있는 사용료 등의 범위는 다음 각 호와 같다.
1. 도서관자료 복제 및 데이터베이스 이용 수수료
2. 개인연구실·회의실 등 사용료
3. 회원증 발급 수수료
4. 강습·교육 수수료
5. 도서관 입장료(사립 공공도서관의 경우에 한한다)

제20조(사립 전문도서관의 등록 및 폐관 절차) 법 제40조제2항에 따른 사립 전문도서관의 등록 및 폐관 절차에 관하여는 제18조제1항 및 제3항을 준용한다.

제21조(지식정보 취약계층 등) 법 제43조제3항에서 "대통령령이 정하는 지식정보 취약계층"이란 다음 각 호의 자를 말한다.
1. 「장애인복지법」에 따른 장애인
2. 「국민기초생활보장법」에 따른 수급권자
3. 65세 이상의 노인
4. 농어촌(「농어업인 삶의 질 향상 및 농어촌지역 개발촉진에 관한 특별법」 제3조제1호에 따른 농어촌을 말한다)의 주민

제22조(권한의 위탁) 문화체육관광부장관은 법 제46조에 따라 법 제6조제2항에 따른 사서 직원의 자격증 발급에 관한 권한을 법 제17조에 따라 설립된 도서관 관련 협회 중 문화체육관광부령으로 정하는 협회에 위탁한다.

제23조 삭제

부칙 〈제19963호, 2007.3.27〉

제1조(시행일) 이 영은 2007년 4월 5일부터 시행한다.

제2조(사서자격증에 관한 경과조치) 이 영 시행 당시 종전의 「도서관 및 독서진흥법 시행령」 제5조제2항에 따라 사서자격증을 받은 자는 제4조의 개정규정에 따라 사서자격증을 발급받은 것으로 본다.

제3조(지정교육기관에 관한 경과조치) 이 영 시행 당시 종전의 「도서관 및 독서진흥법 시행령」 별표 3에 따라 문화관광부장관의 지정을 받은 교육기관은 별표 3의 개정규정에 따른 지정교육기관으로 지정받은 받은 것으로 본다.

제4조(다른 법령의 개정)

① 소음·진동규제법 시행령 일부를 다음과 같이 개정한다.

제2조제2항제2호중 "「도서관 및 독서진흥법」"을 "「도서관법」"으로 한다.

② 지방세법 시행령 일부를 다음과 같이 개정한다.

제96조제3호중 "「도서관 및 독서진흥법」"을 "「도서관법」"으로 한다.

③ 저작권법 시행령 일부를 다음과 같이 개정한다.

제2조제9호라목 및 제3조제1호중 "「도서관 및 독서진흥법」"을 각각 "「도서관법」"으로 한다.

④ 전기사업법 시행령 일부를 다음과 같이 개정한다.

제42조의2제1항제1호다목중 "「도서관 및 독서진흥법」"을 "「도서관법」"으로 한다.

⑤ 정보화촉진 기본법 시행령 일부를 다음과 같이 개정한다.

제22조제5호중 "「도서관 및 독서진흥법」"을 "「도서관법」"으로 한다.

⑥ 주택건설기준 등에 관한 규정 일부를 다음과 같이 개정한다.

제2조제3호 중 "「도서관 및 독서진흥법」 제2조제2호의 규정에 의한 문고"를 "「도서관법」 제2조제4호가목에 따른 문고"로 하고, 제55조제5항중 "「도서관 및 독서진흥법 시행령」"을 "「도서관법 시행령」"으로 한다.

⑦ 사방사업법시행령 일부를 다음과 같이 개정한다.

제19조제3항제13호중 "도서관및독서진흥법"을 "「도서관법」"으로 한다.

⑧ 공공기관의기록물관리에관한법률시행령 일부를 다음과 같이 개정한다.

제34조제1항 각 호 외의 부분중 "도서관및독서진흥법"을 "「도서관법」"으로 한다.

⑨ 출판및인쇄진흥법시행령 일부를 다음과 같이 개정한다.

제3조제2호중 "도서관및독서진흥법 제18조"를 "「도서관법」 제21조"로 하고, 제5조 및 제15조제3항 후단중 "도서관및독서진흥법시행령 제22조제4항"을 각각 "「도서관법 시행령」 제14조제3항"으로 하며, 제15조제4항중 "도서관및독서진흥법 제2조제1호의 규정에 의한 도서관 및 동법 제2조제2호의 규정에 의한 문고"를 "「도서관법」 제2조제1호에 따른 도서관 및 동조제4호가목에 따른 문고"로 한다.

제5조(다른 법령과의 관계) 이 영 시행 당시 다른 법령에서 종전의 「도서관 및 독서진흥법 시행령」의 규정을 인용하고 있는 경우에 이 영 중 그에 해당하는 규정이 있으면 종전의 규정에 갈음하여 이 영 또는 이 영의 해당 조항을 인용한 것으로 본다.

부칙(전자적 업무처리의 활성화를 위한 국유재산법 시행령 등 일부개정령)
〈제20506호, 2007.12.31〉

이 영은 공포한 날부터 시행한다.

부칙(고등교육법 시행령) 〈제20797호, 2008.6.5〉

제1조(시행일) 이 영은 공포한 날부터 시행한다.
제2조(다른 법령의 개정)
  ① 부터 ⑧ 까지 생략
  ⑨ 도서관법 시행령 일부를 다음과 같이 개정한다.
    별표 3 2급정사서의 자격요건란 제1호 중 "방송통신대학"을 "「고등교육법」 제2조제5호에 따른 원격대학"으로 하고, 같은 표 준사서의 자격요건란 제1호 및 제2호 중 "전문대학"을 각각 "전문대학(전문학사학위를 수여하는 사이버대학을 포함한다)"으로 한다.
  ⑩ 부터 ⑱ 까지 생략

부칙(행정안전부와 그 소속기관 직제) 〈제21214호, 2008.12.31〉

제1조(시행일) 이 영은 공포한 날부터 시행한다. 〈단서 생략〉
제2조부터 제4조까지 생략
제5조(다른 법령의 개정)
  ① 부터 ⑬ 까지 생략
  ⑭ 도서관법 시행령 일부를 다음과 같이 개정한다.
    제6조제1항 중 "재정경제부장관·교육인적자원부장관·과학기술부장관·법무부장관·국

방부장관·행정자치부장관·문화관광부장관·정보통신부장관·보건복지부장관·여성가족부장관·건설교통부장관·기획예산처장관 및 국가청소년위원회위원장"을 "기획재정부장관·교육과학기술부장관·법무부장관·국방부장관·행정안전부장관·문화체육관광부장관·지식경제부장관·보건복지가족부장관·국토해양부장관"으로 한다.

제2조제1항·제2항, 제4조제3항, 제8조제1항, 제13조제1항제8호, 제22조, 제23조제1항부터 제3항까지 중 "문화관광부장관"을 각각 "문화체육관광부장관"으로 한다.

제4조제3항, 제7조제2항, 제13조제3항, 제14조제2항, 제22조, 제23조제4항 중 "문화관광부령"을 각각 "문화체육관광부령"으로 한다.

별표 3 1급정사서의 자격요건란 제3호 중 "문화관광부령이"를 "문화체육관광부령으로"로 하고, 같은 란 제4호 중 "문화관광부장관"을 각각 "문화체육관광부장관"으로 한다.

⑨ 부터 ⑰ 까지 생략

부칙 〈제21739호, 2009.9.21〉

제1조(시행일) 이 영은 2009년 9월 26일부터 시행한다.

제2조(다른 법령의 개정)

① 주택건설기준 등에 관한 규정 일부를 다음과 같이 개정한다.

제2조제3호 중 "문고"를 "작은도서관"으로 한다.

② 행정권한의 위임 및 위탁에 관한 규정 일부를 다음과 같이 개정한다.

제28조제4항 중 "「도서관법」 제48조"를 "「도서관법」 제47조"로 한다.

부칙(보건복지부와 그 소속기관 직제) 〈제22075호, 2010.3.15〉

제1조(시행일) 이 영은 2010년 3월 19일부터 시행한다. 〈단서 생략〉

제2조(다른 법령의 개정)

① 부터 ㊾ 까지 생략

⑩ 도서관법 시행령 일부를 다음과 같이 개정한다.

제6조제1항 중 "보건복지가족부장관·여성부장관"을 "보건복지부장관·여성가족부장관"으로 한다.

㉑ 부터 ⑱ 까지 생략

부칙(농어업인 삶의 질 향상 및 농어촌지역 개발촉진에 관한 특별법 시행령)
〈제22625호, 2011.1.17〉

제1조(시행일) 이 영은 2011년 1월 24일부터 시행한다.
제2조(다른 법령의 개정)
  ① 및 ② 생략
  ③ 도서관법 시행령 일부를 다음과 같이 개정한다.
     제21조제4호를 다음과 같이 한다.
        4. 농어촌(「농어업인 삶의 질 향상 및 농어촌지역 개발촉진에 관한 특별법」 제3조제1호에 따른 농어촌을 말한다)의 주민
  ④ 부터 ⑥ 까지 생략

[별표 1]
도서관의 종류별 시설 및 도서관자료의 기준(제3조 관련)
1. 공공도서관
  가. 공립 공공도서관

봉사대상 인구(명)	시설		도서관자료	
	건물면적 (제곱미터)	열람석 (좌석 수)	기본장서 (권)	연간증서 (권)
2만 미만	264 이상	60 이상	3,000 이상	300 이상
2만 이상 5만 미만	660 이상	150 이상	6,000 이상	600 이상
5만 이상 10만 미만	990 이상	200 이상	15,000 이상	1,500 이상
10만 이상 30만 미만	1,650 이상	350 이상	30,000 이상	3,000 이상
30만 이상 50만 미만	3,300 이상	800 이상	90,000 이상	9,000 이상
50만 이상	4,950 이상	1,200 이상	150,000 이상	15,000 이상

비고: 1. "봉사대상 인구"란 도서관이 설치되는 해당 시(구가 설치된 시는 제외하며, 도농복합형태의 시에 있어서는 동(洞)지역에만 해당한다)·구(도농복합형태의 시에 있어서는 동(洞)지역에만 해당한다)·읍·면지역의 인구를 말한다.
2. 봉사대상 인구가 2만명 이상인 공립 공공도서관에는 열람실 외에 참고 열람실·연속간행물실·시청각실·회의실·사무실 및 자료비치시설 등의 시설을 갖추어야 한다.
3. 전체 열람석의 20퍼센트 이상은 어린이를 위한 열람석으로 하여야 하고, 전체 열람석의 10퍼센트 범위의 열람석에는 노인과 장애인의 열람을 위한 편의시설을 갖추어야 한다.

4. 공립 공공도서관에는 기본장서 외에 다음 각 목에서 정하는 자료를 갖추어야 한다.
    가. 봉사대상 인구 1천 명당 1종 이상의 연속간행물
    나. 봉사대상 인구 1천 명당 10종 이상의 시청각자료를 갖추되, 해마다 봉사대상 인구 1천 명당 1종 이상의 시청각자료를 증대할 것
    다. 그 밖의 향토자료·전자자료 및 행정자료

나. 사립 공공도서관
   가목에 따른 공립 공공도서관의 시설 기준 중 봉사대상 인구가 2만명 미만인 지역의 도서관이 갖추어야 하는 시설을 갖추어야 한다.

다. 작은도서관

시설		도서관자료
건물면적	열람석	
33제곱미터 이상	6석 이상	1,000권 이상

비고: 건물면적에 현관·휴게실·복도·화장실 및 식당 등의 면적은 포함되지 아니한다.

라. 장애인도서관(시각장애인의 이용을 주된 목적으로 하는 경우에만 해당한다)

시설		도서관자료	
건물면적	기계·기구	장서	녹음테이프
면적 : 66제곱미터 이상 자료열람실 및 서고의 면적: 면적의 45퍼센트 이상	1. 점자제판기 1대 이상 2. 점자인쇄기 1대 이상 3. 점자타자기 1대 이상 4. 녹음기 4대 이상	1,500권 이상	500점 이상

비고: 건물면적에는 현관·휴게실·복도·화장실 및 식당 등의 면적은 포함하지 아니한다.

2. 전문도서관(공중의 이용을 주된 목적으로 하는 경우에만 해당한다)

시설 및 도서관자료의 기준
열람실 면적이 165제곱미터, 전문 분야 자료가 3천권(시청각 자료인 경우에는 3천점) 이상이어야 한다.

3. 학교도서관
   「학교도서관진흥법」 제13조제3항의 시설 및 자료 기준에 따른다.

4. 제1호부터 제3호까지의 규정 외의 도서관
   해당 사항 없음

[별표 2]
도서관의 사서직원 배치 기준(제4조제1항 관련)

구분	배치기준
공공도서관(사립 공공도서관 및 법 제2조제4호 각목에 해당하는 도서관은 제외한다)	도서관 건물면적이 330제곱미터 이하인 경우에는 사서직원 3명을 두되, 면적이 330제곱미터 이상인 경우에는 그 초과하는 330제곱미터마다 사서직원 1명을 더 두며, 장서가 6천 권 이상인 경우에는 그 초과하는 6천 권마다 사서직원 1명을 더 둔다.
작은도서관	공립 작은도서관에는 사서직원을 1명 이상 둘 수 있다.
장애인도서관	시각장애인을 대상으로 하는 장애인도서관에는 사서직원을 1명 이상 둔다.
전문도서관	공중을 대상으로 하는 전문도서관의 사서직원 배치 기준은 공공 도서관에 관한 기준을 준용한다.

[별표 3]
사서직원의 자격요건(제4조제2항 관련)

구분	자격요건
1급 정사서	1. 문헌정보학이나 도서관학 박사학위를 받은 자 2. 2급정사서 자격증을 소지하고 문헌정보학이나 도서관학외의 박사학위를 받거나 정보처리기술사 자격을 받은 자 3. 2급정사서 자격증을 소지하고 도서관 근무경력이나 그 밖에 문화체육관광부령으로 정하는 기관에서 문헌정보학 또는 도서관학에 관한 연구경력(이하 "도서관 등 근무경력"이라 한다)이 6년 이상 있는 자로서 석사학위를 받은 자 4. 2급정사서 자격증을 소지하고 도서관 등 근무경력이 9년 이상 있는 자로서 문화체육관광부장관이 지정하는 교육기관(이하 "지정교육기관"이라 한다)에서 문화체육관광부장관이 정하여 고시하는 소정의 교육과정(이하 "소정의 교육과정"이라 한다)을 이수한 자
2급 정사서	1. 대학(교육대학·사범대학·「고등교육법」 제2조제5호에 따른 원격대학·산업대학 및 이에 준하는 각종 학교를 포함한다. 이하 같다)에서 문헌정보학이나 도서관학을 전공하고 졸업한 자 또는 법령에서 이와 동등한 학력이 있다고 인정한 자로서 문헌정보학을 전공한 자 2. 문헌정보학이나 도서관학 석사학위를 받은 자 3. 교육대학원에서 도서관교육이나 사서교육을 전공하여 석사학위를 받은 자 4. 문헌정보학이나 도서관학 외의 석사학위를 받은 자로서 지정교육기관에서 소정의 교육과정을 이수한 자 5. 준사서 자격증을 소지하고 석사학위를 받은 자 6. 준사서 자격증을 소지하고 도서관 등 근무경력이 3년 이상 있는 자로서 지정교육기관에서 소정의 교육과정을 이수한 자 7. 대학을 졸업하여 준사서 자격증을 소지하고 도서관 등 근무경력이 1년 이상 있는 자로서 지정교육기관에서 소정의 교육과정을 이수한자

준사서	1. 전문대학(전문학사학위를 수여하는 사이버대학을 포함한다) 문헌정보과나 도서관과를 졸업한 자 또는 동등 이상의 학력이 있는 자로서 문헌정보과나 도서관과를 전공한 자 2. 전문대학(전문학사학위를 수여하는 사이버대학을 포함한다)(종전의 실업고등전문학교를 포함한다) 또는 동등 이상의 학력이 있는 자로서 지정교육기관에서 소정의 교육과정을 이수한 자 3. 대학을 졸업한 자로서 재학중에 문헌정보학이나 도서관학을 부전공한 자

비고: "도서관 등 근무경력"은 다음 각 호의 기관에서 사서 또는 사서행정 업무를 전임으로 담당하여 근무한 경력을 말한다.
  1. 도서관
    가. 국가 또는 지방자치단체에서 설립한 공공도서관·전문도서관
    나. 법 제31조제1항 및 제40조제2항에 따라 지방자치단체에 등록한 사립 공공도서관·전문도서관
    다. 대학도서관, 학교도서관
    라. 그 밖에 작은도서관 규모 이상의 도서관
  2. 국가기관 및 지방자치단체
  3. 도서관 관련 비영리 법인

[부록 3]

도서관법 시행 규칙 [한국]

[일부개정 2009.9.25 문화체육관광부령 제41호]

제1조(목적) 이 규칙은 「도서관법」 및 동법 시행령에서 위임된 사항과 그 시행에 관하여 필요한 사항을 규정함을 목적으로 한다.

제2조(도서관 인정신청서 등)
① 「도서관법 시행령」(이하 "영"이라 한다) 제2조제2항에 따른 도서관 인정신청서는 별지 제1호서식에 따른다.
② 문화체육관광부장관은 영 제2조제2항에 따라 인정신청을 받거나 직권으로 검토한 시설이 영 제2조제1항에 따른 인정요건을 갖추고 있다고 인정하는 경우에는 별지 제2호서식의 도서관 인정서를 발급하여야 한다.

제3조(자격증의 발급신청)
① 영 제4조제3항에 따라 사서자격증을 발급받으려는 자는 별지 제3호서식의 사서자격증 발급신청서에 다음 각 호의 서류를 첨부하여 한국도서관협회장에게 제출하여야 한다.
  1. 주민등록등본 또는 초본(외국인의 경우 외국인등록사실증명서를 말한다)
  2. 영 제4조제2항에 따른 사서직원의 자격요건에 해당함을 증명하는 서류
② 대학·전문대학의 장 또는 영 별표 3에 따른 지정교육기관의 장(이하 "지정교육기관의 장"이라 한다)은 영 별표 3에 따른 자격요건을 갖춘 졸업예정자 또는 교육과정이수예정자에 대하여 별지 제4호서식 또는 별지 제5호서식에 따른 사서자격증 발급신청서를 한국도서관협회장에게 제출하여 자격증 발급을 신청할 수 있다.
③ 한국도서관협회장은 제1항 또는 제2항에 따라 사서자격증 발급신청서를 접수한 경우에는 자격요건을 확인한 후 지체없이 별지 제6호서식에 따른 사서자격증을 해당자에게 발급하여야 한다.

제4조(연구경력의 인정기관) 영 별표 3의 1급정사서란의 제3호에서 "문화체육관광부령으로 정하는 기관"이란 다음 각 호의 기관을 말한다.

1. 대학 및 전문대학
2. 국가·지방자치단체 또는 법인이 설립한 연구기관

제5조(자격증의 재발급신청) 자격증을 받은 자가 자격증을 잃어 버렸거나 헐어 못쓰게 되어 자격증을 다시 발급받으려는 경우에는 별지 제7호서식의 사서자격증 재발급신청서를 한국도서관협회장에게 제출하여야 한다.

제6조(자격증의 기재사항 변경신청) 자격증의 기재사항을 변경하려는 자는 별지 제8호서식의 사서자격증 기재사항 변경신청서에 사서자격증과 기재사항의 변경을 증명하는 서류를 첨부하여 한국도서관협회장에게 제출하여야 한다.

제7조(실무조정회의)

① 영 제7조제2항에 따른 실무조정회의의 위원장은 「도서관법」(이하 "법"이라 한다) 제12조제3항에 따른 기획단장이 되고, 위원은 다음 각 호의 자로 한다.
   1. 관계 중앙행정기관 및 특별시·광역시·도·특별자치도의 3급 공무원 또는 고위공무원단에 속하는 일반직공무원(이에 상당하는 공무원을 포함한다)
   2. 그 밖에 실무조정회의 위원장이 지명하는 자

② 실무조정회의의 회의는 재적위원 과반수의 출석으로 개의하고, 출석위원 과반수의 찬성으로 의결한다.

③ 실무조정회의에 출석하는 위원, 관계 공무원 또는 관계 전문가 등에게는 예산의 범위에서 수당, 여비 그 밖에 필요한 경비를 지급할 수 있다. 다만, 공무원이 그 소관 업무와 직접 관련하여 실무조정회의에 출석하는 경우에는 그러하지 아니하다.

제8조(도서관자료 납본서 등)

① 영 제13조제1항에 따라 도서관자료를 납본하는 자는 별지 제9호서식의 도서관자료 납본서를 제출하여야 한다. 다만, 납본한 도서관자료의 전부 또는 일부가 판매용인 경우에는 별지 제9호서식의 보상청구서를 제출하여야 한다.

② 영 제13조제2항에 따라 디지털 파일형태로 된 도서관자료를 납본하는 자는 별지 제9호의2서식의 도서관자료 납본서를 제출하여야 한다. 다만, 납본한 디지털 파일형태로 된 도서관자료의 전부 또는 일부가 판매용인 경우에는 별지 제9호의2서식의 보상청구서를 제출하여야 한다.

③ 국립중앙도서관장은 보상금액을 산정하기 위하여 필요한 경우에는 납본을 하는 자에 대하여 보상금 산정에 필요한 자료의 제출을 요구할 수 있다.

④ 국립중앙도서관장이 법 제20조제3항에 따라 발급하는 도서관자료 납본 증명서는 다음 각 호의 서식에 따른다.
   1. 제1항에 따라 도서관자료를 납본한 자: 별지 제9호의3서식

2. 제2항에 따라 디지털 파일형태로 된 도서관자료를 납본한 자: 별지 제9호의4서식

제8조의2(온라인 자료 수집증명서 등)
① 영 제13조의2제2항에 따라 국립중앙도서관장이 발급하는 도서관자료 수집증명서는 별지 제10호서식에 따른다.
② 제1항에 따라 도서관자료 수집증명서를 발급받은 온라인 자료 제공자가 국립중앙도서관장에게 제출하여야 하는 도서관자료 보상청구서는 별지 제10호의2서식에 따른다.

제8조의3(도서관자료심의위원회 운영)
① 영 제13조의3제1항에 따른 도서관자료심의위원회(이하 "심의위원회"라 한다)의 위원장은 회의를 소집하고 그 의장이 된다.
② 위원장이 부득이한 사유로 그 직무를 수행할 수 없을 때에는 위원장이 지명하는 위원이 그 직무를 대행한다.
③ 심의위원회의 회의는 위원장이 필요하다고 인정하거나 국립중앙도서관장의 요청이 있는 경우에 위원장이 소집한다.
④ 심의위원회의 회의는 재적위원 과반수의 출석으로 개의하고, 출석위원 과반수의 찬성으로 의결한다.
⑤ 위원장은 영 제13조의3제1항에 따른 주요 사항을 심의하기 위하여 필요한 경우에는 관계 공무원 및 관계 전문가를 회의에 참석하게 하여 의견을 듣거나 자료를 제출하게 하는 등 협조를 요청할 수 있다.
⑥ 심의위원회의 회의에 출석하는 위원, 관계 공무원 또는 관계 전문가에게 예산의 범위에서 수당, 여비나 그 밖에 필요한 경비를 지급할 수 있다. 다만, 공무원이 그 소관 업무와 직접적으로 관련되는 회의에 출석하는 경우에는 그러하지 아니하다.
⑦ 그 밖에 심의위원회 운영에 필요한 사항은 심의위원회의 의결을 거쳐 위원장이 정한다.

제8조의4(분과위원회)
① 영 제13조의3제6항에 따른 분과위원회는 분야별로 10명 이내의 심의위원회의 위원으로 구성한다.
② 분과위원회는 다음 각 호의 사항을 심의한다.
　　1. 심의위원회에서 심의할 안건의 검토
　　2. 심의위원회로부터 위임받은 사항
　　3. 그 밖에 심의위원회의 위원장이나 국립중앙도서관장이 회의에 부치는 사항
③ 그 밖에 분과위원회 운영에 필요한 사항은 심의위원회의 의결을 거쳐 심의위원회의 위원장이 정한다.

제8조의5(개인정보의 정정·삭제 청구 등)

① 영 제13조의4제1항에 따른 개인정보 정정·삭제 청구서는 별지 제11호서식에 따른다.
② 영 제13조의4제2항 전단에 따른 정정·삭제조치 결과통지서는 별지 제11호의2서식에 따른다.
③ 영 제13조의4제2항 후단에 따라 국립중앙도서관장이 정정·삭제조치의 기간을 연장하는 경우 그 통지서는 별지 제11호의3서식에 따른다.
④ 영 제13조의4제3항에 따른 정정·삭제거부 등 결정통지서는 별지 제11호의4서식에 따른다.

제9조(국제표준자료번호신청서) 영 제14조제2항에 따라 도서 또는 연속간행물에 대한 자료번호를 부여 받으려는 자는 다음 각 호의 어느 하나에 해당하는 서류를 국립중앙도서관장에게 제출하여야 한다.
1. 도서: 별지 제12호서식(1)에 따른 신청서에 연간 출판(예정)목록과 출판사신고필증(출판사등록증) 사본을 첨부할 것
2. 연속간행물: 별지 제12호서식(2)에 따른 신청서에 간행물 견본(표지, 목차, 판권지)과 정기간행물등록증 사본을 첨부할 것

제10조(도서관설립등록신청서 등)
① 영 제18조제1항 또는 영 제20조에 따른 등록신청서 및 시설명세서는 각각 별지 제13호서식 및 별지 제14호서식에 따른다.
② 특별자치도지사·시장·군수·자치구의 구청장(이하 "시·군·구청장"이라 한다)은 영 제18조제1항 또는 영 제20조에 따라 도서관설립등록을 한 자에게 별지 제15호서식의 도서관 등록증을 발급(정보통신망에 의한 발급을 포함한다)하여야 한다.
③ 영 제18조제2항에 따른 변경등록신청서 및 시설명세서는 각각 별지 제15호의2서식 및 별지 제14호서식에 따른다.
④ 영 제18조제3항 또는 영 제20조에 따른 도서관 폐관신고서는 별지 제16호서식에 따른다.

제11조(사서직원의 자격증 발급 기관) 영 제22조에서 "문화체육관광부령으로 정하는 협회"란 법 제17조에 따라 설립된 한국도서관협회를 말한다.

제12조 삭제

부칙 〈제161호, 2007.4.4〉

이 규칙은 2007년 4월 5일부터 시행한다.

부칙(전자정부 구현을 위한 공연법 시행규칙 등 일부개정령) 〈제177호, 2007.12.13〉

이 규칙은 공포한 날부터 시행한다.

부칙 〈제41호, 2009.9.25〉

제1조(시행일) 이 규칙은 2009년 9월 26일부터 시행한다.

제2조(서식에 관한 경과조치) 이 규칙 시행 당시 종전의 규정에 따른 서식은 이 규칙 시행일부터 6개월 간 이 규칙에 따른 서식과 함께 사용하거나 그 일부를 수정하여 사용할 수 있다.

제3조(다른 법령의 개정) 법인세법 시행규칙 일부를 다음과 같이 개정한다.

    제18조제1항제17호 중 "문고"를 "작은도서관"으로 한다.

* 〈별지서식은 생략함〉

[부록 4]

학교도서관진흥법 [한국]

[제정 2007.12.14 법률 제8677호]
[일부개정 2008.2.29 법률 제8852호]

제1조(목적) 이 법은 학교교육의 기본시설인 학교도서관의 설립·운영·지원 등에 관한 사항을 규정함으로써 학교도서관의 진흥을 통하여 공교육을 내실화하고 지역사회의 평생교육 발달에 이바지함을 목적으로 한다.

제2조(정의) 이 법에서 사용하는 용어의 정의는 다음과 같다.
  1. "학교"란 「초·중등교육법」 제2조 각 호에 따른 학교를 말한다.
  2. "학교도서관"이란 학교에서 학생과 교원의 학습·교수활동을 지원함을 주된 목적으로 하는 도서관이나 도서실을 말한다.
  3. "학교도서관지원센터"(이하 "지원센터"라 한다)란 특별시·광역시·도·특별자치도의 교육청(이하 "시·도교육청"이라 한다)에서 학교도서관의 업무를 효율적으로 수행할 수 있도록 지원하는 조직을 말한다.
  4. "사서교사"란 「초·중등교육법」 제21조에 따른 사서교사 자격증을 지니고 학교도서관의 업무를 담당하는 사람을 말한다.
  5. "실기교사"란 문헌정보학 또는 도서관학을 이수하여 「초·중등교육법」 제21조에 따른 실기교사 자격증을 지니고 학교도서관의 업무를 담당하는 사람을 말한다.
  6. "사서직원"이란 「도서관법」 제6조제2항에 따른 자격요건을 갖추고 학교도서관에서 근무하는 사람을 말한다.

제3조(국가와 지방자치단체의 책무)
  ① 국가와 지방자치단체는 학교도서관을 진흥하는데 필요한 시책을 강구하여야 한다.
  ② 국가와 지방자치단체는 학교도서관의 진흥에 필요한 행정적·재정적 지원을 하여야 한다.

제4조(다른 법률과의 관계) 학교도서관에 관하여는 다른 법률에 특별한 규정이 있는 경우를 제외하고는 이 법으로 정하는 바에 따른다.

제5조(설치) 특별시·광역시·도·특별자치도의 교육감(이하 "교육감"이라 한다)은 학교에 학교도서관을 설치하여야 한다.

제6조(학교도서관의 업무)
① 학교도서관은 「도서관법」 제38조에 따른 업무를 수행한다.
② 학교도서관은 제1항에 따른 업무수행에 지장이 없는 범위 안에서 지역사회를 위하여 개방할 수 있다.
③ 학교도서관은 학교와 지역사회의 실정에 맞게 학부모·노인·장애인, 그 밖의 지역주민을 위한 프로그램을 개발·보급할 수 있다.
④ 학교의 장은 제1항부터 제3항까지의 규정에 따른 업무를 수행함에 있어서 「초·중등교육법」 제31조에 따른 학교운영위원회(이하 "학교운영위원회"라 한다)와 협의하여야 한다.

제7조(학교도서관진흥기본계획)
① 교육과학기술부장관은 「도서관법」 제14조에 따른 도서관발전종합계획에 따라 학교도서관 진흥을 위하여 학교도서관진흥기본계획(이하 "기본계획"이라 한다)을 수립·시행하여야 한다. 이 경우 미리 관계 중앙행정기관의 장과 협의하여야 한다.
② 기본계획은 다음 각 호의 사항을 포함하여 5년마다 수립하여야 한다.
  1. 학교도서관의 진흥에 관한 종합계획
  2. 학교도서관의 설치와 시설·자료의 확충과 정비
  3. 학교도서관의 진흥에 관한 연구
  4. 사서교사·실기교사·사서직원의 확보·양성·교육
  5. 그 밖에 학교도서관의 진흥을 위하여 필요한 사항
③ 기본계획은 제8조에 따른 학교도서관진흥위원회의 심의를 거쳐야 한다. 이를 변경하고자 할 때에도 또한 같다.
④ 기본계획의 수립·시행에 필요한 사항은 대통령령으로 정한다.

제8조(학교도서관진흥위원회)
① 학교도서관에 관한 주요 사항을 심의하기 위하여 교육과학기술부장관 소속으로 학교도서관진흥위원회(이하 "진흥위원회"라 한다)를 둔다.
② 진흥위원회는 다음 각 호의 사항을 심의한다.
  1. 기본계획의 수립·시행에 대한 평가
  2. 학교도서관과 관련하여 관계 중앙행정기관과 지방자치단체의 장이 요청하는 사항
  3. 학교도서관과 관련하여 교육감, 제10조에 따른 학교도서관운영위원회, 전문단체와 전문가가 요청하는 사항
  4. 그 밖에 학교도서관의 진흥을 위하여 필요한 사항

③ 진흥위원회는 위원장 1인을 포함한 9인 이상 11인 이내의 위원으로 구성한다.
④ 진흥위원회의 위원장과 위원은 학교도서관의 업무와 관련된 학식과 경험이 풍부한 사람과 시민단체(「비영리민간단체 지원법」제2조에 따른 비영리민간단체를 말한다)에서 추천한 사람 중에서 교육과학기술부장관이 임명하거나 위촉한다.
⑤ 위원의 임기는 3년으로 한다.
⑥ 그 밖에 진흥위원회의 운영 등에 필요한 사항은 대통령령으로 정한다.

제9조(시·도의 시행계획과 학교도서관발전위원회)
① 교육감은 기본계획에 따라 해당 지역의 실정과 특성에 맞는 시행계획을 수립·시행하여야 한다.
② 지역의 학교도서관에 관한 주요 사항을 심의하기 위하여 교육감 소속으로 학교도서관발전위원회(이하 "발전위원회"라 한다)를 둔다.
③ 발전위원회의 구성·운영과 업무에 필요한 사항은 대통령령으로 정한다.

제10조(학교도서관운영위원회)
① 다음 각 호의 사항을 심의하기 위하여 학교에 학교도서관운영위원회를 둔다.
  1. 학교도서관운영계획
  2. 자료의 수집·제작·개발 등과 관련된 예산의 책정
  3. 자료의 폐기·제적
  4. 학교도서관의 행사와 활동
  5. 그 밖의 학교도서관 운영에 필요한 사항
② 학교의 장은 제1항의 학교도서관운영위원회의 업무를 학교운영위원회의 동의를 받아 학교운영위원회가 수행하게 할 수 있다.

제11조(학교도서관 지원비 등)
① 특별시·광역시·도·특별자치도는 학교도서관을 진흥하는데 필요한 경비(이하 "지원비"라 한다)를 해당 연도 예산에 편성하여 시·도교육청에 지원할 수 있다.
② 교육감은 지원비에 대응하여 해당 연도 예산에 자체적으로 부담하는 경비(이하 "대응비"라 한다)를 편성·지원할 수 있다.
③ 지원비와 대응비는 다음 각 호의 용도로 사용한다.
  1. 학교도서관의 설립과 그 시설·자료의 확충
  2. 지원센터의 설치·운영
  3. 학교도서관의 정보화
  4. 학교도서관의 전문인력 확보
  5. 그 밖에 학교도서관 지원에 필요한 경비

④ 교육감은 대통령령으로 정하는 바에 따라 지원비와 대응비의 운용계획·실적을 교육과학기술부장관에게 보고하여야 한다.

제12조(전담부서의 설치 등)
① 교육과학기술부와 시·도교육청에는 학교도서관 진흥을 담당하는 전담부서를 둘 수 있다.
② 학교도서관에는 사서교사·실기교사나 사서직원(이하 "사서교사 등"이라 한다)을 둘 수 있다.
③ 제1항에 따른 전담부서의 구성과 제2항에 따른 사서교사 등의 정원·배치기준·업무범위 등에 필요한 사항은 대통령령으로 정한다.

제13조(시설·자료 등)
① 학교도서관은 해당 학교의 특성과 사용자 요구에 적합한 시설·자료를 갖추어야 한다.
② 학교도서관은 자료의 효율적 이용을 위하여 이용 가치가 없거나 파손된 자료를 폐기하거나 제적할 수 있다.
③ 제1항에 따른 학교도서관 시설·자료의 기준과 제2항에 따른 폐기·제적의 기준과 범위에 필요한 사항은 대통령령으로 정한다.

제14조(학교도서관협력망 구축 등)
① 교육과학기술부장관은 학교도서관의 정보를 효율적으로 활용하기 위하여 시·도교육청, 「한국교육학술정보원법」에 따른 한국교육학술정보원, 공공도서관 등 각종 도서관, 그 밖의 관련 기관과 서로 연계하는 학교도서관협력망(이하 "협력망"이라 한다)을 구축하여야 한다.
② 교육감은 학교도서관의 효율적인 운영과 상호 협력을 지원하기 위하여 시·도교육청에 지원센터를 설치할 수 있다.
③ 한국교육학술정보원장은 학교도서관 정보의 유통과 활용을 지원하기 위한 정보서비스 시스템을 구축·운용하여야 한다.
④ 협력망의 구축·운영, 지원센터의 설치·운영 등에 필요한 사항은 대통령령으로 정한다.

제15조(독서교육 등)
① 교육과학기술부장관·교육감과 학교의 장은 대통령령으로 정하는 바에 따라 학교의 독서교육과 정보이용교육을 지원하기 위한 세부계획을 수립·시행하여야 한다.
② 제1항에 따른 독서교육과 정보이용교육은 「초·중등교육법」 제23조에 따른 학교의 교육과정 운영계획에 포함시켜야 한다.

제16조(업무협조)
① 교육과학기술부장관은 기본계획의 수립·시행을 위하여 필요한 경우에는 관계 중앙행정기관·지방자치단체·공공기관, 그 밖의 기관이나 단체에 협조를 요청할 수 있다.

② 제1항에 따른 협조요청을 받은 기관이나 단체는 특별한 사유가 없으면 이에 따라야 한다.

제17조(금전 등의 기부) 법인·단체와 개인은 학교도서관의 설치·시설·자료와 운영에 관한 지원을 위하여 학교도서관에 금전이나 그 밖의 재산을 기부할 수 있다.

제18조(지도·감독) 학교도서관은 「초·중등교육법」과 「사립학교법」에 따른 해당 학교의 관할청의 지도·감독을 받는다.

부칙 〈제8677호, 2007.12.14〉

이 법은 공포 후 6개월이 경과한 날부터 시행한다.

부칙(정부조직법) 〈제8852호, 2008.2.29〉

제1조(시행일) 이 법은 공포한 날부터 시행한다. 다만, 제31조제1항의 개정규정 중 "식품산업진흥"에 관한 부분은 2008년 6월 28일부터 시행하고, 부칙 제6조에 따라 개정되는 법률 중 이 법의 시행 전에 공포되었으나 시행일이 도래하지 아니한 법률을 개정한 부분은 각각 해당 법률의 시행일부터 시행한다.

제2조부터 제5조까지 생략

제6조(다른 법률의 개정)

①부터 ⑩까지 생략

⑩ 학교도서관진흥법 일부를 다음과 같이 개정한다.

제7조제1항 전단, 제8조제1항·제4항, 제11조제4항, 제14조제1항, 제15조제1항 및 제16조제1항 중 "교육인적자원부장관"을 각각 "교육과학기술부장관"으로 한다.

제12조제1항 중 "교육인적자원부"를 "교육과학기술부"로 한다.

⑩부터 ⑩까지 생략

제7조 생략

[부록 5]
학교도서관진흥법 시행령 [한국]

[제정 2008.6.19 대통령령 제20824호]

제1조(목적) 이 영은 「학교도서관진흥법」에서 위임된 사항과 그 시행에 필요한 사항을 규정함을 목적으로 한다.

제2조(기본계획 등의 수립절차)
① 교육과학기술부장관은 「학교도서관진흥법」(이하 "법"이라 한다) 제7조제1항에 따른 학교도서관진흥기본계획(이하 "기본계획"이라 한다)을 기본계획 시작연도의 전년도 11월 말까지 수립하고 그 내용을 교육감에게 지체 없이 알려야 한다.
② 교육감은 제1항의 기본계획에 따라 다음 각 호의 사항이 포함된 시행계획을 매년 1월 말까지 수립하고 시행하여야 한다.
 1. 전년도 시행계획의 시행결과
 2. 그 해 사업의 추진방향
 3. 주요 사업별 추진방향 및 세부운영계획
 4. 그 밖에 도서관 발전을 위하여 필요한 사항

제3조(학교도서관진흥위원회 운영)
① 법 제8조에 따른 학교도서관진흥위원회(이하 "진흥위원회"라 한다)의 회의는 재적위원 과반수의 출석으로 개의하고, 출석위원 과반수의 찬성으로 의결한다.
② 진흥위원회에 출석하는 위원에 대하여는 예산의 범위에서 수당 및 여비를 지급할 수 있다. 다만, 공무원이 그 소관 업무와 직접 관련하여 진흥위원회에 출석하는 경우에는 그러하지 아니하다.
③ 이 영에서 정한 것 외에 진흥위원회의 운영에 필요한 사항은 진흥위원회의 심의를 거쳐 위원장이 정한다.

제4조(학교도서관발전위원회 구성 및 운영)
① 법 제9조제2항에 따른 학교도서관발전위원회(이하 "발전위원회"라 한다)는 위원장 1명

을 포함한 9명 이상 11명 이내의 위원으로 구성하며, 위원장은 위원 중에서 호선한다.
② 위원은 다음 각 호의 자 중 해당 교육감이 임명 또는 위촉하며, 위촉된 위원의 임기는 2년으로 한다.
  1. 해당 교육청 소속 학교의 장
  2. 해당 교육청 및 지방자치단체 공무원
  3. 학교도서관의 운영에 관하여 학식과 경험이 있는 학부모
  4. 도서관 및 독서 관련 전문가
③ 발전위원회는 다음 각 호의 사항을 심의한다.
  1. 학교도서관 발전 시행계획의 수립·시행에 관한 사항
  2. 학교도서관 자료의 폐기·제적에 관한 사항
  3. 그 밖에 학교도서관과 관련하여 해당 지방자치단체의 장, 학교의 장, 법 제10조에 따른 학교도서관운영위원회, 전문단체 및 전문가가 심의를 요청하는 사항 등으로서 학교도서관 발전을 위하여 필요하다고 인정하여 위원장이 심의에 부치는 사항
④ 위원장은 발전위원회의 회의를 소집하고, 그 의장이 된다.
⑤ 발전위원회의 회의는 재적위원 과반수의 출석으로 개의하고, 출석위원 과반수의 찬성으로 의결한다.
⑥ 제1항부터 제5항까지에 규정된 사항 외에 발전위원회 운영 등에 필요한 사항은 위원회의 의결을 거쳐 발전위원회의 위원장이 정한다.

제5조(학교도서관 지원비 등 계획·실적보고) 교육감은 법 제11조제4항에 따른 지원비 및 대응비의 운용실적을 운용계획에 대비하여 다음 해 3월 말까지 교육과학기술부장관에게 보고하여야 한다.

제6조(전담부서의 구성) 법 제12조제1항에 따라 교육과학기술부와 시·도교육청에 두는 전담부서에는 학교도서관 진흥 업무에 관하여 전문지식이 있는 직원을 두어야 한다.

제7조(사서교사 등)
① 법 제12조제2항에 따라 학교에 두는 사서교사·실기교사나 사서직원(이하 "사서교사 등"이라 한다)의 총정원은 학생 1,500명마다 1명을 기준으로 산정한다.
② 교육과학기술부장관 및 교육감은 법 제12조제2항에 따라 학교에 사서교사 등을 두는 경우에는 다음 각 호의 사항을 고려하여 학교별로 우선순위를 정하여 배치한다.
  1. 학교의 재학생수
  2. 학교도서관의 규모·자료수 등 운영현황
  3. 학교도서관의 이용자수

③ 사서교사 등의 업무범위는 다음과 같다.
1. 학교도서관 운영계획의 수립에 관한 업무
2. 자료의 수집, 정리, 이용 및 예산편성 등 학교도서관 운영에 관한 업무
3. 독서지도 및 학교도서관 이용방법 등에 대한 교육과 안내
4. 학교도서관을 이용하는 교사의 교수·학습지원

제8조(시설·자료의 기준 등)
① 법 제13조제3항에 따라 학교도서관이 갖추어야 하는 시설·자료의 기준은 다음 각 호와 같다.
1. 위치는 학교의 주 출입구 등과 근접하여 접근이 쉬운 곳에 설치한다.
2. 면적은 100제곱미터 이상으로 한다. 다만, 교육감은 학생 수 등을 고려하여 학생 및 교직원의 교수·학습에 지장이 없는 범위에서 그 면적을 조정할 수 있다.
3. 각각의 학교는 1,000종 이상의 자료를 갖추어야 하고, 연간 100종 이상의 자료를 추가로 확보하여야 한다.
② 제1항에 따라 학교도서관에 갖추어야 하는 시설 및 자료의 구체적인 기준은 교육감이 정한다.
③ 법 제13조제3항에 따라 폐기·제적할 수 있는 자료는 다음 각 호와 같다.
1. 이용가치의 상실된 자료로서 보존이 필요 없다고 인정되는 자료
2. 훼손 또는 파손·오손된 자료로서 이용하기 어렵다고 인정되는 자료
3. 불가항력적인 재해·사고, 그 밖에 이에 준하는 사태로 인하여 유실된 자료

제9조(독서교육 등) 교육과학기술부장관·교육감과 학교의 장은 법 제15조제1항에 따라 학교의 독서교육과 정보이용교육을 지원하기 위한 세부계획을 수립·시행할 때에는 다음 각 호의 사항을 고려하여야 한다.
1. 학생들의 학교도서관 이용상황
2. 학생들의 독서수준
3. 그 밖에 학생들의 독서교육과 정보이용교육을 지원하기 위하여 필요한 사항

부칙 〈제20824호, 2008.6.19〉

제1조(시행일) 이 영은 공포한 날부터 시행한다.
제2조(기본계획 등의 수립 기한에 관한 특례) 제2조에도 불구하고 2008년도에 시행하는 기본계획은 2008년 7월 31일까지, 시행계획은 2008년 8월 31일까지 수립하여야 한다.

[부록 6]

저작권법 [한국]

[제정 1957.1.28 법률 제432호]
[일부개정 2009.7.31 법률 제9785호]

제 1 장 총칙

제1조(목적) 이 법은 저작자의 권리와 이에 인접하는 권리를 보호하고 저작물의 공정한 이용을 도모함으로써 문화 및 관련 산업의 향상발전에 이바지함을 목적으로 한다.

제2조(정의) 이 법에서 사용하는 용어의 뜻은 다음과 같다.
1. "저작물"은 인간의 사상 또는 감정을 표현한 창작물을 말한다.
2. "저작자"는 저작물을 창작한 자를 말한다.
3. "공연"은 저작물 또는 실연·음반·방송을 상연·연주·가창·구연·낭독·상영·재생 그 밖의 방법으로 공중에게 공개하는 것을 말하며, 동일인의 점유에 속하는 연결된 장소 안에서 이루어지는 송신(전송을 제외한다)을 포함한다.
4. "실연자"는 저작물을 연기·무용·연주·가창·구연·낭독 그 밖의 예능적 방법으로 표현하거나 저작물이 아닌 것을 이와 유사한 방법으로 표현하는 실연을 하는 자를 말하며, 실연을 지휘, 연출 또는 감독하는 자를 포함한다.
5. "음반"은 음(음성·음향을 말한다. 이하 같다)이 유형물에 고정된 것(음이 영상과 함께 고정된 것을 제외한다)을 말한다.
6. "음반제작자"는 음을 음반에 고정하는데 있어 전체적으로 기획하고 책임을 지는 자를 말한다.
7. "공중송신"은 저작물, 실연·음반·방송 또는 데이터베이스(이하 "저작물등"이라 한다)를 공중이 수신하거나 접근하게 할 목적으로 무선 또는 유선통신의 방법에 의하여 송신하거나 이용에 제공하는 것을 말한다.
8. "방송"은 공중송신 중 공중이 동시에 수신하게 할 목적으로 음·영상 또는 음과 영상

등을 송신하는 것을 말한다.
9. "방송사업자"는 방송을 업으로 하는 자를 말한다.
10. "전송(傳送)"은 공중송신 중 공중의 구성원이 개별적으로 선택한 시간과 장소에서 접근할 수 있도록 저작물등을 이용에 제공하는 것을 말하며, 그에 따라 이루어지는 송신을 포함한다.
11. "디지털음성송신"은 공중송신 중 공중으로 하여금 동시에 수신하게 할 목적으로 공중의 구성원의 요청에 의하여 개시되는 디지털 방식의 음의 송신을 말하며, 전송을 제외한다.
12. "디지털음성송신사업자"는 디지털음성송신을 업으로 하는 자를 말한다.
13. "영상저작물"은 연속적인 영상(음의 수반여부는 가리지 아니한다)이 수록된 창작물로서 그 영상을 기계 또는 전자장치에 의하여 재생하여 볼 수 있거나 보고 들을 수 있는 것을 말한다.
14. "영상제작자"는 영상저작물의 제작에 있어 그 전체를 기획하고 책임을 지는 자를 말한다.
15. "응용미술저작물"은 물품에 동일한 형상으로 복제될 수 있는 미술저작물로서 그 이용된 물품과 구분되어 독자성을 인정할 수 있는 것을 말하며, 디자인 등을 포함한다.
16. "컴퓨터프로그램저작물"은 특정한 결과를 얻기 위하여 컴퓨터 등 정보처리능력을 가진 장치(이하 "컴퓨터"라 한다) 내에서 직접 또는 간접으로 사용되는 일련의 지시·명령으로 표현된 창작물을 말한다.
17. "편집물"은 저작물이나 부호·문자·음·영상 그 밖의 형태의 자료(이하 "소재"라 한다)의 집합물을 말하며, 데이터베이스를 포함한다.
18. "편집저작물"은 편집물로서 그 소재의 선택·배열 또는 구성에 창작성이 있는 것을 말한다.
19. "데이터베이스"는 소재를 체계적으로 배열 또는 구성한 편집물로서 개별적으로 그 소재에 접근하거나 그 소재를 검색할 수 있도록 한 것을 말한다.
20. "데이터베이스제작자"는 데이터베이스의 제작 또는 그 소재의 갱신·검증 또는 보충(이하 "갱신등"이라 한다)에 인적 또는 물적으로 상당한 투자를 한 자를 말한다.
21. "공동저작물"은 2인 이상이 공동으로 창작한 저작물로서 각자의 이바지한 부분을 분리하여 이용할 수 없는 것을 말한다.
22. "복제"는 인쇄·사진촬영·복사·녹음·녹화 그 밖의 방법에 의하여 유형물에 고정하거나 유형물로 다시 제작하는 것을 말하며, 건축물의 경우에는 그 건축을 위한 모형 또는 설계도서에 따라 이를 시공하는 것을 포함한다.
23. "배포"는 저작물등의 원본 또는 그 복제물을 공중에게 대가를 받거나 받지 아니하고 양도 또는 대여하는 것을 말한다.

24. "발행"은 저작물 또는 음반을 공중의 수요를 충족시키기 위하여 복제·배포하는 것을 말한다.
25. "공표"는 저작물을 공연, 공중송신 또는 전시 그 밖의 방법으로 공중에게 공개하는 경우와 저작물을 발행하는 경우를 말한다.
26. "저작권신탁관리업"은 저작재산권자, 출판권자, 저작인접권자 또는 데이터베이스제작자의 권리를 가진 자를 위하여 그 권리를 신탁받아 이를 지속적으로 관리하는 업을 말하며, 저작물등의 이용과 관련하여 포괄적으로 대리하는 경우를 포함한다.
27. "저작권대리중개업"은 저작재산권자, 출판권자, 저작인접권자 또는 데이터베이스제작자의 권리를 가진 자를 위하여 그 권리의 이용에 관한 대리 또는 중개행위를 하는 업을 말한다.
28. "기술적보호조치"는 저작권 그 밖에 이 법에 따라 보호되는 권리에 대한 침해 행위를 효과적으로 방지 또는 억제하기 위하여 그 권리자나 권리자의 동의를 얻은 자가 적용하는 기술적 조치를 말한다.
29. "권리관리정보"는 다음 각 목의 어느 하나에 해당하는 정보나 그 정보를 나타내는 숫자 또는 부호로서 각 정보가 저작물등의 원본이나 그 복제물에 부착되거나 그 공연·실행 또는 공중송신에 수반되는 것을 말한다.
    가. 저작물등을 식별하기 위한 정보
    나. 저작자·저작재산권자·출판권자·프로그램배타적발행권자·저작인접권자 또는 데이터베이스제작자를 식별하기 위한 정보
    다. 저작물등의 이용 방법 및 조건에 관한 정보
30. "온라인서비스제공자"는 다른 사람들이 정보통신망(「정보통신망 이용촉진 및 정보보호 등에 관한 법률」 제2조제1항제1호의 정보통신망을 말한다. 이하 같다)을 통하여 저작물등을 복제 또는 전송할 수 있도록 하는 서비스를 제공하는 자를 말한다.
31. "업무상저작물"은 법인·단체 그 밖의 사용자(이하 "법인등"이라 한다)의 기획하에 법인등의 업무에 종사하는 자가 업무상 작성하는 저작물을 말한다.
32. "공중"은 불특정 다수인(특정 다수인을 포함한다)을 말한다.
33. "인증"은 저작물등의 이용허락 등을 위하여 정당한 권리자임을 증명하는 것을 말한다.
34. "프로그램코드역분석"은 독립적으로 창작된 컴퓨터프로그램저작물과 다른 컴퓨터프로그램과의 호환에 필요한 정보를 얻기 위하여 컴퓨터프로그램저작물코드를 복제 또는 변환하는 것을 말한다.

제2조의2(저작권 보호에 관한 시책 수립 등)
① 문화체육관광부장관은 이 법의 목적을 달성하기 위하여 다음 각 호의 시책을 수립·시행할 수 있다.

1. 저작권의 보호 및 저작물의 공정한 이용 환경 조성을 위한 기본 정책에 관한 사항
   2. 저작권 인식 확산을 위한 교육 및 홍보에 관한 사항
   3. 저작물등의 권리관리정보 및 기술적보호조치의 정책에 관한 사항
  ② 제1항에 따른 시책의 수립·시행에 필요한 사항은 대통령령으로 정한다.

제3조(외국인의 저작물)
  ① 외국인의 저작물은 대한민국이 가입 또는 체결한 조약에 따라 보호된다.
  ② 대한민국 내에 상시 거주하는 외국인(무국적자 및 대한민국 내에 주된 사무소가 있는 외국 법인을 포함한다)의 저작물과 맨 처음 대한민국 내에서 공표된 외국인의 저작물(외국에서 공표된 날로부터 30일 이내에 대한민국 내에서 공표된 저작물을 포함한다)은 이 법에 따라 보호된다.
  ③ 제1항 및 제2항의 규정에 따라 보호되는 외국인(대한민국 내에 상시 거주하는 외국인 및 무국적자를 제외한다)의 저작물이라도 그 외국에서 대한민국 국민의 저작물을 보호하지 아니하는 경우에는 그에 상응하게 조약 및 이 법에 따른 보호를 제한할 수 있다.

제 2 장 저작권

제1절 저작물

제4조(저작물의 예시 등)
  ① 이 법에서 말하는 저작물을 예시하면 다음과 같다.
   1. 소설·시·논문·강연·연설·각본 그 밖의 어문저작물
   2. 음악저작물
   3. 연극 및 무용·무언극 그 밖의 연극저작물
   4. 회화·서예·조각·판화·공예·응용미술저작물 그 밖의 미술저작물
   5. 건축물·건축을 위한 모형 및 설계도서 그 밖의 건축저작물
   6. 사진저작물(이와 유사한 방법으로 제작된 것을 포함한다)
   7. 영상저작물
   8. 지도·도표·설계도·약도·모형 그 밖의 도형저작물
   9. 컴퓨터프로그램저작물
  ② 삭제

제5조(2차적저작물)
  ① 원저작물을 번역·편곡·변형·각색·영상제작 그 밖의 방법으로 작성한 창작물(이하 "2차적저작물"이라 한다)은 독자적인 저작물로서 보호된다.

② 2차적저작물의 보호는 그 원저작물의 저작자의 권리에 영향을 미치지 아니한다.

제6조(편집저작물)

① 편집저작물은 독자적인 저작물로서 보호된다.

② 편집저작물의 보호는 그 편집저작물의 구성부분이 되는 소재의 저작권 그 밖에 이 법에 따라 보호되는 권리에 영향을 미치지 아니한다.

제7조(보호받지 못하는 저작물) 다음 각 호의 어느 하나에 해당하는 것은 이 법에 의한 보호를 받지 못한다.

1. 헌법·법률·조약·명령·조례 및 규칙
2. 국가 또는 지방자치단체의 고시·공고·훈령 그 밖에 이와 유사한 것
3. 법원의 판결·결정·명령 및 심판이나 행정심판절차 그 밖에 이와 유사한 절차에 의한 의결·결정 등
4. 국가 또는 지방자치단체가 작성한 것으로서 제1호 내지 제3호에 규정된 것의 편집물 또는 번역물
5. 사실의 전달에 불과한 시사보도

제2절 저작자

제8조(저작자 등의 추정)

① 다음 각 호의 어느 하나에 해당하는 자는 저작자로 추정한다.

1. 저작물의 원본이나 그 복제물에 저작자로서의 실명 또는 이명(예명·아호·약칭 등을 말한다. 이하 같다)으로서 널리 알려진 것이 일반적인 방법으로 표시된 자
2. 저작물을 공연 또는 공중송신하는 경우에 저작자로서의 실명 또는 저작자의 널리 알려진 이명으로서 표시된 자

② 제1항 각 호의 어느 하나에 해당하는 저작자의 표시가 없는 저작물의 경우에는 발행자·공연자 또는 공표자로 표시된 자가 저작권을 가지는 것으로 추정한다.

제9조(업무상저작물의 저작자) 법인등의 명의로 공표되는 업무상저작물의 저작자는 계약 또는 근무규칙 등에 다른 정함이 없는 때에는 그 법인등이 된다. 다만, 컴퓨터프로그램저작물(이하 "프로그램"이라 한다)의 경우 공표될 것을 요하지 아니한다. 〈개정 2009.4.22〉

제10조(저작권)

① 저작자는 제11조 내지 제13조의 규정에 따른 권리(이하 "저작인격권"이라 한다)와 제16조 내지 제22조의 규정에 따른 권리(이하 "저작재산권"이라 한다)를 가진다.

② 저작권은 저작물을 창작한 때부터 발생하며 어떠한 절차나 형식의 이행을 필요로 하지 아니한다.

제3절 저작인격권

제11조(공표권)
① 저작자는 그의 저작물을 공표하거나 공표하지 아니할 것을 결정할 권리를 가진다.
② 저작자가 공표되지 아니한 저작물의 저작재산권을 제45조에 따른 양도, 제46조에 따른 이용허락, 제57조에 따른 출판권의 설정 또는 제101조의6에 따른 프로그램배타적발행권의 설정을 한 경우에는 그 상대방에게 저작물의 공표를 동의한 것으로 추정한다.
③ 저작자가 공표되지 아니한 미술저작물·건축저작물 또는 사진저작물(이하 "미술저작물 등"이라 한다)의 원본을 양도한 경우에는 그 상대방에게 저작물의 원본의 전시방식에 의한 공표를 동의한 것으로 추정한다.
④ 원저작자의 동의를 얻어 작성된 2차적저작물 또는 편집저작물이 공표된 경우에는 그 원저작물도 공표된 것으로 본다.

제12조(성명표시권)
① 저작자는 저작물의 원본이나 그 복제물에 또는 저작물의 공표 매체에 그의 실명 또는 이명을 표시할 권리를 가진다.
② 저작물을 이용하는 자는 그 저작자의 특별한 의사표시가 없는 때에는 저작자가 그의 실명 또는 이명을 표시한 바에 따라 이를 표시하여야 한다. 다만, 저작물의 성질이나 그 이용의 목적 및 형태 등에 비추어 부득이하다고 인정되는 경우에는 그러하지 아니하다.

제13조(동일성유지권)
① 저작자는 그의 저작물의 내용·형식 및 제호의 동일성을 유지할 권리를 가진다.
② 저작자는 다음 각 호의 어느 하나에 해당하는 변경에 대하여는 이의(異議)할 수 없다. 다만, 본질적인 내용의 변경은 그러하지 아니하다.
1. 제25조의 규정에 따라 저작물을 이용하는 경우에 학교교육 목적상 부득이하다고 인정되는 범위 안에서의 표현의 변경
2. 건축물의 증축·개축 그 밖의 변형
3. 특정한 컴퓨터 외에는 이용할 수 없는 프로그램을 다른 컴퓨터에 이용할 수 있도록 하기 위하여 필요한 범위에서의 변경
4. 프로그램을 특정한 컴퓨터에 보다 효과적으로 이용할 수 있도록 하기 위하여 필요한 범위에서의 변경
5. 그 밖에 저작물의 성질이나 그 이용의 목적 및 형태 등에 비추어 부득이하다고 인정되는 범위 안에서의 변경

제14조(저작인격권의 일신전속성)
① 저작인격권은 저작자 일신에 전속한다.
② 저작자의 사망 후에 그의 저작물을 이용하는 자는 저작자가 생존하였더라면 그 저작인격권의 침해가 될 행위를 하여서는 아니 된다. 다만, 그 행위의 성질 및 정도에 비추어 사회통념상 그 저작자의 명예를 훼손하는 것이 아니라고 인정되는 경우에는 그러하지 아니하다.

제15조(공동저작물의 저작인격권)
① 공동저작물의 저작인격권은 저작자 전원의 합의에 의하지 아니하고는 이를 행사할 수 없다. 이 경우 각 저작자는 신의에 반하여 합의의 성립을 방해할 수 없다.
② 공동저작물의 저작자는 그들 중에서 저작인격권을 대표하여 행사할 수 있는 자를 정할 수 있다.
③ 제2항의 규정에 따라 권리를 대표하여 행사하는 자의 대표권에 가하여진 제한이 있을 때에 그 제한은 선의의 제3자에게 대항할 수 없다.

제4절 저작재산권

제1관 저작재산권의 종류

제16조(복제권) 저작자는 그의 저작물을 복제할 권리를 가진다.
제17조(공연권) 저작자는 그의 저작물을 공연할 권리를 가진다.
제18조(공중송신권) 저작자는 그의 저작물을 공중송신할 권리를 가진다.
제19조(전시권) 저작자는 미술저작물등의 원본이나 그 복제물을 전시할 권리를 가진다.
제20조(배포권) 저작자는 저작물의 원본이나 그 복제물을 배포할 권리를 가진다. 다만, 저작물의 원본이나 그 복제물이 해당 저작재산권자의 허락을 받아 판매 등의 방법으로 거래에 제공된 경우에는 그러하지 아니하다.
제21조(대여권) 제20조 단서에도 불구하고 저작자는 판매용 음반이나 판매용 프로그램을 영리를 목적으로 대여할 권리를 가진다.
제22조(2차적저작물작성권) 저작자는 그의 저작물을 원저작물로 하는 2차적저작물을 작성하여 이용할 권리를 가진다.

제2관 저작

제23조(재판절차 등에서의 복제) 재판절차를 위하여 필요한 경우이거나 입법·행정의 목적을 위한 내부자료로서 필요한 경우에는 그 한도 안에서 저작물을 복제할 수 있다. 다만, 그 저작물의 종류와 복제의 부수 및 형태 등에 비추어 당해 저작재산권자의 이익을 부당하게 침해하는 경우에는 그러하지 아니하다.

제24조(정치적 연설 등의 이용) 공개적으로 행한 정치적 연설 및 법정·국회 또는 지방의 회에서 공개적으로 행한 진술은 어떠한 방법으로도 이용할 수 있다. 다만, 동일한 저작자의 연설이나 진술을 편집하여 이용하는 경우에는 그러하지 아니하다.

제25조(학교교육 목적 등에의 이용)
① 고등학교 및 이에 준하는 학교 이하의 학교의 교육 목적상 필요한 교과용도서에는 공표된 저작물을 게재할 수 있다.
② 특별법에 따라 설립되었거나 「유아교육법」, 「초·중등교육법」 또는 「고등교육법」에 따른 학교, 국가나 지방자치단체가 운영하는 교육기관 및 이들 교육기관의 수업을 지원하기 위하여 국가나 지방자치단체에 소속된 교육지원기관은 그 수업 또는 지원 목적상 필요하다고 인정되는 경우에는 공표된 저작물의 일부분을 복제·배포·공연·방송 또는 전송할 수 있다. 다만, 저작물의 성질이나 그 이용의 목적 및 형태 등에 비추어 저작물의 전부를 이용하는 것이 부득이한 경우에는 전부를 이용할 수 있다.
③ 제2항의 규정에 따른 교육기관에서 교육을 받는 자는 수업목적상 필요하다고 인정되는 경우에는 제2항의 범위 내에서 공표된 저작물을 복제하거나 전송할 수 있다.
④ 제1항 및 제2항에 따라 저작물을 이용하려는 자는 문화체육관광부장관이 정하여 고시하는 기준에 따른 보상금을 해당 저작재산권자에게 지급하여야 한다. 다만, 고등학교 및 이에 준하는 학교 이하의 학교에서 제2항에 따른 복제·배포·공연·방송 또는 전송을 하는 경우에는 보상금을 지급하지 아니한다.
⑤ 제4항의 규정에 따른 보상을 받을 권리는 다음 각 호의 요건을 갖춘 단체로서 문화체육관광부장관이 지정하는 단체를 통하여 행사되어야 한다. 문화체육관광부장관이 그 단체를 지정할 때에는 미리 그 단체의 동의를 얻어야 한다.
　1. 대한민국 내에서 보상을 받을 권리를 가진 자(이하 "보상권리자"라 한다)로 구성된 단체
　2. 영리를 목적으로 하지 아니할 것
　3. 보상금의 징수 및 분배 등의 업무를 수행하기에 충분한 능력이 있을 것
⑥ 제5항의 규정에 따른 단체는 그 구성원이 아니라도 보상권리자로부터 신청이 있을 때에는 그 자를 위하여 그 권리행사를 거부할 수 없다. 이 경우 그 단체는 자기의 명의로 그 권리에 관한 재판상 또는 재판 외의 행위를 할 권한을 가진다.
⑦ 문화체육관광부장관은 제5항의 규정에 따른 단체가 다음 각 호의 어느 하나에 해당하는 경우에는 그 지정을 취소할 수 있다.
　1. 제5항의 규정에 따른 요건을 갖추지 못한 때
　2. 보상관계 업무규정을 위배한 때
　3. 보상관계 업무를 상당한 기간 휴지하여 보상권리자의 이익을 해할 우려가 있을 때

⑧ 제5항의 규정에 따른 단체는 보상금 분배 공고를 한 날부터 3년이 경과한 미분배 보상금에 대하여 문화체육관광부장관의 승인을 얻어 공익목적을 위하여 사용할 수 있다.

⑨ 제5항·제7항 및 제8항의 규정에 따른 단체의 지정과 취소 및 업무규정, 보상금 분배 공고, 미분배 보상금의 공익목적 사용 승인 등에 관하여 필요한 사항은 대통령령으로 정한다.

⑩ 제2항의 규정에 따라 교육기관이 전송을 하는 경우에는 저작권 그 밖에 이 법에 의하여 보호되는 권리의 침해를 방지하기 위하여 복제방지조치 등 대통령령이 정하는 필요한 조치를 하여야 한다.

제26조(시사보도를 위한 이용) 방송·신문 그 밖의 방법에 의하여 시사보도를 하는 경우에 그 과정에서 보이거나 들리는 저작물은 보도를 위한 정당한 범위 안에서 복제·배포·공연 또는 공중송신할 수 있다.

제27조(시사적인 기사 및 논설의 복제 등) 정치·경제·사회·문화·종교에 관하여「신문 등의 진흥에 관한 법률」제2조의 규정에 따른 신문 및 인터넷신문 또는「뉴스통신진흥에 관한 법률」제2조의 규정에 의한 뉴스통신에 게재된 시사적인 기사나 논설은 다른 언론기관이 복제·배포 또는 방송할 수 있다. 다만, 이용을 금지하는 표시가 있는 경우에는 그러하지 아니하다.

제28조(공표된 저작물의 인용) 공표된 저작물은 보도·비평·교육·연구 등을 위하여는 정당한 범위 안에서 공정한 관행에 합치되게 이를 인용할 수 있다.

제29조(영리를 목적으로 하지 아니하는 공연·방송)

① 영리를 목적으로 하지 아니하고 청중이나 관중 또는 제3자로부터 어떤 명목으로든지 반대급부를 받지 아니하는 경우에는 공표된 저작물을 공연 또는 방송할 수 있다. 다만, 실연자에게 통상의 보수를 지급하는 경우에는 그러하지 아니하다.

② 청중이나 관중으로부터 당해 공연에 대한 반대급부를 받지 아니하는 경우에는 판매용 음반 또는 판매용 영상저작물을 재생하여 공중에게 공연할 수 있다. 다만, 대통령령이 정하는 경우에는 그러하지 아니하다.

제30조(사적이용을 위한 복제) 공표된 저작물을 영리를 목적으로 하지 아니하고 개인적으로 이용하거나 가정 및 이에 준하는 한정된 범위 안에서 이용하는 경우에는 그 이용자는 이를 복제할 수 있다. 다만, 공중의 사용에 제공하기 위하여 설치된 복사기기에 의한 복제는 그러하지 아니하다.

제31조(도서관등에서의 복제 등)

① 「도서관법」에 따른 도서관과 도서·문서·기록 그 밖의 자료(이하 "도서등"이라 한다)를 공중의 이용에 제공하는 시설 중 대통령령이 정하는 시설(당해 시설의 장을 포함하

며, 이하 "도서관등"이라 한다)은 다음 각 호의 어느 하나에 해당하는 경우에는 그 도서관등에 보관된 도서등(제1호의 경우에는 제3항의 규정에 따라 당해 도서관등이 복제·전송받은 도서등을 포함한다)을 사용하여 저작물을 복제할 수 있다. 다만, 제1호 및 제3호의 경우에는 디지털 형태로 복제할 수 없다.

1. 조사·연구를 목적으로 하는 이용자의 요구에 따라 공표된 도서등의 일부분의 복제물을 1인 1부에 한하여 제공하는 경우
2. 도서등의 자체보존을 위하여 필요한 경우
3. 다른 도서관등의 요구에 따라 절판 그 밖에 이에 준하는 사유로 구하기 어려운 도서등의 복제물을 보존용으로 제공하는 경우

② 도서관등은 컴퓨터를 이용하여 이용자가 그 도서관등의 안에서 열람할 수 있도록 보관된 도서등을 복제하거나 전송할 수 있다. 이 경우 동시에 열람할 수 있는 이용자의 수는 그 도서관등에서 보관하고 있거나 저작권 그 밖에 이 법에 따라 보호되는 권리를 가진 자로부터 이용허락을 받은 그 도서등의 부수를 초과할 수 없다.

③ 도서관등은 컴퓨터를 이용하여 이용자가 다른 도서관등의 안에서 열람할 수 있도록 보관된 도서등을 복제하거나 전송할 수 있다. 다만, 그 전부 또는 일부가 판매용으로 발행된 도서등은 그 발행일로부터 5년이 경과하지 아니한 경우에는 그러하지 아니하다.

④ 도서관등은 제1항제2호의 규정에 따른 도서등의 복제 및 제2항과 제3항의 규정에 따른 도서등의 복제의 경우에 그 도서등이 디지털 형태로 판매되고 있는 때에는 그 도서등을 디지털 형태로 복제할 수 없다.

⑤ 도서관등은 제1항제1호의 규정에 따라 디지털 형태의 도서등을 복제하는 경우 및 제3항의 규정에 따라 도서등을 다른 도서관등의 안에서 열람할 수 있도록 복제하거나 전송하는 경우에는 문화체육관광부장관이 정하여 고시하는 기준에 의한 보상금을 당해 저작재산권자에게 지급하여야 한다. 다만, 국가, 지방자치단체 또는 「고등교육법」 제2조의 규정에 따른 학교를 저작재산권자로 하는 도서등(그 전부 또는 일부가 판매용으로 발행된 도서등을 제외한다)의 경우에는 그러하지 아니하다.

⑥ 제25조제5항 내지 제9항의 규정은 제5항의 보상금의 지급 등에 관하여 준용한다.

⑦ 제1항 내지 제3항의 규정에 따라 도서등을 디지털 형태로 복제하거나 전송하는 경우에 도서관등은 저작권 그 밖에 이 법에 따라 보호되는 권리의 침해를 방지하기 위하여 복제방지조치 등 대통령령이 정하는 필요한 조치를 하여야 한다.

⑧ 「도서관법」 제20조의2에 따라 국립중앙도서관이 온라인 자료의 보존을 위하여 수집하는 경우에는 해당 자료를 복제할 수 있다.

제32조(시험문제로서의 복제) 학교의 입학시험 그 밖에 학식 및 기능에 관한 시험 또는

검정을 위하여 필요한 경우에는 그 목적을 위하여 정당한 범위에서 공표된 저작물을 복제·배포할 수 있다. 다만, 영리를 목적으로 하는 경우에는 그러하지 아니하다.

제33조(시각장애인 등을 위한 복제 등)

① 공표된 저작물은 시각장애인 등을 위하여 점자로 복제·배포할 수 있다.
② 시각장애인 등의 복리증진을 목적으로 하는 시설 중 대통령령이 정하는 시설(당해 시설의 장을 포함한다)은 영리를 목적으로 하지 아니하고 시각장애인 등의 이용에 제공하기 위하여 공표된 어문저작물을 녹음하거나 대통령령으로 정하는 시각장애인 등을 위한 전용 기록방식으로 복제·배포 또는 전송할 수 있다.
③ 제1항 및 제2항의 규정에 따른 시각장애인 등의 범위는 대통령령으로 정한다.

제34조(방송사업자의 일시적 녹음·녹화)

① 저작물을 방송할 권한을 가지는 방송사업자는 자신의 방송을 위하여 자체의 수단으로 저작물을 일시적으로 녹음하거나 녹화할 수 있다.
② 제1항의 규정에 따라 만들어진 녹음물 또는 녹화물은 녹음일 또는 녹화일로부터 1년을 초과하여 보존할 수 없다. 다만, 그 녹음물 또는 녹화물이 기록의 자료로서 대통령령이 정하는 장소에 보존되는 경우에는 그러하지 아니하다.

제35조(미술저작물등의 전시 또는 복제)

① 미술저작물등의 원본의 소유자나 그의 동의를 얻은 자는 그 저작물을 원본에 의하여 전시할 수 있다. 다만, 가로·공원·건축물의 외벽 그 밖에 공중에게 개방된 장소에 항시 전시하는 경우에는 그러하지 아니하다.
② 제1항 단서의 규정에 따른 개방된 장소에 항시 전시되어 있는 미술저작물등은 어떠한 방법으로든지 이를 복제하여 이용할 수 있다. 다만, 다음 각 호의 어느 하나에 해당하는 경우에는 그러하지 아니하다.
  1. 건축물을 건축물로 복제하는 경우
  2. 조각 또는 회화를 조각 또는 회화로 복제하는 경우
  3. 제1항 단서의 규정에 따른 개방된 장소 등에 항시 전시하기 위하여 복제하는 경우
  4. 판매의 목적으로 복제하는 경우
③ 제1항의 규정에 따라 전시를 하는 자 또는 미술저작물등의 원본을 판매하고자 하는 자는 그 저작물의 해설이나 소개를 목적으로 하는 목록 형태의 책자에 이를 복제하여 배포할 수 있다.
④ 위탁에 의한 초상화 또는 이와 유사한 사진저작물의 경우에는 위탁자의 동의가 없는 때에는 이를 이용할 수 없다

제36조(번역 등에 의한 이용)
① 제25조·제29조 또는 제30조의 규정에 따라 저작물을 이용하는 경우에는 그 저작물을 번역·편곡 또는 개작하여 이용할 수 있다.
② 제23조·제24조·제26조·제27조·제28조·제32조 또는 제33조의 규정에 따라 저작물을 이용하는 경우에는 그 저작물을 번역하여 이용할 수 있다.

제37조(출처의 명시)
① 이 관의 규정에 따라 저작물을 이용하는 자는 그 출처를 명시하여야 한다. 다만, 제26조·제29조 내지 제32조 및 제34조의 경우에는 그러하지 아니하다.
② 출처의 명시는 저작물의 이용 상황에 따라 합리적이라고 인정되는 방법으로 하여야 하며, 저작자의 실명 또는 이명이 표시된 저작물인 경우에는 그 실명 또는 이명을 명시하여야 한다.

제37조의2(적용 제외) 프로그램에 대하여는 제23조·제25조·제30조 및 제32조를 적용하지 아니한다.

제38조(저작인격권과의 관계) 이 관 각 조의 규정은 저작인격권에 영향을 미치는 것으로 해석되어서는 아니 된다.

제3관 저작재산권의 보호기간

제39조(보호기간의 원칙)
① 저작재산권은 이 관에 특별한 규정이 있는 경우를 제외하고는 저작자의 생존하는 동안과 사망 후 50년간 존속한다. 다만, 저작자가 사망 후 40년이 경과하고 50년이 되기 전에 공표된 저작물의 저작재산권은 공표된 때부터 10년간 존속한다.
② 공동저작물의 저작재산권은 맨 마지막으로 사망한 저작자의 사망 후 50년간 존속한다.

제40조(무명 또는 이명 저작물의 보호기간)
① 무명 또는 널리 알려지지 아니한 이명이 표시된 저작물의 저작재산권은 공표된 때부터 50년간 존속한다. 다만, 이 기간 내에 저작자가 사망한지 50년이 경과하였다고 인정할 만한 정당한 사유가 발생한 경우에는 그 저작재산권은 저작자 사망 후 50년이 경과하였다고 인정되는 때에 소멸한 것으로 본다.
② 다음 각 호의 어느 하나에 해당하는 경우에는 제1항의 규정은 이를 적용하지 아니한다.
　　1. 제1항의 기간 이내에 저작자의 실명 또는 널리 알려진 이명이 밝혀진 경우
　　2. 제1항의 기간 이내에 제53조제1항의 규정에 따른 저작자의 실명등록이 있는 경우

제41조(업무상저작물의 보호기간) 업무상저작물의 저작재산권은 공표한 때부터 50년간 존속한다. 다만, 창작한 때부터 50년 이내에 공표되지 아니한 경우에는 창작한 때부터 50

년간 존속한다.

제42조(영상저작물 및 프로그램의 보호기간) 영상저작물 및 프로그램의 저작재산권은 제39조 및 제40조에도 불구하고 공표한 때부터 50년간 존속한다. 다만, 창작한 때부터 50년 이내에 공표되지 아니한 경우에는 창작한 때부터 50년간 존속한다.

제43조(계속적간행물 등의 공표시기)
① 제39조제1항 단서·제40조제1항 또는 제41조의 규정에 따른 공표시기는 책·호 또는 회 등으로 공표하는 저작물의 경우에는 매책·매호 또는 매회 등의 공표 시로 하고, 일부분씩 순차적으로 공표하여 완성하는 저작물의 경우에는 최종부분의 공표 시로 한다.
② 일부분씩 순차적으로 공표하여 전부를 완성하는 저작물의 계속되어야 할 부분이 최근의 공표시기부터 3년이 경과되어도 공표되지 아니하는 경우에는 이미 공표된 맨 뒤의 부분을 제1항의 규정에 따른 최종부분으로 본다.

제44조(보호기간의 기산) 이 관에 규정된 저작재산권의 보호기간을 계산하는 경우에는 저작자가 사망하거나 저작물을 창작 또는 공표한 다음 해부터 기산한다.

제4관 저작재산권의 양도·행사·소멸

제45조(저작재산권의 양도)
① 저작재산권은 전부 또는 일부를 양도할 수 있다.
② 저작재산권의 전부를 양도하는 경우에 특약이 없는 때에는 제22조에 따른 2차적저작물을 작성하여 이용할 권리는 포함되지 아니한 것으로 추정한다. 다만, 프로그램의 경우 특약이 없는 한 2차적저작물작성권도 함께 양도된 것으로 추정한다.

제46조(저작물의 이용허락)
① 저작재산권자는 다른 사람에게 그 저작물의 이용을 허락할 수 있다.
② 제1항의 규정에 따라 허락을 받은 자는 허락받은 이용 방법 및 조건의 범위 안에서 그 저작물을 이용할 수 있다.
③ 제1항의 규정에 따른 허락에 의하여 저작물을 이용할 수 있는 권리는 저작재산권자의 동의 없이 제3자에게 이를 양도할 수 없다.

제47조(저작재산권을 목적으로 하는 질권의 행사 등)
① 저작재산권을 목적으로 하는 질권은 그 저작재산권의 양도 또는 그 저작물의 이용에 따라 저작재산권자가 받을 금전 그 밖의 물건(출판권 및 프로그램배타적발행권 설정의 대가를 포함한다)에 대하여도 행사할 수 있다. 다만, 이들의 지급 또는 인도 전에 이를 압류하여야 한다.
② 질권의 목적으로 된 저작재산권은 설정행위에 특약이 없는 한 저작재산권자가 이를 행사

한다.

제48조(공동저작물의 저작재산권의 행사)

① 공동저작물의 저작재산권은 그 저작재산권자 전원의 합의에 의하지 아니하고는 이를 행사할 수 없으며, 다른 저작재산권자의 동의가 없으면 그 지분을 양도하거나 질권의 목적으로 할 수 없다. 이 경우 각 저작재산권자는 신의에 반하여 합의의 성립을 방해하거나 동의를 거부할 수 없다.

② 공동저작물의 이용에 따른 이익은 공동저작자 간에 특약이 없는 때에는 그 저작물의 창작에 이바지한 정도에 따라 각자에게 배분된다. 이 경우 각자의 이바지한 정도가 명확하지 아니한 때에는 균등한 것으로 추정한다.

③ 공동저작물의 저작재산권자는 그 공동저작물에 대한 자신의 지분을 포기할 수 있으며, 포기하거나 상속인 없이 사망한 경우에 그 지분은 다른 저작재산권자에게 그 지분의 비율에 따라 배분된다.

④ 제15조제2항 및 제3항의 규정은 공동저작물의 저작재산권의 행사에 관하여 준용한다.

제49조(저작재산권의 소멸) 저작재산권이 다음 각 호의 어느 하나에 해당하는 경우에는 소멸한다.

1. 저작재산권자가 상속인 없이 사망한 경우에 그 권리가 「민법」 그 밖의 법률의 규정에 따라 국가에 귀속되는 경우
2. 저작재산권자인 법인 또는 단체가 해산되어 그 권리가 「민법」 그 밖의 법률의 규정에 따라 국가에 귀속되는 경우

제5절 저작물 이용의 법정허락

제50조(저작재산권자 불명인 저작물의 이용)

① 누구든지 대통령령이 정하는 기준에 해당하는 상당한 노력을 기울였어도 공표된 저작물(외국인의 저작물을 제외한다)의 저작재산권자나 그의 거소를 알 수 없어 그 저작물의 이용허락을 받을 수 없는 경우에는 대통령령이 정하는 바에 따라 문화체육관광부장관의 승인을 얻은 후 문화체육관광부장관이 정하는 기준에 의한 보상금을 공탁하고 이를 이용할 수 있다.

② 제1항의 규정에 따라 저작물을 이용하는 자는 그 뜻과 승인연월일을 표시하여야 한다.

③ 제1항의 규정에 따라 법정허락된 저작물이 다시 법정허락의 대상이 되는 때에는 제1항의 규정에 따른 대통령령이 정하는 기준에 해당하는 상당한 노력의 절차를 생략할 수 있다. 다만, 그 저작물에 대한 법정허락의 승인 이전에 저작재산권자가 대통령령이 정하는 절차에 따라 이의를 제기하는 때에는 그러하지 아니하다.

④ 문화체육관광부장관은 대통령령이 정하는 바에 따라 법정허락 내용을 정보통신망에 게시하여야 한다.

제51조(공표된 저작물의 방송) 공표된 저작물을 공익상 필요에 의하여 방송하고자 하는 방송사업자가 그 저작재산권자와 협의하였으나 협의가 성립되지 아니하는 경우에는 대통령령이 정하는 바에 따라 문화체육관광부장관의 승인을 얻은 후 문화체육관광부장관이 정하는 기준에 의한 보상금을 당해 저작재산권자에게 지급하거나 공탁하고 이를 방송할 수 있다.

제52조(판매용 음반의 제작) 판매용 음반이 우리나라에서 처음으로 판매되어 3년이 경과한 경우 그 음반에 녹음된 저작물을 녹음하여 다른 판매용 음반을 제작하고자 하는 자가 그 저작재산권자와 협의하였으나 협의가 성립되지 아니하는 때에는 대통령령이 정하는 바에 따라 문화체육관광부장관의 승인을 얻은 후 문화체육관광부장관이 정하는 기준에 의한 보상금을 당해 저작재산권자에게 지급하거나 공탁하고 다른 판매용 음반을 제작할 수 있다.

제6절 등록 및 인증

제53조(저작권의 등록)

① 저작자는 다음 각 호의 사항을 등록할 수 있다.
 1. 저작자의 실명·이명(공표 당시에 이명을 사용한 경우에 한한다)·국적·주소 또는 거소
 2. 저작물의 제호·종류·창작연월일
 3. 공표의 여부 및 맨 처음 공표된 국가·공표연월일
 4. 그 밖에 대통령령으로 정하는 사항

② 저작자가 사망한 경우 저작자의 특별한 의사표시가 없는 때에는 그의 유언으로 지정한 자 또는 상속인이 제1항 각 호의 규정에 따른 등록을 할 수 있다.

③ 제1항 및 제2항에 따라 저작자로 실명이 등록된 자는 그 등록저작물의 저작자로, 창작연월일 또는 맨 처음의 공표연월일이 등록된 저작물은 등록된 연월일에 창작 또는 맨 처음 공표된 것으로 추정한다. 다만, 저작물을 창작한 때부터 1년이 경과한 후에 창작연월일을 등록한 경우에는 등록된 연월일에 창작된 것으로 추정하지 아니한다.

제54조(권리변동 등의 등록·효력) 다음 각 호의 사항은 이를 등록할 수 있으며, 등록하지 아니하면 제3자에게 대항할 수 없다.
 1. 저작재산권의 양도(상속 그 밖의 일반승계의 경우를 제외한다) 또는 처분제한
 2. 저작재산권을 목적으로 하는 질권의 설정·이전·변경·소멸 또는 처분제한

제55조(등록의 절차 등)

① 제53조 및 제54조에 따른 등록은 문화체육관광부장관이 저작권등록부(프로그램의 경우

에는 프로그램등록부를 말한다. 이하 이 조에서 같다)에 기재하여 행한다.
② 문화체육관광부장관은 다음 각 호의 어느 하나에 해당하는 경우에는 신청을 반려할 수 있다. 다만, 신청의 흠결이 보정될 수 있는 경우에 신청인이 당일 이를 보정하였을 때에는 그러하지 아니하다.
  1. 등록 신청한 사항이 등록할 것이 아닌 때
  2. 등록 신청이 문화체육관광부령으로 정한 서식에 적합하지 아니하거나 그 밖의 필요한 자료 또는 서류를 첨부하지 아니한 때
③ 문화체육관광부장관은 제1항의 규정에 따라 저작권등록부에 기재한 등록에 대하여 등록공보를 발행하거나 정보통신망에 게시하여야 하며, 신청한 자가 있는 경우에는 저작권등록부를 열람하게 하거나 그 사본을 교부하여야 한다.
④ 제1항 내지 제3항의 규정에 따른 등록, 등록신청의 반려, 등록공보의 발행 또는 게시, 저작권등록부의 열람 및 사본의 교부 등에 관하여 필요한 사항은 대통령령으로 정한다.

제55조의2(비밀유지의무) 제53조부터 제55조까지의 규정에 따른 등록 업무를 수행하는 자 및 그 직에 있었던 자는 직무상 알게 된 비밀을 다른 사람에게 누설하여서는 아니 된다.

제56조(권리자 등의 인증)
① 문화체육관광부장관은 저작물등의 거래의 안전과 신뢰보호를 위하여 인증기관을 지정할 수 있다.
② 제1항에 따른 인증기관의 지정과 지정취소 및 인증절차 등에 관하여 필요한 사항은 대통령령으로 정한다.
③ 제1항의 규정에 따른 인증기관은 인증과 관련한 수수료를 받을 수 있으며 그 금액은 문화체육관광부장관이 정한다.

제7절 출판권

제57조(출판권의 설정)
① 저작물을 복제·배포할 권리를 가진 자(이하 "복제권자"라 한다)는 그 저작물을 인쇄 그 밖에 이와 유사한 방법으로 문서 또는 도화로 발행하고자 하는 자에 대하여 이를 출판할 권리(이하 "출판권"이라 한다)를 설정할 수 있다.
② 제1항의 규정에 따라 출판권을 설정받은 자(이하 "출판권자"라 한다)는 그 설정행위에서 정하는 바에 따라 그 출판권의 목적인 저작물을 원작 그대로 출판할 권리를 가진다.
③ 복제권자는 그 저작물의 복제권을 목적으로 하는 질권이 설정되어 있는 경우에는 그 질권자의 허락이 있어야 출판권을 설정할 수 있다.

제58조(출판권자의 의무)
① 출판권자는 그 설정행위에 특약이 없는 때에는 출판권의 목적인 저작물을 복제하기 위하여 필요한 원고 또는 이에 상당하는 물건을 받은 날부터 9월 이내에 이를 출판하여야 한다.
② 출판권자는 그 설정행위에 특약이 없는 때에는 관행에 따라 그 저작물을 계속하여 출판하여야 한다.
③ 출판권자는 특약이 없는 때에는 각 출판물에 대통령령이 정하는 바에 따라 복제권자의 표지를 하여야 한다.

제59조(저작물의 수정증감)
① 출판권자가 출판권의 목적인 저작물을 다시 출판하는 경우에 저작자는 정당한 범위 안에서 그 저작물의 내용을 수정하거나 증감할 수 있다.
② 출판권자는 출판권의 목적인 저작물을 다시 출판하고자 하는 경우에 특약이 없는 때에는 그때마다 미리 저작자에게 그 사실을 알려야 한다.

제60조(출판권의 존속기간 등)
① 출판권은 그 설정행위에 특약이 없는 때에는 맨 처음 출판한 날로부터 3년간 존속한다.
② 복제권자는 출판권 존속기간 중 그 출판권의 목적인 저작물의 저작자가 사망한 때에는 제1항의 규정에 불구하고 저작자를 위하여 저작물을 전집 그 밖의 편집물에 수록하거나 전집 그 밖의 편집물의 일부인 저작물을 분리하여 이를 따로 출판할 수 있다.

제61조(출판권의 소멸통고)
① 복제권자는 출판권자가 제58조제1항 또는 제2항의 규정을 위반한 경우에는 6월 이상의 기간을 정하여 그 이행을 최고하고 그 기간 내에 이행하지 아니하는 때에는 출판권의 소멸을 통고할 수 있다.
② 복제권자는 출판권자가 출판이 불가능하거나 출판할 의사가 없음이 명백한 경우에는 제1항의 규정에 불구하고 즉시 출판권의 소멸을 통고할 수 있다.
③ 제1항 또는 제2항의 규정에 따라 출판권의 소멸을 통고한 경우에는 출판권자가 통고를 받은 때에 출판권이 소멸한 것으로 본다.
④ 제3항의 경우에 복제권자는 출판권자에 대하여 언제든지 원상회복을 청구하거나 출판을 중지함으로 인한 손해의 배상을 청구할 수 있다.

제62조(출판권 소멸 후의 출판물의 배포) 출판권이 그 존속기간의 만료 그 밖의 사유로 소멸된 경우에는 그 출판권을 가지고 있던 자는 다음 각 호의 어느 하나에 해당하는 경우를 제외하고는 그 출판권의 존속기간 중 만들어진 출판물을 배포할 수 없다.
1. 출판권 설정행위에 특약이 있는 경우
2. 출판권의 존속기간 중 복제권자에게 그 저작물의 출판에 따른 대가를 지급하고 그 대

가에 상응하는 부수의 출판물을 배포하는 경우

제63조(출판권의 양도·제한 등)

① 출판권은 복제권자의 동의 없이 이를 양도 또는 질권의 목적으로 할 수 없다.

② 제23조·제25조제1항 내지 제3항·제26조 내지 제28조·제30조 내지 제33조와 제35조제2항 및 제3항의 규정은 출판권의 목적으로 되어 있는 저작물의 복제에 관하여 준용한다.

③ 제54조, 제55조 및 제55조의2의 규정은 출판권의 등록(출판권설정등록을 포함한다)에 관하여 준용한다. 이 경우 제55조 중 "저작권등록부"는 "출판권등록부"로 본다.

제 3 장 저작인접권

제1절 통칙

제64조(보호받는 실연·음반·방송) 다음 각 호 각 목의 어느 하나에 해당하는 실연·음반 및 방송은 이 법에 의한 보호를 받는다.

1. 실연
   가. 대한민국 국민(대한민국 법률에 따라 설립된 법인 및 대한민국 내에 주된 사무소가 있는 외국법인을 포함한다. 이하 같다)이 행하는 실연
   나. 대한민국이 가입 또는 체결한 조약에 따라 보호되는 실연
   다. 제2호 각 목의 음반에 고정된 실연
   라. 제3호 각 목의 방송에 의하여 송신되는 실연(송신 전에 녹음 또는 녹화되어 있는 실연을 제외한다)

2. 음반
   가. 대한민국 국민을 음반제작자로 하는 음반
   나. 음이 맨 처음 대한민국 내에서 고정된 음반
   다. 대한민국이 가입 또는 체결한 조약에 따라 보호되는 음반으로서 체약국 내에서 최초로 고정된 음반
   라. 대한민국이 가입 또는 체결한 조약에 따라 보호되는 음반으로서 체약국의 국민(당해 체약국의 법률에 따라 설립된 법인 및 당해 체약국 내에 주된 사무소가 있는 법인을 포함한다)을 음반제작자로 하는 음반

3. 방송
   가. 대한민국 국민인 방송사업자의 방송
   나. 대한민국 내에 있는 방송설비로부터 행하여지는 방송
   다. 대한민국이 가입 또는 체결한 조약에 따라 보호되는 방송으로서 체약국의 국민인

　　　　방송사업자가 당해 체약국 내에 있는 방송설비로부터 행하는 방송
제65조(저작권과의 관계) 이 장 각 조의 규정은 저작권에 영향을 미치는 것으로 해석되어
　　서는 아니 된다.

제2절 실연자의 권리

제66조(성명표시권)
　① 실연자는 그의 실연 또는 실연의 복제물에 그의 실명 또는 이명을 표시할 권리를 가진다.
　② 실연을 이용하는 자는 그 실연자의 특별한 의사표시가 없는 때에는 실연자가 그의 실
　　명 또는 이명을 표시한 바에 따라 이를 표시하여야 한다. 다만, 실연의 성질이나 그 이
　　용의 목적 및 형태 등에 비추어 부득이하다고 인정되는 경우에는 그러하지 아니하다.
제67조(동일성유지권) 실연자는 그의 실연의 내용과 형식의 동일성을 유지할 권리를 가진
　　다. 다만, 실연의 성질이나 그 이용의 목적 및 형태 등에 비추어 부득이하다고 인정되는
　　경우에는 그러하지 아니하다.
제68조(실연자의 인격권의 일신전속성) 제66조 및 제67조에 규정된 권리(이하 "실연자의
　　인격권"이라 한다)는 실연자 일신에 전속한다.
제69조(복제권) 실연자는 그의 실연을 복제할 권리를 가진다.
제70조(배포권) 실연자는 그의 실연의 복제물을 배포할 권리를 가진다. 다만, 실연의 복제물
　　이 실연자의 허락을 받아 판매 등의 방법으로 거래에 제공된 경우에는 그러하지 아니하다.
제71조(대여권) 실연자는 제70조의 단서의 규정에 불구하고 그의 실연이 녹음된 판매용 음
　　반을 영리를 목적으로 대여할 권리를 가진다.
제72조(공연권) 실연자는 그의 고정되지 아니한 실연을 공연할 권리를 가진다. 다만, 그 실
　　연이 방송되는 실연인 경우에는 그러하지 아니하다.
제73조(방송권) 실연자는 그의 실연을 방송할 권리를 가진다. 다만, 실연자의 허락을 받아
　　녹음된 실연에 대하여는 그러하지 아니하다.
제74조(전송권) 실연자는 그의 실연을 전송할 권리를 가진다.
제75조(방송사업자의 실연자에 대한 보상)
　① 방송사업자가 실연이 녹음된 판매용 음반을 사용하여 방송하는 경우에는 상당한 보상
　　금을 그 실연자에게 지급하여야 한다. 다만, 실연자가 외국인인 경우에 그 외국에서
　　대한민국 국민인 실연자에게 이 항의 규정에 따른 보상금을 인정하지 아니하는 때에는
　　그러하지 아니하다.
　② 제25조제5항 내지 제9항의 규정은 제1항의 규정에 따른 보상금의 지급 등에 관하여 준
　　용한다.

③ 제2항의 규정에 따른 단체가 보상권리자를 위하여 청구할 수 있는 보상금의 금액은 매년 그 단체와 방송사업자가 협의하여 정한다.

④ 제3항에 따른 협의가 성립되지 아니하는 경우에 그 단체 또는 방송사업자는 대통령령으로 정하는 바에 따라 제112조에 따른 한국저작권위원회에 조정을 신청할 수 있다.

제76조(디지털음성송신사업자의 실연자에 대한 보상)

① 디지털음성송신사업자가 실연이 녹음된 음반을 사용하여 송신하는 경우에는 상당한 보상금을 그 실연자에게 지급하여야 한다.

② 제25조제5항 내지 제9항의 규정은 제1항의 규정에 따른 보상금의 지급 등에 관하여 준용한다.

③ 제2항의 규정에 따른 단체가 보상권리자를 위하여 청구할 수 있는 보상금의 금액은 매년 그 단체와 디지털음성송신사업자가 대통령령이 정하는 기간 내에 협의하여 정한다.

④ 제3항의 규정에 따른 협의가 성립되지 아니한 경우에는 문화체육관광부장관이 정하여 고시하는 금액을 지급한다.

제76조의2(판매용 음반을 사용하여 공연하는 자의 실연자에 대한 보상)

① 실연이 녹음된 판매용 음반을 사용하여 공연을 하는 자는 상당한 보상금을 해당 실연자에게 지급하여야 한다. 다만, 실연자가 외국인인 경우에 그 외국에서 대한민국 국민인 실연자에게 이 항의 규정에 따른 보상금을 인정하지 아니하는 때에는 그러하지 아니하다.

② 제25조제5항부터 제9항까지 및 제76조제3항·제4항은 제1항에 따른 보상금의 지급 및 금액 등에 관하여 준용한다.

제77조(공동실연자)

① 2인 이상이 공동으로 합창·합주 또는 연극등을 실연하는 경우에 이 절에 규정된 실연자의 권리(실연자의 인격권은 제외한다)는 공동으로 실연하는 자가 선출하는 대표자가 이를 행사한다. 다만, 대표자의 선출이 없는 경우에는 지휘자 또는 연출자 등이 이를 행사한다.

② 제1항의 규정에 따라 실연자의 권리를 행사하는 경우에 독창 또는 독주가 함께 실연된 때에는 독창자 또는 독주자의 동의를 얻어야 한다.

③ 제15조의 규정은 공동실연자의 인격권 행사에 관하여 준용한다.

제3절 음반제작자의 권리

제78조(복제권) 음반제작자는 그의 음반을 복제할 권리를 가진다.

제79조(배포권) 음반제작자는 그의 음반을 배포할 권리를 가진다. 다만, 음반의 복제물이 음반제작자의 허락을 받아 판매 등의 방법으로 거래에 제공된 경우에는 그러하지 아니하다.

제80조(대여권) 음반제작자는 제79조의 단서의 규정에 불구하고 판매용 음반을 영리를 목

적으로 대여할 권리를 가진다.

제81조(전송권) 음반제작자는 그의 음반을 전송할 권리를 가진다.

제82조(방송사업자의 음반제작자에 대한 보상)
① 방송사업자가 판매용 음반을 사용하여 방송하는 경우에는 상당한 보상금을 그 음반제작자에게 지급하여야 한다. 다만, 음반제작자가 외국인인 경우에 그 외국에서 대한민국 국민인 음반제작자에게 이 항의 규정에 따른 보상금을 인정하지 아니하는 때에는 그러하지 아니하다.
② 제25조제5항 내지 제9항 및 제75조제3항·제4항의 규정은 제1항의 규정에 따른 보상금의 지급 및 금액 등에 관하여 준용한다.

제83조(디지털음성송신사업자의 음반제작자에 대한 보상)
① 디지털음성송신사업자가 음반을 사용하여 송신하는 경우에는 상당한 보상금을 그 음반제작자에게 지급하여야 한다.
② 제25조제5항 내지 제9항 및 제76조제3항·제4항의 규정은 제1항의 규정에 따른 보상금의 지급 및 금액 등에 관하여 준용한다.

제83조의2(판매용 음반을 사용하여 공연하는 자의 음반제작자에 대한 보상)
① 판매용 음반을 사용하여 공연을 하는 자는 상당한 보상금을 해당 음반제작자에게 지급하여야 한다. 다만, 음반제작자가 외국인인 경우에 그 외국에서 대한민국 국민인 음반제작자에게 이 항의 규정에 따른 보상금을 인정하지 아니하는 때에는 그러하지 아니하다.
② 제25조제5항부터 제9항까지 및 제76조제3항·제4항은 제1항에 따른 보상금의 지급 및 금액 등에 관하여 준용한다.

제4절 방송사업자의 권리

제84조(복제권) 방송사업자는 그의 방송을 복제할 권리를 가진다.
제85조(동시중계방송권) 방송사업자는 그의 방송을 동시중계방송할 권리를 가진다.

제5절 저작인접권의 보호기간

제86조(보호기간)
① 저작인접권(실연자의 인격권을 제외한다. 이하 같다)은 다음 각 호의 어느 하나에 해당하는 때부터 발생한다.
  1. 실연의 경우에는 그 실연을 한 때
  2. 음반의 경우에는 그 음을 맨 처음 음반에 고정한 때
  3. 방송의 경우에는 그 방송을 한 때

② 저작인접권은 다음 각 호의 어느 하나에 해당하는 때의 다음 해부터 기산하여 50년간 존속한다.
  1. 실연의 경우에는 그 실연을 한 때
  2. 음반의 경우에는 그 음반을 발행한 때. 다만, 음을 음반에 맨 처음 고정한 때의 다음 해부터 기산하여 50년이 경과한 때까지 음반을 발행하지 아니한 경우에는 음을 음반에 맨 처음 고정한 때
  3. 방송의 경우에는 그 방송을 한 때

제6절 저작인접권의 제한·양도·행사 등

제87조(저작인접권의 제한)
  ① 제23조·제24조·제25조 제1항 내지 제3항·제26조 내지 제32조·제33조제2항·제34조·제36조 및 제37조의 규정은 저작인접권의 목적이 된 실연·음반 또는 방송의 이용에 관하여 준용한다.
  ② 디지털음성송신사업자는 제76조제1항 및 제83조제1항에 따라 실연이 녹음된 음반을 사용하여 송신하는 경우에는 자체의 수단으로 실연이 녹음된 음반을 일시적으로 복제할 수 있다. 이 경우 복제물의 보존기간에 관하여는 제34조제2항을 준용한다.
제88조(저작인접권의 양도·행사 등) 제45조제1항의 규정은 저작인접권의 양도에, 제46조의 규정은 실연·음반 또는 방송의 이용허락에, 제47조의 규정은 저작인접권을 목적으로 하는 질권의 행사에, 제49조의 규정은 저작인접권의 소멸에 관하여 각각 준용한다.
제89조(실연·음반 및 방송이용의 법정허락) 제50조 내지 제52조의 규정은 실연·음반 및 방송의 이용에 관하여 준용한다.
제90조(저작인접권의 등록) 제53조부터 제55조까지 및 제55조의2 규정은 저작인접권의 등록에 관하여 준용한다. 이 경우 제55조 중 "저작권등록부"는 "저작인접권등록부"로 본다.

제4장 데이터베이스제작자의 보호

제91조(보호받는 데이터베이스)
  ① 다음 각 호의 어느 하나에 해당하는 자의 데이터베이스는 이 법에 따른 보호를 받는다.
    1. 대한민국 국민
    2. 데이터베이스의 보호와 관련하여 대한민국이 가입 또는 체결한 조약에 따라 보호되는 외국인
  ② 제1항의 규정에 따라 보호되는 외국인의 데이터베이스라도 그 외국에서 대한민국 국민의 데이터베이스를 보호하지 아니하는 경우에는 그에 상응하게 조약 및 이 법에 따른

보호를 제한할 수 있다.

제92조(적용 제외) 다음 각 호의 어느 하나에 해당하는 데이터베이스에 대하여는 이 장의 규정을 적용하지 아니한다.
1. 데이터베이스의 제작·갱신등 또는 운영에 이용되는 컴퓨터프로그램
2. 무선 또는 유선통신을 기술적으로 가능하게 하기 위하여 제작되거나 갱신등이 되는 데이터베이스

제93조(데이터베이스제작자의 권리)
① 데이터베이스제작자는 그의 데이터베이스의 전부 또는 상당한 부분을 복제·배포·방송 또는 전송(이하 이 조에서 "복제등"이라 한다)할 권리를 가진다.
② 데이터베이스의 개별 소재는 제1항의 규정에 따른 당해 데이터베이스의 상당한 부분으로 간주되지 아니한다. 다만, 데이터베이스의 개별 소재 또는 그 상당한 부분에 이르지 못하는 부분의 복제등이라 하더라도 반복적이거나 특정한 목적을 위하여 체계적으로 함으로써 당해 데이터베이스의 통상적인 이용과 충돌하거나 데이터베이스제작자의 이익을 부당하게 해치는 경우에는 당해 데이터베이스의 상당한 부분의 복제등으로 본다.
③ 이 장에 따른 보호는 데이터베이스의 구성부분이 되는 소재의 저작권 그 밖에 이 법에 따라 보호되는 권리에 영향을 미치지 아니한다.
④ 이 장에 따른 보호는 데이터베이스의 구성부분이 되는 소재 그 자체에는 미치지 아니한다.

제94조(데이터베이스제작자의 권리제한)
① 제23조·제28조 내지 제34조·제36조 및 제37조의 규정은 데이터베이스제작자의 권리의 목적이 되는 데이터베이스의 이용에 관하여 준용한다.
② 다음 각 호의 어느 하나에 해당하는 경우에는 누구든지 데이터베이스의 전부 또는 그 상당한 부분을 복제·배포·방송 또는 전송할 수 있다. 다만, 당해 데이터베이스의 통상적인 이용과 저촉되는 경우에는 그러하지 아니하다.
1. 교육·학술 또는 연구를 위하여 이용하는 경우. 다만, 영리를 목적으로 하는 경우에는 그러하지 아니하다.
2. 시사보도를 위하여 이용하는 경우

제95조(보호기간)
① 데이터베이스제작자의 권리는 데이터베이스의 제작을 완료한 때부터 발생하며, 그 다음 해부터 기산하여 5년간 존속한다.
② 데이터베이스의 갱신등을 위하여 인적 또는 물적으로 상당한 투자가 이루어진 경우에 당해 부분에 대한 데이터베이스제작자의 권리는 그 갱신등을 한 때부터 발생하며, 그

다음 해부터 기산하여 5년간 존속한다.
제96조(데이터베이스제작자의 권리의 양도·행사 등) 제20조 단서의 규정은 데이터베이스의 거래제공에, 제45조제1항의 규정은 데이터베이스제작자의 권리의 양도에, 제46조의 규정은 데이터베이스의 이용허락에, 제47조의 규정은 데이터베이스제작자의 권리를 목적으로 하는 질권의 행사에, 제48조의 규정은 공동데이터베이스의 데이터베이스제작자의 권리 행사에, 제49조의 규정은 데이터베이스제작자의 권리의 소멸에 관하여 각각 준용한다.
제97조(데이터베이스 이용의 법정허락) 제50조 및 제51조의 규정은 데이터베이스의 이용에 관하여 준용한다.
제98조(데이터베이스제작자의 권리의 등록) 제53조부터 제55조까지 및 제55조의2의 규정은 데이터베이스제작자의 권리의 등록에 관하여 준용한다. 이 경우 제55조 중 "저작권등록부"는 "데이터베이스제작자권리등록부"로 본다.〈개정 2009.4.22〉

제 5 장 영상저작물에 관한 특례

제99조(저작물의 영상화)
① 저작재산권자가 저작물의 영상화를 다른 사람에게 허락한 경우에 특약이 없는 때에는 다음 각 호의 권리를 포함하여 허락한 것으로 추정한다.
  1. 영상저작물을 제작하기 위하여 저작물을 각색하는 것
  2. 공개상영을 목적으로 한 영상저작물을 공개상영하는 것
  3. 방송을 목적으로 한 영상저작물을 방송하는 것
  4. 전송을 목적으로 한 영상저작물을 전송하는 것
  5. 영상저작물을 그 본래의 목적으로 복제·배포하는 것
  6. 영상저작물의 번역물을 그 영상저작물과 같은 방법으로 이용하는 것
② 저작재산권자는 그 저작물의 영상화를 허락한 경우에 특약이 없는 때에는 허락한 날부터 5년이 경과한 때에 그 저작물을 다른 영상저작물로 영상화하는 것을 허락할 수 있다.
제100조(영상저작물에 대한 권리)
① 영상제작자와 영상저작물의 제작에 협력할 것을 약정한 자가 그 영상저작물에 대하여 저작권을 취득한 경우 특약이 없는 한 그 영상저작물의 이용을 위하여 필요한 권리는 영상제작자가 이를 양도 받은 것으로 추정한다.
② 영상저작물의 제작에 사용되는 소설·각본·미술저작물 또는 음악저작물 등의 저작재산권은 제1항의 규정으로 인하여 영향을 받지 아니한다.
③ 영상제작자와 영상저작물의 제작에 협력할 것을 약정한 실연자의 그 영상저작물의 이

용에 관한 제69조의 규정에 따른 복제권, 제70조의 규정에 따른 배포권, 제73조의 규정에 따른 방송권 및 제74조의 규정에 따른 전송권은 특약이 없는 한 영상제작자가 이를 양도 받은 것으로 추정한다.

제101조(영상제작자의 권리)
① 영상제작물의 제작에 협력할 것을 약정한 자로부터 영상제작자가 양도 받는 영상저작물의 이용을 위하여 필요한 권리는 영상저작물을 복제·배포·공개상영·방송·전송 그 밖의 방법으로 이용할 권리로 하며, 이를 양도하거나 질권의 목적으로 할 수 있다.
② 실연자로부터 영상제작자가 양도 받는 권리는 그 영상저작물을 복제·배포·방송 또는 전송할 권리로 하며, 이를 양도하거나 질권의 목적으로 할 수 있다.

제 5 장의2 프로그램에 관한 특례

제101조의2(보호의 대상) 프로그램을 작성하기 위하여 사용하는 다음 각 호의 사항에는 이 법을 적용하지 아니한다.
1. 프로그램 언어: 프로그램을 표현하는 수단으로서 문자·기호 및 그 체계
2. 규약: 특정한 프로그램에서 프로그램 언어의 용법에 관한 특별한 약속
3. 해법: 프로그램에서 지시·명령의 조합방법

제101조의3(프로그램의 저작재산권의 제한)
① 다음 각 호의 어느 하나에 해당하는 경우에는 그 목적상 필요한 범위에서 공표된 프로그램을 복제 또는 배포할 수 있다. 다만, 프로그램의 종류·용도, 프로그램에서 복제된 부분이 차지하는 비중 및 복제의 부수 등에 비추어 프로그램의 저작재산권자의 이익을 부당하게 해치는 경우에는 그러하지 아니하다.
1. 재판 또는 수사를 위하여 복제하는 경우
2. 「유아교육법」, 「초·중등교육법」, 「고등교육법」에 따른 학교 및 다른 법률에 따라 설립된 교육기관(상급학교 입학을 위한 학력이 인정되거나 학위를 수여하는 교육기관에 한한다)에서 교육을 담당하는 자가 수업과정에 제공할 목적으로 복제 또는 배포하는 경우
3. 「초·중등교육법」에 따른 학교 및 이에 준하는 학교의 교육목적을 위한 교과용 도서에 게재하기 위하여 복제하는 경우
4. 가정과 같은 한정된 장소에서 개인적인 목적(영리를 목적으로 하는 경우를 제외한다)으로 복제하는 경우
5. 「초·중등교육법」, 「고등교육법」에 따른 학교 및 이에 준하는 학교의 입학시험이나

그 밖의 학식 및 기능에 관한 시험 또는 검정을 목적(영리를 목적으로 하는 경우를 제외한다)으로 복제 또는 배포하는 경우

6. 프로그램의 기초를 이루는 아이디어 및 원리를 확인하기 위하여 프로그램의 기능을 조사·연구·시험할 목적으로 복제하는 경우(정당한 권한에 의하여 프로그램을 이용하는 자가 해당 프로그램을 이용 중인 때에 한한다)

② 제1항제3호에 따라 프로그램을 교과용 도서에 게재하려는 자는 문화체육관광부장관이 정하여 고시하는 기준에 따른 보상금을 해당 저작재산권자에게 지급하여야 한다. 보상금 지급에 대하여는 제25조제5항부터 제9항까지의 규정을 준용한다.

제101조의4(프로그램코드역분석)
① 정당한 권한에 의하여 프로그램을 이용하는 자 또는 그의 허락을 받은 자는 호환에 필요한 정보를 쉽게 얻을 수 없고 그 획득이 불가피한 경우에는 해당 프로그램의 호환에 필요한 부분에 한하여 프로그램의 저작재산권자의 허락을 받지 아니하고 프로그램코드역분석을 할 수 있다.
② 제1항에 따른 프로그램코드역분석을 통하여 얻은 정보는 다음 각 호의 어느 하나에 해당하는 경우에는 이를 이용할 수 없다.
  1. 호환 목적 외의 다른 목적을 위하여 이용하거나 제3자에게 제공하는 경우
  2. 프로그램코드역분석의 대상이 되는 프로그램과 표현이 실질적으로 유사한 프로그램을 개발·제작·판매하거나 그 밖에 프로그램의 저작권을 침해하는 행위에 이용하는 경우

제101조의5(정당한 이용자에 의한 보존을 위한 복제 등)
① 프로그램의 복제물을 정당한 권한에 의하여 소지·이용하는 자는 그 복제물의 멸실·훼손 또는 변질 등에 대비하기 위하여 필요한 범위에서 해당 복제물을 복제할 수 있다.
② 프로그램의 복제물을 소지·이용하는 자는 해당 프로그램의 복제물을 소지·이용할 권리를 상실한 때에는 그 프로그램의 저작재산권자의 특별한 의사표시가 없는 한 제1항에 따라 복제한 것을 폐기하여야 한다. 다만, 프로그램의 복제물을 소지·이용할 권리가 해당 복제물이 멸실됨으로 인하여 상실된 경우에는 그러하지 아니하다.

제101조의6(프로그램배타적발행권)
① 프로그램의 저작재산권자는 다른 사람에게 그 저작물에 대하여 독점적으로 복제하여 배포 또는 전송할 수 있도록 하는 배타적 권리(이하 "프로그램배타적발행권"이라 한다)를 설정할 수 있다.
② 제1항에 따라 프로그램배타적발행권의 설정을 받은 자(이하 "프로그램배타적발행권자"라 한다)는 그 설정행위로 인한 범위에서 프로그램배타적발행권을 행사할 권리를 가진다.

③ 프로그램의 저작재산권자는 그 프로그램의 복제권을 목적으로 하는 질권이 설정되어 있는 경우에는 그 질권자의 동의가 있어야 프로그램배타적발행권을 설정할 수 있다.
④ 프로그램배타적발행권자는 프로그램의 저작재산권자의 동의 없이 프로그램배타적발행권을 목적으로 하는 질권을 설정하거나 제3자에게 프로그램배타적발행권을 양도할 수 없다.
⑤ 프로그램배타적발행권은 그 설정행위에 특약이 없는 때에는 설정행위를 한 날부터 3년간 존속한다.
⑥ 프로그램배타적발행권의 등록에 관하여는 제54조, 제55조 및 제55조의2를 준용한다.

제101조의7(프로그램의 임치)
① 프로그램의 저작재산권자와 프로그램의 이용허락을 받은 자는 대통령령으로 정하는 자(이하 이 조에서 "수치인"이라 한다)와 서로 합의하여 프로그램의 원시코드 및 기술정보 등을 수치인에게 임치할 수 있다.
② 프로그램의 이용허락을 받은 자는 제1항에 따른 합의에서 정한 사유가 발생한 때에 수치인에게 프로그램의 원시코드 및 기술정보 등의 제공을 요구할 수 있다.

제 6 장 온라인서비스제공자의 책임 제한

제102조(온라인서비스제공자의 책임 제한)
① 온라인서비스제공자가 저작물등의 복제·전송과 관련된 서비스를 제공하는 것과 관련하여 다른 사람에 의한 저작물등의 복제·전송으로 인하여 그 저작권 그 밖에 이 법에 따라 보호되는 권리가 침해된다는 사실을 알고 당해 복제·전송을 방지하거나 중단시킨 경우에는 다른 사람에 의한 저작권 그 밖에 이 법에 따라 보호되는 권리의 침해에 관한 온라인서비스제공자의 책임을 감경 또는 면제할 수 있다.
② 온라인서비스제공자가 저작물등의 복제·전송과 관련된 서비스를 제공하는 것과 관련하여 다른 사람에 의한 저작물등의 복제·전송으로 인하여 그 저작권 그 밖에 이 법에 따라 보호되는 권리가 침해된다는 사실을 알고 당해 복제·전송을 방지하거나 중단시키고자 하였으나 기술적으로 불가능한 경우에는 그 다른 사람에 의한 저작권 그 밖에 이 법에 따라 보호되는 권리의 침해에 관한 온라인서비스제공자의 책임은 면제된다.

제103조(복제·전송의 중단)
① 온라인서비스제공자의 서비스를 이용한 저작물등의 복제·전송에 따라 저작권 그 밖에 이 법에 따라 보호되는 자신의 권리가 침해됨을 주장하는 자(이하 이 조에서 "권리주장자"라 한다)는 그 사실을 소명하여 온라인서비스제공자에게 그 저작물등의 복제·전송을 중단시킬 것을 요구할 수 있다.

② 온라인서비스제공자는 제1항의 규정에 따른 복제·전송의 중단요구가 있는 경우에는 즉시 그 저작물등의 복제·전송을 중단시키고 당해 저작물등을 복제·전송하는 자(이하 "복제·전송자"라 한다) 및 권리주장자에게 그 사실을 통보하여야 한다.

③ 제2항의 규정에 따른 통보를 받은 복제·전송자가 자신의 복제·전송이 정당한 권리에 의한 것임을 소명하여 그 복제·전송의 재개를 요구하는 경우 온라인서비스제공자는 재개요구사실 및 재개예정일을 권리주장자에게 지체 없이 통보하고 그 예정일에 복제·전송을 재개시켜야 한다.

④ 온라인서비스제공자는 제1항 및 제3항의 규정에 따른 복제·전송의 중단 및 그 재개의 요구를 받을 자(이하 이 조에서 "수령인"이라 한다)를 지정하여 자신의 설비 또는 서비스를 이용하는 자들이 쉽게 알 수 있도록 공지하여야 한다.

⑤ 온라인서비스제공자가 제4항의 규정에 따른 공지를 하고 제2항 및 제3항의 규정에 따라 그 저작물등의 복제·전송을 중단시키거나 재개시킨 경우에는 다른 사람에 의한 저작권 그 밖에 이 법에 따라 보호되는 권리의 침해에 대한 온라인서비스제공자의 책임 및 복제·전송자에게 발생하는 손해에 대한 온라인서비스제공자의 책임을 감경 또는 면제할 수 있다. 다만, 이 항의 규정은 온라인서비스제공자가 다른 사람에 의한 저작물등의 복제·전송으로 인하여 그 저작권 그 밖에 이 법에 따라 보호되는 권리가 침해된다는 사실을 안 때부터 제1항의 규정에 따른 중단을 요구받기 전까지 발생한 책임에는 적용하지 아니한다.

⑥ 정당한 권리 없이 제1항 및 제3항의 규정에 따른 그 저작물등의 복제·전송의 중단이나 재개를 요구하는 자는 그로 인하여 발생하는 손해를 배상하여야 한다.

⑦ 제1항 내지 제4항의 규정에 따른 소명, 중단, 통보, 복제·전송의 재개, 수령인의 지정 및 공지 등에 관하여 필요한 사항은 대통령령으로 정한다. 이 경우 문화체육관광부장관은 관계 중앙행정기관의 장과 미리 협의하여야 한다.

제104조(특수한 유형의 온라인 서비스제공자의 의무 등)

① 다른 사람들 상호 간에 컴퓨터를 이용하여 저작물등을 전송하도록 하는 것을 주된 목적으로 하는 온라인서비스제공자(이하 "특수한 유형의 온라인서비스제공자"라 한다)는 권리자의 요청이 있는 경우 해당 저작물등의 불법적인 전송을 차단하는 기술적인 조치 등 필요한 조치를 하여야 한다. 이 경우 권리자의 요청 및 필요한 조치에 관한 사항은 대통령령으로 정한다.

② 문화체육관광부장관은 제1항의 규정에 따른 특수한 유형의 온라인서비스제공자의 범위를 정하여 고시할 수 있다.

제 7 장 저작권위탁관리업

제105조(저작권위탁관리업의 허가 등)

① 저작권신탁관리업을 하고자 하는 자는 대통령령이 정하는 바에 따라 문화체육관광부장관의 허가를 받아야 하며, 저작권대리중개업을 하고자 하는 자는 대통령령이 정하는 바에 따라 문화체육관광부장관에게 신고하여야 한다.

② 제1항의 규정에 따라 저작권신탁관리업을 하고자 하는 자는 다음 각 호의 요건을 갖추어야 하며, 대통령령으로 정하는 바에 따라 저작권신탁관리업무규정을 작성하여 이를 저작권신탁관리허가신청서와 함께 문화체육관광부장관에게 제출하여야 한다.

 1. 저작물등에 관한 권리자로 구성된 단체일 것
 2. 영리를 목적으로 하지 아니할 것
 3. 사용료의 징수 및 분배 등의 업무를 수행하기에 충분한 능력이 있을 것

③ 다음 각 호의 어느 하나에 해당하는 자는 제1항의 규정에 따른 저작권신탁관리업 또는 저작권대리중개업(이하 "저작권위탁관리업"이라 한다)의 허가를 받거나 신고를 할 수 없다.

 1. 금치산자·한정치산자
 2. 파산선고를 받고 복권되지 아니한 자
 3. 이 법을 위반하여 벌금 이상의 형의 선고를 받고 그 집행이 종료되거나 집행을 받지 아니하기로 확정된 후 1년이 경과되지 아니한 자 또는 형의 집행유예의 선고를 받고 그 집행유예기간 중에 있는 자
 4. 대한민국 내에 주소를 두지 아니한 자
 5. 제1호 내지 제4호의 어느 하나에 해당하는 자가 대표자 또는 임원으로 되어 있는 법인 또는 단체

④ 제1항의 규정에 따라 저작권위탁관리업의 허가를 받거나 신고를 한 자(이하 "저작권위탁관리업자"라 한다)는 그 업무에 관하여 저작재산권자 그 밖의 관계자로부터 수수료를 받을 수 있다.

⑤ 제4항의 규정에 따른 수수료의 요율 또는 금액 및 저작권위탁관리업자가 이용자로부터 받는 사용료의 요율 또는 금액은 저작권위탁관리업자가 문화체육관광부장관의 승인을 얻어 이를 정한다. 다만, 저작권대리중개업의 신고를 한 자의 경우에는 그러하지 아니하다.

⑥ 문화체육관광부장관은 제5항에 따른 승인의 경우에 제112조에 따른 한국저작권위원회의 심의를 거쳐야 하며 필요한 경우에는 기간을 정하거나 신청된 내용을 수정하여 승인할 수 있다.

⑦ 문화체육관광부장관은 제5항의 규정에 따른 사용료의 요율 또는 금액에 관한 승인 신청이 있는 경우 및 승인을 한 경우에는 대통령령이 정하는 바에 따라 그 내용을 공고하여야 한다.

⑧ 문화체육관광부장관은 저작재산권자 그 밖의 관계자의 권익보호 또는 저작물등의 이용편의를 도모하기 위하여 필요한 경우에는 제5항의 규정에 따른 승인 내용을 변경할 수 있다.

제106조(저작권신탁관리업자의 의무)

① 저작권신탁관리업자는 그가 관리하는 저작물등의 목록을 대통령령이 정하는 바에 따라 분기별로 도서 또는 전자적 형태로 작성하여 누구든지 적어도 영업시간 내에는 목록을 열람할 수 있도록 하여야 한다.

② 저작권신탁관리업자는 이용자가 서면으로 요청하는 경우에는 정당한 사유가 없는 한 관리하는 저작물등의 이용계약을 체결하기 위하여 필요한 정보로서 대통령령으로 정하는 정보를 상당한 기간 이내에 서면으로 제공하여야 한다.

제107조(서류열람의 청구) 저작권신탁관리업자는 그가 신탁관리하는 저작물등을 영리목적으로 이용하는 자에 대하여 당해 저작물등의 사용료 산정에 필요한 서류의 열람을 청구할 수 있다. 이 경우 이용자는 정당한 사유가 없는 한 이에 응하여야 한다.

제108조(감독)

① 문화체육관광부장관은 저작권위탁관리업자에게 저작권위탁관리업의 업무에 관하여 필요한 보고를 하게 할 수 있다.

② 문화체육관광부장관은 저작자의 권익보호와 저작물의 이용편의를 도모하기 위하여 저작권위탁관리업자의 업무에 대하여 필요한 명령을 할 수 있다.

제109조(허가의 취소 등)

① 문화체육관광부장관은 저작권위탁관리업자가 다음 각 호의 어느 하나에 해당하는 경우에는 6월 이내의 기간을 정하여 업무의 정지를 명할 수 있다. 〈개정 2008.2.29〉

1. 제105조제5항의 규정에 따라 승인된 수수료를 초과하여 받은 경우
2. 제105조제5항의 규정에 따라 승인된 사용료 이외의 사용료를 받은 경우
3. 제108조제1항의 규정에 따른 보고를 정당한 사유 없이 하지 아니하거나 허위로 한 경우
4. 제108조제2항의 규정에 따른 명령을 받고 정당한 사유 없이 이를 이행하지 아니한 경우

② 문화체육관광부장관은 저작권위탁관리업자가 다음 각 호의 어느 하나에 해당하는 경우에는 저작권위탁관리업의 허가를 취소하거나 영업의 폐쇄명령을 할 수 있다.

1. 거짓 그 밖의 부정한 방법으로 허가를 받거나 신고를 한 경우
2. 제1항의 규정에 따른 업무의 정지명령을 받고 그 업무를 계속한 경우

제110조(청문) 문화체육관광부장관은 제109조제2항의 규정에 따라 저작권위탁관리업의 허가를 취소하거나 영업의 폐쇄를 명하고자 하는 경우에는 청문을 실시하여야 한다.

제111조(과징금 처분)
① 문화체육관광부장관은 저작권위탁관리업자가 제109조제1항 각 호의 어느 하나에 해당하여 업무의 정지처분을 하여야 할 때에는 그 업무정지처분에 갈음하여 5천만원 이하의 과징금을 부과·징수할 수 있다.
② 문화체육관광부장관은 제1항의 규정에 따라 과징금 부과처분을 받은 자가 과징금을 기한 이내에 납부하지 아니하는 때에는 국세체납처분의 예에 의하여 이를 징수한다.
③ 제1항 및 제2항의 규정에 따라 징수한 과징금은 징수주체가 건전한 저작물 이용 질서의 확립을 위하여 사용할 수 있다.
④ 제1항의 규정에 따라 과징금을 부과하는 위반행위의 종별·정도 등에 따른 과징금의 금액 및 제3항의 규정에 따른 과징금의 사용절차 등에 관하여 필요한 사항은 대통령령으로 정한다.

제 8 장 한국저작권위원회

제112조(한국저작권위원회의 설립)
① 저작권과 그 밖에 이 법에 따라 보호되는 권리(이하 이 장에서 "저작권"이라 한다)에 관한 사항을 심의하고 저작권에 관한 분쟁(이하 "분쟁"이라 한다)을 알선·조정하며, 저작권의 보호 및 공정한 이용에 필요한 사업을 수행하기 위하여 한국저작권위원회(이하 "위원회"라 한다)를 둔다.
② 위원회는 법인으로 한다.
③ 위원회에 관하여 이 법에서 정하지 아니한 사항에 대하여는 「민법」의 재단법인에 관한 규정을 준용한다. 이 경우 위원회의 위원은 이사로 본다.
④ 위원회가 아닌 자는 한국저작권위원회의 명칭을 사용하지 못한다.

제112조의2(위원회의 구성)
① 위원회는 위원장 1명, 부위원장 2명을 포함한 20명 이상 25명 이내의 위원으로 구성한다.
② 위원은 다음 각 호의 사람 중에서 문화체육관광부장관이 위촉하며, 위원장과 부위원장은 위원 중에서 호선한다. 이 경우 문화체육관광부장관은 이 법에 따라 보호되는 권리의 보유자와 그 이용자의 이해를 반영하는 위원의 수가 균형을 이루도록 하여야 하며, 분야별 권리자 단체 또는 이용자 단체 등에 위원의 추천을 요청할 수 있다.
  1. 대학이나 공인된 연구기관에서 부교수 이상 또는 이에 상당하는 직위에 있거나 있었

던 자로서 저작권 관련 분야를 전공한 자
   2. 판사 또는 검사의 직에 있는 자 및 변호사의 자격이 있는 자
   3. 4급 이상의 공무원 또는 이에 상당하는 공공기관의 직에 있거나 있었던 자로서 저작권 또는 문화산업 분야에 실무경험이 있는 자
   4. 저작권 또는 문화산업 관련 단체의 임원의 직에 있거나 있었던 자
   5. 그 밖에 저작권 또는 문화산업 관련 업무에 관한 학식과 경험이 풍부한 자
 ③ 위원의 임기는 3년으로 하되, 연임할 수 있다. 다만, 직위를 지정하여 위촉하는 위원의 임기는 해당 직위에 재임하는 기간으로 한다.
 ④ 위원에 결원이 생겼을 때에는 제2항에 따라 보궐위원을 위촉하여야 하며, 그 보궐위원의 임기는 전임자 임기의 나머지 기간으로 한다. 다만, 위원의 수가 20명 이상인 경우에는 보궐위원을 위촉하지 아니할 수 있다.
 ⑤ 위원회의 업무를 효율적으로 수행하기 위하여 분야별로 분과위원회를 둘 수 있다. 분과위원회가 위원회로부터 위임받은 사항에 관하여 의결한 때에는 위원회가 의결한 것으로 본다.
제113조(업무) 위원회는 다음 각 호의 업무를 행한다.
  1. 분쟁의 알선·조정
  2. 제105조제6항의 규정에 따른 저작권위탁관리업자의 수수료 및 사용료의 요율 또는 금액에 관한 사항 및 문화체육관광부장관 또는 위원 3인 이상이 공동으로 부의하는 사항의 심의
  3. 저작물등의 이용질서 확립 및 저작물의 공정한 이용 도모를 위한 사업
  4. 저작권 보호를 위한 국제협력
  5. 저작권 연구·교육 및 홍보
  6. 저작권 정책의 수립 지원
  7. 기술적보호조치 및 권리관리정보에 관한 정책 수립 지원
  8. 저작권 정보 제공을 위한 정보관리 시스템 구축 및 운영
  9. 저작권의 침해 등에 관한 감정
  10. 제133조의3에 따른 온라인서비스제공자에 대한 시정권고 및 문화체육관광부장관에 대한 시정명령 요청
  11. 법령에 따라 위원회의 업무로 정하거나 위탁하는 업무
  12. 그 밖에 문화체육관광부장관이 위탁하는 업무

제113조의2(알선)
　① 분쟁에 관한 알선을 받으려는 자는 알선신청서를 위원회에 제출하여 알선을 신청할 수 있다.
　② 위원회가 제1항에 따라 알선의 신청을 받은 때에는 위원장이 위원 중에서 알선위원을 지명하여 알선을 하게 하여야 한다.
　③ 알선위원은 알선으로는 분쟁해결의 가능성이 없다고 인정되는 경우에 알선을 중단할 수 있다.
　④ 알선 중인 분쟁에 대하여 이 법에 따른 조정의 신청이 있는 때에는 해당 알선은 중단된 것으로 본다.
　⑤ 알선이 성립한 때에 알선위원은 알선서를 작성하여 관계 당사자와 함께 기명날인하여야 한다.
　⑥ 알선의 신청 및 절차에 관하여 필요한 사항은 대통령령으로 정한다.

제114조(조정부)
　① 위원회의 분쟁조정업무를 효율적으로 수행하기 위하여 위원회에 1인 또는 3인 이상의 위원으로 구성된 조정부를 두되, 그 중 1인은 변호사의 자격이 있는 자이어야 한다.
　② 제1항의 규정에 따른 조정부의 구성 및 운영 등에 관하여 필요한 사항은 대통령령으로 정한다.

제114조의2(조정의 신청 등)
　① 분쟁의 조정을 받으려는 자는 신청취지와 원인을 기재한 조정신청서를 위원회에 제출하여 그 분쟁의 조정을 신청할 수 있다.
　② 제1항에 따른 분쟁의 조정은 제114조에 따른 조정부가 행한다.

제115조(비공개) 조정절차는 비공개를 원칙으로 한다. 다만, 조정부장은 당사자의 동의를 얻어 적당하다고 인정하는 자에게 방청을 허가할 수 있다.

제116조(진술의 원용 제한) 조정절차에서 당사자 또는 이해관계인이 한 진술은 소송 또는 중재절차에서 원용하지 못한다.

제117조(조정의 성립)
　① 조정은 당사자 간에 합의된 사항을 조서에 기재함으로써 성립된다.
　② 제1항의 규정에 따른 조서는 재판상의 화해와 동일한 효력이 있다. 다만, 당사자가 임의로 처분할 수 없는 사항에 관한 것은 그러하지 아니하다.

제118조(조정비용 등)
　① 조정비용은 신청인이 부담한다. 다만, 조정이 성립된 경우로서 특약이 없는 때에는 당사자 각자가 균등하게 부담한다.

② 조정의 신청 및 절차, 조정비용의 납부방법에 관하여 필요한 사항은 대통령령으로 정한다.
③ 제1항의 조정비용의 금액은 위원회가 정한다.

제119조(감정)
① 위원회는 다음 각 호의 어느 하나에 해당하는 경우에는 감정을 실시할 수 있다.
  1. 법원 또는 수사기관 등으로부터 재판 또는 수사를 위하여 저작권의 침해 등에 관한 감정을 요청받은 경우
  2. 제114조의2에 따른 분쟁조정을 위하여 분쟁조정의 양 당사자로부터 프로그램 및 프로그램과 관련된 전자적 정보 등에 관한 감정을 요청받은 경우
② 제1항의 규정에 따른 감정절차 및 방법 등에 관하여 필요한 사항은 대통령령으로 정한다.
③ 위원회는 제1항의 규정에 따른 감정을 실시한 때에는 감정 수수료를 받을 수 있으며, 그 금액은 위원회가 정한다.

제120조(저작권정보센터)
① 제113조제7호 및 제8호의 업무를 효율적으로 수행하기 위하여 위원회 내에 저작권정보센터를 둔다.
② 저작권정보센터의 운영에 필요한 사항은 대통령령으로 정한다.

제121조 삭제

제122조(경비보조 등)
① 국가는 예산의 범위에서 위원회의 운영에 필요한 경비를 출연하거나 보조할 수 있다.
② 개인·법인 또는 단체는 제113조제3호·제5호 및 제8호의 규정에 따른 업무 수행을 지원하기 위하여 위원회에 금전 그 밖의 재산을 기부할 수 있다.
③ 제2항의 규정에 따른 기부금은 별도의 계정으로 관리하여야 하며, 그 사용에 관하여는 문화체육관광부장관의 승인을 얻어야 한다.

제 9 장 권리의 침해에 대한 구제

제123조(침해의 정지 등 청구)
① 저작권 그 밖에 이 법에 따라 보호되는 권리(제25조·제31조·제75조·제76조·제76조의2·제82조·제83조 및 제83조의2의 규정에 따른 보상을 받을 권리를 제외한다. 이하 이 조에서 같다)를 가진 자는 그 권리를 침해하는 자에 대하여 침해의 정지를 청구할 수 있으며, 그 권리를 침해할 우려가 있는 자에 대하여 침해의 예방 또는 손해배상의 담보를 청구할 수 있다.

② 저작권 그 밖에 이 법에 따라 보호되는 권리를 가진 자는 제1항의 규정에 따른 청구를 하는 경우에 침해행위에 의하여 만들어진 물건의 폐기나 그 밖의 필요한 조치를 청구할 수 있다.

③ 제1항 및 제2항의 경우 또는 이 법에 따른 형사의 기소가 있는 때에는 법원은 원고 또는 고소인의 신청에 따라 담보를 제공하거나 제공하지 아니하게 하고, 임시로 침해행위의 정지 또는 침해행위로 말미암아 만들어진 물건의 압류 그 밖의 필요한 조치를 명할 수 있다.

④ 제3항의 경우에 저작권 그 밖에 이 법에 따라 보호되는 권리의 침해가 없다는 뜻의 판결이 확정된 때에는 신청자는 그 신청으로 인하여 발생한 손해를 배상하여야 한다.

제124조(침해로 보는 행위)

① 다음 각 호의 어느 하나에 해당하는 행위는 저작권 그 밖에 이 법에 따라 보호되는 권리의 침해로 본다.
　1. 수입 시에 대한민국 내에서 만들어졌더라면 저작권 그 밖에 이 법에 따라 보호되는 권리의 침해로 될 물건을 대한민국 내에서 배포할 목적으로 수입하는 행위
　2. 저작권 그 밖에 이 법에 따라 보호되는 권리를 침해하는 행위에 의하여 만들어진 물건(제1호의 수입물건을 포함한다)을 그 사실을 알고 배포할 목적으로 소지하는 행위
　3. 프로그램의 저작권을 침해하여 만들어진 프로그램의 복제물(제1호에 따른 수입 물건을 포함한다)을 그 사실을 알면서 취득한 자가 이를 업무상 이용하는 행위

② 정당한 권리 없이 저작권 그 밖에 이 법에 따라 보호되는 권리의 기술적 보호조치를 제거·변경·우회하는 등 무력화하는 것을 주된 목적으로 하는 기술·서비스·제품·장치 또는 그 주요 부품을 제공·제조·수입·양도·대여 또는 전송하는 행위는 저작권 그 밖에 이 법에 따라 보호되는 권리의 침해로 본다.

③ 저작권 그 밖에 이 법에 따라 보호되는 권리의 침해를 유발 또는 은닉한다는 사실을 알거나 과실로 알지 못하고 정당한 권리 없이 하는 행위로서 다음 각 호의 어느 하나에 해당하는 경우에는 저작권 그 밖에 이 법에 따라 보호되는 권리의 침해로 본다. 다만, 기술적으로 불가피하거나 저작물등의 성질이나 그 이용의 목적 및 형태 등에 비추어 부득이하다고 인정되는 경우에는 그러하지 아니하다.
　1. 전자적 형태의 권리관리정보를 고의로 제거·변경 또는 허위 부가하는 행위
　2. 전자적 형태의 권리관리정보가 제거·변경되거나 또는 허위로 부가된 사실을 알고 당해 저작물등의 원본이나 그 복제물을 배포·공연 또는 공중송신하거나 배포의 목적으로 수입하는 행위

④ 저작자의 명예를 훼손하는 방법으로 그 저작물을 이용하는 행위는 저작인격권의 침해로

본다.

제125조(손해배상의 청구)

① 저작재산권 그 밖에 이 법에 따라 보호되는 권리(저작인격권 및 실연자의 인격권을 제외한다)를 가진 자(이하 "저작재산권자등"이라 한다)가 고의 또는 과실로 권리를 침해한 자에 대하여 그 침해행위에 의하여 자기가 받은 손해의 배상을 청구하는 경우에 그 권리를 침해한 자가 그 침해행위에 의하여 이익을 받은 때에는 그 이익의 액을 저작재산권자등이 받은 손해의 액으로 추정한다.

② 저작재산권자등이 고의 또는 과실로 그 권리를 침해한 자에 대하여 그 침해행위에 의하여 자기가 받은 손해의 배상을 청구하는 경우에 그 권리의 행사로 통상 받을 수 있는 금액에 상당하는 액을 저작재산권자등이 받은 손해의 액으로 하여 그 손해배상을 청구할 수 있다.

③ 제2항의 규정에 불구하고 저작재산권자등이 받은 손해의 액이 제2항의 규정에 따른 금액을 초과하는 경우에는 그 초과액에 대하여도 손해배상을 청구할 수 있다.

④ 등록되어 있는 저작권·출판권·프로그램배타적발행권·저작인접권 또는 데이터베이스제작자의 권리를 침해한 자는 그 침해행위에 과실이 있는 것으로 추정한다.

제126조(손해액의 인정) 법원은 손해가 발생한 사실은 인정되나 제125조의 규정에 따른 손해액을 산정하기 어려운 때에는 변론의 취지 및 증거조사의 결과를 참작하여 상당한 손해액을 인정할 수 있다.

제127조(명예회복 등의 청구) 저작자 또는 실연자는 고의 또는 과실로 저작인격권 또는 실연자의 인격권을 침해한 자에 대하여 손해배상에 갈음하거나 손해배상과 함께 명예회복을 위하여 필요한 조치를 청구할 수 있다.

제128조(저작자의 사망 후 인격적 이익의 보호) 저작자가 사망한 후에 그 유족(사망한 저작자의 배우자·자·부모·손·조부모 또는 형제자매를 말한다)이나 유언집행자는 당해 저작물에 대하여 제14조제2항의 규정을 위반하거나 위반할 우려가 있는 자에 대하여는 제123조의 규정에 따른 청구를 할 수 있으며, 고의 또는 과실로 저작인격권을 침해하거나 제14조제2항의 규정을 위반한 자에 대하여는 제127조의 규정에 따른 명예회복 등의 청구를 할 수 있다.

제129조(공동저작물의 권리침해) 공동저작물의 각 저작자 또는 각 저작재산권자는 다른 저작자 또는 다른 저작재산권자의 동의 없이 제123조의 규정에 따른 청구를 할 수 있으며 그 저작재산권의 침해에 관하여 자신의 지분에 관한 제125조의 규정에 따른 손해배상의 청구를 할 수 있다.

제 10 장 보칙

제130조(권한의 위임 및 위탁) 문화체육관광부장관은 대통령령으로 정하는 바에 따라 이 법에 따른 권한의 일부를 특별시장·광역시장·도지사·특별자치도지사에게 위임하거나 저작권위원회 또는 저작권 관련 단체에 위탁할 수 있다.

제131조(벌칙 적용에서의 공무원 의제) 위원회의 위원 및 직원은 「형법」 제129조 내지 제132조의 규정을 적용하는 경우에는 이를 공무원으로 본다.

제132조(수수료) 이 법에 따라 다음 각 호의 어느 하나에 해당하는 사항의 신청 등을 하는 자는 문화체육관광부령으로 정하는 바에 따라 수수료를 납부하여야 한다.
  1. 제50조 내지 제52조의 규정에 따른 법정허락 승인(제89조 및 제97조의 규정에 따라 준용되는 경우를 포함한다)을 신청하는 자
  2. 제53조부터 제55조까지의 규정에 따른 등록(제63조제3항·제90조·제98조 및 제101조의6제6항에 따라 준용되는 경우를 포함한다)·등록 사항의 변경·등록부 열람 및 사본의 교부를 신청하는 자
  3. 제105조의 규정에 따라 저작권위탁관리업의 허가를 신청하거나 신고하는 자

제133조(불법 복제물의 수거·폐기 및 삭제)
  ① 문화체육관광부장관, 특별시장·광역시장·도지사·특별자치도지사 또는 시장·군수·구청장(자치구의 구청장을 말한다)은 저작권 그 밖에 이 법에 따라 보호되는 권리를 침해하는 복제물(정보통신망을 통하여 전송되는 복제물은 제외한다) 또는 저작물등의 기술적 보호조치를 무력하게 하기 위하여 제작된 기기·장치·정보 및 프로그램을 발견한 때에는 대통령령으로 정한 절차 및 방법에 따라 관계 공무원으로 하여금 이를 수거·폐기 또는 삭제하게 할 수 있다.
  ② 문화체육관광부장관은 제1항의 규정에 따른 업무를 대통령령이 정한 단체에 위탁할 수 있다. 이 경우 이에 종사하는 자는 공무원으로 본다.
  ③ 문화체육관광부장관은 제1항 및 제2항에 따라 관계 공무원 등이 수거·폐기 또는 삭제를 하는 경우 필요한 때에는 관련 단체에 협조를 요청할 수 있다.
  ④ 삭제
  ⑤ 문화체육관광부장관은 제1항에 따른 업무를 위하여 필요한 기구를 설치·운영할 수 있다.
  ⑥ 제1항부터 제3항까지의 규정이 다른 법률의 규정과 경합하는 경우에는 이 법을 우선하여 적용한다.

제133조의2(정보통신망을 통한 불법복제물등의 삭제명령 등)
  ① 문화체육관광부장관은 정보통신망을 통하여 저작권이나 그 밖에 이 법에 따라 보호되

는 권리를 침해하는 복제물 또는 정보, 기술적 보호조치를 무력하게 하는 프로그램 또는 정보(이하 "불법복제물등"이라 한다)가 전송되는 경우에 위원회의 심의를 거쳐 대통령령으로 정하는 바에 따라 온라인서비스제공자에게 다음 각 호의 조치를 할 것을 명할 수 있다.
1. 불법복제물등의 복제・전송자에 대한 경고
2. 불법복제물등의 삭제 또는 전송 중단
② 문화체육관광부장관은 제1항제1호에 따른 경고를 3회 이상 받은 복제・전송자가 불법복제물등을 전송한 경우에 위원회의 심의를 거쳐 대통령령으로 정하는 바에 따라 온라인서비스제공자에게 6개월 이내의 기간을 정하여 해당 복제・전송자의 계정[온라인서비스제공자가 이용자를 식별・관리하기 위하여 사용하는 이용권한 계좌(이메일 전용계정은 제외한다)를 말하며, 해당 온라인서비스제공자가 부여한 다른 계정을 포함한다]을 정지할 것을 명할 수 있다.
③ 제2항에 따른 명령을 받은 온라인서비스제공자는 해당 복제・전송자의 계정을 정지하기 7일 전에 대통령령으로 정하는 바에 따라 해당 계정이 정지된다는 사실을 해당 복제・전송자에게 통지하여야 한다.
④ 문화체육관광부장관은 온라인서비스제공자의 정보통신망에 개설된 게시판(「정보통신망 이용촉진 및 정보보호 등에 관한 법률」제2조제1항제9호의 게시판 중 상업적 이익 또는 이용 편의를 제공하는 게시판을 말한다. 이하 같다) 중 제1항제2호에 따른 명령이 3회 이상 내려진 게시판으로서 해당 게시판의 형태, 게시되는 복제물의 양이나 성격 등에 비추어 해당 게시판이 저작권 등의 이용질서를 심각하게 훼손한다고 판단되는 경우에는 위원회의 심의를 거쳐 대통령령으로 정하는 바에 따라 온라인서비스제공자에게 6개월 이내의 기간을 정하여 해당 게시판 서비스의 전부 또는 일부의 정지를 명할 수 있다.
⑤ 제4항에 따른 명령을 받은 온라인서비스제공자는 해당 게시판의 서비스를 정지하기 10일 전부터 대통령령으로 정하는 바에 따라 해당 게시판의 서비스가 정지된다는 사실을 해당 온라인서비스제공자의 인터넷 홈페이지 및 해당 게시판에 게시하여야 한다.
⑥ 온라인서비스제공자는 제1항에 따른 명령을 받은 경우에는 명령을 받은 날부터 5일 이내에, 제2항에 따른 명령을 받은 경우에는 명령을 받은 날부터 10일 이내에, 제4항에 따른 명령을 받은 경우에는 명령을 받은 날부터 15일 이내에 그 조치결과를 대통령령으로 정하는 바에 따라 문화체육관광부장관에게 통보하여야 한다.
⑦ 문화체육관광부장관은 제1항, 제2항 및 제4항의 명령의 대상이 되는 온라인서비스제공자와 제2항에 따른 명령과 직접적인 이해관계가 있는 복제・전송자 및 제4항에 따른 게시판의 운영자에게 사전에 의견제출의 기회를 주어야 한다. 이 경우 「행정절차법」

제22조제4항부터 제6항까지 및 제27조를 의견제출에 관하여 준용한다.

⑧ 문화체육관광부장관은 제1항, 제2항 및 제4항에 따른 업무를 수행하기 위하여 필요한 기구를 설치·운영할 수 있다.

제133조의3(시정권고 등)

① 위원회는 온라인서비스제공자의 정보통신망을 조사하여 불법복제물등이 전송된 사실을 발견한 경우에는 이를 심의하여 온라인서비스제공자에 대하여 다음 각 호에 해당하는 시정 조치를 권고할 수 있다.

  1. 불법복제물등의 복제·전송자에 대한 경고
  2. 불법복제물등의 삭제 또는 전송 중단
  3. 반복적으로 불법복제물등을 전송한 복제·전송자의 계정 정지

② 온라인서비스제공자는 제1항제1호 및 제2호에 따른 권고를 받은 경우에는 권고를 받은 날부터 5일 이내에, 제1항제3호의 권고를 받은 경우에는 권고를 받은 날부터 10일 이내에 그 조치결과를 위원회에 통보하여야 한다.

③ 위원회는 온라인서비스제공자가 제1항에 따른 권고에 따르지 아니하는 경우에는 문화체육관광부장관에게 제133조의2제1항 및 제2항에 따른 명령을 하여 줄 것을 요청할 수 있다.

④ 제3항에 따라 문화체육관광부장관이 제133조의2제1항 및 제2항에 따른 명령을 하는 경우에는 위원회의 심의를 요하지 아니한다.

제134조(건전한 저작물 이용 환경 조성 사업

① 문화체육관광부장관은 저작권이 소멸된 저작물등에 대한 정보 제공 등 저작물의 공정한 이용을 도모하기 위하여 필요한 사업을 할 수 있다.

② 제1항에 따른 사업에 관하여 필요한 사항은 대통령령으로 정한다.

③ 삭제

제135조(저작재산권 등의 기증)

① 저작재산권자등은 자신의 권리를 문화체육관광부장관에게 기증할 수 있다.

② 문화체육관광부장관은 저작재산권자등으로부터 기증된 저작물등의 권리를 공정하게 관리할 수 있는 단체를 지정할 수 있다.

③ 제2항의 규정에 따라 지정된 단체는 영리를 목적으로 또는 당해 저작재산권자등의 의사에 반하여 저작물등을 이용할 수 없다.

④ 제1항과 제2항의 규정에 따른 기증 절차와 단체의 지정 등에 관하여 필요한 사항은 대통령령으로 정한다.

제11장 벌칙

제136조(권리의 침해죄)
 ① 저작재산권 그 밖에 이 법에 따라 보호되는 재산적 권리(제93조의 규정에 따른 권리를 제외한다)를 복제·공연·공중송신·전시·배포·대여·2차적저작물 작성의 방법으로 침해한 자는 5년 이하의 징역 또는 5천만원 이하의 벌금에 처하거나 이를 병과할 수 있다.
 ② 다음 각 호의 어느 하나에 해당하는 자는 3년 이하의 징역 또는 3천만원 이하의 벌금에 처하거나 이를 병과할 수 있다.
  1. 저작인격권 또는 실연자의 인격권을 침해하여 저작자 또는 실연자의 명예를 훼손한 자
  2. 제53조 및 제54조(제63조제3항, 제90조, 제98조 및 제101조의6제6항에 따라 준용되는 경우를 포함한다)에 따른 등록을 거짓으로 한 자
  3. 제93조의 규정에 따라 보호되는 데이터베이스제작자의 권리를 복제·배포·방송 또는 전송의 방법으로 침해한 자
  4. 제124조제1항의 규정에 따른 침해행위로 보는 행위를 한 자
  5. 업으로 또는 영리를 목적으로 제124조제2항의 규정에 따라 침해행위로 보는 행위를 한 자
  6. 업으로 또는 영리를 목적으로 제124조제3항의 규정에 따라 침해행위로 보는 행위를 한 자. 다만, 과실로 저작권 또는 이 법에 따라 보호되는 권리 침해를 유발 또는 은닉한다는 사실을 알지 못한 자를 제외한다.

제137조(부정발행등의 죄) 다음 각 호의 어느 하나에 해당하는 자는 1년 이하의 징역 또는 1천만원 이하의 벌금에 처한다.
 1. 저작자 아닌 자를 저작자로 하여 실명·이명을 표시하여 저작물을 공표한 자
 2. 실연자 아닌 자를 실연자로 하여 실명·이명을 표시하여 실연을 공연 또는 공중송신하거나 복제물을 배포한 자
 3. 제14조제2항의 규정을 위반한 자
 4. 제105조제1항의 규정에 따른 허가를 받지 아니하고 저작권신탁관리업을 한 자
 5. 제124조제4항의 규정에 따라 침해행위로 보는 행위를 한 자
 6. 자신에게 정당한 권리가 없음을 알면서 고의로 제103조제1항 또는 제3항의 규정에 따른 복제·전송의 중단 또는 재개요구를 하여 온라인서비스제공자의 업무를 방해한 자
 7. 제55조의2(제63조제3항, 제90조, 제98조 및 제101조의6제6항에 따라 준용되는 경우를 포함한다)를 위반한 자

제138조(출처명시위반 등의 죄) 다음 각 호의 어느 하나에 해당하는 자는 500만원 이하의 벌금에 처한다.
 1. 제35조제4항의 규정을 위반한 자
 2. 제37조(제87조 및 제94조의 규정에 따라 준용되는 경우를 포함한다)의 규정을 위반하여 출처를 명시하지 아니한 자
 3. 제58조제3항의 규정을 위반하여 복제권자의 표지를 하지 아니한 자
 4. 제59조제2항의 규정을 위반한 자
 5. 제105조제1항의 규정에 따른 신고를 하지 아니하고 저작권대리중개업을 하거나, 제109조제2항의 규정에 따른 영업의 폐쇄명령을 받고 계속 그 영업을 한 자

제139조(몰수) 저작권 그 밖에 이 법에 따라 보호되는 권리를 침해하여 만들어진 복제물로서 그 침해자·인쇄자·배포자 또는 공연자의 소유에 속하는 것은 이를 몰수한다.

제140조(고소) 이 장의 죄에 대한 공소는 고소가 있어야 한다. 다만, 다음 각 호의 어느 하나에 해당하는 경우에는 그러하지 아니하다.
 1. 영리를 위하여 상습적으로 제136조제1항 및 제136조제2항제3호에 해당하는 행위를 한 경우
 2. 제136조제2항제2호·제5호 및 제6호, 제137조제1호 내지 제4호, 제6호 및 제7호와 제138조제5호의 경우
 3. 영리를 목적으로 제136조제2항제4호의 행위를 한 경우(제124조제1항제3호의 경우에는 피해자의 명시적 의사에 반하여 처벌하지 못한다)

제141조(양벌규정) 법인의 대표자나 법인 또는 개인의 대리인·사용인 그 밖의 종업원이 그 법인 또는 개인의 업무에 관하여 이 장의 죄를 범한 때에는 행위자를 벌하는 외에 그 법인 또는 개인에 대하여도 각 해당 조의 벌금형을 과한다. 다만, 법인 또는 개인이 그 위반행위를 방지하기 위하여 해당 업무에 관하여 상당한 주의와 감독을 게을리하지 아니한 경우에는 그러하지 아니하다.

제142조(과태료)
 ① 제104조제1항에 따른 필요한 조치를 하지 아니한 자에게는 3천만원 이하의 과태료를 부과한다.
 ② 다음 각 호의 어느 하나에 해당하는 자에게는 1천만원 이하의 과태료를 부과한다.
  1. 제106조에 따른 의무를 이행하지 아니한 자
  2. 제112조제4항을 위반하여 한국저작권위원회의 명칭을 사용한 자
  3. 제133조의2제1항·제2항 및 제4항에 따른 문화체육관광부장관의 명령을 이행하지 아니한 자
  4. 제133조의2제3항에 따른 통지, 같은 조 제5항에 따른 게시, 같은 조 제6항에 따른

통보를 하지 아니한 자

③ 제1항 및 제2항에 따른 과태료는 대통령령으로 정하는 바에 따라 문화체육관광부장관이 부과·징수한다.

④ 삭제

⑤ 삭제

부칙 〈제8101호, 2006.12.28〉

제1조(시행일) 이 법은 공포 후 6개월이 경과한 날부터 시행한다. 다만, 제133조제1항 및 제3항의 규정은 이 법을 공포한 날부터 시행한다.

제2조(적용 범위에 관한 경과조치)

① 이 법 시행 전에 종전의 규정에 따라 저작권의 전부 또는 일부가 소멸하였거나 보호를 받지 못한 저작물등에 대하여는 그 부분에 대하여 이 법을 적용하지 아니한다.

② 이 법 시행 전에 행한 저작물등의 이용은 종전의 규정에 따른다.

③ 종전의 부칙 규정은 이 법의 시행 후에도 계속하여 적용한다.

제3조(음반제작자에 대한 경과조치) 종전의 규정에 따른 음반제작자는 이 법에 따른 음반제작자로 본다.

제4조(단체명의저작물의 저작자에 대한 경과조치) 이 법 시행 전에 종전의 제9조의 규정에 따라 작성된 저작물의 저작자에 관하여는 종전의 규정에 따른다.

제5조(단체 지정에 관한 경과조치) 이 법 시행 전에 종전의 규정에 따라 보상금을 받을 수 있도록 지정한 단체는 이 법에 따라 지정한 단체로 본다.

제6조(법정허락에 관한 경과조치) 이 법 시행 당시 종전의 규정에 의한 법정허락은 이 법에 따른 법정허락으로 본다.

제7조(등록에 관한 경과조치) 이 법 시행 당시 종전의 규정에 따른 등록은 이 법에 따른 등록으로 본다. 다만, 종전의 제51조의 규정에 따라 이루어진 저작재산권자의 성명 등의 등록은 종전의 규정에 따른다.

제8조(음반의 보호기간의 기산에 관한 경과조치) 이 법 시행 전에 고정되었으나 아직 발행되지 아니한 음반의 보호기간의 기산은 이 법에 따른다.

제9조(미분배 보상금에 관한 경과조치) 이 법 제25조제8항(제31조제6항·제75조제2항 및 제82조제2항의 규정에 따라 준용되는 경우를 포함한다)의 규정은 이 법 시행 전에 종전의 제23조제3항·제28조제5항·제65조 및 제68조의 규정에 따라 수령한 보상금에 대하여도 적용한다. 이 경우 각 보상금별 분배 공고일은 보상금지급단체로부터 권리자가 당해 보상금을 처음으로 지급받을 수 있는 날의 연도 말일로 본다.

제10조(실연자의 인격권에 관한 경과조치) 이 법 시행 전에 행한 실연에 관하여는 이 법 제66조 및 제67조의 규정을 적용하지 아니한다.

제11조(저작권위탁관리업자에 대한 경과조치) 이 법 시행 당시 종전의 규정에 따라 저작권위탁관리업의 허가를 받은 자는 저작권신탁관리업의 허가를 받은 자로, 저작권위탁관리업의 신고를 한 자는 저작권대리중개업의 신고를 한 자로 본다.

제12조(저작권신탁관리업자의 수수료 및 사용료에 관한 경과조치) 종전의 규정에 따라 승인한 저작권신탁관리업자의 수수료 및 사용료의 요율 또는 금액은 이 법에 따라 승인한 것으로 본다.

제13조(저작권위원회 등에 관한 경과조치) 종전의 규정에 따른 저작권심의조정위원회 및 그 심의조정위원은 이 법 제8장의 규정에 따른 저작권위원회 및 그 위원으로 본다.

제14조(벌칙 적용에 관한 경과조치) 이 법 시행 전의 행위에 대한 벌칙의 적용에서는 종전의 규정에 따른다.

제15조(다른 법률의 개정)

① 지방세법 일부를 다음과 같이 개정한다.

제143조제2호 중 "「저작권법」 제52조·제60조제3항·제73조 및 제73조의9"를 "「저작권법」 제54조·제63조제3항·제90조 및 제98조"로 한다.

② 방송법 일부를 다음과 같이 개정한다.

제78조제3항 중 "著作權法 第69條"를 "「저작권법」 제85조"로 한다.

제16조(다른 법령과의 관계) 이 법 시행 당시 다른 법령에서 종전의 규정을 인용하고 있는 경우에는 이 법의 해당 조항을 인용한 것으로 본다.

부칙(정부조직법) 〈제8852호, 2008.2.29〉

제1조(시행일) 이 법은 공포한 날부터 시행한다. 다만, 제31조제1항의 개정규정 중 "식품산업진흥"에 관한 부분은 2008년 6월 28일부터 시행하고, 부칙 제6조에 따라 개정되는 법률 중 이 법의 시행 전에 공포되었으나 시행일이 도래하지 아니한 법률을 개정한 부분은 각각 해당 법률의 시행일부터 시행한다.

제2조부터 제5조까지 생략

제6조(다른 법률의 개정)

① 부터 ㉖⑦ 까지 생략

㉖⑧ 저작권법 일부를 다음과 같이 개정한다.

제25조제4항 본문·제5항 각 호 외의 부분 전단·같은 항 각 호 외의 부분 후단·제7항 각 호 외의 부분·제8항, 제31조제5항 본문, 제50조제1항·제4항, 제51조, 제52조, 제55조

제1항·제2항 각 호 외의 부분 본문·제3항, 제56조제1항·제3항, 제76조제4항, 제103조제7항 후단, 제104조제2항, 제105조제1항·제2항 각 호 외의 부분·제5항 본문·제6항부터 제8항까지, 제108조제1항·제2항, 제109조제1항 각 호 외의 부분·제2항 각 호 외의 부분, 제110조, 제111조제1항·제2항, 제112조제3항 각 호 외의 부분, 제113조제2호·제11호, 제122조제3항, 제130조, 제133조제1항부터 제5항까지, 제134조제1항·제2항, 제135조제1항·제2항 및 제142조제1항부터 제4항까지 중 "문화관광부장관"을 각각 "문화체육관광부장관"으로 한다.

제55조제2항제2호 및 제132조 각 호 외의 부분 중 "문화관광부령"을 각각 "문화체육관광부령"으로 한다.

㉖⁹ 부터 ⑦⁶⁰ 까지 생략

제7조 생략

부칙 〈제9529호, 2009.3.25〉

이 법은 공포 후 6개월이 경과한 날부터 시행한다.

부칙 〈제9625호, 2009.4.22〉

제1조(시행일) 이 법은 공포 후 3개월이 경과한 날부터 시행한다.
제2조(「컴퓨터프로그램 보호법」의 폐지) 컴퓨터프로그램 보호법은 폐지한다.
제3조(위원회의 설립준비)
  ① 이 법에 따라 위원회를 설립하기 위하여 행하는 준비행위는 이 법 시행 전에 할 수 있다.
  ② 문화체육관광부장관은 위원회의 설립에 관한 사무를 관장하게 하기 위하여 설립위원회를 구성한다.
  ③ 설립위원회는 문화체육관광부장관이 위촉하는 5명 이내의 설립위원으로 구성하되, 설립위원회의 위원장은 종전의 「저작권법」 제112조에 따른 저작권위원회의 위원장이 된다.
  ④ 설립위원회는 이 법 시행 전까지 정관을 작성하여 문화체육관광부장관의 인가를 받아야 한다.
  ⑤ 설립위원회는 제4항에 따른 인가를 받은 때에는 위원회의 설립등기를 하여야 한다.
  ⑥ 위원회의 설립에 관하여 필요한 경비는 국가가 부담한다.
  ⑦ 설립위원회는 제5항에 따른 위원회의 설립등기를 한 후에 지체 없이 위원회의 위원장에게 사무를 인계하여야 하며, 사무인계가 끝난 때에는 설립위원은 해촉된 것으로 본다.
제4조(저작권위원회 및 컴퓨터프로그램보호위원회의 소관사무, 권리·의무 및 고용관계 등에 관한 경과조치)
  ① 이 법 시행 당시 종전의 「저작권법」 제112조부터 제122조까지 및 종전의 「컴퓨터프로그램

보호법」제35조부터 제43조까지의 규정에 따른 저작권위원회와 컴퓨터프로그램보호위원회의 소관사무, 권리·의무와 재산 및 직원의 고용관계는 한국저작권위원회가 승계한다.

② 이 법 시행 당시 종전의「저작권법」제112조에 따른 저작권위원회의 위원장 및 위원은 한국저작권위원회의 위원장 및 위원으로 보고, 그 임기는 종전의 저작권위원회의 위원장 및 위원의 임기가 개시된 때부터 기산한다.

제5조(적용 범위에 관한 경과조치)

① 이 법 시행 전에 종전의「저작권법」및「컴퓨터프로그램 보호법」에 따라 보호되는 권리의 전부 또는 일부가 소멸하였거나 보호를 받지 못한 저작물등에 대하여는 그 부분에 대하여 이 법을 적용하지 아니한다.

② 이 법 시행 전에 행한 프로그램의 이용은 종전의「컴퓨터프로그램 보호법」에 따른다.

제6조(법정허락 등에 관한 경과조치) 이 법 시행 전에 종전의「컴퓨터프로그램 보호법」에 따른 다음 각 호의 행위는 이 법에 따른 것으로 본다.

1. 법정허락
2. 프로그램저작권 위탁관리기관 지정
3. 프로그램의 임치 및 수치인의 지정
4. 프로그램의 등록
5. 프로그램저작권의 이전등록
6. 부정복제물의 수거조치
7. 부정복제물 등에 대한 시정명령 및 시정권고
8. 분쟁의 알선·조정
9. 프로그램의 감정

제7조(벌칙 적용에 관한 경과조치) 이 법 시행 전의 행위에 대한 종전의「컴퓨터프로그램 보호법」에 따른 벌칙의 적용에 있어서는 종전의「컴퓨터프로그램 보호법」에 따른다.

제8조(다른 법률의 개정)

① 지방세법 일부를 다음과 같이 개정한다.

제143조제2호 중 "「저작권법」제54조·제63조제3항·제90조 및 제98조의 규정에 의한 등록중 상속외의 등록"을 "「저작권법」제54조·제63조제3항·제90조 및 제98조에 따른 등록 중 상속 외의 등록(프로그램 등록은 제외한다)"으로 하고, 같은 조 제2호의2 중 "「컴퓨터프로그램 보호법」제26조의 규정에 의한 등록중 상속외의 등록"을 "「저작권법」제54조에 따른 프로그램 등록과 제101조의6제6항에 따른 등록 중 상속 외의 등록"으로 한다.

제150조의3제2항 중 "「저작권법」또는「컴퓨터프로그램 보호법」의 규정에 의한"을

"「저작권법」에 따른"으로 한다.
② 온라인 디지털콘텐츠산업 발전법 일부를 다음과 같이 개정한다.
제21조 중 "저작권법 또는 컴퓨터프로그램보호법의 보호를 받는 경우에는 저작권법 또는 컴퓨터프로그램보호법이"를 "「저작권법」의 보호를 받는 경우에는 「저작권법」이"로 한다.
③ 관세법 일부를 다음과 같이 개정한다.
제235조제1항 중 "「저작권법」에 따른 저작권과 저작인접권 또는 「컴퓨터프로그램 보호법」에 따른 프로그램저작권(이하 이 조에서 "저작권등"이라 한다)"을 "「저작권법」에 따른 저작권과 저작인접권(이하 이 조에서 "저작권등"이라 한다)"으로 하고, 같은 조 제2항 중 "「저작권법」 및 「컴퓨터프로그램 보호법」"을 "「저작권법」"으로 한다.
④ 사법경찰관리의 직무를 수행할 자와 그 직무범위에 관한 법률 일부를 다음과 같이 개정한다.
제5조제23호의2 및 제6조제20호의2를 각각 삭제한다.
⑤ 자본시장과 금융투자업에 관한 법률 일부를 다음과 같이 개정한다.
제7조제5항 중 "「저작권법」에 따른 저작권신탁관리업 및 「컴퓨터프로그램 보호법」에 따른 프로그램저작권 위탁관리업무"를 "「저작권법」에 따른 저작권신탁관리업"으로 한다.
제9조(다른 법령과의 관계) 이 법 시행 당시 다른 법령에서 종전의 「컴퓨터프로그램 보호법」 또는 그 규정을 인용하고 있는 경우에는 이 법 또는 이 법의 해당 규정을 인용한 것으로 본다.

부칙(신문 등의 자유와 기능보장에 관한 법률) 〈제9785호, 2009.7.31〉

제1조(시행일) 이 법은 공포 후 6개월이 경과한 날부터 시행한다.
제2조부터 제7조까지 생략
제8조(다른 법률의 개정)
① 부터 ⑧ 까지 생략
⑨ 저작권법 일부를 다음과 같이 개정한다.
제27조 중 "「신문 등의 자유와 기능보장에 관한 법률」"을 "「신문 등의 진흥에 관한 법률」"로 한다.
⑩ 부터 ⑭ 까지 생략
제9조 생략

[부록 7]

도서관 권리 선언 [미국]

　미국도서관협회(ALA: American Library Association)는 모든 도서관들은 정보와 사상의 광장이며, 다음과 같은 기본 방침들을 도서관 서비스의 지침으로 삼아야 한다는 사실을 천명한다.

I. 도서와 그 밖의 도서관 자원들은 도서관이 서비스하고 있는 지역 사회의 모든 사람들의 관심과 정보, 계몽을 위해 제공해야 한다. 자료의 창작에 기여한 사람들의 출신이나 배경, 견해 때문에 그 자료들을 배제해서는 안 된다.
II. 도서관은 현재의 이슈들과 역사상의 이슈들에 대해 모든 관점들을 나타내는 자료들과 정보를 제공해야 한다. 당파적으로나 이론상으로 찬성하지 않는다는 이유 때문에 자료들을 금지하거나 제거해서는 안 된다.
III. 도서관은 정보와 계몽을 제공하는 책임을 완수하면서 검열에 도전해야 한다.
IV. 도서관은 자유로운 표현과 사상에 대한 자유로운 접근의 제한에 저항하는 데 관심을 가지고 있는 모든 개인들이나 집단들과 상호 협력해야 한다.
V. 도서관을 이용하는 개인의 권리를 출신이나 나이, 배경, 견해 때문에 거부하거나 제한해서는 안 된다.
VI. 도서관이 서비스 대상으로 삼는 공공으로 하여금 전시 공간과 회의실을 이용할 수 있도록 하고 있는 도서관은 그 이용을 요청하는 개인들이나 집단들의 신념이나 소속에 관계없이, 그와 같은 시설들을 공평하게 이용할 수 있도록 해야 한다.

ALA Council에서 1948년 6월 18일 채택하고,
1961년 2월 2일 및 1980년 1월 23일 개정하고,
1996년 1월 23일 재천명하였다.

[부록 8]

도서관인 윤리 선언 [한국]

　도서관인은 민족과 인류의 기억을 전승하여 사회발전에 기여하는 도서관의 운영주체로서 크고 무거운 책임을 지니고 있다. 이 책임은 우리들 도서관인의 모든 직업적 행위의 바탕에, 비판적 자기성찰과 윤리적 각성이 살아있을 때 비로소 완수될 수 있다. 이에 우리는 스스로의 다짐이자 국민에 대한 약속으로 우리가 지켜 나갈 윤리적 지표를 세워 오늘 세상에 천명한다.

1. [사회적 책무] 도서관인은 인간의 자유와 존엄성이 보장되는 민주적 사회발전에 공헌한다.
    가. 도서관인은 헌법이 보장하는 국민의 알 권리를 실현하는데 기여한다.
    나. 도서관인은 국민의 자아성장 의욕을 고취하고 그 노력을 지원한다.
    다. 도서관인은 도서관과 이용자의 자유를 지키고 정보접근의 평등권을 확립한다.
    라. 도서관인은 성숙된 지식사회를 열어가는 문화적 선도자가 된다.
2. [자아성장] 도서관인은 부단한 자기개발을 통하여 역사와 함께 성장하고 문명과 더불어 발전한다.
    가. 도서관인은 자신을 개선하는데 게으르지 아니하며 끊임없이 연구하고 정진한다.
    나. 도서관인은 자신의 직무가 역사를 보존하며 사실을 전수하는 행위임을 자각한다.
    다. 도서관인은 사회의 변화와 이용자의 요구에 능동적으로 대처하는 능력을 배양한다.
    라. 도서관인은 개척자의 정신으로 일상의 난관을 극복하며 열정과 인내, 그리고 용기와 희망 속에서 일한다.
3. [전문성] 도서관인은 전문적 지식에 정통하며 자율성을 견지하여 전문가로서의 책임을 완수한다.
    가. 도서관인은 자신의 업무영역에 관한 전문지식과 기술 습득에 최선을 다한다.
    나. 도서관인은 전문가로서의 자율성을 발휘하여 스스로 사회적 지위를 확보한다.
    다. 도서관인은 소속된 조직의 입장이 전문성의 원칙에 배치될 경우 전문가적 신념에 따라 이의를 제기할 책임이 있다.
    라. 도서관인은 전문직단체의 중요성을 인식하고 조직활동에 적극 참여한다.

4. [협 력] 도서관인은 협동력을 강화하여 조직운영의 효율화를 도모한다.
   가. 도서관인은 협력의 기초가 되는 소속 도서관의 능력 신장에 먼저 노력한다.
   나. 도서관인은 도서관간의 협력체제를 지속적으로 발전시켜 나간다.
   다. 도서관인은 다른 사회기관과 협력하여 부단히 활동영역을 확장한다.
   라. 도서관인은 자신의 조직에 불이익이 있을지라도 협력의 의지를 지켜나간다.

5. [봉 사] 도서관인은 국민에 헌신하는 자세로 봉사하고 도서관의 진정한 가치에 대한 사회적 인식을 유도한다.
   가. 도서관인은 이용자의 다양한 요구에 적합한 전문적 봉사에 힘쓴다.
   나. 도서관인은 이용자의 이념, 나이, 성별, 사회적 지위 등을 이유로 차별하지 아니한다.
   다. 도서관인은 항상 친절하고 밝은 태도로 업무에 임한다.
   라. 도서관인은 도서관에 대한 사회의 정당한 인정을 획득하기 위하여 노력한다.

6. [자 료] 도서관인은 지식자원을 선택, 조직, 보존하여 자유롭게 이용케 하는 최종책임자로서 이를 저해하는 어떠한 간섭도 거부한다.
   가. 도서관인은 민족의 문화유산과 사회적 기억을 지키는 책임을 진다.
   나. 도서관인은 지식자원을 선택함에 있어서 일체의 편견이나 간섭 또는 유혹으로부터 자유로와야 한다.
   다. 도서관인은 지식자원을 조직함에 있어서 표준화를 지향한다.
   라. 도서관인은 이용자와 관련된 개인정보를 보호하며 그 공개를 강요받지 아니한다.

7. [품 위] 도서관인은 공익기관의 종사자로서 높은 품위를 견지한다.
   가. 도서관인은 언제나 전문가로서의 긍지를 가지고 업무를 수행한다.
   나. 도서관인은 항상 정직하고 당당한 태도를 잃지 아니한다.
   다. 도서관인은 업무와 관련하여 정당하지 아니한 일체의 이익을 도모하지 아니한다.
   라. 도서관인은 직업적 윤리규범을 성실히 지킨다.

1997. 10. 30. 한국도서관협회 제정

[부록 9]

한국의 주요 도서관 및 도서관 관련 단체

공공도서관협의회(公共圖書館協議會) Korean Public Library Association

공공 도서관 간의 정보 교류와 상호 협력을 통한 발전을 모색하기 위해 1968년 한국도서관협회의 지부로 출발하여, 2007년 사단법인이 되었다. 전국의 공공 도서관을 그 회원으로 하며, 본부는 국립중앙도서관 내에 위치하고 있으며, 운영위원회와 16개 시도지부도서관, 특별연구위원회 등으로 구성된다. 연구 논문 발간 사업, 해외 도서관 연수, 세계도서관정보대회 참가 지원 등의 사업을 실시하고 있다. 홈페이지는 〈http://www.kpla.kr/〉.

과학기술정보관리협의회(科學技術情報管理協議會) Scientific & Technological Information Management Association(STIMA)

정보 자원의 공동 활용 및 분담 수집과 정보 관리 부문의 발전을 도모할 목적으로 1972년에 서울 연구 단지 소재 연구 기관의 도서관들이 모여 서울연구개발단지도서관실무자협의회로 발족하여, 연구단지정보관리협의회를 거쳐 현재의 명칭이 되었으며, 2003년 사단법인이 되었다. 『과학단지장서종합목록』(1974-   ), 『연구단지정보관리총람 1992』 등의 발행, 각종 학술 세미나 및 기술 세미나의 개최, ILL 및 DDS 서비스의 실시 등의 활동을 실시하고 있다.

과학기술정보연구원(科學技術情報硏究院) Korea Institute of Science and Technology Information(KISTI)

과학 기술 지식 정보 인프라의 연구 개발 및 서비스 체계 확립을 통해 국가 과학 기술 진흥과 산업의 발전 및 국민 복지 증진에 기여하는 것을 목적으로 하는 정부 출연 연구 기관이다. 1960년에 한국과학기술정보센터(KORSTIC)로 설립되어, 2001년에 연구개발정보센터(KORDIC)와 통합하여 현재의 명칭이 되었다. 정보유통본부, 정보분석본부, 슈퍼 컴퓨팅본부, 기획관리본부, 정책연구실, 정보화전략팀, 홍보협력팀, 국가나노기술정책센터 등의 부서를 두고 있다. 특히 과학 기술 정보 유통과 관련하여, 국가과학기술지식정보시스템(NTIS) 및 과학기술정보 통합서비스(NDSL), 국가 전자정보컨소시엄(KESLI) 등의 구축과 운영을 맡고 있다. 한국연구재단 등재 학회지인 『정보관리연구』(1986-   )를 발행하고 있다. 홈페이지는 ⟨http://www.kisti.re.kr⟩.

국공립대학도서관협의회(國公立大學圖書館協議會) Council on National College & University Libraries

국공립대학 도서관의 당면 문제를 공동으로 해결하고 개선 방안을 강구하기 위해 1962년에 「국립대학교 도서관장 및 사서장 회의」로 출발하여, 1992년에 현재의 명칭으로 변경되었다. 국공립대학 도서관의 상호 협력과 업무의 질적 향상을 도모함으로써 대학의 교육 및 연구 발전에 기여함을 목적으로 하며, 『국립대학도서관보』(1983-   )의 발행, 각종 세미나의 개최 등의 활동을 실시하고 있다. 홈페이지는 ⟨http://www.knula.or.kr⟩.

국립중앙도서관(國立中央圖書館) National Library of Korea

1945년 서울시 중구 소공동에 국립도서관으로 개관한 이래, 남산을 거쳐 현재 서울특별시 서초구에 위치해 있는 대한민국의 국가 대표 도서관이다. 2011년 현재 기획연수부, 자료관리부, 디지털자료운영부, 국립어린이청소년도서관, 도서관연구소, 국립장애인도서관지원센터, 국가서지정보센터추진단 등으로 구성되어 있다. 시설은 본관과 사서연수관, 자료보존관, 디지털도서관 등으로 구성되어 있으며, 소장 자료는 818만여 권에 달한다. 국가전자도서관, 디브러리포털, 국가자료종합목록, 디지털자원정보검색(OASIS), 국가상호대차(책바다) 등의 서비스 제공은 물론, 한국문헌번호센터(ISBN/ISSN), 출판시도서목록(e-CIP), 한국문헌자동화목록(KORMARC), 국가서지, 더블린코어, 표준자료관리시스템(KOLAS) 등의 운영, 도서관 협력 및 사서 교육을 통해 일반 이용자와 출판사, 도서관계 및 사서에게 도움을 주고 있다. 홈페이지는 ⟨http://www.nl.go.kr/nl⟩.

국민독서문화진흥회(國民讀書文化振興會)

「책읽는나라만들기」를 기치로 국민의 올바른 독서 문화를 고양함으로써 건전한 민주 국민 의식을 형성함을 목적으로 1991년에 설립된 사단법인이다. 고문회와 지도위원회, 시도지회, 좋은책선정위원회, 고전연구소, 독서지도교수회, 독서교육연구회, NIE연구회 등의 조직으로 구성되어 있다. 독서 문화 강좌 개최, 독서 문화에 관한 조사, 연구, 독서 문화의 국제 교류, 독서 대상의 제정 및 운영, 독서 단체 협의회의 조직을 통한 지원, 좋은 도서 선정 및 목록 제작, 홍보, 『책 읽는 나라』 및 『독서 저널』의 발행, 독서 교육 전문 도서의 출판, 독서 교육 지도사의 양성 및 독서 교사 자격증 발급, 독서 교사 네트워크 사업, 어린이 및 청소년의 독서 생활 진작, 푸르니독서교육원의 운영, 저소득층 공부방 지원, 도서 기증사업, 인성 교재 및 독서 교재 교과서 출판 등의 사업을 실시하고 있다. 홈페이지는 〈http://www.readingnet.or.kr〉.

국회도서관(國會圖書館) National Assembly Library

1952년 전시 수도 부산에서 국회의원들이 자료를 한 곳에 모아 공동 이용하고자 「국회도서실」로 개관된 이래로, 1963년 국회도서관법의 제정으로 국회의 독립기관이 되었다. 서울특별시 영등포구 여의도동에 소재하고 있다. 2011년 현재 기획관리관, 의회정보실, 정보관리국, 정보봉사국, 국회기록보존소 등으로 구성되어 있으며, 국회 의원 및 관계 직원에게 국회의 입법 활동과 국정 심의에 필요한 각종 정보를 수집·정리·분석하여 제공하는 의회 도서관으로서의 기본 기능을 수행하고, 전자 도서관을 운영하며, 『정기간행물기사색인』과 『한국박사및석사학위논문총목록』 등 각종 국가 서지의 작성 업무와 외국 도서관과의 자료 교환을 통한 각국과의 문화 교류 사업 및 일반 국민에 대한 정보 제공의 기능을 수행하고 있다. 특히 입법 및 국정 현안과 관련된 정보 및 자료를 국회 의원 및 입법 관련 부서에 의회 정보 회답, 팩트북 및 자료 발간, 데이터베이스 구축 및 서비스, 이메일 서비스 등 다양한 유형으로 제공하는 의회 정보 서비스는 국회도서관 특유의 입법 지원 활동이라고 할 수 있다. 일반 도서 315만여 책을 포함한 전자 파일 도서 및 비도서 자료 등 442만여 책/점의 장서를 소장하고 있다. 정기간행물로 『국회도서관보』(1964-   )를 발행하고 있다. 홈페이지는 〈http://www.nanet.go.kr〉.

대한출판문화협회(大韓出版文化協會) Korean Publishers Association(KPA)

회원 상호간의 친목 도모와 회원의 권익을 옹호하며 출판의 자유를 수호하고 출판 사업의 건전한 발전과 출판 문화의 사명을 달성하기 위하여 힘씀으로써 문화 향상에 기여할 목적으로 1947년에 설립된 사단법인이다. 모범장서가상, 올해의 청소년도서, 외국어 초록 번역 사업, 책의 날 기념식, 출판경영자 세미나, 한국출판문화대상, 한국 도서 해외 전파 사업, 한국어린이도서상, APPA출판상 등을 주요 사업으로 하고, 출판사들을 위한 납본 대행, 서울국제도서전의 개최 등의 사업을 실시하고 있다. 주요 간행물로서 『출판 문화』, 『출판 저널』, 『출판 연감』 등을 발행하고 있다. 홈페이지는 〈http://www.kpa21.or.kr〉.

법원도서관(法院圖書館) Supreme Court Library of Korea

1972년 법원행정처 조사국에 도서관가 신설된 이래로, 1989년에 법원도서관으로 개관되었다. 재판 사무를 지원하기 위해 도서 등의 도서관 자료 및 사법 자료를 수집·정리·보존·편찬·발간하며, 도서관 자료 및 사법 자료에 관한 정보 제공과 도서관 봉사의 역할을 수행하고 있다. 서울특별시 서초구 서초동 대법원 청사 내에 소재하고 있으며, 33만여 권의 도서를 소장하고 있다. 홈페이지는 〈http://library.scourt.go.kr〉.

새마을문고중앙회(--文庫中央會)

새마을문고를 설치 육성하여 국민의 정서 순화와 새마을 정신의 계발을 촉진하고 독서를 통한 지식 보급으로 주민의 경제적, 사회적, 문화적 자질 향상에 기여하는 것을 목적으로 하는 단체이다. 1951년 엄대섭이 경남 울산에 사립 무료 도서관을 설치하고 탄환 상자 50개로 관내에 순회 문고를 시작한 마을문고 운동을 이어받아, 1961년에 「농촌마을문고보급회」로 창설되어, 1983년에 현재의 명칭이 되었다. 새마을문고의 개설과 운영, 독서 대학 및 독서회, 이동 도서관의 운영, 독서 경진 대회 및 알뜰 도서 교환 시장 운영, 학부모 독서 지도 강좌와 취미 교양 교실의 운영, 독서 캠페인 및 독서 진흥 활동, 독서 정보화 추진 등의 활동을 실시하고 있다.

서지학회(書誌學會) The Institute of Bibliography(Soji Hakhoe)

"서지학에 관한 연구를 촉진하고, 회원 상호간의 협력을 도모하며, 국내외 관계 학회와의 유대를 통하여 서지학에 공헌함을 목적"으로, 1985년에 발족한 학회이다. 한국연구재단 등재 학회지인 『서지학 연구』(1986-   )를 발행하고 있다.

어린이도서연구회(--圖書硏究會)

어린이책 문화 운동에 뜻을 둔 교사와 학부모가 어린이들에게 우리 책을 읽힌다는 취지로 1980년 설립된 비영리 시민 단체이다. 『어린이도서연구회에서 뽑은 어린이·청소년 책』목록과 월간 『동화 읽는 어른』을 발행하고 있다. 홈페이지는 〈http://www.childbook.org〉.

책읽는사회만들기국민운동(冊--社會--國民運動) Citizen Action for Reading Culture

정보와 지식에 접근할 기회의 사회적 평등을 확장하고, 책 읽는 문화로 성숙한 시민 사회를 실현하고, 책 읽는 문화 공동체로 사람의 사회 만들기를 목표로 2001년에 설립된 단체로, 대한출판문화협회, 문화연대, 한국작가회의, 민주화를 위한 전국교수협의회, 어린이도서연구회, 전국교직원노동조합, 학교도서관살리기국민연대, 한국도서관협회, 한국출판인회의 등 9개 시민 사회 단체가 주관 단체로 참여하는 연대 운동이다. 주요 활동으로는 정책 제안 사업, 도서관 건립과 지원 사업, 홍보 사업, 독서 문화 진흥 사업, 연구 조사 및 프로그램 개발 사업, 시민 단체들과의 연대 사업 등을 실시하고 있다. 홈페이지는 〈http://www.bookreader.or.kr〉.

학교도서관문화운동네트워크(學校圖書館文化運動--)

"각급 학교의 학교 도서관을 활성화하고, 학교 도서관의 발전을 위한 제도와 정책의 대안을 제시하며, 실천적인 행동을 통하여 바람직한 학교 도서관 문화를 만들어가는 것을 목적"으로 2005년에 설립된 사서, 도서관 담당 교사, 학부모, 초중고 학생, 출판인을 대상으로 하는 단체이다. 홈페이지는 〈http://www.hakdo.net〉.

학교도서관정책포럼(學校圖書館政策--) School Library Policy Forum

"학교 도서관에 대한 제반 문제를 연구하여 바람직한 학교 도서관 정책을 제안하고, 학교 도서관 정책을 실현시켜 학교 교육 발전에 기여함과 동시에 회원 상호간의 친목을 도모하는 것"을 목적으로 2007년에 창립된 단체이다. 홈페이지는 〈http://www.slforum.x-y.net〉.

한국간행물윤리위원회(韓國刊行物倫理委員會) Korea Publication Ethics Commission

간행물의 윤리적·사회적 책임을 구현하고 간행물의 유해성 여부를 심의하기 위해 설치된 위원회이다. 1970년에 한국도서출판윤리위원회, 한국잡지윤리위원회, 한국아동만화윤리위원회가 통합하여 한국도서잡지윤리위원회로 발족하고, 1989년에 현재의 명칭으로 변경되었다. 국내외 간행물의 심의 서비스뿐만 아니라,「이달의 읽을 만한 책」선정, 청소년 권장 도서 선정, 간행물문화대상의 시상, 우수 저작 및 출판 지원 사업, 청소년 저작 발굴 및 출판 지원, 소외 계층 대상 출판 문화 체험 캠프 등을 포함한 각종 출판 문화 진흥 사업과 취약 계층이나 교정 시설, 병영 등에 대한 독서 활동 지원 등을 포함한 독서를 진흥하기 위한 사업을 실시하고 있다. 홈페이지는 〈http://www.kpec.or.kr〉.

한국교육학술정보원(韓國敎育學術情報院) Korea Education & Research Information Service(KERIS)

교육 및 연구 정보화를 통해 국가 교육 발전에 기여한다는 사명을 가지고, 1999년에 한국교육방송원 부설 멀티미디어교육지원센터와 한국학술진흥재단 부설 첨단학술정보센터를 통합하여 한국교육학술정보원법에 따라 설립된 준정부 기관이다. 학교 교육 정보화, 학술 연구 정보화 및 정책 연구, 정보 기술 지원, 글로벌 협력 등의 주요 사업을 실시하고 있다. 주요 IT 서비스로는 초·중등 교육 정보화와 관련된 에듀넷, 에듀넷 마이포탈, 교육용 콘텐츠 품질 인증, 디지털 자료실 지원 센터, 교육 정보화 연구 대회, 교원 연수 정보 서비스, 디지털교과서가 있고, 고등 교육 및 학술 정보화와 관련된 학술 연구 정보 서비스, KOCW 서비스, DDOD 서비스, 사서 커뮤니티, 학술 정보 통계 시스템이 있으며, 교육 행정 서비스와 관련된 나이스, 나이스 지원 서비스, 내 자녀 바로 알기, 학교 알리미, 에듀파인이 있고, 정책 연구 및 국제 협력에 관련된 영문 홈페이지, 이러닝 국제 박람회, 이러닝 국제 콘퍼런스가 있으며, 교육 정보 보호와 관련된 교육 기관 전자 서명 인증 센터와 교육 사이버 안전 센터가 있다. 홈페이지는 〈http://www.keris.or.kr〉.

한국기록관리학회(韓國記錄管理學會) Records Management & Archives Society of Korea

기록관리학 분야의 학문에 관한 연구를 촉진하고 회원 상호간의 협력을 도모하여, 국내외의 관련 학회 및 관련 기관과의 유대를 통해 기록물 관리 분야의 학문 발전에 공헌함을 목적으로 2000년에 창립된 학회이다. 한국연구재단 등재 학회지인 『한국기록관리학회지』(2001-   )를 발행하고 있다. 홈페이지는 〈http://ras.or.kr〉.

한국기록관리협회(韓國記錄管理協會) The Korea Association of Archives Management (KAAM)

"종이·필름·인쇄잉크·테이프·디스크 등 기록 매체와 내용이 기록된 매체의 보존성·안전성에 관한 규정의 제정 건의, 관리·활용 기술 및 대책에 관한 연구·개발과 기술 보급으로 기록물의 기술적 보존 관리와 다목적 이용 발전에 기여함을 목적"으로, 1994년에 「한국기록보존협회」로 설립된 사단법인이다. 협회지 『기록보존과 관리』(1996-   )를 발행하고 있다. 홈페이지는 〈http://www.kaam.kr〉.

한국기록학회(韓國記錄學會) Korean Society of Archival Studies

"국가 기록의 체계적이고 과학적인 보존 관리를 위하여 국가 기록 및 기록학에 대해 연구·보급"하는 것을 목적으로 2000년에 창립된 학회이다. 한국연구재단 등재 학회지인 『기록학 연구』(2000-   )를 발행하고 있다. 홈페이지는 〈http://www.ksas1.org〉.

한국대학도서관연합회(韓國大學圖書館聯合會) The Korea University & College Library Association(KUCLA)

"회원도서관이 상호 협력 및 정책 공조를 통하여 대학 도서관의 서비스를 증대하고, 대학 도서관 직원의 친목 도모, 지식 배양 및 지위 향상을 실현함으로서 대학 도서관의 발전과 나아가 한국 도서관계의 발전에 기여함을 목적으로" 국·공립대학도서관협의회, 한국사립대학교도서관협의회, 한국전문대학도서관협의회가 연합하여 2007년에 설립된 사단법인이다. 대학 도서관 운영과 발전 정책에 대한 공조, 대학 도서관의 업무 표준화 및 협조 체계 구축, 학술 정보의 교류 및 서비스 협력, 학술 발표회 개최 및 후원, 회보, 연구 보고서, 편람 등의 출판, 대학 도서관 직원의 지식 배양 및 지위 향상, 대학 도서관 직원의 친목 도모 및 교류, 국내외 유관 단체와의 협력 증진 및 유대 강화를 주요 사업으로 하고 있다. 홈페이지는 〈http://www.kucla.or.kr〉.

한국도서관·정보학회(韓國圖書館·情報學會) Korean Library and Information Science Society

"도서관·정보학의 연구, 발표 및 상호간의 정보 교환을 통한 교수 활동 증진에 기여함을 목적"으로, 1974년에 경북도서관학회로 발족하여, 1978년 현재의 명칭으로 변경되었다. 한국연구재단 등재 학회지인 『한국도서관정보학회지』(1974-   창간 당시는 『도서관학논집』)를 발행하고 있다. 홈페이지는 〈http://liss.jams.or.kr〉.

한국도서관협회(韓國圖書館協會) Korean Library Association(KLA)

한국의 전국 도서관 및 도서관인을 총 망라한 도서관 연합체로서 사회 문화 학술 연구 단체이며 공익 법인체(비영리 사단법인)이다. "도서관의 진흥과 상호간의 자료 교환, 업무 협력과 운영/관리에 관한 연구, 사서의 자질 향상과 공동 이익의 증진 및 관련 국제 단체와의 상호 협력을 통해 문화 향상과 국가 발전에 이바지함을 목적"으로 하고 있다. 1945년에 창립된 「조선도서관협회」를 전신으로 하고 있다. 12개 전문위원회와 3개 지구협의회, 8개 관종별협의회를 두고 있다. 도서관 발전 및 사서직 권익 신장을 위한 활동, 도서관 운영을 위한 『한국십진분류법』 및 『한국목록규칙』, 『한국 도서관 기준』 등의 각종 표준 준칙의 제정과 보급, 도서관 정책 기초 자료의 발간과 보급, 도서관 관련 전문 자료의 발간과 보급, 양서의 선정과 보급, 도서관 관련 국제 교류 및 협력, 「전국도서관 대회」를 포함한 각종 세미나, 강좌, 전시, 표창 사업 등을 주요 목적 사업으로 하고 있다. 기관지 『도서관문화』(1957-   창간 당시는 『도협 뉴스』, 1960년부터는 『도협월보』)를 발행하고 있다. 홈페이지는 〈http://www.kla.kr〉.

한국문헌정보학회(韓國文獻情報學會) Korean society for Library and information Science

문헌정보학의 연구와 도서관계의 발전을 위하여 문헌정보학 연구자들이 한데 모여 상호간의 연구 결과를 발표할 수 있는 공동 연구의 장(場)을 위하여 1970년에 설립된 「한국도서관학회」가 정보학의 영역과 첨단 과학 기술을 포함하는 학문적 발전을 위해 1992년에 그 명칭을 현재의 명칭으로 변경한 것이다. 한국연구재단 등재 학회지인『한국문헌정보학회지』(1970-   창간 당시는『도서관학』)를 발행하고 있다. 홈페이지는 〈http://kslis.jams.or.kr〉.

한국박물관협회(韓國博物館協會) The Korean Museum Association

"건전한 박물관 활동을 통하여 민족 문화 발전에 기여하며 사회 교육 기관으로서의 역할을 충실히 이행할 수 있도록 국내외 박물관 및 미술관 상호간의 유기적 협조 체제 및 제도적 보호·육성에 이바지함을 목적"으로 1991년에 사단법인으로 인가된 비영리 법인단체이다. 전국 박물관인 대회, 한국 박물관 학술 대회 등을 개최하며, 공공 박물관·미술관 특별 전신 프로그램 지원 사업 등의 정부 지원 사업과 뮤지엄 사랑 카드, 박물관·미술관·과학관 창의적 체험 활동 사업 등을 추진하고 있다. 홈페이지는 〈http://www.museum.or.kr〉.

한국비블리아학회(韓國──學會) Korean Biblia Society for Library and Information Society

"문헌정보학 전반에 관한 연구 및 교류를 통하여 학문 발전에 기여하며, 국내외 관련 학회와의 유대 관계를 가짐은 물론 회원 상호간의 협력 증진을 목적"으로 하는 학회이다. 1972년에 성균관대학교 도서관학과 및 한국사서교육원 동문을 중심으로 발족한 「한국비브리오학회」에서 출발하였다. 한국연구재단 등재 학회지인『한국비블리아학회지』(1972-   창간 당시는『한국비브리오』, 후에는『한국비블리아』로 개칭)를 발행하고 있다. 홈페이지는 〈http://www.biblia.or.kr〉.

한국사립대학교도서관협의회(韓國私立大學校圖書館協議會) Korean Private University Library Association(KPULA)

"회원 도서관 상호간의 유대 강화와 협력 증진, 대학 도서관의 제도 개선 및 도서관 직원의 자질과 지위 향상을 도모하여 대학 도서관 발전에 기여함을 목적"으로 한다. 1972년에 「전국사립대학교도서관협의회」로 설립되어, 현재의 명칭으로 변경되었다.『사대도협회지』(2000 -   )와『사대도협 연구보고서』(2004-   )를 발행하고 있으며, 각종 세미나와 학술 행사를 정기적으로 개최하고 있다. 홈페이지는 〈http://www.kpula.or.kr〉.

한국서지학회(韓國書誌學會) Bibliography Society of Korea

서지학 및 한국학에 관한 연구를 확산하고 회원 상호간의 협력을 도모하며, 국내외 관련 학회와의 유대를 통해 학문 발전에 공헌함을 목적으로 1970년에 설립된 학회이다. 1968년에 발족한「한국서지연구회」를 계승하는 학회로, 학회지『서지학보』(1990-   )를 발행하고 있다. 홈페이지는 〈http://www.koreabiblio.or.kr〉.

한국신학도서관협의회(韓國神學圖書館協議會) Korean Theological Library Association

"전국의 신학 도서관 발전을 도모하며 신학 연구 및 목회 사업 발전에 기여함을 목적"으로, 1973년에 설립된 단체이다. 각종 세미나의 개최, 신학 석박사학위논문 CD-ROM 제작, 신학 저널의 컨소시엄 사업 구축, 신학 분야 전자책 제작 사업, 신학 및 교회 도서관 워크샵 개최 등의 사업을 실시하고 있다. 홈페이지는 〈http://www.ktla.or.kr〉.

한국어린이도서관협회(韓國--圖書館協會)

"어린이 도서관 운동과 독서 문화 운동을 펼치며, 어린이 도서관의 설립 및 협력, 교류, 지원을 목적"으로 한다. 1998년「전국어린이작은도서관협의회」로 창립되어, 2005년부터 사단법인「어린이와 도서관」을 거쳐, 2007년부터 현재의 이름으로 변경되었다. 어린이 도서관 설립과 운영 활성화를 위한 강연회, 캠페인, 세미나를 열거나 어린이 독서 문화 운동, 어린이 독시 문화에 관련한 책과 긴행물을 발긴하고, 어린이 도서관, 작은 도서관, 학교 도서관 사서 도우미를 위한 교육, 어린이 도서관 운영 문화 프로그램 개발과 보급 등을 실시하고 있다. 홈페이지는 〈http://cafe.daum.net/ilovei/〉.

한국의학도서관협의회(韓國醫學圖書館協議會) The Korean Medical Library Association

"전국의 의학 도서관 관련 기관이 협력하여 상호간의 발전을 도모하고 의학 교육 및 연구에 기여함을 목적"으로 1968년에 설립된 사단법인이다. 각종 학술 대회와 워크샵을 개최하고, 국내외에 걸쳐 상호 대차와 복본 교환을 실시하고 있으며,「의학 사서 자격 제도」를 실시하고 있다. 기관지『한국의학도서관협의회지』를 발행하고 있다. 홈페이지는 〈http://www. kmla.or.kr〉.

한국전문대학도서관협의회(韓國專門大學圖書館協議會) Korean College Library Association

"한국 전문 대학 도서관의 발전과 도서관인들의 자질 및 지위 향상을 도모함으로써 전체 도서관 발전에 기여함을 목적"으로 1996년에 창립되었다. 사서 직무 교육과 각종 세미나 등을 개최하고 있다. 홈페이지는 〈http://www.clib.or.kr〉.

한국정보관리학회(韓國情報管理學會) Korean Society for Information Management

"정보 관리학에 관한 연구를 통하여 학문의 발전에 기여하며, 국내외 관계 학회와의 유대를 가짐은 물론 회원 상호간의 협력을 증진함을 목적"으로 1984년에 창립되었다. 한국연구재단 등재 학회지인 『정보관리학회지』(1984-   )를 발행하고 있다. 홈페이지는 〈http://www.kosim.or.kr〉.

한국조사기자협회(韓國調査記者協會) The Korea Research Reporters Association

신문, 방송, 통신사의 조사, 정보, 자료, DB 업무를 담당하는 조사 기자들의 친목 모임으로 1987년에 출범하여, 회원들의 연구 활동에 기초한 상호 협력으로 신문 및 방송 발전에 기여할 목적으로 2009년에 재탄생된 사단법인이다. 실무 연구 세미나의 개최, 상호 교류 사업, 학술 및 출판 사업 등을 실시하고, 연구회지 『조사 연구』(1988-   )를 발행하고 있다. 홈페이지는 〈http://www.josa.or.kr〉.

한국출판인회의(韓國出版人會議) Korea Publishers Society

"출판의 자유를 신장시키고, 출판의 문화적 진흥과 산업적 발전을 위해 노력함으로써 민족 문화의 창달에 기여함을 목적"으로 1998년에 설립된 사단법인이다. 정책 및 기획 사업, 세계 책의 날, 북리펀드, 독서대학 르네 21, 주간 베스트셀러 선정 등의 독서 진흥 사업, 출판 유통 개선 사업, 서울북인스티튜트, 중소기업 컨소시엄 등의 출판 교육 사업, 출판인 해외 연수, 해외 출판인 초정 등의 국제 교류 사업 등을 실시하고 있다. 홈페이지는 〈http://www.kopus.org〉.

한국학교도서관협의회(韓國學校圖書館協議會) Korea School Library Association

"학교 도서관의 제반 문제를 연구하고, 그 개선을 위해 노력하며 국내외 관련 단체와의 유대를 형성하고, 사서 교사들의 자질 및 지위 향상을 도모함으로써 전체 도서관과 교육의 발전에 기여함을 목적"으로 1998년에 설립된 사서 교사 및 학교 도서관 담당 교사 중심의 단체이다. 홈페이지는 〈http://www.ksla.net〉.

[부록 10]

도서관자료의 교환·이관·폐기 및 제적의 기준과 범위 [한국]

[문화관광부고시 제2007- 37호, 2007. 12. 6]

도서관법시행령 제5조제4호의 규정에 따라 도서관자료의 교환·이관·폐기 및 제적의 기준과 범위에 관한 기본적 사항을 다음과 같이 정한다.

1. 목적

　도서관자료의 교환·이관·폐기 및 제적의 기준과 범위를 정함으로써 도서관자료의 효율적 관리를 도모하고 공중의 도서관 이용을 활성화하는 것을 목적으로 한다.

2. 도서관자료의 종류

　"도서관자료"라 함은 도서관이 수집·정리·보존하는 자료로서 인쇄자료, 필사자료, 시청각자료, 마이크로형태자료, 전자자료 그 밖에 장애인을 위한 특수자료 등 지식정보자원 전달을 목적으로 정보가 축적된 모든 매체를 말한다.(이하 '자료'라 한다.)

3. 자료의 교환·이관·폐기 및 제적의 기준과 범위

　가. 자료의 교환 또는 이관의 기준은 다음 각 호와 같다.
　　(1) 자료 보존·활용 공간의 효율화
　　(2) 자료 접근·이용의 편의 제고
　　(3) 자료의 충실화 및 최신성 추구
　나. 자료의 폐기 및 제적의 기준은 다음 각 호와 같다.
　　(1) 이용가치의 상실
　　(2) 훼손 또는 파손·오손

(3) 불가항력적인 재해·사고, 기타 이에 준하는 사태로 인한 자료의 유실

(4) 기타 도서관장(학교장을 포함한다)이 필요하다고 정하는 사항

다. 자료의 폐기 및 제적의 범위는 연간 당해 도서관 전체장서의 100분의 7을 초과할 수 없다. 다만, 위 나의 (3)에 해당하는 경우에는 그러하지 아니하다.

4. 도서관장(학교장을 포함한다)은 위 사항을 참고하여 자료의 교환·이관·폐기 및 제적의 기준과 범위 등에 관해 세부사항을 정한다.

부 칙

이 고시는 관보에 게재한 날부터 시행한다.

[부록 11]
한국의 문헌정보학 관련 교육 기관 현황

교육기관	개설연도	전문대	학부	석사	박사	교육대학원	사서교육원	비고
강남대학교	1978		○					
건국대학교	1984		○					
경기대학교	1983		○	○	○	○		
경북대학교	1974		○	○	○			
경성대학교	1981		○					
경일대학교	2009		○					
계명대학교	1980		○	○	○	○	○	
공주대학교*	1983		○			○		문헌정보교육과
광주대학교	1984		○					
나사렛대학교	2007		○					점자문헌정보학과
대구가톨릭대학교**	1976		○	○				도서관학과
대구대학교	1981		○	○		○		
대진대학교	1991		○			○		
덕성여자대학교	1980		○					
동덕여자대학교	1980		○	○				
동의대학교	1982		○					
명지대학교	1980		○	○		○		
부산대학교	1984		○	○	○	○		
상명대학교	1980		○	○	○	○		
서울여자대학교	1980		○	○				
성균관대학교	1964		○	○	○	○	○	
숙명여자대학교	1976		○	○				

교육기관	개설연도	전문대	학부	석사	박사	교육대학원	사서교육원	비고
신라대학교	1979		○			○		
연세대학교	1957		○	○	○	○		
이화여자대학교	1959		○	○	○			
인천대학교	2010		○					2010년 인천전문대학(1981)에서 통합·변경
전남대학교	1980		○	○	○	○		
전북대학교	1980		○	○	○	○		
전주대학교	1983		○	○				
중부대학교	1994		○	○		○		
중앙대학교	1963		○	○	○	○		
청주대학교	1979		○	○		○		
충남대학교	1979		○	○	○			
한남대학교	1981		○	○				
한성대학교	1981		○	○	○			
한양대학교						○		
대림대학	1994	○						
동원대학	1997	○						아동문헌정보과
부산여자대학	1970	○					○	
송곡대학	2009	○						
숭의여자대학	1972	○						
창원문성대학	1980	○						2010년 교명 변경

* 사범대학 소속으로 '사서교사' 양성기관임.
** 학과명칭이 '도서관학과'임.

[부록 12]

사서 교육 기관의 교육 과정 및 이수 학점

[문화관광부 고시 제2007-9호, 2007.4]

• 사서자격 교육과정(제4조제2항 관련)의 교과목은 다음과 같이 한다.

구 분	필 수 과 목	선 택 과 목
1급정사서	도서관평가론 비교도서관학 도서관정보협력체제론 도서관시스템분석론 비교저작권론	문헌정보학 또는 도서관학 석사 또는 박사학위과정에서 선택
2급정사서	도서관과 사회 장서개발론 자료조직론(II) 주제별정보자료론 정보검색론 도서관경영론(II) 도서관자동화론 독서지도론(II) 저작권론(II)	대학의 문헌정보학과 또는 도서관학과 교과과정에서 선택
준사서	도서관·정보학개론 도서관사 자료선택론 자료조직론(I) 비도서자료론 참고봉사론 도서관경영론(I) 독서지도론(I) 저작권론(I)	전문대학의 문헌정보학과 또는 도서관학의 교과과정에서 선택

※ 비고: 1. 필수과목중(I)의 내용은 기초과정, (II)내용은 심화과정을 다룬다.
   2. 이수학점은 다음과 같이 한다.
    가. 사서자격 교육과정의 이수단위는 학점으로 한다.
    나. 이수학점은 30점으로 하되, 1학점은 16시간이상의 강의(실습을 포함한다)로 한다.
   3. 이 고시는 관보 게재일로부터 시행한다.

『図書館情報学用語辞典』韓国語版の発行に寄せて

　本書は，日本図書館情報学会用語辞典編集委員会が編集作業を行い2007年に出版社丸善から発行されたものである．

　日本図書館情報学会は日本図書館学会として1953年に成立した．成立のきっかけは1950年に図書館法が施行されたが，そのなかに大学で司書を養成すると書かれていたことにある．第二次世界大戦以前に，日本の大学の正規課程で司書養成は行われていなかったから，大学での養成のためには図書館学の研究体制を新たに整備する必要があり，その一環として研究発表の場としての学会の必要性が叫ばれたものである．この当時，慶應義塾大学にアメリカ式の図書館員養成を行う課程（Japan Library School）がつくられたり，文部省によって東京大学と京都大学に図書館学講座がつくられたりするのも同様の動きに基づく．

　日本図書館学会は1998年に日本図書館情報学会と名称を変えた．これは1970年代くらいから世界的に図書館学を図書館情報学に名称変更する動きがあったが，やや遅れてこれに同期したものである．この前後の時期に本書の最初の編集の試みが行われた．その試みとは数多くの関連文献から図書館情報学関係の用語(technical terms)を収集し，これをもとに用語集をつくることである．こうしてできたのが，『学術用語集 図書館情報学編』(丸善1997)であった．この用語集編纂はその後の本学会関連のさまざまな事業のさきがけとなるものだった．

　まもなく用語集を中心とする語彙に解説をつけた本書の初版『図書館情報学用語辞典』(丸善 1998)が発行された．その後，第2版が2002年に，本書の元になった第3版は2007年に発行された．本年度から第4版の編集も開始されることになっている．

　図書館情報学の用語集は図書館情報学シソーラスや分類表の開発につながった．さらにそれは以前から発行していた図書館情報学文献目録の編纂事業と合体して，図書館情報学文献目録データベースの開発に結びつくことになる．このデータベースは最初はCD-ROMとして配布され，本学会会員が大学等で情報検索の授業を行うときに，シソーラス付きの標準的な文献目録データベース教材として活用された．その後，Webでも配布されるようになりBiblis for Webとして利用されてきた．

　以上，本学会の用語集から始まる各種のツール開発について紹介してきた．これらの

事業は学会が会員に対して教育研究に役立つサービスとして実施するものであっただけでなく，図書館情報学の標準的な知識や技術に基づくツールとして開発し，用語辞典について言えば会員に対して用語解説を広く公募して会員自身による辞典編集事業として位置づけるものだった．つまりこれらのツールそのものが図書館情報学のコンテンツという意味での産物であると同時に図書館情報学の手法を応用するという意味での産物でもあった．

　すでに刊行から4年が過ぎている本辞典はネットワークとデジタル情報技術の展開ゆえに一部アップデートが必要になっているところもある．だが，図書館情報学は一つの学術的領域であり，技術開発のもととなるアイディアの集合体であるから，日本の図書館情報学の全体像を把握するためには依然として有用である．

　このたび本書が呉東根教授によって翻訳されることになったことは，その意味で日韓の図書館情報学の相互交流のために大きなエポックであると考えられる．その労をとられた同教授に深い感謝を表明するとともに，多くの韓国の図書館情報学研究者に利用されることを期待したい．

2011年6月

日本図書館情報学会会長
東京大学大学院教育学研究科教授
根本　彰(ねもとあきら)

영한 대조 색인

A

AACR 영미편목규칙(英美編目規則) 346
abbreviated entry 간략 저록(簡略著錄) 44
aboutness 17
abridged edition 간략판(簡略版) 44
absorption 흡수(吸收) 591
abstract journal 초록지(抄錄誌) 502
abstract 초록(抄錄) 502
academic library 학술 도서관(學術圖書館) 567
access point 접근점(接近點) 443
accessibility 액세스 용이성(--容易性) 329
accession by incorporating 편입 수입(編入受入) 545
accession by purchase 구입 수입(購入受入) 83
accession number 수입순 기호(受入順記號) 305
accession work 수입 업무(受入業務) 305
accessions register 도서 원부(圖書原簿) 166
acidic paper 산성지(酸性紙) 268
acquisition policy 수집 방침(收集方針) 306
acquisition service 수집 업무(收集業務) 307
adaptation 개작(改作) 48
adaptation 번안(飜案) 226
added copy 복본(複本) 234
added entry 부출 저록(副出著錄) 240
added title page 부표제지(副標題紙) 242
adding 부기(附記) 239
additional edition statement 부차적 판표시(副次的 版表示) 240

Adjustable Classification 조절분류법(調節分類法) 463
administrative code 도서관 관리 규정(圖書館管理規程) 145
administrative document 행정자료(行政資料) 577
admission card 입관표(入館票) 400
admission fee 입관료(入館料) 400
adult education 성인 교육(成人教育) 293
adult service 성인 서비스(成人--) 294
agent 에이전트 336
ALA 미국도서관협회(美國圖書館協會) 209
alcove arrangement of shelves 알코브식 서가 배치(--書架配置) 327
Alexandrian Library 알렉산드리아도서관(--圖書館) 327
alkaline paper 중성지(中性紙) 475
almanac 알마낙 327
alphabetico-subject index 주제명 색인(主題名索引) 469
alternative heading system 등가 표목 방식(等價標目方式) 178
alternative title 별표제(別標題) 229
Amano Keitaro 아마노 케이타로(天野敬太郎) 322
American Library Association Code of Ethics 미국도서관협회 윤리강령(美國圖書館協會 倫理綱領) 209

American Library Association
　미국도서관협회(美國圖書館協會)　209
American Society for Information
　Science and Technology
　미국정보학회(美國情報學會)　211
amount of information 정보량(情報量)　449
analytical bibliography 분석 서지학
　(分析書誌學)　249
analytico-synthetic classification 분석 합성식
　분류법(分析合成式 分類法)　250
analytics 분출(分出)　250
Anglo-American Cataloguing Rules
　영미편목규칙(英美編目規則)　346
annotated bibliography 해제 서지(解題書誌)　576
annotation 주(註)　466
annotation 해제(解題)　575
annual 연감(年鑑)　338
anonymous classic 무저자명 고전
　(無著者名古典)　201
anonymous 무저자명 저작(無著者名著作)　202
anthology 선집(選集)　292
antiquarian book 고서(古書)　61
antiquarian bookstore 고서점(古書店)　61
apocryphal work 위전(僞典)　364
approval plan 조건부 일괄 주문
　(條件附一括注文)　462
Apron theater 에이프런 시어터　336
Archival Law of Japan 공문서관법
　(公文書館法)[일본]　68
archival material 문서관 자료(文書館資料)　204
archival studies 기록학(記錄學)　103
archives 문서관(文書館)　204

archives 보존 문서(保存文書)　233
archivist 아키비스트　324
area 사항(事項)　267
Ariyama Takashi 아리야마 타카시(有山崧)　322
ARL 연구도서관협회(硏究圖書館協會)　340
arrangement 배열(排列)　222
array 배열(配列)　222
art museum; museum of art 미술관
　(美術館)　213
article 기사(記事)　105
article; treatise; thesis 논문(論文)　120
artificial characteristics 인위적 특성
　(人爲的 特性)　388
artificial intelligence 인공 지능(人工知能)　383
ASK Anomalous State of Knowledge　17
ASIST 미국정보학회(美國情報學會)　211
Aslib The Association for Information
　Management　18
aspect classification 관점 분류법(觀點分類法)　75
assigned indexing 할당 색인법(割當索引法)　573
assigned reading book 과제 도서(課題圖書)　71
association copy 수택본(手澤本)　307
Association for Documentation in Economics
　경제자료협의회(經濟資料協議會)　56
association library 조합 도서관(組合圖書館)　463
association library 조합립 도서관
　(組合立圖書館)[일본]　464
Association of Research Libraries
　연구도서관협회(硏究圖書館協會)　340
associative relationship 연관 관계
　(聯關關係)　339
audio material 녹음 자료(錄音資料)　119

audio-visual library 시청각 라이브러리
　　(視聽覺--) 313
audio-visual materials 시청각 자료
　　(視聽覺資料) 314
audio-visual service 시청각 서비스
　　(視聽覺--) 314
author 저자(著者) 422
author abstract 저자 초록(著者抄錄) 423
author bibliography 저자 서지(著者書誌) 423
author catalog 저자 목록(著者目錄) 423
author heading 저자 표목(著者標目) 424
author index 저자 색인(著者索引) 423
author mark table 저자 기호표(著者記號表) 422
author mark 저자 기호(著者記號) 422
authority control 전거 관리(典據管理) 430
authority file 전거 파일(典據--) 431
authority record 전거 레코드(典據--) 430
author-title catalog 저자 표제 목록
　　(著者標題目錄) 424
author-title index 저자 표제 색인
　　(著者標題索引) 424
author's edition 전집(全集) 439
author's moral right 저작자 인격권
　　(著作者人格權) 427
automated storage 자동 서고(自動書庫) 404
automatic abstracting 자동 초록법
　　(自動抄錄法) 405
automatic classification 자동 분류(自動分類) 404
automatic indexing 자동 색인법(自動索引法) 404
auxiliary schedule 보조표(補助表) 233
auxiliary table 보조표(補助表) 233
availability 이용 가능성(利用可能性) 377

avant-titre 표제 선행 사항(標題先行事項) 551

B

back issue 과월호(過月號) 71
back matter 후부(後付) 589
back number 과월호(過月號) 71
back of the book index 권말 색인
　　(卷末索引) 97
banned book 발금본(發禁本) 219
bargain book 신고서(新古書) 315
basic bibliographic unit 기본 서지
　　단위(基本書誌單位) 104
Basic Subject Heading
　　기본건명표목표(基本件名標目表) 103
basis of description 기술의 기반
　　(記述--基盤) 107
BBS 전자 게시판(電子揭示板) 436
BC 서지분류법(書誌分類法) 285
BDS 자료 분실 방지 시스템(資料紛失防止--) 406
best book 양서(良書) 330
bias phase 편향의 상(偏向--相) 546
bibliographic control 서지 통정(書誌統整) 289
bibliographic coupling 서지 결합(書誌結合) 282
bibliographic data 서지 데이터(書誌--) 284
bibliographic element 서지적 요소
　　(書誌的 要素) 288
bibliographic hierarchy 서지 계층(書誌階層) 283
bibliographic history of item 서지적
　　내력(書誌的 來歷) 288
bibliographic information interchange
　　format 서지 정보 교환용 포맷
　　(書誌情報交換用--) 288

bibliographic information 서지 정보
　　(書誌情報)　　　　　　　　　　288
bibliographic instruction
　　문헌 이용 지도(文獻利用指導)　207
bibliographic level 서지 레벨(書誌--)　284
bibliographic record 서지 레코드(書誌--)　284
bibliographic record 서지적 기록
　　(書誌的 記錄)　　　　　　　　287
bibliographic relationship 서지적 관계
　　(書誌的 關係)　　　　　　　　287
bibliographic service 서지 서비스(書誌--)　286
bibliographic unit 서지 단위(書誌單位)　283
bibliographic utility 서지 유틸리티(書誌--)　286
bibliographical classification 서지 분류
　　(書誌分類)　　　　　　　　　285
Bibliographical Classification
　　서지분류법(書誌分類法)　　　285
bibliographical item of description
　　서지 사항(書誌事項)　　　　　285
bibliography of bibliographies
　　서지의 서지(書誌--書誌)　　　286
bibliography 서지(書誌)　　　　　282
bibliography 서지학(書誌學)　　　290
bibliometrics 계량 서지학(計量書誌學)　56
Bibliothèque Nationale de France
　　프랑스국립도서관(--國立圖書館)　556
bibliotheraphy 독서 치료(讀書治療)　174
binder's title 제본자 표제(製本者標題)　460
binding 제본(製本)　　　　　　　　460
biobibliography 전기 서지(傳記書誌)　432
biographical dictionary 인명사전
　　(人名事典)　　　　　　　　　384

black letter material 묵자 자료(墨字資料)　202
blanket order 일괄 주문(一括注文)　389
block accession 일괄 수입(一括受入)　389
block book 목판본(木版本)　　　　201
blog 블로그　　　　　　　　　　　255
board of trustees; library board
　　도서관 위원회(圖書館委員會)　152
Bodleian Library 보들레이안도서관
　　(--圖書館)　　　　　　　　　231
body of book 본문(本文)　　　　　237
book 도서(圖書)　　　　　　　　143
book burning 분서(焚書)　　　　　249
book card 도서 카드(圖書--)　　　167
bookcase 서가(書架)　　　　　　　274
book club 북 클럽　　　　　　　　242
book collection 장서(藏書)　　　　415
book detection system　자료 분실 방지
　　시스템(資料紛失防止--)　　　406
book form 책자체(冊子體)　　　　497
book fund 도서비(圖書費)　　　　166
book having another title 이명동서
　　(異名同書)　　　　　　　　　375
book label 도서 라벨(圖書--)　　　165
book mobile 이동 도서관(移動圖書館)　373
book number 도서 기호(圖書記號)　164
bookplate 장서표(藏書票)　　　　　419
book pocket 북 포켓　　　　　　　243
book printed by large-sized type
　　대활자본(大活字本)　　　　　137
book printed in Buddhist temple
　　사찰판(寺刹板)　　　　　　　266
book reading service; reading aloud
　　책 읽어주기　　　　　　　　495

book report 독서 감상문(讀書感想文)	170
book review 서평(書評)	291
book science 도서학(圖書學)	168
book size 판형(判型)	539
book stack 서가(書架)	274
book talk 북 토크	243
book truck 북 트럭	243
book week 독서 주간(讀書週間)	172
booklet 부클릿	241
booklet 소책자(小冊子)	300
bookrest 서견대(書見臺)	277
books-by-mail service 도서 우송 서비스 (圖書郵送--)	166
bookshelf 서가(書架)	274
bookshop; bookstore 서점(書店)	281
Bookstart 북스타트	242
bookworm 좀	464
Boolean operation 불 연산(--演算)	251
Boston Public Library 보스턴공공도서관(--公共圖書館)	232
bound with 합철(合綴)	574
Bradford's law 브래드포드의 법칙(--法則)	254
Bradford, Samuel Clement 브래드포드	253
braille library 점자 도서관(點字圖書館)	441
braille material 점자 자료(點字資料)	442
branch library 분관(分館)	244
branch 분실(分室)	250
brief cataloging 간략 편목(簡略編目)	44
British Library 영국도서관(英國圖書館)	346
brittleness 취성(脆性)	508
broad classification 간략 분류(簡略分類)	44
broken order 파순 배가(破順排架)	534
Brown, James Duff 브라운	253
Browne charging system 브라운식 대출법(--式貸出法)	253
browsing collection 브라우징 컬렉션	253
browsing room 브라우징 룸	252
browsing 브라우징	252
BSH 기본건명표목표(基本件名標目表)	103
BSO Broad System of Ordering	18
bulk lending 일괄 대출(一括貸出)	388
bulletin board system 전자 게시판(電子揭示板)	436
bunko service 문고 활동(文庫活動)	203
bunko 어린이 문고(--文庫)	332
Bush, Vannevar 부시	240
business information service 비즈니스 지원 서비스(--支援--)	257
busy book 천 그림책	498
Butler, Pierce 버틀러	225
butterfly binding 호접장(蝴蝶裝)	583

C

call number 청구 기호(請求記號)	500
call slip 자료 청구표(資料請求票)	408
canonical class 규범류(規範類)	99
capitalization 대문자 사용법(大文字使用法)	131
caption title 권두 표제(卷頭標題)	97
card catalog 카드식 목록(--式目錄)	512
card charging system 카드식 대출법 (--貸出法)	511
Carnegie, Andrew 카네기	511
carrel 캐럴	514
carrier form 외형식(外形式)	357
case binding 케이스 제본(--製本)	516

catalog card 목록 카드(目錄--) 200
catalog entry 목록 저록(目錄著錄) 200
catalog 목록(目錄) 199
cataloging code 목록법(目錄法) 199
cataloging rules 편목 규칙(編目規則) 545
catchword index 요어 색인(要語索引) 358
cathedral library 교회 도서관(敎會圖書館) 81
CD-ROM retrieval CD-ROM 검색(--檢索) 19
censorship 검열(檢閱) 54
central library 중앙관(中央館) 475
centralization of library 집중제(集中制) 487
centralized cataloging 중앙 집중식 편목
　(中央集中式編目) 476
centralized processing 중앙 집중식
　정리(中央集中式整理) 476
certification of librarian 사서 자격(司書資格) 263
certified librarian 사서(司書) 262
certified library assistant 사서보(司書補) 263
chain index 연쇄 색인(連鎖索引) 342
chain 체인 501
chained book 사슬 달린 책(--冊) 264
change of name 개명(改名) 47
change of title 개제(改題) 49
character set 문자 집합(文字集合) 205
characteristic of division 구분 특성(區分特性) 81
charging custody 관리 전환(管理轉換) 74
charging system 대출 방식(貸出方式) 133
chart 해도(海圖) 575
chemical structure search
　화학 구조 검색(化學構造檢索) 585
chief source of information
　으뜸 정보원(情報源) 370

children's book 어린이 도서(--圖書) 331
children's librarian 어린이 사서(--司書) 332
children's library 어린이 도서관(--圖書館) 331
children's service 어린이 서비스 333
Chinese book form 당본사립(唐本仕立) 130
Chinese book printed in Japan
　화각본(和刻本) 584
chronological designation 연월차(年月次) 342
chronological order number 연대순
　기호(年代順記號) 341
chronological order 연대순 배열
　(年代順排列) 341
chronological table 연표(年表) 343
church library 교회 도서관(敎會圖書館) 81
CILIP Chartered Institute of Library and
　Information Professionals 19
CIP Cataloging in Publication 19
circulation 대출(貸出) 132
circulation control system 대출 방식(貸出方式) 133
circulation density 대출 밀도(貸出密度) 133
circulation library 도서 대여점(圖書貸與店) 164
circulation per registration 실질 대출
　밀도(實質貸出密度) 317
circulation system 열람 방식(閱覽方式) 345
circulation transaction 대출 업무(貸出業務) 134
circulation work 열람 업무(閱覽業務) 345
circulation work 대출 업무(貸出業務) 134
citation analysis 인용 분석(引用分析) 387
citation index 인용 문헌 색인(引用文獻索引) 387
citation order 열거 순서(列擧順序) 343
citation 인용 문헌(引用文獻) 386
Citizen's Library 시민의 도서관(市民--圖書館) 312

clandestine literature 비밀 출판물(秘密出版物)	256
class 유(類)	365
class 클래스	520
class mark 분류 기호(分類記號)	246
class number heading 분류 표목(分類標目)	247
class number 분류 기호(分類記號)	246
classed catalog 분류순 목록(分類順目錄)	246
classic 고전(古典)	62
classification by attraction 유치에 의한 분류(誘致--分類)	369
classification code 분류 규정(分類規程)	245
Classification of Ssa-ku chu'on-shu 사부 분류법(四部分類法)	261
classification scheme 분류표(分類表)	247
classification 분류(分類)	245
classification 분류법(分類法)	246
classified catalog 분류순 목록(分類順目錄)	246
classified encyclopedia 유서(類書)	367
classified index 분류 색인(分類索引)	246
classified list of subject headings 분류순 주제명 표목표(分類順 主題名標目表)	247
classified order 분류순 배열(分類順排列)	247
classroom library 학급 문고(學級文庫)	565
classroom visit 학급 방문(學級訪問)	566
clay tablet 점토판(粘土板)	442
clearinghouse 클리어링하우스	521
clipping file 클리핑 파일	521
CLIR 도서관정보자원진흥재단 (圖書館情報資源振興財團)	158
close classification 상세 분류(詳細分類)	271
closed entry 완결 저록(完結著錄)	355
closed stack system 폐가제(閉架制)	548
cloth binding 클로스 제본(--製本)	521
co-citation 동시 인용(同時引用)	175
Code of Ethics for Librarian 도서관인의 윤리강령(圖書館人--倫理綱領)	156
code of ethics 윤리 강령(倫理綱領)	369
codex 코덱스	517
collation; collating 교합(校合)	81
collection development 장서 구성(藏書構成)	416
collection evaluation 장서 평가(藏書評價)	418
collection for loan to groups 대출 문고(貸出文庫)	133
collection management 장서 관리(藏書管理)	416
collection 컬렉션	516
collection 합집(合集)	574
collective bibliographic unit 집합 서지 단위(集合書誌單位)	487
collective bibliography 집합 서지(集合書誌)	487
collective entry 일괄 저록(一括著錄)	389
collective title 종합 표제(綜合標題)	466
collective treatise 논문집(論文集)	120
collocation 병치(竝置)	231
collotype 콜로타이프 인쇄(--印刷)	518
Colon Classification(CC) 콜론분류법(--分類法)	518
colophon 간기(刊記)	43
colophon 판권(면)(版權面)	537
column 칼럼	514
COM catalog COM 목록(--目錄)	20
comics material 코믹 자료(--資料)	517
comment 평주(評註)	547
common auxiliary 공통 보조 기호 (共通補助記號)	70

common facet 공통 패싯(共通--)	71
common lending 공동 대출(共同貸出)	66
common library admission 공동 열람(共同閱覽)	66
common subdivision 공통 세목(共通細目)	70
common title 공통 표제(共通標題)	71
communication 커뮤니케이션	514
community bunko 지역 문고(地域文庫)	482
community service 지역 사회 서비스(地域社會--)	483
compact disc(CD) 콤팩트디스크	519
compact shelving 밀집 서가(密集書架)	215
comparison phase 비교의 상(比較--相)	255
compilation 편찬(編纂)	546
complete book 완본(完本)	355
complete set 완본(完本)	355
complete works 전집(全集)	439
complex facility 복합 시설(複合施設)	236
complex subject 혼합 주제(混合主題)	584
component part bibliographic unit 구성 서지 단위(構成書誌單位)	82
component part 구성 부분(構成部分)	81
composite catalog 복합형 목록(複合型目錄)	237
composition 식자(植字)	315
composition 조판(組版)	463
compound subject heading 복합 주제명 표목(複合主題名標目)	237
compound subject 복합 주제(複合主題)	236
computer output microform catalog	20
concept analysis 개념 분석(槪念分析)	46
concise entries 소항목 주의(小項目主義)	301
concordance 용어 색인(用語索引)	359
conference material 회의 자료(會議資料)	589
congressional papers 의회 의사록(議會議事錄)	373
connotation; intension 내포(內包)	117
consecutive numbering 회차(回次)	589
CONSER Cooperative Online Serials	20
conservation 자료 보호(資料保護)	406
conservator 컨서베이터	515
conspectus 컨스펙터스	515
content designator 내용 표지 기호(內容標識記號)	117
content 컨텐츠	516
contents list bulletin 목차 속보지(目次速報誌)	201
contents note 내용 주기(內容註記)	116
contents service 목차 서비스(目次--)	200
continuation 계속 출판물(繼續出版物)	58
continuation 계속(繼續)	57
continuation 속편(續編)	301
continuing education 계속 교육(繼續敎育)	57
continuing resources bibliographic unit 계속 간행 서지 단위(繼續刊行書誌單位)	57
continuing resources 계속 자료(繼續資料)	58
controlled access 이용자 제한(利用者制限)	380
controlled vocabulary 통제 어휘(統制語彙)	529
conventional name 관용명(慣用名)	75
cooperative acquisition 협동 수집(協同收集)	579
cooperative collection development 협동 장서 개발(協同藏書開發)	579
cooperative delivery vehicle 협력차(協力車)	580
cooperative lending 협력 대출(協力貸出)	580
Cooperative Online Resource Catalog	20
cooperative reference service 협력 참고 서비스(協力參考--)	580

cooperative storage 협동 보존(協同保存)	579
coordinated acquisition 분담 수집(分擔收集)	244
copy cataloging 카피 편목(--編目)	513
copy service 복사 서비스(複寫--)	235
copy 부(部)	238
copy-left 카피레프트	514
copyright clearance center 저작권 집중 처리 기구(著作權集中處理機構)	426
copyright date 저작권 표시년(著作權表示年)	426
Copyright Law 저작권법(著作權法)	425
copyright library 저작권 등록 도서관 (著作權登錄圖書館)	425
copyright 저작권(著作權)	424
copy-text 저본(底本)	422
CORC	20
core collection 핵심 장서(核心藏書)	576
core journal 핵심 저널(核心--)	576
corporate author 단체 저자(團體著者)	128
corporate name heading 단체명 표목(團體名標目)	128
corpus 코퍼스	517
correction 교정(校正)	80
corrigenda 정오표(正誤表)	459
cost per circulation 대출 코스트(貸出--)	135
coterie magazine 동인지(同人誌)	176
Council of Law Libraries 법률도서관연락회(法律圖書館連絡會)	227
Council on Library and Information Resources(CLIR) 도서관정보자원진흥재단(圖書館情報資源振興財團)	158
counter work 카운터 업무(--業務)	513
course for certified librarian 사서 과정 (司書課程)	262
course-integrated bibliographic instruction 교과 내 문헌 이용 지도(敎科內文獻利用指導)	77
course-related bibliographic instruction 교과 관련 문헌 이용 지도(敎科關聯文獻利用指導)	77
cover title 표지 표제(表紙標題)	554
Cranfield experiments 크랜필드실험(--實驗)	520
Creative Commons 크리에이티브 커먼즈	520
critical abstract 비판적 초록(批判的 抄錄)	257
cross classification 교차 분류(交叉分類)	80
cross database retrieval system 횡단 검색(橫斷檢索)	589
cross reference 참조(參照)	494
cumulative index 누적 색인(累積索引)	120
current awareness service 최신 정보 주지 서비스(最新情報周知--)	506
current bibliography 최신 서지(最新書誌)	506
currentness of library collection 장서 최신성(藏書最新性)	418
Cutter, Charles Ammi 커터	515
cyber-space 사이버스페이스	264
cyclopedia; dictionary 사전(事典)	265

D

Daiso 다이소(大惣)	125
DAISY	21
damaged book 파손본(破損本)	534
Dana, John Cotton 데이나	138
data element 데이터 요소(--要素)	141
data mining 데이터 마이닝	139
data model 데이터 모델	140
database 데이터베이스	140
database distributor 데이터베이스 서비스 기관(--機關)	141

database producer
　　데이터베이스 작성 기관(--作成機關)　141
database service
　　데이터베이스 서비스 기관(--機關)　141
database vendor 데이터베이스 벤더　140
database vendor
　　데이터베이스 서비스 기관(--機關)　141
date due slip 반납 기한표(返納期限票)　218
date of manufacturer 제작년(製作年)　460
date of publication 발행년(發行年)　220
Davis, Watson 데이비스　138
DDC 듀이십진분류법(--十進分類法)　178
deacidification 탈산(脫酸)　524
decentralization of library 분산제(分散制)　248
decimal classification 십진식 분류법
　　(十進式分類法)　319
decimal notation 십진식 기호법(十進式記號法)　319
dedication 헌사(獻辭)　578
deep web 심층 웹(深層--)　318
definitive edition 정본(定本)　457
degree of updating library collection
　　장서 갱신율(藏書更新率)　415
delivery station 배본소(配本所)　222
demand theory 요구론(要求論)　358
dependent title 종속 표제(從屬標題)　464
deposit 기탁(寄託)　109
deposited material 기탁 자료(寄託資料)　110
depository library 기탁 도서관(寄託圖書館)　110
depth of indexing 색인 심도(索引深度)　272
derived indexing 추출 색인법(抽出索引法)　507
description independent system
　　기술 독립 방식(記述獨立方式)　106

description 기술(記述)　105
descriptive bibliography
　　기술 서지학(記述書誌學)　106
descriptive cataloging
　　기술 목록법(記述目錄法)　106
descriptive unit system
　　기술 유닛 방식 (記述--方式)　107
descriptor 디스크립터　180
designation of function 역할 표시(役割表示)　338
designator administration system
　　지정 관리자 제도(指定管理者制度)　484
details of contents 내용 세목(內容細目)　116
deterioration 열화(劣化)　346
Deutsche Bibliothek 독일도서관(獨逸圖書館)　174
Dewey Decimal Classification
　　듀이십진분류법(--十進分類法)　178
Dewey, Melvil Louis Kossuth 듀이　177
dichotomy 이분법(二分法)　376
dictionary catalog 사전체 목록(辭典體目錄)　265
different edition 이판(異版)　382
Digital Accessible Information System　21
digital archiving 디지털 아카이빙　181
digital divide 디지털 디바이드　181
Digital Object Identifier　21
digital reference service
　　디지털 참고 서비스(--參考--)　182
digital right management(DRM)
　　디지털 저작권 관리(--著作權管理)　181
diorama 디오라마　180
direct observation method 관찰법(觀察法)　76
directory 명감(名鑑)　196
directory 인명록(人名錄)　384

영한 대조 색인　713

discard 폐기(廢棄)	548
disclosure of official information　정보 공개(情報公開)	447
discography 디스코그래피	180
discontinuance of publication 폐간(廢刊)	548
discriminative book 차별 도서(差別圖書)	489
discriminativeness 식별력(識別力)	314
distance learning 원격 학습(遠隔學習)	362
distributed relatives　분산된 관련 항목(分散--關聯項目)	248
distributor 배포자(配布者)	224
divided catalog 개별형 목록(個別形目錄)	47
divided catalog 분할 목록(分割目錄)	251
divided entry for multi-volume item　분할 저록(分割著錄)	251
division 강(綱)	46
division 구분(區分)	81
document delivery service　문헌 배달 서비스(文獻配達--)	206
document 문서(文書)	204
document; literature 문헌(文獻)	206
documentation 도큐멘테이션	169
documentation 정보 관리(情報管理)	448
DOI Digital Object Identifier	21
Donker Duyvis, Frits 돈커 듀이비스	175
double faced shelving; double-faced book stack 양면 서가(兩面書架)	329
double leaf 장(張)	414
drop 도서 반납함(圖書返納函)	166
drop-out 검색 누락(檢索漏落)	51
Dublin Core 더블린 코어	138
duplicate check 복본 조사(複本調査)	234
dyslexia 난독증(難讀症)	114
dyslexia 디스렉시아	180

E

early printed book 고판본(古版本)	63
early-childhood services　유유아 서비스(乳幼兒--)	368
EBM 근거 중심 의학(根據中心醫學)	100
EC 전개분류법(展開分類法)	430
editing 편집(編輯)	546
edition area 판사항(版事項)	538
edition binding 수물 제본(數物製本)	304
edition designator 판차(版次)	538
edition statement 판표시(版表示)	539
edition 판(版)	536
Edwards, Edward 에드워즈	336
e-learning 이러닝	374
electronic book 전자책(電子册)	438
electronic journal 전자 저널(電子--)	437
electronic library 전자 도서관(電子圖書館)	436
electronic newspaper 전자 신문(電子新聞)	437
electronic paper 전자 종이(電子--)	438
electronic publishing 전자 출판(電子出版)	438
electronic resources 전자 자료(電子資料)	437
e-mail 이메일	375
e-mail magazine 메일 매거진	195
Emperor's autography 어필본(御筆本)	334
Emperor's edition 칙판(勅版)[일본]	509
encyclopedia 백과사전(百科事典)	224
end-user searching　최종 이용자 탐색(最終利用者探索)	506
entropy 엔트로피	337

entry vocabulary 도입 어휘(導入語彙) 168
enumerative classification
　　열거식 분류법(列擧式分類法) 343
epigraph 에피그라프 337
e-print archive 이프린트 아카이브 382
equivalence relationship 동의 관계(同義關係) 176
errata 정오표(正誤表) 459
establishment rate of library 설치율(設置率) 293
European Library 유럽도서관(--圖書館) 366
evaluation of library service
　　서비스 평가(--評價) 279
Evidence-Based Medicine
　　근거 중심 의학(根據中心醫學) 100
evil book 악서(惡書) 325
evolutionary 진화순(進化順) 486
ex libris 장서표(藏書票) 419
exact match 완전 조합(完全組合) 356
exchange of library materials
　　자료 교환(資料交換) 405
exhaustivity 망라성(網羅性) 193
exhibition 전시회(展示會) 435
Expansive Classification
　　전개분류법(展開分類法) 430
expert system 전문가 시스템(專門家--) 433
explanatory note 범례(凡例) 227
explanatory reference
　　설명 참조(說明參照) 293
explicit demand 명시적 요구(明示的要求) 196
expressiveness 표현력(表現力) 555
expurgated edition 삭제판(削除版) 268
extension service 확장 서비스(擴張--) 586
extension; denotation 외연(外延) 357

extract 발췌(拔萃) 220
EYE Mark　EYE(EYE LOVE EYE)마크 22

F

facet 패싯 540
facet analysis 패싯 분석(--分析) 541
facet formula 패싯 공식(--公式) 540
facet indicator 패싯 지시 기호(--指示記號) 542
faceted classification 패싯식 분류법(--式分類法) 541
faceted notation 패싯식 기호법(--式記號法) 541
facility similar to library
　　도서관 동종 시설(圖書館同種施設) 146
facsimile edition 팩시밀리 판(--版) 542
fair use 공정 이용(公正利用) 69
fake 안본(贋本) 326
false drop 오선택(誤選擇) 351
false imprint 가공의 출판 사항(架空--出版事項) 39
Farmington Plan 파밍턴 플랜 534
favored focus 특례 포커스(特例--) 530
Fédération Internationale d'Information
　　et de Documentation(FID) 국제정보
　　도큐멘테이션연맹(國際情報--聯盟) 92
fee-based service 유료 서비스(有料--) 367
fence notation 펜스 기호법(--記號法) 544
Festschrift 기념 논문집(記念論文集) 102
fictitious imprint
　　가공의 출판 사항(架空--出版事項) 39
FID 국제정보도큐멘테이션연맹(國際情報--聯盟) 92
field 필드 559
field length 필드 길이 559
field terminator 필드 종단 기호(--終端記號) 559
field separator 필드 종단 기호(--終端記號) 559

figures in text 삽화(挿畵)	269
filing code 배열 규칙 (排列規則)	223
filing element 배열 요소(排列要素)	223
filing material 파일 자료(--資料)	535
filing order 배열 순서(排列順序)	223
filing rules 배열 규칙 (排列規則)	223
filing system 파일링 시스템	535
filing 배열(排列)	222
filmography 필모그래피	560
finding list 파인딩 리스트	535
first edition 초판(初版)	503
first impression 초쇄(初刷)	502
first issue 창간호(創刊號)	494
first printing 초쇄(初刷)	502
first-line index 첫줄 색인(--索引)	500
fixed length field 고정 길이 필드(固定--)	62
fixed length record 고정 길이 레코드(固定--)	62
fixed location 고정식 배가법(固定式排架法)	63
flat back 모등	198
flexible back 횐등	590
flexible notation 유연성 있는 기호법 (柔軟性--記號法)	368
floor work 플로어 업무(--業務)	558
focus 포커스	549
folded book for calligraphy 법첩(法帖)	228
folded book 첩장본(帖裝本)	499
folder 접포(摺鋪)	444
folio 매(枚)	194
foreign language dictionary 외국어 사전(外國語辭典)	356
foreign magazine; foreign journal 외국 잡지(外國雜誌)	356
forgery 안본(贋本)	326
form heading 형식 표목(形式標目)	582
form subdivision 형식 구분(形式區分)	581
form subdivision 형식 세목(形式細目)	581
form 형식(形式)	581
formal communication 공식 커뮤니케이션 (公式--)	69
formal notes 정형 주기(定型註記)	459
format 판형(判型)	539
fragment 영엽(零葉)	348
Franklin, Benjamin 프랭클린	556
FRBR Functional Requirements for Bibliographic Records	22
free access system 자유 개가제(自由開架制)	411
free paper 프리 페이퍼	557
Free Use Mark 자유 이용 마크(自由利用--)	411
freedom of expression 표현의 자유 (表現--自由)	555
freedom to read 독서의 자유(讀書--自由)	172
frequency 간행 빈도(刊行頻度)	45
frequency of library use 이용 빈도(利用頻度)	378
frequency of serials 간행 빈도(刊行頻度)	45
friends of the library; library associates 도서관의 친구들(圖書館--親舊--)	154
front matter 전부(前付)	434
frontispiece 앞 그림	328
full name 완전명(完全名)	356
full-text retrieval 전문 검색(全文檢索)	433
full-time teacher-librarian system 전임 사서 교유 제도(專任司書敎諭制度)	436
Functional Requirements for Bibliographic Records	22

fundamental category 기본 범주(基本範疇) 104	government printing 관판(官版) 76
fundamental equation of information science	government publication
브룩스의 기본 방정식(--基本方程式) 254	정부 간행물(政府刊行物) 458
fuzzy model 퍼지 모델 543	gramophone record 레코드 185
fuzzy retrieval 퍼지 검색(--檢索) 543	granularity 입도(粒度) 400
	graphic material 화상 자료(畫像資料) 584
	gray literature 회색 문헌(灰色文獻) 588

G

	Green, Samuel Swett 그린 99
gatekeeper 게이트키퍼 55	guide magazine 정보지(情報誌) 455
gateway 게이트웨이 54	guidebook 가이드북 40
gathering 장합(張合) 420	Gutenberg, Johann 구텐베르크 83
gazette 관보(官報) 74	

H

gazetteer 지명 사전(地名事典) 479	
genealogy 계보(系譜) 56	half title 간략 표제(簡略標題) 45
general classification 일반 분류표	halftone 망판(網版) 193
(一般分類表) 390	hand sewing 손매기 301
general collection 일반 컬렉션(一般--) 390	handbook 편람(便覽) 545
general index 총색인(總索引) 504	handmade binding 본철(本綴) 237
General Information Programme 22	handmade paper 수초지(手抄紙) 307
general library 종합 도서관(綜合圖書館) 465	hardback 하드커버 561
general reference 일반 참조(一般參照) 390	hardbound 하드커버 561
generalia class 총류 클래스(總類--) 503	hardcover binding 본장본(本裝本) 237
genus 유(類) 365	hardcover 하드커버 561
genus-species relationship 유종 관계	harmful book 악서(惡書) 325
(類種關係) 369	heading 표목(標目) 550
geographical dictionary 지명 사전(地名事典) 479	hidden web 심층 웹(深層--) 318
geographic subdivision 지리 구분(地理區分) 478	hierarchical bibliographical level
Gessner, Conrad 게스너 54	서지 레벨(書誌--) 284
gift 기증(寄贈) 109	hierarchical classification 계층 분류법
GIP General Information Programme 22	(階層分類法) 59
globe 구의(球儀) 82	hierarchical notation 계층 기호법(階層記號法) 59
glossary 용어집(用語集) 360	hierarchical relationship 계층 관계
government information	(階層關係) 58
정부 정보(政府情報) 458	

hierarchy 계층(階層) 58
holding check 소장 조사(所藏調査) 299
holdings record 소장 레코드(所藏--) 299
holdings 소장 권호(所藏卷號) 298
holiday opening 휴일 개관(休日開館) 591
hollow back 빈등 258
hollow back 홀로백 584
home bunko 가정 문고(家庭文庫)[일본] 41
home delivery service 택배 서비스(宅配--) 525
homemade reference tool 자관 제작 툴
 (自館製作--) 403
hospital library 병원 도서관(病院圖書館) 230
hospitality 허용성(許容性) 577
hours of opening 개관 시간(開館時間) 46
house organ 사내보(社內報) 259
HTML Hyper-Text Markup Language 23
hyper media 하이퍼미디어 562
hypertex 하이퍼텍스트 562
Hyper-Text Markup Language 23

I

I & R service 정보 안내 서비스(情報案內--) 452
IBBY 국제아동도서협의회(國際兒童圖書協議會) 91
identifier 식별자(識別子) 315
IETF Internet Engineering Task Force 23
IFLA 국제도서관연맹(國際圖書館聯盟) 90
illegal publication 비합법 출판(非合法出版) 258
illustrated book 삽화책(揷畵冊) 269
illustration in text 삽화(揷畵) 269
image material 화상 자료(畵像資料) 584
immediacy index 즉시성 지수(卽時性指數) 477
impact factor 인용 영향도(引用影響度) 387

Imperial Library 데이코쿠도서관
 (帝國圖書館)[일본] 139
imposture 위서(僞書) 364
incunabula 인큐내뷸러 388
index 색인(索引) 271
index journal 색인지(索引誌) 274
index vocabulary 색인 어휘(索引語彙) 273
indexing 색인법(索引法) 272
indexing language 색인 언어(索引言語) 273
indexing robot 색인 로봇(索引--) 272
indexing system 색인 시스템(索引--) 272
indexing term 색인어(索引語) 273
India paper 인디아 페이퍼 384
indicative abstract 지시적 초록
 (指示的 抄錄) 481
indicator 지시 기호(指示記號) 480
individual bibliography 개인 서지
 (個人書誌) 48
influence phase 영향의 상(影響--相) 348
informal communication
 비공식 커뮤니케이션(非公式--) 255
information 정보(情報) 445
information and communications technology
 education 정보 교육(情報敎育) 449
information and referral service
 정보 안내 서비스 (情報案內--) 452
information broker 정보 브로커(情報--) 451
information center 정보 센터(情報--) 452
information disclosure 정보 공개(情報公開) 447
information ethics 정보 윤리(情報倫理) 453
information file 정보 파일(情報--) 456
information filtering 정보 필터링(情報--) 456

information law 정보법(情報法)	451
information literacy 정보 리터러시(情報--)	450
information management 정보 관리(情報管理)	448
information media 정보 미디어(情報--)	450
information needs 정보 니즈(情報--)	449
information on forthcoming publications 근간 정보(近刊情報)	100
information on recent publication 신간 정보(新刊情報)	315
information policy 정보 정책(情報政策)	455
Information Processing Society of Japan 정보처리학회(情報處理學會)	456
information profession 정보 전문직(情報專門職)	454
information requirement 정보 요구(情報要求)	453
information resources 정보 자원(情報資源)	454
information retrieval system 정보 검색 시스템(情報檢索--)	446
information retrieval 정보 검색(情報檢索)	446
Information Science and Technology Association(INFOSTA) 정보과학 기술협회(情報科學技術協會)	448
information science 정보학(情報學)	457
information service 정보 서비스(情報--)	451
information society 정보화 사회(情報化社會)	457
information space 정보 공간(情報空間)	447
information system 정보 시스템(情報--)	452
information technology education 정보 교육(情報敎育)	449
information theory 정보 이론(情報理論)	454
information visualization 정보 시각화(情報視覺化)	452
information-seeking behavior 정보 탐색 행동(情報探索行動)	456
informative abstract 통보적 초록(通報的 抄錄)	528
informetrics 계량 정보학(計量情報學)	56
INIS 국제원자력정보시스템(國際原子力情報--)	92
in-library use 열람(閱覽)	344
in-library use only 대출 금지(貸出禁止)	132
inner form 내형식(內形式)	117
in-service training 현직 연수(現職硏修)	578
instance relation 예시 관계(例示關係)	349
institution library 시설 도서관(施設圖書館)	312
institutional repository 기관 리포지터리(機關--)	101
instruction support service 교수 지원 활동(敎授支援活動)	79
intaglio printing 요판 인쇄(凹版印刷)	359
integrating resources 통합 자료(統合資料)	529
integrity of numbers 기호의 안정성(記號--安定性)	111
intellectual freedom of libraries 도서관의 자유(圖書館--自由)	154
intellectual property 지적 재산권(知的財産權)	484
intercalation 삽입(揷入)	269
inter-filing 혼배(混排)	584
interlibrary access 도서관 상호 이용(圖書館相互利用)	149
interlibrary cooperation 도서관 상호 협력(圖書館相互協力)	149

영한 대조 색인   719

interlibrary loan 도서관 상호 대차
　(圖書館相互貸借)　149
intermediary 서처　290
International Board on Books for Young People
　국제아동도서협의회(國際兒童圖書協議會)　91
international exchange of document
　국제 교환(國際交換)　90
International Federation of Library
　Associations and Institutions
　국제도서관연맹(國際圖書館聯盟)　90
International Library of Children's Literature
　국제어린이도서관(國際--圖書館)[일본]　92
International Nuclear Information System
　국제원자력정보시스템 (國際原子力情報--)　92
International Patent Classification
　국제특허분류(國際特許分類)　93
International Standard Bibliographic
　Description 국제표준서지기술법
　(國際標準書誌記述法)　94
International Standard Book Numbe
　국제표준도서번호(國際標準圖書番號)　93
International Standard Music Number
　국제표준악보번호(國際標準樂譜番號)　95
International Standard Recording Code
　국제표준녹음자료코드(國際標準錄音資料--)　93
International Standard Serial Number 국제표준
　연속간행물번호(國際標準連續刊行物番號)　96
International Standard Technical Report Number
　국제표준보고서번호 (國際標準報告書番號)　94
Internet Engineering Task Force　23
inventory 장서 점검(藏書點檢)　417
inverted Baconian order 역베이컨순(逆--順)　337

inverted file 도치 파일(倒置--)　169
inverted heading 도치형 표목(倒置形標目)　169
invisible college 보이지 않는 대학(--大學)　232
invisible web 심층 웹(深層--)　318
IPC 국제특허분류(國際特許分類)　93
irregular gathering 난장(亂張)　114
ISBD 국제표준서지기술법(國際標準書誌記述法)　94
ISBD punctuation 국제표준서지기술법
　구두법(國際標準書誌記述法 句讀法)　95
ISBN 국제표준도서번호(國際標準圖書番號)　93
ISMN 국제표준악보번호(國際標準樂譜番號)　95
ISO/TC 46 International Organization for
　Standardization Technical Committee 46　24
isolate 아이솔레이트　323
isolate focus 아이솔레이트　323
ISRC 국제표준녹음자료코드(國際標準錄音資料--)　93
ISRN 국제표준보고서번호(國際標準報告書番號)　94
ISSN 국제표준연속간행물번호
　(國際標準連續刊行物番號)　96
ISSN Network ISSN 네트워크　24
issue 호(號)　583
item 기술 대상(記述對象)　106

J

Japan Academic Association for
　Copyright Clearance 학술저작권협회
　(學術著作權協會)　568
Japan Art Documentation Society(JADS)
　아트・도큐멘테이션학회(--學會)　324
Japan Association for International
　Chemical Information 화학정보협회
　(化學情報協會)[일본]　585

Japan Association of Agricultural Librarians and Documentalists 일본농학도서관협의회(日本農學圖書館協議會) 391
Japan Association of Library and Information History 일본도서관문화사연구회(日本圖書館文化史研究會) 391
Japan Association of National University Libraries 국립대학도서관협회(國立大學圖書館協會)[일본] 87
Japan Association of Private University Libraries 사립대학도서관협회(私立大學圖書館協會) 261
Japan Book Publishers Association 일본서적출판협회(日本書籍出版協會) 395
Japan Council for Promotion of Book Reading 독서추진운동협의회(讀書推進運動協議會) 173
Japan Indexers Association 일본색인가협회(日本索引家協會) 395
Japan Library Association(JLA) 일본도서관협회(日本圖書館協會) 393
JAPAN MARC 24
Japan Medical Library Association 일본의학도서관협회(日本醫學圖書館協會) 396
Japan Nursing Library Association(JNLA) 일본간호도서관협회(日本看護圖書館協會) 390
Japan Patent Information Organization(JAPIO) 일본특허정보기구(日本特許情報機構) 397
Japan Pharmaceutical Library Association 일본약학도서관협의회(日本藥學圖書館協議會) 396
Japan Publishing Organization for Information Infrastructure Development 일본출판인프라센터(日本出版--) 397
Japan Reading Association 일본독서학회(日本讀書學會) 393
Japan Reprographic Rights Center 일본복사권센터(日本複寫權--) 394
Japan School Library Association 전국학교도서관협의회(全國學校圖書館協議會) 432
Japan Society for Archival Science 일본아카이브즈학회(日本--學會) 396
Japan Society for Information and Media Studies 정보미디어학회(情報--學會) 450
Japan Society for Publishing Studies 일본출판학회(日本出版學會) 397
Japan Society of Information and Knowledge 정보지식학회 (情報知識學會) 455
Japan Society of Library and Information Science 일본도서관정보학회(日本圖書館情報學會) 392
Japan Society of School Library Science 일본학교도서관학회(日本學校圖書館學會) 397
Japan Special Libraries Association 전문도서관협의회(專門圖書館協議會) 434
Japanese Board on Books for Young People(JBBY) 일본국제아동도서평의회(日本國際兒童圖書評議會) 391
Japanese paper 화지(和紙) 585
Jewett, Charles Coffin 쥬이트 477
job binding 제제본(諸製本) 461
journal 잡지(雜誌) 413
junior college library 단기 대학 도서관 (短期大學圖書館) 126

K

Kanazawa-bunko 가나자와문고(金澤文庫) 39

kansei information 감성 정보(感性情報) 45
KCR 한국목록규칙(韓國目錄規則) 571
KDC 한국십진분류법(韓國十進分類法) 572
key title 등록 표제(登錄標題) 179
keyword 키워드 521
knowledge 지식(知識) 481
knowledge classification 지식 분류(知識分類) 482
knowledge management 지식 관리(知識管理) 481
known-item search 아는 자료 탐색
   (--資料探索) 321
Korean book 한국본(韓國本) 571
Korean Cataloging Rules
   한국목록규칙(韓國目錄規則) 571
Korean Decimal Classification
   한국십진분류법(韓國十進分類法) 572
Korean Machine Readable Cataloging
   (KORMARC) 한국문헌자동화목록
   (韓國文獻自動化目錄) 571
KORMARC 한국문헌자동화목록
   (韓國文獻自動化目錄) 571
keyword-in-context index KWIC 색인(--索引) 25
keyword-out-of-context index KWOC
   색인(--索引) 25
KWIC index KWIC 색인(--索引) 25
KWOC index KWOC 색인(--索引) 25

L

language subdivision 언어 구분(言語區分) 334
large-paper copy 대형판(大型版) 137
large-paper edition 대형판(大型版) 137
LC 미국의회도서관 (美國議會圖書館) 210
LC MARC 26

LCC 미국의회도서관분류표(美國議會圖書館分類表) 210
LCSH 미국의회도서관주제명표목표
   (美國議會圖書館主題名標目表) 211
lead-in vocabulary 도입 어휘(導入語彙) 168
leaf 매(枚) 194
leaflet 리플릿 189
learning resources center
   학습 자료 센터(學習資料--) 569
leather binding 가죽 제본(--製本) 42
ledger system 기장식 대출법(記帳式貸出法) 108
legal deposit library 법정 납본 도서관
   (法定納本圖書館) 228
legal deposit 납본 제도(納本制度) 115
legislative reference service 입법 참고
   서비스(立法參考--) 401
Leibniz, Gottfried Wilhelm 라이프니츠 183
lending 대출(貸出) 132
lending by mail 우편 대출(郵便貸出) 360
lending collection 대출용 컬렉션(貸出用--) 134
lending library 대출 도서관(貸出圖書館) 133
letter-by-letter arrangement 자순 배열
   (字順排列) 410
letters journal 레터지(--誌) 186
level of description 기술의 레벨(記述--) 108
level 레벨 184
librarian 도서관인(圖書館人) 156
librarian 사서(司書) 262
librarianship 도서관직(圖書館職) 160
librarianship 도서관학(圖書館學) 162
library's holdings 소장 사항(所藏事項) 299
library and information science
   문헌정보학(文獻情報學) 207

library and information science education
  문헌정보학 교육(文獻情報學敎育) 208
library assembly program 집회 활동(集會活動) 488
library associates 도서관의 친구들(圖書館-親舊--) 154
library association 도서관 협회(圖書館協會) 164
library automation 도서관 자동화
  (圖書館自動化) 156
Library Bill of Rights 도서관권리선언
  (圖書館 權利宣言) 145
library binding 도서관 제본(圖書館製本) 159
library building 도서관 건축(圖書館建築) 144
library by-law 도서관 조례(圖書館條例) 159
library catalog 장서 목록(藏書目錄) 416
library classification 문헌 분류법
  (文獻分類法) 206
library clerical staff 도서관 사무직
  (圖書館事務職) 148
library committee 도서관 위원회
  (圖書館委員會) 152
library consortium 도서관 컨소시엄
  (圖書館--) 160
library cooperation
  도서관 상호 협력(圖書館相互協力) 149
library council 도서관 협의회(圖書館協議會) 163
library director; librarian 도서관장(圖書館長) 158
library edition 도서관판(圖書館版) 161
library evaluation 도서관 평가(圖書館評價) 162
library facility 도서관 시설(圖書館施設) 151
library furniture 도서관 가구(圖書館家具) 143
library history 도서관사(圖書館史) 148
library holdings 장서(藏書) 415
library hours related to class work
  도서관의 시간(圖書館--時間) 153

Library Law 도서관법(圖書館法) 147
library management 도서관 경영(圖書館經營) 144
library material budget 자료 구입비
  (資料購入費) 405
library material 도서관 자료(圖書館資料) 157
library movement 도서관운동(圖書館運動) 152
library network 도서관 네트워크(圖書館--) 146
Library of Congress Classification
  미국의회도서관분류표(美國議會圖書館分類表) 210
Library of Congress Subject Heading
  미국의회도서관주제명표목표
  (美國議會圖書館主題名標目表) 211
Library of Congress 미국의회도서관
  (美國議會圖書館) 210
library orientation
  도서관 오리엔테이션(圖書館--) 151
library pass 이용증(利用證) 381
library policy 도서관 정책(圖書館政策) 159
library program 도서관 행사(圖書館行事) 163
library regulations 도서관 규칙(圖書館規則) 145
library school 도서관학교(圖書館學校) 163
library science 도서관학(圖書館學) 162
library security 도서관 안전 관리
  (圖書館安全管理) 151
library service for hospital patients
  병원 서비스(病院--) 230
library service for the aged
  고령자 서비스(高齡者--) 59
library service for the aurally impaired
  청각 장애인 서비스(聽覺障碍人--) 500
library service for the handicapped
  장애인 서비스(障碍人--) 419

library service for the physically handicapped
　신체 장애인 서비스(身體障碍人--)　317
library service for the reading impairment
　대면 낭독 서비스(對面朗讀--)　131
library service for the visually impaired
　시각 장애인 서비스(視覺障碍人--)　310
library service for whole community
　전역 서비스(全域--)　435
library service 도서관 서비스(圖書館--)　150
Library Services and Technical Act
　도서관서비스기술법(圖書館--技術法)　150
library staff 도서관 직원(圖書館職員)　160
library statistics 도서관 통계(圖書館統計)　161
library supplies 도서관 용품(圖書館用品)　152
library survey 도서관 조사(圖書館調査)　159
library system 도서관 시스템(圖書館--)　151
library tour 도서관 투어(圖書館--)　161
library use assistance 도서관 이용 지원
　(圖書館利用支援)　155
library use education 도서관 이용 교육
　(圖書館利用教育)　155
library use orientation
　도서관 오리엔테이션(圖書館--)　151
library user conference 이용자 간담회
　(利用者懇談會)　378
library visits per capita 내관자 밀도
　(來館者密度)　115
library volunteer 도서관 자원 봉사자
　(圖書館自願奉仕者)　157
library 도서관(圖書館)　143
lifelong learning 평생 학습(平生學習)　547
ligature 합자(合字)　574

limited edition 한정판(限定版)　573
link operator　189
list of subject heading 주제명 표목표
　(主題名標目表)　470
list-checking method 체크리스트법(--法)　501
literacy program 리터러시 프로그램　189
literary warrant 문헌적 근거(文獻的 根據)　207
literature search 문헌 조사(文獻調査)　208
lithography 석판 인쇄(石版印刷)　291
lithography 평판 인쇄(平版印刷)　547
loan to classrooms 학급 대출(學級貸出)　565
loan to groups 단체 대출(團體貸出)　128
loan to individuals 개인 대출(個人貸出)　47
loan to institutions 시설 대출(施設貸出)　312
loan 대출(貸出)　132
local access 로컬 액세스　187
local assembly library 지방 의회 도서실
　(地方議會圖書室)　480
local collection 향토 자료 (鄕土資料)　577
local material 향토 자료 (鄕土資料)　577
local publication 지방 출판물(地方出版物)　480
local update 갱신 사항(更新事項)　50
location search 소재 조사(所在調査)　300
location mark 소재 기호(所在記號)　300
location symbol 소재 기호(所在記號)　300
location 소재 지시(所在指示)　300
longer entry type 대항목 주의(大項目主義)　137
loose leaves material 가제식 자료
　(加除式資料)　42
loose-leaf catalog 가제식 목록(加除式目錄)　42
Lotka's law 로트카의 법칙(--法則)　187
LSTA 도서관서비스기술법(圖書館--技術法)　150

M

용어	페이지
macro-thesaurus 매크로시소러스	194
made up copy 취합본(取合本)	509
magazine 잡지(雜誌)	413
magnifiable reading machine 확대 독서기(擴大讀書器)	586
mailing-list 메일링리스트	195
main class 주류(主類)	467
main entry 기본 저록(基本著錄)	104
main entry heading 기본 저록 표목(基本著錄標目)	104
main entry system 기본 저록 방식(基本著錄方式)	104
main heading 주표목(主標目)	474
main library 중앙관(中央館)	475
main schedule 본표(本表)	238
main table 본표(本表)	238
mandatory library service 의무 설치제(義務設置制)	372
manual search 수작업 탐색(手作業探索)	306
manufacturer 제작자(製作者)	460
manuscript 자필 원고(自筆原稿)	412
manuscript 필사본(筆寫本)	560
map 지도(地圖)	478
MARC	26
MARC 21	26
MARC machine readable cataloging	26
MARC record MARC 레코드	27
MARC format MARC 포맷	27
markup language 마크업 언어(--言語)	193
material designation 자료 유형 표시(資料類型表示)	408
material or type of publication specific details area 자료 또는 발행 유형 특성 사항(資料--發行類型特性事項)	409
matrix 자모(字母)	410
mechanics' library 직공 도서관(職工圖書館)	485
media 미디어	212
media conversion 미디어 변환(--變換)	212
media literacy 미디어 리터러시	212
media program 미디어 프로그램	213
media specialist 미디어 스페셜리스트	212
medical informatics 의료 정보학(醫療情報學)	372
Medical Subject Headings 의학주제명표목표(醫學主題名標目表)	372
mediology 미디올로지	213
memoir 기요(紀要)[일본]	108
merger 합병(合併)	573
MeSH 의학주제명표목표(醫學主題名標目表)	372
metadata 메타데이터	196
Metadata Encoding and Transmission Standard	28
Metadata Object Description Schema	28
METS Metadata Encoding and Transmission Standard	28
microform 마이크로 자료(--資料)	192
microform reader 마이크로 자료 리더(--資料--)	192
microthesaurus 마이크로시소러스	192
migration 마이그레이션	191
mimeograph 등사판(謄寫版)	180
Ming edition 명판(明版)	196
miss gathering 낙장(落張)	113
missing issue 결호(缺號)	55

missing material 분실 자료(紛失資料) 250
Mita Society for Library and Information
   Science 미타도서관·정보학회
   (三田圖書館·情報學會) 214
mixed notation 혼합 기호법(混合記號法) 584
mixed responsibility 책임성의 혼합
   (責任性--混合) 496
mnemonic notation 조기성 기호법
   (助記性記號法) 462
mobile library 이동 도서관(移動圖書館) 373
model 모형(模型) 199
MODS Metadata Object Description Schema 28
modular planning 모듈러 플랜 197
monograph 단행본(單行本) 129
monograph 모노그라프 197
monographic bibliographic unit
   단행 서지 단위(單行書誌單位) 129
monographic item 단행 자료(單行資料) 130
monographic series 단행본 총서(單行本叢書) 129
mook 무크 202
morning reading activities 아침 독서(--讀書) 324
morphemic analysis 형태소 분석
   (形態素分析) 583
mother tongue dictionary 국어 사전
   (國語辭典) 90
motion picture 영화(映畵) 348
movable location
   이동식 배가법(移動式排架法) 374
multi-cultural service 다문화 서비스
   (多文化--) 124
multi-level description 다단계 기술법
   (多段階記述法) 124

multilingual thesaurus 다언어 시소러스
   (多言語--) 124
multimedia 멀티미디어 195
multiple database retrieval system
   횡단 검색(橫斷檢索) 589
multiple entry indexing system
   복수 저록 색인법(複數著錄索引法) 235
multi-part item 다책물(多冊物) 125
multi-tier stack 적층 서가(積層書架) 428
multi-volume item 다책물(多冊物) 125
museum 박물관(博物館) 217
Museum Law 박물관법(博物館法) 217
museum material 박물관 자료(博物館資料) 218
Music Library Association of Japan
   음악도서관협의회(音樂圖書館協議會) 371
musical material 음악 자료(音樂資料) 371

N

name authority file 이름 전거 파일(--典據--) 375
name catalog 고유명 목록(固有名目錄) 61
name list 인명록(人名錄) 384
National Agricultural Library
   국립농학도서관(國立農學圖書館) 87
national bibliography number
   국가 서지 번호(國家書誌番號) 85
national bibliography 국가 서지(國家書誌) 84
National Commission on Libraries and
   Information Science 국가도서관정보학위원회
   (國家圖書館情報學委員會) 84
National Diet Library 국립국회도서관
   (國立國會圖書館)[일본] 85
National Diet Library Classification(NDLC)
   국립국회도서관분류표(國立國會圖書館分類表) 86

National Diet Library Law
국립국회도서관법(國立國會圖書館法) 86
National Diet Library Subject Headings
(NDLSH) 국립국회도서관주제명표목표
(國立國會圖書館主題名標目表) 87
National Institute of Informatics(NII)
국립정보학연구소(國立情報學硏究所) 89
national law on information disclosure;
public information act 정보 공개법
(情報公開法) 447
national library law 국립 도서관법
(國立圖書館法) 88
National Library of Medicine
국립의학도서관(國立醫學圖書館) 88
national library 국립 도서관(國立圖書館) 88
national planning of library 전국 도서관
계획(全國圖書館計劃) 432
National Program for Acquisitions and
Cataloging 국가수서편목프로그램
(國家收書編目--) 85
natural characteristics 자연적 특성
(自然的 特性) 410
Naudé, Gabriel 노데 118
NCLIS 국가도서관정보학위원회
(國家圖書館情報學委員會) 84
NCR 일본목록규칙(日本目錄規則) 394
NDC 일본십진분류법(日本十進分類法) 395
neighboring right 저작 인접권(著作隣接權) 427
network of library service 도서관
서비스망(圖書館--網) 150
networked information resources
네트워크 정보 자원(--情報資源) 118

new acquisition 신착 도서(新着圖書) 317
new arrival announcement
신착 자료 안내(新着資料案內) 317
new impression 중쇄(增刷) 478
New York Public Library
뉴욕공공도서관(--公共圖書館) 121
Newark charging system
뉴아크식 대출법(--式貸出法) 121
newsletter 뉴스레터 120
newspaper 신문(新聞) 316
night opening 야간 개관(夜間開館) 329
NII 국립정보학연구소(國立情報學硏究所) 89
Nippon Association for Librarianship
일본도서관연구회(日本圖書館硏究會) 392
Nippon Cataloging Rules
일본목록규칙(日本目錄規則) 394
Nippon Decimal Classification
일본십진분류법(日本十進分類法) 395
NIST National Information System for
Science and Technology 28
NLM 국립의학도서관(國立醫學圖書館) 88
noise 노이즈 119
non-book material 비도서 자료(非圖書資料) 256
non-filing element 비배열 요소(非排列要素) 257
non-preferred term 비우선어(非優先語) 257
non-resident user 지역 외 이용자
(地域外利用者) 483
non-returnable purchase 매절제(買切制) 194
normalization 정상화(正常化) 458
notation 분류 기호법(分類記號法) 246
note area 주기 사항(註記事項) 467
note 주기(註記) 466

notebook charging system
　　기장식 대출법(記帳式貸出法)　　108
notice; overdue notice 독촉(督促)　　175
novelty ratio 참신율(斬新率)　　493
NPAC 국가수서편목프로그램(國家收書編目--)　　85
number of impressions 쇄차(刷次)　　303
number of volumes 권수(卷數)　　98
number 호(號)　　583

O

OAI-PMH　Open Archive Initiative Protocol for Metadata Harvesting　　29
objective knowledge 객관적 지식
　　(客觀的 知識)　　49
OCLC　OCLC Online Computer Library Center, Inc.　　29
Öfentlichekeit; public sphere 공개장(公開場)　　63
official library bulletin 도서관보(圖書館報)　　148
official publication 관공청 출판물
　　(官公廳刊行物)　　73
official report 공보(公報)　　69
offprint; separate 별쇄(別刷)　　229
offset 오프셋　　352
old manuscript 고사본(古寫本)　　60
old manuscript sutra 고사경(古寫經)　　60
on-demand publishing 온 디맨드 출판
　　(--出版)　　353
online bookstore 온라인 서점(--書店)　　354
online catalog 온라인 목록(--目錄)　　353
online public access catalog
　　온라인 열람 목록(--閱覽目錄)　　354
online retrieval 온라인 검색(--檢索)　　353

ontology 온톨로지　　354
OPAC 온라인 열람 목록(--閱覽目錄)　　354
open access 오픈 액세스　　352
open access system 개가제(開架制)　　46
Open Archive Initiative Protocol for Metadata Harvesting　　29
open entry 미완 저록(未完著錄)　　214
open stack system 개가제(開架制)　　46
open to the public 도서관 개방
　　(圖書館開放)　　144
open to the public 지역 개방(地域開放)　　482
opening of information 정보 공개(情報公開)　　447
operator 검색 연산자(檢索演算子)　　53
optical disk 광디스크(光--)　　76
order 발주(發注)　　219
organ 기관지(機關誌)　　101
original cataloging 자체 편목(自體編目)　　412
original edition 원판(原版)　　362
original text 조본(祖本)　　462
original title 원표제(原標題)　　363
other title information 표제 관련 정보
　　(標題關連情報)　　551
Otlet, Paul Marie Ghislain 오틀레　　351
out of print 절판(絶版)　　441
outer title 외제(外題)　　357
outreach 아웃리치　　323
outsourcing 업무 위탁(業務委託)　　335
overdue 연체(延滯)　　343
overnight loan 오버나이트 론　　350
oversize book 대형 도서(大型圖書)　　137
ownership stamp 장서인(藏書印)　　417

P

page 페이지	544
pages missing 낙장(落張)	113
pagination 페이지 매김	544
paging 출납 업무(出納業務)	507
paleography 고문서(古文書)	59
paleography 고문서학(古文書學)	60
palimpsest 팰림프세스트	542
pamphlet 팸플릿	543
panel theater 패널 시어터	540
Panizzi, Antonio Genesio Maria 파니치	533
paper 종이	465
paperback 페이퍼백	544
paperback binding 가제본(假製本)	41
papyrus 파피루스	535
parallel title 대등 표제(對等標題)	130
parchment 양피지(羊皮紙)	330
Paris Principles 파리원칙(--原則)	533
parish library 교구 도서관(敎區圖書館)	78
parliamentary library 의회 도서관(議會圖書館)	373
parliamentary papers 의회 의사록(議會議事錄)	373
partial open access system 부분 개가제(部分開架制)	239
partial title 부분 표제(部分標題)	239
patent classification 특허 분류(特許分類)	531
patent material 특허 자료(特許資料)	532
patent search 특허 조사(特許調査)	532
patients' library 환자용 도서관(患者用圖書館)	586
PDF Portable Document Format	30
pen name 필명(筆名)	559
performance measurement 성과 측정(成果測定)	293
period subdivision 시대 구분(時代區分)	311
periodical index 잡지 기사 색인(雜誌記事索引)	413
periodical 정기간행물(定期刊行物)	444
permanent loan 장기 대출(長期貸出)	415
permanent paper 내구지(耐久紙)	116
personal author 개인 저자(個人著者)	48
personal bibliography 인물 서지(人物書誌)	385
personal name heading 개인명 표목(個人名標目)	47
personal name index 인명 색인(人名索引)	385
personnel directory 직원록(職員錄)	486
PFI Private Finance Initiative	30
PGI	30
phase relation 상 관계(相關係)	270
phased preservation 단계적 보존(段階的保存)	126
phonetic order 음순 배열(音順排列)	370
photogravure 그라비어 인쇄(--印刷)	99
photo-typesetting 사진 식자(寫眞植字)	266
physical description area 형태 기술 사항(形態記述事項)	582
physical unit of description 물리 단위(物理單位)	208
pictorial book 도감(圖鑑)	142
pictorial map 그림 지도(--地圖)	100
picture book 그림책(--冊)	100
picture drawing of book report 독서 감상화(讀書感想畵)	170
picture roll 두루마리 그림	177
Pinakes 피나케스	558
pirated edition 해적판(海賊版)	575

place name index 지명 색인(地名索引)　479
place of manufacturer 제작지(製作地)　461
place of publication 발행지(發行地)　221
place of unique definition; uniquely defining
　class 고유 정의 클래스 (固有定義--)　61
planographic printing 평판 인쇄(平版印刷)　547
planography 평판 인쇄(平版印刷)　547
plate 도판(圖版)　170
pocket edition 포켓판(--判)　549
polyglot 다언어판(多言語版)　125
poly-hierarchical relationship
　복수 상위 관계(複數上位關係)　235
popular library 통속 도서관(通俗圖書館)　528
population of library community
　서비스 인구(--人口)　279
Portable Document Format　30
post-coordinate indexing 후조합 색인법
　(後組合索引法)　590
posting 포스팅　549
potential user 잠재 이용자(潛在利用者)　413
PR　피아르 활동(PR活動)　558
PRECIS Preserved Context of Index System　31
precision 정확률(正確率)　459
pre-coordinated indexing 전조합 색인법
　(前組合索引法)　439
preface 서문(序文)　278
preferred term 우선어(優先語)　360
preliminary edition 예비판(豫備版)　349
preliminary matter 전부(前付)　434
preparation 장비(裝備)　415
preprint 프리프린트　557
presearch interview 탐색전 면담
　(探索前面談)　525

preservation 자료 보존(資料保存)　406
primary access 일차 검색(一次檢索)　398
primary bibliography 일차 서지(一次書誌)　398
primary journal 일차 잡지(一次雜誌)　399
primary source 일차 자료(一次資料)　399
printed book 간본(刊本)　45
printed card 인쇄 카드(印刷--)　386
printed catalog 책자식 목록(册子式目錄)　497
printed sutra 판경(版經)　536
printer's device 인쇄자 마크(印刷者--)　385
printing 인쇄(印刷)　385
printing from movable type 활판 인쇄
　(活版印刷)　587
prison library 교도소 도서관(矯導所圖書館)　78
private collection 개인 문고(個人文庫)　48
Private Finance Initiative　30
private library 사립 도서관(私立圖書館)　260
private press edition 사가판(私家版)　259
proceedings 회의록(會議錄)　588
professionalism of certified librarian
　사서직 제도(司書職制度)　263
professionalism 전문직 제도(專門職制度)　434
promotion of book reading
　독서 추진 활동(讀書推進活動)　173
proof-sheets 교정쇄(校正刷)　80
proofs 교정쇄(校正刷)　80
proper area for library service
　적정 이용권(適正利用圈)　428
proportional rate of collection 장서 비율
　(藏書比率)　416
protection of privacy 프라이버시 보호
　(--保護)　556

provision of library material 자료 제공
　(資料提供) 408
pseudonym 필명(筆名) 559
public catalog 열람 목록(閱覽目錄) 344
public lending right 공공 대여권
　(公共貸與權) 63
Public Libraries and Museum Act
　공공도서관·박물관법(公共圖書館·
　博物館法) 65
public library 공공 도서관(公共圖書館) 64
public library 공립 도서관(公立圖書館) 67
public library law 공공 도서관법
　(公共圖書館法) 65
Public Library Manifesto 유네스코
　공공도서관선언(--公共圖書館宣言) 365
public relations magazine 피아르지(PR誌) 558
public relations(PR) 피아르 활동(PR活動) 558
public service 이용자 서비스(利用者--) 379
publication 출판(出版) 508
publication by subscription 예약 출판
　(豫約出版) 350
publication, distribution, etc. area
　발행, 배포 등 사항(發行, 配布等事項) 220
publicity work 광보 활동(廣報活動) 77
publisher 발행처(發行處) 221
publishing studies 출판학(出版學) 508
pure notation 순수 기호법(純粹記號法) 307
Putnam, George Herbert 푸트남 555

Q

question answering system
　질의 응답 시스템(質疑應答--) 486

quick reference question
　즉답형 질문(卽答形質問) 477
quire 첩(帖) 499

R

radiating arrangement
　방사상 서가 배치(放射狀 書架配置) 221
radiating stacks
　방사상 서가 배치(放射狀 書架配置) 221
Ranganathan, Shiyali Ramamrita 랑가나단 184
ranked output 적합도순 출력(適合度順出力) 429
rare book 희서(稀書) 591
rate of collection growth 장서 증가율
　(藏書增加率) 418
RDF Resource Description Framework 31
reader 이용자(利用者) 378
reader service 이용자 서비스(利用者--) 379
readers' advisory service
　독서 상담 서비스(讀書相談--) 171
reading club; reading circle 독서회(讀書會) 174
reading guidance 독서 지도(讀書指導) 173
reading guide 독서 안내(讀書案內) 171
reading movement 독서 운동(讀書運動) 171
reading room 열람실(閱覽室) 345
reading service for the blind
　대면 낭독 서비스(對面朗讀--) 131
ready reference question
　즉답형 질문(卽答形質問) 477
recall ratio 재현율(再現率) 421
recension 교정(校訂) 80
re-classification 재분류(再分類) 420
recommended book 추천 도서(推薦圖書) 507

영어	한국어	쪽
record	기록(記錄)	102
record	레코드	185
record directory	레코드 디렉토리	185
record length	레코드 길이	185
record mark	레코드 종단 기호(--終端記號)	186
record terminator	레코드 종단 기호(--終端記號)	186
recording service	음역 서비스(音譯--)	371
records management	기록 관리(記錄管理)	102
recurrent education	리커런트 교육(--敎育)	188
recycled paper	재생지(再生紙)	420
reduced-size edition	축쇄판(縮刷版)	507
referee system	심사 제도(審査制度)	318
reference	참고 문헌(參考文獻)	490
reference	참조(參照)	494
reference book	참고 도서(參考圖書)	490
reference collection	참고 컬렉션(參考--)	493
reference database	참고 사례 데이터베이스(參考事例--)	491
reference interview	참고 면담(參考面談)	490
reference library	참고 도서관(參考圖書館)	490
reference material	참고 자료(參考資料)	492
reference process	참고 프로세스(參考--)	493
reference question	참고 질문(參考質問)	492
reference service	참고 서비스(參考--)	491
reference source	참고 정보원(參考情報源)	492
reference tool	참고 도구(參考道具)	489
reference transaction slip	참고 질문 처리표(參考質問處理表)	493
reference work	참고 업무(參考業務)	492
referral service	안내 서비스(案內--)	325
regional plan	지역 계획(地域計劃)	482
registered borrower	등록자(登錄者)	179
registration number	등록 번호(登錄番號)	179
registration rate	등록률(登錄率)	179
regulation for library use	도서관 이용 규정(圖書館利用規程)	155
re-impression	재판(再版)	420
reissue	후쇄(後刷)	590
related term	관련어(關連語)	74
related work	관련 저작(關連著作)	74
relational data model	관계 모델(關係--)	73
relational indicator	관계 지시 기호(關係指示記號)	73
relational operator	관계 지시 기호(關係指示記號)	73
relative index	상관 색인(相關索引)	270
relative location	이동식 배가법(移動式排架法)	374
relevance feedback	적합성 피드백(適合性--)	429
relevance	적합성(適合性)	429
relief printing	철판 인쇄(凸版印刷)	499
remote access	원격 접속(遠隔接續)	361
remote storage	원격지 보존(遠隔地保存)	361
renewal	예약 갱신(豫約更新)	349
rental collection	유료 대출용 컬렉션(有料貸出用--)	367
rental library	도서 대여점(圖書貸與店)	164
renting	유료 대출(有料貸出)	367
repository library	보존 도서관(保存圖書館)	233
repository	보존 서고(保存書庫)	233
reprint	복각(復刻)	234
reproduction proof; clean proof	전사(轉寫)	435
reproduction	복제(複製)	236
reproduction	원본 대체 자료(原本代替資料)	362

republication 복간(復刊)	234	
resale price maintenance system 재판매 가격 유지 제도(再販賣價格維持制度)	421	
research collection 연구용 장서 (硏究用藏書)	340	
research library 연구 도서관(硏究圖書館)	340	
research paper 연구 논문(硏究論文)	339	
research paper 연구 보고서(硏究報告書)	340	
research question 연구형 질문(硏究形質問)	341	
reservation service 예약 서비스(豫約--)	349	
reserve book system 지정 도서 제도 (指定圖書制度)	484	
reserve book 지정 도서(指定圖書)	484	
Resource Description Framework	31	
resource sharing 자원 공유(資源共有)	411	
responsibility 책임성(責任性)	495	
restoration 수복(修復)	304	
restricted circulation 대출 제한(貸出制限)	134	
retrieval 검색(檢索)	50	
retrieval language 검색 언어(檢索言語)	52	
retrieval process 검색 과정(檢索過程)	50	
retroactive notation 소급적 기호법 (遡及的 記號法)	297	
retrospective bibliography 소급 서지(遡及書誌)	297	
retrospective conversion 소급 변환 (遡及變換)	297	
retrospective search 소급 탐색(遡及探索)	298	
return 반납(返納)	218	
review journal 리뷰지(--誌)	188	
revised edition 개정판(改訂版)	49	
revision 개정(改訂)	49	

right book 적서(適書)	428	
right of access 액세스권(--權)	328	
right of interactive transmission 자동 공중 송신권(自動公衆送信權)	403	
right of lending 대여권(貸與權)	131	
right of making transmittable to the public by wire or wireless means 송신 가능화권(送信可能化權)	302	
right of reproduction 복제권(複製權)	236	
right of transmission 공중 송신권 (公衆送信權)	70	
right to know 알 권리(--權利)	326	
right to learn 학습권(學習權)	569	
RLG Research Library Group	31	
RLIN	32	
role 롤	187	
role indicator 롤	187	
role operator 롤	187	
roll 권자본(卷子本)	98	
Rossiiskaia gosudarstvennaia biblioteka; Russian State Library 러시아국립도서관 (--國立圖書館)	184	
rotated index 순환 색인(循環索引)	308	
round 라운드	183	
round back 둥근등	177	
routing 자료 회람 서비스(資料回覽--)	409	
running title 난외 표제(欄外標題)	114	

S

safe-guarded open access system 안전 개가제(安全開架制)	326	
sale on consignment 위탁 판매제 (委託販賣制)	364	

Salton, Gerald 솔턴	302
SC 주제분류법 (主題分類法)	472
scholarly books 학술 도서(學術圖書)	566
scholarly information 학술 정보(學術情報)	568
scholarly journal 학술 잡지(學術雜誌)	567
school district library 학군 도서관(學群圖書館)	565
school librarian 학교 사서(學校司書)	564
school library 학교 도서관(學校圖書館)	563
School Library Manifesto 유네스코 학교도서관선언(--學校圖書館宣言)	366
school library media center 학교 도서관 미디어 센터(學校圖書館--)	563
Schrettinger, Martin W. 슈레팅거	308
scientific book 학술 도서(學術圖書)	566
scientific information system 학술정보시스템(學術情報--)	568
scientific journal 학술 잡지(學術雜誌)	567
score 악보(樂譜)	325
script 서체(書體)	290
scroll 권자본(卷子本)	98
SDI	32
seal 인기(印記)	383
search 탐색(探索)	524
search aids 검색 보조 도구(檢索補助道具)	51
search engine 검색 엔진(檢索--)	52
search formula; query 검색식(檢索式)	51
search log 탐색 기록(探索記錄)	524
search performance 검색 성능(檢索性能)	51
search procedure 검색 절차(檢索節次)	53
search question 조사형 질문(調査形質問)	462
search request 검색 질문(檢索質問)	53
search strategy 검색 전략(檢索戰略)	53
search term 검색어(檢索語)	52
secondary access 이차 검색(二次檢索)	381
secondary bibliography 이차 서지(二次書誌)	381
secondary journal 이차 잡지(二次雜誌)	382
secondary source 이차 자료(二次資料)	382
second-hand book 헌책(--冊)	578
secret stamp 은인(隱印)	370
section of work 부편(部編)	241
section title 부편명(部編名)	241
section 목(目)	199
section 접장(摺張)	444
see also reference 도보라 참조(--參照)	142
see reference 보라 참조(--參照)	232
selected bibliography 선택 서지(選擇書誌)	292
selected works 선집(選集)	292
selection committee 자료 선정 위원회(資料選定委員會)	407
selection criteria 자료 선택 기준(資料選擇基準)	408
selection on approval 현물 선택(現物選擇)	578
selection 자료 선택(資料選擇)	407
selective dissemination of information 정보의 선택적 제공(情報--選擇的 提供)	454
self censorship 자기 검열(自己檢閱)	403
semantic web 시맨틱 웹	311
semi-enumerative classification 준열거식 분류법(準列擧式分類法)	474
sensitivity information 감성 정보(感性情報)	45
separate 별쇄(別刷)	229
sequel 속편(續編)	301

sequential location 순차 배가법(順次排架法)	308
serendipity 세렌디피티	295
serial 연속간행물(連續刊行物)	342
serial and integrating resources bibliographic unit 계속간행서지단위(繼續刊行書誌單位)	57
serial catalog 연속간행물 목록(連續刊行物目錄)	342
service index 서비스 지표(--指標)	279
series 총서(叢書)	504
series area 총서 사항(叢書事項)	505
series number 총서 번호(叢書番號)	505
series title 총서명(叢書名)	505
service planning 서비스 계획(--計劃)	278
service point 서비스 포인트	280
set publication 세트물(--物)	296
sewing 사철 제본(絲綴製本)	266
SGML Standard Generalization Markup Language	32
shared cataloging 분담 편목(分擔編目)	245
shared responsibility 책임성의 분담(責任性--分擔)	496
shared storage 분담 보존(分擔保存)	244
Shaw, Ralph Robert 쇼	303
sheaf binding 가제식 제본(加除式製本)	42
sheaf catalog 가제식 목록(加除式目錄)	42
sheet 낱장 자료(--資料)	115
shelf arrangement 서가 배치(書架配置)	276
shelf classification 서가 분류(書架分類)	276
shelf guide 서가 안내(書架案內)	276
shelf label 서가 안내(書架案內)	276
shelf list 서가 목록(書架目錄)	275
shelf management 서가 관리(書架管理)	275
shelf reading 서가 정리(書架整理)	277
shelving 배가(排架)	221
shelving by accession number 수입순 배가법(受入順排架法)	305
shelving by material form 형태별 배가법(形態別排架法)	582
Shera, Jesse Hauk 셰라	296
short course for certified librarian 사서 강습(司書講習)	262
shorter entry type 소항목 주의(小項目主義)	301
sign system 사인 계획(--計劃)	265
sign 기호(記號)	110
signature 접장(摺張)	444
signature 접장 기호(摺張記號)	444
silk manuscript 백서(帛書)	224
similar book 유서(類書)	367
simple subject 단일 주제(單一主題)	128
simplified cataloging 간략 편목(簡略編目)	44
single entry system 단일 저록 시스템(單一著錄--)	127
single-entry indexing system 단일 저록 색인법(單一著錄索引法)	127
single-faced book stack 단면 서가(單面書架)	127
single-faced shelving 단면 서가(單面書架)	127
single-tier stack 단층 서가(單層書架)	129
site license 사이트 라이선스	264
situation-gap-use model 상황-갭-이용 모델(狀況--利用--)	271
size 크기	519
SNS	32
Social Education Law 사회교육법(社會教育法)	267

social library 회원제 도서관(會員制圖書館)	588	SQL structured query language	33
social networking service(SNS)		square back 모등	198
소셜 네트워킹 서비스	298	square book 각형본(角形本)	43
Society for Children's Libraries		Staatsbibliothek zu Berlin-Preußischer	
아동도서관연구회(兒童圖書館硏究會)	322	Kulturbesitz 베를린국립도서관(--國立圖書館)	228
Society of Study on Academic Library		stab stitching 눌러 따기	120
Problems 대학도서관문제연구회		stack 서가(書架)	274
(大學圖書館問題硏究會)	136	stack capacity 수장 가능량(收藏可能量)	306
Society of Study on Library Problems, Japan		stack management 서고 관리(書庫管理)	277
도서관문제연구회(圖書館問題硏究會)	147	stack 서고(書庫)	277
source of information 정보원(情報源)	453	stack room 서고(書庫)	277
SPARC Scholarly Publishing and		staff list 직원록(職員錄)	486
Academic Resources Coalition	32	staff manual 스태프 매뉴얼	309
special auxiliary 특수 보조 기호		standard book 기본 도서(基本圖書)	103
(特殊補助記號)	530	standard citation order 표준 열거 순서	
special classification 특수 분류표		(標準列擧順序)	554
(特殊分類表)	530	Standard for Information of Science and	
special collection 특수 컬렉션(特殊--)	531	Technology(SIST) 과학기술정보유통기술기준	
special issue 증간호(增刊號)	478	(科學技術情報流通技術基準)	72
special library 전문 도서관(專門圖書館)	433	standard number and terms of availability area	
special number 증간호(增刊號)	478	표준 번호 및 입수 조건 사항	
special subdivision 특수 세목(特殊細目)	530	(標準番號--入手條件事項)	554
species 종(種)	464	standards for college and university libraries	
specific material designation		대학 도서관 기준(大學圖書館基準)	135
특정 자료 표시(特定資料表示)	531	standards for libraries 도서관 기준	
specificity 특정성(特定性)	531	(圖書館基準)	145
spine title 책등 표제(--標題)	495	standards for public libraries	
spine wrapped binding 포배장(包背裝)	549	공공 도서관 기준(公共圖書館基準)	64
split 분리(分離)	248	standards for school libraries	
Spofford, Ainsworth Rand 스포퍼드	310	학교 도서관 기준(學校圖書館基準)	563
spurious imprint		standards 표준 규격(標準規格)	553
가공의 출판 사항(架空--出版事項)	39	standing order 계속 주문(繼續注文)	58

start of publication 창간(創刊)	494
statement of responsibility 책임 표시(責任表示)	497
Statement on Intellectual Freedom in Libraries 도서관의 자유에 관한 선언(圖書館--自由--宣言)	154
statistics of library holdings 장서 통계(藏書統計)	418
statistics of library visits 입관자 통계(入館者統計)	400
statute book 법령집(法令集)	227
stop word 불용어(不用語)	252
storage 서고(書庫)	277
storage collection 보존 컬렉션(保存--)	234
story hour 이야기 시간(--時間)	377
storytelling 스토리텔링	309
string index 용어열 색인(用語列索引)	359
student library assistant 도서 위원(圖書委員)	167
style of edition 판식(版式)	538
subdivision 세목(細目)	296
subdivision of individual languages 언어 공통 구분(言語共通區分)	334
subdivision of individual literature 문학 공통 구분(文學共通區分)	206
sub-facet 하위 패싯(下位--)	562
subfield 서브필드	278
subfield code 식별 기호(識別記號)	314
subheading 부표목(副標目)	241
subject 주제(主題)	468
subject analysis 주제 분석(主題分析)	472
subject authority file 주제명 전거 파일(主題名典據--)	470
subject bibliographer 주제 자료 전문가(主題資料專門家)	473
subject bibliography 주제 서지(主題書誌)	473
subject catalog 주제 목록(主題目錄)	471
subject catalog 주제명 목록(主題名目錄)	469
subject cataloging 주제 목록법(主題目錄法)	471
Subject Classification(SC) 주제분류법(主題分類法)	472
subject code 주제명 규정(主題名規程)	468
subject gateway 주제 게이트웨이(主題--)	468
subject guides; guide to the literature 주제 문헌 안내(主題文獻案內)	471
subject heading 주제명 표목(主題名標目)	470
subject index 사항 색인(事項索引)	267
subject index 주제 색인(主題索引)	472
subject reading room 주제별 열람실(主題別閱覽室)	472
subject retrieval 주제 검색(主題檢索)	468
subject-title catalog 주제명 표제 목록(主題名標題目錄)	471
subscription library 회비제 도서관(會費制圖書館)	587
subscription 예약 구독(豫約購讀)	349
sub-series 하위 총서(下位叢書)	561
subtitle 부표제(副標題)	241
summarization 요약화(要約化)	358
Sung edition 송판(宋版)	303
supplement 보유(補遺)	232
supplied title 보기 표제(補記標題)	231
supplying 보기(補記)	231
supposed author 추정 저자(推定著者)	506
survey of reading 독서 조사(讀書調査)	172

suspension of publication 휴간(休刊)	590
symbol 기호(記號)	110
syndetic structure 접속 구조(接續構造)	443
synopsis 시놉시스	311
synthesis 합성(合成)	574
Systematic Indexing 체계적 색인법 (體系的 索引法)	500

T

table of contents 목차(目次)	200
tables of contents 총목차(總目次)	504
tabloid 타블로이드판(--判)	523
tabloid size 타블로이드판(--判)	523
tacit knowledge 암묵지(暗默知)	328
tactile picture book 촉각 그림책(觸覺--)	503
tactual map 촉지도(觸地圖)	503
tag 태그	525
talking book 토킹 북	527
tape recording service 녹음 서비스(錄音--)	119
target group 서비스 대상 집단(--對象集團)	279
Taube, Mortimer 타우베	523
teacher librarian 사서 교유(司書敎諭)	262
technical report 테크니컬 리포트	526
technical service 정리 업무(整理業務)	445
telephone reference service 전화 참고 서비스(電話參考--)	440
term frequency-inverse document frequency	33
terminology 터미놀로지	526
terms of availability 입수 조건(入手條件)	401
tertiary source 삼차 자료(三次資料)	269
text 본문(本文)	237
text 텍스트	526
text archive 텍스트 아카이브	527
Text REtrieval Conference	33
textbook edition 교과서판(敎科書版)	78
textbook 교과서(敎科書)	78
textual bibliography 원문 서지학 (原文書誌學)	362
tf · idf term frequency-inverse document frequency	33
The European Library 유럽도서관(--圖書館)	366
thesauro-facet 시소로패싯	313
thesaurus 시소러스	313
thesis; dissertation 학위 논문(學位論文)	570
thin paper edition 박양본(薄樣本)	218
thread stitch binding 자루 매기(袋綴)	409
thread stitch bound book 선장본(線裝本)	291
thumb-book 두본(豆本)	177
tight back 찬등	489
title 점(點)	441
title 표제(標題)	550
title and statement of responsibility area 표제와 책임 표시 사항(標題--責任表示事項)	552
title catalog 표제 목록(標題目錄)	551
title fill rate 자료 충족률(資料充足率)	409
title heading 표제 표목(標題標目)	552
title index 표제 색인(標題索引)	551
title of journal; title of magazine 지명(誌名)	479
title of newspaper 지명(紙名)	479
title on the first page of text 내제(內題)	117
title page 표제지(標題紙)	552
title page substitute 표제지 대체 부분 (標題紙代替部分)	553

title piece 제첨(題簽)	461
title proper 본표제(本標題)	238
tool phase 수단의 상(手段--相)	304
topical subdivision 주제 세목(主題細目)	473
tracing 표목 지시(標目指示)	550
trade bibliography 판매 서지(販賣書誌)	537
trade catalog 판매 목록(販賣目錄)	537
translation 번역(飜譯)	226
translation service into black letter 묵자역 서비스(墨字譯--)	203
translation service into braille 점역 서비스(點譯--)	441
translation service 번역 서비스(飜譯--)	226
transliteration 번자(飜字)	226
travelling library 순회 문고(巡廻文庫)	308
TRC Library Service Co., Ltd.(TRC) 도서관유통센터(圖書館流通--)	153
treatise 학술 논문(學術論文)	566
TREC Text REtrieval Conference	33
truncation 절단(切斷)	440
Ts'ai Lun 채륜(蔡倫)	494
turnover rate of purchase books 구입 도서 회전율(購入圖書回轉率)	82
turnover rate 장서 회전율(藏書回轉率)	419
type page 판면(版面)	538
typeface 서체(書體)	290
typeface 활자 서체(活字書體)	587

U

UBC 세계서지통정(世界書誌統整)	294
UDC 국제십진분류법(國際十進分類法)	91
UKOLN	34
unabridged edition 완본(完本)	355
uncut 언컷	335
undergraduate library 학부 학생용 도서관(學部學生用圖書館)	566
unexpressed demand 잠재 요구(潛在要求)	412
uniform heading 통일 표목(統一標目)	528
uniform title 통일 표제(統一標題)	528
UNIMARC	34
union catalog 종합 목록(綜合目錄)	465
UNISIST	35
unit concept 단위 개념(單位概念)	127
uniterm 유니텀	366
Universal Bibliographic Control 세계서지통정(世界書誌統整)	294
universal bibliography 세계 서지(世界書誌)	294
Universal Decimal Classification 국제십진분류법(國際十進分類法)	91
Universal Resource Identifier	35
University Establishment Standards 대학설치기준(大學設置基準)	136
university libraries; college library 대학 도서관(大學圖書館)	135
university press 대학 출판부(大學出版部)	136
URI Universal Resource Identifier	35
US MARC	35
use analysis method 이용 분석법 (利用分析法)	377
use statistics 이용 통계(利用統計)	381
use study 이용 조사(利用調査)	380
user 이용자(利用者)	378
user model 이용자 모델(利用者--)	379
user satisfaction 이용자 만족도(利用者滿足度)	379

user service 이용자 서비스(利用者--)　379
user study 이용자 조사(利用者調査)　380
user survey 이용자 조사(利用者調査)　380
UTLAS　35

V

valuable book 귀중서(貴重書)　98
value theory 가치론(價値論)　43
variable length field 가변 길이 필드(可變--)　40
variable length record 가변 길이 레코드(可變--)　39
variant 이본(異本)　375
variant name 이형 명칭(異形名稱)　383
variant title 이형 표제(異形標題)　383
variorum edition 집주판(集註版)　487
vector space model 벡터 공간 모델(--空間--)　229
vellum 독피지(犢皮紙)　175
verification 서지 정보 확인(書誌情報確認)　289
vertical file 버티컬 파일　225
videodisc 비디오디스크　256
videogram 비디오그램　256
viewpoint 관점(觀點)　75
Virtual International Authority File(VIAF) 가상국제전거파일(假想國際典據--)　40
visual material 시각 자료(視覺資料)　310
volume 권(卷)　97
volume number 권수(卷數)　98
volume signature 권차(卷次)　98
volumes added per year 연간 증가 책수(年間增加冊數)　338
volumes purchased per year 연간 구입 책수(年間購入冊數)　338

W

W3C World Wide Web Consortium　35
Wada Mankichi 와다 만키치(和田萬吉)　355
wanting statement 결호 표시(缺號表示)　55
web portal 웹 포털　363
weeding criteria 폐기 기준(廢棄基準)　548
weeding 위딩　363
weighting 가중치(加重値)　42
Western journal 서양 잡지(西洋雜誌)　280
Western Library Network　35
Western magazine 서양 잡지(西洋雜誌)　280
whirlwind leaf 선풍엽(旋風葉)　292
white paper 백서(白書)　225
whole number 통권 호수(通卷號數)　527
whole-part relationship 전체-부분 관계(全體-部分關係)　439
wholesale bookseller 서적 중개인(書籍仲介人)　281
Wikipedia 위키피디아　364
Williamson, Charles C. 윌리엄슨　365
WIPO 세계지적소유권기구(世界知的所有權機構)　295
withdrawal 제적(除籍)　461
WLN Western Library Network　35
word division 띄어쓰기　182
word-by-word arrangement 어순 배열(語順排列)　333
work 저작물(著作物)　427
work mark 저작 기호(著作記號)　426
World Intellectual Property Organization 세계지적소유권기구(世界知的所有權機構)　295

World Wide Web Consortium 35
WWW World Wide Web 36

X

XML Extensible Markup Language 36
xylographic book 목판본(木版本) 201

Y

yearbook 연감(年鑑) 338

young adult book 영 어덜트 도서(--圖書) 347
young adult service 영 어덜트 서비스 347
Yuan edition 원판(元版) 363
Yuasa Kichiro 유아사 키치로(湯淺吉郞) 368

Z

Z39.50 36
Zipf's law 지프의 법칙(--法則) 485

역자 후기

이 책은 일본 문헌정보학 연구자들의 대표적인 학술 단체인 일본도서관정보학회(日本圖書館情報學會)에서 편찬한 『도서관정보학용어사전』(圖書館情報學用語辭典)의 최신판인 제3판을 우리말로 번역한 것이다.

우리나라에서 발행된 문헌정보학 분야의 용어 사전이 없는 것은 아니다. 그러나 일본은 우리와 가장 가까운 거리에 있으면서, 어느 부분에서는 다소 유사한 환경에 놓여 있고, 따라서 그들의 예는 우리에게 참고할만한 부분이 많다고 생각한다. 이런 시각에서 보면, 이 책은 일본의 문헌정보학 분야에서 학계를 대표하는 학자들과 실무자들의 공개적인 용어 추천과 집필 공모, 선정 등의 과정을 거쳐 편찬된 권위 있는 용어 사전이라는 점에서, 용어 사전으로서의 실용성과 아울러, 우리에게 많은 시사점을 줄 수 있으리라고 본다. 이 용어 사전에 포함된 용어의 범위도 도서관이나 전통적인 도서관학 전반에 관련된 것들뿐만 아니라, 서지학과 정보학을 망라하는 문헌정보학 전반은 물론 출판과 저작권 등의 관련 분야의 용어들을 포괄적으로 다루고 있다. 또한 제3판이라는 판수가 말해주듯이, 이미 일본에서는 우리 분야의 용어 사전으로서 폭넓은 인기를 구가하고 있는 사전으로, 앞으로도 지속적인 개정과 보완을 할 예정이라고 한다.

한국어판으로 번역하면서는, 가능한 한 원문의 내용을 그대로 전달하는 데 초점을 맞추었으며, 반드시 필요하다고 판단되는 내용에 한해, 한국 관련 내용을 용어 해설의 본문에 추가하였다. 따라서 용어 설명 중 한국 관련 부분의 상당 부분은 원문에 없는 내용을 한국의 독자들을 위해 불가피하게 번역자가 추가한 내용이라는 점을 양지해 주시기 바란다. 아울러 「한국목록규칙」, 「한국문헌자동화목록」, 「한국십진분류법」의 세 개 항목은 표제어로 본문에 포함시켜 설명하였다. 또한 한국의 주요 도서관 및 도서관 관련 단체에 대해서는, 본문에 부록을 참조하도록 하고, 부록에 각 단체별로 간단한 해설을 추가하였다. 그 밖에도 한국의 독자들에게 도움이 될만한 「도서관법」 및 그 시행령 등, 「학교도서관법」 및 그 시행령 등의 각종 법률과 주요 자료들을 별도의 부록으로 추가하였다.

한국어판의 발행에는 많은 분들의 도움이 있었다. 일본도서관정보학회의 사무국장 겸 총무위원장이신 츠쿠바대학(筑波大學)의 이케우치(池內淳) 교수님께서는 번역을 위한 추진 과정에서 번거로운 잡무들을 마다 않고 처리해주셨다. 일본도서관정보학회의 회장이신 도쿄대학(東京大學)의 네모토(根本彰) 교수님께서는 직접 한국어판 서문을 써주셨다. 모모야마가꾸인대학(桃山學院大學)의 시호타(志保田務) 교수님, 계명대학교 문헌정보학과의 박준식 교수님, 박일종 교수님, 김종성 교수님, 이용구 교수님, 양기덕 교수님, 중앙대의 남태우 교수님과 남영준 교수님, 인천대의 정옥경 교수님, 경기대의 조현양 교수님, 청주대의 박문열 교수님과 곽동철 교수님, 충남대의 곽승진 교수님, 대구대의 이경호 교수님과 김선호 교수님, 윤희윤 교수님, 경북대의 최재황 교수님, 부산대의 이제환 교수님, 전남대의 김정현 교수님, 공주대의 변우열 교수님과 이병기 교수님, 동의대의 도태현 교수님, 계명문화대의 배현숙 교수님, 대림대의 박재혁 교수님께서도 많은 격려와 조언으로 도움을 주셨다. 올해는 본인이 계명대학교에 몸담은 지 20년째가 되는 뜻 깊은 해이다. 여러 모로 부족하고 모자라는 본인이 그나마 조금이라도 성장할 수 있도록, 늘 끊임없이 자양분을 제공해주고 비빌 언덕이 되어준 계명대학교와 문헌정보학과, 김남석 교수님, 윤구호 교수님을 비롯한 학과의 선배 및 동료 교수님들, 그리고 늘 본인의 존재 이유를 되돌아보게 해주고 큰 힘이 되어주는 사랑하는 제자들에게 깊이 감사드린다. 문헌정보학 연구의 길을 걸을 수 있도록 지도해주신 은사 정필모 교수님과 중앙대학교의 은사님, 항상 부드러운 말과 가르침으로 격려해주시는 학계의 많은 선배 및 동료 교수님, 도서관 현장에서 말없이 성원해주시는 실무자 여러분에게도 감사드린다. 매번 부족한 원고를 하드웨어적으로 너무나도 훌륭하게 만들어주시는 태일사의 김선태 사장님과 직원 여러분께도 감사드린다. 마지막으로, "다음 책은 좀 더 나아지겠지"하는 희망을 버리지 않으시고, 줄기차게 배출되는 본인의 적지 않은 공해 자료들을 커다란 인내심을 가지고 찾아주시고 아껴주시는 독자 여러분에게 다시 한 번 머리 숙여 감사의 말씀을 전해드리며, 지속적인 관심과 지도를 부탁드리고자 한다.

2011. 6

역자 드림

◘ 역자소개 ◘
- 오 동 근(吳東根)

　　문학사(영어영문학), 이학사(전자계산학), 경영학사(경영학)
　　중앙대학교대학원 도서관학과 (도서관학석사)
　　경북대학교대학원 경영학과 (경영학석사)
　　중앙대학교대학원 문헌정보학과 (문학박사)
　　행정자치부 외무고등고시(PSAT) 출제위원 및 시험위원 역임
　　중앙인사위원회 사서직공무원 승진시험위원 역임
　　중앙인사위원회 고등고시 출제위원 역임
　　중등교원 신규임용고시(사서교사) 출제위원 역임
　　국립중앙도서관 및 국회도서관 사서직 채용시험 출제위원 역임
　　지방공무원 채용시험(사서직 및 기록관리) 출제위원(전국공통, 서울, 대전, 울산, 경기, 충남 등) 역임
　　교육인적자원부 도서관정책자문위원 역임
　　한국문헌정보학회 및 한국정보관리학회 이사 역임
　　국립어린이청소년도서관 자문위원 역임
　　한국도서관·정보학회 부회장, 편집위원장, 학술위원장, 윤리위원장 역임
　　한국도서관협회 분류위원회 위원장 (현재)
　　현재, 계명대학교 문헌정보학과 교수

　　〈주요 저서 및 역서〉
　　문헌분류이론(공역)(구미무역출판부, 1989)
　　도서관문화사(공저)(구미무역출판부, 1991)
　　공공도서관운영론(공역)(구미무역출판부, 1991)
　　영미편목규칙 제2판 간략판(공역)(구미무역출판부, 1992)
　　도서관경영론(공역)(계명대학교출판부, 1993)
　　서지정보의 상호교류(공역)(아세아문화사, 1993)
　　도서관정보관리편람(공편)(한국도서관협회, 1994)
　　문헌정보학 연구 입문: 의의와 방법(공역편)(계명대학교출판부, 1995)
　　정보사회와 공공도서관(역)(한국도서관협회, 1996)
　　한국십진분류법 제4판(공편)(한국도서관협회, 1996)
　　도서관·정보센터경영론(공역)(계명대학교출판부, 1997)
　　개정제4판 한국십진분류법 해설(공편)(한국도서관협회, 1997)
　　학위논문의 작성과 지도(공역)(계명대학교출판부, 1999)
　　객관식 자료조직론(편저)(도서출판 태일사, 1999)
　　도서관인 박봉석의 생애와 사상(엮음)(도서출판 태일사, 2000)
　　DDC 연구(저)(도서출판 태일사, 2001)
　　KDC의 이해(공저)(도서출판 태일사, 2002)
　　MARC의 이해(역)(도서출판 태일사, 2002)
　　학술정보론(공역)(도서출판 태일사, 2002)
　　주·참고문헌 어떻게 작성할 것인가(공저)(도서출판 태일사, 2002)
　　국제표준서지기술법(단행본용 2002년판)(공역편)(도서출판 태일사, 2003)
　　객관식 자료조직론 해설Ⅰ: 문헌분류편(편저)(도서출판 태일사, 2003)
　　메타데이터의 이해(역) (도서출판 태일사, 2004)
　　도서관·정보센터의 고객만족경영(공역)(도서출판 태일사, 2004)
　　객관식 자료조직론 해설Ⅱ: 목록조직편(편저)(도서출판 태일사, 2005)
　　영미편목규칙 제2판 핸드북(역)(도서출판 태일사, 2005)
　　영미편목규칙 제2판 간략판 제4판(역)(도서출판 태일사, 2006)
　　MARC 21 전거레코드의 이해(역)(도서출판 태일사, 2006)
　　DDC 22의 이해(저)(도서출판 태일사, 2006)
　　KORMARC의 이해(공저)(도서출판 태일사, 2006)
　　문헌정보학연구의 현황과 과제(역)(도서출판 태일사, 2007)
　　객관식 자료조직론 해설 Ⅲ: 목록이론·서지기술편(편저)(도서출판 태일사, 2008)
　　객관식 자료조직론 해설 Ⅳ: 표목·목록자동화편(편저)(도서출판 태일사, 2008)
　　객관식 자료조직론 해설Ⅰ: 문헌분류편, 제3개정판(편저)(도서출판 태일사, 2009)
　　KDC5의 이해(공저)(도서출판 태일사, 2009)
　　공공도서관경영론(역)(도서출판 태일사, 2009)
　　객관식 자료조직론 해설Ⅱ: 목록조직편(편저)(도서출판 태일사, 2010)
　　FRBR의 이해(공역)(도서출판 태일사, 2010)
　　공공도서관의 어린이서비스(공역)(도서출판 태일사, 2010)
　　도서관서비스의 평가와 측정(역)(도서출판 태일사, 2010)

문헌정보학 용어 사전 (제3판)

2011년 6월 20일 인쇄
2011년 6월 30일 발행

편 자 _ 일본도서관정보학회
　　　　용어사전편집위원회

역 자 _ 오 동 근
펴낸이 _ 김 선 태
발행처 _ 도서출판 태일사
　　　　700-803 대구광역시 중구 남산1동 893
　　　　전화 053-255-3602 ｜ 팩스 053-255-4374

홈페이지 _ http://www.taeilsa.com
등록일자 _ 1991. 10. 10.
등록번호 _ 제6-37호

정가 64,000원

ⓒ오동근 2011 ISBN 978-89-92866-50-7   93020
※ 무단복사, 전재를 금하며 잘못된 책은 교환하여 드립니다.